Hans Holzinger

Wirtschaft
Umwelt – Klima - Soziales

Die Darstellung von Wirtschaft in Österreichs Schulbüchern für Geographie und wirtschaftlicher Bildung im Kontext nachhaltiger Entwicklung und planetarer Grenzen

Hans Holzinger: Wirtschaft - Umwelt - Klima - Soziales. Die Darstellung von Wirtschaft in Österreichs Schulbüchern für Geographie und wirtschaftlicher Bildung im Kontext nachhaltiger Entwicklung und planetarer Grenzen.

Druck und Vertrieb im Auftrag des Autors:
Buchschmiede von Data Media GmbH
Julius-Raab-Straße 8, 2203 Großebersdorf
Österreich

www.buchschmiede.at – Folge deinem Buchgefühl!
Kontaktadresse nach EU-Produktsicherheitsverordnung: info@buchschmiede.at

ISBN Softcover: 978-3-99192-213-1
ISBN E-Book: 978-3-99192-212-4

Inhalt

1. Einführung - Zukunftsfähige Wirtschaftsbildung

Die **vorliegende Textanalyse** von Schulbüchern für Geographie und Wirtschaftskunde der Oberstufe österreichischer Gymnasien fragt nach der Darstellung von Wirtschaft insbesondere im Kontext **ökologischer** und **sozialer Nachhaltigkeit**. Als Referenzrahmen werden die aktuellen **Fachdiskurse** sowie **Kriterien kritischer Wirtschaftsbildung** herangezogen. Die Analyse ist nach Themenbereichen gegliedert. Einer fachlichen Einführung folgt jeweils die Wiedergabe der Inhalte der Schulbücher. Daran schließt sich jeweils eine Bewertung an.

Ausgewählte Themen: Die Arbeit ist umfangreich geworden, da insgesamt **32 Themen** behandelt werden. Dennoch bleibt sie unvollständig, da Themen wie die Europäische Union, nachhaltige Stadtentwicklung oder gesellschaftliche Entwicklungen wie demografische Veränderungen ausgespart bleiben – aus dem Grund, um den Rahmen nicht noch weiter zu sprengen.

Zum Aufbau: Gestartet wird mit einer Einführung zur Frage, was **Wirtschaft** ist und was diese im **ökologischen Kontext** bedeutet. Es werden **wirtschaftspolitische Leitbilder** sowie der aktuelle Stand zu kritischer **Wirtschaftsbildung** im Fachdiskurs vorgestellt. Danach folgen die **Inhaltsanalysen** und Bewertungen der Schulbücher. Geschlossen wird mit exemplarischen Zusammenfassungen ausgewählter Aspekte, einer abschließenden **Bewertung** der untersuchten Schulbücher sowie einigen **Schlussfolgerungen** bzw. **Empfehlungen.**[1]

Mein Dank gilt *Sandra Milz* von der Pädagogischen Hochschule Salzburg, die mir die Mehrzahl der Schulbücher zur Verfügung gestellt hat.

1.1. Ziel von Wirtschaften im Nachhaltigkeitskontext

Wirtschaft ist die Summe der Einrichtungen zur Deckung des menschlichen Bedarfs an Gütern und Dienstleistungen. Sie dient dazu, die **Bedürfnisse der Menschen** zu erfüllen, sei es durch Produkte, Dienstleistungen oder Infrastruktur. Der Duden definiert Wirtschaft als „die planvolle Tätigkeit des Menschen, knappe Mittel oder wirtschaftliche Güter der bestmöglichen Nutzung zuzuführen“.[2] Eine ähnliche Definition ist auf Wikipedia zu finden: „Unter Wirtschaften, der menschlichen wirtschaftlichen Aktivität, verstehen die Wirtschaftswissenschaften die planmäßige und effiziente Entscheidung über knappe Ressourcen zwecks bestmöglicher Bedürfnisbefriedigung.“[3]

In der Realität gibt es jedoch nicht „die“ Wirtschaft, sondern sehr unterschiedliche Sphären, Spielarten und Akteur*innen des Wirtschaftens. Zudem ist die moderne, arbeitsteilig organisierte Wirtschaft ein **komplexes System** (Rogall 2011, Novy u. a. 2023, Holzinger 2024). Und es gibt unterschiedliche Auffassungen darüber, was alles unter Wirtschaft subsumiert werden soll – nur jene Aktivitäten, die über Geld abgewickelt werden oder auch die für das Funktionieren jeder Gesellschaft ebenfalls notwendigen Tätigkeiten im Haushalt, in der Familie oder in der Nachbarschaft und im Ehrenamt? Gesprochen wird von einem erweiterten Wirtschaftsbegriff (Klatzer/Strickner 2025).

---

[1] Die Ausführungen beziehen sich vielfach auf mein Buch „Wirtschaftswende. Transformationsansätze und neu ökomische Konzepte im Vergleich“ (Holzinger 2024) sowie die darin zitierte Literatur. Besprechungen zu vielen der angeführten Bücher gibt es auf www.prozukunft.org sowie in dem gleichnamigen Magazin der Robert-Jungk-Bibliothek für Zukunftsfragen - www.jungk-bibliothek.org.

[2] Zit. n. https://www.bpb.de/kurz-knapp/lexika/lexikon-der-wirtschaft/21151/wirtschaften/. Abgerufen am 6.3.2025

[3] https://de.wikipedia.org/wiki/Wirtschaften. Abgerufen am 6.3.2025

Die **neoklassischen** bzw. **Mainstream-Wirtschaftswissenschaften** versuchen Wirtschaft mit mathematischen Formeln zu erklären (Peukert 2019, Stiegler u. a. 2021). Doch Wirtschaften ist immer ein **sozialer Prozess,** erfordert Wissen, Kommunikation, Kooperation und Aushandeln, Reflektieren und Entscheiden. Es berührt die Sphären der Gesellschaft, der Politik sowie der Ökologie (Holzinger 2024). Wirtschaft, Soziales und Ökologie müssen zusammengedacht werden, so die Klimaökonomin und Wissenschaftlerin des Jahres 2025, Sigrid Stagl. „Das Wichtigste wäre, dass man **Klimapolitik** nicht als eigenen Bereich sieht, sondern als Teil der Wirtschaft, der Wettbewerbs- und der Industriepolitik“, so die Wissenschaftlerin des WU-Departments für Sozioökonomie. Innerhalb der physischen Grenzen wirtschaftlich erfolgreich zu sein erfordere, „dass man Klima- und Umweltagenden immer mitdenkt“. [4]

1.2. Forderung nach pluraler Ökonomik

In der Forschung und Lehre an den Universitäten wird eine **„plurale bzw. heteronome Ökonomik“** (Peukert 2019, Stiegler u. a. 2021) gefordert – die Einengung auf einige wenige Wirtschaftstheorien wird kritisiert. „Gleich ob es sich um das deutschsprachige Netzwerk *Plurale Ökonomik*, die in Frankreich initiierte Studierendenbewegung Real World Economics (auch als Post-autistische Ökonomie bekannt) oder das internationale Netzwerk *Rethinking Economics* handelt, die Kritik und Anliegen gleichen sich.“ (Stiegler u. a. 2021, S. 83). Nicht weniger als 23 aktuelle Theorieschulen benennt der Leiter des neuen Masterstudiengangs **„Plurale Ökonomik“** Helge Peukert an der Universität Siegen, in dessen Rahmen ein Forschungsprojekt über die gängigen Lehrbücher der Mikroökonomie durchgeführt wurde. Die genannten Ansätze reichen von der Neoklassik und dem Monetarismus über den Neukeynesianismus und den Postkeynesianismus bis hin zur Regulationstheorie, dem Ordoliberalismus, dem Marxismus, der Ökologischen Ökonomie und der Feministischen Ökonomie.

In der Folge reduziert der Autor seine „Feldvermessung“ (Peukert 2019, S. 16) auf Ansätze, die er dem **„Mainstream“** zuordnet und jene der **„Heterodoxie“**. Beide Ansätze unterscheiden sich hinsichtlich der Beschreibung von Märkten (etwa Gleichgewichtstheorie versus Regulationstheorie), Menschenbild (etwa rational berechnender „Homo oeconomicus“ versus „Homo duplex“, der utilitaristische und altruistische Seiten hat), der Rolle des Staates (möglichst wenig Eingriffe versus wirtschaftspolitische Steuerung), der Funktion des Geld- und Finanzsystems (neutrales Medium versus Machtinstrument) oder der Bedeutung nicht am Markt erbrachter wirtschaftlicher Aktivitäten wie Care-Arbeit (Negation versus Berücksichtigung). Das Fazit der Analyse: Die Lehrbücher seien strikt dem neoliberalen, mathematisch ausgerichteten Denkgebäude verhaftet, **pluralistische Ansätze** werden kaum bis gar nicht zur Diskussion gestellt.

Neben der Analyse des Marktsystems muss auch die Funktionsweise des Kapitalismus thematisiert werden. Eine Definition lautet wie folgt:

> „Kapitalismus ist der unter den Produktions- und Arbeitsbedingungen des ausgehenden 18. Jahrhunderts und des beginnenden 19. Jahrhunderts geprägte Begriff für eine Wirtschafts- und Gesellschaftsordnung, in der das private Eigentum an den Produktionsmitteln (Fabrikhallen, Maschinen, Anlagen), das Prinzip der Gewinnmaximierung und die Steuerung der Wirtschaft über den Markt typisch ist. Im Kapitalismus ist Kapitalbesitz die Voraussetzung für die Verfügungsgewalt über die Produktionsmittel, was das Weisungsrecht über die Arbeitskraft der abhängig Beschäftigten einschließt.“[5]

---

[4] Nach: https://science.orf.at/stories/3228322/. Abgerufen am 29.3.2025

[5] https://www.bpb.de/kurz-knapp/lexika/lexikon-der-wirtschaft/19938/kapitalismus. Abgerufen am 29.3.2025

Der **Kapitalismus** ist in Bezug auf die Herstellung von Gütern und Dienstleistungen das bisher produktivste und innovativste Wirtschaftssystem – und zwar im Zusammenspiel mit technologischen Innovationen und zumindest bisher angetrieben von fossilen Energien. Jene, die er einschließt, hat er einen historisch einzigartigen materiellen Wohlstand gebracht. Der Kapitalismus ist jedoch sozial und ökologisch blind (Holzinger 2024, S. 21f.). Produziert wird für Menschen mit Kaufkraft, nicht für jene mit Bedarf. Man kann dies eine „Ökonomie für die Satten" bezeichnen, während wir eine „Ökonomie für die Hungernden" brauchen würden (Sedlacek/Tanzer 2015). Zudem steht nicht der **Gebrauchswert** von Gütern, sondern der **Tausch-** bzw. **Mehrwert**, also der mit diesen zu erzielende Profit, im Mittelpunkt.[6]

Um Marktsättigungen zu entgehen, werden neue Märkte erschlossen sowie Bedürfnisse mittels Werbung künstlich geschaffen (früh: Anders 1955, Holzinger 2024, S. 119ff). Soziale und **ökologische Kosten** werden, wenn es die politischen Rahmenbedingungen zulassen, externalisiert – sei es durch Verlagerung der Produktion in Billiglohnländer, sei es durch die billige Ausbeutung von Rohstoffen oder die Zerstörung der Ökosysteme. Für jene, die in die Wohlstandszonen eingeschlossen sind, bringt der Kapitalismus durchaus Vorteile – durch die Ausweitung der Konsummöglichkeiten sowie einen expansiven Lebensstil. Gesprochen wird von einer „Externalisierungsgesellschaft" (Lessenich 2016) sowie einer „imperialen Lebensweise" (Brand/Wissen 2017).

Nach dem Zweiten Weltkrieg wurde der Kapitalismus eingehegt – durch den **Aufbau von Wohlfahrtssystemen** und international **geregelte Finanz- und Handelsmärkte**. Man kann von einer Sozialdemokratisierung des Kapitalismus oder einer keynesianischen Ära sprechen. Seit den 1970er-Jahren gewannen Ansätze der Deregulierung der Weltwirtschaft sowie der Zurückdrängung sozialstaatlicher Leistungen wieder an Bedeutung. Auslöser waren u. a. die starke Zunahme der Staatsverschuldung, die Erhöhung der Preise für fossile Energie sowie das Ansteigen der Inflation in den kapitalistischen Zentren. Gesprochen wird aber auch von einer ideologischen Wende, die den Neoliberalismus propagierte (Schulmeister 2018).

Zugleich wurde die ökologische Frage virulent – erstmals breit in die Öffentlichkeit gebracht durch den Club of Rome mit der Studie **„Grenzen des Wachstums"** (1972). Mit den Szenarien und Berichten der **Klimaforschung** (etwa IPCC 2023) sowie dem Konzept der **„Planetaren Grenzen"** (Stockholm Resilience Center, o. J.) gibt es naturwissenschaftlich fundierte Grundlagen, die aufzeigen, welche Handlungsspielräume aus ökosystemischer Sicht gegeben sind. Studien wie die **„Große Beschleunigung"** (Steffen u. a. 2015) sowie die **„Große Transformation"** (WBGU 2011) verweisen auf die strukturellen Änderungsnotwendigkeiten. Der Verfasser dieser Studie spricht von einer neuen **„planetaren Buchhaltung"** und gibt einen Überblick über diese und weitere Ansätze zur Messung des ökologischen Zustands der Welt (vgl. Holzinger 2024, S. 31ff.).

Welche Antworten gibt es auf diese Herausforderungen? In den Wirtschaftslehrbüchern wird in der Regel zwischen **„freier"**, **„sozialer"** und **„ökosozialer"** Marktwirtschaft unterschieden, dabei auf die Ansätze möglichst weniger Regulierungen, sozialer bzw. ökologischer Regulierungen Bezug genommen. Ausgespart bleibt darin der auf permanente Expansion und ungebremstes Wachstum ausgerichtete Kapitalismus – einschließlich der Ausprägung der zentral gelenkten Variante (in China). In der Fachwelt diskutiert wird daher aktuell darüber, ob der **Kapitalismus** reformiert oder überwunden werden soll, um die **sozialen** und **ökologischen Herausforderungen** des 21. Jahrhunderts zu meistern. Anhänger einer realistischen Sichtweise, die den Sturz des Kapitalismus für politisch nicht machbar bzw. sogar gefährlich halten, sprechen von einem „gezähmten Kapitalismus" (Kessler 2019), einem „gezügelten Kapitalismus" (Schulmeister 2018, 2021), einem „begrenzten

---

[6] „Der Gebrauchswert bezeichnet die Nützlichkeit von Dingen, um bestimmte Bedürfnisse zu befriedigen. So ist der Gebrauchswert einer Wohnung, dass sie ein Dach über dem Kopf bietet. Demgegenüber bezeichnet der Tauschwert einer Wohnung den Geldwert, der am Markt für sie erzielt wird." (Novy u. a. 2023, S. 29)

Kapitalismus“ (Levermann 2023) sowie einer „Symbiose zwischen Kapitalismus und Wohlfahrtsstaat“ (Kubon-Gilke/Maier-Rigaud 2020). Andere prognostizieren erneut oder erstmals den **Zusammenbruch** des auf Expansion und Extraktivismus angewiesenen Wirtschaftssystems – gesprochen wird von „Kapitalismus am Limit“ (Brand/Wissen 2024) oder „Kollapsologie“ (Servigne/Stevens 2022) bzw. dem „Ende der Megamaschine“ (Scheidler 2015).[7]

Der Historiker Fabian Scheidler weist auf die Tücken des linearen **Fortschrittsdenkens** hin. Er plädiert dafür, uns auch mit möglichen Zusammenbrüchen auseinanderzusetzen:

„Seit Jahren häufen sich die Warnungen von führenden Erdsystemforsch*innen, dass ein gesellschaftlicher Kollaps schon in den nächsten Jahrzehnten eintreten könnte, wenn wir unsere Wirtschaftsweise nicht schnell und grundlegend ändern. Die Gründe dafür sind im Prinzip seit mehr als einem halben Jahrhundert bekannt: das größte Artensterben seit 65 Millionen Jahren, die Zerstörung fruchtbarer Böden durch industrielle Landwirtschaft und Flächenversiegelung, die Verknappung und Verschmutzung von Süßwasser, Ressourcenraubbau und das sich abzeichnende Klimachaos.“ (Scheidler 2022, S. 9)

Scheidler benennt die gegenwärtige **Funktionsweise des Kapitalismus** als Ursache, auch wenn wir in den Konsumländern alle darin verstrickt sind:

„Kapitalgesellschaften haben aufgrund ihrer rechtlichen Konstruktion nur einen einzigen Zweck: das Kapital der Anteilseigner zu mehren, koste es, was es wolle. Die 500 größten Kapitalgesellschaften kontrollieren heute zwei Drittel des Welthandels, ihre Bilanzsumme beläuft sich auf rund 40 Prozent der weltweiten Wirtschaftsleistung.“ (ebd. S. 11)

Als **Hauptprobleme der „Megamaschine**“ sieht der Historiker den Ausstoß an immer mehr Gütern bei gleichzeitig fehlender Verteilung:

„Die groteske Überproduktion von Gütern ist der Kern der ökologischen Krise. Und ihre extrem ungleiche Verteilung die Wurzel der sozialen Misere. Statt immer mehr herzustellen, ginge es also darum, die Überproduktion zu drosseln, Arbeitszeiten zu verkürzen und das Hergestellte gerechter zu verteilen.“ (ebd. S. 13)

Die Herausforderung sei eine tiefgreifende:

„Die Frage, ob wir einem Kollaps entgehen können, führt letztlich zu der Frage, ob wir rechtzeitig unsere ökonomischen und politischen Institutionen so tiefgreifend umbauen können, dass wir entscheidende Kipppunkte im Erdsystem noch vermeiden können.“ (ebd. S. 14)

Als Fingerzeig kann die Warnung des Anthropologen Ronald Wright dienen:

„Fortschritt hat eine innere Logik, die jenseits aller Vernunft in die Katastrophe führen kann.“ (Wright 2012, S. 15)

Um das **Wirtschafts- und Politikversagen** deutlich zu machen, hat der Verfasser dieser Analyse folgendes Bild verwendet:

„Würde es Menschen auf einem anderen Planeten geben und diese würden uns besuchen, wären sie wohl ziemlich irritiert. Da leben die einen in Saus und Braus, prahlen mit ihren Luxus-Yachten und fliegen mit ihren Privatjets um die Welt, während andere ihr Leben in Slums fristen. Die einen finden übervolle Supermärkte und Shoppingcenter vor, während andere verhungern oder auf der Flucht in der Wüste verdursten beziehungsweise im Meer ertrinken. Zu alledem bedrohen sich Gesellschaften, die nach fragwürdigen Grenzen voneinander getrennt sind und auch Mauern errichten, mit Unmengen an zerstörerischen Waffen. Und es gibt Gesellschaften, in denen werden Menschen hingerichtet, weil sie ihre Meinung geäußert haben. Menschen wird verwehrt, an Universitäten zu gehen, nur weil sie Frauen sind. Marsmenschen würden sich nur wundern!“ (Holzinger 2024, S. 20)

---

[7] Zur Kritik an der Zusammenbruch-These vgl. Daniel Laden: Kapitalismus am Limit – aber nicht am Ende. www.postwachstum.de/kapitalismus-am-limit-aber-nicht-am-ende-20251111. Abgerufen am 18.11.25.

Als Zukunftsperspektive und Maßnahme gegen mögliche Zusammenbrüche werden **Wirtschafts- und Lebensstille** der **Suffizienz** vorgeschlagen, wie etwa der Postwachstumsökonom Niko Paech als „Befreiung vom Überfluss“ ausführt:

„Tatsächlich spricht die immens gewachsene Verletzlichkeit einer fremdversorgten und wachstumsabhängigen Existenzform dafür, dass deren bevorstehende Überwindung durch Krisen, die sich im Gegensatz zu unliebsamen Regierungen nicht abwählen lassen, sowie durch funktionale Minderheiten eingeleitet wird. Denn ein auf mehrfacher Entgrenzung basierender Konsum- und Mobilitätsstil ist trotz anderslautender Beschwörungen weder ökonomisch noch ökologisch zu stabilisieren.“ (Paech 2025, S. 126)

1.3. Wirtschaftspolitische Leitbilder und Ansätze

Andreas Novy, Ricard Bärnthaler und Magdalene Prieler haben mit **„Zukunftsfähiges Wirtschaften“** (2023) ein alternatives Lehrbuch der Volkswirtschaftslehre erstellt, welches sich den möglichen Kipppunkten des Erdsystems stellt und Resilienz als neues Ziel definiert. Darin unterscheiden sie drei unterschiedliche ökonomische Leitbilder: ein marktliberales, ein wohlfahrtskapitalistisches und ein postwachstumsorientiertes.

Das **marktliberale Leitbild** wird wie folgt zusammengefasst:

„Im Zentrum marktliberaler Wirtschaftspolitik steht das Angebot: Produktionskosten, inklusive Unternehmenssteuern, sollen gesenkt werden, damit steigende Gewinnerwartungen zu mehr Investitionen und Arbeitsplätzen führen. Löhne, der Preis der Arbeit, gelten in erster Linie als Produktionsfaktor, der geringgehalten werden soll, um wettbewerbsfähig zu bleiben. ... Der Staat gilt als Zwangsapparat, dessen Einfluss auf das Privatleben minimiert werden muss. Da öffentliche Investitionen als ineffizient angesehen werden, müssen sie dem marktwirtschaftlichen Wettbewerb ausgesetzt werden. Wirtschaften heißt diesem Verständnis nach *Markt*wirtschaften, die weltmarktlich orientierte Ökonomie ist der bestimmende Wirtschaftsbereich.“ (Novy u. a., 2023, S. 58f.)

Ökologische Herausforderungen werden im marktliberalen Ansatz damit zu lösen versucht, dass die Natur zur handelbaren Ware wird, etwa durch den CO_2-Handel. In individuelle privatwirtschaftliche Freiheiten soll möglichst wenig eingegriffen werden, gesetzt wird auf mündige Konsument*innen, die über die Nachfrage an Gütern bestimmen, was produziert wird.

Anders ausgerichtet sei das **Leitbild des Wohlfahrtskapitalismus**, der, wie der Name sagt, auf den Kapitalismus setzt, jedoch durch dessen Zügelung:

„Da Märkte keineswegs von sich aus zu gesellschaftlich erwünschten Ergebnissen führen, braucht es den Staat als zentralen wirtschaftspolitischen Akteur, um die Regeln einer gemischten Wirtschaftsordnung festzulegen. Grundlegend ist eine funktionierende öffentlich bereit gestellte Grundversorgungsökonomie - von der Wasser- und Gesundheitsversorgung bis hin zu öffentlichen Verkehrsmitteln, sozialem Wohnbau und öffentlichen Bildungseinrichtungen. ... Um Vollbeschäftigung zu erreichen, braucht es Wirtschaftswachstum; um ökologische Zielsetzungen zu erreichen, grünes Wachstum.“ (Novy u. a., 2023, S. 61)

Unternehmerische Eigenverantwortung werde begrüßt, sei aber nicht ausreichend:

„Für ein funktionierendes Wirtschaftssystem braucht es daher Gesetze, damit alle Unternehmen gesellschaftliche Verantwortung in ihr Wirtschaftshandeln integrieren und Regelverstöße bestraft werden. Regulierung ist notwendig, damit zukunftsfähiges Wirtschaften zur Norm wird und nicht die Ausnahme bleibt.“ (Novy u. a., 2023, S. 63)

Das **Leitbild des Postwachstums** hinterfragt, anders als der „Wohlfahrtskapitalismus“ unser materielles Konsumniveau und das alleinige Setzen auf Technologien in einem „grünen“ Wachstum:

„Es müssen bestimmte Wirtschaftsbereiche schrumpfen, da eine langfristige und absolute Entkopplung des Wirtschaftswachstums von Ressourcenverbrauch und Emissionen bisher über längere Zeiträume nicht nachweisbar ist und mit hoher Wahrscheinlichkeit zu spät kommt, um Klimaziele zu erreichen. Dies bedeutet nicht, dass alle Wirtschaftsbereiche überall auf der Welt gleichermaßen schrumpfen müssen. Manche Wirtschaftsbereiche können weiterwachsen, z. B. jene für erneuerbare Energien und Sorgearbeit. Jedoch müssen Schrumpfungsprozesse v. a. im globalen Norden, d. h. den reichen Staaten der Welt, umgesetzt werden.“ (Novy u. a., 2023, S. 64)

Das Leitbild des Postwachstums sei das einzige, das den grundlegenden Widerspruch zwischen unbegrenztem Wachstum und ökologischen Herausforderungen problematisiert.

Die Schlussfolgerung der Autor*innen lautet aber, dass kein Leitbild perfekt sei und es **Multiperspektivität** brauche. Das Leitbild des Marktliberalismus sei im Kontext der Pandemie sowie der Verteuerung der Energiemärkte unter Rechtfertigungszwang gekommen – man könnte auch die Finanzkrise 2008 ergänzen.

Das Konzept des **Wohlfahrtskapitalismus** stoße an ökologische Grenzen. Das Leitbild des **Postwachstums** wiederum brauche realistische Umsetzungsstrategien:

„Kein Leitbild allein bietet alle Lösungen an. Multiperspektivität hilft Brücken zu bauen und ihre jeweiligen Vertreter:innen offener zu machen gegenüber den Schwächen des eigenen Leitbilds. Zukunftsfähigkeit wird untergraben, wenn wichtige Aspekte der Wirklichkeit, die ein Leitbild betont, nicht ausreichend berücksichtigt werden.“ (Novy u. a., 2023, S. 68)

In der Folge verknüpfen die Autor*innen diese drei Leitbilder mit den **SINUS-Milieus** der Sozialforschung, die Menschen nach bestimmten Einstellungsmerkmalen Gruppen zuordnen.[8] Insgesamt neun Milieus werden ausgemacht, die wiederum sozialen Schichten zugeordnet werden: Milieus der Oberschicht bzw. Oberen Mittelschicht (Konservativ-Etablierte, Postmaterielle, Performer), Milieus der Mitte (Kosmopolitische Individualisten, Progressive Realisten, Adaptiv-Pragmatische Mitte, Nostalgisch-Bürgerliche) sowie Milieus der unteren Mitte bzw. der Unterschicht (Traditionelle, Konsumorientierte Basis, Hedonisten).

Das **Leitbild des Marktliberalismus** sei v. a. für **Performer** und **kosmopolitische Individualisten** attraktiv:

„Möglichst freie und grenzenlose Märkte für Güter und Dienstleistungen, zusammen mit globalen Arbeits- und Finanzmärkten, entsprechen deren Hypermobilität sowie Anspruch auf Flexibilität. Für sie sind Eigenverantwortung, individuelle Wahlmöglichkeiten mit möglichst wenig Verboten, Zwängen und Konventionen wichtig. So gilt es als eigenverantwortlich, sich von kollektiven staatlichen Sicherungssystemen zu ‚emanzipieren‘, z. B. durch private Vorsorgekassen und Krankenversicherungen, Wohnungseigentum und in das eigene ‚Humankapital‘.“ (Novy u. a. 2023, S. 72f.)

Auch die **Konservativ-Etablierten** würden, ob ihres Exklusivitäts- und Führungsanspruchs, viele dieser Vorstellungen teilen:

„Sie befürworten oftmals wirtschaftliche Globalisierung und Marktwirtschaft. Sie nehmen ökologische Ziele ernst, betrachten sie aber gegenüber wirtschaftlichen – v. a. wirtschaftlichem Wachstum, Effizienz und Wettbewerbsfähigkeit – oft als zweitrangig.“ (Novy u. a. 2023, S. 73)

Schließlich sei der Marktliberalismus auch für die **Hedonisten** attraktiv,

„denn möglichst uneingeschränkte Wahlmöglichkeiten – everything, all the time, everywehre – erleichtern, nach momentbezogenen Erlebnissen, Spaß und Unterhaltung zu streben.“ (Novy u. a. 2023, S. 73)

Das **Leitbild des Wohlfahrtskapitalismus** sei besonders attraktiv für die **Nostalgisch-Bürgerlichen** und die **Traditionellen**:

„Beide Milieus streben nach stabilen und geordneten Verhältnissen, wie sie im Wohlfahrtskapitalismus zeitweise gesichert waren. Leitwerte sind soziale Absicherung und soziale Aufstiegsmöglichkeiten. Den Nostalgisch-Bürgerlichen ist es wichtig, ihren sozialen Status und Lebensstandard zu erhalten. Die Traditionellen

---

[8] Für Österreich wurde die Studie zuletzt 2022 aktualisiert. Vgl. https://www.sinus-institut.de/sinus-milieus/sinus-milieus-oesterreich. Abgerufen am 5.8.2025

hoffen, dass alles so bleibt, wie es ist. Für beide Milieus stehe Umwelt- und Klimapolitik nicht an erster Stelle." (Novy u. a. 2023, S. 73)

Ähnliches gelte auch für Teile der **Konservativ-Etablierten**. Und die **Adaptiv-Pragmatische Mitte**, bei denen junge Männer überrepräsentiert seien, teile die Werte des Wohlfahrtskapitalismus ebenfalls:

„Sie sind sich der Problematik des Klimawandels bewusst, vertrauen aber darauf, dass technischer Fortschritt und staatliche Maßnahmen Lösungen finden werden. Für Maßnahmen, die den eigenen Lebensstandard einschränken, haben sie wenig Verständnis, denn ein eigenes Auto zu besitzen und zu fliegen ist ihnen wichtig." (Novy u. a. 2023, S. 73)

Auch die **Konsumorientierte Basis** sei wohlfahrtskapitalistisch orientiert:

„Dieses Milieu hat überwiegend niedrige Bildungsabschlüsse und geringe Einkommen. Fragen der Pensionssicherung, des Arbeitsmarktes, der Kriminalitätsbekämpfung und der Migration haben für dieses Milieu einen herausragenden Stellenwert. Dem eigenen Auto, sofern leistbar, wird eine besondere Bedeutung beigemessen. Gleichzeitig ist die konsumorientierte Basis weniger mobil als andere Milieus." (Novy u. a. 2023, S. 73)

Das Leitbild des **Postwachstums** sei v. a. für **Progressive Realisten** und **Postmaterielle** attraktiv:

„Sie weisen hohe Bildungsabschlüsse und mittlere bis gehobene Einkommen auf. Sie gelten als Gesellschaftskritiker:innen, die kosmopolitisch orientiert, diversitätssensitiv und sozial engagiert sind. Sie interessieren sich für gesellschaftliche und kulturelle Themen und streben nach Selbstverwirklichung sowie der Unabhängigkeit von Konventionen und Normen, versuchen dies aber mit gesellschaftlicher Verantwortung zu vereinen. Soziale Gerechtigkeit ist ihnen wichtig. Umwelt- und Klimakrise sind vorrangig. ... Insbesondere die progressiven Realisten haben einen starken Veränderungswillen und ein ausgeprägtes Problembewusstsein für globale Herausforderungen." (Novy u. a. 2023, S. 73f.)

Diese Milieus zu kennen, erleichtere es, verschiedene Stimmungen in der Gesellschaft in ihrer **Konflikthaftigkeit** wahrzunehmen und im Kontext von Veränderungsvorhaben zu reflektieren, so die Autor*innen. Sie plädieren für eine „Mehrebenen-Transformation" (ebd. S. 204) der Veränderungen in allen Bereichen – von den Haushalten über die Unternehmen bis hin zur Politik, die die Rahmenbedingungen festzulegen habe. Drei Zukunftswege werden vorgeschlagen: 1) Aufwertung der „Alltagsökonomie", also der Befriedigung der Grundbedürfnisse, 2) Umsetzung von „Konsumkorridoren", die Minima und Maxima des Konsums festlegen und von der Verkürzung der Erwerbsarbeitszeit begleitet werden sowie 3) Experimentieren mit nachhaltigen Wirtschaftsmodellen, wie einer flächendeckenden Reparatur- und Kreislaufwirtschaft sowie einer gut ausgebauten lokalen Daseinsvorsorge (ebd. S. 186ff.).

Der Verfasser der vorliegenden Studie spricht in **„Wirtschaftswende"** von **drei Ansätzen** im Kontext der planetaren Grenzen: „Green Growth", „Degrowth" und „Postkapitalismus" (Holzinger 2024). Die **Ansätze des grünen Wachstums** werden darin wie folgt beschrieben:

„Sie sind technikaffin und hoffen durch immer bessere technische Innovationen auf die Entkopplung des Wirtschaftswachstums vom Ressourcenverbrauch. Diese Ansätze stoßen in der Politik auf breites Interesse, weil auf diese Weise für niemanden Einschränkungen nötig würden, neue Arbeitsplätze und ein Fortbestand des gewohnten Konsumwohlstands versprochen werden können." (Holzinger 2024, S. 263)

Ansätze des Degrowth bzw. **des Postwachstums** werden wie folgt charakterisiert:

„Degrowth-Ansätze gehen davon aus, dass Ökonomien mit einer hohen Wirtschaftsleistung aus ökologischen Gründen nicht länger wachsen dürfen, und auch nicht müssen, weil Wohlstand umfassender definiert wird. Die ausreichende Entkopplung von Wirtschaftswachstum und Ressourcenverbrauch wird als nicht erreichbar angesehen. Die Frage, ob eine Überwindung des Kapitalismus nötig ist oder nur seine Zähmung, bleibt teilweise offen. Mehrheitlich setzen diese Ansätze auf eine ökosoziale Marktwirtschaft." (Holzinger 2024, S. 283)

Postkapitalistische Ansätze schließlich gehen davon aus, dass freie Märkte nicht in der Lage sein würden, auf Wirtschaftsweisen innerhalb der planetaren Grenzen zurückzukehren, es daher Instanzen brauche, die vorgeben, was produziert wird und was nicht mehr möglich ist. Dabei gibt es wiederum unterschiedliche Varianten:

„Einige Konzepte plädieren für die Vergesellschaftung der Betriebe, andere für die Beschränkung auf regionale Klein- und Mittelbetriebe sowie Ökonomien der Grundbedürfnisse. Ein weiterer Ansatz plädiert für eine staatliche Planung in einer Krisenökonomie bei Beibehaltung privatwirtschaftlich geführter Unternehmen." (Holzinger 2024, S. 339)

In der **Beurteilung der Ansätze** gehe ich von den Kriterien der Zukunftsforschung „Plausibilität", „Wünschbarkeit", und „Realisierbarkeit" aus.

Mein Resümee:

„Green-Growth-Ansätze sind am ehesten für den aktuellen Mainstream anschlussfähig. Sie setzen auf technologische Innovation sowie weiteres Wirtschaftswachstum, das jedoch auf grüne Unternehmen und Jobs umgelagert wird. Die Stärken dieses Ansatzes liegen darin, dass die Notwendigkeit sowie die Potenziale technologischer Transformationen, etwa im Industriesektor, aber auch in der 100-prozentigen Umstellung der Energiebasis auf erneuerbare Energie, herausgestellt werden. Gehofft wird auf die Umlenkung der Kapitalströme auf grüne Investments, angestoßen durch staatliche Anschubfinanzierungen. Fossile Investments könnten zu Stranded Assets werden." (Holzinger 2024, S. 345)

Ich komme aber zum Schluss, dass die Plausibilität und damit auch Wünschbarkeit der Ansätze des grünen Wachstums bzw. grünen Kapitalismus fraglich bleiben, weil die ausreichende Entkopplung von weiterem Wirtschaftswachstum vom die planetaren Grenzen überschreitenden Ressourcenverbrauch nicht möglich sei. Auch wenn die Potenziale neuer Technologien groß sind, brauche es eine starke Begrenzung des Konsums, Energieverbrauchs und auch der Mobilität in den materiellen Wohlstandsgesellschaften, insbesondere weil die heute benachteiligten Länder das Recht auf nachholende Entwicklung haben.

Den Ansatz **wachstumsneutraler Ökonomien** bzw. den **Übergang zu Postwachstumsgesellschaften** oder gar Schrumpfung der materiell über den ökologischen Grenzen wirtschaftenden Gesellschaften halte ich für plausibel, wünschenswert und mit Reformen machbar. Meine Einschätzung dazu:

„Kritiker*innen der Degrowth-Ansätze gehen davon aus, dass Schrumpfen bzw. Nicht-Mehr-Wachsen der Wirtschaft entweder nicht nötig sei, weil es eben grünes Wachstum gäbe, oder nicht möglich, weil sonst der Kapitalismus und mit ihm die Wohlfahrtsstaaten kollabieren würden." (Holzinger 2024, S. 348)

Doch eine **Postwachstumsökonomie** habe Plausibilität aufgrund der Vielfalt an vorgeschlagenen Reformmaßnahmen wie die bessere Verteilung des Wirtschaftsprodukts durch die Begrenzung der Vermögen und hohen Einkommen, das Setzen auf hochwertige öffentliche Leistungen der Grundversorgung bei gleichzeitiger Zurückdrängung des privaten unseren Alltag verstopfenden Überkonsums, nicht zuletzt durch neue Arbeitszeitmodelle sowie die Zurückdrängung von Negativkosten etwa im Gesundheitsbereich durch stressreduzierte Arbeits-, gesündere Ernährungs- und gemeinschaftsfördernde Freizeitstile:

„Die Umsetzbarkeit könnte in Zukunft realistischer werden, weil aufgrund postmaterieller Lebensstile in Verbindung mit dem steigenden Bewusstsein für die Ökokrisen politische Mehrheiten dafür gefunden werden könnten." (Holzinger 2024, S. 350)

Die **Ansätze des Postkapitalismus** halte ich nur mit Einschränkungen für plausibel – alle Unternehmen zu vergesellschaften und in Genossenschaften zu überführen erscheint mir nicht notwendig, wenn diesen politische Auflagen etwa im Sinne einer **„Gemeinwohlökonomie"** (Felber 2012) erteilt werden. Die staatliche Festlegung der Produktion, die dann freien Unternehmen überlassen wird (Hermann 2022), könne bei einer Zuspitzung der ökologischen und sozialen Krisen im Sinne der Kollaps-Theorie durchaus notwendig werden, etwa bei Wasserknappheit oder überbordenden Klimafolgekosten, sei derzeit aber schwer vermittelbar:

„Die Vorschläge zu modernen Rationierungswirtschaften brechen radikal mit unseren gängigen Vorstellungen von Wirtschaft. Der gegenwärtige Konsumwohlstand wird als unhinterfragbar, der Markt als beste Lösung angesehen. Die immer höher werdenden volkswirtschaftlichen Kosten der Folgen der Erderhitzung sowie neue Verknappungstendenzen könnten jedoch zur erzwungenen Rationierung, beginnend mit einer Einschränkung des Luxuskonsums, führen.“ (Holzinger 2024, S. 353f.)

Die Transformation hin zu **verbrauchsarmen Nachhaltigkeitsgesellschaften** sei kein Selbstläufer, aber unabdingbar, wenn wir die ökologischen Langzeitkrisen begrenzen wollen:

„Die Vorzüge des Wohlstandsversprechens, das nach 1945 für viele Menschen in den westlichen Ländern auch eingelöst wurde, sind evident. Die Attraktivität des Modells ist zugleich sein Problem geworden. Denn mittlerweile sind auch die Schattenseiten des dominierenden kapitalistischen Wirtschaftssystems offensichtlich. Es handelt sich dabei um ein Wohlstandsparadox: Wir sägen an dem Ast, auf dem wir sitzen. Und wir beuten andere mit unserer ´imperialen Lebensweise´ weiter aus. Neben dem Abschied von den fossilen Energieträgern muss der Materialverbrauch drastisch reduziert werden.“ (Holzinger 2024, S. 358)

In **„Wirtschaftswende“** gehe ich wie Novy u. a. (2023) davon aus, dass die **Transformation** durch Krisen zwar gefördert, aber nicht durch einen Umsturz erreicht werden kann (und auch nicht soll, weil Umstürze meist Chaos auslösen), sondern nur durch eine **Vielzahl an Reformen**:

„Realistisch erscheint, den Kapitalismus durch Reformen zu zügeln. Dazu zählen Auflagen für Unternehmen etwa durch strenge Lieferkettengesetze, globale Mindeststeuern, die Internalisierung ökologischer Kosten in die Produktion durch CO_2-Steuern und wirksame Emissionszertifikate sowie ökologische Richtlinien für das Produktdesign. Die sich verschärfende Vermögens- und Einkommensschere kann durch ein wirksames Steuersystem, aber auch durch soziale Innovationen wie ein Erbe für alle, das etwa Thomas Piketty vorschlägt, überwunden werden.“ (Holzinger 2024, S. 360)

Ob die **Abkehr vom Überkonsum** allein durch die Ausbreitung postmaterieller Lebensstile erreicht werden kann, wird als fraglich angesehen:

„Denkbar wären auch gestaffelte Konsumsteuern, Werbeverbote sowie höhere Werbeabgaben. Vorgaben für die Tabakindustrie könnten durchaus auch auf klimaschädliche Produkte ausgeweitet werden. In der Energiewende können wir auf immer bessere Technologien sowie deren Wettbewerbsfähigkeit hoffen. Zugleich müssten jedoch alle Subventionen in fossile Energien umgehend abgestellt werden. Zudem muss der Reduktion des Energieverbrauchs mehr Augenmerk geschenkt werden, was insbesondere eine andere und verringerte Mobilität sowie ein Zurückfahren des Güterkonsums zugunsten langlebiger Produkte erfordert.“ (Holzinger 2024, S. 360)

Die Strategie des beschriebenen **Mehr-Ebenen-Ansatzes** vielfältiger Reformen in allen Bereichen und auf allen politischen, gesellschaftlichen und wirtschaftlichen Ebenen liegt im Entstehen einer sich selbst verstärkenden **Transformationskraft**:

„Gehofft wird, dass durch die Vielfalt der Initiativen eine Potenzialität entsteht, die mehr ist als die Summe der Einzelteile.“ (Holzinger 2024, S. 343)

Plädiert wird schließlich für einen neuen **Blick auf Wirtschaft**, der sich nicht allein an Gewinn und Verlust, möglichst billigen Preisen und kurzfristigem monetären Vorteil ausrichtet, sondern eine moderne Bedarfsökonomie der Grundgüter bei gleichzeitiger Dezentralisierung ins Zentrum rückt:

„Kraft läge auch in einem anderen Wertebewusstsein, das Wirtschaften als sozialen Prozess begreift – in der Herstellung von Gütern und Dienstleistungen ebenso wie in unseren Konsumhandlungen. Wenn nicht mehr allein der Preis eines Gutes den Kaufakt bestimmt, sondern das Wissen, wer das Gut unter welchen Bedingungen hergestellt hat, entsteht eine neue Qualität von Beziehung. Dies ist in einer hochgradig arbeitsteiligen Ökonomie mit den globalisierten, anonymen Produktionsketten nicht einfach. Wirtschaften müsste daher wieder stärker in den Nahraum der Menschen verlagert werden – eine Re-Regionalisierung würde nicht nur die Resilienz erhöhen, sondern auch die Beziehung zwischen den Wirtschaftsakteur*innen. Eine moderne Bedarfsökonomie, die (wieder) den Gebrauchswert der Güter in den Mittelpunkt stellt, würde uns nicht schlechter leben lassen, aber zukunftstauglich.“ (Holzinger 2024, S. 361)

1.4. Wirtschaftliche Bildung an Schulen

Die folgende Analyse der Schulbücher geht von den zentralen Herausforderungen des 21. Jahrhunderts für die Weltgesellschaft aus. Als Folie bzw. Analyseraster gelten die in Kap. 1.3 knapp vorgestellten Ansätze des Wirtschaftens sowie die ihnen zugrunde liegenden Denkmodelle. Zunächst werfen wir noch einen Blick auf die Diskurse über eine kritische bzw. emanzipatorische Wirtschaftsbildung.

Der Nachhaltigkeitsökonom Holger Rogall betont die Wichtigkeit des **Wissens über wirtschaftliche Prozesse und Vorgänge**:

„Die Kenntnis über die volkswirtschaftlichen Prozesse ist nicht nur für die Akteure in den Unternehmen wichtig, sondern für alle, die wissen wollen, aufgrund welcher Theorien, Interessen und Hintergründe Unternehmen und Wirtschaftspolitiker ihre Entscheidungen treffen.“ (Rogall 2011, S. 19)

Das gelte auch für die Studierenden sozialwissenschaftlicher Fächer, für die erstaunlich wenig allgemeinverständliche volkswirtschaftliche Basisliteratur existiere. Die sich naturwissenschaftlich gebende Mathematisierung der Ökonomik sowie das Ausblenden pluralistischer Ansätze werden als Hauptproblem der akademischen Lehre sowie der die Politik und Öffentlichkeit beratenden Wirtschaftsinstitute gesehen (Felber 2019).

Die Einseitigkeit der wissenschaftlichen Perspektiven und den fehlenden Theorienpluralismus in der wirtschaftlichen Bildung kritisieren nicht nur Wirtschaftsstudierende, sondern auch Vertreterinnen und Vertreter der sozioökonomischen Bildung. Wirtschaftliche Bildung an Schulen muss ein Basiswissen über wirtschaftliche Zusammenhänge vermitteln, sich aber auch der **Pluralität der Ansätze und Herangehensweisen** an Wirtschaft stellen. Wirtschaftliche Bildung bedeutet in diesem Sinne den Erwerb von Kompetenzen, um sich im komplexen Geschehen modernen Wirtschaftens zu Recht zu finden und kluge Entscheidungen zu treffen – im Umgang mit Geld, beim eigenen Konsumverhalten, bei der Wahl des Berufes oder der Ausbildung. Doch sowie Bildung für Nachhaltige Entwicklung (BNE) nicht nur auf einen verantwortungsvollen Lebensstil abzielt, sondern auch auf Urteils- und Gestaltungskompetenz im politischen und gesellschaftlichen Handlungsraum (Holzinger 2020a), so hat wirtschaftliche Bildung auch die sozialen, ökologischen und politischen Implikationen des Wirtschaftens in den Blick zu nehmen. Nicht nur als Akteur*innen im Wirtschaftsleben als Konsument*innen, zukünftige Arbeitnehmer*innen oder Unternehmer*innen, sondern auch als kritische Bürger*innen sollen Schüler*innen in der wirtschaftlichen Bildung angesprochen werden, wie das Netzwerk **„Wir alle machen Wirtschaft“** betont.[9]

Wirtschaftsbildung an Schulen ist ein stark umkämpftes Gebiet. Es geht um die **Deutungshoheit** darüber, wie wirtschaftliche Zusammenhänge erklärt und welche wirtschaftlichen Ansätze bzw. Theorien vor- oder nicht vorgestellt werden. Die Herausgebenden des Bandes „Wir alle machen Wirtschaft“ (Armutskonferenz u. a. 2025) schätzen die Lage in Österreich wie folgt ein:

„Seit einigen Jahren versuchen finanzstarke Lobbys über Projekte in der Politik und in Schulen, einen einseitigen und engen Ansatz wirtschaftlicher Bildung voranzutreiben.“ (Armutskonferenz u. a. 2025, S. 9)

Eine der zentralen Forderungen dieser Lobbys sei ein eigenes Fach „Wirtschaftsbildung“ an Schulen. Wirtschaftstheorie sei von kontroversen Debatten, unterschiedlichen Paradigmen, Ansichten und Ableitungen geprägt. Diese **verschiedenen Perspektiven** müssten

„sich sowohl in Schule und Hochschule als auch in der gesellschaftlichen Auseinandersetzung zum Thema Wirtschafts- und Finanzbildung wiederfinden, sodass Menschen ihr eigenes Bild formen, ihre eigenen Wertvorstellungen entwickeln und danach handeln können.“ (ebd. S.9f.)

---

[9] www.wirallemachenwirtschaft.at. Abgerufen am 30.3.2025

1.5. Kriterien zukunftsfähiger Wirtschaftsbildung

Mit dem sogenannten Beutelsbacher Konsens, der in den 1970er Jahren formuliert wurde, wird besonders für die formale politische Bildung auf drei zentrale didaktische Leitgedanken verwiesen, die noch immer Gültigkeit haben: **Überwältigungsverbot** (keine Indoktrination); **Beachtung kontroverser Positionen** in Wissenschaft und Politik im Unterricht; Befähigung der Schüler*innen, in politischen Situationen ihre **eigenen Interessen** zu analysieren.[10]

Ähnlich argumentiert der „Ansatz zukunftsfähiger Wirtschaftsbildung" (Buschmann u. a. 2025. S. 12ff.). Als Kriterien werden genannt: 1) ein **umfassender Wirtschaftsbegriff**, der nicht nur Unternehmen bzw. Marktaktivitäten betrachtet, sondern alle wirtschaftlichen Tätigkeiten; 2) **multiperspektivische Bildung**, die unterschiedliche wirtschaftliche Denkschulen berücksichtigt und diskutiert; 3) **Subjekt- und Problemorientierung,** also die Herstellung von Bezügen zur Lebensrealität der Schüler*innen sowie zu aktuellen gesellschaftlichen Fragestellungen, etwa im Kontext Ökologie oder Ethik; 4) **Transparente** und von **Gewinninteressen unabhängige Akteur*innen** und **Materialien**, etwa im Kontext von Finanzbildung; 5) **Kritischer Ansatz**, der unterschiedliche Sichtweisen, Diskurse und Debatten über wirtschaftliche und wirtschaftspolitische Fragen thematisiert.

Demnach soll

> „wirtschaftliche Bildung zur Partizipation an der politischen Gestaltung von Wirtschaft in Öffentlichkeit und Politik, Unternehmen, Organisationen und Zivilgesellschaft befähigen" (ebd. S. 13).

Wirtschafts- und Finanzbildung müsse sicherstellen,

> „dass Menschen Zusammenhänge sehen und verstehen können, um nach ihnen zu handeln" (ebd. S. 13),

das heißt auch, für **eigene Interessen** und das **Gemeinwohl** einstehen zu können. Wirtschaftliche Bildung wird als zentrale bildungspolitische Maßnahme definiert,

> „mit der Kindern und Jugendlichen politisch-soziale Deutungsmuster und Weltbilder mit Blick auf Wirtschaft, Arbeitswelt und Soziales vermittelt werden." (Zurstrassen/Franke 2025, S.20)

Im Kontext **ökologischer** und **geopolitischer Herausforderungen** wird auch gefordert, die Errungenschaften von Sozialstaat und Demokratie wertzuschätzen und für zukünftige Ziele zu adaptieren:

> „Diese Vorzüge zu kennen und zu schätzen und gleichzeitig zu verstehen, in welcher Hinsicht die aktuelle Wirtschaftsweise nicht nachhaltig ist, erlaubt, die Potenziale zukunftsfähigen Wirtschaftens realistisch einzuschätzen." (Novy u. a. 2025, S. 122)

Die Annahme von **unbegrenzten menschlichen Bedürfnissen**, die nur mit **permanentem Wirtschaftswachstum** befriedigt werden können, habe uns in die Vielfachkrise geführt:

> „Wir müssen also unser Wirtschaftsmodell grundlegend überdenken. Diese Aufgabe kommt auch der Wirtschaftsbildung zu." (Hüttmann 2025, S. 154)

Dabei sei die **Kritik** an unserem **gegenwärtigen Wirtschaftssystem** und seinen theoretischen Grundlagen ebenso wichtig wie das konkrete **Aufzeigen von Alternativen.** Dies erfordert, eine **globale Perspektive zukunfts- und weltverträglicher Wirtschaftsweisen** einzunehmen. Die sich rapide verändernde Welt brauche neue Sichtweisen und Konzepte wie

> „ökologische Belastungsgrenzen, Suffizienz (Genug-Haben), Resilienz (Anpassungs- und Transformationsfähigkeit), Grundversorgung, sozialökologische Infrastrukturen und Alltagsökonomie." (Novy u. a. 2025, S. 124)

Wirtschaft kann dann nicht mehr ausschließlich auf den Markt- und Profitsektor begrenzt gesehen werden. Vielleicht werden wir völlig neue Formen der Planung und Wertsetzungen brauchen im

---

[10] https://www.bpb.de/die-bpb/ueber-uns/auftrag/51310/beutelsbacher-konsens. Abgerufen am 30.3.2025

Sinne einer **„reduktiven Moderne“** (Welzer/Sommer 2014), **„Erdverbundenheit“** (Latour/Schultz 2022) oder einer **„neuen Aufklärung“** (v. Weizsäcker/Wijkman 2017). In ihrem Bericht an den Club of Rome räumen von Weizsäcker und Wijkman neben ökologischen auch ökonomischen, sozialen und politischen Krisen breiten Stellenwert ein. Gesprochen wird von einer „verwirrten Welt“ (ebd. S. 20), einer „Krise des globalen Kapitalismus“ (ebd. S. 22), von einem aufsteigenden Populismus und der Unterhöhlung demokratischer Institutionen sowie von einer gefährlichen „Finanzialisierung der Wirtschaft“ (ebd. S. 29).

1.6. Wirtschaftliche Bildung in den Lehrplänen

Einführend in den **Lehrplänen der Allgemeinbildenden Höheren** Schulen heißt es:[11]

„Schule und Unterricht tragen dazu bei, dass junge Menschen befähigt werden, bei der **Bewältigung von gesellschaftlichen, sozialen, ökonomischen und ökologischen Herausforderungen** eine aktive Rolle einzunehmen. Dazu gehört, dass Kompetenzen für eine nachhaltige Entwicklung angebahnt werden. ... Schule ist damit nicht nur Lernort sowie ein Ort der Bildung für nachhaltige Entwicklung, sondern auch ein **sozialer Raum**, welcher es ermöglicht, sich zu erproben, die Wirkungen des eigenen Handelns zu erleben und diese kritisch zu reflektieren. Es gilt, gemeinsam Verantwortung für die **Herausbildung einer zukunftsfähigen Lebensgestaltung der Einzelnen und der Gesellschaft** auf globaler und lokaler Ebene zu entwickeln und zu übernehmen sowie ein **ganzheitliches Menschenbild** im Sinne einer **inklusiven Gesellschaft** zu fördern.“[12]

In den **„übergreifenden Themen“** werden u. a. die Berufswahl, Entrepreneurship Education sowie Bildung für nachhaltige Entwicklung angesprochen.

Bei **„Bildungs-, Berufs- und Lebensorientierung“** heißt es:

„Die Schule unterstützt Schülerinnen und Schüler dabei, ihren **individuellen Bildungs- und in weiterer Folge Berufsweg** unter Berücksichtigung ihrer Stärken und mit der nötigen Eigenverantwortung zu beschreiten und bestärkt sie in ihrem gewählten Weg. Ziel ist es, dass Schülerinnen und Schüler ihre Interessen, Begabungen und Talente erkennen sowie wichtige Lebenskompetenzen (wie Entscheidungs- und Reflexionsfähigkeit) erwerben. Dieses Kompetenzlernen soll über die gesamte Schullaufbahn hinweg und speziell vor schulischen Übergängen oder Abschlüssen erfolgen.“ (ebd.)

Zudem wird auf **„Entrepreneurship Education“**, die im Europäischen Referenzrahmen für das lebenslange Lernen als Schlüsselkompetenz ausgewiesen wird, eingegangen. Diese umfasse drei Bereiche:

„Entwicklung innovativer Ideen und deren strukturierte Umsetzung, **Persönlichkeitsentwicklung** und die Befähigung dazu, eigeninitiativ zu sein, an sich zu glauben, empathisch und teamfähig zu agieren sowie sich selbst und anderen Mut zu machen, **Verantwortung für sich, andere und die Umwelt** zu übernehmen.“ (ebd.)

Mit der **Befähigung** in den genannten Bereichen

„sollen Schülerinnen und Schüler spielerisch lernen, **(unternehmerische und gesellschaftliche) Ideen** zu entwickeln und umzusetzen.“ (ebd.)

Unter **„Bildung für nachhaltige Entwicklung“** wird festgelegt:

„Der Unterricht soll für die Anliegen und Erfordernisse des **Natur-, Tier- und Umweltschutzes** und für die Gestaltung eines **umweltbewussten Alltags** sensibilisieren. Geeignete Methoden sind vor allem Naturbegegnung, Projektunterricht, forschendes und entdeckendes Lernen und die Durchführung von Rollen-, Plan-

---

[11] Hervorhebungen durch den Verfasser

[12] Zit. n. Bundesrecht konsolidiert: Gesamte Rechtsvorschrift für Lehrpläne – allgemeinbildende höhere Schulen, Fassung vom 13.12.2025 https://www.ris.bka.gv.at/GeltendeFassung.wxe?Abfrage=Bundesnormen&Gesetzesnummer=10008568. Abgerufen am 8.4.2025

sowie Simulationsspielen. Neben dem **Verständnis für Ökosysteme** sind verstärkt Fragestellungen einzubeziehen, die sich an den Interessen der Schülerinnen und Schüler und dem aktuellen Tages- und Weltgeschehen orientieren. Als **Kernthemen** werden u. a. Artenvielfalt und -schutz; Klimawandel und Klimaschutz; Lebensräume und deren Vernetzung und Schutz von Boden, Wasser, Luft, Wäldern und Meeren; nachhaltige und sozial gerechte Ressourcen- und Energienutzung; Vermeidung von Lebensmittelabfällen, Abfall und Emissionen; Recycling; Ernährung und verantwortungsvoller Konsum gesehen." (ebd.)

Im Lehrplan für die Gymnasien werden für **„Geographie und wirtschaftliche Bildung"** folgende **Oberziele** festgelegt:

„Der Unterrichtsgegenstand Geographie und wirtschaftliche Bildung stellt den **mündig handelnden Menschen** in Gesellschaft, Wirtschaft, Politik und Umwelt sowie dabei relevante räumliche und zeitliche Zusammenhänge in den Mittelpunkt. Ein wichtiger Ausgangspunkt der Lehr-/Lernprozesse sind dabei die Lebenswelten der Schülerinnen und Schüler. Im Bewusstsein, dass geographische und ökonomische Prozesse sowie ihre Darstellung immer auch gesellschaftlich eingebettet sind, sollen diese für Schülerinnen und Schüler **als gestaltbar und veränderbar** erfahren werden. Schülerinnen und Schüler sollen in komplexen Lebenswelten durch Analyse und Reflexion zunehmend individuelle **Orientierungs-, Urteils- und Handlungskompetenz** entwickeln. Besondere Bedeutung hat die Auseinandersetzung mit den **Themenfeldern** Privathaushalt, Geld und Finanzentscheidungen, Produktion und Konsum, Unternehmertum und Arbeitswelt, Staat und Gesellschaft, naturräumliche und sozialräumliche Prozesse, Mensch-Umwelt-Beziehungen, Ressourcenschonung, Nachhaltigkeit, Digitalisierung, Globalisierung und internationale (Wirtschafts-) Beziehungen." (ebd.)

Unter **Didaktische Grundsätze für die 5. - 8. Klasse** wird genannt:

„Im Mittelpunkt des Unterrichtsgegenstandes Geographie und wirtschaftliche Bildung (GWB) steht der Mensch. Der GWB-Unterricht fokussiert entsprechend auf die Lebenswelten der Jugendlichen und lässt eine deutliche **Aktualitäts- und Zukunftsorientierung** erkennen. Es gilt, die Schülerinnen und Schüler in einer Zeit des Globalen Wandels entscheidungs- und handlungsfähig für die Zukunft zu machen. **Große globale Herausforderungen** sollen sichtbar gemacht und mögliche **Handlungsoptionen** entwickelt werden. Entsprechend sind die Analyse der Hintergründe und Folgewirkungen menschlichen Handelns in Gesellschaft, Umwelt(en) und Wirtschaft sowie politisch bildende Lehr- und Lernprozesse zentrale Anliegen des GWB-Unterrichts. Die räumliche Komponente findet dabei besondere Berücksichtigung." (ebd.)

„Aus der Perspektive der **Kompetenzorientierung** vermittelt der GWB-Unterricht den kompetenten Umgang mit wesentlichen und komplexen Fachinhalten und Fachmethoden der Geographie und der Ökonomie, die **dem letzten Stand der fachlichen und fachdidaktischen Erkenntnisse** entsprechen, sich speziell aber an den bei Schülerinnen und Schülern ausgeprägten Motivationen, Interessen und Bedürfnissen orientieren sollen. Die **Existenz verschiedener interessengeleiteter Wirklichkeiten** von der lokalen bis zur globalen Ebene aufzuzeigen, zu vergleichen, zu bewerten und kritisch zu hinterfragen, ist Ziel eines **multiperspektivischen Zugangs** zum Unterricht. Prozesse und Phänomene interdisziplinär, integrativ und in ihrer Dynamik und Wechselwirkung zu erfassen, fördert die Synthesekompetenz." (ebd.)

Und weiter:

„Nur aus dem fundierten **Verständnis räumlicher und ökonomischer Prozesse** erwachsen schließlich die Möglichkeiten zu kompetenter Kommunikation sowie zu konstruktivem Handeln, aus Sicht des Lernens also zur Ausbildung der Kommunikations- und Handlungskompetenz. Dabei gilt der Grundsatz, die Schülerinnen und Schüler zu **mündiger und aktiver gesellschaftlicher Partizipation** im Sinne einer **Bildung für nachhaltige Entwicklung** zu befähigen, zu ermutigen und auch anzuhalten. Die Phase der Reflexion bzw. die Entwicklung der Reflexionskompetenz runden den Prozess des Kompetenzaufbaus ab und bilden den Ausgangspunkt für weiterführendes unterrichtliches Handeln. Der Unterrichtsgegenstand Geographie und Wirtschaft leistet damit einen **Beitrag zur nachhaltigen Entwicklung** sowie der **Entfaltung möglichst hoher Lebensqualität** für alle Menschen." (ebd.)

Im **Ethikunterricht** wird ebenfalls auf Aspekte der wirtschaftlichen Bildung eingegangen. Vorgesehen sind u. a. die Themen „Moralischer Status von Tieren, Tierrechte, Tierschutz" (6. Schulstufe), „Markt und Moral, Unternehmensethik, Konsumverhalten" (7. Klasse).

1.7. Fragestellungen und Themen der Schulbuchanalyse

Es liegen keine Daten dafür vor, wie intensiv Schulbücher im Unterricht verwendet und wie weit weitere Informationsquellen etwa aus dem Internet herangezogen werden. Schulbücher sind jedoch eine **Grundlage für die Gestaltung des Unterrichts**:

„Wir sind uns bewusst, dass eine produktorientierte Schulbuchforschung keine Einsichten liefern kann, wie Schulbücher im Unterricht verwendet werden. Dennoch kann eine derartige Untersuchung aufzeigen, welche Möglichkeiten das **Medium Schulbuch** dahingehend bietet." (Stiegler u. a. 2025, S. 84)

Ausgangspunkt der folgenden Inhalts- und Textanalyse von Schulbüchern für Geographie und Wirtschaftskunde der AHS[13] ist ein **breites** und **emanzipatorisches Verständnis** von wirtschaftlicher Bildung, welches die Herausforderungen von heute und morgen in der „Einen Welt" zum Ausgangspunkt nimmt. Wie wird das Ziel von Wirtschaften in den untersuchten Schulbüchern definiert? Wie werden Bedürfnisse dargestellt, wie und welche wirtschaftlichen Grundbegriffe werden erklärt? Wie werden soziale und ökologische Aspekte behandelt? Wie unterschiedliche Wirtschafts- und Unternehmensformen? Wie die Rolle von Wirtschaftspolitik und Wirtschaftswachstum? Welche Wohlstandsbilder und -verständnisse werden vermittelt? Wie werden Interessenskonflikte thematisiert? Schließlich: Wie wird Verbraucher- und finanzpolitische Bildung eingeführt?

Diesen Fragen stellt sich die folgende Analyse. Basis der Beurteilung sind einschlägige **Fachpublikationen** sowie meine auf umfangreichen Recherchen beruhende Veröffentlichung **„Wirtschaftswende**. Transformationsansätze und neue ökomische Konzepte im Vergleich" (Holzinger 2024).

1.8. Die analysierten Schulbücher

Das Schulbuch **Meridiane** wurde von Harald Hitz, Andreas Kowarz, Ingrid Kucera und Wilhelm Maclik verfasst und wird im Ed. Hölzel-Verlag publiziert. Die Bände sind von 2017 bis 2019 erschienen, die mir vorliegenden Ausgaben beziehen sich auf leicht aktualisierte Ausgaben 2020.[14]

Das Lehr- und Arbeitsbuch für die 5. und 6. Klasse an allgemeinbildenden höheren Schulen (**Meridiane 5/6**, 2017/2020) enthält folgende Inhalte zum Bereich Wirtschaftsbildung: die Grundlagen des Wirtschaftens, das Funktionieren von Märkten, die Rolle von Bedürfnissen und jene der Werbung, die Aussagekraft des Bruttoinlandsprodukts, die Bedeutung von Produktionsfaktoren, Arbeitsteilung und Ressourcen sowie globale Ungleichheiten. Zudem gibt es Ausführungen zum Klimawandel und zum Tragfähigkeitskonzept der Erde. Ein Abschnitt ist der historischen Veränderung der Landwirtschaft gewidmet.

Meridiane 7 erklärt am Schwerpunkt Österreich die Bereiche „Volkswirtschaftliche Gesamtrechnung", „Inflation und Deflation", „Arbeitsmarkt und Arbeitslosigkeit", „Wettbewerbspolitik" und „Sozialpolitik und Wohlfahrtsstaat", „Jugendarbeitslosigkeit", „Einkommen und Vermögen in Österreich" sowie „Budget- und Steuerpolitik". Ein Kapitel ist der Finanzkrise 2008 gewidmet. Ein Überkapitel thematisiert Unternehmensgründungen sowie Berufs- und Bildungsmöglichkeiten. Zum Bereich Nachhaltigkeit wird die Klimakrise am Beispiel der Alpen und ökologisch nachhaltiges Verhalten besprochen.

Meridiane 8 enthält zwei Kapitel zu Wirtschaftsbildung: „Politische und ökonomische Systeme" mit Beiträgen zu „Entwicklung und Unterentwicklung", „Grundformen von Wirtschaftssystemen" (u. a. „Sozialistische Marktwirtschaft in China", "Soziale Marktwirtschaft in Norwegen") sowie zu

[13] Neu heißt das Fach „Geographie und wirtschaftliche Bildung" (GWB).
[14] Von diesen Schulbüchern liegen Neuausgaben aus dem Jahr 2024 vor, die laut Auskunft des Verlages keine Aktualisierungen aufweisen. E-Mail vom 18.2.2025

„Kapitalmarkt und Finanzwirtschaft“ (ebd. S. 202ff.) mit Beiträgen zu Anlageformen und zu „Geld- und Währungspolitik“. Zudem gibt es Beiträge zum Klimawandel sowie zu Nachhaltigkeit.

Das Schulbuch **Perspektiven** wurde von Bernhard Marchart und Alois Pötz verfasst und ist 2017 im Ed. Hölzel-Verlag erschienen. Die mir vorliegenden Ausgaben entsprechen den geringfügig aktualisierten Versionen von 2020.[15]

Der Band **Perspektiven 5/6** enthält Wirtschaftskapitel zu „Die wirtschaftlichen Bedürfnisse der Menschen bewerten“, „Nutzungskonflikte an regionalen Beispielen reflektieren“ sowie „Wettbewerbs- und Regionalpolitik bewerten.“ In „Tragfähigkeit der Einen Welt“ werden ökologische Themen angesprochen.

Die Ausgabe **Perspektiven 7/8** für die siebte und achte Schulstufe der Gymnasien enthält folgende Kapitel zum Thema Wirtschaft: „Gesamtwirtschaftliche Leistungen und Probleme sowie Wirtschafts- und Sozialpolitik erklären“, „Wirtschaftsstandort Österreich beurteilen“, „Unternehmen und Berufsfelder analysieren“, „Politische und ökonomische Systeme vergleichen“ sowie „Geld und Währung analysieren“. Das Kapitel „Chancen und Gefahren der Globalisierung erörtern“ thematisiert ebenfalls ökonomische Aspekte. Der Klimawandel wird am Beispiel der Alpen behandelt. Zudem gibt es Kapitel zu Umwelt und Ressourcennutzung.

Das Schulbuch **Durchblick – kompetent** (im Folgenden kurz: Durchblick) ist bei Westermann erschienen. Die Autor*innen sind Maria Hoffmann-Schneller, Manfred Derflinger, Gottfried Menschik und Peter Rik. Als Moderator wird Helmut Wohlschlägl angeführt. Die mir vorliegenden Ausgaben sind von 2018-2020 erschienen.

Durchblick 5 enthält Überkapitel zu „Der Mensch und seine wirtschaftlichen Bedürfnisse“ sowie „Wirtschaftliche Ungleichheit auf der Erde und die Verflechtungen des Welthandels“. Zum Bereich Nachhaltigkeit gibt es ein Unterkapitel „Übernutzung der Erde und ihre Folgen für das Klima“.

In **Durchblick 6** werden „Problemfelder der europäischen Wirtschaftspolitik“ sowie aktuelle ökonomische Herausforderungen der EU u. a. durch die Finanzkrise 2008 thematisiert. Thematisiert wird auch die EU-Umweltpolitik.

Durchblick 7 behandelt am Schwerpunkt Österreich die Wirtschafts- und Sozialpolitik sowie Fragen zum Wirtschaftsstandort, wobei auf die unterschiedlichen Wirtschaftssektoren in ihrem Wandel eingegangen wird. Der Klimawandel und die Energiewende sind ebenso Thema wie Berufsorientierung und Unternehmensgründungen.

Durchblick 8 widmet sich ausführlich dem Thema „Globalisierung“ inklusive der Finanzmärkte sowie der ungleichen Entwicklung. Zudem werden politische und ökonomische Systeme im Vergleich sowie „Strategien nachhaltigen Handelns als gesamtgesellschaftliche Herausforderung“ thematisiert. Eigene Überkapitel sind den Finanzmärkten sowie den unterschiedlichen Anlageformen gewidmet.

Das im Veritas-Verlag erschienene Schulbuch **Geospots** wurde von Alfred Grimm, Franz Hochreiner, Gerhard Mayrhofer, Florian Benjamin Part und Erna Pichlbauer verfasst. Es wurde 2011 approbiert. Die Ausgabe 5/6 ist 2025 in 7. aktualisierter Auflage, die Ausgabe 7/8 2025 in 5. aktualisierter Auflage erschienen.

Geospots 5/6 enthält Überkapitel zum Analysegegenstand „Lebensräume der Erde – Mensch und Umwelt im Einklang?“, „Grundlagen der Wirtschaftskunde – Marktmechanismen“, „Außerwert- und

[15] Auch die Bände von „Perspektiven“ gibt es in einer laut Verlag nicht veränderten Neuausgabe 2024.

Inwertsetzung von Produktionsgebieten“ sowie „Politikfelder der EU – was macht die Gemeinschaft aus?“ mit Abschnitten zur Wirtschafts- und Wettbewerbspolitik sowie der Energiepolitik der EU.

Geospots 7/8 enthält für die Analyse relevante Kapitel zu „Volkswirtschaft Österreich – klein aber produktiv“, „Wirtschaftsstandort Österreich“, „Betriebswirtschaft und Berufsorientierung“, „Globalisierung – Chancen und Risken“, „Politische und ökonomische Systeme im Vergleich“ sowie „Geld und Währung“. Unter „Grundlagen und Naturraum Österreichs“ wird auch auf den anthropogenen Klimawandel eingegangen.

Das Schulbuch **Geographisch** wurde von Bettina Altzinger, Michaela Eibler, Johannes Ortner, Reinhold Pöppl und Anna Steinhauer verfasst und ist ebenfalls im Veritas-Verlag erschienen. Es ist das derzeit aktuellste Schulbuch am Markt. Die Ausgaben 5/6 und 7 sind in erster Auflage 2024 erschienen, die Ausgabe 8 im Jahr 2025.

Geografisch 5/6 enthält Überkapitel zu „Leben und Wirtschaften“ u. a. mit Ausführungen zum Ziel von Wirtschaften sowie zu Märkten im Wandel. Ausführlich werden ökologische Herausforderungen in einem Überkapitel „Unsere Erde unter Druck?“ sowie Themenfelder der Europäischen Union thematisiert.

Geografisch 7 widmet sich laut Lehrplan ebenfalls dem Wirtschaftsstandort Österreich, wobei Wirtschafts- und Sozialpolitik ebenso besprochen werden wie die Frage nach einem guten Leben und unterschiedlichen Wohlstandsbildern. Ein weiteres Überkapitel ist den Themen „Arbeitswelt und Lebensgestaltung“ gewidmet, in dem u. a. auf die Berufsfindung sowie die Gründung von Unternehmen eingegangen wird.

In **Geografisch 8** werden „Chancen und Herausforderungen der Globalisierung“ sowie „Politische und ökonomische Systeme im Vergleich“ besprochen. Ein Kapitel ist dem Thema „Umweltrisiken und globaler Wandel“ gewidmet, ein eigenes Überkapitel auch in diesem Schulbuch den Finanzmärkten und Anlageformen.

Das Schulbuch **global** wurde von Elisabeth Dittrich, Johannes Dorfinger, Christian Fridrich, Bettina Fuhrmann, Gottfried Kögler, Elisabeth Mayer, Barbara Müller-Hager und Ines Müllneritsch verfasst. Es ist im ÖBV in erster Auflage 2017 (Band 6 und 7), 2020 (Band 5) und 2023 (Band 8) erschienen.

global 5 enthält ein Überkapitel zu „Die wirtschaftlichen Bedürfnisse des Menschen bewerten“, in dem u. a. die Bedeutung von Bedürfnissen, Werbung, Märkten und Konjunktur sowie die Produktionsfaktoren besprochen werden. In den Kapiteln „Ecosysteme der Erde analysieren“ und „Nutzungskonflikte an regionalen Beispielen reflektieren“ werden ökologische Fragen, u. a. „Mensch und Klimawandel“ behandelt.

Global 6 thematisiert Politikfelder im Kontext der Europäischen Union u. a. zur Agrar-, Energie- und Währungspolitik sowie ökologische Fragen im Kontext der Außer- und Inwertsetzung von Produktionsgebieten. Zudem werden wirtschaftliche Indikatoren auf europäischer Ebene besprochen.

In **global 7** werden „gesamtwirtschaftliche Leistungen und Probleme“ sowie „Wirtschafts- und Sozialpolitik“ thematisiert, zudem der Wirtschaftsstandort Österreich sowie der Bereich „Unternehmen und Berufsfelder analysieren“. Im ökologischen Kontext gibt es Kapitel zu „Alpiner Klimawandel“ und „Nachhaltigkeit geht uns alle an“.

In **global 8** thematisieren die Abschnitte „Chancen und Gefahren der Globalisierung erörtern“, „Politische und ökonomische Systeme vergleichen“ und „Geld und Währung analysieren“ Aspekte von Wirtschaftsbildung. Thematisiert werden auch der „globale Klimawandel“ und andere ökologische Herausforderungen.

Im Folgenden werden die Schulbücher anhand von 32 Begriffen vorgestellt und bewertet.

2. Analyse der Schulbücher

2.1. Von Bedürfnissen und dem Ziel von Wirtschaften

Bedürfnisse

Fachliche Einführung

Wenn Wirtschaft die Summe der Einrichtungen zur **Deckung des menschlichen Bedarfs** an Gütern und Dienstleistungen ist, dann verweist dies darauf, was Menschen zu einem würdevollen bzw. guten Leben brauchen. In den Wirtschaftswissenschaften stehen jedoch Bedürfnisse, meist „unbegrenzte“ Bedürfnisse, im Zentrum, denen „knappe“ Mittel gegenüberstehen.

„Die Bedürfnisse des Menschen sind grundsätzlich unbegrenzt und verändern sich im Laufe des Lebens.“[16]

Ziel der Wirtschaft sei es, diese Bedürfnisse mit den verfügbaren knappen Mitteln zu befriedigen. Der „homo oeconomicus“ wisse, was er brauche, und richte sein Konsumverhalten danach aus. Üblich ist auch die Sichtweise, dass aus den Bedürfnissen ein **Bedarf** wird, sobald die Kaufkraft zur Befriedigung dieser Bedürfnisse gegeben ist.

„Gewinnorientierte Unternehmen reagieren nur auf den Bedarf, nicht auf Bedürfnisse.“ (Rogall 2011, S. 34)

Die Ausrichtung auf den Bedarf statt auf die Bedürfnisse erscheine für diesen Unternehmenstyp ebenso nachvollziehbar wie problematisch:

„Aufgrund ihrer Rationalität ist es vielversprechender dort neue Bedürfnisse zu schaffen, wo Kaufkraft vorhanden ist, als sich an den vorhandenen Bedürfnissen zu orientieren.“ (ebd., S.34)

In den Sozialwissenschaften wird in **materielle** und **immaterielle Bedürfnisse** unterschieden. Zudem werden Bedürfnisse in eine **Rangfolge** gebracht – am bekanntesten dabei ist die Maslowsche **Bedürfnispyramide,** die in physische Grundbedürfnisse, soziale Bedürfnisse und Bedürfnisse nach Selbstverwirklichung unterscheidet.[17]

In der **Ökologischen Ökonomie** sowie in der **Postwachstumsökonomie** wird die Annahme unbegrenzter Bedürfnisse hinterfragt: Es gäbe Nachfragegrenzen, Sättigungen, einen abnehmenden Grenznutzen weiteren Konsums ab einem gewissen Niveau, allein aus zeitökonomischen Gründen, da wir nicht genügend Zeit hätten, alle Offerte wahrzunehmen (Paech 2025, Holzinger 2024, S. 119, S. 283ff.).

Der Ökonom Holger Rogall verweist auf Folgendes:

„Die Vorstellung der unendlichen Bedürfnisse ist erst in der Neuzeit entstanden. Denn die Menschheit hat über die längste Zeit ihrer Existenz mit einer relativ konstanten Güterausstattung gelebt.“ (Rogall 2011, S. 34)

In den **Wirtschaftswissenschaften** sei es lange nicht vorstellbar gewesen, dass Bedürfnisse auch anders als materiell befriedigbar seien, so der Ökonom Reinhold Hedtke in seinem Lehrbuch über ökonomische Theorien. Er spricht von einem „blinden Fleck“ der Wirtschaftswissenschaften. Der Knappheitsansatz sehe nicht,

„dass Akteure Knappheit dadurch verringern können, dass sie ihre Ansprüche begrenzen und ihren Lebens- und Konsumstil ändern“ (Hedtke 2008, S. 24).

In den neueren Debatten wird angesichts der **planetaren Grenzen** auch auf die **Befriedigung der Grundbedürfnisse** als zentrales Ziel eingegangen, gesprochen wird etwa von einer „modernen

---

[16] https://www.bpb.de/kurz-knapp/lexika/lexikon-der-wirtschaft/18801/beduerfnisse. Abgerufen am 28.5.2025

[17] https://www.bwl-lexikon.de/wiki/beduerfnispyramide/. Abgerufen am 28.5.2025

Ökonomie der Grundbedürfnisse“ (Holzinger 2024) sowie von „Alltagsökonomie“ (Novy u. a. 2023, Novy u. a. 2025). Konsens gibt es darüber, dass mittels **Werbung** neue Bedürfnisse und Wünsche geweckt werden – dazu mehr im nächsten Kapitel. Demnach lässt sich zwischen „bedarfsorientiertem“ und „Bedürfnisse generierendem“ Wirtschaften unterscheiden (Holzinger 2016, 2024). Im Folgenden betrachten wir, wie in den Schulbüchern Bedürfnisse, Knappheit sowie das Ziel von Wirtschaften beschrieben wird.

Inhalte der Schulbücher

In **Meridiane 5/6** wird Wirtschaften ähnlich wie oben definiert:

> „Wirtschaften heißt Güter und Dienstleistungen erzeugen, verteilen und verbrauchen, um Bedürfnisse zu befriedigen.“ (Meridiane 5/6, S. 110)

Zur Erklärung von Bedürfnissen wird die Maslowsche Bedürfnispyramide herangezogen, die existenzielle und soziale Bedürfnisse sowie das Bedürfnis nach Anerkennung unterscheidet. Welche dieser Bedürfnisse durch die Wirtschaft gedeckt werden können und welche nicht, wird nicht ausgeführt. Als Bedürfnisse werden die **Wünsche der Menschen** definiert, diese seien „vielfältig und scheinen unbegrenzt zu sein.“ (ebd. S. 110) Bedürfnisse werden von Bedarf unterschieden:

> „Erst bei tatsächlicher Nachfrage nach Gütern oder Dienstleistungen entsteht ein Bedarf.“ (ebd. S. 110)

Im Gegensatz zu den Bedürfnissen sei der Bedarf durch die Kaufkraft begrenzt. Alle Wirtschaftsmittel, die einen Bedarf decken und damit der Produktion dienen, würden „Güter im weitesten Sinn“ genannt. Dazu heißt es nochmals:

> „Den scheinbar unbegrenzten Bedürfnissen stehen die begrenzten Güter gegenüber. Güter sind knapp. Je knapper ein Gut ist, je mehr es begehrt wird, desto größer ist sein Wert.“ (ebd. S. 110)

Dies werde in der Marktwirtschaft „durch den Preis ausgedrückt“ (ebd. S.110).

Wie Meridiane 5/6 geht auch das Schulbuch **Perspektiven 5/6** von **unbegrenzten Bedürfnissen** aus. In der Einleitung heißt es:

> „Wer kennt das nicht? Kaum habe ich mir einen Wunsch erfüllt, ist der nächste da. Meine Bedürfnisse sind unendlich.“ (Perspektiven 5/6, S. 75)

Als Bedürfnisse werden die Wünsche der Menschen definiert, diese seien „vielfältig und scheinen unbegrenzt zu sein.“ (ebd. S. 75) Es wird zwar auch auf immaterielle Bedürfnisse wie Sicherheit, Freundschaft oder Anerkennung hingewiesen, aber im ökonomischen Kontext geht es um Konsum. Wobei hier das Spannungsverhältnis zu einer **begrenzten Welt** angesprochen wird:

> „Es ist eine Herausforderung und ein Kriterium der Zukunftsfähigkeit von uns Menschen, unsere vielfältigen und unterschiedlichen Bedürfnisse, die Nutzung der Ressourcen sowie die Ziele der Investitionen mit einer endlichen Welt in Einklang zu bringen.“ (ebd. S. 75)

Die Herausforderung von nachhaltigen Wirtschaftsstrukturen ist damit benannt. In der Folge werden die Begriffe „Bedürfnisse“ „Bedarf“, Kaufkraft“, „Nachfrage“ und Marketing“ erklärt. Die Maslowsche Bedürfnispyramide wird ausführlich dargestellt.

In **Perspektiven 7/8** wird Wohlstand beschrieben als

> „Versorgungsgrad für Menschen, der sich aus immateriellen (Bildung, Glücksempfinden …) und materiellen Faktoren (Einkommen …) zusammensetzt. … Materieller Wohlstand muss erwirtschaftet werden, bevor er verteilt wird.“ (Perspektiven 7/8, S.64)

In **Durchblick 5** wird ebenfalls auf **materielle** und **immaterielle Wünsche** und **Bedürfnisse** eingegangen:

„Der Antrieb zu all unserem Tun entstammt dem Gefühl, unsere persönlichen Wünsche zufriedenzustellen. In der Ökonomie werden diese Wünsche Bedürfnisse genannt. Viele unserer Bedürfnisse lassen sich durch käufliche (materielle) Güter befriedigen. Allerdings gibt es auch Bedürfnisse (z. B. nach Zuneigung und Anerkennung), die man für Geld nicht kaufen kann." (Durchblick 5, S. 50)

Bedürfnisse seien **subjektiv,** sowohl hinsichtlich ihrer Quantität als auch ihrer Qualität:

„Sie sind abhängig vom Bildungsstand, Vermögen, Alter, Geschlecht und Lebensstandard." (ebd. S. 50)

Auch in diesem Schulbuch werden Bedürfnisse vom Bedarf unterschieden, letzterer hänge von der Kaufkraft ab, erst diese erzeuge Nachfrage.

Ein Abschnitt geht auf **„Grund- und Existenzbedürfnisse"** ein:

„Während manche Bevölkerungsgruppen einen großen Anteil an der Vergeudung von Ressourcen haben, gelingt es vielen Menschen nicht einmal ihre existenznotwendigen Bedürfnisse zu befriedigen." (ebd. S. 51)

Zu Letzteren werden Ernährung, Kleidung, Wohnung gezählt,

„aber auch elementare öffentliche Dienste wie Trinkwasser, Kanalisation, Sicherheit, Gesundheitswesen, Bildung- und Kultureinrichtungen, sowie das Recht, sich an politischen Prozessen zu beteiligen." (S. 51)

Die **Maslowsche Bedürfnispyramide** wird hier hinterfragt, da Tätigkeiten, die Selbstverwirklichung ermöglichen, zugleich zur Deckung der materiellen Bedürfnisse durch Einkommen führen können. Als Beispiel werden Musiker*innen einer Band genannt, die mit Auftritten Geld verdienen. Zudem unterliege die Bedürfnispyramide einem „westlich-industriell geprägten Denken" (ebd. S. 50). Es gäbe auch Gesellschaften, in denen soziale Bedürfnisse eng mit der Befriedigung körperlicher Grundbedürfnisse verbunden seien, etwa Versorgungssicherheit durch Familien- oder Stammeszugehörigkeit.

In **Geospots 5/6** wird im Überkapitel „Grundlagen der Wirtschaftskunde" auf **Bedürfnisse** und Werbung eingegangen. Darin heißt es:

„Wirtschaften war und ist notwendig, damit wir unsere Wünsche und Bedürfnisse befriedigen können." (Geospots 5/6, S. 112)

Und weiter:

„Gemessen an der Vielzahl menschlicher Bedürfnisse sind Güter und Dienstleistungen oft nur begrenzt verfügbar." (ebd. S. 112)

Damit werden das Prinzip des „ökonomischen Handelns", der Begriff der „Ökonomie" sowie das „ökonomische Konzept der Effizienz" erklärt. Es folgt eine Unterscheidung unterschiedlicher Güterarten wie „freie" und „knappe" Güter, „Gebrauchs- und Investitionsgüter", „Öffentliche und private Güter" sowie schließlich „materielle" und „immaterielle Güter".

Dazu passt die Vorstellung der **Maslowschen Bedürfnispyramide**, dabei wird aber darauf verwiesen,

„dass die darin vorgenommene Klassifizierung keine Gültigkeit für andere Kulturkreise in Anspruch nehmen kann und diese auch in westlichen Gesellschaften nicht auf alle Mitglieder anwendbar ist." (ebd. S. 112)

Weiters wird die heutige **Konsumgesellschaft** anhand der **Massenproduktion** erklärt, dabei auch der Begriff des „Fordismus" eingeführt:

„Die moderne Konsumgesellschaft ist ein Produkt der westlichen Welt. Sie entstand in den 1920er-Jahren in den Vereinigten Staaten von Amerika. Charakteristisch dafür war die Massenproduktion, zum Beispiel in der Automobilindustrie." (ebd. S. 113)

Erklärungen zur Weltwirtschaftskrise der 1930-Jahre folgt der Hinweis, dass ein großer Teil der Menschheit vom Massenkonsum weiterhin ausgeschlossen ist:

„Global betrachtet konnte und kann heute die Mehrheit der Menschen am Massenkonsum nicht teilhaben. Millionen von Menschen können nicht einmal ihre Grundbedürfnisse befriedigen." (ebd. S. 113)

In **Geografisch 5/6** wird das Überkapitel „Leben und Wirtschaften" mit einem Abschnitt zu **„Güter und Bedürfnisse"** eingeleitet (Geografisch 5/6, S. 90f). Darin heißt es:

„Eine gängige Definition wirtschaftlichen Handels bezieht sich auf die zwei Pole eines möglichen Spannungsfeldes: der Unbegrenztheit menschlicher Bedürfnisse einerseits und der Begrenztheit von Gütern andererseits." (ebd. S. 90)

In Bezug auf **Bedürfnisse** wird ergänzt:

„Als Bedürfnis wird meist ein vom Menschen wahrgenommener körperlicher, sozialer oder kognitiver Mangel bezeichnet. Dabei ist es nicht ausschlaggebend, ob das Gefühl auf einem tatsächlichen Mangel beruht oder z. B. künstlich durch Werbung erzeugt wurde." (ebd. S. 90)

Danach wird auf **Knappheit** und **Überfluss** eingegangen:

„Die Knappheit als Gegenpol zu den unbegrenzten Bedürfnissen der Menschen stellt die treibende Kraft im Wirtschaften der Menschen dar." (ebd. S. 90)

Und es gibt einen Hinweis darauf, dass Wirtschaft nicht auf den Umgang mit Geld beschränkt sei; auch Tauschhandlungen oder Schenkungen sowie unentgeltliche Tätigkeiten würden wirtschaftliche Handlungen darstellen. Mit dem Prinzip der **Arbeitsteilung** und **Spezialisierung** wird auf die Möglichkeit verwiesen, mehr zu produzieren und damit mehr Bedürfnisse befriedigen zu können.

In **global 5** wird auf die **unterschiedlichen Bedürfnisse** des Menschen verwiesen:

„Manche davon sind lebenswichtig, wie z. B. das Bedürfnis nach Nahrung, Medikamenten und Kleidung. Andere sind für unsere Entwicklung als Menschen förderlich wie das Bedürfnis sich weiterzubilden und mit anderen zu kommunizieren. Einige Bedürfnisse gelten auch als Luxusbedürfnisse." (global 5, S. 96)

Der Unterscheidung in physiologische, Sicherheits- und soziale Bedürfnisse sowie „Individualbedürfnisse" (Anerkennung, Selbstverwirklichung) folgt eine **Zieldefinition von Wirtschaften**:

„Die meisten Ressourcen und Güter sind knapp. Wir alle wirtschaften daher, um mit den begrenzten Mitteln möglichst viele Güter erzeugen und beschaffen zu können, die wir für die Erfüllung unserer vielen Bedürfnisse brauchen." (ebd. S. 96)

Als die drei wesentlichen Wirtschaftsakteur*innen werden Unternehmen, private Haushalte und der Staat genannt, die in Wirtschaftsbeziehungen stehen.

Danach wird noch auf **„Geld als anerkanntes Zahlungsmittel"** (ebd. S. 97) für Austauschbeziehungen und die Bedeutung von Arbeitsteilung eingegangen. Die formulierten Lernziele dieses Abschnitts lauten demgemäß:

„Die Bedeutung der Märkte für die Verteilung knapper Güter und für die grenzenlosen Bedürfnisse erkennen", „Die Bedeutung von Geld und Arbeitsteilung für die Wirtschaft erklären". (ebd. S. 96)

Einschätzung

Die Unterscheidung von **Bedürfnissen** und **Bedarf** entspricht der gängigen volkswirtschaftlichen Sichtweise[18], ist jedoch irreführend. Als „Bedarf" könnte auch gesehen werden, was der Mensch zum Leben braucht. Fehlt ihm die nötige Kaufkraft, diesen Bedarf zu decken, ließe sich von Wirtschafts- und Politikversagen sprechen (Holzinger 2024, S. 18f.). Auch die mehrheitliche Annahme der „unbegrenzten Bedürfnisse" – *Durchblick* spricht nur von Wünschen und Bedürfnissen,

[18] „Ein Bedürfnis wird zum Bedarf durch den Entschluss und die Fähigkeit, die Mittel zu seiner Befriedigung (z. B. Güter, Dienstleistungen) am Markt nachzufragen." Zit. n. https://www.bpb.de/kurz-knapp/lexika/lexikon-der-wirtschaft/21151/wirtschaften/. Aufgerufen am 6.3.2025

Geospots von einer „Vielzahl menschlicher Bedürfnisse“ – entspricht dem Mainstream der Wirtschaftswissenschaften, wird jedoch von der Ökologischen Ökonomie oder der Postwachstumsökonomie hinterfragt, die von einer Begrenztheit der materiellen, von der Wirtschaft zu befriedigenden Bedürfnissen ausgeht. Es gäbe daher **Sättigungsgrenzen** (Rogall 2008, S. 34; Holzinger 2024, S. 118ff.)

Verwiesen wird auch auf zeitökonomische Aspekte, weil gekaufte Konsumgüter Zeit beanspruchen, etwa Freizeitgeräte, unsere Zeit aber begrenzt ist (Paech 2025). Zudem gibt es einen **Grenznutzen** für Güter – man kann sich nur satt essen und nicht mehr. Auch wenn in allen Schulbüchern darauf hingewiesen wird, dass Bedürfnisse ebenfalls durch Werbung künstlich erzeugt werden können, ist die Annahme scheinbar unbegrenzter Bedürfnisse zu hinterfragen. Und Knappheit entsteht zum einen durch begrenzte Ressourcen und Technologien, zum anderen aber durch die Geldwirtschaft bzw. die ungleich verteilte Kaufkraft – nur wer über Geld verfügt, hat Zugang zu Gütern (Holzinger 2024, S. 21ff.).

Alle Bücher gehen auf **immaterielle Bedürfnisse** und die **Maslowsche Bedürfnispyramide** ein. *Geospots* verweist darauf, dass es sich hier um ein „westliches“ Konzept handle, „Durchblick“ problematisiert die Prioritätenreihung in körperliche und soziale Bedürfnisse, da diese nicht voneinander getrennt werden könnten, in nichtkapitalistischen Gesellschaften der familiale Zusammenhalt auch für die Sicherung der Grundversorgung zentral sei. Zu erwähnen wäre hier, dass auch in unseren Konsumgesellschaften die Grundversorgung nicht ohne die unbezahlt verrichteten Sorgetätigkeiten in den Familien sichergestellt werden kann, wie die feministische Ökonomie darlegt (Haidinger/Knittler 2013, Holzinger 2024, S. 306ff.).

Die Gleichsetzung von Wünschen und Bedürfnissen ist problematisch, auch wenn unter Werbung auf **„demonstrativen Konsum“** eingegangen wird. Lediglich in „Durchblick“ werden explizit „Grundbedürfnisse“ thematisiert. Wünschbar wäre eine Unterscheidung von **Grund- bzw. Basisbedürfnissen** wie Wohnen, Ernährung, Mobilität, Zugang zu einem Grundbedarf an Energie, zu Bildung, Gesundheitsdienstleitungen und weiteren bzw. **Luxusbedürfnissen** in allen Schulbüchern. Denn aus ökologischen wie sozialen Gründen wird in Zukunft den Grundbedürfnissen der Vorrang vor den Luxusbedürfnissen eingeräumt werden müssen (Holzinger 2024, S. 358ff., Hüttmann 2025). *Geospots* unterscheidet zumindest „öffentliche und private Güter“, ohne näher darauf einzugehen. Dieses Schulbuch geht auch auf die systemische **Entwicklung der Konsumgesellschaft** durch Massenproduktion ein. Der Hinweis, dass ein großer Teil der Menschheit weiterhin davon ausgeschlossen ist, stimmt. Anzumerken wäre aber, dass die Anzahl der Menschen, die sich den westlichen Konsumstil leisten kann, rasch ansteigt, etwa in China oder Indien – mit Folgen für die Ökosysteme.

Die **Definition von Wohlstand** mit der Differenzierung in materielle und immaterielle Faktoren ist korrekt. Unter **Lebensstandard** wird in der Regel das erreichte bzw. zu erreichende materielle Wohlstandsniveau verstanden. Hier wäre eine Unterscheidung von Lebensstandard (nur materiell) und Lebensqualität (umfassend) bzw. zwischen **Wohlstand** und **Wohlbefinden** sinnvoll. Ziel der Wirtschafts- und Sozialpolitik kann es in Zukunft nicht mehr sein, den (zu) hohen Lebensstandard der Oberschichten zu garantieren, sondern lediglich eine ausreichende Lebensqualität für alle Bürger*innen (Holzinger 2024, S. 213ff). Mittlerweile gibt es eine Bewegung der **„Wellbeing Economy“**, in der die Wirtschafts- und Budgetpolitik an anderen Zielen wie dem BIP, etwa dem Wohlergehen (Gesundheit, Qualität der Städte usw.), ausgerichtet wird (Holzinger 2024, S. 310)[19].

---

[19] Vgl. https://weall.org/. Abgerufen am 25.4.2025

Werbung

Fachliche Einführung

Im wachstumsorientierten Konsumkapitalismus spielt Wirtschaftswerbung eine wichtige Rolle. Dieses Wirtschaftssystem ist **angebotsgetrieben** – wir können mehr herstellen, als wir sinnvoll brauchen können, so der Philosoph Günter Anders bereits in den 1950er-Jahren (Anders 1955). Ich unterscheide daher „bedarfsorientiertes Wirtschaften" von „Bedürfnisse generierendem Wirtschaften" (Holzinger 2016, 2024). Dem stehen jedoch in der Tat die begrenzten Mittel, nämlich die planetaren Grenzen unserer Ökosysteme gegenüber. In einem zukunftsfähigen Wirtschaftssystem wird daher Wohlstand neu definiert, Lebensqualität tritt in den Fokus. In der Konsumforschung wird auf die Fallen des Glücksversprechens durch Konsum eingegangen. Gesprochen wird von den "Tretmühlen des Glücks" (Binswanger 2016), von einem „Konsumdispositiv" und der „Illusion, Glück kaufen zu können" (Sorgo 2011) sowie von „Perspektiven eines neuen Wohlstands" (Holzinger 2016).

Werbung ist jedoch zentraler Bestandteil des bestehenden Konsumkapitalismus. Weltweit werden mittlerweile im Jahr über 1 Billion Dollar für Wirtschaftswerbung ausgegeben.[20] Mit dem Internet und den Social Media wurden weitere Möglichkeiten geschaffen, zielgerichtet Werbebotschaften zu verbreiten. Eine immer wichtigere Rolle gerade auch für Jugendliche spielen Influencer*innen.

Inhalte der Schulbücher

Alle Schulbücher gehen auf die Rolle von Werbung ein. Hingewiesen wird darauf, dass Bedürfnisse mittels Werbung geweckt werden können.

In **Meridiane 5/6** heißt es:

> „Die moderne Marktforschung versucht, den Bedarf der Verbraucherinnen und Verbraucher festzustellen. Durch neue Güter und durch Werbung sollen Bedürfnisse geweckt und neuer Bedarf geschaffen werden." (ebd. S. 111)

Dass dabei auch nicht-materielle Bedürfnisse wie Selbstwertgefühl oder Prestige angesprochen werden, wird am Beispiel eines Mopeds erklärt. Dieses diene nicht nur der Fortbewegung, „sondern auch dem Selbstwertgefühl, der Selbstentfaltung und dem Prestige." (ebd. S 111)

In einem eigenen Kapitel geht das Schulbuch auf **geplante Obsoleszenz** ein. Das Problem des schnellen Smartphone-Wechsels wird im Kapitel „Wegwerfen – und neu einkaufen" (ebd. S. 113) im Kontext von Kinderarbeit für den Kobaltabbau im Kongo erwähnt. Zudem ist ein Sonderkapitel dem Thema **„Jugendliche, Konsum und Werbung**" (ebd. S. 114f.) gewidmet, in dem eine Studie über die Anfälligkeit junger Menschen für Prestigekäufe vorgestellt wird. Dazu heißt es:

> „Kinder und Jugendliche befinden sich auf der Suche nach Orientierung und persönlicher Anerkennung und sind daher leicht beeinflussbar. Sie wollen ähnlich cool sein wie jene Menschen, die ihnen in der Werbung als Vorbilder präsentiert werden." (ebd. S. 115)

Es wird eine Zahl präsentiert:

> „Täglich kommt ein Mensch mit durchschnittlich 6000 Werbeimpulsen in Kontakt. Davon werden nur rund 120 bewusst beachtet." (ebd. S. 115)

Auch **Perspektiven 5/6** geht auf das Thema „Werbung" ein. Es werden die unterschiedlichen Marketinginstrumente (Produktpolitik, Preispolitik, Vertriebspolitik und Kommunikationspolitik) erörtert und es wird der Begriff der „Marke" erklärt. Es gibt auch Hinweise auf Werberegeln sowie den

---

[20] https://www.markenartikel-magazin.de/_rubric/detail.php?rubric=marke-marketing&nr=82735. Abgerufen am 27.5.2025

Österreichischen Werberat (mit Link). Eine Diskussion über Konsum und Bedürfnisse wird mit kontroversen Statements dazu eingeleitet (u. a. zum „Zusammenhang von Selbstbewusstsein und Shopping"). Werbung und Konsum werden zunächst sachlich vorgestellt:

„Konsum ist ein bedeutsamer Faktor unserer Volkswirtschaft. Je mehr gekauft wird, desto mehr wird produziert. Damit werden mehr Arbeitskräfte beschäftigt, der Staat hat so ein höheres Steueraufkommen, das verteilt werden kann." (ebd. S. 81)

Danach werden die Begriffe **„Konsumismus"** („übersteigertes Konsumverhalten") und **„Kompensatorischer Konsum"** („Konsumverhalten, das Defizite im privaten Leben ausgleicht") angesprochen, Daten zum Jugendkonsum angeführt (Abschnitt „Auf Pump kaufen?" ebd. S. 81 ff.).

In **Perspektiven7/8** wird auch auf die Rolle von "Marken" und deren „Positionierung" am Markt eingegangen (S. 208ff). Dazu heißt es einleitend:

„Vorteilhaft für Unternehmen ist es, eine starke Marke aufzubauen und diese dann am Markt zu positionieren." (ebd. S. 208)

Marken würden Vertrauenswürdigkeit erzeugen und für Qualität stehen sowie Schutz vor Nachahmung bieten. Als „Positionierung" wird die „Verankerung eines Produktes oder einer Dienstleistung im Gedächtnis von Konsumentinnen und Konsumenten" (ebd. S. 209) verstanden, als Beispiel hierfür die Marke „Uhu" für einen Klebstoff angeführt. Ausführlich geht das Kapitel auf die „erfolgreiche" Positionierung eines Produktes ein (Außergewöhnlichkeit, Ambition, Erste/r zu sein, Erfüllung eines Grundbedürfnisses bzw. Lösung eines Problems, Nischen-Player). Zudem werden „Hidden Champions" vorgestellt als Unternehmen, die sich mit ihrem Produkt am Weltmarkt durchgesetzt haben.

In **Durchblick 5** wird der **„Grundnutzen"** vom **„Zusatznutzen"** mit Verweis auf die Maslowsche Bedürfnispyramide von Gütern unterschieden:

„So verspricht z. B. die Werbung für eine bestimmte Automarke nicht die bequeme, kostengünstige, sichere oder ökologisch verträgliche Bewältigung von Fahrstrecken, sondern deren Zusatznutzen wie die Zugehörigkeit zu einer bestimmten Gruppe, Prestigegewinn oder einfach nur die Freude am Fahren." (ebd. S. 52)

Ausführlich wird auf die Veränderung unseres Konsumverhaltens durch **Digitalisierung** und **Globalisierung** eingegangen:

„Das Internet hat in den vergangenen beiden Jahrzehnten unseren Konsum komplett auf den Kopf gestellt. Digitalisierung und Globalisierung haben zu einem radikalen Wandel in unseren Shopping-Gewohnheiten geführt. Online-Shopping macht es möglich, rund um die Uhr aus einem schier unbegrenzten Warenangebot zu wählen." (ebd. S.52)

Auch die von Smartphone und Internet abhängige **Generation Z** wird hier angesprochen:

„Zum alltäglichen Grundbedürfnis zählen nun plötzlich Strom und WLAN, um am gesellschaftlichen Leben teilnehmen zu können." (ebd. S. 52)

Zudem werden die ökologischen Probleme durch **„geplante Obsoleszenz"** thematisiert, dabei wird auch **„psychologische Obsoleszenz"** erklärt. Funktionsfähige Güter würden ersetzt,

„weil sich Ansprüche geändert haben oder ein neuer Zusatznutzen versprochen wird." (ebd. S. 53)

Als Beispiel wird „fast fashion" beschrieben.

Geospots 5/6 thematisiert Werbung knapp mit dem Hinweis auf die spezielle Käufergruppe der Jugendlichen.

Als **Ziele der Werbung** werden angeführt:

„Den Absatz sichern und fördern; aufmerksam machen auf Produkte und Dienstleistungen; Bedürfnisse wecken, bestimmte Produkte mit positiven Emotionen besetzen; bestimmte Zielgruppen ansprechen

(Konservative, Experimentalisten); das Unterbewusste der Menschen nutzen (Wünsche, Abenteuer, Jugendlichkeit, Sex, Glück, Aussehen ...), mit dem Produkt ein positives Lebensgefühl verbinden“ (Geospots 5/6, S. 112)

Zudem wird auf Tricks wie die Platzierung von Produkten in Supermärkten eingegangen:

„Die Regale sind in Bück-, Greif-, Sicht- und Reckzonen eingeteilt. Sicht und Greifzonen sind dabei für die ertragsstärksten Artikel reserviert.“ (ebd. S. 113)

Im Abschnitt **„Konsumieren gegen den Trend“** wird auf Ansätze wie “Fairtrade“ und „Clean Clothes“ sowie „Reparieren“ und „Sharing-Modelle“ hingewiesen. In einer Arbeitsaufgabe wird zudem auf die Initiativen „Wiener Tafel“, „CleanEuro“ und „Freeganer“ verwiesen. Grundsätzlich heißt es:

„Derzeit zeichnet sich der Beginn eines Umdenkens im Konsumverhalten der Gesellschaft ab. Zum einen bieten Initiativen wie ‚Fairtrade‘ oder ‚Clean Clothes‘ eine Art von Gütesiegel an, welches eine Produktion unter fairen Arbeitsbedingungen für Arbeitskräfte zu fairen Löhnen garantiert. Des Weiteren legen Konsumentinnen und Konsumenten immer mehr Wert auf Nachhaltigkeit.“ (ebd. S. 113)

In **Geografisch 5/6** wird die Rolle von Werbung in der Wirtschaft ausführlich und sachlich beschrieben:

„Um die Nachfrage nach Gütern zu steigern, entwickeln Unternehmen verschiedene Maßnahmen, die an den Bedürfnissen der adressierten Personen anknüpfen und diese bei der Kaufentscheidung beeinflussen sollen. Werbung zählt zu den wichtigsten Instrumenten in der Marketingkommunikation.“ (Geografisch5/6, S. 110)

Werbung gäbe es aber auch durch politische Parteien, NGOs (diese werden extra erklärt), Städte und Regionen. Es folgen Hinweise auf gesetzliche Einschränkungen für Werbung (Mediengesetz, Strafrecht) sowie auf den **Ethik-Kodex der Österreichischen Werbewirtschaft.**

Zudem wird der Unterschied zu Marketing erklärt, da Marketing auch die

“systematische Beobachtung und Analyse von Märkten sowie des Käufer*innenverhaltens einschließt.“ (ebd. S. 110)

In einem englischsprachigen Text wird über die zunehmende **Bedeutung von Influencern** im Internet berichtet (ebd. S. 111). In einem weiteren Kapitel wird auf die **Verführbarkeit durch Werbung** und die **ökologischen Folgen** eingegangen.

„Geiz ist geil, Hier bin ich Mensch, Wohnst du noch oder lebst du schon, Weil ich es mir wert bin – um die Menschen zum Konsum zu motivieren, entwickeln Unternehmen kreative Werbeslogans. Viele identifizieren sich mit dem, was sie besitzen, wie sie aussehen und was sie in ihrer Freizeit machen.“ (ebd. S. 146)

Damit wird das Kapitel „KonsUmwelt – ein Blick hinter die Kulissen“ eingeleitet. Es wird der Soziologe Zygmunt Baumann mit dem Satz „Ich shoppe, also bin ich“ zitiert und es folgt der Hinweis:

„Um der wachsenden Konsumnachfrage nachzukommen, wird immer mehr produziert, sodass Ressourcen erschöpft und unsere (Um)Welt verschmutzt wird.“ (ebd. S. 146)

Weitere Themen sind die Rolle der **Sozialen Medien** für Werbung und Konsumankurbelung sowie das Problem der **„materialistischen Wegwerfgesellschaft“** (edd. S. 147). Zudem gibt es mehrere Arbeitsaufgaben. Die Schüler*innen werden etwa angehalten, ihre Lieblingsmarken zu diskutieren, ein Kreisdiagramm über den eigenen Konsum zu erstellen oder eine Umfrage in der Klasse zum Konsumverhalten durchzuführen.

In **global 5** wird zunächst auf die Bedeutung des Konsums im Wirtschaften sowie die durchschnittlichen Konsumausgaben in Österreich, danach auf die **Rolle der Werbung** eingegangen.

Darin heißt es:

„Manche Bedürfnisse entwickeln Menschen von selbst (zB das Bedürfnis, Hunger und Durst zu stillen), manche Bedürfnisse werden erst geweckt. Werbung spielt beim Wecken von Bedürfnissen eine große Rolle." (ebd. S. 99)

Auch hier wird beschrieben, dass Werbung mehr ist als Produktinformation:

„Werbung betont nicht nur den unmittelbaren Nutzen, sondern versucht vor allem Gefühle anzusprechen (jung aussehen, attraktiv wirken, begehrt und beliebt sein, ein besonders günstiges Angebot nutzen)." (ebd. S. 99)

Informationen über die **Werbeausgaben** in Österreich (4 Milliarden Euro 2020) und deren Verteilung auf die unterschiedlichen Medien (mit Presse und TV an vorderster Stelle bei gleichzeitig starkem Wachstum des Onlinebereichs) folgt ein kritischer Hinweis:

„Werbung wird wegen der Beeinflussung der Konsumentinnen und Konsumenten häufig kritisiert. Es wird argumentiert, dass sie unnötige Bedürfnisse und unrealistische Erwartungen weckt und dadurch die Menschen zu überhöhtem Konsum verführt." (ebd. S. 99)

Zudem wird auf den **Werberat** verwiesen, bei dem problematische Werbung angezeigt werden kann. Im Kapitel über Kaufentscheidungen wird auch auf die **Rolle von Marken** eingegangen:

„Gerade bei Entscheidungen, die rasch und ohne umfassende Überlegungen getroffen werden, spielen der Preis und die Marken eine große Rolle." (ebd. S. 100)

Einschätzung

Alle Schulbücher thematisieren die Rolle von Werbung als Teil des Marketings im Zusammenhang mit der **Beeinflussung des Konsumverhaltens** und der **Schaffung neuer Bedürfnisse**, wenn auch in unterschiedlicher Ausführlichkeit. **„Demonstrativer Konsum"** (*Meridiane*) sowie der **„Zusatznutzen"** (*Durchblick*) werden genannt, ebenso das Ansprechen des **Unterbewussten** (*Geospots*). Es wird erklärt, dass Bedürfnisse durch Werbung generiert werden und es beim Konsum von Gütern und Dienstleistungen neben dem unmittelbaren Nutzen auch einen **abgeleiteten Nutzen** (*Perspektiven*) bzw. **Zusatznutzen** (Durchblick) gibt. Auch die Rolle von **Marken** bei Kaufentscheidungen wird thematisiert *(global, Geospots*). In *Perspektiven* erfolgt die Darstellung von Produktmarken stark aus der Sicht von Unternehmen, dass Marken auch Kunden mit überhöhten Preisen an sich binden (man zahlt eben für die Marke, ein Problem, das beim Jugendkonsum eine bedeutende Rolle spielt), wird nicht thematisiert.

In zwei Schulbüchern – *Durchblick* und *Geografisch* – wird ausführlich das **Online-Shopping** thematisiert, in *Durchblick* und *Meridiane* auch das Problem der **Obsoleszenz**. Insbesondere in *Geografisch* wird das moderne Konsumverhalten ausführlich und kritisch beleuchtet und es gibt mehrere Arbeitsaufgaben, die zur Reflexion des angebotsgetriebenen Wirtschaftens auffordern.

Zu hinterfragen ist die überwiegend optimistische Einschätzung des steigenden **Konsumbewusstseins.** Der Konsum steigt mit dem verfügbaren Einkommen weiter an. Zu bezweifeln ist auch, ob der **Onlinehandel** ökologischer ist, weil keine Verkaufsflächen benötigt werden, wie in *Geografisch* ausgeführt wird. Das Problem der Entsorgung zurückgesandter Ware im Onlinehandel wird im Schulbuch erkannt, die Verführung zu noch mehr Shoppen durch das bequeme Bestellen per Knopfdruck aber nicht benannt. In Bezug auf politische Regulierungen ist darauf hinzuweisen, dass durch die EU zumindest das Wegwerfen zurückgesandter Textilien mittlerweile untersagt wird.[21]

---

[21] https://www.oekotest.de/kosmetik-wellness/EU-Parlament-stimmt-ab-Unverkaufte-Mode-darf-nicht-mehr-vernichtet-werden_14589_1.html. Abgerufen am 7.5.2025

Das grundsätzliche Problem der Konsumankurbelung in vielfach **gesättigten Märkten** im kulturellen und ökologischen Kontext bleibt – mit Ausnahme von *Geografisch* – weitgehend ausgespart (Holzinger 2024, Kap. Konsum, S.119ff.) Ergebnisse der **Konsumforschung** könnten die Ausführungen aller Schulbücher bereichern – etwa die Illusion, dass man sich Glück und Zufriedenheit kaufen könne (Sorgo 2011, Gronemeyer 2008). Hilfreich wäre etwa ein Hinweis auf **Konsumfallen** (Binswanger 2016) wie die Vergleichsfalle („Wir wollen haben, was andere auch haben") oder die Anspruchsfalle („Je mehr wir haben, umso mehr wollen wir dazu").

Zu reflektieren wäre zudem die **Wachstumsgetriebenheit** des modernen Konsumkapitalismus, die zur „Notwendigkeit" von Werbung führt, die **individualisierte Werbung** mittels Logarithmen, die gezielt auf die Person zugeschnitten wird, sowie der Online-Handel, der Bestellen auf Klick ermöglicht (Holzinger 2024, S. 119ff., Staab 2016).

In einem fächerübergreifenden Projekt etwa mit Philosophie könnte auch auf Ausführungen von Günter Anders eingegangen werden, der früh auf das Dilemma hingewiesen hat, dass wir mehr herstellen können, als wir verbrauchen können (Anders 1955), in Psychologie auf den Klassiker von Erich Fromm „Haben oder Sein" (1976).

Neben der **Reflexion des eigenen Konsumverhaltens** wären die **strukturellen Ursachen** des angebotsgetriebenen Wirtschaftens im Kapitalismus stärker herauszuarbeiten (Holzinger 2024, S. 119ff.) sowie **politische Maßnahmen** zu diskutieren, die die Grundbedürfnisse in den Mittelpunkt stellen, etwa gestaffelte Konsumsteuern, höhere Entsorgungsgebühren, verpflichtende Reparierbarkeit von Produkten oder höhere Werbeabgaben bzw. ausgeweitete Werbeverbote.

2.2. Zur Messung von Wohlstand und Lebensqualität

Bruttoinlandsprodukt

Fachliche Einführung

Als herkömmlicher Indikator für die Messung von Wohlstand gilt das **Bruttoinlandsprodukt** (BIP). Es dient als Maßzahl für die Wirtschaftskraft von Staaten und das Entwicklungsniveau von Volkswirtschaften. **BIP-Prognosen** dienen den Unternehmen zur Abschätzung der erwartbaren Nachfrage sowie den Regierungen zur Einschätzung der erwartbaren Steuereinnahmen. Doch als **Wohlstandsindikator** ist das BIP nur begrenzt aussagekräftig. Es zählt nur, was monetär erfasst wird – Sorgearbeit in den Familien oder ehrenamtliches Engagement in der Gesellschaft scheinen beispielsweise nicht auf. Andererseits erhöhen notwendige Maßnahmen zur Behebung von Schäden etwa nach einem Verkehrsunfall oder nach klimabedingten Umweltkatastrophen das BIP. Nicht erfasst werden auch soziale Probleme und ökologische Verwerfungen (Abnahme des Naturkapitals).

In der **Ökologischen Ökonomie** wird von **„Negativkosten"** bzw. **„unwirtschaftlichem Wachstum"** gesprochen (Daly 1999). Zudem sagt das BIP nichts über die **Verteilung des Wirtschaftsprodukts** sowie über die **tatsächliche Lebensqualität** der Menschen aus (Holzinger 2024, S. 31ff.). Mit erweiterten Indikatorensystemen wird versucht, diese Defizite auszugeichen. Im Folgenden wird untersucht, wie das BIP in den Schulbüchern dargestellt wird und ob bzw. welche erweiterten Indikatoren benannt werden.

Inhalte der Schulbücher

In **Meridiane 5/6** wird das Bruttoinlandsprodukt dem Bruttonationaleinkommen gegenübergestellt. Beim BIP/Kopf gibt es einen Hinweis darauf, dass dessen **Aussagekraft** beschränkt sei:

„Diese Zahl sagt viel, aber nicht alles über den Wohlstand eines Landes aus. Soziale Sicherheit (Gesundheitswesen, Altersversorgung, Arbeitslosenunterstützung usw.) und Bildungswesen sind auch für den Lebensstandard in einer Volkswirtschaft entscheidend." (Meridiane 5/6, S. 124)

Ein eigener Abschnitt ist den **Grenzen des BIP** gewidmet: „Das BIP ist nicht alles" (ebd. S. 126). Hier wird zum einen auf Schwarzarbeit eingegangen und darauf hingewiesen, dass „Pfuscher" eine wichtige Stütze des Konsums seien:

„Pfusch trägt zur Vergrößerung des eigenen Einkommens bei. Immerhin gehen rund 60 Prozent des schwarz erarbeiteten Geldes legal in den Konsum." (ebd. S. 126)

Als zweite Grenze der Aussagekraft des BIP wird angeführt, dass die „Reproduktionsarbeit" darin nicht erfasst wird. Erklärt wird Reproduktionsarbeit wie folgt:

„Darunter fallen Selbstversorgung, Hausarbeit und Erziehungsarbeit, die zum größeren Teil von Frauen verrichtet wird." (ebd. S. 126)

Einführend zum Kapitel „Österreichs Volkswirtschaft" in **Meridiane 7** (S. 34ff.) wird nochmals das Bruttoinlandsprodukt mit der Unterscheidung von nominellem und realem BIP beschrieben, dabei das „Inlandskonzept" (alle im Inland erbrachten Leistungen) sowie das „Faktoreinkommen" (Löhne und Gehälter für den Faktor Arbeit, Einkünfte aus Besitz und Unternehmung, Zinsen für Kapital) erklärt.

Im nächsten Unterkapitel (ebd. S. 38ff.) wird das Konzept der **Volkswirtschaftlichen Gesamtrechnung** vorgestellt, das den Wirtschaftskreislauf zwischen Produktion, Investition und Konsum darstellt. Neben der Kaufkraftparität wird auf die **Grenzen der Aussagekraft des BIP/Kopf** hingewiesen:

„Diese Zahlen sagen nichts über die Verteilung des Wohlstandes innerhalb einer Volkswirtschaft aus." (ebd. S. 38)

Wie in Ausgabe 5/6 wird auch dargestellt, was das BIP nicht erfasst:

„Schattenarbeit, Arbeit im Haushalt, unbezahlte Mitarbeit von Familienmitgliedern in Betrieben" (ebd. S. 39)

Anders als in Heft 5/6 werden zudem weitere Schwächen des BIP erwähnt:

„Umweltschäden und Umweltbelastung werden im BIP nicht richtig dargestellt", „Das BIP ist kein Maß für Lebensqualität" (ebd. S. 39)

Als ergänzender Indikator wird der **Human Development Index** angeführt.

In **Perspektiven 7/8** wird das BIP im Zusammenhang mit der Reflexion über Wirtschaftsdaten behandelt. Im Kapitel „Kann ich den veröffentlichten Wirtschaftszahlen vertrauen?" (ebd. S. 18ff.) werden Kriterien für Datenqualität (Korrektheit, Konsistenz, Überprüfbarkeit, Vollständigkeit, Relevanz), Arten der Berechnung des BIP (Entstehung, Verteilung, Verwendung), Methoden zur Ermittlung der Arbeitslosenzahlen sowie die Daten zur Berechnung der Inflationsrate (Verbraucherpreisindex, Warenkorb) beschrieben. Als Gründe für die nur **„bedingte Aussagekraft des BIP"** (ebd. S. 19) werden die Nicht-Berücksichtigung von unentgeltlicher Arbeit, Eigenarbeit sowie die Verzerrung durch sogenannte „Negativkosten" angeführt:

„Unfälle, Spitalsaufenthalte, Hochwasser, Rohstoffverschwendung, Ausbeutung der Umwelt etc. erhöhen zwar das BIP, jedoch kaum den Wohlstand und noch weniger die Lebensqualität." (ebd. S. 20)

Es wird auch darauf hingewiesen, dass das BIP/Kopf „nichts über die Verteilung von Arm und Reich" (ebd. S. 20) aussagt und kein Wohlstandsmaß ist, es daher eine Reihe von **Alternativen zum BIP** gäbe. Aufgezählt, jedoch nicht erklärt, werden der Gini-Koeffizient, der Human Development Index (HDI), der Happy Planet Index (HPI) und das Gross National Happiness in Bhutan (GNH) mit der

Bemerkung, dass man diese aber „auch bezüglich ihrer Aussagekraft kritisch hinterfragen muss" (ebd. 20).

In **Durchblick 7** werden die drei Berechnungsarten des BIP (Entstehungs-, Verwendungs- und Verteilungsrechnung) detailliert beschrieben, zudem werden das „BIP real" und „BIP nominell" sowie das „BIP in Kaufkraftparitäten" für internationale Vergleiche erklärt. Grundsätzlich heißt es:

„Das BIP ist international gesehen jene wirtschaftliche Maßzahl, die es für jedes Land gibt und die als Pro-Kopf-Wert für internationale Vergleiche sehr gut geeignet ist. Trotzdem gibt es viele Nachteile des BIP als Maßzahl." (ebd. S. 26)

Danach wird ebenfalls auf die **Grenzen der Aussagekraft** des BIP eingegangen: Schattenwirtschaft und Hausarbeit würden nicht berücksichtigt, Aussagen über die Lebensqualität der Bevölkerung seien nicht möglich (etwa BIP-Erhöhung durch Rüstungsgüter versus Lebensmittel), zudem käme es zu „absurden Aussagen":

„So erhöht beispielsweise jeder Verkehrsunfall das BIP, da die zusätzlich entstandenen Kosten (Reparatur, Gesundheitskosten, eventuell Neukauf eines Autos) als positiv in die Berechnung eingehen. Je kränker eine Bevölkerung ist, desto ´reicher´ erscheint sie im BIP:" (Durchblick 7, S. 26)

Auf die fehlende Aussagekraft über die Verteilung des Erwirtschafteten wird hier nicht Bezug genommen. Alternative Indikatorensysteme werden nicht vorgestellt, in Ausgabe 8 werden die „Planetaren Grenzen" erläutert (siehe Kapitel „Ökologische Indikatoren).

In **Geospots 7/8** wird im Kapitel „Volkswirtschaft: Zahlen – Daten – Fakten" das Bruttoinlandsprodukt vorgestellt, dabei das nominale und reale BIP unterschieden:

„Es ist üblich, den Wert aller Waren und Dienstleistungen, die in einem Jahr in einer Volkswirtschaft produziert werden, als Bruttoinlandsprodukt zu bezeichnen. ... Das reale BIP ist unabhängig von Preisänderungen. Es wird anhand der Marktpreise eines Basisjahres berechnet." (Geospots 7/8, S. 19f)

Das BIP sei trotz Kritik noch immer die zentrale Messgröße für die Wirtschaft:

„Sie dient in Wirtschaft, Politik, den Medien und der Öffentlichkeit als Leitgröße für wirtschaftlichen Erfolg." (ebd. S. 19)

Anschließend werden aber auch die **Kritikpunkte am BIP** benannt:

„Bestimmte Formen der Arbeit werden nicht berücksichtigt (Hausarbeit, Schwarzarbeit, Subsistenzwirtschaft etc.); nichtökonomische Bedürfnisse der Bevölkerung werden nicht erfasst; die negativen ökologischen Folgen des Wirtschaftens sind nicht abgebildet; weder der absolute Wert noch die Angabe pro Kopf sagen etwas über die Verteilung des BIP aus." (ebd. S. 20)

Zudem wird Kritik an der **Wachstumsideologie** referiert:

„Dem BIP liegt ein Wirtschaftsverständnis zugrunde, das auf permanentes Wachstum setzt. Seit Jahrzehnten wird daher am quasi uneingeschränkten ökonomischen Wachstum massive Kritik seitens der Umweltbewegung, der Eine-Welt-Bewegung und anderen NGOs geübt." (ebd. S. 20)

In **Geografisch 5/6** wird das BIP im Vergleich zu anderen Indikatoren vorgestellt:

„Begriffe wie arm, reich, unterentwickelt und fortschrittlich beschreiben Staaten oft unzureichend. Ökonominnen und Ökonomen arbeiten daher mit verschiedenen Kennzahlen, sogenannten Indikatoren." (Geografisch 5/6, S. 14).

Damit wird ein Abschnitt zur Beschreibung der Welt aus wirtschaftlicher Perspektive eingeleitet. Das Bruttoinlandsprodukt (BIP) wird dabei als „wohl bekanntester Indikator" (ebd. S. 14) vor- und dem Bruttonationaleinkommen (BNE) gegenübergestellt. In der Folge werden mit dem **Human Development Index** (HDI) sowie dem **Happy Planet Index** (HPI) ergänzende Kennzahlen vorgestellt.

Dazu wird angemerkt:

„Die vermeintliche Objektivität von Kennzahlen stellt uns vor Herausforderungen. Indizes arbeiten mit Gewichtungen; jeder Indikator, der in die Berechnung einfließt, wird mit einem spezifischen Faktor multipliziert." (ebd. S. 15)

Die **Auswahl** und **Gewichtung der Indikatoren** habe daher Einfluss auf die Aussagekraft. Der HDI berücksichtige beispielsweise ökologische Belange nicht, auch nicht die Verteilung des BIP. Beides sowie das Wohlbefinden würden im HPI berücksichtigt. Costa Rica liege hier an 1. Stelle, Österreich wegen des großen ökologischen Fußabdrucks nur an 59. Stelle. Zudem werden weitere Indikatoren wie die Artenvielfalt, die Waldfläche, die Arbeitslosenquote sowie die Mordrate im Vergleich von Österreich und Costa Rica vorgestellt.[22]

Die **ungleiche Verteilung** des Nationaleinkommens wird in einem anderen Abschnitt thematisiert. In einem späteren Kapitel zu „Wohlstand in Europa" wird nochmals auf das BIP Bezug genommen:

„Obwohl das BIP weltweit anerkannt ist und Staaten mit hohem BIP oft politisch einflussreich sind, berücksichtigt es nicht die Verteilung der Produktion auf die Bevölkerung oder Faktoren wie unbezahlte Arbeit, Geschlechtergerechtigkeit und intakte Naturräume, die für den Wohlstand vieler Menschen entscheidend sind." (ebd. S. 173)

In **global 6** wird das BIP im Kontext mit der Europäischen Union sowie der unterschiedlichen Höhe in den Mitgliedsländern erläutert. Dazu heißt es:

„Das Bruttoinlandsprodukt stellt den Wert aller Güter (Waren und Dienstleistungen) dar, der in einem Jahr im Inland erwirtschaftet wird, und drückt damit die wirtschaftliche Leistung einer Volkswirtschaft aus." (global 6, S. 26)

In **global 7** wird genauer auf das BIP eingegangen:

„Es stellt eine der wichtigsten Größen dar, um die wirtschaftliche Situation, den Wohlstand, die Entwicklung eines Landes zu beurteilen." (global 7, S. 18)

Vorgestellt werden die **Entstehungs-, Verteilungs- und Verwendungsrechnung**, der Prozess der Wertschöpfung, das nominelle und reale BIP sowie das BIP/Kopf. Zu letzterem heißt es:

„Das BIP pro Kopf gibt nur sehr eingeschränkt Auskunft über die tatsächliche wirtschaftliche Lage bzw. die Einkommensverteilung eines Landes." (ebd. S. 19)

Eine Aufgabenstellung lautet: „Beurteilen Sie die Aussagekraft des BIP über die Leistungen einer Volkswirtschaft" (ebd. S.19), Ausführungen zu den Grenzen der Aussagekraft gibt es jedoch nicht.

Einschätzung

In der Ökologischen Ökonomie, der Postwachstumsökonomie und der feministischen Ökonomie wird im Kontext des BIP auf die **Nicht-Berücksichtigung** von Carearbeit und ehrenamtlichem Engagement sowie auf das **Problem der Negativkosten** eingegangen. Wer Schweine züchtet und verkauft, erhöht das BIP, wer Kinder erzieht, erhöht dieses nicht – außer man wird als Pädagoge/in dafür bezahlt. Hohe Krankheitskosten oder die Beseitigung der Schäden nach Klimakatastrophen – wie bereits gesagt wurde – erhöhen zwar das BIP, nicht jedoch die Lebensqualität (Daly 2016, Haidinger/Knittler 2013, Holzinger 2024).

In allen Schulbüchern wird das BIP inklusive Entstehungsrechnungen sowie der Unterscheidung von nominellen und realem BIP erklärt. Mit Ausnahme von *Durchblick* wird in allen Schulbüchern auch darauf hingewiesen, dass das BIP nichts über dessen **Verteilung** aussagt. Bis auf *global*

---

[22] In der Abbildung ist offensichtlich ein Fehler: der HDI für Österreich wird mit 4,67 Prozent angegeben. Er beträgt 0,911 (https://www.laenderdaten.de/indizes/hdi.aspx. Abgerufen am 2.5.2025

erwähnen alle Schulbücher, dass für die Gesellschaft und das Leben wichtige Bereiche wie Sorgearbeit oder ehrenamtliche Arbeit nicht berücksichtigt werden.

In *Meridiane* irritiert die positive Darstellung der **Schwarzarbeit**, die ebenfalls nicht im BIP enthalten sei – eine Abgrenzung von erwünschter Eigenarbeit sowie Nachbarschaftshilfe wäre wohl geboten. Diese wird in *Geospots* unkommentiert erwähnt. Die Feststellung zur v. a. von Frauen verrichteten Reproduktionsarbeit entspricht zwar der aktuellen empirischen Realität, wünschenswert wäre aber eine Problematisierung, etwa im Kontext der Doppelbelastung von Frauen sowie der Hinterfragung dieser Rollenaufteilung. Der eingeführte Begriff „Reproduktionsarbeit" ist zwar üblich, aber für Schüler und Schülerinnen wohl schwer verständlich. Zudem suggeriert er, dass es sich hier nicht um produktive Tätigkeiten handelt, nur weil diese nicht monetär erfasst werden (Haidinger/Knittler 2013).

Betont werden könnte, dass die **Grundbedürfnisse** bzw. **öffentlichen Güter** wesentlich das Wohlbefinden der Menschen bestimmen, diese ebenso zum BIP beitragen, sofern sie bezahlt werden. Ihre Finanzierung ist jedoch über öffentliche Mittel sicherzustellen, was einen Konnex zu Staat, Staatseinnahmen und -ausgaben herstellt.

Alternative Indikatoren werden in drei Schulbüchern genannt: In *Meridiane* wird der Human Development Index vorgestellt, in *Perspektiven* werden mehrere alternative Indikatoren genannt, es wären jedoch auf jeden Fall Erläuterungen oder zumindest Links nötig (Holzinger 2024, S. 47f., 309ff.) Am ausführlichsten thematisiert *Geografisch* den Human Development Index sowie den Happy Planet Index inklusive einer Erklärung über deren Aussagekraft.[23]

Auf den Konnex von **BIP und Wirtschaftswachstum** wird – außer in *Geospots* - erst in späteren Kapiteln eingegangen. Lediglich in *Perspektiven* gibt es den Hinweis, dass die Begriffe „Nullwachstum" sowie „Negativwachstum" „beschönigende, euphemistische Bezeichnungen eines Rückganges des BIP" (ebd. S. 19) seien.

Wohlstand und Lebensqualität

Fachliche Einführung

Die Definition von Wohlstand und Lebensqualität spielt eine wichtige Rolle im Kontext der Ausrichtung des Wirtschaftens. Es gibt zwar einen Konnex zwischen materiellem Wohlstand, der in der Regel als **Lebensstandard** bezeichnet wird, und **Lebensqualität**, letztere umfasst jedoch nicht nur materielle Aspekte. In der Ökologischen Ökonomie wird von einem erweiterten Wohlstandsbegriff gesprochen (Holzinger 2016), in der feministischen und Postwachstumsökonomie der Fokus auf die Befriedigung der Grundbedürfnisse im Sinne eines guten Lebens für alle unter Einhaltung der planetaren Grenzen (Novy u. a. 2023, 2025, Holzinger 2024). Und dies in globaler Perspektive:

> „Klimafreundliches Leben strebt danach, dass eine hohe Lebensqualität bei Einhaltung planetarer Grenzen für alle Menschen erreicht werden kann. Es geht um ein gutes Leben nicht nur für einige Menschen, sondern für alle, in Österreich und global." (APCC 2023, S. 175)

Was unter einem guten Leben verstanden wird, kann zwar subjektiv unterschiedlich sein, doch gibt es Ergebnisse der **Zufriedenheitsforschung**, die auf gemeinsame Merkmale verweisen, etwa Gesundheit, soziale Beziehungen, materielle Sicherheit (Rogall 2011, S. 34). International werden erweiterte Wohlstandsindikatoren vorgeschlagen, etwa der **Better Life Index** der OECD. Der **Weltglücksreport** der Vereinten Nationen nennt folgende Kriterien: Soziale Kontakte, Vertrauen in sich

---

[23] Auf ökologische Indikatoren wie den Ökologischen Fußabdruck oder die Planetaren Grenzen wird in manchen Schulbüchern bei der Thematisierung der Tragfähigkeit der Erde eingegangen.

selbst, untereinander und in den Staat, wirtschaftliche Sicherheit, lokale Verortung, Fehlen von Korruption, positives Demokratiebild. Die skandinavischen Länder liegen hier übrigens immer ganz vorne, Österreich lag beim Report 2023 an 14. Stelle.[24]

Die **Sustainable Development Goals** (SDGs) der Vereinten setzen ebenfalls auf ein erweitertes Wohlstandsverständnis, das neben ökonomischen auch soziale und ökologische Ziele umfasst. 17 Oberzielen sind 169 Unterziele zugeordnet, zu denen regelmäßig Daten gesammelt werden. Das Projekt „Wie geht ´s Österreich", das erweiterte Wohlstandsindikatoren im Zeitverlauf dargestellt hat, wurde im Zuge der Verpflichtung aller Staaten, regelmäßige Berichte zu den SDGs vorzulegen, von diesen Reports abgelöst.[25]

Die Studie **„Wohlstand und Lebensqualität"** der Arbeiterkammer Salzburg (AK 2024) nennt fünf Dimensionen: Fair verteilter materieller Wohlstand; Vollbeschäftigung und gute Arbeit; intakte Umwelt; Lebensqualität; ökonomische Nachhaltigkeit. Unter Lebensqualität werden dabei u. a. die Lebenszufriedenheit, die Wohnsituation, das Sicherheitsgefühl sowie die Qualität der Kinderbetreuung und Pflegeversorgung gemessen – also weitgehend gesellschaftlich herzustellende Bedingungen.

In der **Nachhaltigkeitsforschung** wird ebenfalls für ein erweitertes Wohlstandsverständnis plädiert, etwa für Zeit- und Tätigkeitswohlstand, Beziehungs- und Ortswohlstand, Bildungs- und Demokratiewohlstand (Holzinger 2016).[26]

Mit der **„Wellbeing Ecomomy"** hat ein erweitertes Wohlstandsverständnis mittlerweile auch im Regierungshandeln von Staaten Eingang gefunden. Schottland, Wales, Island und Neuseeland sind Teil der Wellbeing Economy Alliance (Holzinger 224, S. 310ff.).

Inhalte der Schulbücher

In **Meridiane 7** heißt es einleitend zum Kapitel „Lebensqualität in Österreich":

> „Die Lebensqualität ist einerseits eine sehr subjektive Wahrnehmung, wird aber auch gemessen und beispielsweise als Standortfaktor auf internationaler Ebene bewertet." (Meridiane 7, S. 120)

Danach folgen Ergebnisse einer Mikrozensus-Erhebung **„Umwelt 2015"** von Statistik Austria sowie eine Grafik über eine Erhebung der OECD über **Lebensqualität in Österreich**, in der mehrere Indikatoren herangezogen werden: Subjektives Wohlbefinden, Einkommen und Vermögen, Arbeitsplätze, Löhne und Gehälter, Wohnverhältnisse, Work-Life-Balance, Gesundheitszustand, Bildung und Ausbildung, soziale Beziehungen, Zivilengagement und Politikgestaltung, Umweltqualität sowie persönliche Sicherheit.

Während die Lebenszufriedenheit, die persönliche Sicherheit, die Arbeitsplatzsicherheit als hoch eingeschätzt werde, sehe dies etwa bei **erschwinglichem Wohnraum** anders aus: hier gäbe es wenig Zustimmung. Verwiesen wird auch auf unterschiedliche Zufriedenheitswerte zwischen Jüngeren und Älteren, Männern und Frauen sowie Migrant*innen und Einheimischen. In der zitierten Mikrozensus-Erhebung werden **Klimawandel** und **Verkehrsaufkommen** als zentrale Probleme genannt. Nur mehr unter 50 Prozent hielten zum Zeitpunkt der Befragung **Wirtschaftswachstum** für ein gutes Leben notwendig, so ein Hinweis im Schulbuch.

Generell wird die **Lebensqualität in Österreich** jedoch positiv beurteilt:

---

[24] https://worldhappiness.report. Abgerufen am 23.3.2025.
[25] https://www.bundeskanzleramt.gv.at/themen/nachhaltige-entwicklung-agenda-2030/berichterstattung-agenda-2030.html#FNU2. Abgerufen am 23.3.2025
[26] Vgl. dazu auch https://hans-holzinger.org/gut-leben-statt-viel-haben-workshopmaterialien. Abgerufen am 23.3.2025

„Für die hohe Lebensqualität in Österreich sind vor allem Faktoren wie die hohe soziale Sicherheit, die niedrige Kriminalitätsrate, die vielen Möglichkeiten in Bezug auf Freizeitgestaltung, die schöne Landschaft, das vielfältige kulturelle Angebot oder die gute Umwelt zu nennen." (ebd. S 120)

Als **Arbeitsaufgaben** werden u. a. der Vergleich dieser Erhebungen mit aktuellen Zeitungsberichten sowie das Beschreiben der persönlichen Kriterien für ein gutes Leben gestellt.

Im Kapitel „Geht´s der Wirtschaft gut, geht´s den Menschen gut?" in **Perspektiven 7/8** (S. 79ff.) werden der **Begriff der Lebensqualität** und – wie in *Meridiane* - der **Better Life Index** der OECD vorgestellt. Einleitend heißt es:

„Unter Lebensqualität versteht man die Qualität des täglichen Lebens. Dazu zählen der materielle und der immaterielle Wohlstand. Jeder Mensch nimmt die Lebensqualität anders wahr, sie ist ein subjektives Empfinden." (ebd. S. 79)

Als **Faktoren für Lebensqualität** werden genannt: Vorhandensein von Arbeitsplätzen, heimische Produkte, Einkommen, Bildung, Wohnraum, Infrastruktur, Kaufkraft, soziale Beziehungen, kulturelles Angebot, Freizeit, Zufriedenheit am Arbeitsplatz, Warensortiment und intakte Natur. Weiters heißt es:

„Bei einem wirtschaftlichen Aufschwung sind die Auswirkungen auf das Alltagsleben und die Lebensqualität der Menschen meist positiv, schrumpft die Wirtschaft allerdings, so überwiegen die negativen Auswirkungen." (ebd. S. 79)

In Österreich sei die Lebensqualität im internationalen Vergleich jedoch hoch. Laut dem **OECD Better Life Index** würden die Werte der Bereiche Einkommen und Vermögen, Gesundheit, Wohnen, subjektives Wohlbefinden, Sicherheit, soziale Beziehungen sowie Umwelt und Bildung über dem Durchschnitt liegen. Unterstützt wird diese Feststellung zudem mit einer **EU-weiten Umfrage** zur Lebenszufriedenheit, bei der Österreich nach Finnland und der Schweiz an drittbester Stelle liege.

In **Durchblick 7** wird im Kapitel **„Lebensqualität – wichtiger als das BIP?"** (Durchblick 7, S.78ff.) auf das Projekt **„Wie geht´s Österreich?"** von Statistik Austria eingegangen.[27] Darin heißt es:

„Lebensqualität wurde oft genug als quantitative Ausstattung verstanden. In jüngeren Ansätzen rückt ein anderer, weiter gefasster Begriff von Lebensqualität in den Mittelpunkt." (ebd., S. 78)

Neben rein wirtschaftlichen Indikatoren wie Einkommen oder Arbeitsplatzsicherheit würden solche zu Lebensqualität und Umwelt kommen. Als Kriterien für Lebensqualität werden angeführt: Soziale Teilhabe, Gesundheit, Bildung, physische Sicherheit, Qualität der gesellschaftlichen Organisationen, Wohnen, subjektives Wohlbefinden. In den Aufgaben werden die Schüler*innen aufgefordert, ein **Lebensqualitätsprofil** zu erstellen und dabei zwischen persönlicher Lebensqualität und Lebensqualität in der Region zu unterscheiden.

In **Geospots 7/8** gibt es ein Kapitel **„Lebenswertes Österreich"**, in dem der **Better Life Index** der OECD sowie das Ranking Österreichs vorgestellt werden. Dazu heißt es:

„'Geld allein macht nicht glücklich'. Diesen Ausspruch hast du bestimmt schon gehört. Die längste Zeit wurden Gesellschaften allerdings anhand wirtschaftlicher Messgrößen, wie dem Bruttoinlandsprodukt oder der Arbeitslosenrate, beschrieben. Es gibt aber immer zahlreichere Versuche, ‚Lebensqualität' umfassender zu ermitteln. Bei diesen neuen Ansätzen spielen neben objektiv feststellbaren Faktoren, wie Einkommen, Beschäftigung, Bildung oder Wohnverhältnisse auch subjektive Faktoren wie Sicherheit, Zufriedenheit oder Glück eine Rolle." (ebd. S 89)

---

[27] Dieses wurde im Zuge der Berichtspflicht aller Staaten zu den Sustainable Development Goals aufgelöst bzw. in den SDG-Report eingegliedert. https://www.bundeskanzleramt.gv.at/themen/nachhaltige-entwicklung-agenda-2030/berichterstattung-agenda-2030.html#FNU2. Abgerufen am 23.3.2025

Zu **Österreichs Ranking** wird ausgeführt:

„Österreich liegt in den Bereichen Arbeit und Einkommen, subjektives Wohlbefinden, Sicherheit, soziale Beziehungen, Umwelt und Bildung über dem Durschnitt. Beim Zivilengagement liegt es klar unter dem Durchschnitt." (ebd. S. 89)

Bildung und Chancengleichheit, gelingende Integration, attraktive Freizeit- und Kulturangebote sowie eine intakte Umwelt als **Kriterien für Lebensqualität** werden näher ausgeführt, dabei die Rankings der PISA-Studie sowie im Migrant Integration Policy Index vorgestellt. Bei letzterem liege Österreich „im unteren Mittelfeld." (ebd. S. 90) In Bezug auf Chancengleichheit wird die nach wie vor gegebene Ungleichbehandlung von Männern und Frauen am Arbeitsmarkt in Bezug auf Einkommen problematisiert.

Geografisch 7 enthält ein Kapitel **„Ein gutes Leben?"** (Geografisch 7, S. 65ff.) Darin heißt es:

„Der Begriff Lebensqualität ist subjektiv und hat für jede Person eine individuelle Bedeutung. Verschiedene Institutionen bemühen sich jedoch, die Lebensqualität durch die Verwendung von Indizes zu erfassen." (ebd. 65)

Vorgestellt wird der **Better Life Index** der OECD mit weiterführenden Links zu Ländervergleichen und einem YouTube-Video sowie eine Umfrage zur **Lebensqualität in Österreich,** in der Gesundheit, intakte Familie bzw. Partnerschaft, Selbstbestimmung, sozialer Friede und der Schutz der Umwelt an vorderster Stelle genannt wurden, weit vor "Geld und Besitz mehren". Näher ausgeführt werden das Konzept der **Work-Life-Balance,** das durchaus kritisch gesehen wird – auch Arbeit könne erfüllend sein – sowie **Lebensqualität in der Stadt** am Beispiel des **sozialen Wohnbaus** in Wien und am geplanten und aufgrund von Protesten bisher verhinderten **Lobau-Tunnel**, an dem die Dilemmata des wachsenden KFZ-Verkehrs in den Städten als die Lebensqualität beeinträchtigender Faktor dargestellt werden (Anm.: Mittlerweile gibt es einen positiven Beschluss zum Bau).

In **global 7** wird das Projekt **„Wie geht´s Österreich?"** von Statistik Austria anhand eines Zeitungsartikels sowie einer Grafik zu den Schlüsselindikatoren des Projekts zu den drei erfassten Bereichen Wohlstand, Lebensqualität und Umwelt vorgestellt. Im Zeitungsbericht betont der Leiter von Statistik Austria die hohe Lebensqualität in Österreich, problematisiert aber Versagen im Bereich Umwelt sowie der Verteilung des Wirtschaftsprodukts. Letzteres wird in einem weiteren Quellentext des Blogs Arbeit & Wirtschaft kritisiert. In **Arbeitsaufgaben** werden die Schüler aufgefordert, kritisch zu den Aussagen und zur Frage, ob Wohlstand allein glücksbringend sei, Stellung zu nehmen.

Einschätzung

Alle Schulbücher thematisieren das Thema **Lebensqualität** und plädieren für einen **erweiterten Wohlstandsbegriff**. Bezug genommen wird auf den **Better Life Index** der OECD sowie auf das Projekt „Wie geht´s Österreich", das mittlerweile eingestellt bzw. in das Projekt der Berichterstattung zu den SDGs überführt wurde. Wichtig wäre jedoch, eine Verbindung zur Frage des Wirtschaftwachstums sowie zu postmateriellen Lebensstilen herzustellen. Für den Unterricht geeignet wäre auch die Studie „Wohlstand und Lebensqualität" der AK Salzburg sowie das achtdimensionale Wohlstandskonzept des Verfassers (Holzinger 2016).

Nun zur Einzelbeurteilung.

Meridiane 7 thematisiert Lebensqualität am **OECD-Better Life Index** sowie an einer **Umwelt-Umfrage** von Statistik Austria aus dem Jahr 2015, in welcher ein erschwinglicher Wohnraum, Klimawandel und Verkehrsaufkommen als wichtigste Themen genannt werden, vor Wirtschafts–wachstum. Dass Lebensqualität eine „sehr subjektive Wahrnehmung" sei, wird durch solche Erhebungen relativiert.

In *Perspektiven 7/8* wird ebenfalls auf den **OECD Better Life Index** Bezug genommen und dabei die hohe Lebensqualität in Österreich betont, auch wenn andere Erhebungen etwa die hohen Wohnkosten oder das Einkommensgefälle kritisieren. Die Unterscheidung in **materiellen** und **immateriellen** Wohlstand macht Sinn. Lebensqualität wird nicht ausschließlich nach ökonomischen Kriterien definiert; diese werden aber stark betont. Zu hinterfragen ist auch hier die Feststellung, dass Lebensqualität für jeden Menschen etwas anderes bedeutet. Umfragen zeigen, dass gewisse Parameter wie soziale Sicherheit, Gesundheit, Familie und Freundschaften allen Menschen wichtig sind. Zu hinterfragen ist auch die Feststellung, dass bei einer schrumpfenden Wirtschaft die Lebensqualität grundsätzlich sinke (mehr siehe Kap. Wirtschaftswachstum).

Durchblick 7 erläutert Lebensqualität am Projekt **"Wie geht´s Österreich?"** und zählt die Faktoren für ein erweitertes Wohlstandsverständnis auf. Die Aufgabe, ein **Lebensqualitätsbarometer** zu erstellen, ist gut geeignet, mit den Schüler*innen in eine Reflexion einzutreten.

Geospots 7/8 geht mit dm **Better Life Index** der OECD in einem Abschnitt auf „Versuche, Lebensqualität umfassender zu ermitteln“ ein. Zugleich werden Bildung und Chancengleichheit, gelingende Integration, attraktive Freizeit- und Kulturangebote sowie eine intakte Umwelt als Kriterien für Lebensqualität angeführt. Dies ist positiv anzumerken. Hier wird auch auf den **Migrant Integration Policy Index** eingegangen, in dem Österreich nicht besonders gut abschneidet.

Geografisch 7 bezieht sich ebenfalls auf den **Better Life Index** der OECD. Anders als die übrigen Schulbücher wird hier jedoch der Aspekt der **Work Life-Balance** als Beispiel näher ausgeführt und hinterfragt. Wichtig sind die Ausführungen zu den **Wohnkosten**, originell jene zu **Umweltqualität** am Beispiel der Proteste gegen den Lobau-Tunnel, weil hier der Bedarf nach Mobilität mit ökologischen Aspekten in Beziehung gesetzt wird.

global 7 erörtert Lebensqualität ebenfalls am Projekt **"Wie geht´s Österreich?"** anhand von Quellentexten, fordert die Schüler*innen aber auf, kritisch zu den Aussagen über mangelnde **Verteilungsgerechtigkeit** und **Umweltdefiziten** Stellung zu nehmen. Nähere Ausführungen dazu wären notwendig.

Einkommen und Vermögen

Fachliche Einführung

Unter **Einkommen** werden alle Arten von Einkünften verstanden: Aus Lohnarbeit, Unternehmensgewinnen, Kapitaleinkommen (Zinsen, Renditen), Immobilien und Grundstücken (Mieten, Pacht).

„Das Einkommen sowie dessen Verteilung ist ein wichtiges Merkmal zur Beschreibung der Lebenssituation der Bevölkerung."[28]

Davon zu unterscheiden sind **Vermögen**, die in Geld- und Sachvermögen unterteilt werden:

„Vermögen sind alle in Geld bewerteten dauerhaften Güter und Rechte wie Grundbesitz, Wertpapiere oder Bargeld einer Person, eines Unternehmens, aller privaten Haushalte, des Unternehmenssektors, des Staates oder der Volkswirtschaft.“[29]

Im Gegensatz zu Einkommen ist Vermögen eine Bestandgröße. Vermögen kann vererbt oder erarbeitet sein, sich aus Einkommen über Arbeit, Kapital- oder Immobilieneinkommen vermehren. Geldvermögen wird zum **Produktionsfaktor Kapital**, wenn es investiert wird.

---

[28] https://www.bpb.de/kurz-knapp/zahlen-und-fakten/sozialbericht-2024/553205/einkommen-und-einkommensverteilung/. Abgerufen am 2.6.2025

[29] https://www.bpb.de/kurz-knapp/lexika/lexikon-der-wirtschaft/21004/vermoegen/. Abgerufen am 2.6.2025

In **Wirtschaftsstatistiken** dargestellt werden die Verteilung von Einkommen und Vermögen. Thematisiert werden Begriffe wie Lohn- und Gewinnquote, Vermögens- und Einkommensentstehungsarten sowie die Vermögens- und Einkommensverteilung in einer Volkswirtschaft bzw. Gesellschaft.

Welche **Vermögens- und Einkommensunterschiede** als demokratiepolitisch, volkswirtschaftlich und ethisch vertretbar angesehen werden, ist Gegenstand gesellschaftlicher Debatten und hängt auch mit unterschiedlichen Weltanschauungen zusammen. Die Zunahme der Vermögensspreizungen in den letzten Jahrzehnten wird statistisch erfasst und problematisiert (Piketty 2014, 2023). Gewarnt wird vor ihren volkswirtschaftlichen und demokratiepolitischen Folgen (Schürz 2019) sowie den negativen Auswirkungen auf die Gesellschaft und das Zusammenleben (Wilkinson/Pickett 2009).

Die Wirtschaftsethikerin Ingrid Robeyns hat den Begriff des **„Limitarismus“** geprägt. Sie verteidigt die freien Märkte, plädiert aber dafür, den Reichtum zu begrenzen:

> „Märkte sind ein sehr wirkmächtiges Instrument, um materiellen Wohlstand zu sichern; Privateigentum ist ein Eckpfeiler unserer Sicherheit, unserer Autonomie und unseres Wohlstands; in Verbindung mit öffentlichen Gütern und allen zugänglichen kollektiven Ressourcen sind beide unerlässlich für eine funktionierende Gesellschaft. Wir würden uns ins eigene Knie schießen, wenn wir sie abschafften. Die eigentliche Frage, die wir beantworten müssen, ist vielmehr, welche Beschränkungen wir dem Markt und dem Privateigentum auferlegen müssen, um den Limitarismus zu erreichen.“ (Robeyns, 2024, S. 21f.)

Eng verbunden damit sind Fragen nach der **Leistungsgerechtigkeit** sowie der **Begrenzung von Einkommens- und Vermögensunterschieden** durch den Staat. Mittlerweile werden auch von Vermögenden selbst höhere Steuern gefordert, etwa von der Gruppe „Tax me now“ oder den „Millionaires for Humanity“ (Holzinger 2024, S. 182ff.)

Aus Sicht der **Umwelt- und Klimaforschung** wird auf die höheren **Umweltbelastungen** durch Vermögende verwiesen.

> „Die zehn Prozent der wohlhabendsten Menschen weltweit haben seit 1990 rund zwei Drittel der menschengemachten Erderwärmung verursacht. Zu diesem Ergebnis kommt eine neue Studie der Technischen Hochschule Zürich (ETH), die erstmals den Zusammenhang zwischen privatem Reichtum und extremen Klimaereignissen untersucht hat.“[30]

Zudem spielt eine große Rolle, wo Vermögen in Zukunft investiert wird: Kapitalströme müssen in ökologische Projekte, Geschäftsfelder und Unternehmen umgelenkt werden (Club of Rome 2022). Aus Sicht der **Ökologischen Ökonomie** und **der Postwachstumsökonomie** sollen eine weniger hohe Einkommens- und Vermögensspreizung dazu beitragen, dass öffentliche Leistungen auch ohne Wirtschaftswachstum finanziert werden können (Hickel 2018, Holzinger 2024).

Thomas Piketty betont die Bedeutung **gerechter Institutionen** und die Rolle von **Debatten über Gerechtigkeit:**

> „Soziale Kämpfe spielen eine Schlüsselrolle in der Geschichte der Gleichheit, aber die Frage der gerechten Institutionen und der egalitären Debatten, in denen sie nur geklärt werden kann, muss ebenso ernst genommen werden.“ (Piketty 2023, S. 27)

Wirtschaftliche Bildung soll sich daher nicht nur mit den Arten von Einkommen und Vermögen sowie ihrer Entstehung beschäftigen, sondern sie muss sich auch Fragen nach deren **leistungsgerechter** und **demokratieverträglicher Verteilung** stellen.

---

[30] https://www.zeit.de/wissen/umwelt/2025-05/umwelt-erderwaermung-emissionen-studie. Abgerufen am 13.5.2025

Inhalte der Schulbücher

Meridiane 7 thematisiert die „Einkommen und Vermögen in Österreich". Darin heißt es:

„In den letzten Jahren öffnete sich eine Einkommens- und Wohlstandsschere. Österreich wird zwar immer reicher, die Sparquote steigt, aber die Verteilung des Wohlstandes ist ungleich: Immer weniger haben immer mehr, immer mehr haben immer weniger." (Meridiane 7, S. 62)

Erklärt wird dies an der sinkenden Lohnquote sowie den steigenden Geldvermögen „durch Zinseinkünfte, Dividenden, Pacht usw." (ebd. S. 63). Gewarnt wird vor einer **„Zwei-Klassen-Gesellschaft"**. Im Abschnitt „Armut gibt es trotz Arbeit" wird die Armutsschwelle erklärt (60 Prozent des Medianeinkommens) und auf die Folgen von Armut eingegangen. Die Verringerung der Einkommensungleichheit durch **Sozialleistungen** wird anhand einer Grafik dargestellt. Es wird auch auf die Unterschiede bei Löhnen und Gehältern verwiesen, insbesondere zwischen Männern und Frauen, aber die Lohnsteuerprogression mildere die Ungleichheit bei den Einkommen etwas ab.

Danach heißt es:

„Das Geldvermögen ist wesentlich ungleicher verteilt als die Einkommen." (ebd. S. 63)

Verwiesen wird zudem auf die Bedeutung des Mittelstandes und dessen Definition durch die OECD. In diesem Kapitel wird auch der **Gini-Koeffizient** als Maßzahl für Ungleichheit vorgestellt.

In **Perspektiven 7/8** wird die Vermögensverteilung in Österreich nach Vermögensgruppen dargestellt, jedoch nicht problematisiert, sondern lediglich abwägend zur Diskussion gestellt. Als eines der wirtschaftspolitischen Ziele wird „Gerechte Einkommensverteilung" ausgeführt, dabei zwischen **„Leistungsgerechtigkeit"** und **„Bedarfsgerechtigkeit"** unterschieden (Perspektiven 7/8, S. 49). Die „Einkommenspolitik" versuche, stark unterschiedlich hohes Einkommen auszugleichen. Es wird folgendes Dilemma beschrieben:

„Geht man zu sehr vom Bedarfsprinzip aus, fehlen für die Menschen die Leistungsanreize und das Gesamteinkommen geht zurück. Geht man zu sehr vom Leistungsprinzip aus, führt das zu gesellschaftlichen Spannungen und gefährdet den Zusammenhalt der Gesellschaft." (ebd. S. 48f.)

In den meisten Staaten würde daher ein Weg gewählt, der zwischen Leistungsprinzip („Wer mehr leistet, bekommt mehr – z. B Entlohnung nach Leistungsprinzip") und Bedarfsprinzip („Wer den größten Bedarf hat, bekommt mehr – z. B. Kindesunterhalt, Sozialhilfe") ausbalanciert. Zu einer Statistik zur **Vermögensverteilung in Österreich** wird zwar die Aufgabe gestellt, zu überlegen, welche Hintergründe diese habe, aber es gibt keine Informationen dazu.

In **Durchblick 7** wird die Verteilung von Einkommen und Vermögen mit grundlegenden Fragen eingeleitet:

„Wie definiert man Reichtum und Armut?", „Kann man Reichtum statistisch erfassen?", „Ist Reichtum das Ergebnis persönlicher Leistung?", „Profitiert die Gesellschaft und Wirtschaft von den Reichen?" (Durchblick 7, S. 48).

Danach wird die **ungleiche Verteilung** von Vermögen und Einkommen in vielen Staaten und auch in Österreich problematisiert:

„Es besteht eine ausgeprägte Diskrepanz zwischen einer sehr kleinen Zahl sehr Vermögender und einer großen Zahl von Haushalten mit wenig oder gar keinem Vermögen." (ebd. S. 48)

Die Unterschiede bei den Einkommen seien etwas geringer. Beides wird mit Grafiken zur Verteilung der Nettovermögen sowie von Bruttoeinkommen nach Klassen veranschaulicht.

Danach wird auf die europaweit harmonisierte Haushaltserhebung der Europäischen Zentralbank zur Erhebung der Vermögen, die schlechte Datenlage („erhebliche Dunkelziffer", ebd. S. 49) sowie die Entstehungsursachen für Vermögen eingegangen:

„Erbschaften und Schenkungen sind die Hauptursachen für die Vermögensungleichheit." (ebd. S. 49)

Auch dieses Schulbuch geht auf die Umverteilungswirkung durch Sozialtransfers ein. Es wird auf die **progressive Lohnsteuer** verwiesen, dabei aber die Deckelung bei den Sozialabgaben problematisiert. Die **Konsumsteuern** würden eher regressiv wirken, „da ärmere Haushalte einen größeren Anteil ihres Budgets für Konsumausgaben bereitstellen müssen." (ebd. S. 49)

Dieses Schulbuch verweist auch auf neue **vermögensbezogene Steuern**:

„Vermögensbezogene Steuern (wie Erbschafts- und Schenkungssteuer), die im EU- und OECD-Schnitt viel höher sind als in Österreich, würden einen hohen Umverteilungseffekt haben, sind aber derzeit politisch nicht umsetzbar." (ebd. S. 49)

Geospots 7/8 geht unter den Zielen der Wirtschaftspolitik auch auf eine **„gerechte Einkommens- und Vermögensverteilung"** (ebd. S. 45) ein. Dabei werden folgende Fakten genannt:

„2017 besaßen 8 Milliardäre genauso viel Vermögen wie die ärmere Hälfte der Weltbevölkerung. In Österreich besitzen mehr als zwei Drittel der Bevölkerung kein nennenswertes Geldvermögen, das oberste Zehntel besitzt mehr als die Hälfte." (Geospots 7/8, S. 45)

Es werden Daten über **Bruttomonatseinkommen** – ein Viertel der Beschäftigten liege zwischen 3000 und 7000 Euro, 2 Prozent würden mehr als 7000 Euro verdienen – sowie über die Armutsgefährdeten – 18 Prozent im Jahr 2016 – angeführt. Zu letzteren heißt es:

„Betroffen sind vor allem Alleinerziehende, BezieherInnen der Mindestpension, Arbeitslose und Familien mit mehr als zwei Kindern. Überproportional oft trifft es MigrantInnen und Frauen." (ebd. S. 45)

Neben der Einkommensschere zwischen Männern und Frauen wird auch auf die hohen **Managergehälter** Bezug genommen:

„Einkommenspyramiden von Managergehältern sind oft mit dem Verständnis von sozialer Gerechtigkeit schwer vereinbar. Hingegen argumentieren ManagerInnen, das hohe Maß an Verantwortung in ihren Berufen rechtfertige das hohe Einkommen." (ebd. S. 45)

Grundsätzlich heißt es:

„Über die progressive Besteuerung und soziale Beihilfen kommt es zu einer Umverteilung von oben nach unten. Trotzdem bildet Österreich bei der Vermögensbesteuerung im internationalen Vergleich das Schlusslicht." (ebd. S. 45)

In **Geografisch 5** wird die relativ stabile Einkommensverteilung Österreichs bei gleichzeitigem Anstieg des Nettonationaleinkommens (NNE) jener in anderen Ländern gegenübergestellt, etwa von Rumänien oder Polen, in denen die **Einkommensdivergenz** stark zugenommen habe.

Die Ungleichverteilung in Österreich wird nicht problematisiert, sondern nur angeführt:

„Das am Einkommen gemessene oberste Prozent der Bevölkerung hatte Anfang der 1980er-Jahre einen Anteil von 11,5 Prozent am NNE. Auf die untere Hälfte der Bevölkerung entfielen 21 Prozent der Einkommen." (ebd., S. 97)

In einer der Aufgaben wird lediglich dazu aufgefordert, zur Aussage „Wer mehr leistet, verdient auch mehr" (ebd. S. 97) Stellung zu nehmen. Die Ungleichheit der Einkommen wird am Beispiel der USA kritisiert.

In **Geografisch 7** wird auf die Ungleichverteilung der Einkommen in der EU hingewiesen:

„So war laut Eurostat im Jahr 2021 das Einkommen der 20 Prozent der Bevölkerung mit dem höchsten Einkommen knapp 5-mal höher als das Einkommen des Fünftels der Bevölkerung mit dem niedrigsten Einkommen." (ebd., S. 38)

Die Bedeutung der Sozialleistungen wird mit der Verbesserung des **Gini-Koeffizienten** vermittelt:

„Diese schaffen eine Reduktion der Ungleichverteilung um 42 Prozent." (ebd. S. 38)

Absolute und **relative Armut** wird auch in diesem Schulbuch mithilfe des Medianeinkommens erklärt, dabei auch der Begriff der „materiellen Deprivation" eingeführt:

„Armut kann psychische Belastung, soziale Ausgrenzung, Beeinträchtigung von Bildungschancen und negative Gesundheitseinflüsse zur Folge haben." (ebd. S. 38)

Auf Vermögensungleichheit wird nicht eingegangen.

In **global 7** wird die Verteilung des Sozialprodukts besprochen, dabei werden die unterschiedlichen **Einkommensarten** dargestellt, die „personelle Einkommensverteilung" (nach Einkommenshöhe) und die „funktionelle Einkommensverteilung (Löhne, Gewinne, Zinsen, Pacht) sowie die Lohn- und Gewinnquote unterschieden.

Die **Aussagekraft der Lohnquote** wird relativiert:

„So sind z. B. in den Arbeitnehmerentgelten auch die Spitzeneinkommen von Topmanagerinnen und Topmanagern enthalten wie die Niedriglöhne der Arbeitsnehmerinnen und Arbeitnehmer z. B. in der Reinigungsbranche." (global 7, S. 21)

Anhand von Primärverteilung und Sekundärverteilung wird die **Rolle von Transfereinkommen** erörtert:

„Durch die Einhebung von Steuern und Abgaben kann der Staat einen erheblichen Teil des erwirtschafteten Bruttoinlandsprodukts umverteilen. Das Volumen der Umverteilung ist verhältnismäßig groß." (ebd. S. 21)

Daten werden lediglich zu den Einkommensunterschieden in Österreich, nicht zu den Vermögensunterschieden gezeigt – zu letzteren gibt es lediglich Hinweise aus den USA sowie zur globalen Ungleichheit. Der **Gini-Koeffizient** wird auch in diesem Schulbuch vorgestellt.

Einschätzung

Das **Auseinanderdriften** der **Vermögen** sowie der **Einkommen** ist statistisch evident und belastet den Zusammenhalt der Gesellschaft (Piketty 2014). Eine zu starke Vermögensungleichheit wird aus demokratiepolitischen, volkswirtschaftlichen und ethischen Gründen problematisiert (Robeyns 2024, Schürz 2019). Nicht nur Armut gefährde unsere Gesellschaft, sondern auch eine zu große Ungleichheit, weil diese zu negativen Entwicklungen wie steigende Kriminalität, Zunahme von psychischen Erkrankungen oder Arbeitslosen führe (Wilkinson/Pikett 2009). In der **Postwachstumsökonomie** spielt eine ausgewogene Verteilung des Erwirtschafteten eine wesentliche Rolle in der Transformation, weil nur so die öffentlichen Aufgaben auch bei stagnierendem bzw. schrumpfendem BIP erfüllt werden können (Holzinger 2024, S. 91ff.).

In den Schulbüchern wird **Einkommens- und Vermögensungleichheit** unterschiedlich thematisiert und akzentuiert. Während diese in *Meridiane*, *Durchblick* und *Geospots* auch in Bezug auf Österreich problematisiert wird, betont *Geografisch* lediglich die Einkommensdivergenz in anderen Ländern, etwa den USA oder innerhalb der EU; in Österreich wird die stabile Einkommensentwicklung hervorgehoben, ohne die Spreizung sowie die Vermögensungleichheit an sich zu hinterfragen. Aber es werden die **Folgen von Armut** angesprochen.

In *Perspektiven* wird vor allem die Frage der „**Leistungsgerechtigkeit**" thematisiert. *global* stellt lediglich Fachbegriffe wie Volkseinkommen, Primär – und Sekundäreinkommen vor, ohne Daten über Ungleichheiten zu nennen bzw. zu problematisieren. Nur *Durchblick* spricht neben progressiven Lohnsteuern vermögensbezogene Steuern an (mehr siehe Kapitel Steuerpolitik), *Geospots* verweist darauf, dass Österreich bei der Vermögensbesteuerung Schlusslicht sei und die Vererbungs- und Schenkungssteuer abgeschafft habe. Dieses Schulbuch problematisiert auch die hohen Managergehälter, relativiert diese aber mit der Sichtweise der ManagerInnen, die die hohe Verantwortung ins Treffen führen.

An der Sichtweise zur **Leistungsgerechtigkeit** (*Perspektiven)* ist problematisch, dass die bestehenden Einkommensverhältnisse gar nicht hinterfragt werden. Ist es leistungsgerecht, wenn jemand das 100fache eines anderen verdient oder sein Vermögen vermehrt, nur weil er/sie es investiert? Die Frage, was einen gerechten Lohn und legitime Vermögenszuwächse ausmacht, wäre aus wirtschaftsethischer Sicht zu diskutieren. Für junge Menschen interessant wäre auch eine Pro-Kontra-Diskussion zu einem „Bedingungslosen Grundeinkommen" oder einer „Grundsicherung" (Holzinger 2024, S. 209ff.; Hüttmann 2025). Mehr dazu wird im Kapitel zu „Sozialpolitik und Sozialstaat" erörtert.

Ökologische Indikatoren

Fachliche Einführung

In der **Ökosystem-** und **Klimaforschung** sowie der **Ökologischen Ökonomie** spielen ökologische Indikatoren eine wichtige Rolle. Daten über den Verbrauch an Ressourcen sowie den Ausstoß von Emissionen sowie Angaben zur Tragfähigkeit der Erde bzw. zu den planetaren Grenzen sollen die **Nachhaltigkeit** bzw. **Nicht-Nachhaltigkeit** von Gesellschaften bzw. Volkswirtschaften anzeigen. Als bedeutende Indikatoren gelten der Ökologische Fußabdruck, der Ökologische Rucksack, der Happy Planet Index, der Sustainable Planet Index sowie die Planetary Boundaries. Auch die Sustainable Development Goals, die sozioökonomische und ökologische Parameter verbinden, werden herangezogen, um über den Zustand der Welt Auskunft zu geben (Holzinger 2024, S. 31ff.).

Der **ökologische Fußabdruck** bezieht sich auf die erneuerbaren Ressourcen: der Biokapazität der Erde („Tragfähigkeit") wird der Verbrauch gegenübergestellt und in Fläche umgerechnet. Neben Flächen für Land- und Forstwirtschaft, Infrastrukturen, Siedlungen und anderen Gebäuden gibt es eine sogenannte CO_2-Fläche – der CO_2-Ausstoß wird in jene Fläche Wald umgerechnet, die nötig wäre, um diesen wieder zu binden.[31] Das Konzept geht also von **Klimaneutralität** aus. Berechnet werden kann der ökologische Fußabdruck für Einzelpersonen (**Fußabdruckrechner**[32]), einzelne Staaten sowie die Welt insgesamt. Daraus wird der sogenannte **Welterschöpfungstag** („World Overshoot Day") berechnet – jener Tag, an dem die verfügbare Biokapazität des Jahres aufgebraucht ist. Dieser fällt in Hochkonsumländer bereits in den Frühling, weltweit liegt er derzeit im Sommer. Dass wir trotzdem weiterleben und nicht verhungern, muss mit dem CO_2-Fussabdruck, der in den reichen Ländern etwa zwei Drittel der berechneten Fläche ausmacht, erklärt werden.[33]

An der Fokussierung auf den **persönlichen Fußabdruck** wird kritisiert, dass er sich ausschließlich auf die Veränderung des eigenen Lebensstils bezieht, **politische Veränderungen** jedoch außen

---

[31] https://www.footprintnetwork.org/. Abgerufen am 5.5.2025

[32] https://www.mein-fussabdruck.at/. Abgerufen am 5.5.2025

[33] Als „Energiefläche" wird die Fläche zum Ausgleich der menschengemachten Emissionen bezeichnet – ein Hektar Wald nimmt im Jahr bis zu 6 Tonnen CO_2 auf, woraus die CO_2-Fläche berechnet wird. www.footprint-network.org/resources/data/ sowie www.wald.de/waldwissen/wie-viel-kohlendioxid-co2-speichert-der-wald-bzw-ein-baum/. Abgerufen am 5.5.2025 Vgl. auch https://jungk-bibliothek.org/wp-content/uploads/2016/02/c3b6kofussabdruck_einfc3bchrung_holzinger-kompatibilitc3a4tsmodus.pdf. Abgerufen am 5.5.2025.
Auf der Seite des Global Footprint Network Österreich wird der Umrechnungsfaktor leider nicht angegeben. Es heißt lediglich: „Die Übernutzung zeigt sich unter anderem am fortschreitenden Klimawandel, an den leergefischten Meeren, den gerodeten Urwäldern und der schwindenden Artenvielfalt." https://www.footprint.at/staunen/footprint/q-und-a-zu-footprint/. Abgerufen am 5.5.2025

vorlässt.[34] Zudem gibt der Ökologische Fußabdruck den Zustand der Ökosysteme nur begrenzt wieder – es fehlt die Biodiversität sowie der Verbrauch abiotischer Ressourcen (Holzinger 2024, S. 43f.). Für strukturelles Handeln wurde daher der sogenannte **„Handabdruck"** erstellt, der Möglichkeiten zum Aktiv-Werden in der Gemeinde, der Schule oder Universität vorstellt.[35]

Der **Wasserfußabdruck**[36] gibt Auskunft über den Verbrauch von Wasser, wobei hier insbesondere der Verbrauch jener Wassermengen ins Gewicht fällt, der durch den Konsum unserer Produkte anfällt – etwa für Textilien oder Rindfleisch. Gesprochen wird von „virtuellem Wasser"[37]. Der **CO_2-Fußabdruck**[38] berechnet ausschließlich den Ausstoß von Treibhausgasen. Zudem gibt es zahlreiche Tools und Apps, um den eigenen Umweltverbrauch zu messen. Das Konzept **Ein guter Tag hat 100 Punkte**[39] beispielsweise ordnet allen Alltagshandlungen Punkte zu. Hundert Punkte am Tag wären nachhaltig.

Der **ökologische Rucksack**[40] drückt das Gewicht aller natürlichen Rohstoffe (biotische und abiotische) aus, die für unseren Konsum anfallen. Er wird berechnet für einzelne Güter wie Autos oder Smartphones. Dabei werden die verbrauchten Ressourcen entlang der Produktions-, Konsum- und Entsorgungskette berücksichtigt: für das Autofahren nicht nur das Gewicht des Autos sowie des verbrauchten Benzins, sondern anteilig auch die Eisenerzmine, die Stahlhütte und das Straßennetz. Bezugsgröße ist die durchschnittliche Lebensdauer des Autos. Auch für den ökologischen Rucksack gibt es einen **Ressourcenrechner**, der die benötigten Rohstoffe pro Jahr für Wohnen, Konsum, Freizeit, Mobilität und Urlaub errechnet und mit dem nachhaltigen Zielwert vergleicht. Hier nicht berücksichtigt sind Emissionen, etwa Klimagase, sowie der Zustand der Ökosysteme wie Böden, Wälder, Wassersysteme, Artenvielfalt (Holzinger 2024, S. 44f).

Am genauesten geben die **Planetary Boundaries**[41] den Zustand der Ökosysteme wieder. Die neun ökosystemischen bzw. planetaren Grenzen wurden vom Stockholm Resilience Center entwickelt. Sie beschreiben einen „sicheren Handlungsraum", innerhalb dessen Ökosysteme ihre Funktionsfähigkeit behalten. Die Daten werden regelmäßig erneuert – mittlerweile werden die planetaren Grenzen in sechs der neun Bereiche überschritten: Störung der Intaktheit der Biosphäre (Biodiversität), zu hoher Eintrag von Stickstoff und Phosphor in den Böden und Gewässern, zu starke Landnutzungsänderungen, Zunahme des Klimawandels, Kipppunkte bei den Süßwasserreserven und beim Eintrag neuartiger Substanzen, z. B. Mikroplastik, in die Ökosysteme (siehe Grafik n. Seite).

---

[34] Gesponsert wurde der Ökologische Fußabdruck vom Ölkonzern BP. Vgl. dazu www.derstandard.de/story/2000132608301/der-co2-fussabdruck-wurde-von-oelkonzernen-grossgemacht-ist-er-deshalb. Abgerufen am 5.5.2025

[35] https://www.handabdruck.eu/. Abgerufen am 5.5.2025

[36] https://www.waterfootprint.org/. Abgerufen am 5.5.2025

[37] https://www.bund-naturschutz.de/wasser/virtuelles-wasser. Abgerufen am 5.5.2025

[38] https://www.wwf.de/themen-projekte/klimaschutz/wwf-klimarechner. Abgerufen am 25.5.2025

[39] https://www.eingutertag.org/de/. Abgerufen am 5.5.2025

[40] https://www.ressourcen-rechner.de/. Abgerufen am 5.5.2025

[41] https://www.stockholmresilience.org/research/planetary-boundaries.html. Abgerufen am 5.5.2025

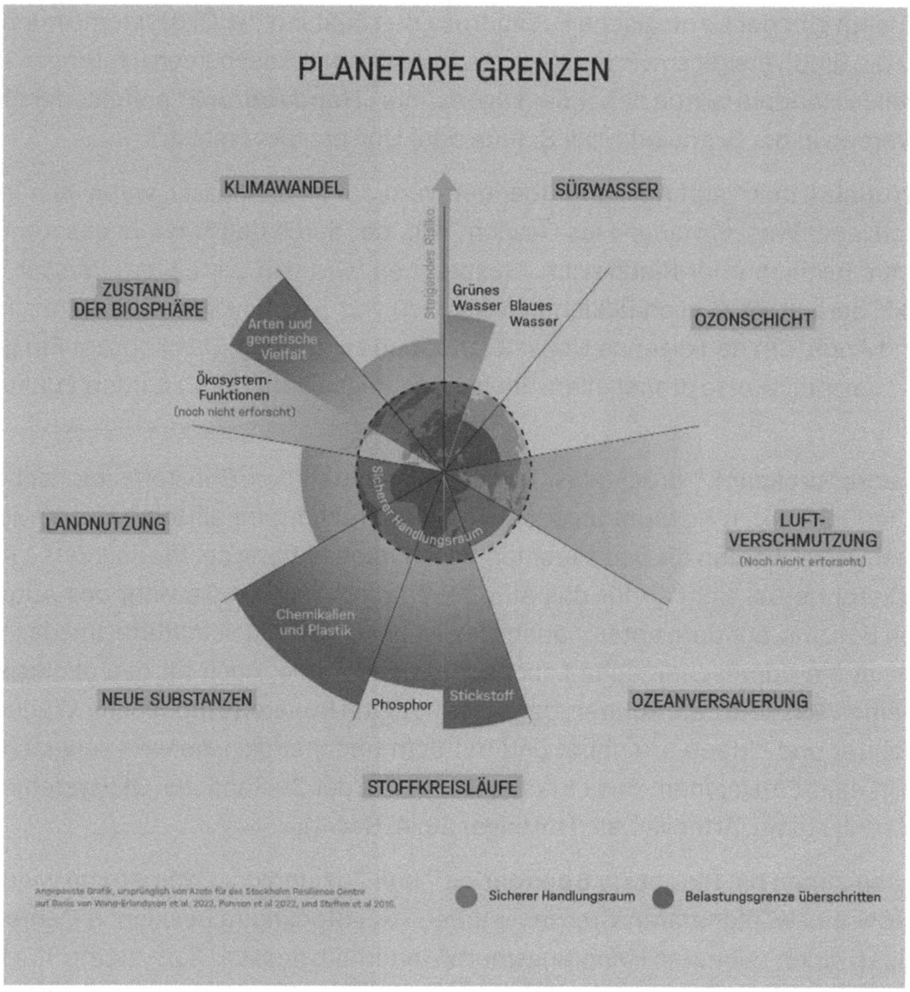

Grafik: Planetary Boundaries. Quelle: Azote, Stockholm Resilience Center

Die **Sustainable Development Goals,** die soziale und ökologische Ziele mit Indikatoren verbinden, wurden 2015 von den Mitgliedstaaten der Vereinten Nationen verabschiedet und gelten als offizielle Leitplanken der globalen Nachhaltigkeitspolitik. Die **17 Ziele** reichen von der Abschaffung des Hungers und der wirtschaftlichen Entwicklung aller Nationen über den Erhalt bzw. die Regeneration der Ökosysteme bis hin zur Stabilisierung des Klimas durch die Vermeidung von Treibhausgasen. Man kann auch hier von einer **planetaren Buchhaltung** sprechen (Holzinger 2024, S. 31ff.). Alle Mitgliedsländer der Vereinten Nationen sind angehalten, regelmäßig **Nachhaltigkeitsberichte** zu erstellen, so auch Österreich.[42] Es gibt auch **Kritik** an den Sustainable Development Goals, weil sie das kapitalistische Entwicklungs- und Wachstumsmodell nicht in Frage stellen. Gesprochen wird lediglich davon, niemanden zurückzulassen, es gehe aber auch darum, niemanden davon ziehen zu lassen (Holzinger 2019).

Weitere Indikatoren verbinden ausgewählte Parameter zu einem Index: Der **Happy Planet Index**[43] etwa die Lebenserwartung, die Lebenszufriedenheit und den ökologischen Fußabdruck. Der **Sustainable Development Index**[44] verbindet das BIP/Kopf mit dem CO_2- und Materialfußabdruck. In der von der britischen Ökonomin Kate Raworth entwickelten **Donut-Ökonomie**[45] werden die

---

[42] https://www.bundeskanzleramt.gv.at/themen/nachhaltige-entwicklung-agenda-2030.html. Abgerufen am 5.5.2025

[43] https://happyplanetindex.org/. Abgerufen am 5.5.2025

[44] https://www.sustainabledevelopmentindex.org/. Abgerufen am 5.5.2025

[45] https://www.kateraworth.com/doughnut/, https://gruenderplattform.de/green-economy/doughnut-economy. Abgerufen am 5.5.2025

planetaren Grenzen mit den Grundbedürfnissen für ein gutes Leben verbunden (Raworth 2018, Holzinger 2024, S. 40). Auch zu diesen Indikatorensystemen gibt es Länderberichte und Länderrankings.

Am ausführlichsten über den Zustand des Klimas sowie über Zukunftsprognosen dazu geben die Berichte des **International Panel of Climate Change**[46], ein Gremium von Klimaforscher*innen weltweit. Der **Emission Gap Report**[47] des Umweltprogramms der Vereinten Nationen gibt Auskunft über die Lücke zwischen den von den Mitgliedsländern versprochenen Treibhausgas-Einsparzielen sowie den tatsächlich erzielten Einsparungen.

Inhalte der Schulbücher

Im Folgenden wird analysiert, wie das Konzept der Tragfähigkeit der Erde in den Schulbüchern dargestellt wird und welche Indikatoren hierfür verwendet werden.

In **Meridiane 5/6** wird auf die global ungleiche Verteilung von Wasser, die Ausdehnung des Kulturlandes sowie auf den unterschiedlichen Zugang zu Energie eingegangen. Der Verlust an Wäldern und die zunehmende Desertifikation werden ebenfalls als Problem thematisiert:

„Zur Gewinnung neuer Weideflächen, für Plantagen oder zur Beschaffung von Brennholz werden Wälder und Sträucher besonders in den Tropen gerodet. In den Trockensavannen führt dies zu einer Ausdehnung der Wüsten." (ebd. S. 132)

Hingewiesen wird auch auf den **Klimawandel**:

„Der rapide Waldverlust leistet einen bedeutenden Beitrag zum Klimawandel, da Wälder große Mengen an Kohlendioxid speichern." (ebd. S. 132)

Im Kontext des Ressourcenverbrauchs wird der **ökologische Fußabdruck** und seine unterschiedliche Größe nach Ländern dargestellt. Es wird ausführlich der direkte Flächenverbrauch, aber nur kurz der indirekte Flächenverbrauch, der sogenannte CO_2-Fußabdruck, erklärt:

„Der indirekte Flächenverbrauch entsteht durch den Energieverbrauch. Das dabei freigesetzte CO_2 wird umgerechnet in Grünflächen, die zu dessen Bindung notwendig sind." (ebd. S. 133)

Knapp hingewiesen wird in diesem Zusammenhang auf das Problem der fossilen Energien:

„Stammt die Energie aus erneuerbaren Quellen oder wird sie aus fossilen Rohstoffen erzeugt?" (ebd. S. 133)

In **Perspektiven 5/6** wird im Kapitel **„Tragfähigkeit der Einen Welt"** (S. 120f.) eine „nachhaltige Nutzung der Ökosysteme" (Stabilität, Wahrung der wesentlichen Systemeigenschaften und Regenerationsfähigkeit) gefordert sowie der Begriff der **Vulnerabilität** bzw. **Resilienz** erklärt (ebd. S. 120). Als Beispiele werden der **Ökologische Fußabdruck** und die ersten Szenarien des **Club of Rome**, **Plastikinseln** im Meer sowie der **Welthungerindex** angeführt. Zudem gibt es einen Hinweis auf die österreichische Nachhaltigkeitsstrategie. Zur Erklärung heißt es:

„Wissenschaftlerinnen und Wissenschaftler gehen heute von einer demographischen Tragfähigkeit von 10 Milliarden Menschen aus, d. h. es könnten genügend Nahrungsmittel für diese Zahl an Menschen produziert werden – allerdings sind die regionale Verteilung und die Lebensbedingungen für die Menschen in unterschiedlichen Regionen sehr verschieden." (ebd. S. 121)

In **Perspektiven 7/8** wird am Beispiel Österreichs auf die Verknappung der Ressourcen Wasser, Luft, Wald und Boden eingegangen.

---

46 https://www.ipcc.ch/reports/. Abgerufen am 5.5.2025
47 https://www.unep.org/resources/emissions-gap-report-2024. Abgerufen am 5.5.2025

Einleitend heißt es:

„Immer häufiger gibt es Diskussionen unterschiedlicher Interessensgruppen über Naturbelassenheit versus menschlicher Nutzung. Dabei stellt sich die Frage: Mensch oder Natur – eine Symbiose oder ein Widerspruch?“ (S. 118f.)

In **Durchblick 5** wird ebenfalls das Konzept der Tragfähigkeit der Erde am Beispiel des **Ökologischen Fußabdrucks** erklärt. Darin heißt es:

„Die Frage, wie lange wie viele Menschen auf unserer ‚Einen Welt‘ noch leben können, weil es genug Rohstoffe, ausreichend Nahrung und ein erträgliches Klima gibt, wird von Forscherinnen und Forschern unterschiedlich beantwortet. Alle gehen allerdings von der Annahme aus, dass nur eine veränderte Einstellung zur Landwirtschaft, eine Änderung unserer Ernährungsgewohnheiten, ein sparsamer Umgang mit Rohstoffen und eine geringe Erwärmung unserer Atmosphäre die Tragfähigkeit unseres Planeten sicherstellen können.“ (ebd. S. 162)

Es wird der **zu hohe Fleischkonsum** problematisiert („So wurden 2017 nur 63 Prozent der geernteten Pflanzen zu Nahrungsmitteln verarbeitet“, ebd. S. 163) sowie die **Klimakrise** mit Verweis auf das IPCC angesprochen. Im Kontext der begrenzten Rohstoffe wird unkommentiert die Verlängerung der Reserven am Beispiel neuer Erdölfunde erklärt. Beim **Öko-Fußabdruck** wird ebenfalls lediglich darauf hingewiesen, dass auch jene Fläche berücksichtigt wird, die „zum Binden des durch menschliche Aktivitäten freigesetzten CO_2 benötigt wird.“ (ebd. S. 162)

In **Durchblick 8** (S. 67ff.) werden die Ansätze der **Planetaren Grenzen** sowie der **Sustainable Development Goals** vorgestellt, zudem die Effizienz-, Konsistenz-, Suffizienz- und Bildungsstrategie erläutert.

Die im Buch abgebildete Grafik zu den **Planetary Boundaries** aus dem Jahr 2015 ist leider bereits veraltet und weist erst vier überschrittene Grenzen aus – mittlerweile sind es sechs. Das Problem der Nicht-Nachhaltigkeit wird mit den Forderungen der Gruppe **System Change - Not Climate Change** verdeutlicht, die Theorien von der Entkoppelung des Wirtschaftswachstums vom Ressourcenverbrauch und den Treibhausgasemissionen kritisiere.

Geospots 5/6 stellt den Ökologischen Fußabdruck vor, **Geospots 7/8** zusätzlich den Ökologischen Rucksack:

„Der Ökologische Rucksack ist eine Maßeinheit, mit der ermittelt werden kann, wie groß der Verbrauch an Ressourcen bei Herstellung, Transport, Gebrauch und Entsorgung eines Produktes oder einer Dienstleistung ist.“ (Geospots 7/8, S. 173)

In den **Arbeitsaufgaben** werden Recherchen zum ökologischen Rucksack einzelner Güter sowie zum ökologischen Fußabdruck – hier mit Verweis auf das Tool für Österreich – gefordert. Zudem soll eruiert werden, welche Komponenten der Ökologische Fußabdruck nicht erfasst.

In **global 5** wird zwar auf „Nutzungskonflikte um knappe Ressourcen“ an den Beispielen **Landgrabbing** und **Wasserverknappung** (ebd. S. 126ff.) eingegangen, es werden aber keine ökologischen Indikatorensysteme vorgestellt. Erklärend heißt es:

„Da besonders in den reichen Staaten immer mehr konsumiert wird und die Nachfrage nach Nahrungsmitteln, Treibstoffen und Rohstoffen immens steigt, haben die Flächenansprüche reicherer Staaten stark zugenommen, weshalb Flächen in Afrika, Asien und Südamerika erworben werden.“ (ebd. S. 126)

Landgrabbing wird als einer der Gründe für fehlende **Ernährungssicherheit** angeführt, die Auswirkung des Klimawandels auf die ärmeren Staaten als weiterer. Ebenfalls erwähnt wird die Degradation der Ökosysteme und Bodenfruchtbarkeit durch „intensive Landwirtschaft“ (ebd. S. 128).

Mit der freiwilligen Richtlinie „Principles for Responsible Agricultural Producers“ solle eine nachhaltige Nutzung von Böden erreicht werden. Die **Wasserverknappung** wird mit Daten der UNESCO untermauert, der gemäß 1,1 Mrd. Menschen keinen Zugang zu sauberem Wasser haben (ebd. S.132). Wasserkonflikten sowie dem Problem der Privatisierung der Wasserversorgung wird ein Positivbeispiel eines von der EU geförderten Wasserprojekts in Bolivien gegenübergestellt.

Am ausführlichsten geht das Schulbuch **Geografisch** auf ökologische Indikatoren ein. In **Geografisch 5/6** (S. 122ff.) wird der „Erdüberlastungstag" des Global Footprint Network, der „Water-Energy-Food-Nexus" sowie das „Modell der planetaren Grenzen" und der Ansatz der „Sustainable Development Goals" vorgestellt. Es werden die Begriffe „biotische" und „abiotische" sowie „erneuerbare" und „nichterneuerbare" Ressourcen einschließlich des Ansatzes der „**Tragfähigkeit**" sowie der „**Biokapazität**" („Fähigkeit der Erde, die vom Menschen verbrauchten Ressourcen zu erneuern und Schadstoffe abzubauen", ebd. S. 125) eingeführt. Dazu heißt es:

„Indem eine Bevölkerung mehr Ressourcen verbraucht als verfügbar sind, wird die Tragfähigkeit eines Raumes überschritten." (ebd. S. 126)

Und weiter:

„Die Biokapazität der Erde wurde bereits erreicht bzw. sogar überschritten, die dabei entstehenden Kosten werden immer sichtbarer." (ebd. S. 125)

Der **Welterschöpfungstag** wird am Beispiel Österreichs erläutert:

„Würde die gesamte Weltbevölkerung mit den Ressourcen der Erde so umgehen, wie wir dies in Österreich tun, wäre unser Planet im Jahre 2023 bereits am 6. April erschöpft gewesen." (ebd. S. 125)

Zum **Water-Energy-Food-Nexus** heißt es:

„Um die Zukunft umweltfreundlicher und nachhaltiger zu gestalten, sollten die einzelnen Komponenten Wasser, Nahrung und Energie nicht isoliert, sondern gemeinsam betrachtet und auch deren Zusammenhänge berücksichtigt werden." (ebd. S. 126)

Auch die vom Stockholm Resilience Center ausgewiesenen **Planetary Boundaries** werden erklärt:

„Gemäß dem Modell der planetaren Grenzen sind das Fortbestehen und der Wohlstand der Menschheit von neun Prozessen abhängig. Anhand dieser offenbart das Modell, inwiefern der Mensch mit seinem Handeln die Erde belastet." (ebd. S. 127)

In eigenen Abschnitten wird schließlich näher auf das Konzept des **Ökologischen Fußabdrucks** sowie jenes des „**virtuellen Wassers**", das in unseren Produkten steckt, eingegangen. Der **Wasserfußabdruck** von einem Kilogramm Rindfleisch wird mit 15 000 Litern, jener für die Herstellung eines Autos mit rund 400 000 Liter angegeben (ebd. S. 131).

Im Abschnitt zu Europa wird nochmals ausführlich auf das Problem der **Ressourcenübernutzung** an den Beispielen „Bodendegradation", „Wasserverschmutzung und Flussregulierung" sowie „Artenrückgang" eingegangen (Geografisch 5/6, 178ff.)

In **Geografisch 8** wird die Studie „**The Great Acceleration**", die die Beschleunigung sozioökonomischer, ökologischer und geografischer Messgrößen seit den 1950er-Jahren aufzeigt, ebenso dargestellt wie die Explosion der **Rohstoffausbeutung**, des **Wasserverbrauchs** sowie des **Biodiversitätsverlustes.** Dazu heißt es:

„Alle Kurven zeigen einen steilen Anstieg: Die Weltbevölkerung, der Verlust an Biodiversität, die Mengen an CO_2 und Methan in der Atmosphäre, die Erosion und Entwaldung." (Geografisch 8, S. 13)

In diesem Zusammenhang wird der Begriff des **Anthropozän** erwähnt. Auch die **Sustainable Development Goals** inklusive der Berichtspflicht aller Staaten werden vorgestellt.

Einschätzung

Lediglich das Schulbuch *global* führt keine ökologischen Indikatorensysteme an, es wird nur auf die Verknappung von Ressourcen verwiesen. Die Schulbücher *Geografisch* und *Durchblick* referieren den aktuellen Stand der Ökosystemforschung am besten, denn die **Planetary Boundaries** gelten als zentrale Bezugsgröße für den Zustand des Planeten und seine Übernutzung (Holzinger 2024, S. 39f., Club of Rome 2022).

In *Geografisch* wird auch der Zusammenhang mit der „großen Beschleunigung“ nach den 1950er-Jahren, die zum starken Anwachsen des Konsums in den Wohlstandsländern geführt hat, verdeutlicht. Auch jener zwischen Nahrungsmittelproduktion, Wasser- und Energiezufuhr sowie jener zwischen Industrieproduktion und Wasserverknappung („Wasserfußabdruck“) wird gut erklärt, da Wasserknappheit angesichts der Erderwärmung immer mehr zum Problem wird.[48]

Beim in allen Schulbüchern (außer *global*) vorgestellten **Ökologischen Fußabdruck** sowie dem damit zusammenhängenden **World Overshoot Day** müsste der CO_2-Fußabdruck genauer erklärt werden, da dieser – anders als in den Abbildungen dargestellt – den weitaus größten Teil, nämlich etwa zwei Drittel, ausmacht. Andernfalls ist schwer zu erklären, warum wir bereits mehrere Planeten verbraucht haben, obwohl wir in den reichen Ländern noch immer ganz gut leben.[49] Einzugehen wäre auch auf Kritik am Ökologischen Fußabdruck, weil dieser – wie bereits ausgeführt wurde – nur auf die Verantwortung des Einzelnen zielt und nicht auf politische bzw. strukturelle Veränderungen.[50]

Auffallend ist, dass in allen Schulbüchern **„der Mensch“** für die Ressourcenübernutzung verantwortlich gemacht wird, nicht „der Mensch in den Hochkonsumländern“ bzw. die „globale Konsument*innen-Klasse“ (Nair 2011). Beispielsweise heißt es:

> „Noch nie haben die Menschen dem Planeten Erde so viel an Ressourcen entnommen wie derzeit.“ (Meridiane 5/6, S. 132)

In *Geografisch* wird das **Anthropozän** erwähnt, genauer wäre jedoch der Begriff **Kapitalozän** (Altvater 2015). Aufschlussreich wären entsprechende Datenvergleiche zwischen Ländern des Globalen Nordens und des Globalen Südens. So stoßen die 10 Prozent Reichsten der Weltbevölkerung fast die Hälfte aller Treibhausgase aus (Holzinger 2024, S. 20).

Bei den **Sustainable Development Goals** könnte angemerkt werden, dass diese vor allem auf nachholende Entwicklung setzen und nicht auf eine Schrumpfung der reichen Volkswirtschaften (Holzinger 2019). Der im Buch *Durchblick 8* ausgeführten Hoffnung, durch Bildung, Wissen und neue Technologien die **Dematerialisierung** der Wirtschaft (ebd. S. 71) zu erreichen, ist nur bedingt zuzustimmen, dem Ansatz der „sozialen Grundlagen für eine nachhaltige Entwicklung“ zur Gänze (Vgl. dazu die Donut-Ökonomie, Raworth 2018, Club of Rome 2022, Holzinger 2024, S. 297ff.)

Im Kontext des **Ökologischen Rucksacks** – vorgestellt etwa in *Geospots* – wäre stärker auf das Konzept der **Kreislaufwirtschaft** einzugehen. Neben Recycling basiert diese auf langlebigen und reparierfähigen Produkten sowie dem Geschäftsmodell des Leasings bzw. der Praxis des Güter-Teilens.

---

[48] Vgl. etwa https://jungk-bibliothek.org/2025/05/05/susanne-goetze-annika-joeres-wie-wir-leben-wenn-das-wasser-knapp-wird-jbz-tv/. Abgerufen am 5.5.2025

[49] Siehe oben

[50] Vgl. dazu die Homepage www.handabdruck.eu, die Anregungen zu strukturellen Veränderungen und Handlungsansätzen gibt. Abgerufen am 8.4.2024

2.3. Produktionsfaktoren und Marktwirtschaft

Produktionsfaktoren

Fachliche Einführung

Als Produktionsfaktoren gelten Grund und Boden, Arbeit, Kapital sowie Wissen und Bildung. Bei **Grund und Boden** geht es um die unterschiedlichen Inwertsetzungen für wirtschaftliche Zwecke – in der Landwirtschaft, im Bergbau, für Industrie- und Gewerbebauten, Infrastrukturen, für den Bau von Wohnungen in der Wohnungswirtschaft, aber auch für die Nutzung als Erholungsräume im Tourismus. Grund und Boden sind knapp. Es kann zu Nutzungskonflikten kommen. Eine wichtige Frage ist, wieweit Grund und Boden als **Ware** gehandelt werden – je knapper frei verfügbare Flächen werden, umso teurer werden sie – und wieweit Boden der Vermarktung entzogen werden soll, etwa für gemeinnützigen Wohnbau oder Erholungsflächen. Aufgrund des Privateigentumsrechtes muss auch die öffentliche Hand als Käufer am Markt auftreten – möglich sind nur die Sicherung von Vorrangflächen und die Steuerung durch Flächenwidmungen (Rettich/Tastel 2020, Holzinger 2024, S. 227ff.). Zwangsverkäufe werden nur in Sonderfällen etwa bei öffentlichen Infrastrukturprojekten umgesetzt. Neben Grund und Boden gewinnen die **Ökosystemleistungen** für das Wirtschaften in Zukunft eine stärkere Bedeutung – denn der Besitz von Ackerflächen hilft wenig, wenn die Böden ausgelaugt sind. Die rapide schwindende Artenvielfalt sowie die Klimaerwärmung beeinträchtigen Ernteerträge, Wasserknappheit bedroht die Grundversorgung, die Landwirtschaft und die auf Wasser angewiesenen Industriebetriebe, der Tourismus braucht intakte Naturlandschaften.[51]

Beim Produktionsfaktor **Arbeit** wird in der Regel zwischen selbstständiger und unselbständiger Arbeit sowie zwischen Arbeit in unterschiedlichen Wirtschaftssektoren bzw. Branchen unterschieden. Diskutiert werden Fragen wie Arbeitsproduktivität, Arbeitsrechte und -pflichten, Arbeitszeitmodelle, die Rolle von Arbeitsmärkten, erforderliche Qualifikationen, die Arbeit als Unternehmer*in. In der feministischen Ökonomie, der Suffizienzökonomie sowie der Postwachstumsökonomie wird der **Arbeitsbegriff** weitergefasst – Carearbeit, Eigenarbeit und Nachbarschaftshilfe sowie zivilgesellschaftliches und ehrenamtliches Engagement werden ebenfalls thematisiert (Haidinger/Kittler 2013, Vobruba 2018, Paech 2025, Holzinger 2024, S. 167ff.). Ein weiterer Debattenstrang bezieht sich auf die **Veränderung der Arbeitswelt** durch neue Technologien (Digitalisierung, Automatisierung) und neue Organisationsformen (etwa Homeoffice, Remote Work) oder neue **Grundsicherungsmodelle** bei einer starken Automatisierung vieler Tätigkeiten (Holzinger 2024, S. 62ff.).[52]

Der Produktionsfaktor **Kapital** setzt sich zusammen aus **Realkapital** (Betriebsanlagen, Maschinen, Patente) sowie **Finanzkapital** (Vermögen, das in Unternehmen investiert wird). Bei Unternehmen spielen **Eigen- und Fremdkapital** sowie die **Unternehmensform** (Familienunternehmen, Kapitalgesellschaft, Gesellschaft mit beschränkter Haftung, Genossenschaft oder Stiftungsunternehmen eine Rolle (Holzinger 2024, S. 150ff.), bei Finanzkapital die Unterscheidung in Investitionen in die Realwirtschaft sowie in den Finanzsektor. Bei letzterem wird von „Finanzialisierung" gesprochen – es handelt sich hier zum einen um Absicherungsgeschäfte, zum anderen um Finanzspekulationen, die keinen produktiven Mehrwert aufweisen (Schulmeister 2018). Mit dem Produktionsfaktor Kapital eng verknüpft ist die Wirtschaftsform des **Kapitalismus**. Kapital wird zum einen als Innovations- und Produktivitätsmotor bezeichnet, zum anderen wird die Verengung des Kapitalismus auf Profitmaximierung kritisiert, woraus auch der – wie bereits angesprochen wurde – ökologisch kontraproduktive **Wachstums- und Exploitationsdrang** entstehe (Rogall 2011, Novy u. a. 2023, Brand/Wissen 2024, Holzinger 2024).

---

[51] Siehe auch das Kapitel zu Ökologische Indikatoren
[52] Siehe auch das Kapitel zu Arbeit und Arbeitslosigkeit

Als entscheidend für die ökologische Transformation wird die Umlenkung der Kapitalströme auf **grüne Investments** gefordert (etwa Club of Rome 2022). **Postwachstumsunternehmen** zeichnen sich durch geringe Fremdkapitalzufuhr aus (Holzinger 2024, S. 156ff, Sukhdev 2013).

Der Produktionsfaktor **Wissen und Bildung** umfasst die Qualifikationen der Mitarbeiter*innen – gesprochen wird auch von **Humankapital**, die Anstrengungen und Infrastrukturen für Forschung und Entwicklung sowie die Bildung von Wissens- und Forschungsclustern. Es geht um das **Know-how**, das Unternehmen zur Verfügung steht. Eng verbunden mit Wissen und Bildung sind Qualifizierungsangebote. Technologische Innovationen bestimmen wesentlich die wirtschaftliche Entwicklung, die Wettbewerbsfähigkeit von Unternehmen und Volkswirtschaften sowie die Organisation von Produktions- und Arbeitsprozessen (Holzinger 2024, S.113ff).

Ein wichtiges Thema sind **Patente** und der **Schutz des Eigentums an Wissen**, dabei wird auch problematisiert, dass viele Innovationen von der öffentlichen Hand angestoßen, die Profite aber von Unternehmen lukriert werden (Mazzucato 2015). Patente werden mit hohen Entwicklungskosten argumentiert, werden aber auch hinterfragt (etwa Abhängigkeit der Landwirte bei Saatgut, Fehlentwicklungen bei Medikamenten). In der Ökologischen Ökonomie gibt es den Vorschlag, zwar wieder stärker vor Ort zu produzieren (etwa Industrie 4.0), Know-how aber weltweit frei zur Verfügung zu stellen (Daly 1999). Die **Open Source-Bewegung** sieht Wissen als Commons, also Allgemeingut. Ein Beispiel dafür ist das Onlinelexikon Wikipedia.[53] Zudem gibt es eine Reflexion über beruflich verwertbare versus allgemeine Bildung. Brauchen werden wir auch in Zukunft beides – die Gewichtung ist in der Tat eine politische Entscheidung. Gesprochen wird auch von **Analyse-, Ziel- und Handlungswissen** (Holzinger 2010, S. 11f.), **Zukunftskompetenzen** sowie **Future Skills** (Spiegel u. a. 2021).

Inhalte der Schulbücher

In **Meridiane 5/6** werden die **Produktionsfaktoren** wie in Lehrbüchern üblich mit Boden, Arbeit, Kapital und Wissen bzw. Humankapital angeführt. Der Produktionsfaktor **Boden** wird als knappe Ressource mit „Boden, Bodenschätze, Wasser, Klima" beschrieben (Ökosystemdienstleistungen werden im Folgekapitel abgehandelt). Bei **Arbeit** wird zwischen geistiger und körperlicher Arbeit unterschieden und darauf hingewiesen, dass es auch wichtige unbezahlte Arbeit gibt. Bei **Kapital** wird Sach- und Geldkapital unterschieden, **Wissen** wird als mittlerweile wichtiger Produktionsfaktor hervorgehoben, Bildung und Forschung als Vorleistung „für die zukünftige Entwicklung von Wirtschaft und Gesellschaft" (Meridiane 5/6, S. 127) bezeichnet. Zudem werden arbeitsintensive und kapitalintensive Produktion unterschieden sowie Zusammenhänge zwischen Produktionsfaktoren und Preisen erwähnt:

> „Um wirtschaften zu können, werden alle Produktionsfaktoren benötigt. Es entscheiden die Preise, welche Produktionsfaktoren auf welche Weise kombiniert werden." (ebd. S. 128)

Etwas knapp wird das Wesen des **Kapitalismus** erklärt:

> „Wird Kapital dazu verwendet, neues Kapital zu schaffen, spricht man von kapitalistischer Wirtschaftsweise." (ebd. S. 127)

In **Perspektiven 5/6** werden Arbeit und Boden als „ursprüngliche" und Kapital und Bildung als „abgeleitete" Produktionsfaktoren vorgestellt. Bei **Boden** wird darauf hingewiesen, dass dieser nicht überall gleich verfügbar und daher in städtischen Gebieten, wo er knapp ist, teurer als in ländlichen Gebieten ist.

In „Entwicklungsländern" sei Boden meist ungleich verteilt, Bodenreformen durch Enteignung von Großgrundbesitzern seien jedoch umstritten. Als Konfliktbeispiele werden das Belo-Monte-Kraft-

---

[53] https://de.wikipedia.org/wiki/Open_Source. Abgerufen am 4.5.2025

werk in Brasilien, das den Indigenen den Lebensraum raubt, sowie das Landgrabbing (Aufkauf großer Flächen durch Konzerne oder Staaten) genannt. Die Landlosenbewegung in Brasilien sowie der Freistaat Christiania in Kopenhagen werden als Beispiele für den Kampf um freien Zugang zu Boden beschrieben. Als "Landraub" wird der hohe Bodenverbrauch in Österreich problematisiert.

Beim Produktionsfaktor **Arbeit** werden „selbstständige und unselbstständige" Arbeit sowie „bezahlte" und „unbezahlte" Arbeit, beim Faktor **Kapital** „Geldkapital" und „Realkapital" (wie Maschinen) unterschieden. Betont wird, das größere Konzerne leichter an Kapital kommen.

„Schwerer haben es Klein- und Mittelbetriebe. Manche Unternehmen haben zu wenig Eigenkapital." (ebd. S. 100)

Erklärt wird zudem **Crowdfunding,** im Kontext der „Entwicklungsländer" auch der Ansatz der **Mikrokredite.**

Beim Produktionsfaktor **Bildung** und **Wissen** wird darauf hingewiesen, dass es einen Zusammenhang zwischen „Bildungsabschluss und Arbeitslosigkeit" (ebd. S. 100) gibt. In diesem Kapitel werden abschließend die **Wirtschaftssektoren** und der **Strukturwandel** hin zur Dienstleistungsgesellschaft in Industriestaaten (nach Jean Fourastie) vorgestellt.

In **Durchblick 5** werden die Produktionsfaktoren mit unterschiedlichen Aspekten vorgestellt. Beim Produktionsfaktor „**Grund** und **Boden"** wird auf die „Knappheit in den Industrieländern" und auf „Landgrabbing in den Entwicklungsländern" eingegangen. Kritsch heißt es:

„Grundeigentümer/innen horten ihre Grundstücke, um eine weitere Preissteigerung zu erzielen." (Durchblick 5, S. 64)

Es wird auf das Fehlen von genügend Anbaufläche von Kleinbauern und das Problem des Großgrundbesitzes in Ländern des Globalen Südens hingewiesen. Zu **Landgrabbing** heißt es:

„Die Täter findet man unter Agrarkonzernen und Regierungen aus Ländern, die aufgrund steigender Nahrungsmittelpreise verstärkt auf Importe angewiesen sind." (ebd. S. 65)

Bei **Kapital** wird zwischen Anlage-, Betriebs- Erwerbs- und immateriellem Kapital (z. B. Produktionsgeheimnisse) unterschieden, die Rolle von Eigen- und Fremdkapital erörtert und auf den „Mangel an Kapital in Entwicklungsländern" mit einem Infokasten zur Grameen-Bank, die Mikrokredite vergibt, eingegangen. Grundsätzlich heißt es:

„Der Begriff ´Kapital´ wird umgangssprachlich oft mit dem Begriff ‚Geld' gleichgesetzt. In der Wirtschaft zählen allerdings auch noch andere Werte dazu, die sich im Besitz eines Unternehmens befinden: zum Beispiel Maschinen, Gebäude, Fahrzeuge, Rohstoffe." (ebd. S. 65)

Bei **Arbeit** werden unterschiedliche Formen von Arbeit genannt: manuelle und geistige Arbeit, Pflicht- und freiwillige Arbeit sowie selbstständige und unselbstständige Arbeit. Zudem wird zwischen Erwerbsarbeit (Produktion, Dienstleistung), Lernarbeit (Bildung) und Gemeinschaftsarbeit (Familie, Gesellschaft) unterschieden. Bei Erwerbsarbeit wird auf **Arbeitskosten** eingegangen:

„Wenn die Löhne und gehaltsabhängige Abgaben (Lohnnebenkosten) zu hoch werden, beginnen Unternehmen Arbeit durch Kapital zu ersetzen oder verlagern ihre Produktion in Niedriglohnländer." (ebd. S. 67)

Beim Produktionsfaktor **Know-how, Wissen, Bildung** wird zwischen „explizitem Wissen" (steht allen Mitarbeitenden dokumentiert zur Verfügung) und „implizitem Wissen" (Erfahrungen, Wertesysteme) unterschieden und auf das Problem des „Braindrain" eingegangen.

Gesprochen wird von "**intellektuellem Kapital**".

„Wissen (Know-how) hat sich zum wichtigsten Erfolgsfaktor der Geschäftswelt entwickelt. Es ist für viele Unternehmen inzwischen wichtiger als Sachwerte wie Maschinen und Anlagen, Finanzbeteiligungen oder Immobilienbesitz." (ebd. S. 67)

In **Geospots 5/6** gibt es ein eigenes Kapitel zu den **Produktionsfaktoren**, die von den **Standortfaktoren** unterschieden werden.

„Damit ein Unternehmen ein Produkt herstellen kann, müssen einige Voraussetzungen erfüllt sein. Einerseits benötigt ein Unternehmen eine Produktionshalle, in welcher Maschinen und Geräte zur Verfügung stehen, sowie finanzielle Mittel, um das wirtschaftliche Vorhaben umzusetzen. An diese Produktionsstätten werden Rohstoffe und Hilfsmittel gebracht, aus welchen das spätere Produkt entstehen soll. Nicht zuletzt benötigt es gut ausgebildete Mitarbeiterinnen und Mitarbeiter, die durch die Erbringung ihrer Arbeitsleistung aus Einzelteilen ein begehrtes Gut machen." (Geospots 5/6, S. 119)

Grund und **Boden** seien in wirtschaftlicher Hinsicht von mehrfacher Bedeutung:

„In der Landwirtschaft sind Wiesen und Ackerflächen die Voraussetzung für landwirtschaftliche Produktion. Betriebsstandorte sind an Grund und Boden gebunden. Grundstücke, Wohnungen und Häuser werden am Immobilienmarkt angeboten." (ebd., S. 119)

Die unterschiedlichen **Wohnungspreise** werden mit variierenden Bodenpreisen, unterschiedlicher infrastruktureller Ausstattung sowie Lebens- und Umweltqualität erklärt.

Bei **Arbeit** wird auf unterschiedliche Definitionen verwiesen:

„Statistisch gesehen verbringt ein Mensch mindestens 30 Prozent seiner Lebenszeit am Arbeitsplatz. Was unter Arbeit verstanden werden kann, ist allerdings sehr vielfältig. Im Rahmen der Produktionsfaktoren wird darunter Erwerbsarbeit verstanden, die entlohnt wird. Kinderarbeit, illegale Arbeit, Heimarbeit und Hausarbeit sind besondere Formen von Arbeit oder Beschäftigung." (ebd. S. 119)

Zudem wird auf die **Begriffe** „Prekariat", „Burn-out" und „Bore-out", Gender Pay Gap" sowie ein „bedingungsloses Grundeinkommen" eingegangen (mehr dazu im Kapitel zu "Arbeit und Arbeitslosigkeit).

Unter **Kapital** werden Eigen- und Fremdkapital sowie Sach-, Finanz-, Anlage- und Investitionskapital unterschieden. Danach wird mit Bezug auf Karl Marx knapp auf die **Kritik am Kapitalismus** eingegangen:

„Das kapitalistische Wirtschaftssystem, das häufig mit der Marktwirtschaft gleichgesetzt wird, bewerten Kritikerinnen und Kritiker negativ. Sie machen diese Wirtschaftsweise für Ausbeutung, Vergrößerung der Unterschiede zwischen Arm und Reich oder für soziale und ökologische Missstände verantwortlich." (ebd. S. 120)

Der Produktionsfaktor **Wissen – Bildung – Know-how** wird – wie in anderen Schulbüchern – als immer wichtiger werdend herausgestellt, dabei auch auf das Problem des Qualifizierungsdrucks eingegangen:

„Wissen verändert sich aufgrund von Wissenshaft und Forschung in immer kürzerer Zeit. Gleichzeitig wird immer mehr an Wissen angehäuft, das jedoch immer schneller veraltet. Dies stellt die Beschäftigten im Arbeitsprozess vor immer neue Herausforderungen. Ständige Aus- und Weiterbildung werden gefordert." (ebd. S. 12)

In **global 5** werden die Produktionsfaktoren Arbeit, Kapital und Natur vorgestellt. Es wird deren Verhältnis und Zusammenspiel besprochen, dabei zwischen einem „komplementären" und „substitutiven" Verhältnis unterschieden. Aus der Sicht der Produktionskosten sei „jene **Faktorkombination** optimal, die die geringsten Kosten verursacht." (global 5, S. 115)

Beim Produktionsfaktor **Arbeit** werden zwar unbezahlte Tätigkeiten erwähnt, ausgeführt wird aber nur bezahlte Arbeit:

„Mit dem Begriff Arbeit ist jede erwerbsmäßige körperliche und geistige Tätigkeit gemeint, also etwa die Tätigkeit einer Fabrikarbeiterin oder eines Büroangestellten, nicht jedoch Hausarbeit oder Hobby." (ebd. S. 114)

Bei **Kapital** wird Geld- und Realkapital beschrieben, auf die Geldschöpfung der Banken mittels Kredite wird nicht verwiesen, sondern nur auf die Bedeutung des Sparens:

„Denn die Kreditinstitute benötigen die eingelegten Spargelder, um ihrerseits Kredite vergeben zu können." (ebd. S. 117)

Umfassend wird der Produktionsfaktor **Natur** bzw. **Naturressourcen** beschrieben. Darunter seien nicht nur Grund und Boden für Landwirtschaft, Rohstoffgewinnung und Standorte für Betriebe gemeint, sondern auch alle Umweltgüter,

„die entweder direkt oder indirekt in der Produktion verwendet werden oder auf die sich die Produktion indirekt auswirkt, z. B. Energiequellen, Klima." (ebd. S. 114)

Die Rolle des Bodens als bedeutende Umweltressource wird verbunden mit einer Kritik am starken **Bodenverbrauch** („Österreich als trauriger Europameister", ebd. S. 117). In Bezug auf knappen Boden werden die unterschiedlichen Immobilienpreise in Österreichs Bundesländern vorgestellt. Dazu heißt es:

„Ob Wohnen für viele Menschen noch finanzierbar ist oder nicht, hängt nicht zuletzt davon ab, wo man wohnen will oder muss." (ebd. S. 117)

Am ausführlichsten werden die Produktionsfaktoren in **Geografisch 5/6** vorgestellt:

„Als Produktion bezeichnet man jenen Prozess, in welchem Güter, also Waren und Dienstleistungen, unter Einsatz von Ressourcen hergestellt werden. Die eingesetzten Ressourcen werden als Produktionsfaktoren bezeichnet." (Geografisch 5/6, S. 108)

Arbeit, Boden, Kapital sowie Wissen und Bildung würden oft als die vier Hauptfaktoren benannt, auch wenn es über die jeweilige Bedeutsamkeit unterschiedliche Auffassungen gäbe. Zudem werden die Produktionsfaktoren von der **Produktionskette** sowie den **Standortfaktoren** abgehoben. Harte (direkt bezifferbare) Standortfaktoren wie Steuern oder Infrastruktur werden unterschieden von weichen (nicht direkt bezifferbaren) Standortfaktoren, wie das Kultur- und Bildungsangebot.

Zu **Arbeit** wird kritisch angemerkt:

„Der Produktionsfaktor Arbeit wird meist als menschliche Tätigkeit definiert, die gegen Entlohnung auf die Befriedigung der Bedürfnisse anderer Personen abzielt. Es arbeitet demnach, wer Geld verdient. Eltern, die ihre Kinder betreuen und – abgesehen von der Familienbeihilfe und dem Kinderbetreuungsgeld – über kein eigenes Einkommen verfügen, sind ´daheim´." (ebd. S. 108)

Damit wird der verengte Arbeitsbegriff problematisiert. Weiter heißt es:

„Eltern übernehmen Erziehungsarbeit, Angehörige Heim- und Pflegearbeit und Freiwillige übernehmen Ehrenämter. Sie tragen in hohem Maße zum gesellschaftlichen Wohlstand bei." (ebd. S. 108)

Bei **Boden** wird auf dessen Knappheit verwiesen:

„Böden sind knapp und haben einen hohen Nutzen für den Menschen: für die Landwirtschaft, als Baugrund für Wohnsiedlungen und Industrieanlagen oder als Basis für Erholungsräume und Ökosysteme." (ebd. S. 108)

Hingewiesen wird auf die Auswirkungen von Nutzungsänderungen auf das Umfeld, etwa durch **Segregations-** und **Gentrifizierungsprozesse** (letztere werden näher erklärt). Raumordnung und Stadtentwicklung sollen die optimale Nutzung des Bodens gewährleisten – als Beispiele werden Umnutzungen von alten Industriearealen, stillgelegten Militäranlagen oder Flugplätzen angeführt.

Kapital wird von Geld unterschieden, das **Geldkapital** gelte als Vorstufe des Sachkapitals:

„Unter dem Produktionsfaktor Kapital ist im volkswirtschaftlichen Sinn nicht Geld gemeint, sondern Sachkapital, d. h. die gesamte Produktionsausrüstung, die zur Herstellung von Waren benötigt wird." (ebd. S. 109)

Bei **Wissen** wird auch der Begriff des „Humankapitals" eingeführt:

„Wissen und Bildung vermehren sich, wenn man sie weitergibt. Sie unterscheiden sich dadurch von den anderen Produktionsfaktoren. Sie verbessern die Arbeitskraft der Menschen." (ebd. S. 109)

Danach heißt es:

„Wissen ist kostbar und wird daher durch rechtliche Instrumente geschützt. Ideen, Erfindungen oder Erkenntnisse können patentiert werden." (ebd. S. 109)

Erklärt und problematisiert wird dies am Beispiel des **patentierten Saatguts** Roundup Ready, das eine genetische Resistenz gegen das hochwirksame Herbizid Glyphosat aufweist: Landwirtschaftlichen Betrieben werde verboten, eigene Nachzuchten aus dem Saatgut kommerziell zu verwenden.

Einschätzung

Die Produktionsfaktoren werden in allen Büchern korrekt dargestellt, wenn auch mit unterschiedlichen Akzentuierungen. Bei der Knappheit des **Bodens** wird zum einen auf Preissteigerungen und Bodenspekulation und Landgrabbing (*Durchblick*), zum anderen auf Segregationserscheinungen (*Geografisch*) Bezug genommen. *Geospots* stellt unterschiedliche Boden- und Wohnungspreise sachlich dar, ohne diese zu problematisieren. Nur in *global* erwähnt wird im Zusammenhang mit den Produktionsfaktoren das Problem des starken Bodenverbrauchs. Zu thematisieren wären Gegenmaßnahmen wie Bodenwertzuwachssteuern oder Baulandsicherungsmodelle (Rettich/Tastel 2020). Ökosysteme als Produktionsfaktor werden explizit nur in *global* angesprochen. Notwendig jedoch wären in allen Schulbüchern Hinweise auf die Bedeutung von Renaturierungsmaßnahmen sowie darauf, dass Ökosystemdienstleistungen selbst einen wichtigen Produktionsfaktor darstellen.

Bei **Kapital** wäre auf die Rolle von privaten und staatlichen Investitionen sowie auf die Prinzipien des Kapitalismus zu verweisen – mit seinen Chancen und Problemen (etwa Geldvermehrung bzw. Profitmaximierung als oberstes Ziel).[54] Wünschenswert wäre der Hinweis, dass der Gewinn von Unternehmen reinvestiert, aber auch an die Kapitalgebenden ausbezahlt wird (Rendite), was zur Zunahme der Vermögen führt (Matthäusprinzip: „Wer hat, dem wird gegeben"). Sinnvoll wäre auch der Hinweis, dass in einem gezügelten Kapitalismus der Vermögensanstieg der Reichen begrenzt wird, etwa durch hohe Vermögens- und Erbschaftssteuern – man kann dann von einer sozialen Marktwirtschaft sprechen.[55] Zudem wäre die ethische Frage zu stellen, ob man mit Geld mehr Geld machen darf, was aber das Grundprinzip des kapitalistischen Wirtschaftens ausmacht (Robeyns 2024). Kapitalismus wird mehrmals mit Marktwirtschaft gleichgesetzt, was nicht zutrifft. In *Geospots* wirkt der Hinweis auf die Kritiker*innen des Kapitalismus etwas unvermittelt. Zumindest wäre dazu eine Arbeitsaufgabe nötig, um detaillierter darauf eingehen zu können.

Bei **Arbeit** werden ebenfalls unterschiedliche Akzentuierungen gesetzt: Alle Schulbücher gehen auf bezahlte und unbezahlte Arbeit ein, die Randstellung der unbezahlten Arbeit in der Volkswirtschaftslehre wird aber nur einmal problematisiert (*Geografisch*). *Geospots* begnügt sich mit dem Hinweis, dass es unterschiedliche Formen von Arbeit gibt, problematisiert aber den Gender Pay Gap. Ebenfalls einmal thematisiert werden „zu hohe Arbeitskosten" (*Durchblick*) – hier wäre auch auf die Chancen durch Automatisierung und Produktivitätssteigerungen einzugehen. In *global* wird das Zusammenspiel der unterschiedlichen Produktionsfaktoren für die Produktionskosten gut erklärt. Die zunehmende Bedeutung von **Wissen** und **Know-how** wird in allen Schulbüchern außer in *global* erwähnt, in *Geospots* wird zudem auf den steigenden Qualifizierungsdruck für Arbeitnehmer:innen hingewiesen. Auf die Ambivalenz von Patenten sowie die Konzentration auf ökonomisch verwertbare Bildung geht nur das Buch *Geografisch* ein. Nirgends thematisiert wird die aus **öffentlichen Mitteln** finanzierte Forschung, die wesentlich zu neuen Innovationen beiträgt (Mazzucato

[54] Unter „Wirtschaftssysteme" wird teilweise näher auf den Kapitalismus Bezug genommen (s.u.).

[55] Bedingt wird darauf in den Kapiteln zur Sozialpolitik eingegangen.

2015) sowie die Bewegung für ein frei verfügbares Wissen im Sinne von **Open Source**. Neu zu thematisieren wäre auch der Einfluss von **Künstlicher Intelligenz** auf zahlreiche Wirtschaftsbereiche.

Marktwirtschaft und Kapitalismus

Fachliche Einführung

Unter Wirtschaftsformen werden in der Regel **Marktwirtschaften** von **Zentralverwaltungswirtschaften** unterschieden. Seit der Implosion der Sowjetunion sowie der Auflösung des sogenannten „Ostblocks" sowie der Öffnung Chinas gegenüber dem Kapitalismus haben Planwirtschaften an Bedeutung verloren. China hat zwar weiterhin Fünf-Jahrespläne, an denen das Wirtschaften ausgerichtet wird, die Umsetzung erfolgt aber seit der Öffnung in kapitalistisch agierenden Unternehmen.

Als **freie Marktwirtschaft** gilt eine Wirtschaftsordnung,

> „in der Privateigentum an den Produktionsmitteln sowie die Abstimmung aller wirtschaftlichen Handlungen bei dezentraler Wirtschaftsplanung über den Markt typisch ist."[56]

Als Vorzüge der Marktwirtschaft werden die dezentrale Koordination der Wirtschaftstätigkeiten über Märkte sowie der Wettbewerb unter den Anbietenden genannt. Unterschieden werden eine freie, soziale und ökosoziale Marktwirtschaft – in letztere greift der Staat aus sozialen bzw. ökologischen Gründen stärker ein.

Es ist aber Common Sense, dass der ideale Markt nur im Modell existiert (Angebots- und Nachfragekurve) und dass es **Marktversagen** gibt, gegen das die Politik eingreifen muss, um Monopole, Kartelle und Preisabsprachen zu verhindern. Eine Rolle für Marktversagen spielen auch Informationsasymmetrien (der/die Konsument*in weiß z. B. nichts über die Haltedauer eines Produkts), zudem ist der Marktzugang durch die verfügbare Kaufkraft begrenzt (Rogall 2011, Novy u. a. 2023). Gerade jene, denen es am Nötigsten fehlt, haben oft nicht das Geld, sich **Zugang zu den Märkten** zu verschaffen. Von einer „Ökonomie für die Satten" statt einer „Ökonomie für die Hungernden" war im einführenden Kapitel zur pluralen Ökonomie bereits die Rede (Holzinger 2024, S. 28).

Während die einen die **Produktivkraft** und **Innovationsfähigkeit** des Kapitalismus betonen, kritisieren andere die sozialen und ökologischen Verwerfungen.

> „Einer der bedeutendsten Vorteile des Kapitalismus ist die wirtschaftliche Freiheit des Einzelnen, Entscheidungen zu treffen und eigene Interessen zu verfolgen. Dies führt oft zu Innovationen und einem hohen Maß an Effizienz im Markt."[57]

Die Akkumulationsdynamik führe zur Ausweitung der **Vermögensungleichheit** (Schürz 2019, Robeyns 2024), zum **Wachstumsdrang** (Binswanger 2009) sowie zur **ökologischen Zerstörung** (z. B. Brand/Wissen 2017). Vorgeschlagen werden ein „gezügelter" (Schulmeister 2021) bzw. „begrenzter" (Levermann 2023) Kapitalismus. Gesprochen wird von „Marktwirtschaft ohne Kapitalismus" (Onken 2025), „Kapitalismus am Limit" (Brand/Wissen 2024) sowie vom „Ende des Kapitalismus" (Herrmann 2022, Übersicht vgl. Holzinger 2024).

Aus Sicht der Ökologischen Ökonomie bzw. der Transformationsforschung lautet die zentrale Frage, ob zukünftig ein **grüner Kapitalismus** reichen wird, ob **qualitatives Wachstum** etwa durch mehr Dienstleistungen das Ziel sein soll oder ob eine **ökosoziale Marktwirtschaft** sogar **Schrumpfung** brauchen wird (s.o.). Der Staat würde damit noch stärker ins Wirtschaftsgeschehen eingreifen und

---

[56] https://www.bpb.de/kurz-knapp/lexika/lexikon-der-wirtschaft/20089/marktwirtschaft/. Abgerufen am 20.5.2025

[57] http://kapitalismus-in-der-krise.de/kapitalismus-vorteile-wirtschaftlicher-wohlstand-und-innovationserfolg/. Abgerufen am 20.5.2025

ökologische Grenzen festlegen. Manche gehen mittlerweile einen Schritt weiter und fordern neue **Planwirtschaften** mit ökologischen Zielen (Einen Vergleich der unterschiedlichen Ansätze siehe Kap. 1.3 in dieser Studie sowie Holzinger 2024, S. 263ff.)[58]

Inhalte der Schulbücher

In **Meridiane 5/6** wird die Marktwirtschaft anhand des theoretischen Marktmodells mit den drei Kriterien Wettbewerb, Markttransparenz und Preiselastizität erklärt:

„Angebot und Nachfrage pendeln sich so lange ein, bis sowohl Anbieter/in wie auch Konsumentin/Konsument mit dem Preis zufrieden sind.“ (Meridiane 5/6, S. 119)

Doch gäbe es „Marktversagen“ durch die Bildung von Monopolen, Oligopolen und Kartellen:

„Der freie Wettbewerb sorgt dafür, dass wirtschaftlich Schwache aus dem Wettbewerb ausscheiden.“ (ebd. S. 119)

Zudem gäbe es am Markt nicht berücksichtigte **externe Effekte** bzw. **Kosten**:

„Externe Kosten entstehen vor allem im Umweltbereich. Die Beseitigung von Umweltschäden oder Umweltbelästigungen kostet Geld, das vorher erwirtschaftet werden muss.“ (ebd. S. 121)

Kartellgerichte und **Wettbewerbsbehörden** würden gegen marktschädigende Auswirkungen vorgehen, ebenso greife der Staat ein,

„wenn Absprachen den Wettbewerb behindern oder einzelne Unternehmen ihre Marktmacht missbrauchen.“ (ebd. S. 121)

Anhand der Corona-Pandemie wird die Möglichkeit eines „Marktzusammenbruches“ erklärt. Eingegangen wird kurz auch auf **öffentliche Güter**, die dem Markt entzogen sind. Als Beispiel dient dabei die Straßenbeleuchtung, auch wenn es noch wichtigere öffentliche Güter gibt wie Bildung oder Gesundheit.

In **Meridiane 8** wird ausführlicher auf unterschiedliche **Wirtschaftsformen** eingegangen, auch in ihrer **historischen Genese** nach 1945, beginnend mit der Konkurrenz von **freien Marktwirtschaften** und **Planwirtschaften** im „Kalten Krieg“ über die Entstehung **sozialer Marktwirtschaften** mit dem Ziel, „durch staatliche Eingriffe die Verlierer des marktwirtschaftlichen Systems abzusichern“ (Meridiane 8, S. 96) bis hin zur stärkeren Ausbreitung des **Neoliberalismus** nach dem Zusammenbruch des Kommunismus.

Neoliberalismus wird wie folgt definiert:

„Der Staat tritt mit seiner sozialen Marktwirtschaft wieder in den Hintergrund. Er soll der Wirtschaft nur gewisse Grundregeln vorgeben, aber so wenig wie möglich in das Marktgeschehen eingreifen.“ (ebd. S. 97)

Zum **Wohlfahrtsstaat** heißt es:

„Soll der Sozialstaat vor allem der Absicherung sozial benachteiligter Schichten dienen, geht die Idee des Wohlfahrtsstaats davon aus, dass der Staat grundlegende Versorgungsaufgaben allen Bürgerinnen und Bürgern gegenüber zu übernehmen hat.“ (ebd. S. 101)

Zudem werden Wirtschaftsformen mit politischen Systemen in Beziehung gesetzt. Freie Marktwirtschaften würden meist mit **Demokratien** verbunden, dabei gäbe es auch Zweifel:

„Ob die weitreichenden ökonomischen Entscheidungen jedoch tatsächlich auf demokratischer Basis gefällt werden, ist zumindest teilweise umstritten.“ (ebd. S. 98)

In der Folge wird auf den **Transformationsindex** der Bertelsmann-Stiftung zur Beurteilung von Staaten eingegangen. In eigenen Kapiteln werden anhand ausgewählter Staaten die **unterschiedlichen**

[58] Vgl. dazu auch den Abschnitt zu „Wirtschaftswachstum“.

Wirtschaftsformen erörtert: „Soziale Marktwirtschaft in Norwegen“, „Zentralverwaltungswirtschaft in Nordkorea“, „Neoliberale Marktwirtschaft in den USA“ sowie „Sozialistische Marktwirtschaft in China“.

In **Arbeitsaufgaben** werden die Schüler*innen angehalten, sich selbst ein Bild von den unterschiedlichen Systemen zu machen. Eine Aufgabe lautet: „Du lebst in einer sozialen Marktwirtschaft. Erörtere deren Vorteile für dich persönlich und erläutere gegebenenfalls Nachteile.“ (ebd. S. 100) Auf die ökosoziale Marktwirtschaft wird in diesem Buch nicht eingegangen.

In **Perspektiven 5/6** werden die „Gesellschafts- und Wirtschaftssysteme“ Liberalismus und freie Marktwirtschaft (nach Adam Smith), Zentralverwaltungswirtschaft (nach Karl Marx) und Soziale bzw. Ökosoziale Marktwirtschaft erklärt. Letztere habe sich als **Dritter Weg** auch in Österreich durchgesetzt.

Zur **freien Marktwirtschaft** heißt es:

„Dieses Modell ist in keinem Land vollständig verwirklicht. Nach dem Fall des Eisernen Vorhangs gewann die Idee des Liberalismus wieder an Einfluss (Neoliberalismus).“ (ebd. S. 98)

Die Zentralverwaltungswirtschaft sei in einer demokratischen Gesellschaft nicht umsetzbar. Grundsätzlich wird darauf hingewiesen, dass es sich um **idealtypische Modelle** handle:

„Die Ideen, die hinter diesen Systemen stecken, haben allerdings große Auswirkungen auf politisches Handeln, die Machtverteilung in Gesellschaften sowie auf die Verteilung der Güter.“ (ebd. S. 98)

In der Einführung heißt es, dass das vorgefundene **Gesellschaftssystem** das Leben der Menschen präge:

„Entweder können sie diesen Rahmen akzeptieren oder – wenn sie nicht einverstanden sind – können sie diese in demokratischen Gesellschaften durch politisches Engagement zu ändern versuchen.“ (ebd. S. 98)

In **Perspektiven 5/6** werden im Kapitel „Qualitätsvoll shoppen? Jeden Preis zahlen?“ (S. 94ff.) der Markt und die Preisbildung mit **Angebots-** und **Nachfragekurve** erklärt. Dabei wird auch auf die Begriffe „Rabatt“, „Skonto“, „Monopol“, „Oligopol“ und „Polypol“, „Marktgleichgewicht“ und „Gleichgewichtspreis“ eingegangen. Als schülerbezogenes Beispiel wird die Buchung eines Surfurlaubs in Kroatien herangezogen:

„Durch das Verhandeln mit unterschiedlichen Anbietern wird erreicht, dass du das Angebot zum kleinstmöglichen Preis erhältst und gleichzeitig das Reisebüro den höchstmöglichen Preis erzielt.“ (ebd. S. 95)

Der **Markt** sei aber kein „Wunderwuzzi“, heißt es:

„In der Realität ist der vollkommene Markt kaum anzutreffen. Kann der Markt keine optimale Verteilung von Gütern und Ressourcen organisieren, sprechen wir von einem Marktversagen.“ (ebd. S. 94)

Als Ursachen für **Marktversagen** werden genannt: Wettbewerbsbeschränkungen (mit einem Hinweis, dass afrikanische kleinbäuerliche Produzenten mit den EU-Agrarsubventionen nicht mithalten können), Preis- und Mengenabsprachen (am Beispiel Autos), Monopole (am Beispiel Softwarehersteller) sowie „Mangel an leistbaren öffentlichen Gütern“, wenn zu wenig öffentliche Leistungen angeboten werden, weil sie sich am Markt nicht rentieren. Hier greife der Staat ein.

In **Perspektiven 7/8** werden drei **Denkmodelle der Marktwirtschaft** beschrieben:

„Freie Marktwirtschaft: Gestaltung von Rahmenbedingungen durch den Staat. Soziale Marktwirtschaft: Sozialpolitische Ziele wie Mindestlöhne, Umverteilung, soziale Absicherung ... Ökosoziale Marktwirtschaft: Vereinbarkeit von ökonomischen, ökologischen und gesellschaftlichen Zielen und Maßnahmen...“ (Perspektiven 7/8, S. 47).

Im Kapitel „In welchem politischen bzw. ökonomischen System möchte ich leben?“ wird die **Marktwirtschaft** (Produktionsfaktoren in privaten Händen, meist verbunden mit dem politischen System der Demokratie, Preisbildung durch Angebot und Nachfrage, Gewinnmaximierung des Einzelnen als Ziel, freie Konkurrenz am Markt) der **Zentralverwaltungswirtschaft** (Produktionsmittel in Staatsbesitz, meist verbunden mit Ein-Parteien-Systemen, Preise staatlich festgelegt, Wohlstandsteigerung für alle als Ziel, staatliche Lenkung des Marktes) gegenübergestellt. Bei der Marktwirtschaft erfolgt eine weitere Differenzierung in freie (neoliberale) Marktwirtschaft („amerikanisches Modell"), soziale Marktwirtschaft („europäisches Modell") und Neomerkantilismus („asiatisches Modell"). China wird als „sozialistische Marktwirtschaft" bezeichnet, Kuba oder Nordkorea als „sozialistische Zentralverwaltungswirtschaft". Das Merkmal der **sozialen Marktwirtschaft** wird definiert als

„Eingriff des demokratischen Staates zum Wohle der Bevölkerung, um die Nachteile der Marktwirtschaft auszugleichen." (ebd. S. 215)

Als Sonderformen werden zudem **„Transformationsökonomien"** (Übergang zur Marktwirtschaft), **„islamische Wirtschaftssysteme"** (Horten und Zur-Schaustellen von Reichtum sowie zu viel Konsum sind verpönt) sowie **„Systeme von Entwicklungsländern"**[59] unterschieden. Danach wird der **„Transformationsindex"** der Bertelsmann-Stiftung mit 17 Kriterien zur politischen und wirtschaftlichen Transformation (u. a. Markt- und Wettbewerbsordnung, Währungs- und Preisstabilität, Privateigentum) vorgestellt. Ausführlich werden die Auswirkungen des politischen und ökonomischen Systems auf die Lebensbedingungen der Menschen (Konsum, Bildungschancen, Arbeitsmarktbedingungen, Umweltschutz, Vermögensverteilung) erläutert (ebd. S. 217). Als Aufgaben werden u. a. die Erörterung der Frage, in welchem System du leben möchtest, sowie die Diskussion über ein „optimales politisches und /oder ökonomisches System" (ebd. S. 220) gestellt.

In **Perspektiven 7/8** wird zudem die **Gemeinwohlökonomie** vorgestellt und als „eine Weiterentwicklung der Sozialen Marktwirtschaft" bezeichnet:

„Nach ihr zeigen sich die Krisen der Wirtschaft in Ressourcenkriegen, Vergrößerung der Ungleichheit, Erosion der Demokratie, Zwangsmigration oder Klimawandel." (ebd. S. 43)

Die Ursache dafür liege in einem "zentralen Systemfehler der Wirtschaft, die das Ziel der Wirtschaft (Gemeinwohl) mit dem Mittel (Geld) verwechsle" (ebd. S. 43). Anzustreben sei eine

„ethische Marktwirtschaft mit einer solidarischen Ökonomie, die sich unter Wahrung von demokratischen und ökologischen Grundsätzen an den Bedürfnissen der Menschen orientiert." (ebd. S. 43)

In **Durchblick 5** wird nicht auf unterschiedliche Wirtschaftssysteme, aber ausführlich auf das Funktionieren von Märkten sowie auf Marktversagen eingegangen. Der Beschreibung von Märkten im engeren Sinn (z. B. Wochenmärkte, Messen, Börsen, Versteigerungen, Online-Märkte) folgen Ausführungen zur Preisbildung auf Märkten.

Das Modell des **Gleichgewichtspreises** bzw. **vollkommenen Marktes** wird hinterfragt:

„Schön wäre es, wenn die Regel von Angebot und Nachfrage wie im Modell funktionieren würde. Doch leider ist es in Wirklichkeit selten so, denn hier spielen viele andere Faktoren noch eine Rolle, die man berücksichtigen muss: persönliche Gründe, örtliche Gegebenheiten, Kauf unter Zeitdruck." (Durchblick 5, S. 59)

Im Abschnitt zu **Marktversagen** werden auch in diesem Schulbuch zum einen nicht in den Preisen berücksichtigte Umweltschäden, zum anderen Monopole, Kartelle und ein erschwerter Marktzugang beschrieben. Thematisiert wird zudem die **Informationsasymmetrie**:

„In der Realität verfügen die Akteurinnen und Akteure nicht immer über sämtliche Informationen und können die Handlungen ihrer Vertragspartnerin/ihres Vertragspartners nicht vollständig einschätzen." (ebd. S. 61)

Dieses Schulbuch geht auch auf Marktversagen bei **öffentlichen Gütern** sowie in Bezug auf **Verteilungsgerechtigkeit** ein:

---

[59] Zu letzteren gibt es ein eigenes Kapitel.

„Dieses Problem zeigt sich bei ungleich verteilten Einkommen und bei lebensnotwendigen Gütern wie beispielsweise Trinkwasser. Eine sehr ungleiche Verteilung kann zu sozialen Spannungen führen, weshalb der Staat Umverteilung vornimmt bzw. eine Versorgungssicherheit garantiert." (ebd. S. 61)

In **Durchblick 8** wird das **Wachstumsmodell** der gegenwärtigen Wirtschaft hinterfragt (mehr siehe Kapitel zu Wirtschaftswachstum). Als beispielhafte Schritte werden eine **Share Economy, Solidarische Landwirtschaft** sowie das **Open-Source-Prinzip** genannt. In der Einschätzung heißt es, dass es sich hier um erste „Gehversuche" handle:

„Damit aus diesen vielen Versuchen ein neues, alternatives Wirtschaftsmodell entstehen kann, muss die wichtigste Grundlage des kapitalistischen Systems in Frage gestellt werden. Sie lautet: Alles Wirtschaften dient der Vermehrung von privatem Kapital bzw. der Maximierung der Renditen und des Gewinns der Unternehmen." (Durchblick 8, S. 52)

Dieser **Systemwechsel** sei allerdings eine zutiefst politische Frage, die in einer Demokratie von uns allen zu beantworten sei.

In **Geospots 5/6** wird das Modell des Marktes mit Angebots- und Nachfragekurve, Gleichgewichtspreis, Nachfrage- und Angebotsüberhang vorgestellt. Grundsätzlich heißt es:

„Wirtschaftliches Handeln bedeutet vor allem Kaufen und Verkaufen, wobei Kaufen mit Nachfrage oder Konsum gleichgesetzt wird, Verkaufen mit Angebot, Produktion und Herstellung." (Geospots 5/6, S. 116)

Es werden die **Marktformen** „Polypol", „Monopol", „Oligopol" sowie „Kartell" erklärt und es wird das Prinzip des **Wettbewerbs** in der Marktwirtschaft erläutert:

„Das Marktmodell geht von der Annahme aus, dass der rational handelnde Mensch alle seine Entscheidungen mit dem Ziel trifft, seinen Gewinn zu maximieren – man spricht vom homo oeconomicus." (ebd. S. 117)

Unternehmen seien angehalten, **Gewinne** zu erzielen, um sich nicht zu überschulden oder gar in die Insolvenz zu schlittern. **Wettbewerb** fördere Innovationen, die mehr Gewinne für die Unternehmen und mehr Einkommen für die Beschäftigten bedeuten würden:

„Konkurrenz belebt ihrer Meinung nach (Befürworter des Konkurrenzprinzips, H. H.) die wirtschaftliche Aktivität und bringt neue Ideen hervor. Dazu zählt auch das Leistungsprinzip in der Wirtschaft: ´Wer mehr leistet, soll auch mehr verdienen´, heißt es." (ebd. S. 117)

In **Geospots 7/8** werden ökonomische Theorien (siehe Kapitel zu Wirtschaftspolitik) sowie unterschiedliche Wirtschaftsmächte vorgestellt: die USA als „Supermacht mit ´angekratztem´ Image" (S. 188), starker Rüstungsindustrie, hoher Verschuldung und starker sozialer Polarisierung; China und Indien als „zwei neue Wirtschaftsmächte", die der Weltwirtschaft „eine enorme Schubkraft" (ebd. S. 193) geben; Brasilien als „der südamerikanische Gigant" (ebd. S. 201) sowie Russland als „System Putin" und „Rohstoffökonomie" (ebd. S. 206f.). Zudem werden die Ökonomien Südafrikas, der Arabischen Halbinsel sowie der asiatischen Länder Korea und Vietnam vorgestellt.

Unter „Weitere Ziele der Wirtschaftspolitik" wird die **ökosoziale Marktwirtschaft** als Weiterentwicklung der sozialen Marktwirtschaft vor- und zur Diskussion gestellt (s. a. Kap. Wirtschaftspolitik).

In **Geografisch 5/6** werden **Marktwirtschaft** und **Kapitalismus** sowie das **Funktionieren von Märkten** behandelt. Darin heißt es:

„Die Produktion, also die Herstellung von Gütern, ist das zentrale Thema aller Wirtschaftsformen und -systeme. Die Fragestellung *Wer produziert was, für wen und wie?* wird je nach Wirtschaftsform und -system unterschiedlich beantwortet." (Geografisch 5/6, S. 92)

Damit wird ein Abschnitt über Wirtschaftsformen eingeleitet, in dem zunächst **Subsistenzwirtschaft** (Selbstversorgung) und **Erwerbswirtschaft** (Überschuss und Tauschhandel), danach **zentral** und **dezentral** gesteuerte Wirtschaften sowie **Privateigentum** und **Gemeineigentum** unterschieden werden. Während China eine „kapitalistische Zentralverwaltungswirtschaft" darstelle, würden sich kapitalistische Marktwirtschaften auf freie Märkte verlassen:

„Die Märkte regeln Verteilung (Allokation), Produktion und Preisbildung." (ebd. S. 93)

Dabei gäbe es **Unterformen**. In den USA würden nur geringe Eingriffe in die Märkte vorgenommen.

„Erhebliche staatliche Eingriffe kennzeichnen hingegen die soziale Marktwirtschaft. Das Wirtschaftssystem Österreichs oder Deutschlands entspricht diesem Typus. Als Sonderfall soll eine ökosoziale Marktwirtschaft außerdem die nachhaltige Entwicklung in einem Staat gewährleisten." (ebd. S. 93)

Als **staatliche Einflussnahmen** werden Steuern, die Verhinderung von Kartellen, teilweise Preisfestsetzungen, Subventionen, Zölle sowie Gebote (z.B. CO_2-Emissionsgrenzen) angeführt.

Zudem wird auf ein weiteres wesentliches Kriterium des **Kapitalismus** verwiesen:

„Den Kapitalismus als Wirtschafts- und Gesellschaftsordnung kennzeichnen außerdem die Anhäufung (Akkumulation) von Kapital und das Streben nach Gewinn." (ebd. S. 93)

In einem weiteren Kapitel wird dies präzisiert:

„Der Kapitalismus beruht auf den Prinzipien des Privateigentums, des stetigen Wachstums und der Anhäufung von Kapital. In den meisten Fällen gehen Marktwirtschaft und Kapitalismus miteinander einher." (ebd. S. 103)

Ein Abschnitt **„Ehrenamt – unbezahlt und unbezahlbar"** (ebd. S. 107) geht darauf ein, dass es in jeder Gesellschaft auch unentgeltliche Leistungen gibt. In einem Abschnitt **„Eine Frage der Werte"** heißt es:

„Ob Gerechtigkeit, Leistung, Solidarität, Tüchtigkeit, Sparsamkeit, Verantwortung, Macht oder Disziplin – nicht alle Menschen messen allen Werten dieselbe Bedeutung bei." (ebd. S. 95)

Dies bleibt aber allgemein – es müsste auf die Ausrichtung von Wirtschaftssystemen angewandt werden.

Im Kapitel zu **Märkten** wird hier der Begriff des **Bedarfs** eingeführt (s.a. Kapitel „Bedürfnisse"):

„Verfügen Menschen über die nötige Kaufkraft, um ihren Bedarf zu decken, spricht man von Nachfrage." (Geografisch 5/6, S. 102)

Es werden **Gütermärkte** (Waren, Dienstleistungen) von **Faktormärkten** (Arbeitsmarkt, Immobilienmarkt, Rohstoffmarkt, Energiemarkt usw.) unterschieden, **Schwarzmarkt** und **Schattenwirtschaft** sowie **Real-** und **Finanzwirtschaft** erklärt. Am Beispiel von Erdbeeren wird der **ideale Markt** mit Angebots- und Nachfragekurve sowie dem **Gleichgewichtspreis** beschrieben. Die **Vorzüge von Märkten** werden in der Produktvielfalt, einem hohen Preis- und Qualitätsdruck, schnelleren Innovationen sowie der Vergleichbarkeit von Preisen gesehen. Es werden aber auch **Probleme** benannt: Innovation als Selbstzweck („Neues um der Neuheit willen"), „harte Überlebensbedingungen für Unternehmen durch Preisdumping" sowie „Vernachlässigung anderer Werte jenseits von Effizienz und dadurch die Vernachlässigung einer nachhaltigen Entwicklung" (ebd. S. 104).

Zudem wird auf **Marktversagen** durch Monopole und Oligopole, Kartelle, die fehlende Kostenwahrheit (z. B. Externalisierung von Umweltkosten) sowie auf Schwächen des Marktmodells selbst hingewiesen:

„Märkte sind nicht vollkommen. Sowohl das Marktmodell als auch der homo oeconomicus sind stark vereinfachend; ihnen liegen einige Annahmen zugrunde, die nicht der Realität entsprechen." (ebd. S. 106)

Die „unsichtbare Hand" von **Adam Smith** wird im Konjunktiv wiedergegeben:

„Laut Smith würden durch das Zusammenspiel von Angebot und Nachfrage die Ressourcen wie von einer unsichtbaren Hand verteilt und Gleichgewichtspreise gebildet. Menschen, die auf Märkten nur ihren eigenen Vorteil suchen, trügen so zum Wohlstand aller bei. Der Egoismus fördere so das Gemeinwohl." (ebd. S. 103)

In **Geografisch 8** werden nochmals **ökonomische Systeme** im Vergleich vor-, dabei die neoliberale der sozialen Marktwirtschaft, die sozialistische Marktwirtschaft der sozialistischen Zentralverwaltungswirtschaft gegenübergestellt. Zudem werden Ansätze benannt, die unterschiedliche **Variationen** von **Kapitalismus** und **Wohlfahrtsstaatssystemen** sowie die Frage von **Konvergenz** versus **Divergenz** diskutieren.

Es gäbe keine „richtige" Wirtschaftsordnung, wird der Ansatz der „Varieties of Capitalism" zitiert:

„Dieser betont, dass unterschiedliche Formen des Kapitalismus existieren und auch nicht-marktliberale Ökonomien in der Globalisierung erfolgreich sein können, indem sie sich auf Aspekte wie starke staatliche Lenkung oder koordinierte Marktwirtschaften stützen." (ebd. S. 44)

Ein Kapitel ist hier auch dem **islamischen Wirtschaftssystem** gewidmet.

In **global 5** werden die unterschiedlichen Wirtschaftsformen nicht thematisiert, sondern nur das **Funktionieren** von **Märkten** und die **Preisbildung**. Erklärt wird das Zusammenspiel von Angebot und Nachfrage mit der Preisbildung, das Modell des **Gleichgewichtspreises** sowie die Rolle der Kosten („Kostenrechnung") für die Preisbildung. Danach wird auf die Gefahr von Angebotsmonopolen bzw. -oligopolen eingegangen:

„Je weniger Anbieterinnen und Anbieter es gibt, desto größer ist die Gefahr, dass überhöhte Preise verlangt werden." (global 5, S. 109)

Als gefährdete Branchen werden Autohersteller, Fluggesellschaften und die Pharmaindustrie aufgezählt. **Marktversagen** wird an nicht berechneten Umweltkosten beschrieben:

„So gehen Umweltkosten (Kosten der Zerstörung und Schädigung der Umwelt) meist nicht in die Herstellerkosten und damit in die Preise von Gütern ein. ... Aufgrund dieses Marktversagens ist der Staat zu einer entsprechenden Umweltpolitik aufgefordert." (ebd. S. 109)

In **global 8** wird das Wirtschaftssystem der **Marktwirtschaft** ausführlich vorgestellt. Darin heißt es:

„Die freie Marktwirtschaft stellt eine idealtypische Form dar, auf der die realen Marktwirtschaften aufbauen." (global 8, S. 50)

Seit dem Fall der „Berliner Mauer" sei der **Wettbewerb der Wirtschaftssysteme** entschieden:

„Heute sind von den knapp 200 Mitgliedsländern der UNO (fast) alle marktwirtschaftlich organisiert." (ebd. S. 50)

Die **Marktwirtschaft** sei die historisch **erfolgreichste Wirtschaftsordnung**:

„Sie garantiert jedoch nicht automatisch Wohlstand und schon gar nicht dessen gerechte Verteilung." (ebd. S. 51)

Ob ein Land reich oder arm sei, hänge von vielen Einflüssen ab, insbesondere auch von Werten und Einstellungen:

„So sind Eigenschaften wie Leistungsbereitschaft, Ehrlichkeit, Vertragstreue und Bereitschaft zur Übernahme von Verantwortung unabdingbare Voraussetzungen für erfolgreiches Wirtschaften." (ebd. S. 51)

Die soziale Marktwirtschaft wird als „**Erfolgsgeschichte**" (ebd. S. 52) bezeichnet, aber sie habe Grenzen der Finanzierbarkeit. Diese werden untermauert mit einem Ländervergleich der Sozialausgaben, bei dem Österreich weit oben stehe, sowie mit einem kritischen Quellentext, der vor einem „ausgeprägten Anspruchsdenken" (ebd. S. 53) warnt. In einem weiteren Kapitel wird der Übergang „von der **sozialen Marktwirtschaft** zur **ökosozialen Marktwirtschaft**" (ebd. S. 54) beschrieben.

Als zentrales Instrument dafür gelte eine **ökologische Steuerreform** – vorgestellt wird diese am Beispiel von höheren Energiesteuern bei gleichzeitiger Senkung der Abgaben auf menschliche Arbeit.

Einschätzung

Der Unterschied zwischen **Marktwirtschaft** und **Zentralverwaltungswirtschaft** sowie zwischen **Kapitalismus** und **Sozialismus** wird korrekt dargestellt, wenn auch unterschiedlich ausführlich: In *Geografisch* und *global* wird darauf nur am Rande eingegangen – diese Schulbücher betonen die Marktwirtschaft als Erfolgssystem am meisten. In allen Schulbüchern wird das Modell des Gleichgewichtspreises mit Verweisen auf die Gefahr von Monopol- oder Oligopolbildungen dargestellt. **Marktversagen** wird unterschiedlich akzentuiert und mehr oder weniger ausführlich besprochen: neben externalisierten Umweltkosten (der Begriff wird so nicht verwendet, aber beschrieben) werden z. T. auch Preisabsprachen oder ungleiche Handelsverträge genannt.

Das **Streben nach Gewinn** als zentralem Merkmal des Kapitalismus sowie das Wachstumsdenken wird von zwei Schulbüchern kritisch beschrieben (*Geografisch, Durchblick). Meridiane* geht ausführlich auf den **Neoliberalismus** ein, ohne diesen jedoch zu bewerten – außer in Bezug auf die Auswüchse in den USA. Die Darstellung der **ökosozialen Marktwirtschaft** als „Sonderform" ist problematisch – alle Wirtschaftssysteme müssen zukünftig auf die Frage der ökosystemischen Grenzen Antworten finden. Am ausführlichsten wird dies in *global* angesprochen.[60] Die **Vorzüge einer sozialen Marktwirtschaft** gegenüber der neoliberalen Wirtschaft werden vor allem im Kontrast zu den USA herausgestrichen.

In *Geospots* 5/6 wird der **Marktmechanismus** idealtypisch beschrieben, ohne auf seine begrenzte Aussagekraft (etwa Informationsasymmetrien) einzugehen. Das **Wettbewerbs- und Konkurrenzprinzip** wird positiv dargestellt – Gewinne seien notwendiges Ziel von Unternehmen, der Wettbewerb fördere Innovationen. Ob tatsächlich immer das Leistungsprinzip zum Tragen kommt und wie Leistung bewertet wird, bleibt außen vor.

Geospots 7/8 stellt zwar die Ökonomien mehrerer Länder, der USA, Chinas, Indiens, Brasiliens, Russlands, Südafrikas u. a. dar, eine Unterscheidung in **Marktwirtschaften** und **Planwirtschaften** wird nicht vorgenommen, dafür aber die Öffnung Chinas zur „sozialistischen Marktwirtschaft" (ebd. S. 193) sowie dessen Engagement in Afrika.

Die **Grenzen des Sozialstaats** werden vor allem in *global* thematisiert – der Vorwurf des „Anspruchsdenken" wäre hier kontrovers zu diskutieren; ebenso der Hinweis, dass **erfolgreiches Wirtschaften** vor allem von Verantwortungsübernahme und Leistungsbereitschaft abhänge, denn es spielen auch systemische Faktoren eine Rolle. Kritik an der Leistbarkeit des Sozialstaates gibt es auch in *Meridiane* (s. a. Kapitel zu Sozialstaat).

In *Geografisch* werden unterschiedliche **Varianten** von **Kapitalismus** und **Wohlfahrtstaaten** vor- und zur Diskussion gestellt, wobei auch nicht marktliberale Ökonomien erfolgreich sein könnten, wie die VR China zeige. Auch das islamische Wirtschaftssystem wird beschrieben, was zu begrüßen ist. Die Welt des 21. Jahrhunderts wird multipolar sein, damit macht es auch Sinn, unterschiedliche Wirtschaftssysteme in ihren Stärken und Schwächen zu diskutieren.

Grundsätzlich ist festzuhalten, dass in der Beschreibung der Wirtschaftsformen die **Notwendigkeit der Transformation** angesichts der **planetaren Grenzen** zu wenig betont wird. Nachhaltigkeit muss zu einem zentralen Zielwert werden, auch in stärker zentral gelenkten Wirtschaftssystemen

---

[60] Eine empirische Analyse von Schulbüchern für die Handelsakademien zeigt, dass der Begriff der (Öko)-Sozialen Marktwirtschaft am häufigsten verwendet wird, zwischen sozialer und ökosozialer Marktwirtschaft wird dabei aber nicht unterschieden (Ablasser 2023, S. 58ff.).

wie in China. Größere Eingriffe der Staaten können auch in den freien Marktwirtschaften nötig werden – bis hin zur Kontingentierung und Begrenzung des Zugriffs auf Ressourcen. Denn: Wirtschaftsversagen liegt dann vor, wenn die Versorgung aller Menschen zumindest mit den Grundgütern nicht innerhalb der planetaren Grenzen erreicht wird (Rogall 2011, Herrmann 2023, Holzinger 2024).

Die **Bedeutung öffentlicher Güter** sowie die **Orientierung an den Grundbedürfnissen** würde in allen Schulbüchern mehr Raum und Aufmerksamkeit verdienen (Novy u. a. 2023). Lediglich in *Durchblick* wird auf die Bedeutung öffentlicher Güter Bezug genommen. In *Perspektiven* wird *als* wohl bestes ökonomisches System die soziale Marktwirtschaft beschrieben, der Zusatz „ökosozial" fehlt hier jedoch und damit auch die Thematisierung der Probleme, die Marktwirtschaften verursachen. Dafür wird die **Gemeinwohlökonomie** in einem eigenen Abschnitt vorgestellt.

Der mögliche Unterschied zwischen **Marktwirtschaft** (viele KMUs mit überwiegend Eigenkapital) und **Kapitalismus** (Großkonzerne mit überwiegend Fremdkapital) wird in den Schulbüchern nicht bzw. zu wenig thematisiert. Der Ansatz einer „gemischten Wirtschaft" (Novy u. a. 2025) oder einer „modernen Bedarfswirtschaft" (Holzinger 2024) fehlt. In der freien Marktwirtschaft sind privatwirtschaftlich geführte Unternehmen das Rückgrat. Es gibt aber auch **Genossenschaftsunternehmen** oder Unternehmen nach dem **Stiftungsrecht** (Holzinger 2024, S. 150ff). Auf diese wird in den Schulbüchern im Bereich Wirtschaftsordnung ebenso wenig hingewiesen. Neben den **Vorzügen freier Märkte** wird insbesondere in *Geografisch* auch auf deren **Grenzen**, **Gefahren** und **Schwächen** eingegangen. Markttransparenz sowie der homo oeconomicus werden hinterfragt.

Resümee: Die Marktwirtschaft wird durchwegs als Erfolgsmodell beschrieben, wenn auch in seinen Grenzen. Das ist korrekt. Adam Smith muss aus seiner Zeit heraus verstanden werden, in der es darum ging, die ineffiziente und Unfreiheit zementierende Feudalordnung zu überwinden. Egoismus heute zerstört das Gemeinwohl – nur eine Begrenzung bzw. Zügelung des Kapitalismus kann die sozialen und ökologischen Krisen der fragmentierten Weltgesellschaft abwenden (Holzinger 2024, Novy u. a. 2023).

2.4. Wirtschaftspolitik und Wirtschaftswachstum

Wirtschaftspolitik

Fachliche Einführung

Wirtschaftspolitik umfasst

> „alle staatlichen Maßnahmen, die darauf ausgerichtet sind, das Wirtschaftsgeschehen in einem Land entsprechend der zugrunde liegenden Wirtschaftsordnung und den gesellschaftlichen Zielsetzungen zu gestalten und einen Ordnungsrahmen zu geben." (Rogall 2011, S. 247)

In der Regel wird vom **magischen Viereck** der Wirtschaftspolitik bestehend aus Preisstabilität, außenwirtschaftlichem Gleichgewicht, Vollbeschäftigung und angemessenem Wirtschaftswachstum gesprochen. Im **magischen Vieleck** können weitere Aspekte wie eine gerechte Einkommensverteilung oder der Erhalt einer lebenswerten Umwelt genannt werden. „Magisch" bezieht sich dabei auf den Zustand, dass alle Ziele nicht immer gleich bzw. gleichberechtigt erreicht werden können.

Wirtschaftspolitik hängt wesentlich mit **anderen Politiken** wie Standort- und Geldpolitik, Arbeitsmarkt- und Sozialpolitik oder Umwelt-, Energie- und Verkehrspolitik zusammen. In der Mainstream-Ökonomie spielt **Wirtschaftswachstum** als Garant für die Erreichung anderer Ziele eine wichtige Rolle (s. u. mehr), als zentrale Denkschulen im Kontext von Konjunkturpolitik werden der **Keynesianismus** und **Monetarismus** beschrieben. In der Ökologischen Ökonomie gewinnen jedoch Ansätze der **Postwachstumsökonomie** (Holzinger 2024, S. 283ff) sowie der **Alltags-ökonomie** (Novy

u. a. 2023, 2025) bzw. der „modernen Bedarfsökonomie der Grundbedürfnisse" (Holzinger 2024, S. 358ff.) an Bedeutung. Damit treten die Sektoren der **Gemeinwirtschaft** in den Mittelpunkt (Hüttmann 2025).

Inhalte der Schulbücher

„In der Wirtschaftspolitik geht es um die Absicherung des Wirtschaftsstandortes, die Stützung der Konjunktur und die Erhaltung der Massenkaufkraft." (Meridiane 7, S. 54)

So die Beschreibung analog der gängigen Volkswirtschaftslehre in **Meridiane 7**. Als Ziele werden genannt:

„Belebung der Konjunktur und Wirtschaftswachstum" (ebd. S. 54).

Dazu werden die zwei Denkschulen **Keynesianismus** und **Monetarismus - Neoliberalismus** angeführt sowie die Begriffe **„Antizyklische Wirtschaftspolitik"**, **„Defizit Spending"** und **„Policy Mix"** erläutert.

Der **Neoliberalismus** wird definiert als

„Wirtschaftstheorie, die die Ideen des Liberalismus aufgreift und in moderne Verhältnisse einbindet" (ebd. S. 55).

Als Aufgaben werden Internetrecherchen zu den Theorien von John M. Keynes und Milton Friedman und die Herausarbeitung von wirtschaftlichen und gesellschaftlichen Folgen unterschiedlicher Maßnahmen gegeben.

Als weiteres Thema wird die **Wettbewerbspolitik** thematisiert. Die Privatisierungen von Staatsbetrieben in Österreich werden dabei mit dem EU-Beitritt und dem Prinzip freier Märkte argumentiert. Zu **Privatisierungen** werden Pro- und Kontra-Argumente gegenübergestellt, als Aufgabe ist die Diskussion dieser im Zusammenhang mit öffentlichen Leistungen vorgesehen.

Neben der Erklärung von Direktinvestitionen in offenen Märkten werden in diesem Abschnitt auch die Bundeswettbewerbsbehörde und das Gesetz gegen unlauteren Wettbewerb erklärt. **Gemeinwirtschaft** wird definiert als jener Sektor der Volkswirtschaft, „der ökonomische Aufgaben im allgemeinen Interesse erfüllt" (ebd. S. 47). U-Bahn, Bus- und Straßenbahnlinien, Wasserversorgung, Abfallwirtschaft, Müllabfuhr, Bildungseinrichtungen, Krankenhäuser, gemeinnütziger Wohnbau werden als Bereiche angeführt.

In **Perspektiven 7/8** werden zunächst **Wirtschafts-** und **Sozialpolitik** sowie die weiteren Politikfelder wie **Wettbewerbs-** und **Umweltpolitik** in einem gemeinsamen Kapitel behandelt. Im Kapitel „Gesamtwirtschaftliche Leistungen und Probleme sowie Wirtschafts- und Sozialpolitik erklären" (ebd. S. 17ff.) heißt es in der Einleitung:

„Es ist nicht immer leicht, die wirtschaftlichen Daten nachzuvollziehen und Zusammenhänge in der Wirtschafts- und Sozialpolitik zu verstehen. Eine besondere Herausforderung ist es, unterschiedliche Interessen und Ziele einzelner gesellschaftlicher Gruppen zum Vorteil möglichst vieler Menschen auszuverhandeln und wirtschaftliche Krisenmomente zu bewältigen." (ebd. S. 17)

Damit ist das Ziel des Abschnitts umrissen. Als Träger der **Wirtschaftspolitik** werden die Regierung, Parlament, Gewerkschaften, Wirtschaftsverbände, sonstige Verbände sowie Religionsgemeinschaften genannt. Hier gibt es den Hinweis, dass wir alle auch mit unserem Konsumverhalten „Wirtschafts- und Sozialpolitik im Kleinen" (ebd. S. 23) machen können. Als Beispiel dafür wird der Shell-Boykott 1995 im Zusammenhang mit der Entsorgung des schwimmenden Öltanks Brent Spar genannt. Es gibt aber auch einen kritischen Text zur Konsumentenmacht ("Illusion", S. 27) für die Diskussion im Aufgabenbereich.

Weiter unten wird das **Magische Vieleck** der Wirtschaftspolitik beschrieben. **Aufgabe der Politik** sei es,

„der Gesellschaft möglichst gute Voraussetzungen für das materielle und soziale Wohlergehen zu schaffen." (ebd. S. 47)

Unterschieden werden **angebotsorientierte** Wirtschaftspolitik (Senkung der Kosten für Unternehmen, Investitionen in Forschung) und **nachfrageorientierte** Wirtschaftspolitik (deficit spending, Sparen bei guter Wirtschaftslage, antizyklische Konjunktureingriffe). Erstere würden v .a . von „konservativen und liberalen Parteien" sowie Wirtschaftsverbänden, zweitere eher von „linken Parteien, der Gewerkschaft und Arbeiterkammer" (ebd. S. 48) unterstützt. Auf den **Standortwettbewerb** wird m Kontext von Globalisierung Bezuggenommen (s. u. Kapitel Globalisierung).

In **Durchblick 6** wird das magische **Viereck der Wirtschaftspolitik** vorgestellt, zudem wird erklärt, warum es Wirtschaftspolitik braucht und welche Akteure es auf den unterschiedlichen Ebenen gibt. Eingeführt wird auch der Begriff des **Lobbyismus.** Der Unterschied zwischen der **keynesianischen** und **neoliberalen Wirtschaftspolitik** wird am Beispiel hoher Jugendarbeitslosigkeit erläutert. Die einen plädieren zur Lösung dieser und anderer Aufgaben dafür,

„Geld umzuverteilen (z. B. von wohlhabenden Personen und/oder Regionen an ärmere Personen und/oder Regionen) und Steuererhöhungen bei Wohlhabenden umzusetzen, andere würden versuchen, mit Steuersenkungen ein günstiges Wirtschaftsklima (zu) schaffen, das schließlich zu zahlreichen unternehmerischen Aktivitäten führt." (Durchblick 6, S. 95)

Als **Politikfelder** werden die Sozial-, Arbeitsmarkt-, Wirtschaftsförderungs-, Regional-, Agrar- und Technologiepolitik angeführt.

In **Durchblick 7** wird Wirtschaftspolitik auf das **magische Vieleck** erweitert und um Verteilungsgerechtigkeit sowie konjunkturgerechte Budgetpolitik ergänzt. Zudem werden weitere Ziele wie „Umweltschutz, Bildung und Forschung oder der Abbau regionaler Disparitäten" (ebd. S. 16) genannt. Auch hier wird auf unterschiedliche Sichtweisen verwiesen:

„Es ist unter Expertinnen und Experten umstritten, wann ein sogenanntes Marktversagen eintritt und in welchem Ausmaß der Staat oder andere Gebietskörperschaften in die Marktwirtschaft eingreifen sollen." (ebd. S. 16)

In der Folge werden die einzelnen Ziele näher beschrieben.[61] Grundsätzlich wird festgehalten, dass es **Zielkonflikte**, etwa zwischen Vollbeschäftigung und Inflation, gibt. Zudem wird das **magische Vieleck der Nachhaltigkeit**, bestehend aus ökologischer und sozialer Nachhaltigkeit sowie materiellem Wohlstand und „Zukunftsfähigkeit der Staatstätigkeit und Staatsfinanzen" beschrieben (ebd. S. 23).

Geospots 7/8 definiert **Wirtschaftspolitik** als

„all jene Maßnahmen, mit denen der Staat auf unterschiedlichen Ebenen regelnd und gestaltend in die Bereiche der Wirtschaft eingreifen kann." (Geospots 7/8, S. 20)

Zudem heißt es:

„Im Zentrum jeglicher Wirtschaftspolitik sollte der Mensch stehen." (ebd. S. 20)

In der Folge werden die Ansätze der Angebots- und Nachfrageorientierung erklärt, in der Realität gehe es meistens jedoch um eine **„mixed policy"**, die beide Ansätze verbinde, etwa in einer **sozialen Marktwirtschaft.**

[61] Diese werden unter den Kapiteln zu Geld- und Arbeitsmarktpolitik bzw. Wirtschaftswachstum analysiert.

Auch dieses Schulbuch verweist auf das magische **Vieleck der Wirtschaftspolitik**, erklärt jedoch, dass zu den ursprünglich drei Zielen „Vollbeschäftigung“, „Wirtschaftswachstum“ und „Preisstabilität“ in den letzten Jahrzehnten immer weitere dazugekommen seien: ausgeglichenes Budget, sozial gerechte Einkommensverteilung, ausgeglichene Zahlungsbilanz, Einschränkung der Staatsverschuldung sowie ökologisches Gleichgewicht. Diese werden in einer Arbeitsaufgabe vertieft.

Im darauffolgenden Kapitel „**Vielfalt ökonomischer Theorien**“ werden Adam Smith und der Liberalismus, Kommunismus und Marxismus sowie der Keynesianismus und Monetarismus vorgestellt. Einleitend wird darauf hingewiesen, dass die Wirtschaftswissenschaften zu den Sozialwissenschaften gezählt werden,

„da Wirtschaft(en) ständig mit menschlichem Handeln verknüpft ist.“ (ebd. S 24)

Zudem werden die Begriffe **Mikroökonomie** und **Makroökonomie** eingeführt und es wird kritisch der beschränkte Blick mancher wirtschaftlichen Theorien betont:

„Ökonomie wird dabei meist als ‚reine‘ Ökonomie vermittelt, die die Zusammengänge von Macht, Herrschaft und Interessen der beteiligten Akteure im Wirtschaftsprozess außen vorlässt und bleibt damit realitätsfern.“ (ebd. S. 24)

Der Kritik am **Manchesterliberalismus** des 19. Jahrhunderts seien Bewegungen für die Rechte der Arbeitenden sowie sozialistische und kommunistische Ideen gefolgt. Der **Kommunismus** bzw. Marxismus wird mit seinen Analysen und Forderungen vorgestellt, danach im Kontext der Wirtschaftskrise von 1929 das Entstehen des **Keynesianismus**, dem wiederum der Ansatz des **Monetarismus** sowie – aktuell – des **Neoliberalismus** gegenübergestellt.

Ein kurzes Kapitel geht auf „**Alternative Wirtschaftstheorien**“ ein:

„Alternative Theorieansätze wie die Theorie der Commons, die Gemeinwohlökonomie oder die solidarische Ökonomie sind neue Überlegungen außerhalb der traditionellen Wirtschaftswissenschaften. Sie versuchen Antworten auf die negativen Auswirkungen gegenwärtiger Wirtschaftspolitik zu geben.“ (ebd. S. 26)

Weiter heißt es:

Das Konzept der Schrumpfungsökonomie propagiert etwa ein Nullwachstum, um Umwelt und Rohstoffvorkommen zu schonen.“ (ebd. S. 26)

Ebenfalls eingegangen wird auf die **feministische Ökonomie**, die vor allem Kritik an Wert- und Weltvorstellungen in der Wirtschaft übe:

„Das Menschenbild des homo oeconomicus als angeblich freies und unabhängiges Wesen wird abgelehnt. ... Man will die nachteiligen ökonomischen Rahmenbedingungen für Frauen verstehen und fordert eine andere Wirtschaftswissenschaft und auch Wirtschaftspolitik ein. Zentral ist die Beschäftigung mit unbezahlter Arbeit, wie etwa Hausarbeit oder Pflegearbeit im Privatbereich, die v. a. von Frauen verrichtet wird.“ (ebd. S. 26)

Unter Wirtschaftspolitik wird auch auf die **Ökosoziale Marktwirtschaft** eingegangen:

„Ökonomische, soziale und ökologische Ziele sollen dabei nicht konkurrenzierend betrachtet werden, sondern im Zusammenspiel erreicht werden.“ (ebd. S. 45)

In **Geografisch 7** werden ausführlich die Theorien und Konzepte des **Keynesianismus** und **Monetarismus** vorgestellt, dazu Schwächen beider Theorien angesprochen.

Die zitierte Kritik am **Keynesianismus**:

„Wenn der Staat stark als Nachfrager auftritt und gerade in wirtschaftlich schwierigen Zeiten investiert, muss er sich verschulden. Das kann seine Handlungsfähigkeit einschränken.“ (Geographisch 7, S. 43)

Steuererhöhungen könnten dazu führen, dass Wohlhabende Steuern umgehen, möglich wäre zudem die Auslösung einer Inflation. Aufgrund von „time lags" könnten die Wirkungen zur falschen Zeit eintreten.

Die **Schwächen des Monetarismus** werden in der schwindenden Kaufkraft gesehen, wenn die Geldmenge zur Inflationsbekämpfung sowie die Löhne und Staatsaugaben gesenkt werden. Kostensenkungen der Unternehmen wiederum würden zur Freisetzung von Arbeitskräften führen:

„Sinken die Löhne stark genug, kann zwar die Arbeitslosigkeit gesenkt werden, allerdings kann dies dazu führen, dass Arbeiter*innen ihre wichtigsten Bedürfnisse nicht mehr befriedigen können." (ebd. S. 43)

Steuersenkungen für Unternehmen wiederum würden Einnahmeverluste für den Staat bedeuten, die Privatisierung von öffentlichen Einrichtungen könne „unter Umständen auch zu Problemen führen" (ebd. S. 43). In den Arbeitsaufgaben wird die Reflexion beider Ansätze im Kontext der Corona-Pandemie vorgeschlagen.

Die **wirtschaftspolitischen Zielkonflikte** werden anhand des **magischen Vielecks** thematisiert. Während Wirtschaftswachstum und Vollbeschäftigung eine Zielharmonie bildeten, stehe Preiswertstabilität dazu im Zielkonflikt, da Wirtschaftswachstum zum Steigen der Geldmenge und Nachfrage führe, das Anheben der Zinsen zur Dämpfung der Inflation wiederum das Wirtschaftswachstum bremse. Umweltschutz und Geldwertstabilität werden als zielneutral dargestellt, **Umweltschutz** und **Wirtschaftswachstum** jedoch als konflikthaft:

„Beide Seiten (Umwelt und Wirtschaft) beanspruchen Dringlichkeit und Maßnahmen. Der zugrunde liegende Konflikt sieht durch Wirtschaftswachstum steigenden Energie- und Rohstoffverbrauch sowie Schadstoffemissionen." (Geografisch 7, S. 33)[62]

Zudem wird in diesem Schulbuch die **soziale Marktwirtschaft** bzw. die **ökosoziale Marktwirtschaft** unter dem Kapitel „Wirtschaftspolitik" beschrieben. Die österreichische Bundesverfassung enthalte keine explizite Angabe zum **Wirtschaftssystem** des Landes. Grundrechte wie Eigentums- und Erwerbsfreiheit würden jedoch auf eine Marktwirtschaft verweisen. Auf die Ziele der Wirtschaftspolitik wird nicht explizit eingegangen, dafür die Frage von Verstaatlichung versus Privatisierung am Beispiel Österreichs thematisiert. Zudem gibt es Abschnitte zur Budget-, Sozial- und Regionalpolitik (dazu mehr weiter unten).

Die österreichischen **Privatisierungen von Staatsbetrieben** werden als sinnvoll beschrieben:

„In den 1980er-Jahren änderte sich dieser Kurs [gemeint ist die Verstaatlichung von Grundstoffindustrien, H. H.], und die staatlichen Unternehmen wurden schrittweise von der ÖBAG privatisiert, um Staatsausgaben zu senken." (ebd. S. 51)

Menschenrechtliche Fragen bei Beteiligungen des Staates an Konzernen werden am Beispiel der Verstrickung der ÖMV in die Unterdrückung der Uiguren in China thematisiert. Auf Probleme mit der Privatisierung von Grundversorgungsgütern wird hier nicht eingegangen.

global 7 nennt **sechs Ziele** für die Wirtschaftspolitik: angemessenes Wachstum, hoher Beschäftigungsgrad, Stabilität des Preisniveaus, Schutz der Umwelt, gerechte Einkommens- und Vermögensverteilung sowie außerwirtschaftliches Gleichgewicht. Hier nicht angeführt wird die Begrenzung der Staatsverschuldung. Einleitend heißt es:

„Die Entwicklung der hochindustrialisierten Volkswirtschaften hat gezeigt, dass die Selbststeuerungskräfte der Marktwirtschaft nicht ausreichen, um Krisen aus eigener Kraft zu bewältigen. Deshalb müssen der Staat und andere Akteurinnen und Akteure (wie zB die Notenbanken) in den Wirtschaftsprozess eingreifen." (global 7, S. 28)

---

[62] Siehe auch den Abschnitt zu Wirtschaftswachstum

Es werden die **Kriterien zur Zielerreichung**, etwa maximal 2 Prozent Inflation, drei Prozent Arbeitslosigkeit, benannt. Bei Wirtschaftswachstum heißt es, dass es über den Begriff „angemessen" in der Fachliteratur unterschiedliche Meinungen gäbe, ähnlich sei dies bei der Einkommens- und Vermögensverteilung. Hier gäbe es

„keine allgemeingültige Definition von Gerechtigkeit." (ebd. S. 29)

Abschließend wird betont, dass es praktisch unmöglich sei, alle **Ziele** gleichzeitig zu erreichen:

„Um dieses Problem der Zielkonflikte zu lösen, werden in der Wirtschaftspolitik meist Kompromisse angestrebt." (ebd. S. 29)

Zudem werden drei Arten der Wirtschaftspolitik beschrieben (ebd. S. 32): **Ordnungspolitik** (Wettbewerbsrecht, Eigentumsordnung, Sozialversicherungssysteme, Geld- und Währungsordnung), **Strukturpolitik** (sektoral und regional) sowie **Prozesspolitik** (Konjunktur-, Wachstums-, Geld-, Fiskal- und Außenwirtschaftspolitik).

Einschätzung

Alle Schulbücher beziehen sich im Zusammenhang mit Wirtschaftspolitik auf das **magische Vier- bzw. Vieleck**. Verteilungsgerechtigkeit wird nur in *Durchblick, Geospots* und *global* benannt. Ausschließlich in *Durchblick* wird das magische **Vieleck der Nachhaltigkeit** angesprochen, dabei auch die Begrenzung der Staatsverschuldung. Diese wird unter Budgetpolitik auch von den anderen Schulbüchern thematisiert. Zielkonflikte zwischen einzelnen Zielen werden mehrmals betont. Der **keynesianische** sowie der **monetaristisch-neoliberale** Ansatz der Wirtschaftspolitik werden in fünf Schulbüchern – *Meridiane, Perspektiven, Durchblick, Geospots, Geografisch* - ausgeführt, jedoch ohne eine Bewertung vorzunehmen.

Das Thema Privatisierungen wird in *Meridiane* kontrovers, in *Geografisch* mit Blick auf die ehemals Verstaatlichte Industrie in Österreich zustimmend, im Kontext des Monetarismus kritisch thematisiert. Nur in *Meridiane* wird auf **Gemeinwohlwirtschaft** verwiesen. In allen Schulbüchern wird betont, dass **Umweltpolitik** in Zukunft an Bedeutung gewinnen wird. *Geospots* geht bei Wirtschaftstheorien auch auf **alternative Wirtschaftstheorien** wie die Theorie der Commons oder Gemeinwohlökonomie ein, ohne diese auszuführen. Näher erläutert werden die Anliegen der **Feministischen Ökonomie**. Die **Ökosoziale Marktwirtschaft** wird als „Weiterentwicklung der Sozialen Marktwirtschaft" beschrieben und in einer der Arbeitsaufgaben zur Diskussion gestellt.

In Summe wäre eine ausführlichere Diskussion der **Pros** und **Contras der unterschiedlichen Zugänge** zu Wirtschaftspolitik sowie eine Hinterfragung des Ziels des **Wirtschaftswachstums** im Kontext der ökologischen Krisen notwendig (mehr dazu im entsprechenden Kapitel). Beim Thema Privatisierungen wäre die Betonung der **Gemeinwirtschaft** für das **Wohlbefinden** und die soziale Sicherheit der Menschen im Sinne einer „modernen Bedarfsökonomie der Grundbedürfnisse" (Holzinger 2024, S. 358ff.) gegenüber der allgemeinen Konsumsteigerung, die aus ökologischen Gründen abzulehnen ist, wünschenswert (vgl. auch Hüttmann 2025). Wirtschaftsliberalismus wird einmal (*Perspektiven*) mit politischem **Liberalismus** gleichgesetzt, letzterer muss jedoch keineswegs mit einem Laisser-faire des Kapitalismus einhergehen (Seckauer 2024, S. 33ff.).

Wirtschaftswachstum

Fachliche Einführung

Gemessen wird Wirtschaftswachstum durch die **Veränderung des Bruttoinlandsprodukts** einer Periode gegenüber der Vorgängerperiode. Aussagekräftig ist dabei nur das inflationsbereinigte reale Bruttoinlandsprodukt, nicht das nominelle. Bei einer Schrumpfung des BIP werden höhere Arbeitslosigkeit, sinkende Steuereinnahmen sowie die Gefahr einer Rezession befürchtet (Binswanger 2009). In den **Mainstream-Wirtschaftswissenschaften** wird **Wirtschaftswachstum** als legitimes Ziel von Wirtschaftspolitik beschrieben. Politikberatende Wirtschaftsforschungsinstitute warnen vor zu geringem Wachstum oder gar Schrumpfung der Wirtschaftsleistung, da diese in die Rezession führe, die Arbeitslosigkeit steigere und die Finanzierung der öffentlichen Aufgaben erschwere.

In der **Ökologischen Ökonomie** sowie der **Postwachstumsökonomie** wird die alleinige Ausrichtung am Wirtschaftswachstum kritisiert, insbesondere das **exponentielle Wachstum**: dieses sei physisch unmöglich und auch nicht sinnvoll, da bei einem bereits hohen Niveau an wirtschaftlichem Output der Zuwachs immer noch größer werden müsste.[63] Gesprochen wird von der **Exponentialgesellschaft** (Deutschmann 2025) sowie vom Übergang zu **linearem Wachstum** (Bourcade/Herzmann 2018) bzw. zum Einpendeln auf einem bereits hohem Niveau oder gar von notwendiger Schrumpfung, also Degrowth (Holzinger 2010, 2024, Mau 2024). Eine ausreichende **Entkopplung** von Wirtschaftswachstum und Ressourcenverbrauch gelinge trotz Effizienzsteigerungen nicht (Raworth 2018, Parrique 2024); das BIP allein sei kein aussagekräftiger Indikator für Wohlstand (siehe oben); Sättigungsgrenzen sowie die Entkopplung weiteren Wirtschaftswachstum von der Lebensqualität würden Strategien ohne Wachstum nahelegen. Die aktuellen wirtschaftspolitischen Debatten im ökologischen Kontext verlaufen zwischen „grünem Wachstum“, „qualitativem Wachstum“ und „Postwachstum“ (Holzinger 224, S. 263ff.).

In der **Postwachstumsökonomie** wird von der Notwendigkeit der Schrumpfung des Wirtschaftswachstums ausgegangen, wobei einige Sektoren etwa im Bereich der Energie- oder Mobilitätswende wachsen, andere aber schrumpfen oder gar auslaufen würden, etwa die Fossilindustrie und ihre nachgelagerten Sektoren. Das Ziel müsse sein, den **Übergang zu wachstumsunabhängigen Wirtschaften** ohne Krisen, also geplant, zu schaffen: „Managing without Growth. Slower by Design, not Desaster“ (Victor 2008) bzw. „Welfare without Growth“ (Jackson 2013). Als Strategien gelten die **Vermeidung von Negativkosten** durch eine präventive Gesundheits- und Sozialpolitik, eine Orientierung an den **Grundbedürfnissen** sowie an den öffentlichen Leistungen, eine bessere Verteilung des Wirtschaftsprodukts, die Abkehr von der Verschleißwirtschaft sowie die Umsetzung **neuer Arbeitszeitmodelle** und **Wohlstandsbilder** (Rogall 2011, Seidl/ Zahrndt 2013, Jackson 2013, Raworth 2018, Loske 2023, Mau 2024, Holzinger 2024, Paech 2025).

Schrumpfung bzw. **Degrowth** bezieht sich nicht auf Länder mit niedrigem Konsumniveau, sondern auf die ökologisch problematischen Hochkonsumländer:

> „Kein Land kann Wohlstand ohne Wachstum erreichen. Aber kein Land kann ökologische Probleme mit weiterem Wachstum lösen.“ (Raworth 2018, S. 295)

Vorschläge für eine **bessere Verteilung** beziehen sich auf die Erhöhung vermögensbezogener Steuern:

> „Wenn Wachstum ein Ersatz für Verteilung war, dann ist Verteilung auch ein Ersatz für Wachstum.“ (Hickel 2018, S. 365)

---

[63] Zwei Prozent Wachstum bedeuten eine Verdoppelung alle 35 Jahre.

Wohlstand wird neu definiert (Holzinger 2016), **nicht-materielle Bedürfnisse** treten in den Mittelpunkt: Das gute Leben könne zwar nicht a priori für alle festgelegt werden, es gäbe aber Eckpunkte:

„Freund*innen zu haben, Beziehungen, die Geborgenheit geben, nicht einsam zu sein. Es bedeutet, das nötige Wissen und die Informationen zu haben, um wichtige Entscheidungen zu treffen. Es bedeutet, Raum zum Spielen und Feiern zu haben und Zeit, um sich zu erholen." (Mau 2024, S. 50)

Angesichts der Zuspitzung von Krisen – Finanzkrise, Pandemie, Krieg gegen die Ukraine – und der damit zusammenhängenden Folgen für die Wirtschaft tritt aktuell der **Begriff der Resilienz** (Novy u. a. 2023) sowie der **Autonomie** und **Krisenresistenz** (etwa Paech 2025) erneut in den Mittelpunkt der Debatten (s. auch Kap. 1.3.).

Inhalte der Schulbücher

Im Kontext von Wirtschaftspolitik wird in **Meridiane 7** auch die Frage nach dem **Wirtschaftswachstum** thematisiert. Dazu heißt es:

„Wächst das BIP real, entsteht Wirtschaftswachstum. Wenn die Wirtschaft wächst, können viele Wünsche leichter erfüllt werden: Mehr Arbeitsplätze, mehr Urlaub, bessere Spitäler, schönere Schulen, kleinere Klassen, mehr Autobahnen, mehr Umweltschutz usw." (Meridiane 7, S. 71)

Weiters wird ausgeführt:

„Wir benötigen das Wachstum, um den eigenen und allgemeinen Ansprüchen gerecht zu werden. Der wichtigste Motor zur Erreichung dieses Zieles ist die Wettbewerbsfähigkeit unserer Wirtschaft." (ebd. S. 71)

Im Abschnitt zum „magischen Vieleck der Wirtschaftspolitik" wird als Zielkonflikt bei Wirtschaftswachstum kurz angeführt:

„Unkontrolliertes Wirtschaftswachstum belastet die Umwelt – mehr CO_2-Ausstoß, mehr Abwässer, mehr Müll usw." (ebd. S. 72)

Als Aufgabe wird die Diskussion der Frage gestellt:

„Ist Wirtschaftswachstum auf alle Fälle nötig? Was sind die negativen Folgen von ständigem Wachstum?" (ebd. S. 73)

In **Perspektive 7/8** werden im Kontext des **„Magischen Vielecks"** der Wirtschaftspolitik neben einem stabilen Preisniveau, außenwirtschaftlichem Gleichgewicht und Vollbeschäftigung auch „gerechte Einkommensverteilung", „Erhalt einer lebenswerten Umwelt" und „angemessenes Wirtschaftswachstum" (Perspektiven7/8, S. 48) angeführt.

Die wirtschaftspolitischen Ziele könnten miteinander im **Zielkonflikt** stehen:

„Manche dieser Ziele stehen außer Streit (z. B. hoher Beschäftigungsgrad), manche sind umstritten (z. B. stetes Wirtschaftswachstum)." (ebd. S. 48)

Wirtschaftswachstum werde mittlerweile **kontrovers** diskutiert:

„Die einen meinen, das erreichte Wohlstandsniveau sei nur mit Wirtschaftswachstum zu erhalten oder zu erhöhen. Die anderen sprechen von prinzipiellen Grenzen des Wachstums, da Ressourcen (Rohstoffe etc.) nicht unendlich sind und meinen, dass andauerndes Wirtschaftswachstum sich negativ auf die Umwelt auswirke." (ebd. S. 48)

Die **Lösung** würden manche in einem „immateriellen, qualitativen Wachstum, in einer nachhaltigen Wirtschaftsweise (z. B. statt Kohle Windkraft) sehen." (ebd. S. 48)

Zur Diskussion werden unter Materialien jeweils Stimmen zu **Pro** und **Contra Wirtschaftswachstum** sowie zur Frage, ob Wirtschaftswachstum und Umweltschutz vereinbar seien, abgedruckt. Zu Pro ein Text aus Zeit.online und einer Seite zu German.China, zu Contra eine Passage aus einem Text des Politikwissenschaftlers Ulrich Brand („imperiale Lebensweise") sowie der TU Wien

(„Entkopplung von Wachstum und Naturverbrauch nicht ausreichend möglich"). Die Erhaltung einer lebenswerten Umwelt sei in die wirtschaftspolitischen Ziele aufgenommen worden, weil die Kosten für **Umweltreparaturmaßnahmen** immer größer geworden seien. Dann heißt es dazu, dass Umwelttechnologien jedoch mittlerweile zu einem „Wachstumsmotor für neue Wirtschaftszweige" geworden seien und damit

„Arbeitsplätze, Einkommen sowie Konsum schaffen und so Wirtschaftswachstum ermöglichen." (ebd. S. 49)

In **Durchblick 8** wird als Plädoyer für den Ausstieg aus der ökologischen Überdehnung die **„Postwachstumsgesellschaft"** mit Verweis auf den kanadischen Wirtschaftsforscher Peter Victor (2018) vor- und der **„Green Economy"** gegenübergestellt. Die meisten Menschen würden bei Befragungen angeben, dass sie mit dem bestehenden Wirtschaftssystem unzufrieden sind und Umweltschutz, sorgsamer Umgang mit Ressourcen und der soziale Ausgleich in der Gesellschaft eine größere Rolle spielen sollten:

„Ohne Wirtschaftswachstum scheint ihnen aber eine Steigerung der Lebensqualität unmöglich." (Durchblick 8, S. 51)

Die Lösung werde daher in **„Green Growth"** gesehen. Dieser Ansatz wird anhand eines Textes einer Nachhaltigkeits-Seite erläutert, in dem der „**Umbau der Wirtschaft** hin zu mehr Energie- und Ressourceneffizienz" und ein „besseres Management von Naturkapital" als „**starker Treiber für Wachstum**" bezeichnet wird. Dem wird ein kritischer Text gegenübergestellt, der argumentiert, dass „eine **Entkopplung** des Wirtschaftswachstums von der Umweltbelastung nicht möglich" (ebd. S. 51) sei und das Wachstum von Umwelttechnologien nicht reichen würde (ein emissionsärmeres Auto sei sinnvoller als das emissionsstarke, noch sinnvoller sei aber der Umstieg auf den Öffentlichen Verkehr).

Im Kapitel „Woher nimmt der Kapitalismus seine Energie?" werden die Begriffe „**Externalisierungsgesellschaft**" des Soziologen Stephan Lessenich (2016) sowie „**imperiale Lebensweise**" der Politikwissenschaftler Ulrich Brand und Markus Wissen (2017) mit Textausschnitten aus deren Büchern eingeführt.

In der Einleitung heißt es:

„Die Grundlage der Globalisierung ist der weltweit agierende Kapitalismus, der nur ein Ziel hat: Wachstum. Dafür benötigt er Energie, die er in Form von Arbeit (auch Care-Arbeit), Kapital, Grund und Boden sowie Ressourcen dem System zuführt. Wissenschaftler/innen untersuchen, woher diese notwendigen Voraussetzungen kommen und wer darüber verfügen kann." (Durchblick 8, S. 50)

Geospots 5/6 stellt das **Wachstumskonzept** wie folgt dar:

„Ein Wirtschaften, das nach marktwirtschaftlichen Prinzipen erfolgt, ist an die Vorstellung eines permanenten Wachstums gekoppelt. Dieses Wirtschaftsverständnis findet seinen Ausdruck in der international verbreiteten Kerngröße des Bruttoinlandsprodukts. (Geospots 5/6, S. 181)

Danach wird auf die **Wachstumskritik** Bezug genommen:

„Neben der Forderung nach mehr sozialer Gerechtigkeit stellen Wachstumskritikerinnen und -kritiker die ökologische Verträglichkeit eines permanenten Wirtschaftswachsums in Frage. Rohstoffknappheit, Energiekrise und Klimawandel gelten ihnen als Indiz dafür, dass es zu einer Abkehr vom Streben nach mehr und mehr Wachstum kommen muss." (Geospots 5/6, S. 181)

Der Wachstumskritik werden wiederum die **Wachstums-Befürwortenden** gegenübergestellt:

„Wachstumsbefürworterinnen und -befürworter argumentieren hingegen mit dem Schaffen von Arbeitsplätzen, dem Erhalt von sozialem Frieden durch Umverteilung und der Notwendigkeit zum Schuldenabbau." (ebd. S. 181)

In **Geospots 7/8** wird unter dem „Magischen Vieleck“ der Wirtschaftspolitik auf Wirtschaftswachstum als einem wesentlichen Ziel hingewiesen, nicht jedoch auf mögliche Zielkonflikte mit dem Ziel „Ökologisches Gleichgewicht“.

Unter **alternativen Wirtschaftstheorien** wird kurz das „Konzept der Schrumpfungsökonomie“ (S.26) erwähnt; im Kapitel „Wachstum und Konjunktur“ werden lediglich Konjunkturzyklen erklärt.

Im Kapitel „Weitere Ziel der Wirtschaftspolitik“ wird der **Zielkonflikt** zwischen Wirtschaftswachstum und Umweltschutz wie folgt aufgelöst:

„Häufig werden Wirtschaftswachstum und Umweltschutz als nicht vereinbar angesehen. Nachhaltigkeitskonzepte versuchen aber, eine gangbare Zusammenführung beider Bereiche zu bewerkstelligen.“ (ebd. S. 45)

Im Kontext einer „Ökosozialen Marktwirtschaft“ wird in der Folge auf **„qualitatives Wachstum“** eingegangen:

„Fundament bleibt weiterhin eine funktionierende Marktwirtschaft, die allerdings im Gegensatz zu einem rein quantitativen Wachstum auf die Prinzipien eines qualitativen Wachstums setzt.“ (ebd. S 45)

Zu **qualitativem Wachstum** heißt es:

„Es beinhaltet neben der reinen Steigerung der gesamtwirtschaftlichen Produktionsmenge die Verbesserung der Lebensqualität, die Schonung der Umwelt und eine gerechte Einkommensverteilung.“ (ebd. S. 45)

In **Geografisch 5/6** wird der Zusammenhang von Wirtschaftswachstum und Wohlstand erklärt:

„Die gegenwärtige Wirtschafts- und Gesellschaftsordnung, basierend auf dem Kapitalismus, strebt ein ständiges Wachstum durch Produktions- und Konsumsteigerung an. Durch Umsatzsteigerung lassen sich regelmäßig Gewinne erzielen und das wirtschaftliche (Über-)Leben von Unternehmen und damit viele Arbeitsplätze sichern. Die Konsumgewohnheiten vieler Menschen sind wiederum an bestehende Arbeitsverhältnisse und entsprechende Einkommen gebunden. Konsum wird weitgehend als Inbegriff von Wohlstand gesehen.“ (Geografisch 5/6, S. 117)

Danach wird auf den **Wachstumszwang** verwiesen:

„In der kapitalistischen Logik ist gesellschaftlicher Wohlstand ohne wirtschaftliches Wachstum schwer vorstellbar. Viele sprechen auch von einem Wachstumszwang. Das Modell der planetaren Grenzen der Erde zeigt jedoch, dass ökologisches Wachstum begrenzt ist.“ (ebd. S. 117)

Daher würden **neue Ansätze der Transformation** („grundlegende und dauerhafte Veränderung der politischen, wirtschaftlichen und gesellschaftlichen Spielregeln“, ebd. S. 117) gefordert. Dazu werden in der Folge drei Positionen vorgestellt.

Die **„Postwachstums-Vertreterin“** fordert eine Abwendung vom Wachstumsgebot aus ökologischen Gründen:

„Unsere Wirtschaftsordnung muss sich an der Begrenztheit der ökologischen Ressourcen und an sozialer Gerechtigkeit orientieren. Wir wollen zeigen, wie Suffizienz und Befreiung vom Überfluss zu mehr Lebensqualität führen. Grundwerte unserer Bewegung sind Autonomie, Selbstorganisation, Gemeinwesen, Lokalität, Glück und Geselligkeit.“ (ebd. 117)

Ihr wird der **Kritiker dieser Position** gegenübergestellt, der vor einem Anstieg von Arbeitslosigkeit und Armut sowie dem Verlust unseres Wohlstands warnt:

„Sozialstaatlichkeit, die Überwindung von Massenelend und Demokratisierung – all diese Prozesse gingen Hand in Hand mit dem Aufstieg des Kapitalismus und dem Wirtschaftswachstum.“ (ebd. S. 117)

Zudem würde der Wohlstand in den Ländern des „Globalen Südens“ erst aufgebaut. Als dritte Position wird ein **„Green Growth-Vertreter“** eingeführt, der mit „Investitionen in grüne Technologien, Biolandwirtschaft, Kreislaufwirtschaft, Nahversorgung und Teleworking“ argumentiert, „um den Ressourcenverbrauch vom Wirtschaftswachstum zu entkoppeln.“ (ebd. S. 117)

In **Geografisch 7** wird im Zusammenhang mit dem **Zielkonflikt** zwischen Wirtschaft und Umwelt ebenfalls auf **Postwachstum** eingegangen:

„Da Wirtschaftswachstum das Übernutzungsproblem verschärft, wird hier der Verzicht auf eben dieses Wachstum als mögliche Lösung gesehen. Wirtschaftliche Aktivität von Umweltgüterverbrauch abzukoppeln, erscheint als nicht möglich und kann auch durch Effizienzsteigerung nicht ausreichend reduziert werden." (ebd. S. 33)

Daneben werden die Ansätze von **Gemeinwohlorientierung** (Gemeinwohlökonomie nach Christian Felber) und **Green Growth** gestellt, die auf qualitatives Wachstum setzen würden. Zur Entkopplungsthese wird jedoch kritisch angemerkt, dass das Problem der Ressourcenverschwendung häufig nur ins Ausland verlagert werde (ebd. S 34).

In **global 8** wird zunächst auf die **Bedeutung von Wirtschaftswachstum** für die Steigerung des Wohlstands eingegangen:

„Wirtschaftswachstum hat in den Wirtschaftswissenschaften eine herausragende Bedeutung und gilt als einer der wichtigsten Bausteine bei der Bekämpfung globaler Probleme." (global 8, S. 24)

Als **Argumente für Wirtschaftswachstum** werden ausgeführt: Erhöhung des Lebensstandards, Sicherung und Schaffung von Arbeitsplätzen, Finanzierung öffentlicher Güter, Lösung sozialer Probleme durch Umverteilung sowie Erleichterung des Strukturwandels und Behebung von Umweltschäden. Zu letzterem heißt es:

„Das starke Wachstum der vergangenen Jahrzehnte hat die Umwelt zum Teil massiv geschädigt. Mit Hilfe kostspieliger Umweltinvestitionen müssen nun die Schäden behoben werden. Das kann nur mit einem weiteren Wirtschaftswachstum finanziert werden." (ebd. S. 25)

In der Folge wird jedoch das **Problem des exponentiellen Wachstums** benannt:

„Ein solches Wachstum verläuft anfangs sehr langsam, beschleunigt sich dann und führt letztlich zu einer ‚explosionsartigen' Entwicklung." (ebd. S. 26)

Es wird auf die Grenzen des Wachstums, die Verknappung der Rohstoffe sowie die globale Erwärmung verwiesen, die ein „tiefgreifendes Umdenken" (ebd. S. 27) erfordern würden. Zudem wird auf Argumente der **Wachstumskritik** hingewiesen, etwa, dass Vollbeschäftigung aufgrund der hohen Arbeitsproduktivität ohnedies nicht mehr erreicht werden könne, schließlich wird aber für **„qualitatives Wachstum"** plädiert, ohne dieses näher zu erläutern.

In einem weiteren Kapitel „Wohlfahrtsökonomie und andere Ansätze" wird auf **Degrowth-Bewegungen** eingegangen:

„Anstelle des wirtschaftlichen Wachstums sollten das Wohlbefinden aller Menschen, die Sicherung der ökologischen Lebensgrundlagen, Entschleunigung, Konsumreduktion und Zeitwohlstand stehen." (ebd. S. 40)

Dem wird die **Green Economy** gegenübergestellt. Unter dieser verstehe man

„eine Wirtschaft, die ressourcenschonend vorgeht und auf die Reduktion der CO_2-Emissionen achtet, ohne das ökonomische Wachstumsziel zu hinterfragen." (ebd. S.40)

Einschätzung

Wirtschaftswachstum wird in allen Schulbüchern aus ökologischen Gründen hinterfragt, wenn auch unterschiedlich ausführlich, dem aber vor allem die Perspektive „grünen Wachstums" gegenübergestellt. Auffallend ist, dass das Problem des **exponentiellen Wachstums** (Deutschmann 2025, Holzinger 2024), das rein aus physischen Gründen an Grenzen stoßen muss, mit Ausnahme von *global* nicht thematisiert wird. Die Gefahr einer Rezession wird hier nicht, aber in den Abschnitten zu Konjunkturpolitik angesprochen.

Nur ein Schulbuch - *Geografisch* - benennt den diskutierten „Wachstumszwang“ im Kapitalismus. Nur teilweise thematisiert werden alternative Sichtweisen auf Wohlstand.

Nun zur Einschätzung im Detail.

Meridiane 7: Dieses Schulbuch vertritt stark die Position, dass Wirtschaftswachstum auch in unseren reichen Volkswirtschaften weiterhin notwendig ist. Gewarnt wird lediglich vor **„unkontrolliertem Wirtschaftswachstum“**. Dieser Begriff erscheint irreführend, genauer wäre wohl der positive Begriff „Qualitatives“ oder „Grünes Wachstum“. Hier käme es darauf an, die Frage nach der **ausreichenden Entkopplung** von Wirtschaftswachstum und Umweltverbrauch zu thematisieren (vgl. Holzinger 2024, S. 263ff, Parrique 2024, S. 64ff.). Zur Aufgabenstellung „Ist Wirtschaftswachstum auf alle Fälle nötig? Was sind die negativen Folgen von ständigem Wachstum?“ wäre wünschenswert, dass Argumente dazu auch im Text angeführt werden. Auf Vorschläge der **Postwachstumsdebatte** (bessere Verteilung, Fokus auf Grundbedürfnisse, neue Arbeitszeitmodelle, Reduzierung der Negativkosten, mehr Holzinger 2024, S. 95ff.) wird nicht eingegangen.

Perspektive 7/8: Hier ist zunächst von **„angemessenem Wirtschaftswachstum“** die Rede, es wird aber auf die „Grenzen des Wachstums“ sowie auf die „Umweltreparaturkosten“ Bezug genommen. Positiv ist zu vermerken, dass **Wirtschaftswachstum kontrovers** dargestellt wird und unterschiedliche Positionen zu Wort kommen. Gehofft wird aber auf **grünes Wachstum** durch neue Technologien. Beim Hinweis auf den „grünen Wachstumsmotor“ wird jedoch ausgeblendet, dass durch den ökologischen Strukturwandel nicht nur Arbeitsplätze geschaffen, sondern in zu schrumpfenden Branchen (etwa Autoindustrie) auch welche verloren gehen. Man spricht hier von Nettoarbeitsplatzzuwächsen. Zudem werden beim „Grünen Wachstum“ auch Ressourcen verbraucht (zur Debatte über „Grünes Wachstum“ vgl. Holzinger 2024, S. 263ff.).

Durchblick 8: Es ist als positiv hervorzuheben, dass Green Growth und Degrowth **kontrovers zur Diskussion** gestellt werden. Das geschieht noch nicht in allen Schulbüchern. In „Meridiane“ etwa wird Wachstum noch nicht hinterfragt. Die Thematisierung der **externalisierten Folgen** bzw. Voraussetzungen des modernen Konsumkapitalismus mit den Begriffen **„imperiale Lebensweise“** und **„Externalisierungsgesellschaft“** ist ebenfalls lobenswert. In einer der Aufgaben wird zudem die Frage gestellt, welche Konflikte bei einer Änderung unserer Lebensweise zu erwarten sind. Hier wäre wohl mehr Information hilfreich, etwa aus Sicht der Transformationsforschung (Holzinger 2020a). Die Reduzierung des privaten Konsums würde mit dem, was wir dafür gewinnen können, zu vermitteln sein (wie der im Schulbuch zitierte Soziologe Harald Welzer ausführt; er spricht von einer „reduktiven Moderne“, Welzer/Sommer 2014). Nicht thematisiert wird auch hier die Falle des **exponentiellen Wachstums,** das rein physikalisch unmöglich ist. Aus diesem Grund sind die Wachstumsraten in den letzten Jahrzehnten permanent gefallen (Holzinger 2024, S. 91ff., Deutschmann 2025).

Geospots 5/6: Hier wird zunächst das **Wachstumskonzept** mit Verweis auf die Messgröße des BIP wertneutral vorgestellt. Dem folgt ein Abschnitt mit den Argumenten der **Wachstumskritiker*innen**, denen jedoch erneut die Argumente der **Wachstumsbefürwortenden** gegenübergestellt werden. Es wäre eine **vertiefende Diskussion** über exponentielles Wachstum sowie die Schwierigkeit der notwendigen „starken Entkopplung“ von Wirtschaftswachstum und Ressourcenverbrauch erforderlich.

Geospots 7/8: Dieses Schulbuch erwähnt Wirtschaftswachstum lediglich im Kontext des magischen Vielecks der Wirtschaftspolitik. **Mögliche Zielkonflikte** mit dem Ziel „Ökologisches Gleichgewicht“ werden nicht ausgeführt. Auch im Kapitel "Wachstum und Konjunktur“ gibt es keine Problematisierung. Unter Wirtschaftstheorien wird lediglich knapp auf das **„Konzept der Schrumpfungsökonomie“** verwiesen, ohne dieses jedoch zur Diskussion zu stellen. Lediglich im Kapitel

„Weitere Ziele der Wirtschaftspolitik“ wird einmal auf „qualitatives Wachstum“ verwiesen. Dies stellt ein wesentliches Manko dar, da ökologische Herausforderungen nicht mehr ohne Diskussionen über Wachstumsgrenzen angegangen werden können.

Geografisch 5/6: Hier wird das Thema Wirtschaftswachstum im **Kontext von Kapitalismus** ausführlich behandelt. Dabei werden auch die Begriffe **Transformation**, **Suffizienz** und **Cradle to Cradle** (im Kontext der Kreislaufwirtschaft) gut erklärt. Lobenswert ist auch, dass die Schüler*innen aufgefordert werden, die drei vorgestellten Positionen (Postwachstum, Kritik daran, Grünes Wachstum) mit Hilfe weiterer in Links angegebenen Texten zu diskutieren. Den drei dargestellten Positionen liegen jedoch **Missverständnisse** zugrunde. Postwachstum bezieht sich nicht auf die Länder des „Globalen Südens“, sondern ausschließlich auf die Hochkonsumländer. Biolandwirtschaft, grüne Technologien, Kreislaufwirtschaft und Nahversorgung sind auch Bestandteile der Postwachstumsökonomie, nur geht diese davon aus – und hierfür gibt es Befunde –, dass die Entkopplung des Ressourcenverbrauchs nicht ausreichend gelingen kann, da erneuerbare Energieträger ebenfalls materialintensiv sind (s. o.). Nicht thematisiert wird auch hier das Problem des **exponentiellen Wachstums**, das immer höhere Zuwächse erfordern würde. Die Verhinderung von Arbeitslosigkeit sowie die Sicherstellung von Sozialleistungen auch ohne Wachstum wird in der Postwachstumsökonomie durch Begrenzung des Reichtums, neue Arbeitszeitmodelle und die Vermeidung von Negativkosten angestrebt (s. o.). Zu diskutieren ist die **Gefahr von Rezessionen,** gefordert wird daher ein „Degrowth by Design“, also die schrittweise Umsetzung von Wachstumsunabhängigkeit. Damit verbindbar ist der im Schulbuch ebenfalls eingeführte Begriff der **Resilienz** (ebd. S. 118), der aber nur an Beispielen aus dem „Globalen Süden“ beschrieben wird, jedoch auch in unseren Wohlstandsgesellschaften an Bedeutung gewinnen wird (Novy u. a. 2025).

global 8: Dieses Schulbuch führt zunächst die gängigen **Argumente für Wirtschaftswachstum** an, benennt aber auch das Problem des **exponentiellen Wachstums** sowie der **Übernutzung der Ökosysteme**. Die daraus gezogenen Schlussfolgerungen sind jedoch nicht, dass Volkswirtschaften mit hohem Konsumniveau sich auf den Übergang zu Nicht-Weiter-Wachsen-Müssen einstellen sollen, sondern plädiert wird für **qualitatives, angemessenes bzw. nachhaltiges Wachstum**. Wie dies aussehen soll, wird jedoch nicht beschrieben. In einer der Aufgabenstellungen wird lediglich dazu aufgefordert, zwei Beispiele für Wirtschaftszweige bzw. wirtschaftliche Aktivitäten in Österreich zu nennen, die wachsen oder schrumpfen sollen. Vielmehr wird darauf hingewiesen, dass die Rohstofffunde zugenommen hätten – in Bezug auf die **Klimaerwärmung** werden die positiven Beschäftigungswirkungen durch verstärkten Einsatz energiesparender Technologien betont. Im Kontext von Nachhaltigkeit werden immerhin **Degrowth-Bewegungen** erwähnt, denen die **Green Economy** gegenübergestellt wird. Die Aufgabenstellung, die Unterschiede zwischen beiden Ansätzen zu notieren, wird für Schüler*innen ohne weiteres Hintergrundwissen jedoch schwierig sein. Es wären Analysen zur fehlenden **Entkopplung von Wirtschaftswachstum** und **Ressourcenverbrauch** (etwa Parrique 2024) sowie zu Postwachstumskonzepten nötig.[64] Vorschläge wie eine bessere Verteilung des Erwirtschafteten, die Propagierung neuer Bilder von Wohlstand, die Fokussierung auf die Grundbedürfnisse sowie neue Arbeitszeitmodelle werden auch in diesem Schulbuch nicht genannt. Fragwürdig ist die Argumentation, dass die Behebung von Umweltschäden weiteres Wirtschaftswachstum erfordere.

[64] Vgl. etwa www.postwachstum.de. Abgerufen am 12.5.2025

2.5. Sozialpolitik und Sozialstaat

Sozialstaat & Sozialpolitik

Fachliche Einführung

Für den **Sozialstaat** gibt es unterschiedliche, sich in Nuancen unterscheidende **Definitionen.** Etwa wird damit

„die Ausrichtung staatlicher Aktivitäten auf die Schaffung sozialer Rechte zur Sicherung gegen soziale Risiken im Rahmen einer kapitalistischen Marktwirtschaft“[65]

bezeichnet oder der

„demokratische Staat, der verfassungsgemäß nicht nur die Grundrechte und persönlichen und wirtschaftlichen Freiheiten garantiert, sondern auch rechtliche, finanzielle und materielle Maßnahmen ergreift, um soziale Gegensätze und Spannungen (bis zu einem gewissen Maß) auszugleichen.“[66]

Definitionen beziehen sich auf die Sicherung der sozialen Grundrechte, die Abschwächung von Risiken im Kapitalismus oder auf demokratiepolitische Aspekte, etwa die Verhinderung sozialer Spannungen. Kontrovers diskutiert werden das Verhältnis von **Sozialstaat** und **freier Marktwirtschaft**, der Unterschied von **Beiträgen** und **Steuern**, der angemessene **Umfang des Sozialstaats**, seine **soziale Treffsicherheit**, die Bedeutung für die **Wettbewerbsfähigkeit** oder das Verhältnis von **Leistungen** für jene, die darauf angewiesen sind, und Leistungen, die allen zur Verfügung stehen sollen.

Populistische Debatten über den „überbordenden Sozialstaat“ oder „Sozialschmarotzertum“ (Gräbner-Radkowitsch u. a. 2025, Schenk 2025) werden ebenso thematisiert wie die **Rolle von Interessensvertretungen** (in Österreich z. B. die Sozialpartnerschaft) oder die **nachhaltige Finanzierung des Sozialstaats.** Es bestehen daher auch Zusammenhänge zur Arbeitsmarktpolitik und der Interessenspolitik von Wirtschaftsverbänden und Gewerkschaften.

Als **Sozialpolitik** werden alle Maßnahmen verstanden,

„die darauf gerichtet sind, ein Mindestmaß an sozialer Sicherheit, vor allem die Sicherung eines ausreichenden Einkommens, z. B. bei Krankheit, bei Erwerbslosigkeit oder im Alter, zu gewährleisten. Über das wirtschaftliche Ziel der Einkommenssicherung hinaus soll die staatliche Sozialpolitik den sozialen Frieden in der Gesellschaft aufrechterhalten.“[67]

Kontrovers diskutiert wird, wie stark der Staat sozialpolitisch eingreifen soll, wie das Spannungsverhältnis zwischen **Bedarfs-** und **Leistungsgerechtigkeit** betrachtet wird, wie hoch die **Staatsquote** (für Sozialausgaben) sein soll, welche Bedeutung **Eigenverantwortung** versus **Grundsicherung** haben soll oder auch welches **Familienbild** der Sozialpolitik zugrunde gelegt wird. Wichtige Felder der Sozialpolitik sind Jugend-, Familien- und Seniorenpolitik, die Grundsicherung, die Sozialversicherung oder die Versorgung mit leistbarem Wohnraum. Die Sozialpolitik weist somit Überschneidungen zur Wohn-, Gesundheits- oder Bildungspolitik auf. An Bedeutung gewinnen die **demografischen Veränderungen**, insbesondere die alternde Gesellschaft und die Neujustierung des Generationenvertrages.

Aus **ökologischer Sicht** relevant ist, dass es nicht (mehr) Ziel des Wohlfahrtstaates sein kann, den bestehenden materiellen **Lebensstandards** zu sichern, sondern **Lebensqualität** innerhalb der planetaren Grenzen (s. auch Kapitel Lebensqualität).

---

[65] https://www.bpb.de/kurz-knapp/lexika/handwoerterbuch-politisches-system/202107/sozialstaat/. Abgerufen am 21.5.2025
[66] https://www.bpb.de/kurz-knapp/lexika/politiklexikon/18248/sozialstaat/ Abgerufen am 21.5.2025
[67] https://www.bpb.de/kurz-knapp/lexika/lexikon-der-wirtschaft/20654/sozialpolitik/. Abgerufen am 21.5.2025

Vorgeschlagen werden daher z. B. Konsumkorridore bzw. neben Minimaleinkommen auch Maximaleinkommen (Novy u. a. 2023). Kontrovers diskutiert wird zudem der Vorschlag eines **Bedingungslosen Grundeinkommens** (Rogall 2011, S. 449, Prainsack 2020). Für die **kontroverse Einschätzung von Sozialpolitik** können im Unterricht auch Thinktanks wie Agenda Austria (Zurückfahren der Sozialleistungen) sowie Momentum-Institut (neue Finanzierungsbasis für den Sozialstaat) herangezogen werden.[68]

Inhalte der Schulbücher

In **Meridiane 7** wird auf Sozialpolitik mit Bezug auf Österreich eingegangen. Unter **„Soziale Wohlfahrt"** heißt es:

„Wohlstand bedeutet nicht bloß einen gehobenen materiellen Lebensstandard, sondern umfasst auch die Bereiche Sicherheit, Bildung, soziale Vorsorge, Arbeitszeit und Arbeitsrecht." (Meridiane 7, S. 49)

Es werden die Begriffe „Soziales Netz", „Transferzahlungen" und „Sozialleistungen" inkl. „Sozialversicherung" erklärt. Hier gibt es den Hinweis, dass die Sozialversicherung gegenüber privaten Versicherungen „sehr sparsam organisiert" (ebd. S. 51) sei. Der Anteil der Sozialausgaben an der Gesamtwirtschaft wird für Österreich mit 30 Prozent angegeben. Eine der zu diesem Kapitel gestellten Aufgaben lautet:

„Diskutiert, ob man bei einem zu hohen Budgetdefizit die Leistungen der Sozialversicherung kürzen soll oder ob beispielsweise bei Sozialleistungen ein Selbstbehalt eingeführt werden soll?" (ebd. S. 51)

Im Abschnitt **„Stößt der Sozialstaat an seine Grenzen?"** (Meridiane 7, S. 64ff.) wird gefragt, ob es z. B. selbstverständlich ist, dass auch Schüler*innen von vermögenden Eltern Gratisschulbücher bekommen sollen, ob gesundheitliche Spätfolgen von Rauchern bezahlt werden sollen, dass Arbeitslose Berufsschutz genießen, d. h. in keine anderen Berufe vermittelt werden dürfen. Für Einsparungen im **Gesundheitsbereich** werden diskutierte Vorschläge aufgezählt, u. a. mehr Setzen auf Prävention.

Es wird auch die Frage der **Umverteilung** angesprochen. Dabei werden zwei Positionen gegengestellt: „marktwirtschaftlich-konservative Vorstellungen" (z. B. mehr private Vorsorge, Senkung der Lohnnebenkosten, Selbstbehalte, Sparen bei Ausgaben) versus „sozialstaatlich-sozialdemokratische Vorstellungen" (Stärkung des Umlageverfahrens[69], Senken der Steuern auf Arbeit, Erhöhung der Mindestbeitragsgrundlage, Vermögenssteuern, Solidarabgabe der Besser-Verdienenden). Im Aufgabenbereich wird ein **Streitgespräch** zu den Fragen, ob zu viele Sozialleistungen zur sozialen `Hängematte` führen, ob Sozialleistungen nur für jene bezahlt werden sollen, die diese brauchen, sowie ob höhere Beiträge zur Sozialversicherung gerechtfertigt wären, vorgeschlagen.

In **Perspektiven 7/8** werden die Möglichkeiten der **staatlichen Wirtschafts- und Sozialpolitik** aufgezählt: Wohnungs-, Bildungs-, Vermögenspolitik; Jugend-, Familien-, Seniorenpolitik; Arbeitsmarktpolitik, Sozialversicherung; Mindestsicherung, Soziale Dienste; Verteilungs-, Wettbewerbs- und Umweltpolitik. Sozialpolitik wird als „Politikfeld mit dem Ziel, die sozialen Verhältnisse der Menschen zu verbessern" beschrieben, Unternehmenspolitik als „Festlegung der Rahmenbedingungen für Unternehmen", Bildungspolitik als „Politik, um das Gelingen von Lernprozessen zu gestalten", Energie- und Umweltpolitik als die „Verbesserung der Rahmenpolitik für eine nachhaltige und umweltgerechte Energieversorgung" (ebd. S. 25).

Zudem werden die **Bereiche der Sozialpolitik** sowie die **Positionen der österreichischen Parteien** zur Wirtschafts- und Sozialpolitik (Stand 2018) wiedergegeben, darunter die Forderung der

---

[68] www.agenda-austria.at; www.momentum-institut.at. Abgerufen am 23.6.2025

[69] Dieses wird leider nicht erklärt, ist für Schüler*innen aber wohl nicht verständlich, muss daher von der Lehrperson beschrieben werden - einschließlich der Unterschiede gegenüber privaten Versicherungssystemen.

SPÖ nach einer **Millionärssteuer,** einer **Erhöhung der Erbschafts- und Schenkungssteuer** durch die Grünen, einer **Solidarabgabe** für Millionäre durch die FPÖ sowie das Nein zu Steuererhöhungen durch die ÖVP und NEOS. Gesundheitspolitik wird näher erläutert, die **Macht der Konsument*innen** mit Pro-Kontra-Texten diskutiert.

Durchblick 7 enthält ein Kapitel „Wozu braucht man Sozialpolitik?" (Durchblick 7, S.42ff.) Der **Wohlfahrtsstaat** schaffe

„mithilfe einer aktiven Arbeitnehmer/innenschutzpolitik sowie einer Sozialversicherungs- und Arbeitsmarktpolitik ein sogenanntes soziales Netz für alle Staatsbürgerinnen und Staatsbürger." (ebd. S. 42)

Es werden die Begriffe **negative** und **positive Freiheit** eingeführt und Zusammenhänge zwischen **Sozialstaat** und **Demokratie** sowie zwischen **Sozialstaat** und **Ungleichheit** hergestellt. Dazu heißt es:

„Es gibt viele Studien, in denen ein Zusammenhang zwischen einer funktionierenden Demokratie und dem Sozialstaat untersucht wurde." (ebd. S. 42)

Zum Thema **Ungleichheit** wird ein Interviewausschnitt mit dem bereits zitierten Ungleichheitsforscher Richard Wilkinson (s. o.) wiedergegeben, eine **faire Verteilung** mit dem gesellschaftlichen Zusammenhalt argumentiert:

„Gesellschaften funktionieren nur dann, wenn ein gewisses Maß an Vertrauen und Gleichheit vorhanden ist. Ungleichheit wirkt sich nachhaltig auf alle Bereiche des Lebens aus und verschärft bereits bestehende soziale und politische Probleme." (ebd. S. 43)

In der Folge wird auf **Sozialpolitik in Österreich** eingegangen, wobei neben den Bereichen „Sozialversicherung", „"Sozialversorgung" (Familienbeihilfe u. a.) und „Sozialhilfe" auch die historische Entstehung des österreichischen Sozialstaats beschrieben wird.

Schließlich werden die **Zukunft des Sozialstaats** und **aktuelle Herausforderungen** (demografische Verschiebungen, geänderte Familienstrukturen, kulturelle Heterogenität sowie zunehmende Ungleichheit) erörtert, dabei „neoliberale Reformvorstellungen" einer „sozialreformerischen Sichtweise" anhand eines Textes des Sozialforschers Emmerich Talos gegenübergestellt. Diese sollen in einer Arbeitsaufgabe diskutiert werden.

Zudem werden unterschiedliche **Gerechtigkeitsvorstellungen** unter Bezugnahme auf John Rawls benannt: Leistungs- oder Bedarfsgerechtigkeit, Geschlechter- und Generationengerechtigkeit u. a. Im Zusammenhang mit Migration wird auf einen neuen **„Wohlfahrtschauvinismus"** hingewiesen:

„Viele Menschen teilen ihr Sozialsystem lieber mit In- als mit Ausländerinnen und Ausländern." (ebd. S. 56)

Zur Frage **„Abgabenquote senken oder stabilisieren?"** werden zwei kontroverse Sichtweisen zur Diskussion gestellt. Zudem gibt es Abschnitte zur **Benachteiligung von Frauen** am Arbeitsmarkt sowie zur Abwägung **„Private Absicherung** und **Wohltätigkeit** kontra **Sozialstaat"** (ebd. S. 58). Diese wird neutral dargestellt, also nicht kommentiert, sondern nur als Arbeitsaufgabe zur Diskussion gestellt.

In **Geospots 7/8** wird unter Wirtschaftspolitik eine gerechte Einkommens- und Vermögensverteilung beschrieben (s. Kapitel zu Ungleichheit). Unter **Sozialpolitik** wird das System der Sozialversicherung / Pflichtversicherung mit den Beiträgen der Dienstgeber*innen und Dienstnehmer*innen ausführlich erklärt. Daneben gäbe es weitere Maßnahmen der Sozialversorgung, beispielsweise die Familienbeihilfe, das Kinderbetreuungsgeld oder das Pflegegeld sowie die bedarfsorientierte Mindestsicherung, die aus Steuermitteln finanziert werden. Diese und die Träger der Sozialpolitik werden ebenso näher erläutert wie das Umlage- und Kapitaldeckungsverfahren.

Unter „Tendenzen in der Sozialpolitik“ wird die **Altersversorgung** im **Umlageverfahren** aufgrund der Alterung der Gesellschaft sowie der Zunahme des Prekariats hinterfragt und das Drei-Säulen-Modell mit einer privaten und betrieblichen Vorsorge als Ergänzung zur staatlichen Pension vorgestellt. Dazu heißt es:

„KritikerInnen dieses Systems setzen daher auf die private Vorsorge im Bereich der Altersabsicherung. Die radikalsten Positionen gehen von einer vollständigen Abkehr von der staatlichen Pensionsversicherung aus.“ (ebd. S. 48)

Zugleich wird auf die **Risiken des Kapitaldeckungsverfahrens** hingewiesen:

„Kursstürze und negative Kursentwicklungen können zu einer Entwertung des angesparten Kapitals führen.“ (ebd. S. 48)

Mehrmals wird im Abschnitt darauf hingewiesen, dass die **Ausrichtung der Sozialpolitik** unterschiedlich gesehen wird. Einleitend heißt es

„Sozialpolitik ist ein äußerst kontroverses Thema. In der Familie, am Stammtisch, innerhalb der Parteienlandschaft und auch auf wissenschaftlicher Ebene gibt es unterschiedliche Meinungen, Positionen, ideologische Zugänge und Vorstellungen zu und über Sinn und Ausmaß von sozialpolitischen Maßnahmen.“ (ebd. S. 42)

Und weiter:

„Liberale und von unternehmerischen Standpunkten geleitete Positionen wollen soziale Fragen im Wesentlichen privatwirtschaftlich organisiert wissen – Selbstverantwortung lautet die Devise. ... Linke Positionen sehen die Verantwortung für soziale Absicherung beim Staat. Charakteristische Positionen lauten: keine Privatisierung sozialer Risiken; Sozialversicherungsträger müssen staatlich sein; Pflichtversicherung beibehalten; Ausgleich zwischen Reichen und Armen.“ (ebd. S. 47)

Geografisch 7 definiert **Sozialpolitik** als

„sämtliche Maßnahmen, die darauf abzielen, ein Mindestmaß an sozialer Sicherheit zu gewährleisten, insbesondere durch die Absicherung ausreichenden Einkommens bei Krankheit, Arbeitslosigkeit oder im Alter.“ (Geografisch 7, S. 36)

Neben dem ökonomischen Ziel der Einkommenssicherung gehe es dabei auch um den Erhalt des sozialen Friedens in der Gesellschaft. Auch in diesem Schulbuch werden die **Bereiche** und **Träger der Sozialpolitik** sowie die Bedeutung der **Sozialversicherung** angeführt, als Grundsätze das **Solidaritäts-** und **Subsidiaritätsprinzip** erklärt.

Sozialversicherungsrechtliche Geldleistungen wie Pensions-, Arbeitslosen-, Kranken- und Unfallversicherung werden von **universellen Leistungen** wie Familienbeihilfe und **Sachleistungen** wie Angebote für Betreuung gegenübergestellt. Die **Sozialquote** wird anhand der unterschiedlichen Größe in den EU-Staaten vorgestellt.

Die Abhängigkeit der Sozialpolitik von **Normen** und **Werten** einer Gesellschaft wird an Beispielen aufgezeigt:

„Während die Arbeitslosenunterstützung als Maßnahme zur Sicherung einer würdigen Lebensgrundlage verstanden werden kann, kann eine andere Perspektive diese auch als Dämpfer für die Leistungsbereitschaft interpretieren. Ein Ausbau der Kinderbetreuung kann als Maßnahme zur wirtschaftlichen Chancengleichheit der Frau gesehen werden, aus einer anderen Perspektive aber auch als Schwächung der Institution Familie.“ (ebd. S. 37)

Grundsätzlich wird die **demokratiepolitische Bedeutung** des Sozialstaats betont:

„Große Ungleichheit fördert soziale Unruhen und schwächt den gesellschaftlichen Zusammenhalt. ...Es ist also auch im Sinne einer demokratischen Gesellschaft, Ungleichheiten nicht zu groß werden zu lassen.“ (ebd. S. 37)

Ein weiteres Kapitel geht auf den **„Sozialstaat Österreich“** in seiner historischen Genese (inklusive „Austro-Keynesianismus“, „Sozialstaatsvolksbegehren“) sowie auf die **Felder der Sozialpolitik** ein. Bei der Krankenversicherung wird vor einer **Zwei-Klassen-Medizin** gewarnt. Die Einstellung zum Sozialstaat wird mit zwei **kontroversen Zitaten** belegt, in denen der **Ausbau** bzw. **Abbau** der Sozialstaatlichkeit gefordert wird. Zudem werden die Schüler*innen aufgefordert, verschiedene Aussagen zur Sozialpolitik in Österreich zu diskutieren: mehr Druck auf Arbeitslose, Ausbau der psychosozialen Angebote, private Krankenversicherung, mehr Sozialleistungen für ärmere Menschen, mehr Ehrenamt in der Pflege.

In **global 7** gibt es ein Kapitel **„Sozialpolitik – Stärkere stützen Schwächere“** (global 7, S. 26f.) Der **Sozialstaat** bezeichne einen Staat,

„der allen Bürgerinnen und Bürgern soziale Sicherheit garantiert und einen sozialen Ausgleich zur Erzielung von sozialer Gerechtigkeit anstrebt.“ (ebd. S. 26)

Als **Aufgaben des Sozialstaats** werden die Organisierung von Kranken-, Unfall-, Pensions- und Arbeitslosenversicherung, die Verteilungspolitik (Verteilungs- und Umverteilungsfunktion) sowie die Arbeitsmarkt- und Arbeitsschutzpolitik beschrieben. Als **Grundsätze der Sozialpolitik** werden das **Solidaritätsprinzip**, die **Versicherungspflicht** sowie das **Subsidiaritätsprinzip** einschließlich der Eigenverantwortlichkeit der Staatsbürger*innen ausgeführt, als **Träger** der Staat, die Länder und Gemeinden sowie öffentlich-rechtliche Körperschaften benannt.

Ein Abschnitt zur **Altersvorsorge** benennt die drei Säulen der Vorsorge, zur privaten Eigenvorsorge heißt es:

„Wer seinen Lebensstandard im Alter erhalten will, muss zusätzlich individuell sparen.“ (ebd. S. 27)

In einer Arbeitsaufgabe wird der Bezug zu den Schüler*innen hergestellt, indem diese die Ausgaben für die **Gratisschulbücher** recherchieren sollen.

Einschätzung

Alle Schulbücher thematisieren die **Bedeutung** und **Aufgaben von Sozialpolitik,** jedoch unterschiedlich ausführlich und mit teilweise unterschiedlicher Akzentuierung. Als Ziele werden vor allem die **Absicherung in bestimmten Lebenslagen** wie Arbeitslosigkeit, Krankheit oder im Alter, die **Unterstützung von Familien** sowie der Erhalt des **gesellschaftlichen Zusammenhalts** und der **Demokratie** genannt. Manche Schulbücher stellen die Frage, in welcher Form der Wohlfahrtsstaat auch in Zukunft leistbar sein wird (z. B. *Meridiane*), in den Fokus, andere seine Bedeutung für den sozialen Frieden. Nicht diskutiert wird – mit einer Ausnahme (*Durchblick*) – die **höhere Besteuerung großer Vermögen und hoher Einkommen** als Finanzierungsquelle für Sozialleistungen, wie dies in der Postwachstumsökonomie angedacht wird (Holzinger 2024). In einem Schulbuch – *Perspektiven* - wird anhand der unterschiedlichen Positionen der Parteien zur Wirtschaftspolitik indirekt darauf Bezug genommen, da einige Parteien eine höhere Besteuerung von Vermögen fordern.

Zu thematisieren wäre auch, was einen **zukunftsverträglichen Lebensstandard** bzw. ein **gutes Leben für alle innerhalb der planetaren Grenzen** (s. o.) ausmacht. Aus Nachhaltigkeitssicht soll zukünftig der Begriff des **Lebensstandards** durch jenen der **Lebensqualität** abgelöst werden. Ziel von Wirtschafts- und Sozialpolitik wäre dann nicht mehr das Halten des erreichten materiellen Lebensstandards für alle (was Ungleichheiten zementiert), sondern eine hohe Lebensqualität für alle innerhalb der planetaren Grenzen, die durchaus mit materiellen Einbußen Besserverdienender einhergehen würde (Holzinger 2016, 2024, Novy u. a. 2023; s. a. Kap. zu Lebensqualität).

Nun zur Einzelbewertung:

Meridiane 7: Diese Schulbuch sieht den **Sozialstaat** am kritischsten. Notwendig wäre eine Darlegung der Gründe, warum es Leistungen für alle Bürger*innen und einzelne Leistungen nur für jene gibt, die sie brauchen: Das **Solidarprinzip** besagt, dass alle nach ihren Möglichkeiten zur Finanzierung der Leistungen beitragen sollen, es daher auch Leistungen geben soll, die für alle da sind. Die Überschrift „Die Kritik am Sozialstaat wird immer lauter“ (ebd. S. 64) wirkt suggestiv. Zu fragen wäre, von wem die Kritik kommt und wer den Sozialstaat am meisten braucht. Das vorgeschlagene Streitgespräch über die **„soziale Hängematte“** erfordert eine gute Moderation, um nicht einer Abwertung des Sozialstaates sowie der Diskriminierung der Betroffenen Vorschub zu leisten (Schenk 2025). Denn die Sachinformationen des Kapitels zeigen tendenziell in diese Richtung. Nicht angesprochen, wohl aber in Abschnitten zum Thema Bevölkerung, werden demografische Veränderungen und die sich daraus ergebenden Herausforderungen. Diese Schulbuch streicht auch die **Grenzen der Finanzierung des Sozialstaats** heraus. Die staatlichen Sozialversicherungssysteme werden aber gegenüber den privaten als „sehr sparsam“ hervorgehoben. Als Strategie zur Sicherung sozialer Leistungen bei knappen Mitteln werden die **Kürzung von Leistungen** sowie die **Einführung von Selbstbehalten** zur Diskussion gestellt. Wünschenswert hier wäre, auch eine dritte Strategie zur Diskussion zu stellen, nämlich die Erhöhung der Steuereinnahmen etwa durch **Erbschafts- oder höhere Vermögenssteuern** sowie **Ausgabenkürzungen** in anderen Bereichen, etwa bei klimaschädlichen Subventionen. Bezüglich dem zitierten **„gehobenen materiellen Lebensstandard“** wäre anzumerken, dass dieser ökologisch kontraproduktiv ist – Stichwort „imperiale Lebensweise“ (Brand/Wissen 2017).

Perspektiven 7/8: Die Bereiche der Sozialpolitik werden sachlich dargestellt. Die Wiedergabe der **Positionen der Parteien** zur Wirtschafts- und Sozialpolitik sind interessant, würden aber eine Einschätzung und Diskussion erfordern (als Arbeitsaufgabe wird lediglich gestellt, weitere Positionen der im Parlament vertretenen Parteien zu recherchieren; zudem stammen sie aus dem Jahr 2017). **Wertefragen** zur Sozialpolitik werden in diesem Kapitel des Schulbuchs nicht gestellt. Die thematisierte Rolle der Konsument*innen wäre eher beim Kapitel Konsum anzusiedeln.

Durchblick7: Dieses Schulbuch geht ausführlich auf die **Bedeutung von Sozialpolitik** ein, wobei der Zusammenhang von **Sozialstaat** und **Demokratie** sowie von **Ungleichheit** und **Vertrauen** in das politische System herausgearbeitet werden (u. a. durch ein Interview mit dem Ungleichheitsforscher Richard Wilkinson). Zudem werden unterschiedliche **Gerechtigkeitsvorstellungen** (unter Bezugnahme auf John Rawls) sowie **Gerechtigkeitsaspekte** (Bedarfs/Leistungs/Gender/Generationengerechtigkeit) ausgeführt. Bei den Herausforderungen für den Sozialstaat wird u. a. auf die ungleicher werdende Verteilung hingewiesen, das Verhältnis von **Selbstvorsorge** und **Wohltätigkeit** gegenüber **sozialstaatlichen Leistungen** wird zwar benannt, müsste aber mit einer Einschätzung versehen werden. Mit Emmerich Talos wird ein profunder Sozialforscher zu unterschiedlichen Sichtweisen auf den Sozialstaat zitiert, die Fragen der **Abgabenquote** wird kontrovers dargestellt. Der **österreichische Sozialstaat** wird in seiner historischen Genese und aktuellen Bedeutung wertgeschätzt. Als einziges Schulbuch verweist *Durchblick* auf das Problem des Rechtspopulismus, der den Sozialstaat den Einheimischen vorbehalten möchte. Dafür wird der Begriff des **Wohlstandschauvinismus** eingeführt.

Geospots 7/8: Hier werden zwar die Sozialversicherungen, die Träger und die weiteren Bereiche der sozialen Absicherung sachlich vorgestellt, das **soziale Netz in Österreich** wird als eines der besten benannt, mehrfach wird aber darauf hingewiesen, dass die Ausrichtung der Sozialpolitik in der Bevölkerung, in den Parteien sowie in der Wissenschaft sehr kontrovers gesehen werde. Dies suggeriert, dass die Akzeptanz des Sozialstaates nur bedingt gegeben sei. Über die Sicherung der Pensionen muss diskutiert werden. In der Darstellung hier wird aber sehr stark in Zweifel gezogen, ob das

Pensionssystem über das Umlageverfahren weiterhin finanzierbar sei, auch wenn auf die Gefahren des Kapitaldeckungsverfahren durchaus hingewiesen wird.

Geografisch 7: Dieses Schulbuch erklärt das **Solidaritäts- und Subsidiaritätsprinzip** und verweist in diesem Zusammenhang auf die Eigenverantwortlichkeit der Staatsbürger*innen, es unterscheidet **Geld-** und **Sachleistungen**, verweist auf die unterschiedlich hohe **Sozialquote** in den Mitgliedsländern der EU, ohne diese zu diskutieren, sowie auf den steigenden Anteil der staatlichen Pensionszahlungen an den Sozialleistungen (auch diese werden nicht näher diskutiert). Zudem wird erklärt, dass Sozialpolitik mit **Normen** und **Werten** zusammenhängt. Die angeführten Beispiele „Absicherung bei Arbeitslosigkeit versus Leistungsbereitschaft" und „Ausbau der Kinderbetreuung versus Schwächung der Institution Familie" werden ebenfalls nicht diskutiert, betont wird jedoch auch in diesem Schulbuch die Bedeutung von **Sozialpolitik** für die **Demokratie** und den **gesellschaftlichen Zusammenhalt**. Zur Sozialpolitik in Österreich gibt es eine gute Übersicht über Leistungen. **Unterschiedliche Positionen** und **Aussagen** zur Sozialpolitik sollen der Meinungsbildung der Schüler`*innen dienen, vorgeschlagen wird etwa eine **Positionslinie** zwischen „Neoliberalismus" und „Sozialismus", eine Gegenüberstellung, die nicht den Kern trifft, da der Ausbau bzw. Erhalt von Sozialleistungen den Sozialstaat schützt, Sozialismus jedoch eine Vergemeinschaftung der Unternehmen meint.

global: Dieses Schulbuch stellt **Sozialpolitik** sachlich dar, neben dem **Solidar**- und **Subsidiaritätsprinzip** wird auch die **Versicherungspflicht** benannt. Die Rolle von **Werten** und **Normen** für die Ausrichtung der Sozialpolitik sowie die Diskussionen über die **Zukunft des Sozialstaats** werden hier nicht thematisiert. Zu hinterfragen wäre die Aussage „Wer seinen Lebensstandard im Alter erhalten will, muss zusätzlich individuell sparen" im Zusammenhang mit der **Altersvorsorge**. Neben dem oben aus ökologischen Gründen bereits kritisierten Begriff des zu haltenden Lebensstandards ist eine unbedingte Aufforderung zur privaten Vorsorge problematisch. Vielmehr wären Strategien zur Sicherung der Sozialleistungen auch in Zukunft zu diskutieren, die neben einer besseren **Verteilung des Wirtschaftsprodukts** auch **zukunftsverträgliche Lebensstile/Einkommen** thematisieren müssten (s. o.).

Sozialpartnerschaft

Fachliche Einführung

Die **Sozialpartnerschaft** ist ein österreichisches Spezifikum. Die Vertretungen der Arbeitgeber*innen und Arbeitnehmer*innen handeln im Dialog Positionierungen zur Wirtschafts- und Sozialpolitik sowie für Kollektivverträge aus. Die Sozialpartnerschaft umfasst auf Bundesebene **vier Verbände**: auf Arbeitgeberseite die Wirtschaftskammer Österreich (WKÖ) und die Landwirtschaftskammer Österreich (LKÖ), auf der Arbeitnehmerseite die Bundesarbeitskammer (BAK) und den Österreichischen Gewerkschaftsbund (ÖGB).

> „Diese vier großen Interessensverbände sind nicht bloß Interessensvertretungen im engeren Sinne, also Tarifpartner und Lobbyorganisationen mit Serviceleistungen für ihre Mitglieder, sondern sie sind darüber hinaus in vielfältiger Weise im politischen System Österreichs verankert",

heißt es auf einer **Homepage zur Sozialpartnerschaft**, die von den vier Verbänden gemeinsam gestaltet wird.[70] Österreich verfüge über ein besonders ausgeprägtes System der Zusammenarbeit der großen wirtschaftlichen Interessenverbände untereinander und mit der Regierung. Und weiter heißt es:

[70] https://www.sozialpartner.at/?page_id=127. Abgerufen am 23.6.2025.

„Diese Zusammenarbeit war eine Grundvoraussetzung für den Wiederaufbau nach dem Zweiten Weltkrieg und bildet die Basis für das weitere wirtschaftliche Wachstum und für sozialen Frieden."[71]

Betont wird der **Dialog**, der jedoch **Interessensgegensätze** nicht verschweige:

„Dialog und kollektives Vorgehen bedeuten aber nicht das Abstreiten von Interessengegensätzen. Vielmehr ist es eine besondere Form des Miteinanders, bei der zwischen den gegensätzlichen Interessen durch die Bereitschaft zum Kompromiss ein Ausgleich zum Vorteil aller Beteiligten gefunden werden kann."[72]

Von manchen wird die **Sozialpartnerschaft** als nicht gewählte Nebenregierung oder veraltetes System der Aushandlung von Kompromissen kritisiert. Andere verteidigen diese, fordern aber ihre **Reformierung**:

„Die Lösungskompetenz der Sozialpartnerschaft nahm in den letzten Jahrzehnten sichtbar ab. Doch die Kritik am Korporatismus, die heute primär von rechts kommt, spiegelt vor allem ein mangelndes Verständnis für kollektive Lösungen, die dem Gemeinwohl dienen. Will die Sozialpartnerschaft wieder wirkungsmächtig werden, so muss sie herzeigbare Kompromisse bei den drängenden Themen der Zeit finden: etwa in Bezug auf die **Industriepolitik**, die notwendige **sozial-ökologische Transformation**, die **Ungleichheit** in den Lebensbedingungen oder das schwächelnde **Produktivitätswachstum**." (Marterbauer/Zotter 2025, o. S.)[73]

Die beiden Autoren – einer davon ist mittlerweile österreichischer Finanzminister – benennen daher auch **Schwachpunkte**: Kritik an der Konfliktlösung hinter verschlossenen Türen komme vor allem vonseiten jener politischen Gruppen und Parteien, die nicht oder nur wenig in den Verbänden vertreten sind. Gesellschaftlich drängende Themen wie die **Gleichberechtigung der Frauen** oder Fragen von **Umwelt- und Klimaschutz** seien zu lange zu wenig beachtet worden:

„Vor allem am Beginn der Umweltbewegung (Zwentendorf, Hainburg) gab es mehr Konfrontation mit den Sozialpartnern als konstruktiven Dialog. Und insgesamt muss das späte Reagieren der Sozialpartner auf die Klimakrise als eines ihrer großen Versäumnisse gelten." (Marterbauer/Zotter 2025, o. S.)

Die Autoren gehen auch auf die Beschneidung des Parlaments in Bezug auf Gesetzesvorhaben ein, „weil die relevanten Passagen bereits vorabgestimmt sind" (ebd. o. S.).

Zudem erschwere die **Abschwächung des Wachstums** den Dialog:

„Gerade wenn der gesamtwirtschaftliche Kuchen nicht mehr oder nur verhalten wächst, werden Verteilungskonflikte auch innerhalb der Sozialpartnerschaft fordernder, denn dann gibt es auch Verlierer:innen und erhöhten Erklärungsbedarf der Sozialpartner gegenüber den eigenen Gruppen." (ebd. o. S.)

Die aktuelle **österreichische Bundesregierung** bestehend aus ÖVP, SPÖ und Neos ist maßgeblich durch Betreiben der Sozialpartner zustande gekommen – der neue Wirtschafts- und Finanzminister kommen aus Partnerorganisationen der Sozialpartnerschaft. Hinzuweisen ist auch darauf, dass neben den Sozialpartnern andere Organisationen wie die **Industriellenvereinigung**, **Denkfabriken** wie Agenda Austria und Momentum-Institut sowie einschlägige **Sozial- und Umwelt-NGOs** zusehends die Debatten mitbestimmen.

Inhalte der Schulbücher

Das Kapitel „Wirtschafts- und Sozialpolitik in Österreich" in **Meridiane 7** (S. 44ff.) erklärt zunächst den Begriff der **Sozialen Marktwirtschaft** sowie die gesetzlichen und freiwilligen Interessensvertretungen. Zur **Sozialpartnerschaft** werden Pro und Kontra-Argumente nebeneinandergestellt. **Pro**: Sozialpartnerschaftliche Zusammenarbeit bedeute nicht, dass es an kontroversen Standpunkten und oder Konflikten fehlt, dass aber „der Kompromiss als die bevorzugte Lösung für Konflikte

---

[71] Ebd.
[72] Ebd.
[73] https://www.awblog.at/Wirtschaft/Sozialpartnerschaft-ein-zeitgemaesses-Instrument. Abgerufen am 23.6.2025

gilt". **Contra**: Die Mitgliedschaft zu den Kammern sei eine „Zwangsbeglückung der Mitglieder", „Parlament und Regierung würden durch die Beschlüsse der Sozialpartner an Bedeutung verlieren" (ebd. S. 45). Als Aufgabe wird gestellt, Pro und Kontra in Bezug auf Zwangsmitgliedschaft und aus demokratiepolitischer Sicht zu diskutieren.

In **Perspektiven7/8** werden die **Sozialpartner** vorgestellt und deren Ziele benannt: „Stabilisierung des politischen Umfeldes", „Lösung der wirtschafts- und sozialpolitischen Fragen im Dialog", „Verbesserung der internationalen Wettbewerbsfähigkeit", „Sicherung des Wohlstandes der Bevölkerung" (Perspektiven7/8, S. 24). Als **Kritikpunkte** an der Sozialpartnerschaft werden demokratiepolitische Bedenken („Regierung hinter der Regierung", „Notwendige politische Konfrontation findet teilweise nicht statt", ebd. S. 25) angeführt. Als Beispiel für die Aktivitäten der Sozialpartnerschaft dienen **Lohnverhandlungen** – eine Aufgabe lautet, solche in einem Rollenspiel durchzuführen.

Durchblick 7 enthält ein Kapitel „Die Sozialpartner – wichtige Akteure der Wirtschafts- und Sozialpolitik" (Durchblick 7, S. 54ff.) Zur Beschreibung wird eine Definition der bereits zitierten Homepage www.sozialpartner.at herangezogen: es gelte, „in wirtschafts- und sozialpolitischen Fragen auf Verhandlungsebene einen Ausgleich bzw. Konsens" zu erreichen. Einer **historischen Genese** der Sozialpartnerschaft folgt eine Beschreibung der Partnerorganisationen – der Kammern und des Österreichischen Gewerkschaftsbundes. Es werden die **Handlungsfelder der Sozialpartnerschaft** wie die Verhandlung der **Kollektivverträge** (diese werden in einem Kasten erklärt), die Begutachtung von Gesetzesvorlagen bzw. Formulierung von **Gesetztestexten** oder die Mitwirkung bei Arbeits- und Sozialgerichten benannt.

Mit Verweis auf die **geringen Streiktage** in Österreich heißt es:

„Dieser Erfolg führt dazu, dass die meisten Österreicherinnen und Österreicher die Sozialpartnerschaft weiterhin als wichtig erachten." (ebd. S. 54)

Seit Anfang der 2000er-Jahre werde die Sozialpartnerschaft „jedoch von verschiedenen Seiten auch teilweise **in Frage gestellt** und diskutiert" (ebd. S. 54). Als ein Beispiel für die Weiterentwicklung der Sozialpartnerschaft wird der Ökonom Stephan Schulmeister mit dem Vorschlag zitiert, dass sich die Interessensvertretungen verstärkt den internationalen **„Alchemisten der Finanzwirtschaft"** (ebd. S. 55) zuwenden sollen. Mehrere Aufgaben fordern dazu auf, die **Sozialpartnerschaft** sowie die **Pflichtmitgliedschaft** in den Kammern zu diskutieren.

Geospots 7/8 gibt im Kapitel zur Wirtschafts- und Sozialpolitik knappe Verweise auf unterschiedliche Interessen in der Wirtschaft sowie zur Rolle der Gewerkschaften in der Vertretung der ArbeitnehmerInnen-Interessen.

Das Kapitel „Lebenswertes Österreich" enthält einen Abschnitt zu **„Sozialer Frieden, Stabilität und Sicherheit"**. Darin heißt es:

„Jahrzehnte lang galt Österreich als wirtschaftlich erfolgreicher, sozial und politisch sehr stabiler Staat. Dies gilt zwar in wesentlichen Bereichen nach wie vor, jedoch zeigt sich heute ein etwas differenzierteres Bild." (ebd. S. 89)

Danach wird auf die **Sozialpartnerschaft** Bezug genommen:

„Gesellschaftliche Stabilität hängt ganz wesentlich von einer als gerecht empfundenen Einkommens- und Vermögensverteilung ab. Die österreichische Sozialpartnerschaft war imstande, große Arbeitskämpfe durch Kompromissbereitschaft der ArbeitnehmerInnen- und ArbeitgeberInnenvertreter bei Lohn- und Tarifverhandlungen zu verhindern." (ebd. S.89)

Dies wird mit einer Statistik zu den **Streiktagen** in unterschiedlichen Ländern, in denen Österreich ganz unten in der Skala liegt, unterstrichen. Danach heißt es aber:

„KritikerInnen weisen allerdings darauf hin, dass auch in Österreich zahlreiche Entwicklungen auf eine zunehmend neoliberale Wirtschaftsausrichtung hindeuten." (ebd. S 89)

Dazu werden die Zunahme prekärer Arbeitsverhältnisse, das Problem der Working Poor sowie das Auseinanderklaffen bei **Einkommen** und **Vermögen** als Belege angeführt. Zu Letzterem gibt es eine Abbildung der „Lorenz-Kurve des Vermögens in Österreich" sowie einen Hinweis auf den Gini-Koeffizienten.

Geografisch 7 widmet der **Sozialpartnerschaft** eine Seite und beschreibt die Ziele wie folgt:

„Durch gemeinsame Verhandlungen und Konsensfindung strebt sie an, Konflikte und politische Alleingänge zu vermeiden und Lösungen zum Wohle aller Beteiligten zu finden. Dabei geht es sowohl um die Gewährleistung sozialer Stabilität und funktionierender Arbeitsbeziehungen als auch um die Attraktivität des Wirtschaftsstandorts Österreich." (Geografisch 7, S. 64)

Die **Interessensverbände** der Sozialpartnerschaft werden kurz benannt, aber nicht näher ausgeführt. Als **Kritik** an der Sozialpartnerschaft wird genannt, dass diese sich auf die Parteien ÖVP und SPÖ beschränke, sich andere Parteien daher aus den Verhandlungen ausgeschlossen fühlten und die **fehlende Transparenz** kritisierten.

global 7 enthält ein Kapitel zu „Sozialpartnerschaft – das österreichische System des Interessensausgleichs" (global 7, S. 34f.). Es werden die Interessensverbände der Arbeitgeber*innen und Arbeitnehmer*innen sowie die Aufgaben der **Sozialpartnerschaft** vorgestellt. Dazu heißt es:

„Dahinter steht die Überzeugung der Partnerinnen und Partner, dass die grundlegenden Ziele der Politik besser durch gemeinsame Anstrengungen bzw. durch koordiniertes Vorgehen zu erreichen sind als durch die offene Austragung von Konflikten." (ebd. S. 34)

Untermauert wird dies mit einer Länderstatistik über die jährlichen **Streiktage**, in denen Österreich ganz unten in der Skala liegt. Die Bedeutung von **Kollektivverträgen** wird ebenso benannt:

„Das Ziel besteht darin, dass die Kollektivvertragspartnerinnen und -partner ihre Forderungen möglichst im Ausgleich beider Interessen und unter Berücksichtigung der Leistungsfähigkeit der jeweiligen Branche ausverhandeln." (ebd. S. 35)

Einschätzung

Alle Schulbücher thematisieren die österreichische Sozialpartnerschaft, jedoch unterschiedlich ausführlich und unterschiedlich kritisch.

Meridiane 7: Hier wird die **Sozialpartnerschaft** mit **Pro-** und **Kontra-Stimmen** beschrieben und tendenziell kritisch betrachtet. Bei der Bewertung der **Interessensvertretungen** sowie der **Pflichtmitgliedschaft** fehlen wichtige Argumente, etwa zur Grundlagenarbeit der Kammern, z. B. im Zusammenhang mit Arbeitsrechten oder Konsumentenschutz durch die Arbeiterkammer. Zu diskutieren wäre auch, ob die Abschaffung der Arbeiterkammer die Vertretung der Arbeitnehmer*innen nicht schwächen würde und wie eine Reform der Kammern aussehen könnte.

Perspektiven 7/8: Dieses Schulbuch beschreibt die Ziele und Aufgaben der Sozialpartnerschaft sachlich. Als **Kritikpunkte** werden demokratiepolitische Bedenken sowie die Unterbindung notwendiger Auseinandersetzungen zitiert. Eine Statistik über die durchschnittlichen **Streiktage** in unterschiedlichen Staaten wird kommentarlos wiedergegeben. Sie zeigt, dass Österreich zu jenen Ländern mit den geringsten Streiktagen zählt, was die Bedeutung der **Sozialpartnerschaft** unterstreichen soll. Sinnvoll wäre hier aber auch ein Hinweis auf das **Streikrecht** als eine Möglichkeit von Arbeitnehmer*innen, sich Gehör zu verschaffen. Eine Positionierung zur „Sozialpartnerschaft" findet nicht statt, es heißt lediglich: „Die Rolle der Sozialpartner wird in der Öffentlichkeit differenziert gesehen." (ebd. S. 25)

Durchblick: Dieses Schulbuch stellt die **Sozialpartnerschaft** am ausführlichsten und positivsten dar. **Ausgleich** und **Konsensfindung** werden betont, die **geringen Streiktage** als Akzeptanzfaktor in der Bevölkerung angeführt, das Streikrecht als solches aber nicht benannt (Kommentar siehe oben). Dass es in letzter Zeit auch Kritik an der Sozialpartnerschaft gäbe, wird erwähnt, aber nicht näher ausgeführt. Die Diskussion darüber sowie auch über die Pflichtmitgliedschaft in den Kammern wird lediglich in Arbeitsaufgaben angesprochen – hier wären sachliche Einschätzungen bzw. kontroverse Sichtweisen hilfreich. Als ein Vorschlag zur **Ausweitung der Sozialpartnerschaft** wird die Thematisierung der an Bedeutung gewinnenden internationalen Finanzmärkte genannt, die sich von der Realwirtschaft abgekoppelt hätten, wie der zitierte Text des Ökonomen Stephan Schulmeister ausführt.

Geospots 7/8: Hier wird im Kapitel zu „Lebenswertes Österreich" im Kontext von sozialem Frieden, Stabilität und Sicherheit auf die positive Rolle der **Sozialpartnerschaft** verwiesen. Zugleich werden Kritiker:innen angeführt, die auch in Österreich eine zunehmend neoliberale Ausrichtung erkennen. Gut wird dies verdeutlicht mit Angaben zu prekärer Beschäftigung, dem Rückgang der gewerkschaftlichen Organisierung, der Zunahme der Working Poor sowie des Auseinanderdriftens bei **Einkommen** und **Vermögen**. Die Arbeitsaufgabe „Entwickle Maßnahmen, um eine gleichmäßigere Vermögensverteilung zu erzielen und erwäge dabei wirtschaftspolitische und gesellschaftspolitische Folgen" kann die Schüler:innen ohne Hintergrundwissen überfordern. Angespielt wird wohl auf die Folgen einer höheren Besteuerung von Vermögen.

Geografisch: Dieses Schulbuch widmet der **Sozialpartnerschaft** lediglich eine Seite und beschreibt diese knapp. Als **Kritikpunkt** wird genannt, dass diese von ÖVP und SPÖ-nahen Interessensvertretungen besetzt sei, andere Parteien daher die Intransparenz der Verhandlungen problematisieren würden.

global stellt die Sozialpartnerschaft sachlich auf zwei Seiten vor. Ihr Wert wird vor allem mit den geringen **Streiktagen** in Österreich argumentiert. Auf Kritik an der Sozialpartnerschaft und dem Kammersystem wird nicht eingegangen.

2.6. Finanzmärkte und Geldpolitik

Finanzmärkte

Fachliche Einführung

Währungs- und Geldpolitik sowie Finanzmärkte gehören zu den komplexesten Feldern der wirtschaftlichen Bildung. So wurde die Finanzkrise von 2008 nicht einmal von den einschlägigen Forschungsinstituten vorhergesehen – den wenigen Warnenden wollte man nicht Gehör schenken. Finanzmärkte dienen der **Versorgung der Wirtschaft mit Kapital** – unterschieden wird in Eigen- und Fremdkapital. Gewarnt wird vor der **Verselbstständigung der Finanzmärkte**, der Zunahme von Finanzspekulation, die nicht mehr der Realwirtschaft diene, sowie vor der Schaffung immer neuer Finanzprodukte (Felber 2014). Gesprochen wird von einer „Finanzialisierung des Wirtschaftssystems" (Schulmeister 2017).

Finanzkrisen werden vor allem mit fahrlässiger Kreditvergabe, Blasenbildung und Überschuldung in Verbindung gebracht (Sukhdev 2013, Raworth 2018). Vorschläge zur **Eindämmung** bzw. **Stabilisierung der Finanzmärkte** beziehen sich auf die Entschleunigung der Finanztransaktionen durch eine Finanztransaktionssteuer, höhere Eigenkapitalvorschriften für Banken oder die Regulierung des Schattenbanksystems (zusammenfassend Holzinger 2024, S. 191ff. sowie Finanzwende.de). Kontrovers diskutiert wird die Rolle von **Geldpolitik** zwischen Austerität und lockerer Vergabe

(Holzinger 2024, S. 86ff) sowie der Zusammenhang von **Geld und Schulden** (Dietz 2013, Graeber 2012). Als weiterführende Alternativen zum gegenwärtigen Finanzsystem werden **Regionalwährungen** sowie **Vollgeld** diskutiert (Holzinger 2024, S. 197ff.).

Im Kontext **steuerschonender Veranlagungen** werden die Verluste der Staaten durch Steueroasen (Zucman 2014)[74] und die komplexe und unbefriedigende **Finanz-** und **Steuergesetzgebung** (Pistor 2020) diskutiert, zudem der Versuch, durch eine globale Mindestbesteuerung (Holzinger 2024, S. 179f.) etwas mehr **Steuergerechtigkeit** zu schaffen. Als aktuelles Thema wird die Frage nach den hohen Bankengewinnen im Kontext der Zinserhöhungen durch die Europäische Zentralbank zur Dämpfung der Inflation behandelt – auch in Österreich wird darüber politisch diskutiert.[75]

Zu **Finanzbildung** gehört neben dem persönlichen Umgang mit Geld – Stichwort Privatverschuldung – und Einführungen zum Funktionieren von Finanzmärkten auch die Information über die unterschiedlichen **Produkte der Kapitalveranlagung** mit deren Gewinnchancen und Risiken (s. auch Kapitel Geldanlagen). In kritischer Finanzbildung wird aber auch darauf eingegangen, wie weit es ethisch vertretbar ist, mit Geld mehr Geld zu machen (z. B. Robeyns 2024).

Inhalte der Schulbücher

In **Meridiane 8** wird unter Globalisierung knapp auf **Finanz- und Wirtschaftskrisen** sowie eine weltweite Einführung einer Steuer auf Devisentransaktionen eingegangen. Zu letzterer wird angemerkt, dass der Devisenhandel „nur zum allerkleinsten Teil für die Bezahlung von Gütern und Dienstleistungen, vor allem aber für Spekulation" (Meridiane 8, S. 54) diene. Die **Tobinsteuer**

„könnte einen Fonds speisen, dessen Gelder für Entwicklungshilfe verwendet werden können." (ebd. S. 54)

Im Kapitel **„Kapitalmarkt und Finanzwirtschaft"** werden die unterschiedlichen Akteure von Banken über Versicherungen und Kapitalanlagegesellschaften bis hin zu Pensions-, Staats- und Hedgefonds beschrieben. Sachlich heißt es:

„Der Kapitalmarkt stellt den Unternehmen und der öffentlichen Hand langfristiges Kapital für Investitionen zur Verfügung, um damit Wirtschaftswachstum und Beschäftigung zu ermöglichen. Er bietet aber auch die Möglichkeit zur kurzfristigen Spekulation auf Kurs- und Zinsgewinne." (ebd. S. 203)

Die **Geldschöpfung** der Banken wird wie folgt erklärt:

„Einlagen werden zu Krediten. Die Kreditnehmerin/der Kreditnehmer kauft damit ein oder bezahlt Rechnungen. Die Empfängerin/der Empfänger des Geldes kann es wiederum bei einer Bank einlegen, die es als Kredit verleiht usw." (ebd. S. 202)

Devisen, Valuten und Derivate werden ebenso erklärt wie Waren-, Wertpapier – und Devisenbörsen, **kurz-** und **langfristige Finanzströme** ebenso wie die Unterscheidung in **Real-** und **Finanzwirtschaft.** Der **Internationale Währungsfonds** und die **Weltbank** werden in eigenen Kapiteln vorgestellt. Das **Shareholder Value-Denken** wird kritisch beschrieben. **Blasen** und **Crashes** werden als Bestandteil von Finanzmärkten gesehen:

„Solche gibt es schon so lange wie die Finanzmärkte selbst." (ebd. S. 214)

Die Wissenschaft sei sich einig,

„dass es Blasen in Zeiten extrem großzügiger Geldpolitik und überbordender Liquidität besonders leicht haben." (ebd. S. 214)

---

[74] Infos siehe auch https://fsi.taxjustice.net sowie https://wien.arbeiterkammer.at/service/studien/Steuerflucht_und_Steueroasen.html. Abgerufen am 26.3.2025

[75] Vgl. dazu etwa https://www.moment.at/story/nationalbank-verlust-banken-profit/?utm_source=morgen.moment.at&utm_medium=newsletter&utm_campaign=morgenmoment&_bhlid=fbc8e70929e3276daf22bd98ab93df04037a78f7. Abgerufen am 26.3.2025

Im Unterkapitel „Internationale Kapitalströme und Finanzmärkte – bedeutsam für die einzelnen Menschen?“ in **Perspektiven7/8** (S. 294ff.) werden die Fragen „Wozu brauchen Volkswirtschaften Finanzmärkte?“, „Wie funktioniert der Geldmarkt?“, „Wozu ist der Kapitalmarkt gut?“ und „Wer sind die Akteure an den Finanzmärkten?“ beantwortet. Als **Akteure am Finanzmarkt** werden Banken, Kapitalgesellschaften, Versicherungen, Staatsfonds und Hedgefonds unterschieden, als Merkmale von „Offshore-Finanzplätzen“ ein „hohes Maß an Vertraulichkeit (Bankgeheimnis), Intransparenz, niedrige Ertrags- und Vermögensbesteuerung“ (ebd. S. 296) genannt. Es gäbe dazu unterschiedliche Sichtweisen, wird weiter ausgeführt:

„Von Anlegerseite werden hier die liberale Gesetzgebung und die Anwendbarkeit einer Vielzahl von Instrumenten im Risikomanagement geschätzt. Von Staaten und NGOs wie attac oder Oxfam werden diese Finanzplätze eher mit Steuerflucht, organisierter Kriminalität, Geldwäsche und Schattenwirtschaft in Verbindung gebracht.“ (ebd. S. 296)

Unter Links wird u. a. auf die **Finanzmarktaufsicht Österreich** sowie den **Schattenfinanzindex** hingewiesen. Im Zusammenhang mit dem Hochfrequenzhandel wird auch die Einführung einer **Finanztransaktionssteuer** erwähnt:

„Die einfache Idee ist es, den Handel von Aktien, Anleihen und Derivaten mit einer sehr geringen Steuer zu belegen. Sie soll das Ausmaß spekulativer Kapitalströme begrenzen.“ (ebd. S. 297)

Das Unterkapitel „Haben währungspolitische Entscheidungen auch für mich eine Bedeutung?“ (S. 287ff.) informiert über die Unterschiede von **Geld, Währung** und **Kapital**, die **Aufgaben der Zentralbanken** (Geldausgabe, Refinanzierung der Geschäftsbanken, Prüfung von Banken und Gewährleistung der Finanzmarktstabilität, Verwaltung der Währungsreserven) sowie die **Aufgaben von Währungs-** und **Wechselkurspolitik** (Sicherung der Preisstabilität und inländischen Kaufkraft durch Aufwertung der eigenen Währung, Dämpfung von Inflation durch Erhöhung des Leitzinssatzes). Zudem wird der Unterschied zwischen festen und flexiblen Wechselkursen, die Auswirkung der Änderung von Wechselkursen, die Bedeutung von Valuten und Devisen sowie das Problem von Währungskrisen erläutert.

Der **Internationale Währungsfonds** und die **Weltbank** werden inklusive der Kritik an deren Wirken vorgestellt. Als **alternative Währungen** werden kurz Regional- und Komplementärwährungen sowie Bitcoins erwähnt – letztere jedoch mit einer Warnung, „viel Geld verlieren“ (ebd. S. 293) zu können.

Durchblick 8 setzt sich kritisch mit den Trends auf den Finanzmärkten auseinander: Importe und Exporte erfordern Finanzmärkte. Doch die Finanzströme zur Bezahlung von Gütern oder der Begleichung von Schulden („abgeleitete Finanzströme“) hätten gegenüber den Finanzströmen auf der Suche nach Anlagemöglichkeiten („Unabhängige Finanzströme“) an Bedeutung verloren. Sie hätten vor einigen Jahrzehnten noch mit 90 Prozent der Finanzströme dominiert, heute machten sie „nur mehr an die 5 Prozent aus“. (Durchblick 8, S. 20)

Unterschieden wird zwischen **langfristigen Finanzströmen**, z. B. Direktinvestitionen von Unternehmen im Ausland) und **kurzfristigen Finanzströmen** („Hot Money“), die jederzeit abgezogen werden können und „meist für Spekulationen verwendet werden“ (ebd. S. 20). Als mögliche **Vorteile von Direktinvestitionen** werden die Schaffung von Arbeitsplätzen sowie erhöhtes Steueraufkommen in den Zielländern, weniger Importe, wenn die produzierten Güter am Inlandsmarkt angeboten werden, der Import von Knowhow und Innovationen sowie die Steigerung des Wettbewerbs im Gastland angeführt, als mögliche **Nachteile** die Verdrängung lokaler Firmen, die Dominanz ausländischer Unternehmen, die Benachteiligung einheimischer Betriebe bei Förderungen sowie die Minderung oder Aushöhlung des betrieblichen Mitspracherechts (ebd. S. 21). Es wird darauf hingewiesen, dass **Auslandsinvestitionen** noch immer vor allem zwischen reichen Volkswirtschaften stattfinden.

Der **Neoliberalismus** mit den freien Finanzmärkten wird ebenso kritisch erörtert:

„Gesellschaft und Wirtschaft werden in industrialisierten Ländern von unterschiedlichen Interessen geleitet: von denen der arbeitenden Bevölkerung, der Besitzer/innen des Realkapitals und der Eigentümer/innen von Kapital, das veranlagt werden soll. ... Die Politik des Neoliberalismus begünstigte die freien Kapitalmärkte und war daher auch Mitverursacher der Finanzkrisen."(ebd. S. 36)

Es werden die **Anliegen** der unterschiedlichen Gruppen benannt: Vollbeschäftigung und Lohnsteigerung bei Arbeitnehmer/innen, Mehrung des Unternehmenskapitals und der Gewinne durch Investitionen, niedrige Zinsen und niedrige Rohstoffpreise bei den Eigentümer*innen des Realkapitals; die **Kapitaleigner/innen** hingegen hätten Interesse an **hohen Zinsen** (Renditen) sowie

„eher instabilen Finanzmärkten ..., da sie durch Schwankungen von Wechselkursen, Rohstoffpreisen und Aktienkursen bei Spekulation gewinnen können." (ebd. S. 36)

Die Deregulierung der Finanzmärkte habe zwar die Finanzierungskosten für Unternehmen verringert und die Gewinne von Anleger*innen erhöht, zugleich aber zu einer stärkeren Anfälligkeit für Krisen geführt, heißt es weiter.

In der Folge wird ausführlich die **Finanzkrise von 2008** thematisiert. Neben den üblichen Erklärungen (Immobilien-, Banken-, Wirtschafts- und Staatsschuldenkrise) werden weitere angeführt: **unverantwortliche Finanzmärkte** mit einem „Boom von Finanzspekulationen", die **Ungleichheit in der Verteilung** (hohe Vermögen suchen nach Anlagemöglichkeiten) sowie **Ungleichgewichte im Außenhandel** inklusive einer schuldenfinanzierten Inlandsnachfrage in Ländern mit hoher negativer Außenhandelsbilanz, z. B. der USA (ebd. S. 39).

Die Frage, ob wir aus der **Finanzkrise** gelernt haben, wird eher mit Nein beantwortet:

„Viele Ökonominnen und Ökonomen glauben, dass es jederzeit zu einer neuen Krise kommen kann." (ebd. S. 39)

Es würden in einer **„marktkonformen Demokratie"** statt der Auswüchse des Finanzsystems

„weiterhin die hohen Sozialausgaben, das Budgetdefizit und die Staatsschulden als eigentliche Schuldige bekämpft." (ebd. S. 39)

Die **Anlageformen** mit hohem Spekulationsanteil werden kritisch beschrieben, untermauert mit einem wiedergegebenen Spiel von WEED (Weltwirtschaft, Ökologie und Entwicklung) zum Thema „Spekulieren auf dem Finanzmarkt."

In einem weiteren Kapitel wird das Problem der **Finanzspekulation** näher ausgeführt. In der Einleitung heißt es:

„Unternehmen waren schon immer bestrebt, sich durch verschiedene Finanzinstrumente vor Kursverlusten auf den Wertpapiermärkten zu schützen. In den letzten Jahrzehnten dienten allerdings diese Maßnahmen in vielen Fällen auch der reinen Spekulation und haben oftmals zur Destabilisierung der Realwirtschaft beigetragen." (Durchblick 8, S. 42)

Derivate werden als „Anlageform mit hohem Risko" und „gefährliche Finanzwaffe" bezeichnet (ebd. S. 42), Optionen, Futures und Swaps dabei näher erklärt. Ebenso geht das Kapitel auf das relativ neue Anlageprodukt der **Hedgefonds** ein, die vor allem in Offshore-Destinationen mit einer freizügigeren Kapitalmarkt-Gesetzgebung gehandelt würden. Als Gefahr wird der zunehmende **Einfluss auf Unternehmen** beschrieben:

„Kritiker/innen beklagen, dass Hedgefonds oft im Verborgenen agieren und sich als Anteilseigner von Unternehmen erst nach Überschreiten bestimmter Schwellenwerte zu erkennen geben. Außerdem ist ihr Handeln primär auf die Wertsteigerung ihrer Anteile ausgerichtet und nicht auf das langfristige Überleben des Unternehmens." (ebd. S. 44)

In einem eigenen Kapitel werden **Währungen**, der **Außenwert des Geldes**, der **Wechselkurs** und die **Rolle der EZB** zu dessen Beeinflussung dargestellt (ebd. S. 158f.) Unterschiedliche Ursachen für **Wechselkursschwankungen** werden ebenso erörtert wie der Zusammenhang zwischen Wechselkurs und Außenhandel (Aufwertung der inländischen Währung verteuert Exporte und verbilligt Importe sowie umgekehrt). Auch dies wird an einem Beispiel veranschaulicht. Detailreich werden zudem die **Kurssicherungsinstrumente** „Fremdwährungskredite", „Devisentermin- oder Devisenoptionsgeschäfte" für Exporteure vorgestellt, auf Absicherungen für Importeure wird nur hingewiesen („Optionen" und „Termingeschäfte").

Eingegangen wird auch auf das Problem der **Steueroasen** – hier wird ein Interview mit Markus Meinzer vom **„Tax Justice Network"** abgedruckt. Auf die zunehmende **Spekulationstätigkeit** wird in einem Textbeispiel aus einem Fachbuch zur Globalisierung hingewiesen:

„Der Charakter des Investors hat sich seit dem Siegeszug des Neoliberalismus wesentlich geändert. Früher galt jemand, der Aktien kaufte und schnell weiterverkaufte, als Spekulant, heute gilt er als Investor." (ebd. S 20)

In **Geospots 7/8** wird der **Finanzmarkt** im Kontext der Weltwirtschaft beschrieben:

„Die Aufgabe des Finanzmarktes besteht darin, rasch und sicher Banken, Unternehmen und auch Privatpersonen mit finanziellen Mitteln zu versorgen." (ebd. S. 285)

„Unter einem Finanzsystem versteht man das Zusammenspiel sämtlicher Finanzinstitutionen (Banken, Zentralbanken etc.) und regulierenden Behörden (z. B. Finanzmarktaufsicht). Darüber hinaus spielen auch institutionelle Investoren (z. B. Investmentfonds, Versicherungen und Pensionsfonds) eine immer bedeutendere Rolle." (ebd. S. 289)

Unterschieden werden der direkte (Geld, Wertpapiere, Finanzkontrakte) und indirekte (Einlagen, Kredite) **Kapitalfluss** sowie der Geld-, Devisen- und Kapitalmarkt, letztere auch näher beschrieben. Im Abschnitt zum Kapitalmarkt wird auf das Funktionieren von Börsen, die Rolle von Aktien, den Nenn- und Kurswert, den Börsenindex sowie auf Optionen und Futures eingegangen.

Grundsätzlich heißt es:

„Gehandelt wird genau genommen mit Erwartungen. Erhofft die Kundin bzw. der Kunde von einem Unternehmen, dass ein neuartiges Produkt oder andere günstige Voraussetzungen für einen Aufschwung sorgen, so macht es Sinn, dort zu investieren." (ebd. S. 286)

Ebenfalls erwähnt wird die **Finanzkrise 2008**:

„Finanzinvestitionen und das klassische Spiel von Angebot und Nachfrage haben bis zum Ausbruch der Finanzkrise 2008 das Volumen und die Geschwindigkeit der Wirtschaft immer schneller wachsen und drehen lassen. Bei einer Wirtschaftskrise ‚übergeben' sich dann viele, aber das Karussell dreht sich weiter." (ebd. S. 289)

Die **Zunahme der Finanzprodukte** und **weltweite Liberalisierungsprozesse** würden vermehrt zu Störungen des Finanzmarktes führen. Zugleich würden auch Rohstoffmärkte zum „Spielplatz" von Finanzinvestoren:

„Die sogenannte Finanzialisierung von Rohstoffmärkten erfolgt z. B. durch FondsmanagerInnen, die ganz gezielt mit steigenden und fallenden Rohstoffpreisen spekulieren." (ebd. S. 289)

Nach den internationalen Finanzzentren wie der Wallstreet geht das Schulbuch auch auf „Offshore Finanzplätze" ein, die als **„Steuerparadiese"** kritisiert werden:

„Mit Hilfe von Scheinfirmen, Stiftungen und Briefkastenfirmen fällt es leicht, staatliche Steuersysteme zu umgehen, Geld aus Drogengeschäften reinzuwaschen oder durch Korruption erhaltene Geldbeträge zu horten." (ebd. S. 290)

Und es werden die **Folgen** beschrieben:

„Wenn ein Staat über immer weniger Steuereinnahmen verfügt, so hat das natürlich Auswirkungen auf das gesamte Land, denn Ausgaben für die Allgemeinheit (Schulen, Gesundheitssystem, Infrastruktur, Sozialmaßnahmen usw.) können nur ausreichend zur Verfügung gestellt werden, wenn die Steuereinnahmen hoch genug sind." (ebd. S 290)

Als Beispiel werden schließlich die **„Panama-Papers"** ausgeführt. Diese

„dokumentierten ein weltweites System von Steuer- und Geldwäschedelikten durch über 200.000 Briefkastenfirmen." (ebd. S. 290)

Geografisch 8 enthält ein Kapitel „Geld und Finanzen im Wandel" (ebd. S. 106ff.), in dem die Geschichte und Funktionen des Geldes, die Dynamik der globalen Finanzströme sowie Anlageformen und nachhaltige Finanzmärkte beschrieben werden. Nach der **Entwicklung des Geldes** vom Naturalgeld über das Münz- und Papiergeld bis zum Buch- oder Giralgeld werden die **Funktionen des Geldes** erörtert: Zahlungsmittel, Wertaufbewahrungsmittel und Recheneinheit. Die Rolle von Krediten wird anhand von Konsum- und Wohnbaukrediten erklärt.

Finanzmärkte werden sachlich wie folgt beschrieben:

„Finanzmärkte funktionieren wie andere Märkte, nur dass hier Kapitalgebende und Kapitalnehmende miteinander handeln." (Geografisch 8, S. 112)

Sachlich erklärt werden auch die Unterschiede von **Geldmarkt**, **Kapitalmarkt** und **Devisenmarkt** sowie die **Funktionen der Finanzmärkte:** Kapitalbereitstellung, Grundlage für internationalen Handel, Risikotransfer, Möglichkeiten für Sparen und Investieren sowie schließlich „Geld anlegen und Gewinne erzielen" (ebd. S. 112). Zu letzterem heißt es:

„Auf dem Finanzmarkt kann man Geld auf Sparkonten, in Anleihen und Aktien investieren. Kurzfristige Anlagen sind sicherer, aber weniger gewinnbringend, während langfristige Investitionen höhere Gewinne ermöglichen, aber riskanter sind." (ebd. S. 112)

Auch **Waren-**, **Wertpapier-** und **Terminbörsen**, **Bullen-** und **Bärenmärkte** sowie **Ratings** werden erklärt, letztere auch problematisiert: mangelnde Transparenz, Fehlbeurteilungen, Interessenskonflikte (die Agenturen werden von den zu bewertenden Unternehmen/Staaten bezahlt) sowie Krisenverschärfungen (Abwertungen führen zu steigenden Zinsen und Investitionsausfällen). In einem englischsprachigen Text werden die **Ratingagenturen** als Hauptschuldige der Finanzkrise 2007/2008 sowie der Eurokrise ausgemacht.

In **global 8** werden die **Finanzkrise** und die ihr folgende **Schuldenkrise** (mehr siehe Kapitel Wirtschaftskrisen), die **Institutionen der Weltwirtschaft**, darunter der Internationale Währungsfonds und die Weltbank sowie die Rolle von **Finanzmärkten** und unterschiedliche **Anlageformen** behandelt. Ein Kapitel **„Vom Real- zum Finanzkapitalismus"** beschreibt den Wandel von geregelten Finanzmärkten, die der Realwirtschaft dienten, hin zu ungeregelten Finanzmärkten im Zuge der Durchsetzung des Neoliberalismus. Darin heißt es:

„Im Realkapitalismus bestand bzw. besteht die Hauptaufgabe der Finanzwirtschaft darin, Dienstleistungen für die Wirtschaft zu erbringen. ...Heute fließt nur ein geringer Teil des weltweiten Kapitals in die Realwirtschaft. Spekulationen und Wetten, die von großen Finanzinstitutionen abgeschlossen werden, treten in den Vordergrund." (global 8, S. 131)

Derivate werden dabei als problematisches Spekulationsinstrument beschrieben. Untermauert wird die Kritik mit einem Text des Ökonomen Stephan Schulmeister, auf den in der fachlichen Einführung bereits Bezug genommen wurde. Der **Neoliberalismus** wird mit Kernaussagen wie „Die Wirtschaft soll nur durch den Markt und damit durch das Konkurrenzprinzip gesteuert werden" oder „Sozialstaatliche-solidarische Lösungen führen zu Misswirtschaft und Entmündigung der Bürgerin bzw. des Bürgers“ charakterisiert. Als Fallbeispiel für die instabilen Finanzmärkte wird in der Folge der **Hochfrequenzhandel** problematisiert – „Wenn Computer zocken“ (ebd. S. 132).

Einschätzung

Die Darstellung der **Finanzmärkte** erfolgt in den Schulbüchern unterschiedlich. Während diese in *Durchblick* und *global,* bedingt in *Perspektiven* z. T. kritisch beleuchtet werden, beschreiben die anderen Schulbücher diese wertneutral. In *Geospots* wird auf die Destabilisierung der Finanzmärkte durch Deregulierung sowie die Finanzialisierung der Rohstoffmärkte kritisch hingewiesen. Die **Finanzialisierung** der Wirtschaft sowie die **Abkopplung der Finanzmärkte** von der Realwirtschaft wird in der Fachliteratur jedoch problematisiert (Schulmeister 2018). Hilfreich wären daher Vorschläge in *allen* Schulbüchern zur Eindämmung der Spekulation wie Transaktionssteuern, höhere Eigenkapitalquoten der Banken oder die Regulierung des Schattenbankenwesens[76] sowie der enormen Verschuldung der Staaten etwa durch höhere vermögensbezogene Steuern (Holzinger 2024, S. 179ff.). Nur einige Schulbücher verweisen auf eine **Finanztransaktionssteuer.**

Nun zur Einzelbewertung:

Meridiane 7/8: Die Finanzmärkte werden mit Verweis auf zwei Positionen dazu – Regulierung versus Deregulierung – vorgestellt, die Positionen aber nicht diskutiert oder bewertet. Um die Finanzmärkte wieder zu entschleunigen, wird auf die **Finanztransaktionssteuer** eingegangen.

Perspektiven 7/8: Finanzmarktakteure werden zunächst sachlich wiedergegeben und zur **Einschätzung der Finanzmärkte** zwei Sichtweisen (Liberalisierung versus Reglementierung) unkommentiert einander gegenübergestellt. Eingegangen wird auf die **Finanztransaktionssteuer** zur Entschleunigung der Finanzmärkte. Die Rolle von Finanzarchitekturen, die steuerverschonende Veranlagung ermöglichen – Stichwort Steueroasen –, wird auch hier nicht angesprochen. Zu Offshore-Zentren werden zwei konträre Sichtweisen gegenübergestellt – diese würden eine Kommentierung erfordern, da hier den Staaten wichtige Steuereinnahmen entgehen.

Durchblick 8: Die **Beurteilung der Finanzmärkte** fällt äußerst kritisch aus – bedeutend kritischer als in den anderen Schulbüchern. U. a. wird ein Interview mit dem Kapitalismus-Kritiker Joseph Vogl aus „Die Zeit“ abgedruckt. Eingegangen wird auch auf das Problem der **Steueroasen**. Im Kapitel zu Währungen sind die Arbeitsaufgaben zur Rolle von Kursschwankungen für Importeure und Exporteure ambitioniert – diese würden wohl mehr Erläuterungen erfordern. Gut erklärt wird der Wegfall der **Wechselkursschwankungen** durch den Euro zwischen jenen Ländern, die diesen eingeführt haben.

Geospots 7/8: Die **Finanzmärkte** und **Finanzprodukte** werden sachlich beschrieben. Kritisiert werden die Destabilisierung der Finanzmärkte durch Deregulierung und Zunahme der Finanzprodukte sowie die Spekulation an den Rohstoffbörsen. Hinweise auf mehr Regulierung etwa durch eine Finanztransaktionssteuer fehlen jedoch. Kritisch dargestellt werden auch die **Offshore Finanzplätze**, die den Staaten Steuermittel entziehen.

Geografisch 8: In diesem Schulbuch werden die **Finanzmärkte** wertneutral vorgestellt. Kritik gibt es lediglich an den **Ratingagenturen**, die Transparenz vermissen lassen und Finanzierungskrisen von Unternehmen und Staaten verschärfen würden.

Global 8: Dieses Schulbuch beschreibt neben Durchblick die Entwicklung auf den **Finanzmärkten**, die immer mehr der reinen **Spekulation** dienen würden, kritisch. Bezug genommen wird dabei auf den Ökonomen Stephan Schulmeister, der die These der Abkopplung der Finanzmärkte von der Realwirtschaft vertritt.

---

[76] Vgl. Vorschläge von www.finanzwende.de. Abgerufen am 2.4.2025

Inflation, Deflation, Konjunktur und Wirtschaftskrisen

Fachliche Einführung

Wirtschafts- und Finanzkrisen werden in der Fachliteratur als dem Kapitalismus inhärente Phänomene beschrieben. **Finanzkrisen** entstehen durch überbewertete Finanzprodukte, überhitzte Finanzmärkte, Blasenbildung, zu leichtfertig vergebene Kredite sowie Überschuldung, die zu Zahlungsausfällen führt. Anleger*innen verlieren das Vertrauen in die Finanzmärkte, ziehen Kapital ab, Geldinstitute verlieren das Vertrauen ineinander und verborgen kein Geld mehr. Die Folge von Finanzkrisen sind **Wirtschaftskrisen**, diese können aber auch durch andere Faktoren ausgelöst werden: etwa Marktsättigung, Erhöhung der Rohstoffpreise z. B. durch internationale Konflikte, oder Unterbrechung von Lieferketten.

Für die **Finanzkrise 2007/2008** wurden mehrere zusammenwirkende Ursachen genannt:

„Das globale Anschwellen der Geld- und Kreditmenge, die damit zusammenhängende seit den 1970er-Jahren immer weitergehende Deregulierung der Finanzmärkte und der Abbau der Kontrollinstrumente sowie exzessive Gewinnerwartungen gekoppelt mit der Verschleierung von hohen Risiken." (Rogall 2011, S. 664)

Um einen **Zusammenbruch** der Finanzmärkte sowie der Weltwirtschaft zu verhindern, haben die Staaten mit umfangreichen Geldmitteln interveniert, um „systemrelevante" Banken zu retten (Sukhev 2013, Raworth 2018).

Neben der Abwendung von Finanz- und Wirtschaftskrisen ist die Beeinflussung der **Konjunktur** durch angebots- und nachfrageorientierte Maßnahmen Teil der **Wirtschaftspolitik.**[77] Häufig werden Konjunkturzyklen, also das Auf und Ab der Wirtschaftsentwicklung, mit neuen **Technologieschüben** erklärt, benannt nach dem Ökonomen Nikolaj D. Kondratjeff.[78] Neue Technologien würden die Wirtschaft zu neuem Wachstum führen; wenn diese allgemein verbreitet sind, beginnt das Warten auf den nächsten Technologieschub. Kritisiert an dieser Theorie wird, dass Wirtschaftswachstum bzw. -krisen unterschiedliche Ursachen haben können, dass die Theorie auf permanentes Wachstum ausgerichtet ist und Technologien nie wertneutral seien. (Holzinger 2024, S. 113ff.)

Zur Bekämpfung von Rezessionen gibt es in den Wirtschaftswissenschaften zwei zentrale Ansätze: Die **neoliberale Theorie** setzt auf die Belebung der Märkte durch Niedrigzinsen, Lohnzurückhaltung und Unternehmenssteuersenkung, was die Wirtschaft ankurbeln würde. Die **keynesianische Theorie**, benannt nach dem Ökonom John Maynard Keynes, setzt auf Nachfragestimulierung durch öffentliche Investitionen und Verschuldung (Rogall 2011, S. 49ff.).

Schwächelt die Wirtschaft, greift der Staat mit öffentlichen nachfragesteigernden Investitionen ein, die Zentralbanken senken die Zinsen zur Ankurbelung privater Investitionen, um **Deflation** sowie den Einstieg in eine **Rezession,** also das Sinken der Wirtschaftskraft, zu verhindern. Zinssenkungen allein können die Rezession jedoch nicht immer verhindern:

„Wenn in einer Rezession alle sparen wollen, dann bedeutet das, dass sie einen Teil ihres Einkommens nicht ausgeben. Und wenn alle gemeinsam mehr sparen als investieren wollen, dann kann die Refinanzierung des Bankenwesens noch so günstig gestaltet werden, der Output der Wirtschaft wird trotzdem sinken." (Fessler/Hinsch 2011, S. 138)

Marktsättigungen können neben **pessimistischen Wirtschaftserwartungen** ebenso eine Rolle spielen, wenn eine Wirtschaft nicht wächst. In der **Postwachstumsökonomie** wird – wie bereits ausgeführt wurde – darauf gedrängt, Wirtschaften ohne weiteres Wachsen-Müssen stabil zu halten

[77] Siehe dazu auch das Kapitel „Wirtschaftspolitik"
[78] https://www.bpb.de/kurz-knapp/lexika/lexikon-der-wirtschaft/19806/kondratieff-zyklen. Abgerufen am 24.6.2025

und zugleich die Finanzierung der öffentlichen Leistungen weiterhin zu gewährleisten (mehr siehe im Kapitel zu Wirtschaftswachstum).

Eine überhitze Wirtschaft führt zu **Inflation** und wird durch Erhöhung der Zinsen zu dämpfen versucht, weil damit die Investitionstätigkeit gebremst wird. Inflation bedeutet dabei einen

„anhaltenden Prozess der Geldentwertung, der sich durch allgemeine Preiserhöhungen bemerkbar macht. Mit einer Geldeinheit kann dann ständig weniger gekauft werden, d. h., die Kaufkraft des Geldes vermindert sich dauernd".[79]

In der Regel wird Inflation mit einer **steigenden Geldmenge** erklärt:

„Steht der gesamtwirtschaftlichen Gütermenge eine zu große Geldmenge gegenüber (Aufblähung der Geldmenge), ist eine Bedingung für die Inflation gegeben. Übersteigt die gesamtwirtschaftliche Güternachfrage das gesamtwirtschaftliche Güterangebot, das kurzfristig nicht erhöht werden kann, sind steigende Preise die Folge, die Inflation setzt ein. Die Preissteigerungen lösen steigende Löhne aus, wegen des höheren Einkommens steigt die Nachfrage nach Gütern an. Die höheren Löhne bewirken jedoch auch steigende Kosten der Unternehmen, was wiederum zu Preissteigerungen für Güter führt. Außerdem wird der Preisauftrieb durch die gestiegene Nachfrage zusätzlich verstärkt. Als Folge steigen die Löhne und anschließend wiederum die Preise. Es entsteht eine Lohn-Preis-Spirale. Da in einer solchen Situation in der Bevölkerung die Angst vor weiteren Preissteigerungen und dem Verlust der gesparten Gelder ständig wächst, geben viele ihr Geld möglichst schnell für den Kauf von Gütern aus oder legen Geld zur Werterhaltung in Sachwerten an (Flucht in die Sachwerte), bevor neue Preiserhöhungen zu weiteren Kaufkraftverlusten führen. Eine Inflation kann sich deshalb dauernd selbst verstärken."[80]

Aktuell wird auch die sogenannte **„Vermögenspreis-Inflation"** diskutiert, die aus einer Überbewertung von Vermögenswerten entsteht.[81] Kritisiert wird zudem die Erstellung des **Verbraucherpreisindexes,** nach dem die Inflation berechnet wird, da dieser nicht die unterschiedliche Kaufkraft der Haushalte berücksichtigt (Berger/Steininger 2025).

Interessant ist der Vergleich des Verbraucherpreisindex mit den unterschiedlichen **Haushaltseinkommen**[82] und den durchschnittlichen **Haushaltsausgaben** nach Bereichen.[83] Sogenannte **Referenzbudgets** werden jährlich von der asb, der Dachorganisation der staatlich anerkannten Schuldenberatungen, erstellt. Sie bilden die monatlichen Haushaltsausgaben ab, die sowohl für die Abdeckung des unmittelbaren Bedarfs als auch für die Teilhabe am sozialen und kulturellen Leben als notwendig erachtet werden.[84]

Inhalte der Schulbücher

In **Meridiane 7** werden die Begriffe „Wertschöpfung", „Inflation" und „Inflationsrate" dargestellt – mit einem Kasten zur Frage „Euro als Teuro nur Einbildung?" Erklärt wird die „Teuro-Illusion" mit der asymmetrischen Wahrnehmung: Es fällt auf, wenn Lebensmittel teurer werden, nicht jedoch, wenn beispielsweise Elektrogeräte zugleich billiger werden. Zudem würden sinkende Preise wohlwollend

---

[79] https://www.bpb.de/kurz-knapp/lexika/lexikon-der-wirtschaft/19723/inflation. Abgerufen am 24.6.2025
[80] Ebd.
[81] https://finanzkun.de/de/artikel/was-ist-vermoegenspreisinflation. Abgerufen am 24.6.2025
[82] https://www.statistik.at/statistiken/bevoelkerung-und-soziales/einkommen-und-soziale-lage/haushalts-einkommen. Abgerufen am 22.3.25
[83] Laut Konsumerhebung wird knapp ein Viertel des Haushaltseinkommens für Wohnen ausgegeben. https://www.statistik.at/statistiken/bevoelkerung-und-soziales/ausgaben-und-ausstattung-privater-haushalte/ausgaben. Der Anteil steigt bei Menschen in Miete und niedrigem Einkommen jedoch stark an. Ein Viertel der Haushalte in privater Miete zahl mehr als 40 Prozent des Haushaltseinkommen für Miete. https://www.statistik.at/fileadmin/pages/338/11-15_Wohnkosten_Wohnkostenbelastung_EU-SILC.pdf. Abgerufen am 22.3.25
[84] https://www.konsumentenfragen.at/konsumentenfragen/Konto_und_Zahlungsverkehr/News/Was-kostet-das-taegliche-Leben-tatsaechlich-Referenzbudge.html. Abgerufen am 22.3.25

zur Kenntnis genommen, aber schnell vergessen, Preiserhöhungen jedoch nicht. Weitere erläuterte Begriffe in diesem Einführungskapitel sind „Wirtschaftsprognosen“, „Gesamtwirtschaftlicher Kreislauf“ und „Wirtschaftssubjekte“.

Ein Unterkapitel behandelt **Inflation** und **Deflation** (Meridiane 7, S.40f.) genauer. Es werden die Begriffe “Hausgemachte Inflation“ (Ursachen im Inland), „Importierte Inflation“ (Produkte aus dem Ausland werden teurer), „Nachfrageinflation“ (Nachfrage übersteigt Angebot), „Angebotsinflation“ (steigende Produktionskosten), „Hyperinflation“ (Preissteigerung mehr als 20 Prozent) sowie die „Lohn-Preis-Spirale“ (höhere Preise führen zu höheren Löhnen) erklärt.

Der „**Verbraucherpreisindex**“ (VPI) als Basis für die Berechnung der Inflation wird hinsichtlich seiner begrenzten Aussagekraft vorgestellt:

„Denn jede/r von uns hat ein eigenes Konsumprofil, eigene Verbrauchergewohnheiten, die sich individuell von jenen unterscheiden, die der Berechnung zu Grunde liegen.“ (ebd. S. 41)

Die **Gefahren von Deflation** werden anhand einer Grafik dargestellt: Fehlende Nachfrage führt zu sinkenden Preisen, diese zu Zahlungsproblemen der Unternehmen und möglicher Insolvenz, was wiederum zu sinkenden Löhnen und höherer Arbeitslosigkeit führt.

Das Schulbuch **Perspektiven** versucht, zu jedem Thema einen Bezug zur Lebenswelt der Schüler*innen herzustellen. In **Perspektiven 5/6** im Zusammenhang mit **Inflation** mit der Suche nach einem Ferialjob, um damit Geld zu verdienen. Dann wird gefragt, ob und wann dieses Geld seinen Wert erhält, was zu den Themen „Konjunktur“, „Geldwert“ und „Inflation“ bzw. Deflation“ führt. Erklärt werden die Ursachen und Formen von **Konjunkturschwankungen** sowie jene von Inflation inklusive der **Inflationsmessung** (Verbraucherpreisindex). Als eine der Aufgaben wird eine Diskussion über die Bedeutung der **Lohnstückkosten** sowie der **Steuerlast** der Unternehmen für die Belebung der Konjunktur anhand zweier Grafiken zu Österreich gestellt. Da beide Parameter im Ländervergleich hoch sind, wird suggeriert, dass eventuell Löhne und Unternehmenssteuern gesenkt werden sollen.

In **Perspektiven7/8** werden der **Verbraucherpreisindex (**VPI) und der **Harmonisierte Verbraucherpreisindex** (HVPI, vergleichbar in der Eurozone) sowie der alle fünf Jahre neu ermittelte **Warenkorb** (derzeit 800 gewichtete Positionen) und der **Mikrowarenkorb** (rund 20 Waren des täglichen Einkaufs) als Basis für die Berechnung der Inflationsrate vorgestellt. Sie seien der „Maßstab für wirtschaftspolitische Entscheidungen, Lohnverhandlungen und Wertsicherungen“ (Perspektiven7/8, S. 21). Ob der Warenkorb oder der Mikrowarenkorb für die Berechnung der Inflationsrate herangezogen wird, bleibt offen – es ist ersterer. Es gibt lediglich den Hinweis, dass der Mikrowarenkorb für ärmere Haushalte bedeutsamer ist. Hilfreich ist der angeführte Link auf die Daten des VPI[85]. Verwiesen wird zudem auf einen **persönlichen Inflationsrechner** sowie auf die Grenzen der **Aussagekraft der Inflationsrate** (Ausgehen von einem durchschnittlichen Verbraucherverhalten, Änderung des Verbraucherverhaltens, Heranziehung der Preislisten, nicht der tatsächlichen Preise, Preiserhöhung kann auch Qualitätsverbesserung geschuldet sein, regionale Preisunterschiede[86]).

Das Kapitel „Eine Wirtschaftskrise – kann sie auch mich treffen?“ in **Perspektiven7/8** (S.42ff.) thematisiert Arten und Ursachenerklärungen für Wirtschaftskrisen und stellt die Frage, ob diese auch eine Chance sein können. Als **Wirtschaftskrise** wird der „Wendepunkt der Konjunktur in die Depression“ bezeichnet, diese beinhalte eine „länger andauernde Phase des konjunkturellen Niedergangs“ (ebd. S. 42). Krisen würden für einen „Übergang in eine neue Ordnung“ (ebd. S. 42) stehen, eine Wirtschaftskrise könne jedoch in die „Massenarmut“ führen – als Beispiel wird die „Große

[85] https://www.statistik.at/fileadmin/pages/214/6_Warenkorb_H_VPI_2023.pdf. Abgerufen am 22.3.25
[86] Diese spielen etwa bei Wohnungsmieten eine bedeutende Rolle.

Depression“ in den 1930er-Jahren angeführt. Nach **Merkmalen von Wirtschaftskrisen** (Rückgang des Absatzvolumens und der Investitionen, Insolvenzen, Massenentlassungen) werden **Typen von Wirtschaftskrisen** (Strukturkrise, Banken- und Finanzkrise inkl. Bankenrun, Staatschuldenkrise inkl. Staatsbankrott sowie Weltwirtschaftskrise) beschrieben.

Zudem werden Strategien zur **Verhinderung von Wirtschaftskrisen** zur Diskussion gestellt. Ausgeführt werden die **„neoklassische Theorie“** (Verhinderung von Wirtschaftskrisen durch freien Wettbewerb), die **„marxistische Theorie“** (Problem: Akkumulation, Verelendung, Maßnahmen: Vergesellschaftung des Privateigentums und Ausschaltung des Wettbewerbs), der **„Keynesianismus“** (Problem: Nachfrageschwäche, Maßnahme: Ankurbelung der Nachfrage) sowie die **„Gemeinwohlökonomie“** (Systemfehler Geld als Ziel statt als Mittel). Schließlich wird ausgeführt, dass Wirtschaftskrisen auch eine **Chance** sein können. Wirtschaftsstrukturen seien „nicht in Stein gemeißelt“, möglich sei Strukturwandel, die Hinterfragung unseres Lebensstils sowie die Auflage von Konjunkturprogrammen für den ökologischen Umbau (ebd. S. 44).

Das Schulbuch **Durchblick 8** thematisiert ebenfalls die laut Lehrplan für wirtschaftskundliche Gymnasien vorgeschriebenen Bereiche „Geld, Währung, Finanzen“ (gekennzeichnet mit „WIKU“), weist aber darauf hin, dass diese „im Sinne einer Vertiefung bzw. Erweiterung auch von Schülerinnen und Schülern anderer gymnasialer Formen für den Unterricht genutzt werden können“ (Durchblick 8, S. 3). Im Kapitel **„Geld – Entwicklung, Arten, Funktionen“** (ebd. S. 156ff.) werden die historische Entstehung des Geldes, der Unterschied zwischen Bargeld und Buchgeld, der Wert des Geldes und das Verhältnis von **Geldmenge, Produktion** und **Kaufkraft** erklärt.

„Die Kaufkraft nimmt zu, wenn die Geldmenge im Verhältnis zur Gütermenge abnimmt oder die Gütermenge im Verhältnis zur Geldmenge zunimmt.“ (ebd. S. 157)

Gut verständlich und mit einem Beispiel illustriert wird auch das Prinzip der **Geldschöpfung** durch die Banken sowie der Begriff der **Mindestreserve.** Zur Kaufkraft heißt es, dass deren Erhalt für die Menschen zentral sei. Die **wachsende Geldmenge** könne im positiven Fall eine größere Gütermenge bewirken, wenn der Markt aufgrund geringerer Zinsen mit einer Ausweitung seiner Kapazitäten und der Bereitstellung einer höheren Gütermenge reagiert. Geschehe dies nicht (schnell genug), komme es zu **Inflation**. Die Frage der **Geldpolitik** sei daher immer mit der **Entwicklung des Wohlstandes** in einem Land gekoppelt. Dazu heißt es aber einschränkend:

„Staat und Zentralbank können mit ihrer Geldpolitik nur die Geldmenge direkt beeinflussen, ob letztlich die Nachfrage anspringt und mehr Güter produziert und nachgefragt werden, ist eine andere Frage.“ (ebd. S. 157)

Geospots 7/8 geht zunächst auf die **Geschichte** und **Rolle des Geldes** ein:

„Historisch gesehen funktionierte das Wirtschaften die längste Zeit ohne Geld, nämlich bis ins 12. Jahrhundert. Heute wäre Wirtschaften ohne Geld nicht mehr denkbar.“ (ebd. S. 33)

Es werden die **Funktionen von Geld** (Zahlungsmittel, Wertaufbewahrungsmittel und Recheneinheit), die Absicherung als gesetzliches Zahlungsmittel, die Rolle der Zentralbanken sowie der Unterschied zwischen **Bargeld** und **Giral-/Buchgeld** erklärt.

Zudem gibt es einen Hinweis auf die **ungleiche Verteilung des Geldvermögens**:

„Global gesehen ist das Geldvermögen äußerst ungleich verteilt, insbesondere zwischen Nord und Süd, und die Ungleichheit zwischen Industrieländern und den schwächer entwickelten Staaten wird immer ungleicher. 1 % der Weltbevölkerung besitzt etwa 40 % des Weltvermögens.“ (ebd. S. 33)

In der Folge wird auf die **Entstehung von Inflation**, die Rolle des Warenkorbs sowie des (Harmonisierten) Verbraucherpreisindex und die daraus berechnete Inflationsrate eingegangen.

Es werden unterschiedliche **Formen von Inflation** erklärt: Monetäre Inflation (Notenbanken drucken Geld zur Finanzierung von Staatsschulden, ist in der EU z.B. verboten), Kosten-Inflation (steigende Lohnkosten, Lohn-Preis-Spirale), Nachfrage-Inflation (Nachfrage übersteigt Angebot).

Als **Aufgaben der Banken** werden die Kreditvergabe, die Betreuung von Geldanlagen sowie eigene Anlagetätigkeit am Kapitalmarkt, als Aufgabe der Zentralbanken die Versorgung der Geschäftsbanken mit Geld sowie die Festlegung von Zinssätzen beschrieben:

„Geldpolitik wird mittels unterschiedlicher Zinssätze betrieben. Somit sind sowohl die Inflationsentwicklung als auch der Wechselkurs beeinflussbar." (ebd. S. 34)

Als volkswirtschaftlich bedenklich wird eine **Inflation über 5 Prozent** bezeichnet:

„Das ist in Österreich durch den Ukrainekrieg und die stark gestiegenen Energiepreise erstmals seit 2022 wieder der Fall." (ebd. S. 34)

Schließlich wird der **Unterschied zwischen Inflation** (Preissteigerungen, Sinken des Geldwerts, Flucht in Sachwerte, Nachteile für Gläubiger, Vorteile für Schuldner) und **Deflation** (Preissturz, Steigen des Geldwertes, Flucht in das Geld, Vorteile für Gläubiger, Nachteile für Schuldner) angeführt.

Auf **Wirtschaftskrisen** wird nur knapp Bezug genommen:

„In Wirtschaftskrisen schränken Banken die Kreditvergabe ein, wodurch sich Krisensituationen weiter verschlechtern." (ebd. S. 34)

Ausführlich wird auf den Begriff der **Konjunktur**, den Konjunkturverlauf zwischen Expansion, Rezession und Depression, Konjunkturpolitik (Keynesianismus, Monetarismus) sowie unterschiedliche Konjunkturtheorien, etwa die Kondratjew-Zyklen, eingegangen. Zudem werden **Konjunkturindikatoren** sowie **Konjunkturprognosen** erklärt.

Neben dem Ansatz der **„schöpferischen Zerstörung"** von Joseph Schumpeter werden **weitere Ansätze** vorgestellt:

„Liberale VertreterInnen ziehen externe Einwirkungen wie staatliche Regulierung, Einflussnahme durch Gewerkschaften oder technische und ökologische Katastrophen als Erklärungsansatz für konjunkturelle Schwankungen heran. Marxistische Positionen sehen aufgrund der Widersprüchlichkeit des gesamten Wirtschaftssystems Krisen vorprogrammiert. Keynes hingegen sieht im Fehlen von privaten Investitionen und mangelnder Nachfrage die Ursachen für Konjunkturschwankungen. Auch geldpolitische Maßnahmen, wie die Höhe von Kreditzinsen oder psychologische Aspekte, wie das Vertrauen der Wirtschaftsbetriebe oder Gewinnerwartungen, wirken sich aus." (ebd. S. 37)

Im Kapitel zu „Wachstum und Konjunktur" gibt es einen Abschnitt zu **„Regulation und Freiheit"**. Darin heißt es:

„Je nach Ideologie versteht man Unterschiedliches unter Wirtschaft. Zudem ist Wirtschaft etwas Widersprüchliches und wird durch unterschiedliche Interessen geleitet. Die Interessen der ArbeiterInnen stehen den Interessen der ArbeitgeberInnen gegenüber. Hohe Produktions- und Konsumraten haben negative Auswirkungen auf den Verbrauch von Ressourcen. Die gesellschaftlichen Verhältnisse von Arm und Reich ergeben sich aus einem bestimmten Wirtschaftssystem. Werden diese Widersprüche zu groß, so kann ein ganzes Wirtschaftssystem in eine Krise geraten und zusammenbrechen." (ebd. S. 36)

In **Geografisch 7** wird die **Finanzkrise** von 2007/2008 ausgehend von der Immobilienkrise in den USA bis hin zur Eurokrise auf zwei Seiten ausführlich thematisiert. In Bezug auf die **Schuldfrage** werden zwei Sichtweisen vorgestellt: die **keynesianische** und die **neoklassische** Sicht. Die beiden Positionen werden nicht bewertet und diskutiert.

Aus **keynesianischer Sicht** hätten die zunehmende Deregulierung der Märkte und der Rückzug des Staates über die letzten Jahrzehnte zu einem Kontrollverlust geführt. Bei der Immobilienkrise habe man zu spät eingegriffen. Die Exportüberschüsse Deutschlands oder Österreichs hätten die

Wettbewerbsfähigkeit von Ländern wie Griechenland unterminiert, Sparprogramme die Konsumnachfrage gedrosselt. Doch:

„Zur Lösung der Krise muss der Staat die fehlende Nachfrage durch Investitionen ersetzen. Zinsen müssen gesenkt werden, um die Investitionstätigkeit von Unternehmen zu erhöhen." (Geografisch 7, S. 45)

Laut **neoklassischer Sicht** seien in den Krisenländern die Löhne stärker als die Produktivität gestiegen. Nur Reformen in diesen Ländern könnten die Krise überwinden:

„Eine Deregulierung der Arbeits- und Produktmärkte würde langfristig wieder ein Gleichgewicht schaffen." (ebd. S. 45)

Geografisch 7 enthält im Kontext der Finanzkrise zudem ein eigenes Kapitel über **„Feministische Ökonomien"**. Unser tägliches Wirtschaften sei ein „geschlechtlich kodiertes Terrain", wird die Ökonomin Christa Wichterich zitiert, dennoch stellten Geschlechterbezüge in der Ökonomie oft einen „blinden Fleck der orthodoxen Wirtschaftswissenschaften" (ebd. S. 46) dar:

„Feministische Ökonomien öffnen den wirtschaftswissenschaftlichen Diskurs für vielfältige Denkweisen und fördern eine heterodoxe (= andersdenkende) Ökonomie. Sie verbinden das Ökonomische mit der Kategorie ‚Geschlecht' bzw. dem Geschlechterverhältnis und sehen Herrschaft und Macht oft als Triebkräfte des Wirtschaftens." (ebd. S. 46)

Als **Ökonominnen** werden die Nobelpreisträgerinnen Elinor Ostrom (Forscherin zu Gemeingütern) und Claudia Dale Goldin (Expertin für Gender in der Wirtschaft) vor-, in der Folge vier Diskurse im **Kontext der Finanzkrise** zur Diskussion gestellt: 1) Die Finanzkrise sei männlich, da Männer Zockermentalität hätten (diese Annahme wird als stereotypisch kritisch gesehen); 2) Männer seien am stärksten von der Rezession betroffen gewesen (was auch kritisch hinterfragt wird); 3) Die Konjunkturprogramme seien männerorientiert gewesen, spezifische Maßnahmen für weiblich dominierte Berufsfelder seien ausgeblieben (dem wird zugestimmt); 4) Die Krise habe Frauen stärker getroffen, weil soziale Dienstleistungen abgebaut worden seien (auch dem wird zugestimmt). Als Arbeitsaufgaben werden u. a. die Gründung einer Gewerkschaft für unbezahlte Carearbeit sowie Recherchen zu den Forschungsarbeiten der Nobelpreisträgerin Claudia Dale Goldin gestellt.

global 6 thematisiert Inflation und Deflation am Beispiel der **europäischen Geldpolitik**. Einer Erklärung des Systems der Europäischen Zentralbanken folgt die Beschreibung der geldpolitischen Ziele der EZB:

„Die EZB hat nach dem Vertrag von Maastricht das vorrangige Ziel, die Geldwertstabilität (= den Wert des Euro) zu bewahren, also die Inflation möglichst niedrig zu halten." (global 6, S. 109)

Geldwertstabilität sei gegeben, wenn der harmonisierte Verbraucherpreisindex, also der durchschnittliche Preisanstieg in den Ländern des Eurosystems, weniger als zwei Prozent gegenüber dem Vorjahr betrage. Neben dem übermäßigen Wachstum der Geldmenge könne **Inflation** aber auch durch einen Anstieg der Rohstoffpreise oder der Löhne erzeugt werden. In der Folge werden die beiden Strategien „Beeinflussung der Liquidität" und „Beeinflussung des Zinssatzes" durch die EZB sowie die Rolle des An- oder Verkaufs von Wertpapieren durch die Zentralbank und die Mindestguthaben der Banken bei der Notenbank beschrieben. Danach wird das neue Phänomen einer **Deflation** in Europa in den 2010er-Jahren thematisiert[87] und dabei auf die Strategie des **Quantitative Easing** (Quantitative Lockerung) eingegangen. Diese wird an einem Schaubild erklärt: Anleihenkäufe der EZB erhöhen die Liquidität der Geschäftsbanken, die Anleihenkurse steigen, die Renditen von Anleihen sinken, damit auch das Zinsniveau, die Kreditnachfrage von Unternehmen und Konsumenten wachse. In den Arbeitsaufgaben soll diese geldpolitische Strategie der EZB erklärt werden.

---

[87] Die erneute Inflation im Zuge des Krieges gegen die Ukraine und die Verteuerung der Rohstoffe fand nach Erscheinen des Schulbuchs statt.

Einschätzung

Alle Schulbücher erklären das Entstehen von **Inflation** und **Deflation**. Die **geldpolitischen Maßnahmen** dagegen sowie die einschlägigen **Wirtschaftstheorien** dazu werden unterschiedlich ausführlich thematisiert, ebenfalls die Rolle des **Verbraucherpreisindex** zur Berechnung der Inflation. Beim **Verbraucherpreisindex** wäre auch die Thematisierung der unterschiedlichen Kaufkraft relevant. Die Bedeutung der **Senkung von Löhnen und Steuern** wird teilweise thematisiert. Die **Finanz- und Wirtschaftskrise** von 2007 bis 2009 wird nur von einigen Schulbüchern besprochen, das Angehen gegen die Wirtschaftsflaute danach ebenso. Die Corona-Pandemie wird nur von einem Schulbuch, das erst danach erschienen ist, thematisiert (*Geografisch*).

Die **Vermögenspreis-Inflation** wird nicht angesprochen, die starke Inflation im Gefolge des Krieges gegen die Ukraine erscheinungsbedingt ebenfalls nicht. Nur *Geospots* erwähnt den Krieg gegen die Ukraine und die damit gestiegenen Energiepreise als Ursache für die gestiegene Inflation in Österreich. Nicht erwähnt wird auch, dass eine gewisse **Inflation** tendenziell den Arbeitnehmer*innen hilft, da Vermögen und Staatsschulden etwas entwertet werden, freilich auch Sparguthaben (Fessler/Hinsch 2011).

Nun zur Einzelbewertung:

Meridiane 7: Inflation und Deflation werden korrekt dargestellt. Details zur Zusammensetzung des VPI wären sinnvoll – verwiesen wird lediglich auf eine Recherche bei Statistik Austria. **Vermögenspreisinflation**[88], also die mögliche Überbewertung von Vermögen, etwa von Immobilien oder Aktien, die das tatsächliche Wirtschaftswachstum verzerren kann, wird nicht beschrieben.

Perspektiven 5/6: Dieses Schulbuch suggeriert, dass durch die Senkung von Löhnen und Unternehmenssteuern die Inflation abgebremst werden könne. Doch: Statt **Löhne** zu senken, kann es Sinn machen, mehr in Qualifikationen zu investieren. Die Senkung von **Unternehmenssteuern** käme vor allem großen Konzernen zugute, die damit ihre Gewinne weiter erhöhen könnten, und nicht den vielen Klein- und Mittelbetrieben, die ohnedies weniger Steuern zahlen (Bernhofer/Kaiser 2024). Hingewiesen werden könnte auch hier auf die **Vermögenspreisinflation** sowie auf die bedingte Aussagekraft von **Preissteigerungen**, weil deren Auswirkungen stark vom verfügbaren Einkommen und den damit beeinflussten Konsumpräferenzen abhängen (Berger/Steininger 2025).

Perspektiven 7/8: Dieses Schulbuch geht ausführlich auf die Berechnung der **Inflationsrate** und deren begrenzte Aussagekraft ein. Aufschlussreich sind die **Erklärungstheorien für Wirtschaftskrisen** sowie von Maßnahmen dagegen. Notwendig wäre aber eine Diskussion und Einschätzung der unterschiedlichen Krisentheorien – im Aufgabenbereich gibt es nur den Vorschlag einer Recherche zur Finanzkrise 2008.

Durchblick 8: Das Prinzip der **Geldschöpfung** durch Banken und das Entstehen von **Inflation** werden gut erklärt. Hingewiesen wird in diesem Schulbuch auch auf die Bedeutung der Geldpolitik für die Wohlstandsentwicklung und die Grenzen der Geldpolitik, da die wirtschaftliche Entwicklung von verschiedenen Faktoren abhänge. In Bezug auf die **Stimulierung der Produktion** und **Nachfrage** durch die Erhöhung der Geldmenge (via Niedrigzinsen) wären Hinweise auf mögliche **Sättigungsgrenzen** in Märkten sowie auf die Unmöglichkeit unbegrenzten Wachstums der Gütermenge aus ökologischen Gründen sinnvoll (siehe oben Kritik am Wachstumsdiskurs).

Geospots 7/8: Dieses Schulbuch erklärt die Rolle von **Geld, Geldpolitik, Inflation** und **Deflation, Konjunktur** und **Konjunkturtheorien** sachlich. Der Hinweis auf die **ungleiche Verteilung** der Weltvermögen v.a. zwischen Industrie- und Entwicklungsländern stimmt nur bedingt: Zum einen spielen aufholende Volkswirtschaften (Stichwort BRICS-Staaten) eine immer größere Rolle, zum anderen

---

[88] https://www.inflation-deflation.de/vermoegenspreisinflation.html. Abgerufen am 12.3.2025

ist die Verteilung in den materiellen Wohlstandsländern ebenfalls ungleich. Bei den **Funktionen des Geldes** wird nur auf die Wertaufbewahrung hingewiesen, nicht jedoch auf die Vermögensvermehrung durch Anlage, Investition und Spekulation. Diese erklärt wesentlich die Vermögensspreizung (Matthäuseffekt: „Wer hat, dem wird gegeben"). Zusammenhänge zur Staatsverschuldung werden ebenfalls nicht erwähnt. **Wirtschaftskrisen** werden nur knapp, die Unterschiede von Keynesianismus und Monetarismus gut beschrieben. Bei den weiteren Erklärungsansätzen für Wirtschaftskrisen wären mehr Erläuterungen nötig, etwa bei der Analyse durch den Marxismus oder der „schöpferischen Zerstörung" bei Schumpeter. Auf **Wachstumszwänge** (Renditeerwartungen, Zinseszins) und **Sättigungstendenzen** wird auch in diesem Schulbuch nicht eingegangen, die Darstellung der Kondratjew-Zyklen ist korrekt, da diese das permanente Wachstum im Konzept der „Langen Wellen" anzeigt. Zu erklären wäre auch, warum Inflation den Schuldnern, Deflation den Gläubigern Vorteile bringt. **Unterschiedliche Interessen** im Wirtschaftssystem sowie Widersprüche werden korrekt angesprochen, würden aber ebenfalls mehr Erläuterung erfordern.

Geografisch 7: Hier werden ausführlich die Ansätze des **Keynesianismus** und **Monetarismus** inklusive der Schwächen beider vorgestellt, ohne diese jedoch zu bewerten. In der eigenständigen Einschätzung der Ansätze könnten die Schüler*innen überfordert sein. Anders als die übrigen Schulbücher geht *Geografisch* im Kontext der Finanzkrise auf **feministische Ökonomieansätze** ein, die die Krise aus Gendersicht beurteilen.

Global 7: Dieses Schulbuch thematisiert Geldpolitik an den Maßnahmen der **Europäischen Zentralbank**, wobei neben der Inflationsbekämpfung ausführlich auch auf die offensive Geldpolitik in den 2010er-Jahren als Gegensteuerung gegen die Wirtschaftsflaute in der EU eingegangen wird (Stichwort „Quantitative Lockerung"), ohne diese zu bewerten. In der Fachliteratur gibt es durchaus auch kritische Stimmen zur EZB-Politik des „Hot Money", da diese die Inflation angeheizt und auch zu vermehrter Vermögensspekulation geführt habe (Holzinger 2024, S. 86ff, Piketty 2021, S. 207).

Geldanlage

Fachliche Einführung

Als **Geldanlage** gilt

> „die planmäßige Verwendung von Geldern, um einen Ertrag und/oder Wertzuwachs zu erzielen oder zumindest den realen Wert zu erhalten. Vorbedingung ist die Ansammlung von Geldern durch Sparen. Anschaffungen zum Gebrauch oder Verbrauch zählen nicht zur Geldanlage. Der Begriff umfasst auch die als Kapitalanlage bezeichnete langfristige Investition von Geldern und die Spekulation."[89]

Die **Veranlagung von Geld** sowie die **Investition in Unternehmen** zählen zum Wesenskern des kapitalistischen Wirtschaftssystems. Für den Großteil der Menschen galten das Sparbuch oder ein Bausparvertrag als die übliche Anlagemöglichkeit. Mit der Propagierung weiterer Anlagemöglichkeiten etwa in Fonds oder Aktien wird versucht, Menschen zu ermuntern, sich auch stärker risikobehafteten, dafür aber ertragreicheren Investitionsformen zuzuwenden. Dazu zählen auch private Pensionsversicherungen, die nicht dem Umlageverfahren unterliegen, sondern am Finanzmarkt agieren. An Bedeutung haben auch **ethische** bzw. **ökologische Investments** sowie neue Anlagemöglichkeiten auf **Crowdfinancing-Plattformen** gewonnen (Holzinger 2024, S. 195f.).

Nachhaltige Investments wird eine große Hebelwirkung nachgesagt: Laut einer Studie der NORDEA Bank kann eine bewusst nachhaltige Geldanlage bis zu 27-mal mehr CO_2 einsparen als

---

[89] https://www.bpb.de/kurz-knapp/lexika/lexikon-der-wirtschaft/19446/geldanlage/. Abgerufen am 22.5.2025

der Umstieg auf pflanzliche Ernährung oder öffentlichen Verkehr.[90] Ziel muss es aber sein, dass die Kapitalströme generell auf nachhaltige Bereiche gelenkt werden (Club of Rome 2022). Die **EU-Taxonomie-Verordnung**, der gemäß Unternehmen und Finanzinstitute zumindest ausweisen müssen, wie viele ihrer Investitionen in nachhaltige Bereiche gehen, ist ein erster Schritt in diese Richtung (Holzinger 2024, S. 193ff).[91]

Gehofft wird auch darauf, dass Investments in **fossile Branchen** an Attraktivität verlieren, weil Verluste, sogenannte „stranded assets", befürchtet werden. Immer mehr Analyst*innen gehen davon aus, dass eine Finanzblase entsteht, die platzen könnte, wenn der Glaube der Anleger*innen an das CO_2-Risiko eine bestimmte Schwelle erreicht. Simulationen würden zeigen, dass nur 9 Prozent der Anleger*innen das System kippen könnten, denn andere Anleger*innen könnte dies dazu veranlassen, dem Trend zu folgen (Otte u. a. 2020).

Finanzbildung wird häufig vor allem als Information über die am Finanzmarkt vorhandenen Anlagemöglichkeiten verstanden.[92] Die **österreichische Finanzbildungsstrategie** nennt als Ziel:

> „Finanzbildung soll in der Bevölkerung das Bewusstsein, die Fähigkeiten und das Verständnis hinsichtlich finanzieller Entscheidungen stärken."[93]

Aus der Sicht einer **multiperspektivischen** bzw. **emanzipatorischen Finanzbildung** muss aber neben der Information über Chancen und Risiken von unterschiedlichen Finanzprodukten auch über die wirtschafts- und gesellschaftspolitische Relevanz von Finanzmärkten, etwa Spekulation oder zunehmende Vermögenskonzentration, sowie über die ethische Frage, wie weit es legitim ist, mit Geld mehr Geld zu machen (Robeyns 2024) gesprochen werden (siehe auch Kapitel zu Finanzmärkten).

Manche plädieren für eine breitere Streuung von **Kapitaleinkommen** im Kontext „pluraler Einkommen" (Vobruba 2018), andere weisen darauf hin, dass ein beträchtlicher Teil der Bevölkerung gar nicht über Ersparnisse verfügt. Ein Viertel der Haushalte in Österreich kommt lediglich auf ein Haushaltsäquivalenzeinkommen von knapp 25.000 Euro, 10 Prozent der Haushalte kommen auf etwas mehr als 17.000 Euro im Jahr.[94] Die Anzahl der Menschen, die in Veranlagungen außerhalb von Sparbüchern investieren, wird für Österreich mit einem niedrigen zweistelligen Prozentanteil angegeben (Rieß/Greimel-Fuhrmann 2025).

Inhalte der Schulbücher

In **Meridiane 8** werden die unterschiedlichen **Anlageformen** von Anleihen und Aktien über Fonds bis Derivate vorgestellt. Das Kapitel „Kapitalmarkt und Finanzwirtschaft" umfasst 20 Seiten (!). Im Abschnitt „Anlageformen" (Meridiane 8, S. 202ff.) werden die Themen „Sparen", „Geldschöpfung",

---

[90] Zit. n. https://www.linkedin.com/pulse/finanzen-als-klimafaktor-wie-geld-das-klima-beeinflusst-kr3qf. Abgerufen am 7.7.2025

[91] https://www.bafin.de/DE/Aufsicht/SF/TaxonomieVO/TaxanomieVO_node.htm. Abgerufen am 4.7.2025

[92] Kritisch dazu: https://www.otto-brenner-stiftung.de/fileadmin/user_data/stiftung/02_Wissenschaftsportal/03_Publikationen/AP71_Finanzbildung_Vierseiter.pdf; https://www.attac.de/presse/detailansicht/news/kritische-oekonomische-bildung-statt-neoliberaler-finanzerziehung; Abgerufen am 21.5.2025

[93] https://finanzbildung.oenb.at/insights-evaluation/Projekte/evaluation-finanzbildungsstrategie.html. Abgerufen am 22.5.2025

[94] https://www.statistik.at/statistiken/bevoelkerung-und-soziales/einkommen-und-soziale-lage/haushaltseinkommen. Abgerufen am 22.5.2025
Zur Erklärung: Das verfügbare Äquivalenzeinkommen ist das Gesamteinkommen eines Haushalts nach Steuern und anderen Abzügen, das für Ausgaben und Sparen zur Verfügung steht, geteilt durch die Zahl der Haushaltsmitglieder, umgerechnet in Erwachsenenäquivalente; zur Ermittlung der Erwachsenenäquivalente wird eine Gewichtung der Haushaltsmitglieder nach ihrem Alter nach der modifizierten OECD-Äquivalenzskala vorgenommen.

„Finanzmärkte“ einschließlich deren Akteure (Banken, Versicherungen, Kapitalanlagegesellschaften, Pensionsfonds, Venture Kapital und Hedgefonds und Staatsfonds) sowie „Geldströme“ behandelt. Weitere Abschnitte sind den „Wertpapieren“, den „Börsen“ und der „Geldanlage“ gewidmet. Die unterschiedlichen Anlageformen werden ausführlich vorgestellt und mit zahlreichen Aufgabenstellungen verbunden.

In der **Einleitung** heißt es:

„Es erfordert einen gewissen Aufwand, die besten und wirtschaftlichsten Möglichkeiten für sich zu finden. Bedingungen ändern sich jedoch häufig und man muss immer auf dem Laufenden bleiben!“ (ebd. S. 84)

Kritische Hinweise gibt es in einem kurzen Abschnitt über **„Blasen und Crashes“:**

„Seit Jahrzehnten werden Anleger/innen regelmäßig von Wellen der Profitgier erfasst. Eine Blase erkennt man erst, wenn sie platzt.“ (ebd. S. 214)

Kritik wird auch am **„Shareholder Value“**-Denken geübt:

„Manager/innen von Aktiengesellschaften unterliegen der Versuchung, bei der Unternehmensführung primär auf die Interessen der Aktionärinnen/Aktionäre zu achten.“ (ebd. S. 215)

Als **Hinweis für Anlegende** wird lediglich auf die verpflichtende Anlageberatung durch Banken verwiesen:

„Dazu werden Anlegerprofile erstellt, mit denen sich die Bank gegen eventuelle Schadenersatzforderungen, z. B. wegen mangelnder Beratung und Information, absichert.“ (ebd. S. 211)

Ein weiteres Kapitel ist dem Funktionieren von **Börsen** und der **Kursbildung** an Börsen gewidmet.

Dazu heißt es:

„Angebot und Nachfrage haben sehr unterschiedliche Ursachen. Oft ist nicht die wirtschaftliche Entwicklung des Unternehmens oder der gesamten Branche entscheidend, oftmals spielen psychologische Momente mit.“ (ebd. S. 213)

Im Kapitel „Geld ausgeben, sparen oder investieren?“ in **Perspektiven 5/6** (S. 84ff.) werden Geld- und Anlageformen, Bar- und Buchgeld sowie **Geldfunktionen** (Tausch- und Zahlungsfunktion, Rechenfunktion und Wertmesser, Aufbewahrungsmittel und Spekulationsmittel) erklärt. Danach folgen ausführliche Beschreibungen unterschiedlicher **Zahlungsformen** (Barzahlung, Girokonto, Lastschriftverfahren, Bankomatkarte u. a.) sowie unterschiedlicher **Anlageformen** (Sparbuch und Bausparen, Versicherungssparen, Immobilien, Anleihen, Aktien, Gold, Fonds und Derivate). **„Nachhaltiger Geldanlage“** ist ein eigener Abschnitt gewidmet, ein Kasten mit Links informiert u. a. über **Jugendkonten** sowie den Konsumentenschutz zum Thema Geld.

Im Überkapitel „Geld und Währung analysieren“ in **Perspektiven7/8** (S. 277ff.) heißt es einleitend:

„Man muss sich im Klaren sein, dass jede Anlage neben Chancen auch Risken hat. Die wichtigste Voraussetzung für einen Anlageerfolg ist die Kenntnis der Produkte und vor allem die Beachtung der Grundregeln einer Vermögensanlage.“ (ebd. S. 277)

Es werden Tipps gegeben mit dem **„magischen Dreieck der Geldanlage“** (Sicherheit, Rentabilität, Liquidität), mit Hinweisen zu **„nachhaltigen Geldanlagen“** sowie mit der Aufzählung von Chancen und Risiken unterschiedlicher Anlagen (inklusive Unterstützung durch die **„Anlagen-Pyramide“** bestehend aus Liquidität, Sicherheit, Ertrag, Wachstum und Gewinn in aufsteigender Reihenfolge). Zudem werden die Eigenschaften unterschiedlicher **Anlageformen** ausführlich beschrieben: vom Sparbuch und Bausparverträgen über Immobilien-Investments und Crowdfunding bis hin zu Anleihen, Fonds und Aktien sowie Gold und Derivaten.

Zum Thema **Nachhaltigkeit** wird ergänzt:

„Wenn man Aktionär/in eines Unternehmens ist, kann man zusätzlich das Stimmrecht nutzen, um Einfluss auf Umwelt- und Sozialstandards auszuüben." (ebd. S. 279)

Erklärt wird auch das Funktionieren der **Börse**. Zudem werden Vor- und Nachteile von **Bargeld** und **Kontoguthaben** aufgelistet.

Auch in **Durchblick 8** ist ein eigenes Überkapitel den unterschiedlichen **Anlageformen** bzw. **Finanzprodukten** („Private am Finanzmarkt", S. 174ff.) gewidmet. Einleitend heißt es:

„Private treten am Finanzmarkt nicht nur als Schuldner/innen (Kapitalnehmer/innen), sondern auch als Kapitalgeber/innen und Investorinnen/Investoren auf. Als diese erwarten sie, dass ihr Kapital hohe Erträge abwirft, sicher und möglichst schnell auch verfügbar ist. Eine Anlageform, die der Liquidität, dem Ertrag und der Sicherheit in gleicher Weise gerecht wird, gibt es allerdings nicht." (ebd. 174)

Anhand dem **„magischen Dreieck"** der Veranlagung sowie an der **„Veranlagungspyramide"** werden die Aspekte der Sicherheit, des Ertrags und der Liquidität in ihrem Spannungsverhältnis erklärt. Nach den unterschiedlichen Motiven für Veranlagung (Sparen für Ausbildung, Hausbau, Altersvorsorge, Zocken wollen ...) werden die unterschiedlichen **Anlageformen** (Sparbuch, Bausparen, Aktien, Investmentfonds) ausführlich erklärt.

Dazu wird ausgeführt:

„Die Einstellung der Österreicher/innen gegenüber den verschiedenen Anlageformen hat sich im Laufe der Jahre immer wieder verändert." (ebd. S. 176)

Später wird ergänzt:

„Weniger populär als die sicheren Sparformen sind bei den Österreicherinnen und Österreichern Aktien und Investmentzertifikate." (ebd. S. 178)

Dazu wird angemerkt:

„Wer Geld aufs Sparbuch legt, nimmt Verluste in Kauf. Die Gründe dafür sind einerseits die niedrigen Zinsen, andererseits die Inflation." (ebd. S. 183)

Ein eigenes Kapitel stellt **„Ethical Banking, Social Banking, Green Banking"** (ebd. S. 182) vor, als Beispiel dient „Oikocredit". Es gäbe immer mehr Menschen,

„denen es nicht egal ist, was mit ihren Anlagen passiert. Sie hinterfragen, ob ihre Veranlagung vielleicht gar Unternehmen unterstützt, deren Handeln im Widerspruch zu den eigenen ethischen Grundsätzen und zu Ihrem Gewissen stehen." (ebd. S. 182)

Als Arbeitsaufgabe wird gestellt, mit den Mitschüler*innen zu diskutieren, ob sie eine ethische Geldanlage nehmen würden, auch wenn diese weniger Ertrag bringen würde.

In **Geospots 7/8** werden Börsen, Aktien, Optionen und Futures, Optionsscheine und Investmentfonds erklärt. Zu **Aktien** werden der Nenn- und Kurswert, der Börsenindex, Hausse und Baisse sowie Informationsquellen über Aktienkurse beschrieben. Dazu heißt es:

„Mit dem Kauf einer Aktie wird man genau genommen MiteigentümerIn an einem Unternehmen. Das Unternehmen erhöht durch den Gang an die Börse (´Going Public´) sein Kapital, die KäuferInnen haben die Hoffnung, dass das Unternehmen (es muss eine Aktien-Gesellschaft sein) erfolgreich wirtschaftet und sie am Gewinn beteiligt werden." (ebd. S. 286)

Es wird folgender **Hinweis** gegeben:

„BesitzerInnen von Wertpapieren oder Optionen sollten sich regelmäßig mit den aktuellen Krisen beschäftigen und immer wieder Überlegungen zum Kauf oder Verkauf anstellen." (ebd. S. 286)

Danach werden die unterschiedlichen Formen von **Investmentfonds** beschrieben:

„Inzwischen gibt es auch Investmentfonds von Investmentgesellschaften. Ein eigener Anlagespezialist verwaltet den Fonds und kauft bzw. verkauft ständig, um das Portfolio möglichst gewinnbringend zu verändern. Über Banken kann man sich bereits mit geringen Beträgen an einem Investmentfonds beteiligen." (ebd. S. 287)

Aktienfonds werden als "eher riskant", Rentenfonds als sicherer, aber auch weniger ertragreich beschrieben, am unsichersten seien Hedgefonds,

„da sie in ihrem Anlagespektrum praktisch nicht eingeschränkt sind." (ebd. S. 289)

In **Geografisch 8** werden ebenfalls **Anlageformen** vorgestellt:

„Aktien, Anleihen und Fonds sind die wichtigsten Finanzinstrumente, die du kennen solltest, um am Kapitalmarkt erfolgreich zu investieren." (Geografisch 8, S. 118)

Erklärt wird, was eine **Dividende** ist und wie der **Aktienkurs** entsteht. Unter „Risiko und Spekulation" wird auf Derivate, Optionen, Futures und Swaps eingegangen. Auch diese Instrumente werden wie die nachfolgend beschriebenen **nachhaltigen Investments** wertneutral vorgestellt. Als Hinweis wird lediglich angeführt:

„Eine wichtige Regel beim Investieren ist, nur Geld anzulegen, dessen Verlust verkraftbar ist." (ebd. S. 123)

Ein Kapitel ist dem **„nachhaltigen Finanzmarkt"** gewidmet, dessen Hauptziel es sei,

„Kapital in Projekte und Unternehmen zu lenken, die positive Auswirkungen auf Umwelt und Gesellschaft haben." (ebd. S. 24)

Als alternative Form der Geldanlage wird **Community Supported Agriculture** bzw. **Solidarische Landwirtschaft** vorgestellt, die eine

„finanzielle Beteiligung an lokalen Bauernhöfen [ermöglicht], um die kommende Ernte zu unterstützen und im Gegenzug frische Produkte zu erhalten." (ebd. S. 125)

Kryptowährungen werden ausführlich in ihrer Funktionsweise mit der Blockchain Technologie beschrieben, jedoch mit Hinweisen auf den großen Stromverbrauch der benötigten Rechenzentren und den erheblichen Kursschwankungen u. a. wegen stark schwankender Nachfrage, Spekulation, Hacks oder Unsicherheiten bei den gesetzlichen Regelungen. Schließlich wird die Zunahme des **bargeldlosen Zahlens** auf unterschiedlichen Wegen dargestellt – hier mit einem Hinweis, dass in Österreich weiterhin ein starkes Bedürfnis nach Bargeldzahlung bestehe und ÖVP und FPÖ das Bargeld sogar in der Verfassung verankern wollten (ebd. S. 131).

In **global 7** gibt es ein Kapitel „Mit gutem Gewissen Erträge erzielen", in dem nachhaltige Geldanlagen als eine Möglichkeit gesehen wird, „die Welt ein Stück besser zu machen" (ebd. S. 93):

„Das Sprichwort ‚Das Geld hat kein Mascherl' stimmt nur für jene, die nicht genauer hinschauen wollen. Immer häufiger interessieren sich Verbraucherinnen und Verbraucher nicht nur dafür, dass ihr Vermögen wächst, sondern auch dafür, wie es wächst." (ebd. S. 93)

global 8 enthält Kapitel zu „Möglichkeiten der Geldanlage – die Qual der Wahl", „Die beliebtesten Formen der Geldanlage", „Geldanlage in Aktien und Anleihen" sowie „Geldanlage in Investmentzertifikate und in Sachwerte". Darin werden unterschiedliche Anlageformen sachlich vorgestellt, ein kleiner Abschnitt ist dabei auch **„nachhaltigen Investments"** (ebd. S. 135) gewidmet. Anhand der **Anlagepyramide** werden die Pole „Rentabilität", „Liquidität" und „Sicherheit", jedoch ergänzt um **Nachhaltigkeit** („Ethik, Soziales, Ökologie", ebd. S. 135) erklärt. Anhand einer Grafik werden die **Geldvermögen in Österreich** differenziert nach Anlageform vorgestellt. Dazu heißt es:

„Die Österreicherinnen und Österreicher erweisen sich bei der Vermögensanlage als relativ traditionell. Der Großteil des Geldvermögens wird im Bereich des Kontensparens angelegt." (ebd. S. 134)

Einschätzung

Alle Schulbücher thematisieren, wie im Lehrplan vorgesehen, die unterschiedlichen **Geldanlagemöglichkeiten**. Dabei ist auffallend, dass die Finanzinstrumente sachlich beschrieben werden. Es wird nur auf das Verhältnis von Risiko und Ertrag eingegangen, nicht auf die grundsätzliche ethische Frage, ob man „Geld für sich arbeiten lassen" dürfe. Ausführungen darüber, dass ein großer Teil der Bevölkerung über keine Finanzprodukte verfügt (weil das frei verfügbare Geld dazu fehlt), und dass am Finanzmarkt vorwiegend Vermögende zu finden sind, die mit Investments ihre Vermögen weiter vergrößern, wären angebracht (Jacobs 2016, ZDF/arte 2021). Auch das Problem der zunehmenden Vermögensspreizung – in der Fachdiskussion wird von einem **„Matthäuseffekt"** gesprochen („Wer hat, dem wird gegeben") – wird nicht thematisiert (Robeyns 2024).

Tendenziell ermuntern die Ausführungen dazu, die „konservative" Form der Veranlagung in sichere Sparguthaben zu überwinden und sich auf andere **Anlagemöglichkeiten** einzulassen. Sollen hier junge Menschen vom sicheren Sparbuch weggelockt werden? Wie oben bereits beschrieben, ist der Zugang zu größeren Anlagevermögen auf eine eher kleine Bevölkerungsschicht begrenzt, zum anderen ist – wie bereits gesagt wurde – zu reflektieren, ob und wie weit es ethisch vertretbar ist, mit Geld mehr Geld zu machen.

Auf **nachhaltige Investments** wird zwar hingewiesen, nicht jedoch darauf, dass die **Kapitalströme** generell in nachhaltige Bereiche gelenkt werden müssen. Die **EU-Taxonomie** gilt – wie bereits ausgeführt – als erster Schritt in diese Richtung. Unternehmen und Finanzinstitute müssen ausweisen, wie hoch ihr Anteil in nachhaltige Investments ist, wenn hier auch Atomenergie und Erdgas als „nachhaltig" eingestuft wird – ein Kompromiss zwischen Frankreich und Deutschland (Holzinger 2024, S. 193ff.).

Das Problem der zunehmenden **Vermögensungleichheit** wird unter Geldanlagen nicht angesprochen. Zudem fehlen Hinweise auf die Finanzkrise von 2008 – wie diese abgewendet wurde und wer dafür gerade stehen musste.

Im Folgenden eine Einzelkritik der Schulbücher.

Meridiane 8: Dieses Schulbuch widmet Geldanlagen ganze 20 Seiten. Im Abschnitt „Wertpapiere" wird auf die Notwendigkeit von ausreichender Information hingewiesen, wenn man investieren möchte („Wer Wertpapiere erwerben will, soll sich zumindest ein bestimmtes **Basiswissen** aneignen.", ebd. S. 208).

Perspektiven 5/6: Die Informationen über unterschiedliche Zahlungsformen sind wichtig, die dargestellten Anlageformen machen auch Sinn. Das Kapitel schließt im Sinne einer praxisbezogenen **Finanzbildung** an der Lebenswelt junger Menschen an, auffällig ist aber – wie im Buch „Meridiane" – die Einladung („Erziehung?") zu riskanteren Geldanlagen.

Perspektiven 7/8: Dieses Schulbuch animiert ebenfalls zum **Anlegen von Geld**. Nicht hingewiesen wird auch hier darauf, dass nicht alle Menschen die Möglichkeit haben, Erspartes anzulegen (es wird lediglich auf „Motive für Geldanlagen" eingegangen, z. B. Vorsorge, Rendite erwirtschaften). Die Frage, ob es ethisch vertretbar ist, mit Geld mehr Geld zu verdienen (Leistungsprinzip), und dass das Auseinanderklaffen von Vermögenden und Nicht-Vermögenden mit der Funktionsweise der Geldanlage zu tun hat, wird ebenfalls nicht gestellt. Die **Vermögensverteilung** der österreichischen Haushalte wird unkommentiert wiedergegeben.

Durchblick 8: Dieses Schulbuch geht ebenfalls ausführlich und sachlich auf die unterschiedlichen **Anlageformen** ein. Es wird auf die konservative Veranlagungsform der Österreicher*innen hingewiesen – und auch darauf, dass das Sparbuch aufgrund der niedrigen Zinsen und der Inflation die am wenigsten erträgliche Anlageform sei. Wie das **Anlagevermögen in Österreich** verteilt ist, wird auch in diesem Schulbuch nicht erwähnt. Angesprochen werden **nachhaltige Investments**. Wie oben bereits ausgeführt, könnte auch auf Beispiele für **unethische Anlagen** (Fossilenergie, Rüstungsindustrie) hingewiesen werden. Notwendig wäre auch hier die Thematisierung der Frage, wer in der Gesellschaft die Möglichkeit hat, übriges Ged zu veranlagen und wer davon ausgeschlossen ist.

Geospots 7/8 gibt eine sachliche Beschreibung von Aktien, Optionen sowie Investmentfonds. Es wird darauf hingewiesen, dass man sich bei **Wertpapieranlagen** permanent über die Wirtschaftslage informieren müsse und dass dies bei Investmentfonds Anlageverwalter übernehmen. Bedingt wird auf **Risiken** verwiesen. Die „Sicherheit von Rentenfonds" ist in Frage zu stellen. Sparbücher und Bausparen werden nicht erwähnt, ebenfalls nicht, wer überhaupt in der Lage ist, am Kapitalmarkt zu investieren und dass das gegenwärtige Finanzsystem tendenziell zu einer steigenden **Vermögensspreizung** führt. Der Begriff „Portfolio" müsste erklärt werden.

Geografisch 8: Auffallend ist hier die **affirmative Beschreibung** der Geldanlagen – die Schüler*innen werden ermuntert, sich auf die Finanzmärkte einzulassen. Die oben beschriebenen Fragen – Wer kann Geld veranlagen? Ist es ethisch vertretbar, sein Geld für sich arbeiten zu lassen? – werden ebenfalls nicht thematisiert. Es gibt lediglich den Hinweis, so zu veranlagen, dass mögliche Verluste verkraftet werden können.

Global 7: Hier werden die Kriterien und Formen **nachhaltiger Geldanlagen** sowie Bewertungsansätze dafür vorgestellt. Die optimistische Einschätzung, dass der Markt für nachhaltige Geldanlagen rasant wachse, ist zu relativieren. Der Anteil am gesamten Publikumsmarkt für Anlagen ist zwar gestiegen, es wird aber auch auf die Gefahr von Greenwashing hingewiesen, etwa durch die Finanzmarktaufsicht (FMA) in Österreich.[95]

global 8: Dieses Buch stellt die Anlagemöglichketen ebenfalls sachlich dar. Bei der Anlagepyramide wird aber neben Risiko, Ertrag und Liquidität auch auf ethische und nachhaltige Aspekte verwiesen. Bei der Darstellung der **gestiegenen Privatvermögen** und **Geldanlagen in Österreich** wäre darauf hinzuweisen, wie sich diese auf die Bevölkerungsgruppen verteilen. Dass in Österreich ein eher konservatives Anlageverhalten überwiegt – das **Sparbuch** ist weiterhin die beliebteste Anlageform – wird wertneutral wiedergegeben.

2.7. Budgetpolitik und Steuern

Budgetpolitik

Fachliche Einführung

„Die **Finanzpolitik** umfasst alle staatlichen Entscheidungen, die sich mit **Einnahmen** oder **Ausgaben** der öffentlichen Hand befassen, die Steuer- und Ausgabenpolitik betreffen sowie die öffentlichen Schulden und das Vermögen des Staates. Im Idealfall soll der Staat seine Ausgaben dauerhaft danach ausrichten, mit welchen Einnahmen er rechnen kann. Auf diese Weise sollen möglichst wenig **Schulden** gemacht und möglichst wenig neue Kredite aufgenommen werden. Allerdings geht es häufig nicht ohne Schulden, denn zum einen

---

[95] „Freilich besteht eine große Bandbreite von nachhaltigen Fonds, was einerseits den Analysefokus der FMA auf potentielles Greenwashing bestätigt, aber auch die Notwendigkeit für Anleger:innen deutlich macht, sich vor der Investition in einen Fonds genauer damit auseinanderzusetzen, ob die individuellen Nachhaltigkeitsaspekte des Fonds auch tatsächlich den eigenen Nachhaltigkeitspräferenzen entsprechen." https://www.fma.gv.at/fma-marktstudie-oesterreichische-anlegerinnen-tendieren-zunehmend-zu-nachhaltigen-investmentfonds. Abgerufen am 20.8.2025

muss der Staat bestimmte Aufgaben kontinuierlich wahrnehmen. Zum anderen hat jede Regierung eine bestimmte Vorstellung davon, wie sie Politik gestalten will.“[96]

So eine Definition der Bundeszentrale für Politische Bildung Deutschland. **Finanz-** und **Budgetpolitik** umfassen demnach die Einnahmen und Ausgaben eines Staates. Regierungen sind angehalten, jährlich Budgetpläne zu erstellen, die von den Parlamenten verabschiedet werden. Wie sich die Einnahmen und Ausgaben zusammensetzen, sind somit politische Entscheidungen.

Ein zentrales Thema dabei ist die **Staatsverschuldung** und welche Höhe dieser als tolerierbar angesehen wird. In der EU wurden Schuldenobergrenzen festgelegt, die für die Mitgliedsländer bindend sind: Die **europäischen Fiskalregeln** wurden 1997 vereinbart, um solide öffentliche Finanzen zu gewährleisten – als Voraussetzung für die gemeinsame Wirtschafts- und Währungsunion. Der Pakt schreibt dazu Obergrenzen für öffentliche Schulden der Mitgliedsstaaten vor. Wer die Defizitgrenzen übersteigt, muss mit Sanktionen und einem Verfahren rechnen – wie aktuell auch Österreich. Der Schuldenstand eines Mitgliedstaates darf 60 Prozent der Wirtschaftsleistung nicht überschreiten. Das Gleiche gilt für das gesamtstaatliche Finanzierungsdefizit, das unter drei Prozent des Bruttoinlandsprodukts bleiben muss.[97]

Wichtig ist auch die Frage, wofür der Staat Schulden macht. Unterschieden werden die eher problematischen **Konsumschulden**, bei denen lediglich der Konsum angekurbelt wird und man auf weitere Steuereinnahmen durch mehr Wirtschaftswachstum hofft, von **Investitionsschulden,** bei denen der Staat sich verschuldet, etwa zur Modernisierung von Infrastrukturen oder für Ausgaben in Bildung und Forschung.

Dazu der Ökonom Peter Bofinger, der **Staatsverschuldung** nicht grundsätzlich problematisiert:

„Die Schuldenbremse ist eine Zwangsjacke, die staatliche Investitionen massiv einschränkt. Das ist genau ihre Funktion: Sie verbietet es dem Staat, Investitionen über Kredite zu finanzieren. Damit verhindert sie, dass der Staat Zukunftsinvestitionen, die das Land wettbewerbsfähiger machen, zu günstigen Zinsen finanzieren kann.“[98]

Zu beachten ist auch, dass sich **Schulden** und **Vermögen** nicht voneinander trennen lassen (Dietz 2013). Die Bundeszentrale für Politische Bildung erklärt es so:

„Ebenfalls wichtig für das Verständnis der Debatte zur Staatsverschuldung ist der Zusammenhang zwischen staatlicher Verschuldung und privaten Vermögen. So wie sich auf Ebene der gesamtwirtschaftlichen Stromgrößen die Finanzierungssalden der wirtschaftlichen Sektoren zu Null addieren müssen, gilt hinsichtlich der Bestandsgrößen, dass die Summe aller Nettogeldvermögen aller wirtschaftlichen Sektoren weltweit Null ergeben muss. ... Mit anderen Worten: Die finanziellen Vermögen der einen sind immer die Schulden der anderen.“[99]

Inhalte der Schulbücher

Im Abschnitt „Budget und Budgetpolitik“ in **Meridiane 7** (S. 74ff.) werden die Begriffe „Öffentliche Haushalte“ bzw. „Budget“, „Bundeshaushalt“, „Budgetpolitik“ und „Staatsbankrott“ erklärt. Kurz beschrieben werden auch „Überschuss“, „Defizit“, „Bruttodefizit“, „Nettodefizit“, „Allgemeiner Haushalt“ sowie „Ausgleichshaushalt“.

---

[96] https://www.bpb.de/shop/zeitschriften/izpb/steuern-und-finanzen-360/555588/finanzpolitik-und-staatsausgaben. Abgerufen am 24.6.2025

[97] Ebd.

[98] https://www.augsburger-allgemeine.de/wirtschaft/interview-oekonom-bofinger-schuldenbremse-das-ist-wie-wenn-ein-herzkranker-gegen-fusspilz-behandelt-wird-id68707931.html. Abgerufen am 24.6.2025

[99] https://www.bpb.de/themen/wirtschaft/europa-wirtschaft/239941/staatsverschuldung-und-private-vermoegen/. Abgerufen am 24.6.2025

Als Fragen zur **Budgetpolitik** werden u. a. genannt:

„Sollen menschliche Arbeit oder Besitz und Vermögen stärker besteuert werden?", „Welche Ausgaben sollen gekürzt, welche erhöht werden?", „Welche Wirtschaftsbereiche sind zu fördern?" (ebd. S. 75)

Als „Maßnahmen zur Entlastung des Staatshaushaltes" werden u .a. die Erhöhung von Steuern und Abgaben, die Steuerung der Konjunktur und Beschäftigung, die Förderung der privaten Vorsorge, die Verminderung des Staatspersonals, sozial gestaffelte Beiträge zu öffentlichen Leistungen oder Verwaltungsreformen genannt.

Das Kapitel „Budget öffentlicher Haushalte und Steuern – wie bin ich davon betroffen?" in **Perspektiven7/8** (S. 29ff.) beschreibt die Ziele, Entstehung und (demokratiepolitische) Bedeutung des Öffentlichen Haushalts sowie die **Staatsquote**. Dazu heißt es u. a.:

„Die Entscheidung, zu welchem Zeitpunkt, wofür (Vermögen besteuern oder Arbeitslosengelder streichen, in Bildung oder Rüstung investieren, Kohlekraft subventionieren oder Energiesparmaßnahmen ...) und in welchen Mengen Gelder ausgegeben werden, hat großen Einfluss darauf, wie sich eine Gesellschaft entwickelt." (ebd. S. 29)

Es werden in der Folge die Funktionen der **Budgetpolitik** (Sicherung öffentlicher Güter, Umverteilung, Ausgleich von Konjunkturschwankungen), der Finanzausgleich und die Bedeutung und Arten von Budgetdefiziten (etwa konjunkturelles versus strukturelles Budgetdefizit) beschrieben. Unter Materialien findet man den Budgetvoranschlag 2019-2022 von Österreich.

Ebenfalls thematisiert werden **Staatsschulden**. Die Unterscheidung zwischen „guten" und „bösen" Schulden wird mit Zukunftsinvestitionen versus Konsumschulden erklärt:

„Tätigt der Staat mit Krediten Investitionen, die künftig Kosten sparen oder Einkünfte bringen, machen Schulden durchaus Sinn. Schulden, mit denen Konsum finanziert wird, aber keinen Mehrwert bringen, sind problematisch." (ebd. S. 31)

Die **Auswirkungen von Staatsschulden** werden als unterschiedlich beschrieben: Anregung zu Investitionen und Konsum, Konjunkturbelebung und Verringerung der Arbeitslosigkeit versus Einengung der Handlungsspielräume des Staates aufgrund von Zinsbelastungen, Belastung künftiger Generationen, steigende Zinsen auch für Unternehmen. Das „Problem der wachsenden Staatsschulden" (ebd. S. 31) wird am Beispiel Österreich ausgeführt, das mit Stand 2020 jährlich Zinsen von 5,9 Mrd. Euro bzw. 801 Euro pro Erwerbstätigen zu finanzieren hatte. Als Link wird die Homepage *Staatsschulden.at* angeführt (Kritik dazu s. u.).

In **Durchblick 7** wird erklärt, warum es wichtig ist, sich mit **Budgetpolitik** zu beschäftigen: Bei der Notwendigkeit einer Sparpolitik gehe es darum, wo gespart wird, bei der Erhöhung von Steuern darum, wer davon betroffen sein soll, bei genügend Einnahmen müsse entschieden werden, wo das zusätzliche Geld ausgegeben werden soll, bei einer Rezession würden schließlich vom Staat Investitionsförderungen und Wirtschaftshilfen gefordert. In der Folge werden die **Einnahmenarten** des Staates, die **Verteilung der Budgetmittel** sowie Probleme bei der **Budgetkonsolidierung** besprochen.

Dazu heißt es:

„Wie die meisten OECD-Länder hat Österreich seit vielen Jahren ein Budgetdefizit, das heißt, dass die Ausgaben immer höher ausfallen als die Einnahmen sind. Alle Regierungen der letzten Jahre haben daher eine Budgetkonsolidierung, also eine Verringerung des Budgetdefizits, versprochen." (Durchblick 7, S. 35)

Es werden die Begriffe **Netto-** und **Bruttodefizit** sowie das **Maastricht-Defizit** und einnahmen- und ausgabenseitige Maßnahmen vorgestellt. Der Fiskalrat wird mit einem warnenden Bericht aus 2018 zitiert.

Zudem gibt es einen Abschnitt zum **Finanzausgleich** zwischen Bund und Ländern. Dazu heißt es:

„Gerechte Einkommensverteilung gehört zu den wichtigsten wirtschaftspolitischen Zielen. Diese Gerechtigkeit sollte für einzelne Bevölkerungsgruppen, aber auch für verschiedene Regionen Österreichs gelten." (S. 38)

Geospots 7/8 enthält ein Kapitel zu „Staat – Steuern – Budget".

Zu **Budgetpolitik** heißt es:

„Budgetpolitik ist das Rückgrat jeder Volkswirtschaft. Sie legt fest, welche Einnahmen vorgesehen sind, wie viel Geld für welche Staatsausgaben verplant wird und wie die Finanzierung erfolgen soll." (ebd. S. 39)

Es wird auf die Unterscheidung eines Privathaushalts von einem **Staatshaushalt** eingegangen:

„Bei entsprechender Kreditwürdigkeit kann dieser [der Staat] trotz Verschuldung nicht bankrottgehen. Weltweit gibt es kaum Staaten, die nicht verschuldet sind." (ebd. S. 39)

In der Folge werden die Begriffe „Nulldefizit" und „Maastrichtkriterien" erklärt. Grundsätzlich heißt es zur **Staatsverschuldung,** dass diese kontrovers diskutiert werde:

„Die einen sprechen von einer Investition in die Zukunft, wenn über staatliche Kreditaufnahme in Maßnahmen des Sozial- und Wohlfahrtsstaates investiert wird. Die anderen sehen genau darin das Gegenteil, da mit steigender Staatschuld auf Kosten zukünftiger Generationen gelebt wird." (ebd. S. 40)

Die **österreichische Budgetpolitik** in den vergangenen Jahrzehnten sei geprägt

„durch die Vorgaben der EU und neoliberale Ansätze, wie ‚Weniger Staat, mehr Privat' sowie durch Maßnahmen zur Verringerung der öffentlichen Schulden." (ebd. S. 40)

Als **Sparmaßnahmen** werden u. a. angeführt: die Nicht-Mehr-Anrechenbarkeit von Studienzeiten für die Pension, Stellenkürzungen und Nulllohnrunden im öffentlichen Dienst, Abschläge bei früherem Pensionsantritt, Stundenkürzungen und Beschränkungen bei den Gratisschulbüchern.

Geografisch 7 thematisiert die **Budgetpolitik** auf vier Seiten. Dazu heißt es eingangs:

„Die Art und Weise, wie ein Staat seine Einnahmen und Ausgaben verteilt, zeigt, wie wichtig die jeweiligen Politikbereiche für den Staat sind." (Geografisch 7, S. 52)

Als Beispiele werden Gesundheitsprävention, Grundlagenforschung, eine qualitätsvolle Kinderbetreuung mit einem Verweis auf **Gender Budgeting** sowie die **Umverteilungsfunktion** angeführt. Dazu heißt es:

„Umverteilung bedeutet, dass Geld, Ressourcen oder Vorteile von einer Gruppe auf eine andere umverteilt werden, um eine gerechtere Verteilung zu erreichen." (ebd. S. 52)

Einer Übersicht über die Einnahmen und Ausgaben des österreichischen Staates im Jahr 2022 folgt eine Aufgliederung der **Sozialausgaben.** Dazu gibt es zwei Arbeitsaufgaben: Die Diskussion darüber, warum manche Sozialschutzsysteme mehr Mittel als andere bekommen, und wie sich Sozialausgaben auf Haushalte mit niedrigeren Einkommen auswirken. Nicht thematisiert wird der **Finanzausgleich** zwischen Bund und Ländern, dafür jedoch der **Korruptionswahrnehmungsindex** von Transparency International, bei dem Österreich zuletzt zurückgefallen sei. Auch dazu gibt es Arbeitsaufgaben.

In **global 7** wird zunächst auf die **Verteilung des Sozialprodukts**, dabei auch auf die Primär- und Sekundärverteilung, eingegangen:

„Greift der Staat in Form der Besteuerung von Einkommen und der Gewährung von Sozialleistungen in die primäre Einkommensverteilung ein, so kommt es durch diese Umverteilung zu einer neuen Verteilung, der sogenannten Sekundärverteilung." (global 7, S. 21)

Danach wird der **Bundeshaushalt** Österreichs am Budgetvoranschlag 2017 besprochen. Als Dilemma bzw. Herausforderung wird benannt:

„Es ist meist schwierig, bei den Ausgaben Einsparungen vorzunehmen, ohne dass wichtige Aufgaben vernachlässigt würden. Andererseits können die Einnahmen aber nicht beliebig erhöht werden. Dies würde auf Widerstand der Interessensvertretungen stoßen und hätte auch nachteilige Effekte auf den Wirtschaftsstandort Österreich." (ebd. S. 23)

Danach wird auch in diesem Schulbuch die hohe **Staatsverschuldung** problematisiert, dabei auch auf die Maastrichtkriterien der EU verwiesen. Die Staatschulden von 295 Milliarden Euro im Jahr 2017 werden mit Analogien verdeutlicht:

„In 100-Euro-Scheinen aneinandergereiht, ergeben sich eine Strecke von 290 km." (ebd. S. 23)

Auch dieses Schulbuch verweist in einer Arbeitsaufgabe auf die Homepage **www.staatschulden.at,** auf welcher der aktuelle Schuldenstand Österreichs recherchiert werden sollte. Ein eigenes Kapitel in diesem Schulbuch thematisiert die zukünftige **Finanzierung der Pensionen** sowie die steigenden Bundeszuschüsse zu diesen.[100]

Einschätzung

In allen Schulbüchern gibt es Ausführungen zur **Budgetpolitik** am Beispiel Österreichs. Die Frage, wofür der Staat wie viel Geld ausgeben und wie er die Einnahmen gestalten soll, wird teilweise mit **kontroversen Sichtweisen** dargestellt, die Abwägung jedoch der Diskussion durch die Schüler*innen überlassen. Wichtig wäre aber auch eine Diskussion über die gestiegenen Aufgaben des Staates (s. dazu auch das Kapitel zu Steuern und Steuerpolitik). Nur in einem Schulbuch – *Perspektiven* - wird zwischen Investitions- und Konsumschulden unterschieden. *Geografisch* nennt Zukunftsinvestitionen. In den Kapiteln zu den Staatsschulden wären Verweise auf die antizyklische Konjunkturpolitik (Keynes) sowie die Problematik des Staates als „Retter der Wirtschaft" (Beispiel Finanzkrise 2008, Pandemie 2020, Energiekrise 2022) hilfreich (etwa Fessler/Minsch 2011, S. 57ff.). Im Unterricht sind hier **aktuelle Bezüge** herzustellen, etwa auf die Budgetlage in Österreich 2025 mit dem eingeleiteten EU-Defizitverfahren sowie der Notwendigkeit der neuen Regierung, das Budget zu konsolidieren. Eine seriöse Informationsquelle für Debatten wäre der Österreichische Fiskalrat.[101]

Nur zur Einzelbeurteilung.

Meridiane 7: Dieses Schulbuch geht tendenziell davon aus, dass die Staatsquote zu hoch ist. Eine stärkere Heranziehung der Vermögenden sowie von hohen Einkommen wird nicht explizit genannt.[102] Im Aufgabenbereich wird anhand zweier kontroverser Quellentexte zur Stellungnahme zu **„Nulldefizit oder Schulden"** aufgefordert (ebd. S. 76).

Perspektiven 7/8: Dieses Schulbuch unterscheidet zwischen **Investitions-** und **Konsumschulden**. Die Aufzählung der Entscheidungsvarianten für Budgetpolitik vereinfacht notgedrungen: In vielen Fällen geht es nicht um ein Entweder-Oder, sondern um die Gewichtung der Ausgaben, aber auch der Einnahmen; bei Energie spielen angesichts der Klimakrise beispielsweise Förderungen von Erneuerbaren Energieträgern eine gewichtige Rolle. Die Homepage *Staatsschulden.at* ist problematisch. Sie fordert etwa die Rückkehr zum Schilling und lehnt eine europäische Schuldenpolitik ab.

---

[100] In den anderen Schulbüchern wird darauf im Abschnitt zu Demographie eingegangen.
[101] https://fiskalrat.at/. Abgerufen am 18.8.2025
[102] Darauf Bezug genommen wir im Kapitel zu Steuern.

Durchblick 7: Das Schulbuch erklärt gut, warum wir uns für **Budgetpolitik** interessieren wollen. Neben Fachbegriffen wie Netto- und Bruttoverschuldung oder den Maastrichtkriterien wird auch der Finanzausgleich zwischen Bund und Ländern thematisiert.

Geospots 7/8: Hier wird die zentrale Rolle von **Budgetpolitik** für jede Volkswirtschaft sowie der Unterschied der Staatsverschuldung von privater Verschuldung betont, zudem werden die Maastrichtkriterien erklärt. Zur **Staatsverschuldung** und ihrer Höhe werden zwei Positionen nebeneinandergestellt, ohne diese zu bewerten. Verwiesen wird auf die EU-Fiskalregeln und neoliberale Ansätze, die auch in Österreich zu **Sparmaßnahmen** geführt hätten. Hier werden auch Privatisierungen von Staatsbetrieben angeführt. Das Buch enthält sich jedoch einer eigenen Positionierung.

Geografisch 7: Dieses Schulbuch erwähnt beispielhafte **Zukunftsinvestitionen** wie präventive Gesundheitspolitik, Forschungsausgaben oder den Ausbau von Kinderbetreuungseinrichtungen, wobei auch der Begriff **Gender-Budgeting** erklärt wird. Besonders betont wird die Bedeutung der **Umverteilungsfunktion**. Als einziges Schulbuch thematisiert *Geografisch* das Problem der Korruption.

Global 7: Hier wird explizit auf die Begriffe **„Primär- und Sekundärverteilung“** eingegangen. Die hohe **Staatsverschuldung** wird in diesem Schulbuch ebenfalls problematisiert. Die Veranschaulichung der Staatsschulden durch Analogien, etwa die Aneinanderreihung von 100-Euro-Scheinen, sagt wenig aus, wenn, dann müsste diese beispielsweise auch auf Privatvermögen der Reichen angewendet werden. Die auch hier zitierte Homepage *Staatsschulden.at* argumentiert eher populistisch, sinnvoller wäre ein Verweis auf den Fiskalrat mit sachlichen Expertisen.[103]

Steuern & Steuerpolitik

Fachliche Einführung

Als **Steuern** gelten

„Abgaben, die Gebietskörperschaften natürlichen und juristischen Personen auferlegen. Im Unterschied zu Gebühren und Beiträgen hat der Steuerpflichtige keinen Anspruch auf eine bestimmte besondere Gegenleistung des Staates; anders z. B. bei der Arbeitslosenversicherung: Wer Arbeitslosengeld empfangen will, muss vorher Beiträge entrichtet haben.“[104]

Steuern dienen v. a. dazu, den **Finanzbedarf** von Bund, Ländern und Gemeinden zu decken. Wie bei der Tabaksteuer, der progressiven Einkommensteuer oder bei Ökosteuern können aber auch **lenkungspolitische Ziele** verfolgt werden.

Das Recht des Staates, Steuern zu erheben, wird auch als **Steuerhoheit** bezeichnet.

Steuerpolitik – ein anderer Begriff dafür lautet „Fiskalpolitik“ – umfasst sämtliche Maßnahmen des Staates im steuerlichen Bereich:

„Zielsetzungen können sein, mehr Einnahmen für den Staat zu erzielen oder durch Steuersenkungen das verfügbare Einkommen der Bürger zu erhöhen. Auch eine Förderung der Familien, z. B. durch Erhöhung der Kinderfreibeträge kann als steuerpolitische Maßnahme verfolgt werden. Neben diesem sozialpolitischen Ziel kann auch die Förderung der Gesundheit durch Erhöhung der Tabaksteuer ein Ziel sein.“[105]

---

[103] https://fiskalrat.at. Abgerufen am 4.7.2025
[104] https://www.bpb.de/kurz-knapp/lexika/lexikon-der-wirtschaft/20745/steuern Abgerufen am 22.5.2025
[105] https://www.bpb.de/kurz-knapp/lexika/lexikon-der-wirtschaft/20748/steuerpolitik/ Abgerufen am 22.5.2025

Betont wird auch der Zusammenhang zur **Wirtschaftspolitik**:

„Unter Fiskalpolitik zählen alle Maßnahmen zur Verbesserung der wirtschaftlichen Lage durch Veränderung der Staatsausgaben und der Besteuerung, z. B. Beschäftigungspolitik mit Hilfe von Budgetdefiziten." (Rogall 2011, S. 445)

Mit **Steuerprogression** wird die Zunahme der Steuerhöhe mit dem Einkommen bezeichnet. Ein hohes Einkommen wird durch die Steuer prozentual höher belastet als ein niedriges Einkommen.

Kontrovers diskutiert werden die generelle Steuerbelastung, das Steigen der Steuerprogression, speziell die höhere Besteuerung von Vermögen bzw. Vermögenszuwächsen sowie das Steuern durch Steuern, etwa im Sinne von **Verteilungswirkung** oder **ökologischer Lenkung**. Häufig wird die zu hohe **Staats-** und **Abgabenquote** kritisiert, die die Wettbewerbsfähigkeit der eigenen Wirtschaft gefährde.

Andererseits werden die gestiegenen **Aufgaben des Staates** ins Treffen geführt:

„Die öffentliche Beschäftigung ist gewachsen – aber Bevölkerung und Aufgaben auch." (Böckler-Stiftung 2024. o. S.)

Angesichts der zunehmenden Vermögenskonzentration gewinnen Fragen nach der demokratiepolitischen, volkswirtschaftlichen und ethischen Notwendigkeit einer besseren Verteilung des Wirtschaftsprodukts an Bedeutung: Welche **Vermögens- und Einkommenskluft** ist ethisch vertretbar? Welche ist volkswirtschaftlich sinnvoll? (Schürz 2019, Robeyns 2024).

Zugleich wird die immer stärker wachsende Verschuldung der Staaten problematisiert, eine „Schuldenbremse" erfordere daher auch eine „Vermögensbremse" (Dietz 2013, Piketty 2023, Holzinger 2024, S. 86ff.) In der **Postwachstumsökonomie** wird die höhere Besteuerung von Vermögen als Teil der Transformation hin zu Wachstumsunabhängigkeit gesehen (z. B. Hickel 2018, 2022).

Inhalte der Schulbücher

Im Abschnitt „Ohne Steuern geht es nicht" in **Meridiane 7** (S.77ff.) werden die Unterschiede zwischen Steuern, Gebühren und Beiträgen, zwischen direkten und indirekten Steuern, zwischen Vorsteuer und Vorsteuerabzug beschrieben. Zudem werden **unterschiedliche Steuern** wie die Umsatz-, die Einkommens- und Lohnsteuer (inkl. Steuerstufen und Steuerprogression) sowie weitere Steuern (Körperschaftssteuer, Kapitalertragssteuer, Grundsteuer, Kfz-Steuer und Normverbrauchsabgabe) erklärt. Ein Kasten verweist auf das Datenportal FINANZONLINE.AT.

In einem weiteren Kasten werden das Pro und Kontra zu **Vermögens-** und **Erbschaftssteuern** abgewogen:

„Österreich hat die Besteuerung von Vermögen (Sachwerte wie Immobilien, Antiquitäten, Schmuck) und jene von Erbschaften und Schenkungen abgeschafft. In der politischen Debatte werden einerseits diese in vielen Staaten üblichen Steuern als ‚Reichensteuern' gefordert, und zwar als Solidarbeitrag zum Sozialstaat. Andererseits wird darauf verwiesen, dass die Abgabenquote und der Höchststeuersatz schon jetzt zu den höchsten der entwickelten Länder gehören." (Meridiane 7, S. 79)

Als Aufgabe wird eine Diskussion darüber vorgeschlagen.

Im Abschnitt „Steuerpolitik" (ebd. S. 80f.) wird auf die Höhe von Steuern mit der Aussage „Die **Progression** ist eine gesellschaftspolitische Aufgabe" (ebd. S. 80) nochmals Bezug genommen. In diesem Abschnitt werden auch **Ökosteuern** diskutiert, wobei die Verteilungswirkung problematisch gesehen wird („treffen kleinere Einkommen vergleichsweise mehr als höhere Einkommen", ebd. S. 81).

In **Perspektiven 7/8** werden unter „Abgaben" Gebühren, Beiträge sowie Steuern angeführt und letztere näher betrachtet. Der Unterscheidung von direkten (z. B. Lohnsteuer) und indirekten Steuern

(z. B. Mehrwertsteuer) folgt eine Beschreibung der in Österreich geltenden Steuern, wobei Verbrauchs- und Verkehrssteuern (z. B. Umsatz- bzw. Mehrwertsteuer, Mineralölsteuer) von Einkommens- und Vermögenssteuern (Körperschafts-, Kapitalertragssteuer) mit den 2020 gültigen Steuersätzen unterschieden werden. Die **Einkommenssteuer** wird näher erläutert, dabei auf die Begriffe „Steuerbemessungsgrundlage" (inklusive Tarifstufen), „Steuerabsetzbeträge", „Sonderausgaben", „Werbungskosten" und „Außergewöhnliche Belastungen" eingegangen, also auf alles, was vom Finanzamt berücksichtigt wird und bei der Arbeitnehmer*innenveranlagung eine Rolle spielt. Hier wird auch auf **Ferialjobs** Bezug genommen:

„Wer über das Jahr gerechnet weniger als 12.000 Euro verdient, ist nicht steuerpflichtig." (Perspektiven 7/8, S. 33)

Wie wird zur kritischen Reflexion über die Rolle und Ausgestaltung von Steuern angeregt? Es gibt einen Hinweis, dass in Österreich über die **Reduktion der Steuern auf Arbeit** sowie eine **Ökologisierung des Steuersystems**[106] diskutiert wird. Zudem werden die **Steuer-** und **Abgabenquote** erläutert:

„Diese Quoten sind bedeutsam für Konsumentinnen und Konsumenten, weil sie zeigen, wie viel ihnen von einem Bruttolohn netto übrig bleibt. Sie beeinflussen auch die Stückkosten und die Wettbewerbsfähigkeit von Unternehmen." (ebd. S. 33)

Als **Links** werden die Seiten des Finanzministeriums und des Finanzamts sowie der Brutto-Netto-Rechner angeführt.

Durchblick 7 enthält ein Kapitel „Steuern – eine Last oder eine Notwendigkeit?", in dem die unterschiedlichen Wirkungen von **direkten** (z. B. Mehrwertsteuer belastet alle gleich) und **indirekten** Steuern (z. B. Lohnsteuer wirkt progressiv), die **kalte Progression** sowie die Gefahr der **Steuerflucht** bei zu hohen Steuersätzen thematisiert werden. Zur Frage, ob und welche Steuern erhöht bzw. gesenkt werden sollen, listet das Buch unterschiedliche Sichtweisen auf. Grundsätzlich heißt es:

„Einzelne Bereiche der Steuerpolitik sind – wie alle ökonomischen Herausforderungen – umstritten. ... Die politischen Parteien beschäftigen sich in ihren Wahlprogrammen, besonders ausführlich in Wahlkämpfen, mit den uns alle betreffenden Diskussionspunkten. Allerdings fordern die meisten Gruppen Steuersenkungen, nur in wenigen Fällen wird auch eine Steuererhöhung angedacht." (Durchblick 7, S. 36)

Die **Senkung lohnabhängiger Abgaben** werde vonseiten der Arbeitgeber seit Jahrzehnten gefordert, durch hohe Lohnnebenkosten würden aber zugleich die Sozialversicherungen, die Gemeinden und Kammern finanziert.

Gegen **Vermögens-** bzw. **Vermögenszuwachssteuern** und höhere **Erbschafts-** und **Schenkungssteuern** würde vorgebracht, dass diese ein bereits versteuertes (Arbeits-)Einkommen seien, andererseits sei die Vermögensbeteuerung in Österreich im internationalen Vergleich sehr niedrig. Der Vorschlag einer **Flat Tax** wird eher kritisch betrachtet, jener nach höheren **Öko-Steuern** jedoch befürwortet, da selbst die OECD eine höhere Besteuerung von fossiler Energie fordere.

Als **Arbeitsaufgabe** wird ein Rollenspiel zur Frage „Welche Steuern müssen geändert werden?" vorgeschlagen.

---

[106] Hier wäre in einer aktualisierten Ausgabe auf die und die Abschaffung der „kalten Progression sowie die Einführung einer CO_2-Steuer " in Österreich hinzuweisen (https://www.bmk.gv.at/themen/klima_umwelt/klimabonus/oekosoziale-steuerreform.html, abgerufen am 8.4.2025). Für den Erfolg von CO_2-Steuern kann auch auf das Beispiel Schweden eingegangen werden (Holzinger 2024, S. 185ff.).

Geospots 7/8 betont die **Bedeutung von Steuern** für jedes Staatswesen:

„Die Erfüllung staatlicher Aufgaben ist nur durch das Einheben von Steuern möglich.“ (ebd. S. 39)

Es werden auch die Unterschiede zwischen direkten und indirekten Steuern sowie zwischen einer **Flat Tax** sowie einem **progressiven Steuersystem** erklärt. Auf Letzteres wird am Beispiel des österreichischen Steuersystems eingegangen, dabei das Prinzip der **Steuerstufen** sowie des **Höchststeuersatzes** dargestellt.

Die **Vor- und Nachteile** beider Steueransätze werden wie folgt beschrieben:

„Im progressiven Steuermodell gilt der Grundsatz, dass mit zunehmendem Einkommen auch die Steuerbelastung steigt. ... Ziel dieses Modells ist eine geringere Belastung schlechter Verdienender bei gleichzeitig höheren Beiträgen für besser Verdienende. ... Das Flat Tax-Modell sieht im Gegensatz zur progressiven Besteuerung einen einheitlichen Steuersatz vor, egal wie hoch das Einkommen ist. ... BefürworterInnen sehen durch den einheitlichen Steuertarif eine Vereinfachung der Steuerberechnung und damit einen geringeren administrativen Aufwand. Man verspricht sich mehr Investitionen, positive Wachstumsraten und weniger Anreize zur Steuerhinterziehung.“ (ebd. S. 39)

In der Folge werden „Steuerideen und Steuertrends der letzten Jahre“ beschrieben, darunter Bankenrettungs- und Konjunkturpakete, die Steuerkonkurrenz zwischen Staaten sowie die Diskussion über **Abgabenquoten.** Arbeitgeber*innen würden eine Senkung der Abgabenquote fordern, Organisationen wie die OECD und der IWF die Anhebung von Konsumsteuern sowie der Grundsteuer.

In Österreich würden jedoch zwei andere Vorschläge diskutiert: die **Wertschöpfungsabgabe** sowie die **Ökologisierung des Steuersystems**:

„Die Wertschöpfung sollte in Form der Wertschöpfungsabgabe die Basis für die Beitragszahlungen ins Sozialsystem sein, sodass es gleichzeitig zur Entlastung des Faktors Arbeit kommt.“ (ebd. S. 41)

„Die Ökologisierung des Steuersystems würde ebenfalls eine Entlastung des Faktors Arbeit und eine stärkere Belastung des Faktors Energie und Ressourcen zum Ziel haben.“ (ebd. S. 41)

Diskutiert wird in der Folge die **Zweckwidmung** von Steuern, etwa der Tabaksteuer für Gesundheitsaufgaben oder von Ökosteuern für ökologische Maßnahmen. Ansonsten gelte:

„Steuern haben kein Mascherl und werden zwischen Bund, Ländern und Gemeinden aufgeteilt.“ (ebd. S. 41)

Bei der Aufzählung der unterschiedlichen Steuern in Österreich wird auch die **Vermögenssteuer** erwähnt:

„Ehemalige Erbschafts- und Schenkungssteuer; in Österreich ist Vermögen kaum besteuert.“ (ebd. S. 41)

In **Geografisch 7** werden Steuern, Gebühren und Beiträge als Einnahmen des Staates neutral vorgestellt und es wird die Zusammensetzung des **steuerpflichtigen Jahreseinkommens** sowie die **Steuerprogression** erklärt:

„Das Einkommensteuersystem ist in Österreich progressiv gestaltet. Das bedeutet, dass Besserverdiener*innen höhere Steuern zahlen als Personen mit geringerem Einkommen. Dies soll die Umverteilung von Einkommen unterstützen.“ (Geografisch 7, S. 52)

Österreich wird im EU-Vergleich als **Hochsteuerland** bezeichnet, auch auf die Begriffe **Abgabenquote, Einkommens-** und **Lohnsteuer**“ sowie **Werbungskosten** wird eingegangen. Der 2024 gültige Einkommensteuertarif wird nach Tarifstufen aufgelistet. Die **Flat Tax**, wie in Ungarn oder Rumänien, wird aufgrund seiner geringen Umverteilungswirkung problematisiert, der Familienbonus+ (steuerlicher Absetzbetrag für Eltern) in einer Arbeitsaufgabe im Kontext der Förderung bestimmter Familienmodelle zur Diskussion gestellt. Die **Notwendigkeit von Steuern** wird am Beispiel des Gemeinguts „Bürgersteig“ vermittelt, da dessen Benutzung nicht individuell verrechnet werden könne.

In **global 7** wird das Thema Steuern am Beispiel der **Steuerreform 2016** in Österreich abgehandelt. Einleitend heißt es:

„Internationale Vergleiche zeigen klar, dass Österreich in Bezug auf seine Abgabenquote zu den Spitzenreitern zählt." (global 7, S. 36)

Als primäres Ziel der Steuerreform wird genannt, die **Steuer- und Abgabenbelastung** der österreichischen Bevölkerung zu reduzieren:

„Dadurch bleibt den Menschen mehr Geld für den Konsum, was in weiterer Folge die Wirtschaft ankurbeln soll." (ebd. S. 36)

Es werden die Abschaffung der kalten Progression[107], die Änderung der Tarifstufen, die Negativsteuer für geringe Einkommen sowie der erhöhte Kinderfreibetrag ausgeführt und weitere wirtschaftspolitische Maßnahmen wie die Absenkung des Beitrags zum Familienlastenausgleich oder ein Finanzierungspaket für Klein- und Mittelbetriebe benannt. Weiters wird berichtet, dass die Regierung die **Gegenfinanzierung** durch die Wirtschaftsbelebung sowie die Steuerbetrugsbekämpfung erwarte. Es wird aber auch **Kritik an der Reform** wiedergegeben.

Zitiert werden Vorschläge des WIFO:

„Dringend notwendig sei beispielsweise eine Entlastung des Faktors Arbeit (zB durch die Senkung der Dienstnehmerbeiträge zur Sozialversicherung für niedrige Einkommen und die Reduktion der Lohnnebenkosten für Unternehmen), die zu einer Belebung des Arbeitsmarktes führen würde. Gleichzeitig sollten wachstums- und beschäftigungsverträglichere Steuern (zB Erbschafts- und Schenkungssteuer, Grundsteuer, Umweltsteuern ...) weiter ausgebaut und Steuerausnahmen zurückgefahren werden." (ebd. S. 37)

Einschätzung

Die Arten von Steuern und die Rolle von Steuerpolitik werden in allen Schulbüchern sachlich thematisiert. Die Frage nach einer **Ökologisierung des Steuersystems** wird teilweise angesprochen, ebenso jene nach einer höheren **Besteuerung von Vermögen**. Angebracht wären aber konkretere Hinweise auf die **Lenkungsfunktion von Steuern** (Ökologisierung, Konsumlenkung, Verteilung des Wirtschaftsprodukts, Begrenzung der Vermögen; Rogall 2011, Schürz 2019), die Diskussion über angemessene Steuerbeiträge aller nach ihren Möglichkeiten (z. B. bei Erbschaften) oder die Konsumlenkung etwa durch gestaffelte Mehrwertsteuern (geringe oder keine Steuer auf Obst und Gemüse, höhere Steuern auf verarbeitete, stark salz- oder zuckerhaltige Lebensmittel analog der Tabak- und Alkoholsteuer; vgl. Holzinger 2024, Kapitel „Steuerwende" S. 179ff.).

Die Höhe der **Besteuerung von Vermögen** ist auch eine ethische Frage (Wer kann wie viel zur Finanzierung der Öffentlichen Haushalte beitragen? vgl. etwa Robeyns 2024). Zudem wäre zu diskutieren, wie Staatsverschuldung und private Vermögensmehrung zusammenhängen (Dietz 2013; Holzinger 2024, S. 76ff., Piketty 2021, S. 207). Für die Diskussion anregend wäre die Seite *www.binichreich.at*, die eine persönliche Einstufung in der Vermögensskala sowie die Auswirkung von Vermögenssteuern auf einen selbst darstellt. Hilfreich wären auch Hinweise zu den Pros und Contras höherer Vermögenssteuern bzw. eine Rechercheaufgabe dazu.[108]

Bei der Thematisierung der **Steuerprogression** wäre das häufig anzutreffende Missverständnis aufzuklären, dass nicht das ganze Einkommen dem höheren Steuersatz, z. B. dem Spitzensteuersatz,

---

[107] Seit 1. Jänner 2023 wurde in Österreich die kalte Progression zum Teil abgeschafft. Dadurch werden die Tarifstufen an die Inflation angepasst. https://finanzrechner.at/kalte-progression. Abgerufen am 22.5.2025

[108] Beispiele: https://germanreporter.de/vermoegenssteuer-pro-contra; https://das-wissen.de/die-vermoegenssteuer-fuer-und-wider; https://www.momentum-institut.at/news/vermoegenssteuern-ja-bitte; https://www.wifo.ac.at/wp-content/uploads/upload-5629/s_2013_vermoegenssteuern_47219_-2.pdf. Abgerufen am 22.5.2025

unterliegt, sondern nur jener Teil, der oberhalb der geringer besteuerten Einkommensteile liegt. Es handelt sich hier um die Unterscheidung von **Durchschnitts-** und **Grenzsteuersatz**. Wenn der Grenzsteuersatz beispielsweise in Österreich 55 Prozent ab einer Million Euro Jahreseinkommen beträgt, wird nur der Betrag ab dieser einen Million mit dem Spitzensteuersatz belegt (*Geospots* erklärt dies gut).[109]

Problematisch ist der Hinweis in einigen Schulbüchern auf die Homepage www.staatsschulden.at, in der u. a. die Rückkehr zum Schilling, der Stopp der ESM-Schuldenunion oder die Nutzung einer digitalen Kryptowährung wie Bitcoin als Alternative zum Eurosystem vorgeschlagen wird.

Nun zur Bewertung der einzelnen Schulbücher.

Meridiane 7: Eine stärkere Heranziehung der Vermögenden sowie von hohen Einkommen wird nicht explizit genannt. Im Aufgabenbereich wird lediglich anhand zweier kontroverser Quellentexte zur Stellungnahme zu „Nulldefizit oder Schulden" aufgefordert. Wie das Kapitel zur Budgetpolitik geht auch der Abschnitt zu Steuern tendenziell davon aus, dass die **Staatsquote** zu hoch ist. Eine bessere Einkommensverteilung wird ebenfalls nicht in Erwägung gezogen, **Ökosteuern** werden eher kritisch gesehen, da sie niedrigere Einkommensbeziehende stärker treffen würden. Ein **Klimabonus** als ausgleichende Maßnahmen wird ebenfalls nicht erwähnt Auch **vermögensbezogene Steuern** werden nicht zur Diskussion gestellt.

Perspektiven 7/8: Das Buch informiert sachlich über die unterschiedlichen Steuern in Österreich. Aktuelle Steueränderungen der Regierung 2021-2024 (Einführung der CO_2 Steuer, Abschaffung der Kalten Progression) fehlen – bedingt durch das Erscheinungsjahr –, wären in Neuauflagen aber zu ergänzen. Die **Ökologisierung des Steuersystems** sowie die **Reduktion der Steuern** auf Arbeit werden angesprochen, höhere **vermögensbezogene Steuern** jedoch nicht. Eine **hohe Steuerquote** wird auch in diesem Buch eher problematisch gesehen, da den Bürger*innen weniger vom Einkommen bleibe und Unternehmen Wettbewerbsnachteile haben könnten.

Durchblick 7: Dieses Schulbuch gibt einen **sachlichen Überblick** über Steuern und Abgaben, erklärt, dass direkte Steuern wie Konsumsteuern niedrigere Einkommensbeziehende stärker treffen als die progressiven Einkommenssteuern. Wertvoll ist der kommentierte Überblick über **unterschiedliche Steuervorschläge** und wer diese befürwortet – etwa die unternehmerfreundliche Senkung der Lohnnebenkosten, zu denen auch Gegenargumente gebracht werden, oder die Erhöhung vermögensbezogener Steuern, die eher befürwortet werden. Die **Flat Tax** wird abgelehnt, eine Erhöhung von **Ökosteuern** befürwortet.

Geospots 7/8: Dieses Schulbuch erklärt sachlich die unterschiedlichen **Formen von Steuern**. Bei den beiden Modellen der **progressiven Besteuerung** und der **Flat Tax** werden jeweils Argumente der Befürwortenden und Kritiker:innen genannt, jedoch wird selbst nicht Position bezogen. Dies gilt auch für die Debatte über die Höhe der **Abgabenquote.** Die Schüler:innen könnten hier überfordert sein, sich selbst ein Urteil zu bilden. Gut erklärt wird der Höchststeuersatz, der eben nur jenen Betrag trifft, der über den darunterliegenden Einkommensteilen liegt. Dass die Wertschöpfungsabgabe aktuell weniger diskutiert wird und die **Ökosteuer** mit der steigenden CO_2-Bepreisung mittlerweile in Österreich eingeführt wird, wäre in Neuauflagen zu ergänzen. Knapp ist auch der Hinweis, dass in Österreich **Vermögen** sehr gering besteuert wird. Da wäre eine Diskussion sinnvoll.

Geografisch 7: Dieses Schulbuch erklärt zwar, warum Steuern notwendig sind, problematisiert aber die hohe **Abgabenquote** in Österreich, das als „Hochsteuerland" bezeichnet wird. Auf **Umverteilung** wird zwar allgemein im Zusammenhang mit der Steuerprogression hingewiesen, höhere vermögensbezogene Steuern werden jedoch nicht explizit genannt. Die **Flat Tax** wird problematisiert,

[109] https://diegruender.at/einkommensteuer-in-oesterreich-2025. Abgerufen am 24.7.2025

der **Familienbonus+**[110], der seit dem Jahr 2019 den Kinderfreibetrag und die steuerliche Abzugsfähigkeit der Kinderbetreuungskosten ersetzt, wird zwar genannt und er soll diskutiert werden, er wird aber nirgends erklärt. Dieser bevorzugt tendenziell Eltern mit mittleren und höheren Einkommen, weil diese höhere Steuerminderungen geltend machen können.[111]

global 7: In diesem Schulbuch werden Steuern und Abgaben nicht allgemein erklärt, sondern anhand der **Steuerreform 2016** in Österreich thematisiert. Es werden deren Eckpunkte wie die Abschaffung der **kalten Progression** ergänzt um weitere wirtschafts- und konsumfördernde Maßnahmen benannt, die Gegenfinanzierung durch mehr Wirtschaftswachstum und eine bessere Bekämpfung der Steuerflucht erörtert, aber auch **Kritikpunkte an der Reform** referiert. Das WIFO wird mit den Vorschlägen zur Senkung der arbeitsbezogenen Steuern und der Erhöhung vermögensbezogener sowie von Umweltsteuern zitiert.

2.8. Wirtschaftssektoren und Strukturwandel

Landwirtschaft

Fachliche Einführung

Ausreichende Nahrung zählt zu den Grundmenschenrechten. Die **Sustainable Development Goals** der Vereinten Nationen sehen als Ziel 1 die Überwindung des Hungers bis 2030 vor. Noch sind wir weit davon entfernt. Als **Ernährungssystem** wird die gesamte Kette von der landwirtschaftlichen Produktion über die Verarbeitung bis hin zum Vertrieb und Konsum der Lebensmittel verstanden (Plank 2023). Neben der Landwirtschaft selbst spielen daher die verarbeitenden Betriebe – in den Hochkonsumländer werden diese von einigen wenigen Lebensmittelkonzernen beherrscht – sowie der ebenfalls stark konzentrierte Lebensmittelhandel eine wichtige Rolle.

In den Hochkonsumländern macht der **Anteil der Landwirtschaft** an der Wertschöpfung sowie an den Beschäftigten nur mehr einige Prozent aus. Durch den Einsatz von modernen Maschinen zur Bearbeitung der Felder und zum Einbringen der Ernte, die Verwendung von Kunstdünger zur Steigerung der Erträge und von Pestiziden zur Bekämpfung von Schädlingen wurde die Landwirtschaft in den Ländern des Nordens „revolutioniert“. In den Ländern des „Globalen Südens“ stehen sich **Großgrundbesitz** mit Plantagenwirtschaft **kleinbäuerlichen Betrieben** mit geringen Ressourcen, etwa Mittel für eine sinnvolle Bewässerung oder Marktteilnahme gegenüber. Kritisiert wird auch die Überschwemmung mit hochsubventionierten Lebensmitteln etwa aus der EU sowie die Spekulation mit Lebensmitteln an den Börsen (Ziegler 2009, 2025).

Die **Produktivität** der Landwirtschaft in den Ländern des Nordens ist zwar durch Kunstdüngereinsatz und Pestizide stark gestiegen. Die negativen Folgen der **industrialisierten Landwirtschaft** sind jedoch enorm: 60 Prozent der Ackerböden sind laut EU-Kommission mittlerweile deutlich geschädigt, die Biodiversität hat rapide abgenommen und die Treibhausgasbilanz ist äußerst schlecht (Holzinger 2024, S. 24). Der Anteil des Ernährungssektors an den Treibhausgasen variiert je nach Berechnungsmethode – er wird etwa mit einem Drittel an den globalen Gesamtemissionen angegeben, der hohe bzw. wachsende Fleischverzehr dabei als größtes Problem benannt.[112]

---

[110] https://www.bmf.gv.at/themen/steuern/arbeitnehmerveranlagung/steuertarif-steuerabsetzbetraege/familienbonus-plus.html. Abgerufen am 4.7.2025

[111] https://mosaik-blog.at/familienpolitik-aufstand. Abgerufen am 4.7.2025

[112] https://www.geo.de/natur/nachhaltigkeit/ein-drittel-des-treibhausgas-ausstosses-durch-lebensmittel-produktion--30737726.html. Abgerufen am 5.5.2025

Die **EU-Agrarpolitik** wurde zum Teil reformiert. Weitergehende **Ökologisierungsmaßnahmen**, die im Green Deal vorgesehen waren, wurden aber von Lobbys der Großbetriebe deutlich abgeschwächt, ebenfalls die Forderung der Biobetriebe, noch stärker auf den Erhalt der Ökosysteme zu setzen (Holzinger 2024, S. 129ff, Forster 2025). Vorgeschlagen wurde etwa „eine Verdoppelung der Geldsumme bei Direktzahlungen für die ersten 20 Hektar landwirtschaftlicher Fläche" (Plank 2023, S. 10). Zunehmend thematisiert werden die ökologischen, aber auch ethischen Probleme der **Massentierhaltung** (Tierethik, Hormonbehandlung, Gülleüberschuss, z. B. Kappes u. a. 2025 sowie VGT o. J., WWF o. J.).[113]

Als **Alternativen** zur herkömmlichen Landwirtschaft werden zum einen der **Biolandbau** sowie die **regenerative Landwirtschaft** gesehen, zum anderen der Einsatz von **High Tech** zur Optimierung des Kunstdünger- und Pestizideinsatzes („Präzisionslandwirtschaft", „Landwirtschaft 4.0").

Der Biolandbau ist wichtig, aber noch immer ein **Nischenphänomen**: Der Anteil der biologisch bewirtschafteten Flächen macht in Österreich erst 20 Prozent der gesamten bewirtschafteten Fläche aus – auch wenn es in der EU erst vier Prozent sind (Holzinger 2024, Kap. Agrarwende, S.127ff).

Die geforderte **Ernährungswende** umfasst die Art des Anbaus der Lebensmittel, ihre Verarbeitung und ihren Vertrieb und sie wird ein wesentlicher Teil der Wirtschaftswende sein müssen (Holzinger 2024, S. 127ff., Forster 2025). Landwirtschaft hängt wesentlich mit der **Ernährungskultur** zusammen. Die Ernährungswissenschaften plädieren mit der **Ernährungspyramide** für die starke Reduzierung des Fleischkonsums, zudem für die Einschränkung von fetthaltigen Milchprodukten zugunsten von mehr Gemüse und Obst. Die österreichische Agentur für Gesundheit und Ernährungssicherheit (AGES) gibt entsprechende lebensmittelbasierte Ernährungsempfehlungen.

Gesprochen wird von einem **„One Health-Ansatz"**:

„Die Gesundheit von Menschen, Tieren, Pflanzen und der Umwelt ist untereinander eng verbunden und voneinander abhängig."[114]

Mittlerweile gibt es zahlreiche kritische Studien: Ein **Weltagrarbericht**[115] zeigt auf, dass Hunger vor allem durch fehlende Bodenrechte der Landbevölkerung entsteht, der **Boden-** und **Fleischatlas**[116] der Heinrich-Böll-Stiftung informieren über Sackgassen der industrialisierten Landwirtschaft, das Projekt der **Planetary Health Diet**[117] vermittelt, welche Ernährungsweise für uns und für den Planeten gesund wäre (vgl. auch Holzinger 2024, S. 147ff.). **Vegetarische** und **vegane Ernährung** gewinnt bei jungen Menschen an Bedeutung und mittlerweile kann es sich kein Restaurant mehr leisten, vegetarische Gerichte auf der Speisekarte zu haben (Holzinger 2024, S. 135f.)

Zudem gibt es neue zivilgesellschaftliche Ansätze wie **„Urban Gardening"**, **„FoodCoops"** oder **„Solidarische Landwirtschaft"**[118], aber auch neue wissenschaftliche Ansätze wie **„Indoor Farming"** **„Neue Nahrungsquellen"** wie Algen oder Seetang, **„Grüne Gentechnik"**, die klimaresistente Pflanzen verspricht, oder **„In Vitro-Fleisch"** (kontrovers dazu Holzinger 2024, 140ff.).

---

[113] Tierschutz ist im Lehrplan dem Ethikunterricht zugeordnet, könnte aber auch im GW-Unterricht thematisiert werden.

[114] https://www.ages.at/mensch/ernaehrung-lebensmittel/ernaehrungsempfehlungen. Abgerufen am 5.5.2025

[115] https://www.weltagrarbericht.de/. Abgerufen am 5.5.2025

[116] https://www.boell.de/de/fleischatlas; https://www.boell.de/de/bodenatlas. Abgerufen am 5.5.2025

[117117] https://www.verbraucherzentrale.de/wissen/lebensmittel/nachhaltige-ernaehrung/planetary-health-diet-sich-ausgewogen-ernaehren-und-den-planeten-schuetzen-76609. Abgerufen am 5.5.2025

[118] Diese zeigen Alternativen im Kleinen auf, die Versorgung mit Lebensmittel wird aber weiterhin vor allem über Supermärkte stattfinden.

Inhalte der Schulbücher

Im Kapitel „Wirtschaftsräume im Wandel“ in **Meridiane 5/6** (S. 220ff.) wird neben dem Wandel der Industrie auch auf jenen der Landwirtschaft eingegangen. Als **Formen der Landwirtschaft** werden „extensive, intensive und biologische“ Landwirtschaft unterschieden, erwähnt wird auch die **Subsistenzlandwirtschaft**, die v. a. aus „Entwicklungsländern bekannt“ sei. Bei der **konventionellen Landwirtschaft** wird auf die höhere Produktivität durch den Einsatz von Düngemitteln und Pestiziden hingewiesen, es werden aber auch die negativen Folgen erwähnt:

„Diese Art des Anbaus erhöht jedoch die Gefahr von Schädlingen, die mit Insektiziden und Fungiziden bekämpft werden, wodurch die Anbauprodukte selbst, Boden und Grundwasser in Mitleidenschaft gezogen werden.“ (ebd. S. 222)

Es werden die Begriffe „Rationalisierung“, „Spezialisierung“ und „Strukturwandel“ erklärt und die unterschiedliche wirtschaftliche **Bedeutung der Landwirtschaft** in europäischen Ländern am Beispiel des Anteils der Landwirtschaft am BIP sowie des Anteils der Ackerfläche an der Gesamtfläche illustriert. Zudem wird auf die **gestiegenen Aufgaben** der Landwirtschaft im Bereich der Landschaftspflege und des Tourismus eingegangen.

In **Meridiane 7** wird der Strukturwandel der **österreichischen Landwirtschaft** beschrieben: Abnahme der Betriebe und landwirtschaftlichen Arbeitskräfte, Zunahme der Nebenerwerbsbetriebe sowie starke Steigerung der **Biologischen Landwirtschaft** („Österreich gilt als Bio-Land Nummer 1“, Meridiane 7, S. 88). Danach werden die Kriterien für Bio-Betriebe erläutert: möglichst geschlossene Kreisläufe, Ausnützung natürlicher Regelmechanismen, schonende Bodennutzug, keine Gentechnik, hochwertige Lebensmittel. Benannt wird auch die „artgerechte und flächengebundene Tierhaltung“ (ebd. S. 89).

Die **Zukunft der Landwirtschaft** wird ambivalent gesehen:

„Die EU möchte auf der einen Seite die hohen Förderungen reduzieren, gleichzeitig sollen auch die kleinen landwirtschaftlichen Betriebe mit den Weltmarktpreisen mithalten können. Viele Landwirtinnen und Landwirte sehen der Zukunft eher pessimistisch entgegen – trotz ihrer Überzeugung und des Idealismus für ihre Arbeitstätigkeit.“ (ebd. S. 89)

Im Kapitel „Auf welche Lebensmittelproduzenten setze ich? Bäuerliche Betriebe oder Agrobusiness?“ in **Perspektiven 5/6** (S. 183ff.) wird der **Strukturwandel** der **europäischen Landwirtschaft** sowie die **EU-Agrarpolitik** erläutert. Als Kennzeichen des Strukturwandels werden u. a. die Mechanisierung und höhere Produktivität, der Rückgang der Betriebe und die Zunahme der Nebenerwerbsbetriebe, die Entstehung von Großbetrieben und „Agrarmultis“ sowie der verstärkte Einsatz von Chemikalien genannt. In der Auflistung scheint auch „der steigende Anteil an ökologischer Landwirtschaft“ (ebd. S. 184) auf. Bei der **EU-Agrarpolitik** wird auf die Änderung der Förderkriterien weg von Markt- und Preisgarantien (Stichwort „Butterberge“, „Milchseen“) hin zu mehr direkten Einkommenshilfen, der Diversifizierung und Entwicklung des ländlichen Raumes sowie der Ökologisierung hingewiesen.

Das Kapitel „Lebensmittel vom Bauernhof – Ein Beitrag zur Lebensqualität?“ in **Perspektiven 7/8** (S. 72ff.) beschreibt den **primären Sektor in Österreich,** speziell die **Landwirtschaft in ihrem Wandel** sowie in ihrer **Multifunktionalität** (Nahrungsmittelproduktion, Energie- und Rohstofflieferant, ökologische Funktion, gesellschaftliche Funktion, ebd. S. 72). Neben einer Steigerung der Produktion aufgrund verbesserter Anbaumethoden, besserem Saatgut und verstärkter Mechanisierung werden auch die **negativen Folgen** dieser Entwicklung benannt (Überdüngung, Grundwasserverreinigung ...). Der gesellschaftliche Wandel habe zu einem bewussteren Konsum, nachhaltiger Produktionsweise und mehr Regionalität geführt (ebd. S. 72). Ziel der österreichischen Regierung und der EU sei es,

„dass die Landwirtschaft immer mehr auf Nachhaltigkeit und Umweltschutz ausgerichtet ist." (ebd. S. 74)

Positiv wird das „Österreichische Programm für umweltgerechte Landwirtschaft - ÖPUL" erwähnt, **biologische Landwirtschaft** wird der **konventionellen Landwirtschaft** gegenübergestellt:

„Österreich ist das Land der Biolandwirtschaft, denn im EU-Vergleich weist es mit 20 Prozent der landwirtschaftlichen Betriebe und 24 Prozent der landwirtschaftlichen Flächen den höchsten Wert auf." (ebd. S. 74)

Als allgemeine Probleme werden der internationale **Konkurrenz-** und **Preisdruck**, die zunehmende **Lebensmittelverschwendung** sowie die **„Gleichmachung" von Produkten** genannt (ebd. S. 73). Eigene Abschnitte sind den österreichischen **Bergbauern** sowie dem **Weinbau** gewidmet. Als **„alternative Formen für die Zukunft"** werden die weitere Spezialisierung, die Kopplung mit dem Tourismus, die Energieerzeugung sowie Maschinen- und Produktionsgemeinschaften angeführt (ebd. 75).

Durchblick 5 enthält ein Kapitel zu „Fairtrade – Hoffnung für Kleinbauern", Ausführungen zu **Ursachen des Hungers** am Beispiel der Sahelzone sowie ein Kapitel zu „Die gemäßigte Zone – von der **traditionellen** zur **industrialisierten Landwirtschaft**". In letzterem wird vor der agrarischen Revolution im 20. Jahrhundert mit Rationalisierung und Chemisierung eine **„biologische Intensivierungsphase"** (Durchblick 5, S.140) mit einer verbesserten Fruchtwechselwirtschaft sowie Stallmist- und Gründüngung beschrieben.

Die **industrielle Landwirtschaft** wird kritisiert (dazu ein umfangreiches Schaubild mit den negativen Folgen gezeigt), weil das Wirtschaften in **geschlossenen Kreisläufen**, aber auch die **Selbstständigkeit** in der Landwirtschaft verloren gegangen sei:

„Die weitreichende Autonomie der Bauern wurde gebrochen. Sie liefern seither lediglich landwirtschaftliche Rohstoffe für den verarbeitenden Sektor und müssen die dazu notwendigen Produktionsmittel kaufen." (ebd. S. 140)

Kritisiert wird zudem die **„Biorevolution"** durch Gentechnik, die die Abhängigkeiten verschärfe. Als „neue Vision für die Landwirtschaft" wird **„Vertical Farming"** an einem chinesischen Betrieb gezeigt, der Gemüse- und Obstanbau mit Vieh- und Fischzucht in Kreisläufen integriert.

In **Durchblick 6** wird beim EU-Haushalt positiv hervorgehoben, dass im Budget 2007 „erstmals seit Bestehen der EU die Landwirtschaft nicht mehr der größte Bereich" (Durchblick 6, S. 34) gewesen sei. Später wird auf **„Entwicklungstendenzen in der Landwirtschaft und im ländlichen Raum"** in der EU eingegangen. Es wird die Entsiedelung und Arbeitslosigkeit im ländlichen Raum problematisiert, zugleich auf neue Erwerbsquellen im Umweltschutz und Tourismus hingewiesen. Die **europäische Landwirtschaft** sei weltweit einem starken Konkurrenzdruck ausgesetzt, die hohen Erzeugerpreise würden durch EU-Förderungen „künstlich dem Weltmarktniveau" (ebd. S. 81) angepasst.

Zudem wird der hohe **Düngemitteleinsatz** und die Futtermittelproduktion für die **Massentierhaltung** kritisiert:

„Ein Drittel der Ackerfläche dient heute dem Anbau von Kraftfutter für die Viehzucht. Heute werden in Europa bis zu 90 Prozent des Fleisches in Massentierhaltung erzeugt. War früher ein Weiderind nach zwei Jahren schlachtreif, wird ein sechs Monate altes Kalb heute in vier Monaten schlachtreif gemästet." (ebd. S. 81)

Hoffnung setzt auch dieses Schulbuch in die **Ökologisierung der Landwirtschaft**:

„Nicht mehr nur in entlegenen Regionen, sondern auch in den Gunstlagen steigen immer mehr Landwirte auf ökologischen Landbau um. Die pestizidfreien und gentechnikfreien Lebensmittel sind in der Produktion teurer, finden aber dennoch steigenden Absatz in den Supermarktketten und stellen somit für Biobäuerinnen und -bauern ein solides Einkommen dar, das zu weiterer Bewirtschaftung der Höfe motiviert." (ebd. S. 81)

Das Kapitel zur **Landwirtschaft in Österreich** in **Durchblick 7** geht auf den Strukturwandel, die Auswirkungen durch den EU-Beitritt und die Globalisierung ein. Als Gegenstrategien werden die Zunahme der Biolandwirtschaft sowie des Abhof-Verkaufs beschrieben.

Im Kapitel „Boden – Grundlage unseres Lebens“ in **Geografisch 5/6** (S. 132ff.) wird auf die **Verminderung der Bodenqualität** durch Intensivlandwirtschaft, die zunehmende **Bodenversiegelung**, die abnehmende **Ernährungssouveränität** sowie das Problem des **Landgrabbing** eingegangen.

Dazu heißt es:

„Mit wachsender Nachfrage werden die Böden immer intensiver bewirtschaftet. Um schneller Erträge zu erzielen, werden die Böden nicht nachhaltig bewirtschaftet und verlieren nach und nach ihre Funktionsfähigkeit.“ (ebd. S. 132)

Die erhöhte **Biokraftstoffnachfrage** wird ebenso problematisiert wie der **Aufkauf von Agrarflächen** durch Konzerne oder Staaten in den Ländern des „Globalen Südens“:

„Der Zugang zu fruchtbarem Land ist eng mit Ernährungssouveränität, Armutsbekämpfung und der Sicherstellung nachhaltiger Lebensgrundlagen verbunden. Landgrabbing verhindert all dies. Daher ist es wichtig, diesen groß angelegten Handel mit Landfläche zu begrenzen.“ (ebd. S. 133)

Die Frage der **Ernährungssicherheit** wird kontrovers diskutiert:

„Vielerorts konnte durch die industrielle Landwirtschaft erstmals ein Nahrungsmittelüberschuss erzielt werden, der den Ressourcendruck aufgrund der erhöhten Nahrungsmittelnachfrage durch die wachsende Bevölkerung ausgleichen soll. Aufgrund der ungleichen Verteilung von Nahrung herrscht aber in vielen Teilen der Erde immer noch Hunger.“ (ebd. S. 134)

Dem **industriellen Landbau** wird die **ökologische Landwirtschaft** gegenübergestellt:

„Bei dieser Art des Ackerbaus werden keine chemisch-synthetischen Pflanzenschutzmittel eingesetzt. Auf mineralischen Dünger und Gentechnik wird gänzlich verzichtet. Gleichzeitig werden die Tiere artgerecht gehalten und sie haben mehr Platz und Auslauf.“ (ebd. S. 134)

Der **Import biologischer Produkte** wird aufgrund der längeren Transportwege problematisiert, ein **anderer Ernährungsstil** mit Hilfe der **Ernährungs**- und **Umweltpyramide** vorgeschlagen:

„Eine umfassende Änderung der Ernährungsgewohnheiten großer Bevölkerungsteile könnte eine Reduktion dieser klimaschädlichen Gase und einen schonenden Umgang mit Ressourcen bedeuten.“ (ebd. S. 135)

Das Schulbuch gibt **Begriffsklärungen** zu „Ernährungssouveränität“, „Monokultur“, „Landgrabbing“ und „Bodenschutzpolitik“ sowie Hinweise auf einschlägige Apps wie einen **Siegel-Check** des NABU (Naturschutzbund Deutschland) und den **„Codecheck“**, ein Barcode-Scanner für Lebensmittel, Haushalt und Kosmetik. Am Beispiel von **Soja** wird die Fehlnutzung aufgezeigt – 80 Prozent des weltweit produzierten Sojas werden aktuell als Tierfutter verwendet, heißt es darin. Als Positivbeispiel wird der **Bio-Sojaanbau** in Österreich vorgestellt. Auch die zahlreichen Arbeitsaufgaben regen zur Reflexion über unser Ernährungsverhalten an.

Im Zusammenhang mit Europa wird die Landwirtschaft nochmals thematisiert, u. a. mit Ausführungen zu **„Landwirtschaft 4.0“** (z. B. Precision Farming“) sowie **Landwirtschaft in der Stadt** („Vertical Farming“, „Indoor Farming“), wobei die Chancen wie geringer Ressourcenverbrauch, aber auch die Probleme, z B. hoher Energieverbrauch, benannt werden (ebd. S. 184ff.). Die **EU-Agrarpolitik** wird in einem eigenen englischsprachigen Kapitel behandelt (ebd. S. 247f.). Themen sind die unterschiedliche Strukturiertheit der Landwirtschaft in den EU-Mitgliedsländern (ein Drittel aller Betriebe wird in Rumänien ausgewiesen, ein großer Teil davon als Subsistenz-Betriebe), weiters die **Agrarförderpolitik** mit den zwei Säulen und den verschärften Öko-Regelungen für die Periode 2023-2027 (mindestens 25 Prozent der Direktzahlungen und 35 Prozent der Mittel für ländliche

Entwicklung müssen für ökologische Maßnahmen verwendet werden, Umschichtung von Großbetrieben auf kleinere Betriebe).

Geografisch 7 enthält eine Seite zur Land- und Fortwirtschaft in Österreich. Beschrieben werden der Strukturwandel, der Druck auf kleinere Betriebe durch den EU-Beitritt, Gegenmaßnahmen durch EU-Regionalförderung und Direktzahlungen sowie der Übergang vieler Betriebe auf Biolandwirtschaft. Die **Leistungen der Landwirtschaft** werden hervorgehoben:

„Die Landwirtinnen und Landwirte im Voll- als auch im Nebenerwerb liefern regionale Lebensmittel und tragen zur Biodiversität und Kulturlandschaft bei, zum Beispiel durch die Almwirtschaft." (ebd. S.70)

Als aktuelle Entwicklungen werden die ambivalente Rolle der Landwirtschaft im Klimawandel, Smart Farming, die Belebung der Debatte um Genome Editing sowie Urban Farming angeführt.

Geospots 5/6 geht ebenfalls auf die **Gemeinsame Agrarpolitik** der Europäischen Union (GAP) ein, die bereits in der Überschrift als „teuer und umstritten" bezeichnet wird:

„Es geht dabei wie immer ums Geld, welches in Form von Ausgleichszahlungen, Stützungen und Subventionen an die Landwirtinnen und Landwirte fließt." (ebd. S 168)

Es seien **Reformen** durchgeführt worden, die Agrarförderung mache aber noch immer ein Drittel des EU-Budgets aus. Danach heißt es:

„Die EU verteidigt ihr Modell einer multifunktionalen Landwirtschaft, das neben der Nahrungsmittelproduktion auch soziale und ökologische Leistungen für den ländlichen Raum erbringt, auch im Rahmen internationaler Handelspolitik." (ebd. S. 168)

Als **Herausforderungen** werden genannt:

„Neue Herausforderungen für die GAP ergeben sich durch den Klimawandel, die Wasserwirtschaft, Bioenergie und den Schutz des ländlichen Raums." (ebd. S. 168)

In der Folge wird das GAP-Programm 2023-2027 mit den zwei Säulen – Direktzahlungen und Regionalförderung – beschrieben, dabei auch auf den **Green Deal** eingegangen:

„Im Sinne des sogenannten ‚Green Deals' muss auch die Landwirtschaft ihren Beitrag dazu leisten, dass die EU bis 2050 klimaneutral wird." (ebd. S. 168)

Im Abschnitt **„EU-Landwirtschaftspolitik global"** wird auf das abgeschlossene Handelsabkommen CETA mit Kanada einschließlich der Kritik daran (Aufweichung europäischer Standards, „Hormonfleisch") sowie das auf Eis gelegte Abkommen TTIP mit den USA eingegangen. Dazu heißt es:

„Eine Trendwende unter Donald Trump hat bereits zum Ausstieg der USA aus TTIP geführt." (ebd. S. 169)

Als **„Fehlentwicklungen europäischer Agrarpolitik"** werden der Streit um Fischfangquoten sowie das nach wie vor zugelassene Unkrautvernichtungsmittel Glyphosat, das „krebserregend sein" könnte und die Biodiversität beeinträchtigt. Dazu wird angemerkt:

„Eine Europäische Bürgerinitiative (EBI) forderte die EU-Kommission daher auf, alle EU-Mitgliedsstaaten zu ersuchen, den Einsatz von Glyphosat zu verbieten." (ebd. S. 169)

Schließlich wird auf das Thema **„Gentechnik versus Nachhaltigkeit"** sowie die Regelungen dazu in der EU und Österreich eingegangen. Es werden die Pro- und Kontra-Argumente einander gegenübergestellt:

„Die Befürworterinnen und Befürworter dieser agrarischen Revolution sprechen davon, dass man dadurch die wachsende Weltbevölkerung besser versorgen könne. Die Erträge seinen höher, die Reifezeit kürzer. ... Das Hauptargument der Gegnerinnen und Gegner ist, dass nicht klar sei, welche Auswirkungen und Folgen gentechnisch veränderte Produkte auf tierische und menschliche Körper haben. Sie warnen überdies vor der Bildung von Monopolen bzw. Oligopolen einiger weltweit." (ebd. S. 170)

Weiters wird vom als „Genschere" bekanntem Verfahren **„New Genomic Techniques"** berichtet,

„das Pflanzen nur so weit verändert, dass sie auch ohne Gentechnik auf natürliche Weise hätten entstehen können, etwa durch Kreuzung und Auslese." (ebd. S. 170)

Mit der rezipierten Kritik daran wird auf das „Prinzip des **nachhaltigen Wirtschaftens** in der Landwirtschaft" verwiesen:

„Nachhaltigkeit bedeutet, dass mit den natürlichen Ressourcen Boden, Luft und Wasser so umgegangen wird, dass diese für nachfolgende Generationen weiterhin nutzbar sind. Ökologisch wirtschaftende Betriebe orientieren sich schon jetzt an diesem Modell." (ebd. S. 170)

In **Geospots 7/8** wird näher auf die Landwirtschaft in Österreich eingegangen. Dem Strukturwandel – Mechanisierung, mehr Nebenerwerbsbetriebe, Rückgang der Beschäftigten in der Landwirtschaft (gesprochen wird von „Entagrarisierung" S. 55) folgt ein Abschnitt zur **biologischen Landwirtschaft**, die mit knapp einem Viertel biologisch bewirtschafteter Fläche in Österreich „einen besonderen Stellenwert" als „Musterland in der EU" (ebd. S. 55) einnehme.

Es werden unterschiedliche **Bio-Siegel**, die Förderungen und Vermarktungshilfen (etwa durch Bio Austria) sowie die Merkmale der **Bio-Landwirtschaft** (artgerechte Tierhaltung, Nutzung des betriebseigenen Stoffkreislaufes) vorgestellt. Dazu heißt es:

„Zudem werden die Bioprodukte gezielt vermarktet und erfreuen sich, trotz höherer Preise, bei den heimischen Konsumentinnen und Konsumenten wachsender Beliebtheit." (ebd. S. 55)

In weiteren Abschnitten werden das ÖPUL-Programm, der Weinbau, die Spezifika der Bergbauern sowie die Fortwirtschaft vorgestellt.

In **global 5** gibt es ein Kapitel **„Hunger und Verteilungsgerechtigkeit".** Darin werden Gründe für den Hunger angeführt, u. a. der zu große Bedarf an Futtermitteln für die Fleischproduktion, der Umstieg auf Agrotreibstoffe, ungerechte Besitzverhältnisse und Landgrabbing, Ernteausfälle und fehlende Unterstützung. Weiters wird die **Spekulation mit Lebensmitteln** insbesondere seit der Finanzkrise problematisiert:

„Durch die Finanzkrise und die großen Verluste auf den Finanzmärkten haben die Großbanken vermehrt in Rohstoffbörsen investiert. Sie wetten dort auf Preisanstiege von Mais, Reis und Getreide. Dadurch sind deren Preise explodiert und haben Millionen Menschen in den Hunger gestürzt. Bäuerinnen und Bauern kommen schwerer an Kredite." (global 5, S. 144)

Als **Vorschläge** dagegen werden die Meidung gentechnisch veränderter Lebensmittel wegen des Problems der Lizenzgebühren für Saatgut, der Kauf fair gehandelter Produkte, die Reduzierung des Fleischkonsums sowie die Nutzung saisonaler und regionaler Lebensmittel genannt. Auch politisch könne Druck gemacht werden: für ein Verbot von Spekulationen mit Lebensmitteln sowie von Agrartreibstoffen sowie durch Einsatz gegen Exportförderungen etwa der EU, da diese die Existenzgrundlagen vieler Kleinbäuer*innen im Globalen Süden gefährde.

In **global 6** wird die **„Landwirtschaft im Wandel"** am Beispiel **Europas** thematisiert. Die Industrialisierung der Landwirtschaft wird zunächst sachlich beschrieben, dann aber werden ihre negativen Folgen benannt: Degradation der Böden, Bodenverdichtung, Eutrophierung.

Biokraftstoffe werden auch in diesem Buch kritisch gesehen:

„Die positiven Effekte auf die Klimabilanz sind umstritten, zumal der erhöhte Flächenbedarf zum Anbau der Rohstoffe wertvolle Ökosysteme zerstört und die Emission von Treibhausgasen erhöht." (global 6, S. 54)

Die Hoffnung liegt auf der **Ökologisierung der Landwirtschaft**, deren Kriterien sachlich beschrieben werden. Ihr Anteil an der EU-Landwirtschaft wird jedoch nicht benannt.

Zwei Fallbeispiele vertiefen den Strukturwandel der europäischen Landwirtschaft: Am **Landgrabbing** in Rumänien und Tschechien durch Agrarkonzerne wird problematisiert, dass Kleinbetrieben der „Boden unter den Füßen" weggezogen werde (ebd. S. 56). An den neuen **Gemüseplantagen** in Spanien („Plastikmeer in Almeria", ebd. S. 58) wird gezeigt, wie diese Regionen zu mehr Wertschöpfung gelangen, aber auch, wie ausländische Saisonkräfte ausgebeutet und Naturschutzgebiete zerstört werden.

Der Abschnitt zum Wirtschaftsstandort Österreich in **global 7** enthält kein eigenes Kapitel zu Landwirtschaft.

In **global 8** wird nochmals auf das **„Geschäft mit dem Hunger"** (ebd. S. 68) Bezug genommen - zum einen mit einem Textausschnitt aus „Das Imperium der Schande" von Jean Ziegler, zum anderen mit einem Bericht über fair gehandelte Schokolade. Arbeitsaufgaben fordern dazu auf, die bestehenden Landwirtschaftsstrukturen kritisch zu reflektieren.

Einschätzung

Alle Schulbücher thematisieren die unterschiedlichen **Formen der Landwirtschaft** sowie deren **Strukturwandel** in Österreich und der EU bzw. Europa. Auf die **ökologischen Folgen** der industrialisierten Landwirtschaft wird in unterschiedlichem Ausmaß eingegangen. **Ökologische Landwirtschaft** wird aber durchgehend als Zukunftschance gesehen, dabei auf das Umdenken der Konsument*innen gesetzt. Dass der Biolandbau noch immer einen Nischenanteil ausmacht, wird nicht angeführt.

Die **EU-Agrarpolitik** wird unterschiedlich ausführlich erläutert – die neuen Ziele im Kontext des Green Deal sowie der Biodiversitätsbemühungen werden erscheinungsbedingt mit Ausnahme von *Geospots* noch nicht berücksichtigt. Nur zwei Bücher – *Geografisch* und *global* – gehen auf das Thema **Ernährungssicherheit** sowie einen **veränderten Ernährungsstil** ein.

Kritik an der **Massentierhaltung** (Mappes u. a. 2025) wird nicht geübt (mit Ausnahme von *Durchblick*), es gibt lediglich Hinweise auf artgerechte Tierhaltung in der Biologischen Landwirtschaft. Der Trend unter jungen Menschen zu **Vegetarismus** und **Veganismus** (Holzinger 2024, S. 135f.) wird nicht angesprochen, die nach wie vor großen Probleme der industrialisierten Landwirtschaft in der EU inkl. der Kritik an der EU-Förderpolitik (Holzinger 2024, S. 129f, Forster 2025) werden begrenzt aufgeworfen. Einige Schulbücher thematisieren auch den Zusammenhang des Welternährungssystems mit dem noch immer nicht überwundenen **Hunger** in der Welt.

Wichtig wäre, dass in allen Schulbüchern auf das **gesamte Ernährungssystem** inklusive der Lebensmittel- und Handelskonzerne eingegangen wird. Zudem soll auf die Analysen der **österreichischen Agentur für Gesundheit und Ernährungssicherheit** Bezug genommen werden.

Nun zur Einzelbewertung:

Meridiane 5/6: Dieses Schulbuch stellt die unterschiedlichen **Formen der Landwirtschaft** vor und geht auf die **gestiegenen Aufgaben** im Bereich des Landschaftsschutzes und Tourismus ein. Es werden die Unterschiede der landwirtschaftlichen Strukturen in den Ländern Europas dargestellt und die **negativen Folgen** der industrialisierten Landwirtschaft beschrieben. Nicht erwähnt wird, dass der massive Düngermitteleinsatz auch die Böden auslaugt (s. o.) Nicht eingegangen wird auch auf die Auswirkungen der industriellen Landwirtschaft auf das Klima sowie die Problematik der Massentierhaltung, die ökologische wie tierethische Fragen aufwirft. Letztere spielen bei jungen Menschen eine größere Rolle, der Anteil der vegetarisch oder vegan lebenden Menschen nimmt zu (vgl. Holzinger 2024, S. 135ff.).

Meridiane 7: Hier wird besonders betont, dass Österreich ein **Vorreiter** im Bereich der **Biolandwirtschaft** ist. Die genaue Beschreibung der biologischen Landwirtschaft ist positiv hervorzuheben, aber es müsste erwähnt werden, dass diese noch immer ein Nischenphänomen darstellt. Positiv ist auch, dass die **artgerechte Tierhaltung** beschrieben wird. Zu diskutieren wäre jedoch unser zu hoher Fleischkonsum aus gesundheitlichen und klimapolitischen Gründen sowie die bei jungen Menschen wichtiger werdende vegetarische bzw. vegane Ernährungsweise aus tierethischen Gründen (Holzinger 2024, S. 135f., Kappes 2025). Die Zukunftsperspektiven für die Landwirt*innen werden als ambivalent beschrieben.

Perspektiven 5/6: **Ökologische Landwirtschaft** wird – anders als in „Meridiane“ – nicht explizit beschrieben, sondern nur einmal erwähnt und unter Materialien mit einer Grafik „Bioboom“ (mit Österreich als Vorreiter) bedacht. Die **EU-Agrarpolitik** wäre stärker zu problematisieren, zudem fehlen auch hier Hinweise zur Problematik der Massentierhaltung.

Perspektiven 7/8: Dieses Schulbuch betont die **Multifunktionalität der Landwirtschaft**. Die Produktionssteigerungen durch die Modernisierung der Landwirtschaft werden hervorgehoben, aber auch die Probleme benannt. Die umstrittene Energiezeugung aus Biomasse wird als Chance für die Landwirtschaft dargestellt. Auch dieses Schulbuch benennt die **Zukunftsherausforderungen** für die Landwirtschaft.

Durchblick 5 beschreibt im Zusammenhang mit dem **Strukturwandel** der Landwirtschaft nicht nur die Agrarrevolution durch Mechanisierung und Chemisierung, sondern auch, dass es bereits davor eine „biologische Intensivierungsphase“ durch bessere Fruchtfolge und Mist- sowie Gründung gegeben habe. Die industrialisierte Landwirtschaft wird aus ökologischen, aber auch aus sozialen Gründen, nämlich dem Autonomieverlust der Landwirte, kritisiert. Gewarnt wird vor der **Biorevolution** durch Gentechnik, die die Landwirtschaft noch stärker von der Industrie abhängig mache.

Durchblick 6 geht ausführlich auf die Probleme der **Massentierhaltung** ein und setzt ebenfalls auf die **Biolandwirtschaft**. Ob der Optimismus bezüglich des steigenden Konsument*innenbewusstseins, das zum weiteren Ausbau der Biolandwirtschaft führen werde, berechtigt ist, wird die Zukunft zeigen. Der Trend zum Weniger-Fleisch-Essen sowie der Umstieg auf fleischlose Alternativen könnte aber weiter anhalten.

In *Durchblick 7* wird der Trend zu **biologischer Landwirtschaft** sowie zum Abhof-Verkauf als Gegenstrategie zum internationalen Konkurrenzkampf beschrieben. Zudem wird auf die in etwa ausgeglichene Import- und Exportbilanz Österreichs bei Agrarprodukten eingegangen.

Geospots 5/6 beschreibt sachlich die **EU-Agrarpolitik** und verweist dabei auf die Ziele einer multifunktionalen Landwirtschaft. Als Konfliktfelder werden die **Glyphosat-Zulassung** in der EU (wurde mittlerweile für weitere zehn Jahre verlängert), die **Fischfangquoten** sowie **gentechnisch veränderte Lebensmitte**l inklusive des neuen, nun zugelassenen Verfahrens der „Genschere“ vorgestellt. Letzteres wird weiterhin kontrovers diskutiert (Holzinger 2024, Kap. „Grüne Gentechnik“). Nur kurz eingegangen wird auf **nachhaltige Landwirtschaft**. Das Schulbuch stellt jeweils Befürwortende und Kritisierende unkommentiert nebeneinander, was Schüler*innen überfordern könnte. Das Argument, durch Gentechnik könne eine weiterwachsende Bevölkerung ernährt werden, stimmt nur bedingt, da die Probleme von Hunger und Unterernährung v. a. mit fehlenden Bodenrechten, zu geringer mechanischer und logistischer Ausstattung der vielen Kleinbauernbetriebe sowie der ungleich verteilten Kaufkraft zusammenhängen.

Geospots 7/8: Hier wird die **Bio-Landwirtschaft** mit Österreich als Vorreiter neben dem landwirtschaftlichen Strukturwandel („Entagrarisierung“) ausführlicher behandelt. Das wachsende Konsument*innen-Bewusstsein für Bio-Lebensmittel wird angesprochen, nicht jedoch der Trend zu **vegetarischer** und **veganer** Ernährung unter jungen Menschen inklusive der Kritik an der **Massentierhaltung.** Das Thema Ernährung & Gesundheit sowie eine nachhaltige Ernährungskultur (siehe das Konzept „Planetary Health Diet“) wird auch in diesem Schulbuch nicht thematisiert.

Geografisch 5/6: Dieses Schulbuch widmet sich ausführlich den **Dilemmata der industrialisierten Landwirtschaft** und den **Auswegen**. Die Vorzüge des **Biolandbaus** werden ebenfalls ausführlich dargestellt. Und es werden Begriffe wie Ernährungssouveränität oder Landgrabbing gut erklärt. In Bezug auf die **EU-Agrarförderpolitik** wird eine Diskussion über die Förderhöhen sowie die Verteilung der Mittel angestoßen, die Frage der verpflichtenden Deckelung der Förderungen soll von den Schüler*innen diskutiert werden – ein Thema, dass beispielweise auch von den Bioverbänden angesprochen wird (Holzinger 2024, S. 129ff.) Massentierhaltung wird auch hier nicht thematisiert, dafür aber die Frage eines **geänderten Ernährungsverhaltens**. Hierfür werden auch Links zu Lebensmittel-Apps angeboten.

Geografisch 7 betont ebenfalls die **Biolandwirtschaft** in Österreich als Besonderheit. Zudem wird die Rolle der Landwirtschaft für Biodiversität und den Erhalt der Kulturlandschaft erwähnt.

global 5 und *8* gehen auf die **Problematik des Welthungers** im Kontext der globalen Landwirtschaft ein. In *global 6* wird der Strukturwandel der Landwirtschaft in der EU beschrieben – den Vorteilen der Industrialisierung werden die Nachteile sowie die Perspektive der **Biologischen Landwirtschaft** gegenübergestellt. Dieses Schulbuch problematisiert explizit **Biokraftstoffe** sowie das **Landgrabbing**. Die Landwirtschaft Österreichs hat in *global* kein eigenes Kapitel.

Industrie

Fachliche Einführung

Unter Industrie wird die **Gewinnung** und **Bearbeitung von Rohstoffen**, die **Herstellung von Halbfabrikaten** und **Endprodukten** sowie für **Montage-** und **Reparaturarbeiten** subsummiert. Industriebetriebe sind vor allem durch **maschinelle Produktion**, weitgehende **Arbeitsteilung** und **Massenfertigung** meist in größeren Betriebsstätten gekennzeichnet. In der Wirtschaftsstatistik wird die Industrie im engeren Sinn auch als **verarbeitendes Gewerbe** bezeichnet, der industrielle Sektor im Unterschied zum Agrarsektor und Dienstleistungssektor als **produzierendes Gewerbe.**[119]

Erst die **industrielle Produktionsweise** hat die **Massenfertigung** und damit den **Massenkonsum** ermöglicht (Holzinger 2024, S. 53ff, S. 119ff). So werden aktuell weltweit pro Sekunde drei neue Autos und sieben neue PCs von den Fließbändern gelassen, mit Stand Mitte August wurden 2025 bereits an 55 Mio. Autos und an die 140 Mio. neue PCs produziert.[120] Pro Minute werden Industriegüter im Wert von 18 Mio. Dollar hergestellt.[121] Der immer höhere Ausstoß an Waren führte aber auch zu einem permanent steigenden **Ressourcenverbrauch** und den bekannten ökologischen Problemen. Zudem basiert die industrielle Produktion noch immer vor allem auf der Basis **fossiler Energie,** wodurch die Klimakrise beschleunigt wird (s. Kap. 1.3.).

Als aktuelle Trends gelten die **Auslagerung** von Fertigungen in Länder mit niedrigeren Löhnen – gesprochen wird von einer teilweise Deindustrialisierung der alten Wohlstandsländer, die weitere **Automatisierung** durch Roboter und Künstliche Intelligenz (Stichwort „Industrie 4.0“) sowie der Versuch, die industrielle Produktion zu ökologisieren, was mit **„Green Industries“** beschrieben wird. Da für viele industrielle Prozesse etwa in der Stahl-, Chemie- oder Zementproduktion sehr hohe Temperaturen benötigt werden, gestaltet sich diese Ökologisierung als nicht einfach.

---

[119] Nach https://www.bpb.de/kurz-knapp/lexika/lexikon-der-wirtschaft/19715/industrie. Abgerufen am 7.7.2025

[120] https://live-counter.com/m/number-of-cars , www.worldometers.info/de. Abgerufen am 7.7.2025

[121] https://www.theworldcounts.com/economies/sectors/industrial-sector. Abgerufen am 7.7.2025

Gesetzt wird auf Wasserstoff, eine Energie, die jedoch sehr teuer und aufwändig in der Produktion ist (Gates 2021, Holzinger 2024, S. S. 274ff., S. 358ff.).

Seitens der **Ökologischen Ökonomie** wird auf die Notwendigkeit der **Internalisierung der ökologischen Kosten** in die Produktion, die Führung von **Stoffen in Kreisläufen** („Circular Economy") und einen 100 Prozent-Umstieg auf **erneuerbare Energie** verwiesen. Da dies mit dem bisherigen Produktionsniveau nicht erreichbar und eine hinreichende Entkopplung von Produktion und Ressourcenverbrauch nicht möglich sei, müsse auch über **industrielle Schrumpfung** nachgedacht werden – dies umso mehr als ärmere Länder das Recht auf nachholende Entwicklung haben (Holzinger 2024, S. 253ff., 283ff.) Wichtig ist auch die Unterscheidung der **Recycling-Wirtschaft** von der **Kreislaufwirtschaft**, da letztere auf die Langlebigkeit von Produkten, Instandhaltung, Reparatur, Weiterverwendung und Recycling setzt. Zu erwähnen wäre eine weitere Innovation durch neue Werkstoffe der **Bioökonomie** (Holzinger 2024, S. 258ff., Petruch/Walter 2022).

Der **industrielle Sektor** macht in den Hochkonsumländern zwischen 20 und 30 Prozent der Wertschöpfung und Arbeitsplätze aus, ein großer Teil der wirtschaftsnahen Dienstleistungen ist aber dem Industriesektor angelagert. Unterschieden werden **Großbetriebe** von **Klein- und Mittelbetrieben**. Als **Strukturwandel** wird die Verschiebung zwischen einzelnen Wirtschaftssektoren bzw. zwischen einzelnen Wirtschaftsbranchen verstanden – im Bereich der Industrie geht es vor allem um die Umstellung auf **grüne Technologien** sowie die Implementierung **neuer Technologien**, **neuer Werkstoffe** und neuer **Produktdesigns**. Reparierbarkeit, Modularität und Wiederverwertbarkeit der Materialien gelten als Grundprinzipien (Holzinger 2024, S. 253ff.).

Inhalte der Schulbücher

Im Schulbuch **Meridiane 7** wird der Wandel der Industrie im Kontext der Wirtschaftssektoren Österreichs behandelt. Darin heißt es:

„Österreich hat sich in den letzten Jahrzehnten verstärkt von einer Industriegesellschaft hin zu einer Dienstleistungs- und Wissensgesellschaft entwickelt." (Meridiane 7, S. 122)

Es wird die Veränderung der Anteile der Wirtschaftssektoren am BIP in den letzten Jahrzehnten dargestellt. Als einer von zehn Trends wird genannt:

„Die technischen Entwicklungen beeinflussen sowohl die Produktion, das Angebot an Arbeitsplätzen als auch den Konsum – Stichwort Industrie 4.0 und Digitalisierung." (ebd. S. 122)

Als 4. Industrielle Revolution wird die „Smart Factory" auf Basis von kybernetischen Systemen beschrieben. Österreichs Industrie wird in seinem Wandel skizziert, dabei auch die Bedeutung von Klein- und Mittelbetrieben benannt.

Zu den **Zukunftsentwicklungen** heißt es:

„Die Industrielandschaft Österreichs steht vor großen Herausforderungen, denen man Überschriften wie ‚Globalisierung', ‚Internationalisierung' oder ‚Flexibilisierung' geben kann." (ebd. 125)

Dabei werden neben den Risiken auch die Chancen dieser Entwicklungen, etwa die Stärkung österreichsicher Unternehmen durch Auslandsinvestitionen, benannt. Als konkrete **Herausforderungen** werden aufgezählt, aber nicht vertiefend behandelt:

„Bildung und Qualifikation, Forschung und Entwicklung, Umwelt und Energie, Arbeitsmarkt, Infrastruktur, Gesetzgebung, Technologie und Innovation, Finanzierung, Steuern und Abgaben." (ebd. S. 125)

Weitere Kapitel in **Meridiane 7** behandeln die Themen **„Wirtschaftsstandort Österreich"** mit der Abbildung des Rankings von Österreich im Global Competitiveness Report, **„Made in Austria – die ‚Großen' Österreichs"** sowie **„KMU und die ´Hidden Champions´ Österreichs"**, in denen auf konkrete Unternehmen Bezug genommen wird (ebd. S. 84ff.).

Österreich liege bei der Wettbewerbsfähigkeit laut einer zitierten Studie seit Jahren unter den besten Ländern weltweit. Als **Schwächen** werden der Rückstand in der Digitalisierung, die zu geringe Mobilität der Arbeitskräfte oder die zu geringe Möglichkeit, ausländische Arbeitskräfte einzustellen genannt.

Im Kapitel „Mein zukünftiger Arbeitsplatz in der Industrie – oder im Dienstleistungssektor?“ in **Perspektiven7/8** (S. 64ff.) werden die Bedeutung der **Wirtschaftssektoren** und deren **Wandel** sowie die **Betriebsstruktur** (Industrie, Klein- und Mittelbetriebe/KMUs) am Beispiel Österreichs dargestellt.

In der Folge werden die **Bedeutung der KMUs** (Ausbildung, Beschäftigte) sowie der **Industriebetriebe** (Arbeitsplätze, Forschung, Exporte) ausgeführt. Dazu heißt es:

„Über 8000 Unternehmen in Österreich sind im Bereich der industriellen Produktion und der industrieorientierten Dienstleistungen tätig. Auch der Großteil der Industriebetriebe Österreichs hat KMU-Größe.“ (Perspektiven7/8, S. 65)

Als **Herausforderungen** werden benannt: Die teilweise Sättigung der Märkte in Europa, Nordamerika, Australien und Japan, der hohe Verschuldungsgrad des öffentlichen Sektors, der öffentliche Investitionen begrenzt, die Instabilität in aufstrebenden Volkswirtschaften, die als Hoffnungsmärkte gesehen werden, sowie das Fehlen von Kaufkraft „potenzieller Konsumentinnen und Konsumenten in Afrika, Südamerika und Teilen Asiens“ (ebd. S. 65). Ein eigener Abschnitt thematisiert **„Industrie 4.0“**, wobei Hoffnungen (Effizienzsteigerung, personalisierte Fertigung, neue Berufsfelder) und Ängste (gläserner Konsument, Hacker, Datenmonopole, Jobverluste, Kontrollverlust) ausgeführt werden (ebd. S. 66).

In **Durchblick 6** gibt es ein Kapitel zu **„Junge Industrieregionen in Europa“** (Durchblick 6, S. 146ff.). Vorgestellt wird das „deutsche Silicon Valley“ im **Großraum München**, eine Region, die über eine hohe Anzahl an Forschungseinrichtungen, gute Infrastrukturen und hohe Lebensqualität verfüge. Als Nachteile des Wachstums werden die rapide gestiegenen Wohnungskosten in München und seinem Umland genannt. Als zweites Erfolgsmodell wird das **„dritte Italien“**, das Venetien, die E-milia Romagna und die Toskana umfasst, genannt. Die Stärke dieser Region bis zur Finanzkrise von 2007 wird in den vielen Klein- und Mittelbetrieben, der damit verbundenen hohen Flexibilität und Verteilung der Risiken sowie der Übernahme zahlreicher Betriebe durch ehemalige Arbeiter*innen gesehen. Diese hätten sich nach den Massenentlassungen der Großbetriebe in den 1960er- und 1970er-Jahren selbständig gemacht. Als Beispiel wird das Unternehmen Benetton genannt, dass großteils die Produktion in solche KMUs ausgelagert habe. Ein weiteres Kapitel widmet sich der Restrukturierung der **Industrie in Osteuropa**.

Die **Industrie Österreichs** wird in **Durchblick 7** im Abschnitt zum **Wirtschaftsstandort Österreich** behandelt. Österreich wird als moderner Industrie- und Dienstleistungsstandort bezeichnet, in dem Forschung und Entwicklung an Bedeutung gewonnen hätten. Es werden einige österreichische Weltmarktführer-Industriebetriebe angeführt, die **Einschätzung des Wirtschaftsstandortes** Österreich wird aus Arbeitnehmer- und Unternehmersicht wiedergegeben, eine Beurteilung der Positionen als Arbeitsaufgabe gestellt. Im Kapitel zum Industriesektor werden nach einer Unterscheidung von **Industrie-** und **Handwerksbetrieben** die **Organisations-** und **Fertigungstypen** in der Industrie, **Auslagerungsphänomene** sowie **Wertschöpfungsketten** an Beispielen beschrieben.

Eine zentrale **Zukunftsrolle** wird in der weiteren **Automatisierung** gesehen, wozu mehrere neue Verfahren von CAD über SAP bis CAM vorgestellt werden. Grundsätzlich heißt es dazu:

„Automatisierung und Rationalisierung der Produktion führen oft zu Wachstum, ohne jedoch automatisch damit zusätzliche Arbeitsplätze zu schaffen. Allerdings sind die Meinungen zu den Auswirkungen von Automatisierung und Digitalisierung widersprüchlich.“ (ebd. S. 91)

Zudem wird darauf eingegangen, dass die **Just-in-Time-Produktion** zu einer starken Ausweitung der **Transportlogistik** und hier zu neuen Arbeitsplätzen geführt habe, auch wenn für Österreich eine Abwanderung befürchtet würde.

Geospots 5/6 enthält ein Kapitel zu **„Strukturen und Wandel industrieller Produktionsbedingungen in Europa“**. Darin heißt es einleitend:

„Die industrielle Produktionsweise bildet die Basis für die Wohlstandsentwicklung von Volkswirtschaften. Die Industrie ist eine wichtige Arbeitgeberin.“ (ebd. S. 173)

Danach wird ergänzt:

„Industrielle Produktionsweise basiert auf dem Verbrauch von Ressourcen, was sich zunehmend negativ auf die Umwelt auswirkt.“ (ebd. S. 173)

In der Folge wird auf **Auslagerungsprozesse**, schlechte Arbeitsbedingungen in den Ländern des Globalen Südens sowie den **Strukturwandel**, **Lean Production** sowie die **Deindustrialisierung** eingegangen:

„Der Aufstieg von Schwellenländern wie der VR China, Indien oder Brasilien sowie der Prozess der Globalisierung haben die Wettbewerbssituation für europäische Industrieunternehmen verschärft. ... Dieser Prozess der Deindustrialisierung ist mit dem Verlust von Industriearbeitsplätzen verbunden.“ (ebd. S. 173)

Als Chancen werden schließlich die **Hightech-Industrie** und **Industrie 4.0** gesehen, die zu höherer Produktivität, Innovation und Flexibilität führen würde. Dazu heißt es:

„Gerade hier kann in einer zunehmend automatisierten Arbeitswelt für Social Entrepreneurship (Sozialunternehmertum), das sich für einen positiven Wandel der Gesellschaft, für das Gemeinwohl, die Lösung sozialer wie Umweltprobleme engagiert, mehr Einfluss entstehen.“ (ebd. S. 174)

Geospots 7/8 thematisiert die Industrie im Abschnitt zum Wirtschaftsstandort Österreich. Einleitend heißt es:

„In den letzten Jahrzehnten ist die Industrie durch sehr hohen Einsatz von Maschinen, modernsten Technologien, Arbeitsteilung und immer größere Stückzahlen gekennzeichnet.“ (ebd. S. 61)

Die **Industrie** wird damit vom Handwerk unterschieden. Danach wird auf den Rückgang der verstaatlichten Betriebe, die Bedeutung der **Klein-** und **Mittelbetriebe** in ihrer hohen Flexibilität sowie Unternehmen in **ausländischem Besitz** eingegangen. Jede/r fünfte Beschäftigte sei in letzteren beschäftigt. Alten Industrieregionen werden neue Regionen gegenübergestellt, etwa der Automobilcluster Oberösterreich sowie das Unternehmen Sony in Anif.

Dazu heißt es:

„Laut Untersuchungen schneidet Österreich bei der Produktivität deshalb so gut ab, weil die MitarbeiterInnen nicht nur loyal, sondern auch sehr motiviert sind. Die angesprochenen Vorteile können natürlich nicht über einen großen Nachteil hinwegtäuschen, nämlich die hohen Personalkosten, die in Österreich anfallen.“ (ebd. S 64)

In einem eigenen Kapitel wird auf die **Innovationskraft Österreichs** eingegangen. Mit Bezugnahme auf den Innovationsindikator von *acatech* wird festgehalten:

„Bei dieser Stärken-Schwächen-Analyse zeigt sich, auf Österreich bezogen, dass dessen Stärken in den menschlichen Ressourcen, dem hohen Standard der Forschung, der hohen Zahl erfolgreicher Patentanwendungen und der Einführung eigener Markenprodukte liegen. Schwächen dagegen lassen sich besonders bei der Bereitstellung von Risikokapital und beim Export von hochwertigen Diensten und Produkten ausmachen sowie bei der Digitalisierung.“ (ebd. S. 85)

Dazu werden der **Softwarepark Hagenberg** bei Linz sowie der **Green Tech Valley-Cluster** in der Steiermark und Kärnten vorgestellt. Zu letzterem heißt es:

„Die wirtschaftlichen Schwerpunkte und Hauptaktivitäten der Forschung liegen in den Sektoren Wasserkraft, Solarenergie, Biomasse und Recycling. ... Etwa 300 Unternehmen sind Teil des Netzwerks, davon 20 globale Technologieführer." (ebd. S. 87)

Es wird hervorgehoben, dass das Green Tech Valley schon mehrfach zur **globalen Nummer eins** der innovativsten „Green-Tech"-Regionen gekürt wurde und die Unternehmen der Region innerhalb von 10 Jahren die Zahl der Beschäftigten auf 25.000 verdoppelt, ihren Umsatz auf fast 7 Mrd. Euro verdreifacht haben.

In **Geografisch 5/6** wird im Kontext von Europa auf **Industrie 4.0** mit ihren Chancen und Gefahren eingegangen. Der Erhöhung der Wettbewerbsfähigkeit sowie der Schaffung innovativer Arbeitsplätze wird der zunehmende Druck auf die Arbeitenden durch permanente Qualifizierungsnotwendigkeiten und neue Kontrollmöglichkeiten („digitaler Taylorismus") gegenübergestellt:

„Durch das Sammeln von Daten und Analysieren von Daten nimmt die Leistungsüberwachung zu. Für Arbeitende ist das Bewusstsein, ständig überwacht, analysiert und kontrolliert zu werden, auch eine psychische Belastung." (Geografisch 5/6, S. 189f.)

Auch die Probleme des zunehmenden **Standortwettbewerbs** werden benannt:

„So kann z. B. ein Steuersenkungswettbewerb in einem race to the bottom zu eingeschränkter finanzieller Handlungsfähigkeit aufgrund der fehlenden Steuereinnahmen führen." (ebd. S. 191)

Mit Eurostat-Daten zu den Rohstoff- und Abfallmengen in der EU (14 Tonnen Rohstoffe und 5 Tonnen Abfall pro Kopf) wird schließlich die Notwendigkeit eines Übergangs zu einer **Kreislaufwirtschaft** thematisiert und dabei der **Green New Deal** der EU vorgestellt (höhere Recyclingquoten, Recht auf Reparatur, Übergang zu Leasing). Dazu heißt es:

„Die Europäische Kommission will mit der Politik der nachhaltigen Produkte vermindertem Ressourceneinsatz und direkter Wiederverwendung von Werkstoffen den Vorrang gegenüber Recycling geben." (ebd. S. 191)

In **Geografisch 7** wird der **Wirtschaftsstandort Österreich** als diversifiziert, der Industriesektor als vielfältig beschrieben, aber es wird auch auf die **Treibhausgasemissionen** der Industrie hingewiesen:

„23 Prozent der Erwerbstätigen in Österreich (2020) arbeiten im industriellen Sektor. Damit ist er der zweitstärkste Sektor in Bezug auf den Arbeitsmarkt. Gleichzeitig weist er die höchsten Treibhausgase in Österreich auf." (Geografisch 7, S. 71)

Am Beispiel der **Auto- und Motorradindustrie** wird das Prinzip von Clustern, am Beispiel der Mur-Mürz-Furche der Wandel der **Stahlindustrie** hin zu einem „Digital Metal Valley" beschrieben. Als ein Industriesektor wird die **Abfallwirtschaft** behandelt. Der Darstellung der Abfallhierarchie (Vermeiden – Wiederverwenden – Recyceln – sonstige Verwertung – Beseitigung) folgt ein Hinweis auf die wirtschaftliche, aber ambivalente Bedeutung der **Abfallwirtschaft**:

„Rund 3 Mrd. Euro betrug die Bruttowertschöpfung 2020 im Bereich Entsorgung in Österreich. Plakativ formuliert bedeutet das: Je mehr Abfall wir produzieren und fachgerecht entsorgen, desto höher ist die Wertschöpfung in Österreich." (ebd. S. 75)

Die Abfallverbrennung für Fernwärme – so ein Vorschlag – solle mit dem Emissionshandel verknüpft werden, was der Abfallproduktion entgegenwirke.

In **global 7** wird der **Wandel der Industrie** ebenfalls im Kapitel zum **Wirtschaftsstandort Österreich** behandelt. Österreich punkte mit hoher Lebensqualität, Sicherheit, guten Fachkräften sowie hohen Gesundheits- und Umweltstandards. Betont wird „die gute Beschäftigung", „hohe Exportorientierung und Innovationsbereitschaft" (global 7, S. 45f).

Gelobt wird auch die hohe **Produktivität**:

„Mit jeder Arbeitsstunde werden knapp 40 Euro erwirtschaftet – damit liegt die heimische Wirtschaft deutlich über dem EU-Durchschnitt von 32,1 Euro pro Arbeitsstunde." (ebd. S. 46)

Die hohe **Steuer- und Abgabenquote,** die Bürokratie und hohen Lohnnebenkosten würden in Kombination mit den hohen Lebenshaltungskosten aber den Wirtschaftsstandort gefährden.

Ausführlich wird in der Folge auf **Industrie 4.0** eingegangen. Die Kommunikation zwischen Geräten – das „Internet der Dinge" – ermögliche völlig neue Anwendungen, die am Beispiel des Unternehmens AAB dargestellt werden. Dieses rüstet Betriebe schrittweise auf Industrie 4.0 um. An Bedeutung würde damit auch der Service gewinnen: der Hygieneartikelhersteller Hagleitner produziere nicht mehr nur Seifen, sondern biete Hygienedienstleistungen an, indem etwa öffentliche Toiletten automatisch nachgefüllt würden, so ein referiertes Beispiel. Grundsätzlich heißt es:

„Die Industrie bildet einen wichtigen Faktor der Wertschöpfung und trägt wesentlich zum Wohlstand Österreichs bei." (ebd. S. 54)

Um den **Industriestandort** zu sichern, brauche es aber weitere Maßnahmen, die von „Bundesregierung, Wirtschaftskammer und Industriellenvereinigung" vorgesehen seien:

„Abgabenlast reduzieren und Unternehmensbesteuerung modernisieren, wettbewerbsfähige Energiekosten und sichere Energieversorgung garantieren, Wachstumschancen am internationalen Markt nutzen, eine qualifizierte Ausbildung und Fachkräfte sichern, unternehmerische Freiheit fördern." (ebd. S. 54)

Neben dem weiter voranschreitenden **Outsourcing** in Niedriglohnländer müsse die weitere **Automatisierung** konstruktiv angegangen werden (Investitionen, Qualifizierung, Breitbandausbau u. a.), denn die „sinkende industrielle Wertschöpfung gefährdet das **Wohlstandsniveau** in Österreich" (ebd. S. 55), wird eine Studie einer Unternehmensberatungsfirma zitiert.

Einschätzung

Alle Schulbücher thematisieren den **industriellen Sektor** im Kontext des Wirtschaftsstandortes Österreich sowie den notwendigen **Strukturwandel**. Als zentrale Herausforderungen werden die **Globalisierung, Flexibilisierung** und weitere **Automatisierung** benannt – letztere wird aber unterschiedlich ausführlich beschrieben. Unterschiedlich wird auch die **Qualität des Wirtschaftsstandortes** bewertet, einige betonen insbesondere die Qualitäten Österreichs – als Schwächen werden zum einen das Hinterherhinken in der Digitalisierung sowie in der mangelnden Mobilität der Arbeitskräfte, zum anderen aber auch in zu hohen Produktionskosten gesehen. Qualifikation und Forschung werden überall als wichtige Zukunftsthemen benannt.

Nur ein Schulbuch – *Durchblick* – geht genauer auf die **Organisationsprinzipen** in der Industrie im Kontext von Lieferketten ein. Die Bedeutungsverlagerung der Industrie Richtung Asien, v.a. China, wird nur indirekt angesprochen. Die **ökologischen Herausforderungen**, denen sich auch die Industrie stellen muss, werden in keinem Schulbuch näher ausgeführt, in einem – *Meridiane* – werden Energie und Umwelt in einer Aufzählung genannt, in einem weiteren – *Geografisch* – wird darauf verwiesen.

Nun zur Einzelbewertung.

Meridiane 7: **Österreichs Wettbewerbsfähigkeit** wird in einer zitierten Studie als sehr gut eingeschätzt, als Schwächen der Rückstand in der Digitalisierung, die zu geringe Mobilität der Arbeitskräfte oder die geringe Möglichkeit ausländische Arbeitskräfte einzustellen, ausgemacht. Es werden als **Herausforderungen** an den Industriestandort Globalisierung, Internationalisierung und Flexibilisierung genannt, dabei **Risiken**, aber auch **Chancen** für Österreichs Industriebetriebe gesehen. Als **Zukunftsthemen** werden an-, aber nicht näher ausgeführt: Bildung und Qualifikation,

Forschung und Entwicklung, Umwelt und Energie, Arbeitsmarkt, Infrastruktur, Gesetzgebung, Technologie und Innovation, Finanzierung, Steuern und Abgaben. Als einziges Buch nennt *Meridiane* „Umwelt und Energie" als Herausforderung für die Industrie, ohne aber näher darauf einzugehen.

Perspektiven 7/8: Auch dieses Schulbuch betont die Bedeutung der Industrie für Österreich, hier aber mit besonderer **Würdigung der KMUs.** Aufschlussreich ist, dass hier als Herausforderungen vor allem **Sättigungstendenzen** in den wohlhabenden Ländern (die es tatsächlich gibt!) sowie **fehlende Kaufkraft** in ärmeren Ländern gesehen werden, die zu fehlenden Absatzmärkten führen würden. Wirtschaftsentwicklung wird also nur aus der Perspektive Österreichs betrachtet. **Industrie 4.0** wird mit Chancen und Risiken benannt. **Ökologische Herausforderungen** für die Industrie werden nicht benannt.

Durchblick 7: Österreich wird als moderner **Industrie- und Dienstleistungsstandort** bezeichnet, in dem Forschung und Entwicklung an Bedeutung gewonnen hätten. Positiv hervorzuheben ist, dass die Einschätzung der **Qualität des Wirtschaftsstandortes** Österreich aus Arbeitnehmer- *und* Unternehmersicht dargestellt und dazu eine Diskussion vorgeschlagen wird. Dieses Schulbuch trifft eine Unterscheidung zwischen **Industrie**- und **Handwerksbetrieben** und geht ausführlich auf **Organisations-** und **Fertigungstypen**, **Auslagerungsphänomene** und **Wertschöpfungsketten** ein. Die weitere **Automatisierung** wird ebenfalls ausführlich mit der Aufzählung neuer Verfahren beschrieben, mögliche Arbeitsplatzverluste werden dabei ins Treffen geführt. Die zunehmende **Just in Time-Produktion** wird mit der Schaffung neuer Arbeitsplätze in der Transportbranche in Verbindung gebracht, ökologische Probleme werden dabei nicht benannt.

Geospots 5/6: Dieses Schulbuch geht auf den **Strukturwandel** der Industrie in Europa ein und setzt auf „High-Tech" und „Industrie4.0", die „für das Gemeinwohl, die Lösung sozialer wie Umweltprobleme" hilfreich sein könnten. Hier wären nähere Erläuterungen nötig, da Industrie 4.0 nicht per se das Gemeinwohl fördert. Im Kontext von **Umweltproblemen** müsste auf den Ansatz der **Kreislaufwirtschaft** sowie auf Chancen neuer **Umwelttechnologien** etwa in der Energie- und Mobilitätswende eingegangen werden.

Geospots 7/8: Dieses Schulbuch hebt die Bedeutung der **Klein-** und **Mittelbetriebe i**n der österreichischen Wirtschaft hervor. Die hohe **Produktivität** wird mit den „loyalen" und „motivierten" Mitarbeiter*innen erklärt. Diese hängt jedoch auch stark von der Forschungs- und Innovationstätigkeit ab. Hohe **Personalkosten**, die problematisiert werden, sind kein Problem, wenn die Produktivität hoch ist. Auf die ökologisch gebotene **Industriewende** geht dieses Schulbuch bedingt ein, indem der **Green Tech Valley-Cluster** in der Steiermark und Kärnten vorgestellt wird. Erwähnt werden hier Wasserkraft, Sonnenenergie, Biomasse und Recycling, nicht jedoch langlebiges Produktdesign, neue Werkstoffe oder die klimaneutrale Industrieproduktion an sich.

Geografisch 5/6: Hier wird im Kontext von Europa auf **Industrie 4.0** eingegangen. Neben den **Chancen** wie der Erhöhung der Wettbewerbsfähigkeit werden aber auch **Gefahren** wie zunehmender psychischer Stress, permanente Qualifizierungsnotwendigkeiten sowie neue Möglichkeiten der Leistungsüberwachung genannt. Als einziges Schulbuch geht *Geografisch* auf die Notwendigkeit des Übergangs zu einer **Kreislaufwirtschaft** ein und benennt dabei auch den **Green New Deal** der EU.

In *Geografisch 7* wird der **Wirtschaftsstandort Österreich** als diversifiziert, der Industriesektor als vielfältig beschrieben, aber es wird auch auf die **Treibhausgasemissionen** der Industrie hingewiesen. Am Beispiel der Autoindustrie wird das Prinzip von **Clustern**, am Beispiel der Mur-Mürz-Furche die modernisierte **Stahlindustrie** beschrieben. Die **Abfallindustrie** wird kritisch beleuchtet, da es darum gehen müsse, möglichst wenig Abfall zu erzeugen.

global 7: Der **Wirtschaftsstandort** Österreich wird auch hier positiv beurteilt, etwa die hohe Produktivität. Stärker als die anderen Bücher wird aber auf angebliche **Schwächen** hingewiesen wie die hohe Abgabenquote, die Bürokratie oder die hohen Lebenshaltungskosten. Es werden unkommentiert ausschließlich die **Forderungen** der Wirtschaftskammer, Industriellenvereinigung und der damaligen Bundesregierung (Stand 2016) wie die Reduzierung der Abgabenlast, die „Modernisierung" der Unternehmensbesteuerung oder die Förderung unternehmerischer Freiheit angeführt, obwohl andererseits hohe Arbeitskosten nicht als Problem gesehen werden, wenn diese mit hohem Output verbunden sind. **Industrie 4.0** wird ausführlich mit Unternehmensbeispielen und den neuen Kommunikationsmöglichkeiten zwischen Maschinen thematisiert, dabei auch der Aspekt der Serviceleistungen, die neben den Produkten an Bedeutung gewännen.

Dienstleistungen

Fachliche Einführung

Moderne Volkswirtschaften im 21. Jahrhundert werden als **Dienstleistungsgesellschaften** mit 70 Prozent und mehr Anteil an der Wertschöpfung ausgewiesen. Unterschieden werden Wirtschafts-, Sozial- und Gesundheits-, Bildungs-, Informations-, Freizeit– oder Handelsdienstleistungen.[122] Eine andere Unterscheidung trennt wissensbasierte von den übrigen Dienstleistungen.[123] Ein hoher Dienstleistungsanteil ist in der Regel Ausdruck wirtschaftlicher Stärke und komplexer, arbeitsteiliger Gesellschaften.

Soziale Dienstleistungen sind beschäftigungsintensiv, da sie am wenigsten automatisiert werden können, bringen aber weniger Wertschöpfung. **High Tech** finanziert sozusagen **High Touch.** Doch soziale Dienstleistungen sind Voraussetzung dafür, dass die übrigen Wirtschaftsbereiche funktionieren – ob Bildung, Kinderbetreuung, Gesundheit oder Beratungsleistungen.

Den größten **Dienstleistungsbereich** macht in Österreich der **Handel** mit über 92.000 der insgesamt über 600.000 Betriebe aus. Über 720.000 Beschäftigten gibt es im Handel mit einem Umsatz von über 47 Mrd. Euro (Bezugsjahr 2023). Der Bereich **Gesundheit** und **Soziales** kommt auf über 79.000 Betriebe, über 280.000 Beschäftigte und eine Bruttowertschöpfung von 14,5 Mrd. Euro.[124]

Dienstleistungen gelten als weniger ressourcenintensiv als der produzierende Sektor. Der Ausbau der Dienstleistungen wird daher mit **qualitativem Wachstum** verbunden. Dieses zielt darauf ab, die Qualität von Produkten und Dienstleistungen zu erhöhen, die Lebensqualität zu verbessern und nachhaltigere Praktiken zu etablieren.[125] Es wird vorgeschlagen, statt materiellen Gütern stärker Dienstleistungen zu konsumieren (Seidl/Zahrndt 2010).[126]

In der **Postwachstumsökonomie** wird dafür plädiert, gute **öffentliche Dienstleistungen** dem weiter steigenden privaten Konsum vorzuziehen (Holzinger 2024, S. 283fff.) Eine **Ökonomie der Grundversorgung** würde Basisleistungen wie leistbares Wohnen, leicht zugänglichen öffentlichen Verkehr, gute Bildung und Gesundheitsdienstleistungen ins Zentrum rücken – gesprochen wird hier von

---

122 https://www.bpb.de/kurz-knapp/lexika/lexikon-der-wirtschaft/19051/dienstleistungsgesellschaft. Abgerufen am 7.7.2025

123 https://www.globallogic.com/de/insights/blogs/wissensintensive-dienstleistungen-ein-paar-worte-zur-branche. Abgerufen am 7.7.2025

124 https://www.statistik.at/statistiken/industrie-bau-handel-und-dienstleistungen/leistungs-und-strukturdaten. Abgerufen am 7.7.2025

125 https://wirtschaftsvision.de/qualitatives-wachstum-was-ist-qualitatives-wachstum. Abgerufen am 7.7.2025

126 https://www.postwachstum.de/mehr-zum-thema/literatur/thesen-fur-eine-postwachstumsgesellschaft. Abgerufen am 7.7.2025

„Alltagsökonomie“ (Novy u. a. 2025) oder „Ökonomie der Fürsorge“ (Jackson 2025). Die feministische Ökonomie rückt die **Care-** und **Eigenarbeit** und deren Wandel in den Mittelpunkt, etwa durch neue Geschlechterverhältnisse, zugleich durch die stärkere Monetarisierung bzw. Kommodifizierung dieser Dienste (Haidinger/Knittler 2013; Klatzer/Strickner 2025). In der Regel sind soziale Dienstleistungsberufe schlechter bezahlt, aber frauendominiert.

Im **Handel** als größtem Dienstleitungsbereich gelten als Zukunftsthemen der **Onlinehandel**, die Konzentration auf immer größerer **Handelskonzerne** sowie die Rolle von **Secondhand-Gütern**.

Ein weiterer Debattenstrang bezieht sich auf die Frage, wie weit durch **Digitalisierung** und **Künstliche Intelligenz** auch Dienstleistungen automatisiert werden können – im Büro und Handel ebenso wie in der Informationserstellung oder medizinischen Diagnostik (Holzinger 2024, S. 72f.)

Inhalte der Schulbücher

Im **Meridiane 7** werden **gesellschaftliche Trends** benannt, die auch den Dienstleistungsbereich verändern. Der gestiegene Anteil der älteren Bevölkerung führe zur Ausweitung des Dienstleistungssektors v. a. in Bereichen wie **Gesundheit** und **Altersversorgung**, der höhere **Qualifizierungsbedarf** erfordere mehr Wissensberufe:

„Wissen ist allgemein zu einem wesentlichen Schlüsselfaktor am Arbeitsmarkt geworden.“ (Meridiane 7, S. 122)

Ein geändertes **Konsumverhalten** erzeuge mehr Nachfrage an Produkten im Kommunikations- und Medienbereich, der steigende **Onlinehandel** verändere die Handelsbranche. Eine Grafik zeigt den Anstieg der Dienstleistungen in Österreich.

In **Perspektiven7/8** wird ausführlicher auf den **Dienstleistungssektor** eingegangen (Perspektiven 7/8, S. 67ff.). Die beruflichen Möglichkeiten im Dienstleistungsbereich seien in der Zukunft „sehr unterschiedlich“ (Berufsfelder mit hohem Personalbedarf, etwa Forschung, Consulting, Gesundheit, mit schwankendem Personalbedarf, etwa Tourismus, sowie mit abnehmendem Personalbedarf, etwa Handel, Büro). Die **Einkommensmöglichkeiten** seien ebenfalls „recht ungleich verteilt“ (geringe Löhne z .B. im Reinigungsgewerbe, hohe Löhne in industrienahen Dienstleistungen). Auch auf die unterschiedliche **Qualität der Arbeitsplätze** wird hingewiesen. Es gäbe viele Vollzeitjobs, aber zugleich zahlreiche atypische (prekäre) Arbeitsverhältnisse:

„geringer Lohn, befristete Verträge, Leiharbeit, freie Dienstnehmer, geringfügig Beschäftigte“ (ebd. S. 67).

In einem Kapitel zur **Demographie** wird auf die „Best Ager“ als neue umworbene Konsumentengruppe hingewiesen, was den Handel verändern würde (ebd. S. 142).

Durchblick 7 thematisiert **industrienahe Dienstleistungen** sowie den **Handel**.

Verwiesen wird auf Marketing und Werbung oder Software-Anwendungen, die oft ausgelagert würden. Zu industrienahen Dienstleistungen heißt es:

„Der Anteil der Industrie am BIP hat in den sogenannten Industriestaaten seit Jahren kontinuierlich abgenommen. Trotzdem muss man die Industrie als Zentrum und Motor der modernen Volkswirtschaften ansehen. Jener Bereich des Dienstleistungssektors, der in den letzten Jahren besonders stark gewachsen ist, hat nämlich unmittelbar mit der Industrie zu tun.“ (Durchblick 7, S. 92)

Ausführlich wird auf die **Rolle des Handels** als Vermittler zwischen Produzenten und Konsumenten eingegangen, dabei werden Groß- und Einzelhandel unterschieden, die Handelspanne erklärt und der Strukturwandel des Handels beschrieben.

Als **Tendenzen im Einzelhandel** werden ausgemacht: Konkurrenz durch neue Handelsformen wie Factory-Outlets und E-Commerce, Zunahme von Einkaufszentren gegenüber Einzelgeschäften, Verbindung von Freizeit und Einkauf und ein heterogener gewordenes Konsumverhalten (ebd. S. 98).

Zudem wird der immer stärkere **Konzentrationsgrad** im Einzelhandel sowie die **Ausdünnung der Nahversorgung** problematisiert. Aufschlussreich dazu sind folgende Zahlen:

„600 bis 1000 Kundinnen und Kunden pro Tag sind notwendig, um ein Lebensmittelgeschäft rentabel führen zu können." (ebd. S. 99)

Der Nachteil einer zu kleinen Verkaufsfläche müsse durch kundenfreundliche Öffnungszeiten, Spezialisierung oder Hauszustellung wettgemacht werden. Verwiesen wird auf die vielen neuen **Zuwandererläden**, die als Familienbetriebe geführt werden und somit keine Überstundenabgeltung kennen.

In einem kleinen Abschnitt wird auf **Tauschringe,** die es in Österreich zahlreich in allen Bundesländern gäbe, hingewiesen:

„Ein Tauschring beseitigt die Abhängigkeit von Kapital und führt zu einem reflektierten Umgang mit Geld." (ebd. S. 97)

Auf die Herausforderungen im **Gesundheits- und Pflegebereich** wird in einem eigenen Kapitel „Probleme einer alternden Gesellschaft" eingegangen.

Geospots 7/8 enthält Kapitel zu **Österreichs Infrastruktur** mit Abschnitten zu Entsorgung, Kommunikation und Verkehr sowie zu **Handel** mit Abschnitten zu Groß- und Einzelhandel. Es wird die Bedeutung von Recycling (mehr dazu im Kapitel „Nachhaltigkeit"), von neuen Kommunikationstechnologien sowie eine für die Wirtschaft wichtige Verkehrsinfrastruktur hervorgehoben, ohne dabei auf die Dienstleistungsbetriebe selbst einzugehen.

Bei **Handel** wird nach Begriffsklärungen auf die Zunahme der Shoppingcenter bei gleichzeitigem Bedeutungsverlust von Einkaufsstraßen eingegangen:

„Die Ursachen für die nach wie vor steigende Beliebtheit von Shoppingcentern liegt in der eindeutigen Erfüllung der Kundinnen- und Kundenwünsche – ausreichend Parkplätze, große Auswahl, lange und einheitliche Öffnungszeiten und Wetterunabhängigkeit." (ebd. S. 79)

Im Zusammenhang mit der Attraktivierung von Einkaufsstraßen werden **Fußgängerzonen** oder **Shared Spaces** genannt. Zudem wird auf die steigende Bedeutung des **Online-Handels** mit seinen Vor- und Nachteilen Bezug genommen:

„Das Internet hat eine stark steigende Bedeutung im Einzelhandel. Viele Unternehmen haben ihre fixen Standorte und zusätzlich die Möglichkeit der Online-Bestellung." (ebd. S. 79)

Geografisch 7 widmet ein Kapitel im Abschnitt zum Wirtschaftsstandort Österreich dem **Handel** und **weiteren Dienstleistungen:**

„In Österreich sind etwa 670.000 Menschen im Handel tätig. Diese Branche gehört, zusammen mit Verkehr, Beherbergung und Gastronomie oder öffentliche Verwaltung, zum Dienstleistungssektor, in dem 75 Prozent aller Erwerbstätigen Österreichs arbeiten." (Geografisch 7, S. 77)

Eingeführt werden Groß- und Einzelhandel sowie E-Commerce bzw. Onlinehandel. Ausführlich wird in der Folge auf **Urban Entertainment Centers** eingegangen und mit Beispielen illustriert. Dazu heißt es:

„In den vergangenen Jahrzehnten haben Einkaufszentren ihre Rolle als reine Versorgungsorte erweitert und sind zunehmend zu Orten für Erlebnis und Freizeitgestaltung geworden." (ebd. S. 77)

Als **Probleme** werden die Schwächung des innerstädtischen Einzelhandels, der Bodenverbrauch sowie die Autokundenorientierung benannt.

Ein eigenes Kapitel widmet dieses Schulbuch der **„Bedeutung und den Herausforderungen von Care-Arbeit und Reproduktionsarbeit in Österreich"** (Beide Begriffe werden im Glossar erklärt).

Darin heißt es:

„Care- und Reproduktionsarbeit sind grundlegende Säulen unserer Wirtschaft. Leider bleiben sie oft unsichtbar und werden nicht genug gewürdigt."(ebd. S. 83)

Zudem seien diese Tätigkeiten ungleich verteilt. **Chancengleichheit** erfordere bessere Rahmenbedingungen:

„Lösungsansätze könnten eine flächendeckende, flexible und hochwertige Kinderbetreuung, angemessene Entlohnung der Care-Arbeit, ein bedingungsloses Grundeinkommen und die Berücksichtigung von Geschlechterverhältnissen in der volkswirtschaftlichen Gesamtrechnung sein." (ebd. S. 83)

Als Sonderproblem wird das Aufkommen **globaler Betreuungsketten** durch die Auslagerung an Migrantinnen und Migranten unter prekären Bedingungen ausgeführt.

global 7 beschreibt den Bedeutungsgewinn des **tertiären Sektors** und untermauert dies mit Grafiken zu dessen Anteil an der Wertschöpfung und Erwerbstätigen in Österreich. Unterschieden werden kommerzielle Wirtschafts-, distributive, haushaltsbezogene und soziale gesellschaftsbezogene Dienstleistungen. Näher behandelt werden die **unternehmensbezogenen Dienstleistungen**, von denen es einfache, gering bezahlte und höherwertige, gut bezahlte Bereiche gäbe. Gründe für letztere werden in den zunehmenden spezialisierten Anforderungen an Unternehmen, der Zunahme des technischen Wissens sowie der nötigen Expertise im globalen Handel ausgemacht:

„Sie werden dem quartären Sektor zugerechnet, wie zB beratende Ingenieurinnen und Ingenieure, Werbeagenturen oder Unternehmensberatungen." (ebd. S. 58)

Als Beispiel einer modernen Dienstleistung wird das Unternehmen **Austro Control**, das den österreichischen Luftraum für die Luftfahrt kontrolliert, beschrieben.

Betont wird der hohe Anteil der Dienstleistungen an den **Exporten**, was jedoch darauf zurückzuführen ist, dass Tourismuseinnahmen den Exporten zugerechnet werden (was im Schulbuch nicht genannt wird). Die Zunahme von Altenbetreuung und Gesundheitsdiensten wird auch in diesem Schulbuch im Kapitel zur Bevölkerungsentwicklung angesprochen.

Einschätzung

Alle Schulbücher thematisieren den hohen **Anteil der Dienstleistungen** an der Wertschöpfung und Beschäftigung in Österreich, gehen aber unterschiedlich ausführlich und mit unterschiedlichen Schwerpunktsetzungen darauf ein. Betont wird die Zunahme der unternehmensnahen Dienstleistungen. Nur zwei Schulbücher – *Perspektiven* und *global* – thematisieren die Heterogenität der Branche mit gut und schlecht bezahlten Dienstleistungen.

Im Bereich des **Handels** werden neue Trends wie Einkaufszentren, Factory-Outlets sowie der Onlinehandel angesprochen. Ein Buch – *Durchblick* – geht auf den zunehmenden Konzentrationsgrad im Einzelhandel sowie die Ausdünnung der **Nahversorgung** ein, ein anderes – *Geografisch* – auf den hohen Bodenverbrach der Einkaufs-Citys am Stadtrand.

Der Trend zu **Secondhand-Läden** wird nicht thematisiert, ein Schulbuch erwähnt Tauschringe als Alternative zum Handel. Nur ein Buch – *Geografisch* – widmet dem **Care-Sektor** ein eigenes Kapitel, die übrigen verweisen lediglich darauf im Kontext der Alterung der Gesellschaft.

Nun zur Einzelbewertung:

Meridiane 7: Es wird auf den Anstieg der Dienstleistungen in Österreich sowie auf Trends eingegangen, die mehr Dienstleistungen erfordern, etwa die **Alterung der Gesellschaft** sowie der höhere **Qualifizierungsbedarf** – Stichwort „Wissensberufe". Zudem gibt es Verweise auf den stärkeren Medienkonsum sowie den Onlinehandel. Der Care-Sektor wird nicht explizit ausgeführt.

Perspektiven 7/8: Dieses Buch geht ausführlich auf den Dienstleistungssektor ein und betont insbesondere die **Heterogenität der Branche**, was Qualifizierung, Arbeitsinhalte, Arbeitsverträge und Entlohnung angeht. Unter Demografie wird auf die neue Konsumentengruppe der „Best Ager" eingegangen, nicht jedoch auf den Care-Sektor.

Durchblick 7: Dieses Schulbuch thematisiert den Dienstleistungssektor am ausführlichsten. Betont wird, dass die Industrie nach wie vor als Motor jeder Wirtschaft fungiere, der auch zu vielen neuen **unternehmensbezogenen Dienstleistungen** führe. Im Bereich des **Handels** werden die Rolle von Einkaufszentren, neue Handelsformen wie Factory-Outlet Center und Onlinehandel, der zunehmende Konzentrationsgrad im Einzelhandel sowie die Ausdünnung der Nahversorgung angesprochen. Als einziges Schulbuch verweist Durchblick auf die neuen **Zuwandererläden** als Familienbetriebe mit speziellen Öffnungszeiten sowie auf **Tauschringe** als Alternative zum geldbasierten Konsum. Die Bedeutung der Tauschringe für Österreich wird jedoch überschätzt – ihre Anzahl ist eher rückläufig, Secondhand-Läden boomen dafür. Änderungen durch die Alterung der Gesellschaft werden in einem eigenen Kapitel thematisiert.

Geospots 7/8: Dieses Schulbuch geht zum einen auf Infrastrukturen (Entsorgung, Kommunikation, Verkehr) ein, ohne näher auf Dienstleistungsbetriebe Bezug zu nehmen, zum anderen auf den **Handel.** Hier wird der Trend zu **Shoppingcenter** sowie zum **Online-Handel** sachlich wiedergegeben. Probleme wie großer Flächenverbrauch und großes Verkehrsaufkommen durch Shopping-Center bei gleichzeitigem Bedeutungsschwund von Innenstadt-Einkaufsmöglichkeiten werden ebenso wenig artikuliert wie die Verführung zum Shoppen durch das Internet und die Ressourcenvernichtung durch die rückgesandten Waren im Online-Handel. Auf die für das Funktionieren jeder Gesellschaft wichtigen **öffentlichen Dienstleistungen** im Bereich der Bildung, Gesundheit, Kultur oder Altersversorgung wird nicht eingegangen.

Geografisch 7: Dieses Schulbuch geht schwerpunktmäßig auf den **Handel** ein, wobei vor allem das Phänomen der neuen **Urban Entertainment Center** besprochen und auch problematisiert wird. Ein eigenes Kapitel ist der Bedeutung und den Herausforderungen von **Care-Arbeit** und **Reproduktionsarbeit** in Österreich gewidmet, in welchem Positionen der feministischen Ökonomie etwa in Bezug auf die Abwertung der Care-Ökonomie dargestellt werden. Vorgeschlagen wird u. a. die Aufnahme der Sorgearbeit in die volkswirtschaftliche Gesamtrechnung.

global 7: Hier wird auch auf den Bedeutungsgewinn des Dienstleistungssektors eingegangen, vor allem aber werden die neuen **unternehmensbezogenen Dienstleistungen** hervorgehoben. Betont wird der hohe Exportanteil der Dienstleistungen, wobei jedoch nicht erwähnt wird, dass dieser sehr stark mit dem Tourismus zusammenhängt, dessen Wertschöpfung den Exporteinnahmen zugerechnet wird.

Tourismus

Fachliche Einführung

Der **Tourismus** ist ein wichtiger und weltweit wachsender Wirtschaftsfaktor. Belief sich die Zahl der weltweit einreisenden Touristen im Jahr 1950 auf lediglich 25 Millionen, waren es 2023 knapp 1,3 Milliarden. 1970 waren es erst 166 Millionen. Die internationalen Tourismuseinnahmen lagen 2023 bei 1,4 Billionen US-Dollar.[127] Neben den Tourismuseinnahmen werden jedoch die **ökologischen Folgen** immer mehr problematisiert. Der steigende Transportbedarf für die An- und Abreise zu den

---

[127] https://www.bpb.de/kurz-knapp/zahlen-und-fakten/globalisierung/52511/tourismusverkehr/. Abgerufen am 22.5.2022

Urlaubszielen und der Transport vor Ort tragen erheblich zum Ausstoß von Treibhausgasen bei und verstärken damit den Klimawandel (Holzinger 2018b, *S. 32)*.

Der Anteil der **Treibhausgas-Emissionen**, die durch den weltweiten Tourismus verursacht werden, wird auf acht Prozent geschätzt, drei Viertel dieser Emissionen werden durch die Nutzung von Verkehrsmitteln verursacht – Tendenz steigend.[128] Als weiteres Problem gilt die Belastung der Bereisten – Stichwort **„Overtourism“**. Es wird zunehmend gefragt, wie weit Fernreisen sich mit Klimaschutz grundsätzlich vereinbaren lassen, welche Art des Reisens zukunftsfähig ist und wo die Fallen des Bedürfnisses nach immer mehr und weiter entfernt liegenden Reisezielen liegen (Kapeller 2022).

Der Tourismus habe zwar eine große **wirtschaftliche Bedeutung**, doch meist profitierten nur Hotelketten und Großinvestor:innen, nicht die Einheimischen von den Einnahmen, so die Tourismusexpertin Maria Kapeller. Und wir sollten uns den falschen Hoffnungen und Illusionen, die mit dem Reisen verbunden werden, sowie den Folgen für die Umwelt und für die Bereisten stellen (Kapeller 2022).

Inhalte der Schulbücher

In **Meridiane 5/6** gibt es ein Kapitel zu **„Tourismus in Europa“**. Einer Definition von Tourismus durch die Welttourismusorganisation folgt die Unterscheidung in **Geschäfts**- und **Privatreisen**, nach **Tourismusarten** (Bade- Wintersport-, Wellnesstourismus u. a.) sowie die Erklärung von Begriffen wie Binnen-, Aus- und Einreiseverkehr, Massentourismus, Pauschalreise und Alternativtourismus. Eingehend wird auf unterschiedliche **Motive des Reisens** und die **Boomfaktoren** des Tourismus (mehr Einkommen, Motorisierung, Bewerbung über neue Medien, Verstädterung) Bezug genommen. Unterschieden wird zwischen **„Weg-von-“** und **„Hin-zu-Reisen“** (ebd. S. 232).

Dazu heißt es:

„Reisen kann als Prestige und gesellschaftliche Anerkennung gesehen werden (Stufe der sozialen Bedürfnisse) oder als Mittel zur Selbstverwirklichung (Stufe der Ego-Bedürfnisse). Das Reisen wird somit zu einer Art Statussymbol.“ (Meridiane 5/6, S. 233)

In der Folge wird die wirtschaftliche Bedeutung des **Tourismus in Europa** beschrieben. Ein kurzer Absatz ist der **Nachhaltigkeit im Tourismus** gewidmet, wobei auf ökologische wie ökonomische Nachhaltigkeit verwiesen wird.

Meridiane 7 geht auf den **Tourismus in Österreich** ein. Beschrieben werden die direkte und indirekte Wertschöpfung, die steigende Zahl der Arbeitskräfte sowie die regional unterschiedliche Bedeutung des Tourismus. Mehrfach wird die wirtschaftliche Bedeutung des Tourismus für Österreich betont und auf die Diversifizierung der Angebote aufgrund des gesellschaftlichen Wertewandels verwiesen:

„Der Trend zur Risikogesellschaft, zur individualisierten, zur Erlebnisgesellschaft, zur High-Speed-Gesellschaft und zur Vitalitätsgesellschaft hat bereits zu Veränderungen im touristischen Angebot geführt.“ (Meridiane 7, S. 130)

Ökologische (Klima, Naturverbrauch) und **soziale Probleme** (Overtourismus, Arbeitsbedingungen) werden nicht angesprochen. Diese werden nur in Aufgaben zur Diskussion gestellt. Im Text heißt es lediglich:

„Eine zunehmende Bedeutung gewinnt der Begriff der Nachhaltigkeit im Tourismus.“ (ebd. S.131)

Das Kapitel „Will ich im Urlaub Ballermann oder Erholung?“ in **Perspektiven 5/6** (S. 190ff.) geht auf die **Entwicklung** sowie die **ökonomischen Chancen** und **Probleme** des Tourismus ein. Es werden

---

[128] https://www.wwf.de/aktiv-werden/tipps-fuer-den-alltag/umweltfreundlich-reisen/tourismus-und-klimawandel. Abgerufen am 22.5.2025

die Begriffe „Urlaub", „Reise", „Inlandsreisen", „Auslandsreisen" sowie „Inländertourismus" erklärt und „Reisemotive" angeführt (Erholung, Kennenlernen anderer Kulturen, Abwechslung, Neugier u. a.). Am **Lebenszyklusmodell** wird erläutert, dass sich Tourismusregionen immer wieder erneuern müssen, wenn sie Bestand haben wollen. Im Vergleich von „sanftem" und „hartem" Tourismus (ebd. S. 191) werden **Umweltschäden** durch den Tourismus angeführt (Zerstörung von Naturlandschaften, hoher Wasserverbrauch, Verschmutzung von Gewässern, Zerstörung des Lebensraumes von Flora und Fauna).

Ein eigener Abschnitt wird in **Perspektiven 7/8** dem **Tourismus in Österreich** gewidmet und dabei auf die Begriffe „Sommer- und Wintertourismus" sowie „Kongress-, Gesundheits- und Kultur- bzw. Städtetourismus" eingegangen. Zudem wird der **Multiplikatoreffekt** des Tourismus und seine Bedeutung für Österreichs Wirtschaft erklärt:

„Österreich weist im internationalen Vergleich die höchste Dichte an Touristinnen und Touristen je Einwohner/innen auf." (Perspektiven 7/8, S. 67)

Es wird aber auch auf **Problemfelder des Tourismus** verwiesen: zunehmend schneearme Winter aufgrund der Klimaerwärmung, Krisenanfälligkeit bei Wirtschaftskrisen oder Terroranschlägen, touristische Übererschließungen, in manchen Bereichen prekäre Beschäftigungsverhältnisse im Niedriglohnsegment (ebd. S. 67). Im Aufgabenteil werden die Schüler*innen aufgefordert, zwei Abbildungen der Österreich-Werbung kritisch zu analysieren:

„Überlege, welche Botschaften sie vermitteln und was sie möglicherweise verschweigen." (ebd. S. 71)

In **Durchblick 6** gibt es ein Kapitel zu **„Freizeitgestaltung und Massentourismus"** sowie zu **„Unterschiedliche Formen des Tourismus"**. Innerhalb von 50 Jahren habe sich die Zahl der ausländischen Touristinnen und Touristen in Europa um das 25-fache gesteigert,

„die Einnahmen der bereisten Länder haben dadurch um das 200-fache zugenommen." (Durchblick 6, S. 86)

Erklärt wird der Massentourismus mit Push- und Pullfaktoren. Neben der **wirtschaftlichen Bedeutung** werden aber die **Probleme des Massentourismus** (Überlastung von Städten und Regionen, Umweltprobleme, Immobilienspekulation) direkt benannt. In Bezug auf den **Wintertourismus** in Österreich wird die Verdrängung der Kleinbetriebe durch Großunternehmen, die Abhängigkeit vom Tourismus sowie die Verteuerung der Schipässe problematisiert, dabei auch die Verringerung der Schneetage aufgrund des **Klimawandels** erwähnt. Unterschiedliche Formen des Tourismus wie Bade- und Cluburlaube, Städte- und Kulturreisen werden an europäischen Destinationen beschrieben. Ein Abschnitt dabei ist auch den **Pilgerreisen** gewidmet.

In **Durchblick 8** wird der wachsende Tourismus mit **steigenden Einkommen** und **längeren Urlaubszeiten** begründet – 1946 habe es in Österreich Anspruch auf zwei Urlaubswochen gegeben, heute seien es fünf bzw. ab 25 Dienstjahren sechs Wochen. Die USA werden als einziges Industrieland genannt, in dem es keine gesetzlich festgelegte Mindestanzahl an Urlaubstagen gibt (Durchblick 8, S. 58).

Das rasante Ansteigen des **weltweiten Tourismus** wird ebenfalls mit einer Zahl belegt: seit 1950 sei die Zahl der Ankünfte von Auslandstourist*innen weltweit um mehr als das 50-fache gestiegen, mehr als 70 Millionen Menschen würden im Tourismus Arbeit finden, 70 Prozent davon seien Frauen (ebd. S. 58). Auch in diesem Schulbuch wird das **Lebenszyklusmodell** von Destinationen vorgestellt, demgemäß sich Tourismusorte immer wieder neu erfinden müssen, wenn sie langfristig bestehen wollen. Mit dem **Vier-Kulturen-Schema** wird ein differenzierter Blick auf Tourismus versucht. Dieses betrachtet die Kultur der Quellregion, die Ferienkultur der Reisenden, die Dienstleistungskultur der Tourismusorte sowie die Kultur der Bereisten.

Es werden positive und kritische Stimmen zum **Ferntourismus** gegenüber- sowie Ansätze zur **Ökologisierung des Tourismus** vorgestellt, etwa zum Erhalt der Attraktivität der Destination oder zur Sicherung von Biodiversität durch Naturreservate. In der persönlichen Urlaubsplanung spiele das **Internet** eine immer wichtigere Rolle: vorgestellt werden Reiseblogger*innen, „Augmented Reality"-Darstellungen sowie die Online-Bewertungen von Destinationen durch Reisende („User Generated Content").

Geospots 5/6 enthält ein Kapitel über **„Tourismusregionen in Europa"**. Darin heißt es:

„Gemessen an der Anzahl der touristischen Ankünfte aus dem Ausland liegen europäische Staaten wie Frankreich, Spanien und Italien, aber auch Österreich im internationalen Spitzenfeld. Auch wenn Ostasien zunehmend an Bedeutung gewinnt, so ist die Dominanz Europas als weltweit bedeutendste Tourismusregion immer noch klar erkennbar." (ebd. S. 176)

Die **Zukunftsperspektiven** werden als günstig beschrieben:

„So sorgt etwa der zunehmende Wohlstand in Schwellenländern dafür, dass neue Zielgruppen für Urlaubsreisen nach Europa entstehen." (ebd. S 176)

Dies sei wichtig, denn:

„Viele Europäerinnen und Europäer können sich aufgrund von Arbeitslosigkeit oder gestiegenen Lebenshaltungskosten einen Urlaub nicht mehr leisten oder reduzieren die Zahl und Dauer ihrer Urlaubsreisen." (ebd. S. 176)

Es wird in der Folge auf das Problem des **Overtourism** eingegangen, z. B. steigende Preise für Einheimische, danach die Frage nach der Veränderung des Tourismus durch den **Klimawandel** gefragt:

„Hitze, Dürre und die Gefahr von Bränden veranlassen immer mehr Touristinnen und Touristen dazu, ihre Urlaubsplanung zu überdenken und in den Sommerferien kühlere Destinationen zu wählen. Die beste Reisezeit für den Mittelmeerraum könnte sich vom Sommer in die Frühlings- und Herbstmonate verlagern." (ebd. S. 178)

In **Geospots 7/8** wird die Entwicklung des **Tourismus in Österreich** in vier Phasen mit dem Massentourismus ab 1950 skizziert. Zum **Wintertourismus** heißt es:

„Zwischen Österreichs Schigebieten ist ein gnadenloser Verdrängungswettbewerb im Gange, kleine Schigebiete verschwinden oder schrumpfen auf regionale Bedeutung." (ebd. S. 67)

Der **Sommertourismus** habe seine Krise aufgrund der zunehmenden Konkurrenz durch Fernreiseziele ab den 1980er-Jahren mit neuen Angeboten überwunden:

„Mit Angeboten wie Canyoning, Rafting, Mountainbiken und Paragleiten sollen neue Zielgruppen angesprochen werden." (ebd. S. 67)

Der **Schitourismus** wir am Beispiel von Saalbach-Hinterglemm, der **Städtetourismus** am Beispiel Wien beschrieben. Grundsätzlich wird die **Bedeutung des Tourismus** für Österreichs Wirtschaft betont:

„Österreich gehört zu den tourismusintensivsten Staaten der Erde. ... Der Beitrag des Tourismus zum Bruttoinlandsprodukt wird auf 9 % geschätzt, rechnet man den Freizeitkonsum der InländerInnen am Wohnort hinzu, erhöht sich der Anteil sogar auf über 16 %." (ebd. S. 68)

Auch die **Flaute durch die Pandemie** sei gut überwunden worden:

„2023, nach Überwindung der Pandemie, gelang es der Tourismusbranche glückicherweise fast an die Rekordwerte von 2019 wieder anzuschließen." (ebd. S. 68)

Betont wird der Trend hin zu mehr Qualität, der Massentourismus werde aber auch problematisiert, wie u.a. am Beispiel von Hallstatt mit dem neuen Boom an Besuchenden aus Asien ausgeführt wird:

„Es gibt in Hallstatt aber auch kritische Stimmen, die eine Verwandlung des Ortes in ein touristisches Freilichtmuseum befürchten." (ebd. S. 68)

Im Kapitel „Tourismus – Boom mit Folgen?" in **Geografisch 5/6** (S. 193ff) wird auf die **Geschichte** und **Motive des Reisens**, die **wirtschaftliche Bedeutung des Tourismus** (Einnahmen weltweit mehr als 1,2 Billionen Euro pro Jahr) sowie die **Probleme des Massentourismus** eingegangen. Auch dieses Schulbuch referiert das Modell des **Destinationslebenszyklus**, demgemäß sich Tourismusorte nach einer Entwicklungs- und Konsolidierungsphase erneuern müssen, wenn sie dem Niedergang entgehen wollen. Neben der wirtschaftlichen Bedeutung des Tourismus für Europa als „bedeutendste Tourismusregion weltweit" (ebd. S. 197) werden die **ökologischen** und **sozialen Probleme** dieser Entwicklung beschrieben: **Klimafolgen** durch den steigenden Flugverkehr und die **Kreuzschifffahrt**, Gefahr des Greenwashing, Überforderung der Einheimischen durch den Massenansturm von Reisenden.

Der **Reiseflugverkehr** wird mit einer Zahl verdeutlicht:

„Über 58 Prozent der Reisenden weltweit nutzten 2019 das Flugzeug, um an ihr Ziel zu gelangen." (ebd. S. 197)

Greenwashing wird am Beispiel eines Kreuzschifffahrtunternehmens problematisiert, das mit Flüssiggas als Antrieb wirbt, was zwar den CO_2-Ausstoß etwas senke, dafür aber bedeutend mehr Methanausstoß aufweise.

Die Schüler*innen werden aufgefordert, über Massen- versus Individualtourismus zu diskutieren. Es wird über den **Globalen Ethikkode** der Welttourismusorganisation sowie den Ansatz des **sanften** bzw. **nachhaltigen Tourismus** berichtet, wobei auch auf die ökologischen Fallen des **Individualtourismus** (höherer Transport- und Unterbringungsaufwand) hingewiesen wird.

global 6 enthält ein Kapitel zu „Tourismus in Österreich – was er für das Land bedeutet" (S. 69ff.). Einer historischen Genese des Massentourismus im 20. Jahrhundert folgen Daten zur **Bedeutung des Tourismus** für Österreich, zur **Herkunft der Gäste**, den Übernachtungszahlen in Städten wie großen Wintersportorten sowie den **Arbeitsplätzen** in der Tourismus- und Freizeitwirtschaft:

„Rund 20 Prozent der Vollarbeitsplätze sind in diesem Bereich angesiedelt." (global 6, S. 69)

Als Profiteur wird u. a. der Wiener Flughafen abgebildet. Es wird die Bedeutung der Beschäftigungsmöglichkeiten im Tourismus für **ländliche Regionen** sowie der wirtschaftliche **Co-Benefit**, der aber ambivalent sei, hervorgehoben. Dazu heißt es:

„Außerdem wird aufgrund des Tourismus in die Infrastruktur investiert, wie in Straßen, Brücken, Promenaden, Liftanlagen. Davon kann die ansässige Bevölkerung profitieren, oft beeinträchtigt das Ausmaß des Ausbaus der Infrastruktur aber auch Umwelt und Bevölkerung." (ebd. S. 69)

Erwähnt werden neben mehr Schiliften, Schihütten und Straßen auch Beschneiungsanlagen.

Ein weiteres Kapitel thematisiert die **Entstehung** und **Probleme des Massentourismus** – sei es im mediterranen Badeurlaub oder im Winterurlaub in den Alpen. Die wirtschaftliche Bedeutung des **Wintertourismus** für Österreich wird erneut betont, dabei die Bedeutung von **Beschneiungsanlagen** erklärt:

„60 Prozent der Pisten können mittlerweile beschneit werden." (ebd. S. 71)

Das **ökologische Problem** wird v. a. in der Anreise gesehen:

„70 bis 80 Prozent des durch Schifahrerinnen und Schifahrer verursachten CO_2-Ausstoßes ist darauf zurückzuführen, dass die Fahrt in die Berge mit dem Auto erfolgt." (ebd. S. 71)

Die **Notwendigkeit hoher Gästezahlen** wird mit **Rentabilitätsüberlegungen** erklärt, da Fixkosten wie Investitionen und Personal zu bezahlen seien.

Hingewiesen wird schließlich auf den globalen **Ethik-Kodex für den Tourismus** und in einem eigenen Kapitel auf **sanften Tourismus** als Chance für Österreich. Dieser wird vom falschen Etikett „Ökotourismus“ unterschieden (z. B. Flugreisen zu Nationalparks) und mit den Kriterien einer **nachhaltigen Anreise** sowie einem **ökologischen Verhalten** am Urlaubsort beschrieben.

Einschätzung

In allen Schulbüchern wird die **wirtschaftliche Bedeutung** des Tourismus für Österreich und Europa betont und mit Daten unterlegt. Eine Auseinandersetzung mit den **Motiven des Reisens** gibt es nur in einigen Büchern. Die **sozialen** und **ökologischen Folgen** des Massentourismus werden sehr unterschiedlich ausführlich behandelt, **nachhaltiger** und **sanfter Tourismus** zwar angesprochen, aber teilweise in seinem Ausmaß überschätzt. Mehrmals wird auf den **Globalen Ethikkodex** der Welttourismusorganisation sowie das **Lebenszyklusmodell** für Tourismusdestinationen Bezug genommen, dabei auch die ökonomische Nachhaltigkeit betont. Die **Klimarelevanz** des rapide steigenden Ferntourismus wird nur in einem Buch – *Geografisch* – erwähnt.

Nun zur Einzelbewertung:

Meridiane 5/6 geht ausführlich auf die **Boomfaktoren** und die **Motive des Reisens** und die Bedeutung des Tourismus als **Statussymbol** ein. Originell ist die Unterscheidung von „Weg-von-“ und „Hin-zu-Reisen".

Meridiane 7 beschreibt die **Bedeutung des Tourismus** für Österreich und dessen Diversifizierung aufgrund der zunehmenden **Individualisierung** und **Heterogenität** der Urlaubswünsche. **Ökologische** (Klima, Naturverbrauch) und **soziale Probleme** (Overtourismus, Arbeitsbedingungen) werden nicht angesprochen, sondern nur in Aufgaben zur Diskussion gestellt. Die optimistische Einschätzung „Eine zunehmende Bedeutung gewinnt der Begriff der Nachhaltigkeit im Tourismus“ ist zu hinterfragen.

Perspektiven 5/6: Der Abschnitt „Tourismus in Europa“ geht auf die **Bedeutung des Tourismussektors** für die Wirtschaften in den mediterranen Ländern, aber auch in Österreich ein. Als eine der Aufgaben wird eine Debatte über die **touristische Übernutzung** einer Region vorgeschlagen mit dem Ziel, einen Ausgleich zwischen unterschiedlichen Interessen (Hoteliers, Gastronomie, Umweltschützer, ansässige Bevölkerung) zu finden – ohne Vorwissen eine wohl schwierige Aufgabe, die nicht einmal in den überhitzten Tourismusregionen selbst gelingt. Bei **Nachhaltigkeit im Tourismus** werden die drei Säulen „Ökonomie“ (langfristiges wirtschaftliches Wachstum, hohe Beschäftigung), „Soziales“ (Erhalt der Kultur, Einbeziehung der ansässigen Bevölkerung) sowie „Ökologie“ (Erhalt der Natur, geringer Ressourcenverbrauch) in einer Grafik dargestellt, mögliche Zielkonflikte jedoch nicht ausgeführt.

In *Perspektiven 7/8* wird ebenfalls die Bedeutung des **Tourismus für Österreich** betont, es werden aber auch **Problemfelder** benannt, darunter prekäre Beschäftigungsverhältnisse. Das Kapitel lädt durchaus zur kritischen Auseinandersetzung mit dem Tourismus in Österreich ein, die Zukunft des Tourismus bzw. ein global nachhaltiger Tourismus wird jedoch nicht behandelt (Anreise, Ferntourismus, Klimarelevanz).

Durchblick 6: Neben der wirtschaftlichen Bedeutung wird ausführlich auch auf die **Probleme des Massentourismus** (Überlastung von Städten und Regionen, Umweltprobleme, Immobilienspekulation) eingegangen. In Bezug auf den **Wintertourismus** in Österreich wird die **Verdrängung der Kleinbetriebe** durch Großunternehmen, die **Abhängigkeit** vom Tourismus sowie die **Verteuerung** der Schipässe problematisiert, dabei auch die Verringerung der Schneetage aufgrund des **Klimawandels** erwähnt.

Durchblick 8: Die wirtschaftliche Bedeutung des Tourismus und seine Ambivalenz werden gut vermittelt. **Ökologische Probleme** des Tourismus wie hohe Emissionen durch Flug- und KFZ-Verkehr oder die Übernutzung von Ressourcen werden zwar aufgezählt, jedoch nicht näher ausgeführt. **Overtourismus** wird in einem eigenen Abschnitt am Beispiel von Venedig problematisiert.

Geospots 5/6: Dieses Schulbuch betont, dass Europa noch immer die weltweit **begehrteste Tourismusregion** sei. Neue Tourist*innen aus den Schwellenländern würden die aufgrund von wirtschaftlichen Problemen zurückgehende innereuropäische Nachfrage kompensieren. Das Problem des Overtourism wird kurz angerissen. In Bezug auf den **Klimawandel** werden lediglich Anpassungsmaßnahmen, etwa die Verlagerung auf den Frühlings- und Herbsttourismus im mediterranen Raum aufgrund zunehmender Hitze, angesprochen, nicht jedoch, dass der steigende Ferntourismus selbst zur Klimakrise beiträgt – auch jener EuropäerInnen, die nun nach Asien fliegen.

Geospots 7/8: Auch dieses Schulbuch betont die **Bedeutung des Tourismus** für Österreichs Wirtschaft. Der Beschreibung der historischen Entwicklung von der Sommerfrische für Wohlhabende hin zum Massentourismus folgen Ausführungen zum Winter- und Sommer- sowie zum Städtetourismus. **Kritik am Massentourismus** wird vorsichtig geäußert. Auf die **ökologischen Folgen** des Tourismus sowie auf Änderungen durch die Klimaerwärmung geht das Schulbuch nicht ein.

Geografisch 5/6: Die **wirtschaftliche Bedeutung** des Tourismus sowie die **ökologischen** und **sozialen** Folgen werden ausführlich und ausgewogen dargestellt. Problematisiert wird etwa die starke Zunahme des **Flugreise-** und **Kreuzschifffahrtverkehrs. Greenwashing** wird ebenso angesprochen wie **sanfter** bzw. **nachhaltiger Tourismus** inkl. der ökologischen Fallen der Individualreisen.

global 6 berichtet ausführlich über die **wirtschaftliche Bedeutung** des Tourismus, etwa durch Arbeitsplätze in ländlichen Regionen. Der **Ausbau der Infrastrukturen** wird als Förderung der regionalen Wirtschaft gutgeheißen, es werden aber auch die damit verbundenen Probleme wie Bodenverbrauch benannt. Beschneiungsanlagen werden als notwendig angesehen, das Klimaproblem sei v.a. die **Anreise mit dem Auto**. Auch dieses Buch unterscheidet **sanften Tourismus** (etwa mit der umweltfreundlichen Anreise) vom Etikett "Ökotourismus", etwa Flugreisen zu Nationalparks. Die Notwendigkeit größerer Anlagen wird mit **Rentabilitätsüberlegungen** erklärt und befürwortet.

2.9. Arbeit und Arbeitslosigkeit

Arbeit

Fachliche Einführung

Arbeit gilt neben Kapital, Ressourcen und Wissen als einer der **Produktionsfaktoren**. In der Regel wird in wirtschaftspolitischen Debatten Arbeit auf **Erwerbsarbeit** eingeengt, dabei zwischen selbständiger und unselbstständiger Arbeit unterschieden. Die ökologische und feministische Ökonomie verwendet einen **erweiterten Arbeitsbegriff**, der auch unbezahlte Arbeit – Sorgearbeit, Eigenarbeit oder Nachbarschaftshilfe – umfasst. Gesprochen wird hier auch von „pluraler Arbeit" (Holzinger 2024, S. 62ff, Haidinger/Knittler 2023, Prainsack 2024). Holger Rogall unterscheidet koordinierende Tätigkeiten, geistige Kenntnisse (z. B. technisches Wissen) und ausführende Tätigkeiten, z. B. handwerkliche oder Fließbandtätigkeiten (Rogall 2011, S. 40).

Als zentrale **Aspekte** der Erwerbsarbeit gelten **Arbeitsinhalte** und ihre Veränderung, **Arbeitsbedingungen** und **Arbeitszeiten**, **Entlohnung**, **Arbeitsplätze** und **Arbeitsmarktpolitik** sowie die Rolle von **Arbeitslosigkeit**. Als Zukunftsthema gilt der Einfluss der **Digitalisierung** und **Künstlichen Intelligenz** auf die Arbeitswelt (Holzinger 2024, S. 72f).

In der **Nachhaltigkeitsdebatte** wird die Rolle der Erwerbsarbeit in ökologischen Zusammenhängen, in der Postwachstumsökonomie die **Verkürzung der Arbeitszeiten** mit flexiblen Modellen thematisiert (Holzinger 2024, S. S 150ff., Paech 2025). Von Gewerkschaften und Arbeiternehmerverbänden wird auf **gute Arbeit** gedrängt, die neben einem angemessenen Lohn auch Arbeitsbedingungen meint, die weder über- noch unterfordern und Tätigkeiten als sinnvoll erfahren lassen (Holzinger 2024, S. 172f.). Die Arbeiterkammer erstellt regelmäßig für Österreich einen **Arbeitsklimaindex.**[129]

An Bedeutung gewinnen Debatten über ein **neues Prekariat**, also die Zurückdrängung normaler Arbeitsverhältnisse, über **Teilzeit** als Notwendigkeit, Falle und **Wunscharbeitszeit. Flexiblere Arbeitsplatzgestaltung** durch Homeoffice oder Gleitzeiten werden auch als positive Trends gesehen. Jüngere legen verstärkt Wert darauf, eine sinnstiftende Tätigkeit auszuüben, und erwarten auch einen respektvollen Umgang miteinander, so die Ergebnisse einer Umfrage aus 2025.[130] Ein Debattenstrang kreist um eine universelle **Arbeitsplatzgarantie** versus einem **Grundeinkommen** (Prainsack 2020, Holzinger 2024, 176f., 209f.).

Aus Sicht der **Strukturen für ein klimafreundliches Lebens** (APCC 2025) wird ausgeführt:

> „Arbeitsumfang, Belastungen, aber auch Erfahrungen von Sinn und sozialer Anerkennung im Rahmen der Erwerbsarbeit haben Auswirkungen auf das Handeln von Erwerbstätigen in der erwerbsfreien Zeit. ... Klimafreundliche Erwerbsarbeit kann in manchen Sektoren durch Umstellung auf erneuerbare Energien und andere (technologische) Innovationen erreicht werden. Andere Bereiche erfordern Stilllegungen oder die Konversion zu klimafreundlicheren Produkten und Dienstleistungen. ... Eine wichtige Gestaltungsoption für klimafreundliche Erwerbsarbeit ist die Verkürzung der Arbeitszeit. Diese gilt als geeignete Maßnahme, um ein klimafreundliches Leben außerhalb der Erwerbsarbeit zu erleichtern und um das (möglicherweise längerfristig sinkende) Erwerbsarbeitsvolumen gleichmäßiger zu verteilen." (APCC 2023, S. 53f.)

Inhalte der Schulbücher

In **Meridiane 5/6** ist ein eigenes Kapitel dem Thema **„Arbeitsteilung – das Geheimnis der Wirtschaft"** (ebd. S 122) gewidmet. Unterschieden werden „geschlechterspezifische oder familiäre Arbeitsteilung", „innerbetriebliche, überbetriebliche und volkswirtschaftliche bzw. weltwirtschaftliche Arbeitsteilung" mit einer Arbeitsaufgabe, wer die Gewinner und Verlierer der globalen Arbeitsteilung seien. **Haus-** und **Sorgearbeit** wird erwähnt, dabei aber nur darauf verwiesen, dass in dieser auch Wirtschaftsgüter gebraucht werden – am Beispiel Marmeladegläser (!).

Die **innerbetriebliche Arbeitsteilung** wird anhand von **Fließbandarbeit** und der Steigerung der **Produktivität** erklärt, die **überbetriebliche Arbeitsteilung** am Beispiel der Autoindustrie mit ihren zahlreichen **Zulieferbetrieben**. Als Problembeispiel wird die „Weltreise einer Jean" (ebd. S. 123) genannt, im Aufgabenbereich dazu die Frage gestellt, wer die Gewinner und die Verlierer dieser Arbeitsteilung seien.

Im Abschnitt **„Neue Arbeitswelt"** in **Meridiane 7** (ebd. S. 56f.) werden **atypische Beschäftigungsverhältnisse** vorgestellt: Geringfügige Beschäftigung, freier Dienstnehmer, neuer Selbstständiger, Teilzeit, Telearbeit und Leiharbeit. Zudem werden die Begriffe „Befristete Arbeitsverhältnisse", „prekäre Beschäftigung" und „Arbeit 4.0" erläutert. **Teilzeit** wird auch als atypische Beschäftigung gesehen:

> „Immer weniger Arbeitnehmer/innen haben einen ‚normalen' Dienstvertrag und ein Vollzeit-Arbeitsverhältnis." (ebd. S. 56)

---

[129] https://ooe.arbeiterkammer.at/beratung/arbeitundgesundheit/arbeitsklima/index.html. Abgerufen am 7.7.2025

[130] Quelle: Salzburger Nachrichten, 16.7.2025

Und zu **Teilzeit** heißt es weiter:

„Für viele Frauen ist dies die einzige Möglichkeit, am Erwerbsleben teilzunehmen." (ebd. S. 56)

Als Aufgabe wird die Diskussion der Frage gestellt, warum Teilzeit meist „weiblich" sei. In einem Abschnitt **„Kinder und Beruf – ein Widerspruch?"** (ebd. S. 202) werden die rechtlichen Rahmenbedingung für Karenz in Österreich, die zu geringe Inanspruchnahme der Väterkarenz sowie das Fehlen von Kinderbetreuungseinrichtungen thematisiert. Der Großteil der Mütter sei mittlerweile in Teilzeitbeschäftigung:

„Sie kümmern sich um die Kinder, den Haushalt und gehen einem Halbtagsjob nach." (ebd. S. 202)

Dass eine hohe **Frauenerwerbsquote** mit einer ausreichenden Geburtenrate einhergehen kann, wird an skandinavischen Ländern gezeigt.

In einem weiteren Kapitel **„Ein Blick in die Arbeitswelt"** (ebd. S. 234ff.) wird auf das **Arbeitsrecht**, **Kollektivverträge** und **Betriebsvereinbarungen** sowie Einzeldienstverträge und Weisungen eingegangen. Zudem wird informiert über **Überstunden**, **Teilzeit**, **Kurzarbeit** und **Urlaub**, über „besondere Situationen" wie Mutterschutz/Karenz, Präsenzdienst/Zivildienst sowie die Verpflichtung, Menschen mit Behinderung einzustellen. Auch unterschiedliche **Lohnformen** und die Rolle des **Arbeitsgerichtes** werden erklärt.

Unter **Neue Arbeitszeitmodelle** heißt es:

„Steigende Arbeitslosenzahlen sowie niedrige Löhne in den Staaten des östlichen Europa und in Entwicklungsländern, aber auch veränderte Lebensmodelle der Menschen zwingen zum Nachdenken über neue Formen der Arbeitszeit." (ebd. S. 235)

Genannt werden **flexible Arbeitszeiten** sowie die Diskussionen über **Arbeitszeitverkürzungen**, z. B. die 35-Stundenwoche, wobei die zentrale Frage jene des „vollen Lohnausgleichs" sei.

Im Kapitel „Ein Glück, eine Arbeit zu finden?" in **Perspektiven 7/8** (S. 37ff.) werden zunächst die Begriffe „Muße", „Arbeit", „Existenzsicherung" und „Entfaltung der Persönlichkeit" anhand einer kurzen Geschichte der **Wandlung des Arbeitsbegriffes** von der Antike bis zur Neuzeit erklärt. Mit der protestantischen Reformation sei die heutige Arbeitsethik entstanden:

„Fleiß und Erfolg waren für Calvin ein besonderes Zeichen der Erwählung durch Gott." (ebd. S. 37)

Auch Karl Marx wird mit dem Begriff der **entfremdeten Arbeit** (ebd. S. 37) zitiert. Abschließend heißt es:

„Für die meisten Menschen in Nordamerika, Australien oder Europa ist heute der Beruf oder der Arbeitspatz entscheidend dafür, welche soziale Stellung man in der Gesellschaft hat." (ebd. S. 37)

Das Kapitel beschränkt sich auf **Erwerbsarbeit**. Unterschieden werden **Job** (nur für Einkommen) und **Beruf** (auch Sinnstiftung), zudem werden neue **Trends am Arbeitsmarkt** erklärt: Automatisierung, Anstieg des Einstiegsalters, Spezialisierung, Erhöhung der Frauenbeschäftigung und Teilzeitstellen (der Zusammenhang wird hier nicht hergestellt, Stichwort Doppelbelastung von Frauen) sowie atypischer Beschäftigungsverhältnisse. Zudem wird auf die **Konkurrenz mit billigen Arbeitskräften** aufgrund der Globalisierung verwiesen.

Ein Abschnitt in diesem Kapitel zu Arbeit ist dem Thema **Burnout** gewidmet. Darin heißt es:

„Ungefähr eine halbe Million Menschen sind in Österreich davon betroffen – die Zahl ist stark steigend." (ebd. S. 39)

Als **Ursachen** werden private und/oder berufliche Überforderung angeführt: Schwierigkeiten in den Beziehungen bzw. Familien, großer Zeitdruck, hohe Verantwortung, Erledigung anspruchsvoller Aufgaben, Probleme mit Vorgesetzten, unsichere berufliche Zukunft, mangelndes positives Feedback,

Überforderung oder Mobbing. Als Merkmale werden u .a ein ausgeprägtes Leistungsstreben, Zurückstellung persönlicher Bedürfnisse, Überspielen von Problemen oder Konflikten oder sozialer Rückzug genannt.

Work-Life-Balance wird als die Kunst beschrieben, Arbeit und Privatleben „unter einen Hut zu bringen“ (ebd. S. 39).

In Durchblick 5 wird der **Produktionsfaktor Arbeit** erklärt. Dieser sei „jede auf ein wirtschaftliches Ziel gerichtete, planmäßige manuelle oder geistige Tätigkeit“ (Durchblick 5, S. 66). In einer Grafik werden die unterschiedlichen **Formen von Arbeit** dargestellt: manuelle und geistige, Pflicht- und freiwillige, selbstständige und unselbstständige Arbeit. Zudem werden Erwerbsarbeit, Lernarbeit und Gemeinschaftsarbeit unterschieden. Ergänzend heißt es :

„Grundsätzlich ist auch Arbeit darauf ausgerichtet einen Gewinn zu erzielen. Dieser muss nicht unbedingt in Geld ausgedrückt werden (z. B. bei selbstständiger Erwerbstätigkeit). Er kann auch im Ziel der Tätigkeit selbst liegen (Hausarbeit - saubere Wohnung).“ (ebd. S. 66)

Weiters werden die Begriffe **Arbeitsproduktivität, Arbeitskosten** und **Erwerbsquote** erklärt.

Die **Arbeitskosten** würden Einfluss auf den Einsatz des Produktionsfaktors Arbeit haben:

„Wenn die Löhne und gehaltsabhängige Abgaben zu hoch werden, beginnen Unternehmen Arbeit durch Kapital zu ersetzen oder verlagern ihre Produktion in Billiglohnländer.“ (ebd. S. 67)

Um die **Abwanderung** von Arbeitsplätzen zu verhindern, müsse die Arbeitsproduktivität erhöht, also bei derselben Arbeitsleistung mehr Output erwirtschaftet werden.

Durchblick 8 thematisiert die **Arbeitsbedingungen** in den **Ländern des Globalen Südens.**

Zu den positiven Aspekten der Globalisierung wird die „Schaffung von Arbeitsplätzen im sogenannten globalen Süden“ (Durchblick 8, S. 46) gezählt, wodurch eine gewisse Mittelschicht entstanden sei. Trotzdem dürfe dabei nicht auf

„die Millionen Menschen vergessen werden, die trotz härtester Arbeit gerade das Überleben schaffen. Ihre Arbeitskraft sichert den Konzernen Wettbewerbsvorteile gegenüber Konkurrenten und große Gewinne“ (ebd. S. 46).

Als Belege werden ein Textausschnitt aus dem Südwind-Magazin über Plantagenarbeiter sowie einer Studie der Friedrich Ebert Stiftung über Arbeitsbedingungen in der globalen Lieferkette angeführt. Doch auch Industrieländer seien vom **„Abbau der Arbeitnehmer/innen-Rechte“** (ebd. S. 47) betroffen, wie am Beispiel eines Mitarbeiters von Amazon sowie an den Konzernpraktiken von Nestlé gezeigt wird.[131] In den Arbeitsaufgaben wird auch auf Gegenstrategien eingegangen, indem die Schüler*innen Recherchen zu **gewerkschaftlichen Maßnahmen** durchführen sollen.

In **Geospots 5/6** wird Arbeit unter den Produktionsfaktoren behandelt. Unter **Arbeit** würden auch Hausarbeit oder Ehrenamt fallen, für die Wirtschaft sei aber Erwerbsarbeit zentral. Behandelt werden die Themen Prekariat, Workaholic, Burn-out und Bore-out sowie der Gender Pay Gap.

Ein eigener Abschnitt thematisiert das **Bedingungslose Grundeinkommen**, das Armut und soziale Ausgrenzung beseitigen und mehr Wahlfreiheit ermöglichen soll:

„Bislang ist dies allerdings weiterhin eine theoretische Betrachtung mit Pros und Contras. Für Kritikerinnen und Kritiker gilt dieses Modell als unfinanzierbar. Es sei grundsätzlich leistungsfeindlich, da der Anreiz, arbeiten zu gehen, fehle.“ (ebd. S. 120)

---

[131] Quelle zu Nestle: www.multiwatch.ch. Leider ist der Beitrag dort nicht mehr auffindbar, dafür gibt es zahlreiche andere Beispiele zu Arbeitsrechtsproblemen in Schweizer Konzernen.

In **Geospots 7/8** wird auf den **Arbeitsmarkt** eingegangen. Dabei wird einleitend die Rolle von Erwerbsarbeit im Zusammenhang mit den **Sozialsystemen** thematisiert:

„Die Sozialsysteme moderner Volkswirtschaften sind auf den Faktor Arbeit aufgebaut. Einkommen, Arbeitslosenunterstützung, die Höhe von Pensionen oder auch große Teile des Steueraufkommens hängen vom Ausmaß und der Dauer von Beschäftigungsverhältnissen ab.“ (ebd. S. 29)

Weiter heißt es:

„Wer keiner Arbeit nachgeht oder nachgehen kann, ist von sozialem Abstieg bedroht. Arbeitslose werden in der Gesellschaft häufig ausgegrenzt und nicht selten als ´Sozialschmarotzer´ bezeichnet.“ (ebd. S. 29)

Danach wird der **Arbeitsmarkt** von anderen Märkten unterschieden. Besonderheiten seien:

„Abhängigkeit der ArbeitnehmerInnen von Arbeit zur Sicherung des Lebensunterhaltes; ArbeitgeberInnen verfügen über mehr Macht gegenüber den ArbeitnehmerInnen; Arbeitsrecht und Gewerkschaften sollen das Ungleichgewicht zwischen ArbeitgeberInnen und ArbeitnehmerInnen ausgleichen.“ (ebd. S. 29)

Zugleich wird auf den **ersten** und **zweiten Arbeitsmarkt** eingegangen. Ersterer brauche keine staatliche Unterstützung, der zweite Arbeitsmarkt werde staatlich gefördert und ziele auf die Wiedereingliederung in den ersten Arbeitsmarkt.

Zur **Schwarzarbeit**, für die keine Beiträge zur Sozialversicherung oder Steuern geleistet werden, heißt es:

„Optimistische Sichtweisen gehen davon aus, dass die damit erwirtschaftete Kaufkraft trotzdem den Konsum belebt.“ (ebd. S. 29)

In **Geografisch 5/6** wird Arbeit ebenfalls unter den Produktionsfaktoren beschrieben, dabei die **Ausgrenzung** von **nicht bezahlter Arbeit** problematisiert. Dazu heißt es:

„Der Produktionsfaktor Arbeit wird meist als menschliche Tätigkeit definiert, die gegen Entlohnung auf die Befriedigung der Bedürfnisse anderer Personen abzielt. Es arbeitet demnach, wer Geld verdient. Eltern, die ihre Kinder betreuen und – abgesehen von der Familienbeihilfe und dem Kinderbetreuungsgeld – über kein eigenes Einkommen verfügen, ‚sind daheim'.“ (Geografisch 5/6, S. 108)

Ähnlich sei es bei **Pflege** oder **ehrenamtlicher Arbeit**. Im Text wird diese Sichtweise korrigiert:

„Eltern übernehmen Erziehungsarbeit, Angehörige Heim- und Pflegearbeit und Freiwillige übernehmen Ehrenämter. Sie tragen in hohem Maße zum gesellschaftlichen Wohlstand bei.“ (ebd. S. 108)

Wenn diese Tätigkeiten nicht mehr unbezahlt gemacht werden, müssten sie „an Personen vergeben werden, die Geld verlangen“ (ebd. 108). Hinsichtlich **Vereinbarkeit aller Tätigkeitsbereiche** heißt es:

„Die Entscheidung der Aufteilung der Arbeitsformen in einer Familie ist sehr individuell und muss womöglich auch von Zeit zu Zeit überdacht und angepasst werden.“ (ebd. S. 108)

Zudem gibt es einen Hinweis auf das **freiwillige Umweltjahr** in Österreich, das zwischen bezahlter und unbezahlter Tätigkeit angesiedelt sei. Ein eigenes Kapitel informiert über die wirtschaftliche und gesellschaftliche **Bedeutung des Ehrenamtes** mit Daten zu Österreich.

Der sich verändernde **Arbeitsmarkt** wird in einem eigenen Kapitel zur EU thematisiert (ebd. S. 209ff.). Dazu heißt es:

„Die Arbeitswelt unterliegt einem ständigen Wandel. Zu den einschneidendsten Veränderungen im 20. und 21. Jahrhundert zählen in Europa u. a. die Tertiärisierung, der starke Anstieg der Erwerbstätigkeit bei Frauen sowie die Gründung des Binnenmarktes inklusive der vier Freiheiten.“ (ebd. S. 209)

Bezug genommen wird auf **Jugendarbeitslosigkeit**, die **EU-Jugendgarantie,** die **Ausbildungspflicht** bis zur Vollendung des 18. Lebensjahres in Österreich sowie auf **neue Arbeitsformen** wie

Homeoffice, Remote und Hybrid Work sowie Coworking-Spaces. Die Bedeutung von **Kollektivverträgen** inklusive dem Problem **prekärer Arbeitsverhältnisse** wird am Beispiel rumänischer Saisonarbeiter in Niederösterreich erklärt, deren Arbeitsverträge nicht eingehalten wurden.

Ein Abschnitt informiert über **Ferial- und Pflichtpraktika** für junge Menschen in Österreich sowie in der EU.

In **Geografisch 7** gibt es ein Kapitel „Arbeit – gestern, heute, morgen", in dem auf die Kritik an der **Ausbeutung der Arbeitskraft** durch Karl Marx, auf die Unterscheidung von produktiver und unproduktiver Arbeit im **Utilitarismus** bei John Stuart Mill sowie auf die **feministische Ökonomie** eingegangen wird. Letztere untersuche

„geschlechterspezifische Ungleichheiten und Machtverhältnisse in der Wirtschaft. Sie kritisiert traditionelle ökonomische Theorien, die Frauenarbeit und unbezahlte Sorgearbeit vernachlässigen." (Geografisch 7, S. 135)

Zudem wird auf den **Wandel der Arbeitsethik** im Zusammenhang mit unterschiedlichen Generationen eingegangen. Während die Babyboomer stark auf Leistungsbereitschaft setzen würden, trete etwa bei den Millennials „Work-Life-Balance und persönliche Entwicklung" in den Vordergrund (ebd. S. 133).

Ein eigenes Kapitel setzt sich kritisch mit dem Konzept **Work-Life-Balance** auseinander:

„Arbeit wird oft negativ und Freizeit positiv betrachtet. Allerdings entspricht diese Vorstellung nicht immer der Realität, da viele Menschen ihre Arbeit als sinnstiftend empfinden." (ebd. S. 65)

Das Konzept mache Sinn, wenn es um eine gleichberechtigte Aufteilung der Sorgearbeit, deren angemessene Bezahlung oder um Forderungen nach einer 35-Stundenwoche gehe. Zur Reflexion wird auch über das Phänomen des **Work-Life-Blending** aufgefordert, mit dem die zunehmende Vermischung von Arbeit und Freizeit ausgedrückt wird.

global 5 vertritt einen **engen Arbeitsbegriff**. Im Kapitel zu den Produktionsfaktoren heißt es:

„Mit dem Begriff Arbeit ist jede erwerbsmäßige körperliche und geistige Tätigkeit gemeint, also etwa die Tätigkeit einer Fabrikarbeiterin oder eines Büroangestellten, nicht jedoch Hausarbeit oder Hobbys." (global 5, S. 114)

Bezüglich des **Verhältnisses der Produktionsfaktoren** wird ein komplementäres (neue Arbeitsfelder bei Wegfallen anderer) von einem substitutivem Verhältnis (Arbeitskräfte werden von Maschinen ersetzt ohne Schaffung neuer Tätigkeitsfelder) unterschieden.

Im Kapitel **„Arbeit – ein Begriff, viele Gesichter"** werden die unterschiedlichen **Arbeitsverhältnisse** (Angestellte, Arbeiter*innen, Selbstständige und helfende Familienangehörige, Lehrlinge, öffentliche Bedienstete, freie Dienstnehmer*innen) sowie atypische und prekäre Beschäftigungsformen dargestellt. Hier gibt es auch einen Hinweis auf **unbezahlte Arbeit**:

„Neben den bezahlten Tätigkeiten spielen auch unbezahlte eine große Rolle in unserem Land. Zu nennen wären hier vor allem die, vorwiegend von Frauen, ausgeübte Haushaltsführung sowie die Freiwilligenarbeit." (ebd. S 118)

Die **Arbeitsleistung** von Erwerbstätigen werde, so heißt es, „einerseits von ihrer Arbeitsfähigkeit (Begabung, Ausbildung), andererseits von ihrer Arbeitswilligkeit (Motivation) bestimmt." (ebd. S. 119)

global 8 enthält Kapitel zu **Freiwilligenarbeit** in Österreich sowie zum **Freiwilligen Sozialen Jahr**, in denen die Wichtigkeit von ehrenamtlicher Arbeit für die Gesellschaft betont wird:

„Abseits der organisierten Hilfe von Rotem Kreuz, Feuerwehr, Team Österreich usw. leistet vor allem die individuelle und informelle Arbeit einen wichtigen Beitrag zu einer harmonierenden und prosperierenden Gesellschaft." (ebd. S. 91)

Einschätzung

Das Thema Arbeitswelt wird in den Schulbüchern unterschiedlich ausführlich und auch unterschiedliche akzentuiert behandelt. Arbeit wird als einer der **Produktionsfaktoren** im Wirtschaftsgeschehen dargestellt. Nur zwei Schulbücher beziehen sich bewusst auf einen **erweiterten Arbeitsbegriff** - *Durchblick* und *Geografisch,* bedingt *Geospots*. Freiwilligenarbeit wird auch in anderen Schulbüchern angeführt, aber nicht im Kapitel zu Arbeit.

Mehrfach wird auf **atypische Arbeitsverhältnisse** Bezug genommen, die **Vereinbarkeit von Beruf und Familie** mehrheitlich mit der Zuständigkeit der Frauen für Haushalt und Kinder erklärt.

Die Rolle von Frauen am Arbeitsmarkt wird empirisch korrekt wiedergegeben. Wünschenswert wäre aber eine offene Diskussion über Zukunftsperspektiven mit mehr **Geschlechtergerechtigkeit** in Bezug auf Erwerbs- und Care-Arbeit (Haidinger/Knittler 2013). Es wäre daher zu diskutieren, warum es die ungleiche Rollenverteilung zwischen den Geschlechtern gibt und wie bzw. ob diese geändert werden könnte. Ein Schulbuch – *Geografisch* – geht dieses Thema ohne Rollenzuordnungen an, betont aber stark die Bedeutung der nichtbezahlten Tätigkeiten für den gesellschaftlichen Wohlstand.

Zu diskutieren wären auch weitere **Arbeitszeitverkürzungen** – mit, ohne und mit gestaffeltem Lohnausgleich. In der Postwachstumsdebatte spielt Kürzer-Arbeiten eine wichtige Rolle (Holzinger 2024, Kap. Arbeit und Arbeitswende). Bei **neuen Arbeitszeitmodellen** wären die 4-Tagewoche, Homeoffice sowie Lohnabschlüsse nach dem Prinzip „Mehr Zeit als Geld" zu ergänzen.[132] Freiwillige Arbeitszeitverkürzung wird zukünftig auch eine stärkere Rolle spielen – Motto „Wunscharbeitszeit" (Holzinger 2024, S. 167ff.).

Ob bzw. wieweit **Teilzeitarbeit** als atypische Beschäftigung oder als **Wunscharbeitszeit** anzusehen ist, muss diskutiert werden – gerade im Kontext der aktuell in Österreich entfachten Debatte über die „Lifestyle"-Teilzeit, die dem Wirtschaftsstandort schade und die Sozialleistungen zu stark belaste.[133]

Ein Schulbuch – *Perspektiven* - geht auf die historische **Genese unseres Arbeitsbegriffs** und unserer Arbeitsethik ein, ein anderes – *Geografisch* – auf unterschiedliche Zugänge zu Erwerbsarbeit zwischen den Generationen. Generell wertvoll wären Hinweise auf die Initiative **„Gute Arbeit"** des Deutschen Gewerkschaftsbundes oder den **Arbeitsklima-Index** der österreichischen Arbeiterkammer.[134]

Nun zur Einzelbewertung

Meridiane 5/6: In diesem Schulbuch wird v. a. die **Arbeitsteilung** als Faktor der Produktivitätssteigerung erklärt, als Problembeispiel bei der überbetrieblichen Arbeitsteilung die Reise einer Jean vorgestellt. Bei **Hausarbei**t bzw. **Selbstversorgung** wird am Beispiel von Marmelade nur darauf hingewiesen, dass diese ebenfalls Konsumgüter braucht wie Gläser. Dass Haus- und Sorgearbeit eine wichtige Voraussetzung für das Funktioniere der monetären Wirtschaft darstellt[135], fehlt ebenso wie

---

[132] https://www.derstandard.de/story/2000112828184/die-40-stunden-woche-hat-fuer-viele-ausgedient-was-in; https://arbeitszeitsysteme.com/wp-content/uploads/2012/05/Zeit-statt-Geld-2019.pdf. Abgerufen am 9.4.2025

[133] https://www.derstandard.at/story/3000000283003/25-prozent-aller-teilzeitkraefte-arbeiten-freiwillig-in-teilzeit-stimmt-das-auch; https://www.oegb.at/themen/arbeitsrecht/arbeitszeit/teiltzeit-ist-kein-lifestyle. Abgerufen am 9.8.2025

[134] https://www.igmetall.de/ueber-uns/kampagnen/gute-arbeit-fuer-alle/gute-arbeit-darf-kein-gluecksspiel-sein; https://ooe.arbeiterkammer.at/arbeitsklima. Abgerufen am 22.3.2025

[135] Die feministische Ökonomie verweist stark auf diesen Sektor, der in den Wirtschaftslehrbücher meist unter den Tisch fällt (z. B. Haidinger/Knittler 2013).

die Thematisierung der Frage, wie diese zwischen den Geschlechtern verteilt wird.[136] Die Aufgabe, die Gewinner und Verlierer der globalen Arbeitsteilung zu identifizieren, würde zusätzliche Informationen erfordern.

Meridiane 7/8: Dieses Schulbuch geht ausführlich auf das Thema **Arbeitswelt** ein. Behandelt werden atypische Arbeitsverhältnisse, Arbeit 4.0, Arbeitsrecht sowie neue Arbeitszeitmodelle. Flexible Arbeitszeiten sowie Arbeitszeitverkürzung gelten dabei als Beispiele. Beim Thema **Frauenerwerbsquote** bzw. der **Vereinbarkeit von Beruf und Familie** wird die Rolle der Frau als Zuständige für Haushalt und Kinder für die Arbeit in Teilzeit referiert, jedoch nicht hinterfragt. Die Frage, warum Teilzeit weiblich ist, ist wichtig und soll besprochen werden. Umstritten ist jedoch, ob Teilzeit bis dato als atypische Beschäftigung zu bewerten ist, da es auch Wunscharbeitszeit mit weniger Arbeitsstunden gibt (s. o.). Diesen Trend insbesondere unter Jüngeren zu diskutieren, wäre auch lohnenswert. Die Einblicke in das **Arbeitsrecht** sind wichtig. Die Grundlagen werden gut dargestellt.

Perspektiven 7/8: Dieses Schulbuch geht auf den **Wandel des Arbeitsbegriffs** sowie die heutige **Arbeitsethik**, die im Protestantismus entstanden sei, ein. Arbeit sei heute ein zentraler Faktor für die soziale Stellung in der Gesellschaft. Abgesehen davon, dass das moderne Arbeitsethos mittlerweile auch in Asien, etwa Japan oder China, verbreitet ist, wäre hier ein Hinweis auf nicht bezahlte Sorge- und Eigenarbeit als wesentliche Voraussetzung für das Funktionieren der Wirtschaft nötig. Spannend wäre auch die **Diskussion neuer Arbeitszeitmodelle.** Auf Arbeitsinhalte wird durch die Unterscheidung von Job und Beruf Bezug genommen. Das Kapitel zu **Burnout** ist als Hilfe zur Prävention sinnvoll, der Begriff **Work-Life-Balance** ist jedoch umstritten, da nicht hier Leben, dort Arbeit stattfindet. Als **Trends** werden Automatisierung, höhere Frauenbeschäftigung, Zunahme von Teilzeit, späterer Einstieg ins Erwerbsarbeitsleben sowie Konkurrenz mit billigen Arbeitskräften genannt. Das Thema Vereinbarkeit von Beruf und Familie wird nicht thematisiert, auch nicht die Bedeutung von Care-Arbeit.

Durchblick 5: Dieses Schulbuch gibt eine umfassende Darstellung aller **Formen von Arbeit**, geht also von einem **erweiterten Arbeitsbegriff** aus. Der dargestellte Zusammenhang von **Arbeitskosten** und **Produktivitätssteigerungen** bzw. Abwanderung von Arbeitsplätzen ist korrekt. Zu ergänzen wäre jedoch, dass die Verlagerung von Arbeitsplätzen immer in Länder mit niedrigeren Löhnen erfolgt, sofern sich das für das Unternehmen rechnet. Dabei spielen aber auch andere Faktoren wie Qualifikationen sowie das wirtschaftliche, soziale und politische Umfeld eine Rolle. Dass durch mehr Kapitaleinsatz höhere Produktivität erreicht wird, kann positiv sein, wenn die **Produktivitätsfortschritte** auch an die Arbeitnehmer*innen weitergegeben werden, etwa durch Arbeitszeitverkürzungen.

Durchblick 8 enthält ein kritisches Kapitel zu Konzernpraktiken in Bezug auf **Arbeitsrechte**. Die bereits angesprochene EU-Sorgfaltsrichtlinie, die alle EU-Mitgliedstaaten zu Lieferketten-Gesetzen verpflichtet, müsste in einer Neuauflage hier eingebaut werden (Holzinger 2024, S. 160ff.)

Geospots 5/6: Dieses Schulbuch thematisiert unter den Produktionsfaktoren Arbeit mit einem knappen Verweis, dass es neben **Erwerbsarbeit** auch andere Formen von Arbeit gibt. Die 40-Stundenwoche wird weiterhin als Norm gesehen. Im Gender-Kontext wird nicht nur auf die ungleiche Entlohnung, sondern auch auf die **Mehrfachbelastung von Frauen** durch unbezahlte Arbeit hingewiesen, ohne dies zu problematisieren. Burn-out und Bore-out werden gut erklärt. Beim **Bedingungslosen Grundeinkommen** wäre auch eine vertiefende Diskussion sinnvoll.

In *Geospots 7/8* wird die zentrale **Bedeutung der Erwerbsarbeit** für die soziale Absicherung sowie die Finanzierung der Sozialsysteme ebenso gut erklärt wie die Bedeutung des Arbeitsmarktes. Auf Arbeitsrechte und Gewerkschaften wird nur kurz verwiesen. Die Bemerkung, dass Arbeitslose

[136] Beim Kapitel zum BIP wird auf die Bedeutung der „Reproduktionsarbeit" hingewiesen.

häufig als **Sozialschmarotzer** bezeichnet werden, müsste kommentiert werden. Der Hinweis, dass der Arbeitsmarkt nie öffentliche Förderungen bekommt, stimmt nur bedingt, da bei Kurzarbeit Arbeitsplätze gefördert werden. Die positive Einschätzung von **Schwarzarbeit** als den Konsum steigernd wäre zu diskutieren.

Geografisch 5/6: Auch dieses Schulbuch plädiert für einen **erweiterten Arbeitsbegriff** und problematisiert die Ausgrenzung bzw. Nicht-Wahrnehmung von Erziehungs-, Sorge-, Pflegearbeit und ehrenamtlicher Arbeit, die zum gesellschaftlichen Wohlstand beitragen würden. Hinsichtlich der **Aufteilung von Erwerbsarbeit** und **Care-Arbeit** wird nicht auf Männer und Frauen Bezug genommen, sondern z. B. nur von Eltern gesprochen, was der Rollenzuschreibung entgegenwirkt. Im Kapitel zu den **Trends am Arbeitsmarkt in der EU** wird neben der Tertiarisierung und dem EU-Binnenmarkt mit der Öffnung der Arbeitsmärkte auch auf die erhöhte Frauenbeschäftigung eingegangen. Gut sind auch die Abschnitte zu **Jugendarbeitslosigkeit** und der EU-Jugendgarantie, der Ausbildungspflicht in Österreich und zu **neuen Arbeitsformen** wie Homeoffice.

Geografisch 7: Aufschlussreich in diesem Schulbuch ist ein Kapitel, in dem der unterschiedliche **Zugang zu Arbeit** im Utilitarismus (produktive Arbeit), bei Karl Marx (Ausbeutung, Entfremdung) und der feministischen Ökonomie (erweiterter Arbeitsbegriff) sowie der **Wandel der Arbeitsethik** in der jungen Generation dargestellt werden.

global 5: Dieses Buch vertritt einen **engen Arbeitsbegriff**, der sich lediglich auf Erwerbsarbeit bezieht. Es werden die unterschiedlichen Arbeitsverhältnisse sowie atypische und prekäre Beschäftigung thematisiert. Bezüglich **Arbeitsleistung** wäre neben der Arbeitsfähigkeit und der Arbeitsmotivation auch das **Arbeitsklima** und die **Unternehmenskultur** zu ergänzen, die wesentlichen Einfluss auf die Arbeitsergebnisse haben. Es gibt nur einen Hinweis auf **unbezahlte Arbeit**, diese wird jedoch mit stereotypen Geschlechterzuordnungen versehen: "Zu nennen wären hier vor allem die, vor allem von Frauen, ausgeübte Haushaltsführung sowie die Freiwilligenarbeit."

In *global 8* gibt es zwei Kapitel zu **Freiwilligenarbeit** mit der Betonung deren Wichtigkeit für die Gesellschaft, Care-Arbeit wird hier jedoch nicht benannt.

Arbeitslosigkeit

Fachliche Einführung

Arbeitslosigkeit bezeichnet den Zustand von Menschen, die Arbeit suchen und keine ihren Qualifikationen entsprechende finden. In der **Arbeitslosenstatistik** erfasst werden nur jene, die sich als arbeitssuchend melden. Unterschieden wird zwischen **struktureller** und **konjunktureller** Arbeitslosigkeit. Erstere wird auf die mangelnde bzw. fehlende Abstimmung von nachgefragten Arbeitsplätzen und Qualifikationen der Arbeitssuchenden zurückgeführt, zweitere auf mangelndes bzw. fehlendes Wirtschaftswachstum (Holzinger 2017, S. 34).

Zentrale Themen im Kontext von Arbeitslosigkeit sind unterschiedliche **Formen von Arbeitslosigkeit** (etwa saisonal, sektoral, strukturell oder konjunkturell), unterschiedliche **Erklärungsansätze** für die Entstehung von Arbeitslosigkeit (z. B. mangelnde Flexibilität am Arbeitsmarkt, fehlendes Wirtschaftswachstum, Automatisierung), damit zusammenhängend unterschiedliche **Maßnahmen gegen Arbeitslosigkeit**, die von der Erhöhung der Flexibilität der Arbeitssuchenden sowie der Arbeitsanreize bis hin zu mehr Qualifizierungsmaßnahmen und der Ankurbelung des Wirtschaftswachstums reichen. Eine gewisse Arbeitslosigkeit wird als normal betrachtet, weil Anpassungen an sich ändernde Arbeitsmärkte sowie Spielräume für Um- und Neuqualifizierungen notwendig seien.

Liegt die **Arbeitslosenquote** unter 2 Prozent, wird von **Vollbeschäftigung** gesprochen.[137] Diese wird definiert als

„wirtschaftliche Situation, in der das Produktionspotenzial einer Volkswirtschaft ausreichend genutzt wird".

Für den Arbeitsmarkt bedeute dies z. B., dass der Beschäftigungsgrad hoch ist.

„In der Praxis wird davon ausgegangen, dass immer eine bestimmte Menge an Arbeitnehmern den Arbeitsplatz gerade wechselt (friktionelle Arbeitslosigkeit), sodass Vollbeschäftigung nicht erst bei einer Arbeitslosenquote von 0 Prozent vorliegt, sondern bereits bei 2 Prozent."[138]

Als **Beschäftigungsschwelle** wird ein Wirtschaftswachstum verstanden, das höher ist als die Zunahme der Arbeitsproduktivität durch weitere Automatisierung. Damit während eines Wachstumsprozesses per Saldo neue Arbeitsplätze entstehen, muss die Wachstumsrate des Bruttoinlandsprodukts höher sein als die Wachstumsrate der Arbeitsproduktivität. Die **Arbeitslosigkeitsschwelle** zeigt an, ab wann die Arbeitslosigkeit steigt (Marterbauer/Schürz 2022).

Aktuelle **Debattenstränge** zum Thema Arbeitslosigkeit beziehen sich auf die **Aktivierung von Arbeitslosen** (z. B. Verschärfung der Zumutbarkeitskriterien, Erhöhung des Abstands zwischen Grundsicherung und Mindestlohn), auf bessere **Qualifizierungsmaßnahmen**, die **Verhinderung von Langzeitarbeitslosigkeit**, die Umsetzung einer **Beschäftigungsgarantie,** die Einführung eines bedingungslosen **Grundeinkommens** als Alternative zur Beschäftigungsgarantie (Holzinger 2024, S. 176, S. 209, Prainsack 2020). Im Kontext von letzterem wären Menschen nicht arbeitslos, sondern nur erwerbsarbeitslos, da sie dennoch Tätigkeiten nachgehen würden.

Da Erwerbsarbeit aber sozial integrierend wirkt, wird ein System für sinnvoll befunden, welches **Dauerarbeitslosigkeit** möglichst verhindert, zielgenaue Nach- bzw. Umqualifizierungen ermöglicht und vorübergehende Arbeitslosigkeit als **Chance für Neuorientierungen** begreifen lässt. Gesprochen wird von „Flexicurity", also der Verbindung von Flexibilität am Arbeitsmarkt und sozialer Absicherung gekoppelt mit dem Anspruch auf Weiter- bzw. Umqualifizierungen (Holzinger 2007, S. 34). Mit **„menschenwürdiger Arbeitslosigkeit"** (Sedmak 2009) wird das Ziel verbunden, dass Menschen Arbeitslosigkeit als Chance für eine Neuorientierung nutzen können. Untersucht wird auch der Zusammenhang von Arbeitslosigkeit und Resilienz.[139]

Ebenfalls diskutiert werden die Auswirkungen weiterer Rationalisierungen durch **Roboter** und **Künstliche Intelligenz** auf die Arbeitslosenzahlen, wobei die Prognosen sehr unterschiedlich ausfallen (Holzinger 2024, S. 72f). Die **Postwachstumsökonomie** setzt sich ebenfalls mit dem Thema Arbeitslosigkeit auseinander, da bei einer schrumpfenden bzw. nicht weiter wachsenden Wirtschaft und gleichzeitiger Arbeitsproduktivitätssteigerung das Arbeitsvolumen sinkt. Vorgeschlagen werden neue Beschäftigungsfelder, die sich durch die Energie-, Mobilitäts- und Agrarwende ergeben, sowie neue Arbeitszeitmodelle, also die bessere Aufteilung des verbleibenden Arbeitsvolumens

---

[137] Bei der Arbeitslosenquote nach nationaler Definition wird der Anteil der beim AMS vorgemerkten Arbeitslosen durch die Summe aus Arbeitslosen und unselbständig Beschäftigten geteilt. Nach internationaler Definition dient als Nenner die Anzahl der Erwerbspersonen (Arbeitslose und Erwerbstätige), welche beispielsweise auch Selbständige umfassen und somit größer sind als das Arbeitskräftepotential nach nationaler Berechnung. Bei der internationalen Methode wird somit eine geringere Anzahl an Arbeitslosen (siehe oben) durch eine größere Anzahl an Erwerbspersonen geteilt, sodass die resultierende Arbeitslosenquote nach internationaler Berechnung niedriger ist als jene nach nationaler Berechnung. Sie weist außerdem geringere saisonale Schwankungen auf. https://www.parlament.gv.at/fachinfos/rlw/Wie-berechnen-sich-Arbeitslosenzahlen-und-quoten. Abgerufen am 11.7.2025

[138] Beide Zitate https://www.bpb.de/kurz-knapp/lexika/lexikon-der-wirtschaft/21068/vollbeschaeftigung. Abgerufen am 11.7.2025

[139] https://silo.tips/download/resilienz-und-arbeitslosigkeit-clemens-sedmak#google_vignette. Abgerufen am 11.7.2025

(Holzinger 2024, S. 95f.). Gewarnt wird davor, arbeitslose Menschen pauschal als „faul" abzuqualifizieren, ohne auf die Gründe der Arbeitslosigkeit einzugehen (Schenk 2025). Gesprochen wird hier vor einer „neoliberalen Spielart eines manichäischen Weltbilds" (Strobl 2021, S. 55).

Inhalte der Schulbücher

Im Abschnitt „Arbeitsmarkt und Arbeitslosigkeit" in **Meridiane 7** werden die unterschiedlichen **Arten der Arbeitslosigkeit** (friktionelle, saisonelle, konjunkturelle, strukturelle, Jugend-, Langzeit-, Altersarbeitslosigkeit), das **Arbeitslosengeld** sowie die **Arbeitslosenstatistik** vorgestellt. Zudem wird erläutert, welche Personengruppen diese nicht enthält („versteckte Arbeitslosigkeit") und warum es trotz offener Stellen Arbeitslosigkeit gibt (nicht passende Qualifikation, nicht passender Arbeitsort, zu geringe Entlohnung, mangelnde Information). Das **Betroffenheitsrisiko** wird anhand einer Grafik mit den Alterskohorten (hohe Jugendarbeitslosigkeit) sowie dem Bildungsgrad (höchste Arbeitslosigkeit bei jenen nur mit Pflichtschulabschluss) dargestellt. Beim **Arbeitslosengeld** gibt es einen Hinweis, dass dieses seit 2009 auch für Selbstständige möglich ist.

In einem eigenen Abschnitt wird ausführlich auf die **Jugendarbeitslosigkeit** sowie die daraus folgenden Probleme und Maßnahmen dagegen (in Österreich) eingegangen. Gezeigt wird, dass die Arbeitslosigkeit bei Menschen mit niedrigerem Bildungsabschluss höher ist, dass zu wenig Aufklärung über Berufsmöglichkeiten stattfinde (bei Lehrberufen überwiegen noch immer die klassischen geschlechtsspezifischen Berufswünsche), dass es aber auch Programme wie „Ausbildungsgarantie bis 25" gibt. Dazu heißt es:

> „Ein Schulabschluss garantiert noch kein Anstellungsverhältnis. Es gilt jedoch: Je geringer das Ausbildungsniveau ist, desto geringer sind auch die Chancen auf einen Arbeitsplatz. ... Auch mit abgeschlossener Ausbildung wird es für Jugendliche zunehmend schwieriger, fixe Arbeitsverhältnisse zu erlangen." (Meridiane 7, S. 59)

In **Perspektiven7/8** werden die unterschiedlichen **Berechnungsmethoden für Arbeitslosigkeit** durch Statistik Austria (beim AMS gemeldete Personen im Verhältnis zum Arbeitskräftepotenzial), EUROSTAT (Umfragedaten des Mikrozensus) sowie der Internationalen Arbeitsorganisation (erwerbstätig ist jemand ab mindestens einer Wochenstunde regulärer Beschäftigung) beschrieben. Ergänzend wird die Messmethode der (neoliberalen) Denkfabrik „Agenda Austria" angeführt, die auch Personen mit Arbeitswunsch, die nicht sofort verfügbar sind (z. B. wegen einer Schulung) sowie solche im erwerbsfähigen Alter, die nicht nach Arbeit suchen (z. B. Früh-Pensionierte) miteinbeziehen. Mit dieser Rechnungsmethode erhöht sich die Zahl der Arbeitslosen selbstverständlich. In diesem Zusammenhang werden auch die Begriffe **„Versteckte Arbeitslosigkeit"** (statistisch nicht erfasste Menschen, jene in Schulungen oder Frühpension), **„Stille Reserve"** (nicht arbeitslos Gemeldete im Erwerbsalter, Jobsuchende, die keine Arbeit in ihrem Bereich finden) und **„Verdeckte Arbeitslosigkeit"** (Personen am 2. Arbeitsmarkt) erklärt.

Für die Erklärung der **Ursachen von Arbeitslosigkeit** werden in einem weiteren Abschnitt (ebd. S. 38ff) zwei Theorien vorgestellt: die **Klassische Theorie** (Marktbeschränkungen, zu hohe Löhne; Maßnahmen: Deregulierungen, Lohnsenkungen) und die **Keynesianische Theorie** (zu geringe Nachfrage; Maßnahmen: staatliche Investitionen, höhere Löhne v. a. im Niedriglohnbereich). Eine Diskussion der beiden Theorien erfolgt nicht. Es wird lediglich die Frage gestellt, ob Vollbeschäftigung erreicht werden kann – dazu werden die Maßnahmen der **passiven** (Berufsausbildung, Beratung, Arbeitslosengeld) und **aktiven Arbeitsmarktpolitik** (Vermittlung, Weiterbildung, Förderungen u. a.) angeführt (ebd. S. 38). In der Folge werden unterschiedliche **Arten der Arbeitslosigkeit** (friktionelle, saisonale, konjunkturelle, strukturelle) unterschieden und **Maßnahmen gegen Arbeitslosigkeit** auf individueller (Beruf mit Zukunft wählen, Umschulung, schlechter bezahlte Arbeit annehmen, Zweitjob annehmen, mobil sein) und gesellschaftlicher bzw. politischer Ebene (flexible

Löhne, Arbeitszeitverkürzung, neue Märkte erschließen, Arbeitsanreize, Wertschöpfungsabgabe u. a.) benannt (ebd. S. 39), aber nicht kommentiert.

Durchblick 7 enthält ein Kapitel **„Der Kampf gegen Arbeitslosigkeit“** (ebd. S. 52f.). Einer Ära der Vollbeschäftigung sei spätestens seit der zweiten Hälfte der 1980er-Jahre eine Verschlechterung der wirtschaftlichen Rahmenbedingungen in ganz Europa mit höherer Arbeitslosigkeit gefolgt. Unter „Wissenswertes über Arbeitslosigkeit“ werden die **Aufgaben des Arbeitsmarktservice,** die Rolle von **aktiver** und **passiver Arbeitsmarktpolitik** sowie die **Ziele von Arbeitsmarktpolitik** erklärt. Zudem werden **Maßnahmen** für aktive Arbeitsmarktpolitik für stark von Arbeitslosigkeit **betroffene Gruppen** (junge Erwachsene, Frauen, Wiedereinsteigerinnen, ältere Arbeitnehmer*innen) aufgelistet. Unter Arbeitsaufgaben wird eine Recherche unter *helpgv.at* über die **Ansprüche auf Arbeitslosengeld** sowie eine **Diskussion** darüber vorgeschlagen, „warum es viele Jugendliche bis 25 Jahren, Frauen nach der Karenz, Menschen über 50 und Langzeitarbeitslose so schwer haben, einen Job zu bekommen.“ (ebd. S. 53)

In **Geospots 7/8** werden friktionelle, saisonale, konjunkturelle und strukturelle **Arbeitslosigkeit** unterschieden. Langzeitarbeitslosigkeit und Jugendarbeitslosigkeit werden als „besonders schwere Formen“ genannt. Zudem wird auf „versteckte Arbeitslosigkeit“ durch jene, die sich in Umschulungs- und Weiterbildungsprogrammen befinden, hingewiesen.

Grundsätzlich heißt es:

> „Im internationalen Vergleich ist die Arbeitslosigkeit in Österreich stets gering. Volkswirtschaftlich wird auch bei niedrigen Arbeitslosenraten (bis zu maximal 3,5 %) von Vollbeschäftigung gesprochen, da niemals alle Arbeitssuchenden gleichzeitig beschäftigt sein können.“ (ebd. S. 29)

In **Geografisch 5/6** wird eine Statistik zur Veränderung der **Arbeitslosigkei**t sowie der **Jugendarbeitslosigkeit** in der EU 27 wiedergegeben, dabei auch auf die **Jugendgarantie** der EU (Zusage einer Arbeitsstelle für alle unter 30-Jährigen spätestens vier Monate nach Ausbildungsabschluss oder Arbeitslosigkeit) sowie die **Ausbildungspflicht** bis 18 Jahren in Österreich hingewiesen. Grundsätzlich heißt es:

> „Arbeitslosigkeit kann zu sozialem Abstieg führen. Bei längerem Andauern begegnen Betroffene Vorurteilen und verlieren Zukunftschancen.“ (Geografisch 5/6, S. 209)

In **Geografisch 7** wird zwar eine Statistik zur Arbeitslosenquote in Österreich abgedruckt, das Thema Arbeitslosigkeit aber nur indirekt in einem englischsprachigen Kapitel über ein **„Unconditional basic income“** behandelt, in dem Pro- und Contra-Stimmen zu einem Bedingungslosen Grundeinkommen dargestellt werden (Geografisch 7, S. 62f.) Darin werden die Chancen dieses Ansatzes wie soziale Absicherung bei freierer Lebens- und Berufsgestaltung und einer Belebung des Arbeitsmarktes den diskutierten Gefahren wie Verlust an Arbeitsethik, soziale Spaltung, Nichtfinanzierbarkeit, aber auch Aushöhlung des Sozialstaats angeführt. Einleitend heißt es:

> „Advocates of an uncontitional basic income can be found across the politicial spectrum and include both left- and right-wing parties. This support is implementation as away of addressing economic ineqqualities in society. Meanwhile, some view is as impractical with high costs, leading to reduces labour market participation.“ (ebd. 63)

In **global 5** wird kurz auf **Arbeitslosigkeit** sowie **Fachkräftemangel** und auf **Erhebungsmethoden** für Arbeitslosigkeit eingegangen. Dazu heißt es:

> „Arbeit spielt zweifellos eine bedeutende Rolle in unserem Leben. Dennoch ist nicht genug (bezahlte) Arbeit für alle vorhanden, dh ein Teil der Bevölkerung ist arbeitslos.“ (global 5, S. 119)

In **global 7** gibt es ein Kapitel **„Arbeitslosigkeit kann jeden treffen.“** Darin heißt es:

„Arbeitslosigkeit ist wohl das drängendste Problem unserer Zeit, und so verwundert es nicht, dass kaum ein Tag vergeht, an dem das Thema nicht in den Medien behandelt wird.“ (global 7, S. 24)

Nach den **Erhebungsmethoden**, den unterschiedlichen **Betroffenengruppen** sowie **Formen der Arbeitslosigkeit** (friktionale, saisonale, konjunkturelle strukturelle) werden **persönliche** und **gesamtwirtschaftliche Folgen** benannt: Einschränkung des Konsums, drohende Verschuldung, Verschlechterung der Wohnsituation, Verlust sozialer Beziehungen, gesundheitliche Probleme, Kosten für die öffentliche Hand, Entgang von Steuern und Sozialversicherungsbeiträgen, steigende Kriminalität. Auch in diesem Schulbuch werden Maßnahmen der **aktiven** (z. B. Qualifizierungen) und **passiven Arbeitsmarktpolitik** (Arbeitslosengeld, Notstandhilfe) genannt

Einschätzung

Arbeitslosigkeit wird unterschiedlich akzentuiert dargestellt. Es werden Arten von und Messmethoden für Arbeitslosigkeit thematisiert, Ursachen für Arbeitslosigkeit und Maßnahmen dagegen benannt. Auch die Unterscheidung von aktiver und passiver Arbeitsmarktpolitik wird erklärt. Mehrfach betont wird die **Bedeutung von Bildungsabschlüssen** zur Verringerung des Arbeitslosenrisikos. Nur zwei Schulbücher – *Geografisch* und *global* – thematisieren die **Folgen von Arbeitslosigkeit** für die Betroffenen wie sozialer Ausschluss, Selbstwertverlust oder Einkommensminderung. Das Ziel wäre hier „würdevolle Arbeitslosigkeit“, die auch als Chance für eine berufliche Umorientierung gesehen werden könnte (Sedmak 2009).

Ein Schulbuch – *Durchblick* – informiert ausführlich über die **Aufgaben des Arbeitsmarktservice** und die Versicherungsleistung **Arbeitslosengeld.** Theorieansätze für die **Ursachen von Arbeitslosigkeit** sowie die diesen korrespondierenden **Maßnahmen** (eher neoliberale Maßnahmen wie Arbeitsanreize, flexible Löhne) oder keynesianische (Wachstumsförderung, Qualifizierung) wären mit den Lehrpersonen zu diskutieren. Kontrovers diskutieren könnte man den Vorschlag einer „universellen Arbeitsplatzgarantie“ versus jenem eines „Grundeinkommens“ (Holzinger 2024, S. 176f., S. 209, Prainsack 2020). Wichtig wäre, die Vorstellungen der Schüler*innen darüber, warum jemand arbeitslos wird, abzufragen und zu diskutieren, da Bilder wie die **„faulen Arbeitslosen“** oder die **„Sozialschmarotzer“** im politischen Diskurs an Bedeutung gewonnen haben (Schenk 2025). Lohnend wäre wohl auch eine Diskussion über die weit verbreitete Meinung, Arbeitslose seien selbst schuld an ihrer Lage bzw. lägen in der „sozialen Hängematte“.

Nun zur Einzelbewertung:

Meridiane 7: Die **Ursachen und Arten von Arbeitslosigkeit** werden sachlich erklärt. Bei der Arbeitslosenversicherung wäre darauf hinzuweisen, dass diese von den Arbeitnehmer*innen im Rahmen der Sozialversicherung selbst getragen wird.[140] Etwas irreführend ist der Hinweis, dass durch das Arbeitslosengeld die **Konsumnachfrage** gefördert werden soll. Es handelt sich hier um eine Versicherungsleistung zur Absicherung der Lebensgrundlagen. Sinnvoll wäre zumindest ein Link zum Arbeitsmarktservice, bei dem die Kriterien für das Arbeitslosengeld genau beschrieben werden.[141] Zu erklären wäre der Satz: „Die Zahl der Arbeitslosen wird auch durch die in Österreich sehr populäre Frühpension verzerrt.“ (ebd. S. 42) Offene Fragen sind: Warum gehen Menschen in Frühpension bzw. warum verlieren sie ihren Job im Alter? Der Aufgabenteil stellt Fragen zu den dargestellten Inhalten. Die zitierten Daten zur **Jugendarbeitslosigkeit** stammen aus 2018 – die Trends stimmen aber auch heute noch, auch wenn Österreich in der EU bei den 15-24-Jährigen nach den Niederlanden und Dänemark die dritthöchste Beschäftigungsquote hat (Bundesministerium für

---

[140] https://www.ams.at/arbeitsuchende/topicliste/sozialversicherungsbeitrag. Abgerufen am 12.3.2025
[141] https://www.ams.at/arbeitsuchende/arbeitslos-was-tun/geld-vom-ams/arbeitslosengeld; vgl. auch https://www.finanz.at/arbeitnehmer/arbeitslosengeld. Abgerufen am 12.3.2025

Arbeit und Wirtschaft 2024, S. 13). Neben den unterschiedlichen Arten von Arbeitslosigkeit wird das **Betroffenheitsrisiko** beschrieben, dabei v.a. auf die Rolle des **Bildungsabschlusses** eingegangen. Wertvoll ist auch die sachliche Information über **Arbeitslosengeld** sowie die **Ausbildungsgarantie** bis 25 Jahren und der Hinweis, dass es mehr Aufklärung über Berufsbilder braucht, weil v.a. bei Lehrberufen noch immer die geschlechtsspezifischen Berufswünsche überwiegen würden.

Perspektiven 7/8: Das Ziel dieses Schulbuchs ist es, die **unterschiedlichen Messmethoden** für Arbeitslosigkeit zu vermitteln. Es erwähnt neben den Arbeitslosenstatistiken des Arbeitsmarktservice und der EU auch eine Berechnungsmethode der neoliberalen Denkfabrik Agenda Austria, der gemäß die Arbeitslosigkeit höher sei als in den Statistiken angegeben wird, weil Menschen in Schulung oder Frühpensionierte nicht gerechnet würden. Gesprochen wird von **verdeckter** und **versteckter** Arbeitslosigkeit. Offiziell verwendet wird jedoch in Österreich jene von Statistik Austria, international vergleichbar ist nur jene der Internationalen Arbeitsorganisation. Zu diskutieren wären aber die Gründe etwa für Schulungen oder Früh-Pension. Zudem wäre über die Aufgaben und Ziele des **2. Arbeitsmarktes** – Reintegration ins Berufsleben und Vorbereitung auf den 1. Arbeitsmarkt – zu diskutieren. Die **Ursachenerklärungen für Arbeitslosigkeit** (Klassische und keynesianische Theorie) sowie die aufgezählten Maßnahmen wie flexible Löhne, Arbeitszeitverkürzung, Arbeitsanreize oder Wertschöpfungsabgabe müssten eingeordnet und diskutiert werden – etwa in Bezug auf die Gefahr von Lohndumping bei flexiblen Löhnen. Auf Modelle der **Arbeitszeitverkürzung** könnte auch näher eingegangen werden. Im Aufgabenteil gibt es lediglich die Aufforderung, die Trends am Arbeitsmarkt für die eigene Berufswahl zu diskutieren.

Durchblick 7: Dieses Schulbuch problematisiert die Zunahme der Arbeitslosigkeit aufgrund makroökonomischer Veränderungen seit den 1980er-Jahren. Wertvoll ist die ausführliche Beschreibung der **Hauptzielgruppen für Arbeitslosigkeit** und der **Aufgaben des Arbeitsmarktservice**. Die Schüler*innen werden auch angehalten, über das **Recht auf Arbeitslosengeld** zu recherchieren. Zu erwähnen wäre, dass nach der Ära der Vollbeschäftigung nicht nur die Zahl der Arbeitssuchenden – ein wohl präziserer Begriff als Arbeitslose – gestiegen ist, sondern auch jene der Beschäftigten, weil die **Frauenerwerbsquote** stark zugenommen hat (fast alle Frauen der jüngeren Generationen steigen ins Berufsleben ein und unterbrechen dieses nur in der Kinderphase).

Während *Geospots 5/6* unter Produktionsfaktoren nur auf prekäre Arbeit sowie das Grundeinkommen eingeht, thematisiert *Geospots 7/8* Arbeitslosigkeit in einem Abschnitt, wobei **Langzeit- und Jugendarbeitslosigkeit** als besonders problematisch bezeichnet werden. Die Darstellung erfolgt sachlich. Die Hinweise auf eine im internationalen Vergleich relativ geringe Arbeitslosigkeit in Österreich sowie die Definition von **Vollbeschäftigung** sind korrekt.

In *Geografisch 5/6* wird kurz auf das Thema Arbeitslosigkeit eingegangen und darauf verwiesen, dass diese für die Betroffenen zu **sozialem Abstieg, Verlust an Zukunftschancen** und **Vorurteilen** führen könne. Ein wichtiger Hinweis auf die sozialen Folgen neben den wirtschaftlichen Einbußen für die Betroffenen, der vom Bild der selbstverschuldeten Arbeitslosigkeit wegführt. Informiert wird über die **Jugendgarantie der EU** sowie die **Ausbildungspflicht bis 18** in Österreich.

Geografisch 7 behandelt Arbeitslosigkeit indirekt, weil in dem Pro-Kontra-Kapitel zum **Bedingungslosen Grundeinkommen** auf die Chance einer freieren Lebens- und Berufsgestaltung Bezug genommen wird. Eine Diskussion darüber sowie über den Ansatz einer Beschäftigungsgarantie sowie Modelle der Arbeitszeitverkürzung mit den Schüler*innen ist sinnvoll, erfordert aber Hintergrundwissen. Informationen über das Arbeitsmarktservice, das Arbeitslosengeld sowie über die Berechnung der Arbeitslosenstatistik wären auch in diesem Schulbuch nötig.

global 5: Dieses Schulbuch geht kurz auf das Thema **Arbeitslosigkeit** und die Frage, warum es dennoch **Fachkräftemangel** gäbe, ein. Die Formulierung, dass nicht genug Arbeit für alle vorhanden sei, ist irreführend, da dies natürlich von der Vollbeschäftigungspolitik abhängt und dass eine gewisse Arbeitslosigkeit als normal und notwendig angesehen wird, weil dies erst Spielräume für Anpassungen an geänderte Marktbedingungen sowie Um- und Weiterqualifizierungen ermöglicht.

global 7: Hier werden ausführlich die persönlichen und gesamtwirtschaftlichen **Folgen von Arbeitslosigkeit** erörtert. Der festgestellte Zusammenhang mit steigender Kriminalität wäre empirisch zu prüfen.

Bildung & Qualifikation

Fachliche Einführung

„Bildung hat zum Ziel, Menschen in ihrer persönlichen und beruflichen Entwicklung zu fördern und sie zu befähigen, ihr Leben selbstverantwortlich zu führen sowie als Bürgerinnen und Bürger aktiv an der Gestaltung der Gesellschaft mitzuwirken. Bildung ist somit eine wesentliche Zukunftsaufgabe, die dazu beiträgt, sich den Herausforderungen des 21. Jahrhunderts kritisch, konstruktiv und engagiert zu stellen." (Holzinger 2016, S. 161)

Im Kontext von **beruflicher Bildung** geht es um die Aneignung von Qualifikationen, die für ein zukunftsfähiges Wirtschaften erforderlich sind. Betont werden Qualifikationen im Bereich technologischer Transformationen wie Digitalisierung, Automatisierung und Künstliche Intelligenz. Von Bedeutung sind aber auch Kompetenzen im Bereich von Green Jobs wie Erneuerbaren Energien sowie im an Bedeutung gewinnenden Care-Bereich. Als Schlagworte gelten **„Wissensgesellschaft"** und **„permanentes Lernen"**. Das Erlernen neuer Qualifikationen ist wichtig für das Bestehen am Arbeitsmarkt und für die Weiterentwicklung unserer Wirtschaften. Kritisch betrachtet werden jedoch der **Qualifizierungsdruck,** der auch zu Überforderung führen kann, sowie das Setzen auf permanente **Selbstoptimierung**, die gesellschaftliche Bedingungen außer Acht lasse (Girkinger 2023).

Zudem wird betont, dass Fachwissen allein zu wenig sei, es gehe auch um **Schlüsselkompetenzen** wie Kommunikations- und Kooperationsfähigkeit, Kreativität und kritisches Denken, sogenannte **„Future Skills"** (Spiegel 2021). Im Kontext der Schule wie der Erwachsenenbildung wird daher auch über das Verhältnis von allgemeiner und fachlicher Bildung diskutiert.

Hinsichtlich **Berufswahl** geht es um das Herausfinden der eigenen Interessen und Kompetenzen, das Wissen um unterschiedliche Berufswege und Beratungsmöglichkeiten sowie um Trends am Arbeitsmarkt. Zudem macht es Sinn, praktische Hinweise zu Bewerbungsschreiben und -gesprächen zu geben. Zu thematisieren ist auch die **Rolle des Einkommens,** auf welches das **Ausbildungsniveau** einen großen Einfluss hat: Beschäftigte mit Pflichtschulabschluss verdienten 2022 in Österreich durchschnittlich 13,15 Euro brutto pro Stunde, solche mit Lehrabschluss 17,08 und Beschäftigte mit Abschluss einer berufsbildenden höheren Schule (BHS) 20,42 Euro. Personen mit absolviertem Universitäts- oder Fachhochschulabschluss erhielten mit 24,17 Euro beinahe doppelt so viel wie Pflichtschulabsolventen.[142] Zu diskutieren wäre, warum dies so ist und ob es gerechtfertigt ist – Stichwort „Leistungsgerechtigkeit". Zudem wird der Einkommens-Gap zwischen technischen und sorgenden Berufen thematisiert.[143]

---

[142] Quelle: https://orf.at/stories/3389251. Abgerufen am 30.3.2025.

[143] https://www.derstandard.at/story/3000000257007/enorme-einkommensluecke-in-beziehungen-unterschied-betraegt-bis-zu-53-prozent. Abgerufen am 15.7.2025

Inhalte der Schulbücher

Meridiane 5/6 beschreibt unter den Produktionsfaktoren auch **„Wissen und Humankapital"**. Dieses entstehe durch Ausbildung, Know-how könne „oft entscheidender sein als die anderen Produktionsfaktoren" (Meridiane 5/6, S. 127). Bildung verursache Kosten, doch:

> „Die Ausgaben für Bildungspolitik und der Zugang zu Bildungseinrichtungen für alle Bevölkerungsschichten sind Vorleistungen für die künftige Entwicklung von Wirtschaft und Gesellschaft." (ebd. S. 127)

Zudem enthält das Schulbuch ein Kapitel **„Bildungs- und Arbeitsmärkte Europas"** (ebd. S. 210ff.). Darin heißt es:

> „Die EU hat sich zum Ziel gesetzt, durch qualitativ hochwertige Bildungsangebote und hoch qualifizierte und mobile Arbeitskräfte zum wettbewerbsfähigsten und dynamischsten Wirtschaftsraum der Welt zu werden." (ebd. S. 214)

Da ein zentrales Eingreifen zur Vereinheitlichung der Bildungssysteme nicht möglich ist, gäbe es mehrere Maßnahmen: Anerkennung von Bildungsabschlüssen, gemeinsamer europäischer Hochschulraum („Bologna-Prozess") und Anerkennung aller Studienleistungen (ECTS) sowie diverse Austauschprogramme. Eingegangen wird auch auf die **Arbeitnehmerfreizügigkeit** sowie die Übergangsregelungen. Lohndumping bei Entsendung von Arbeitskräften in ein anderes EU-Land werde vorgebeugt, weil „für Entlohnung und Sozialleistungen die Mindestbestimmungen im Zielland" (ebd. S. 211) gelten.

In **Meridiane 7** wird über **Berufs- und Bildungsmöglichkeiten** nach Ablegung der Reifeprüfung informiert. Dazu heißt es:

> „Vor 30 Jahren wäre damit problemlos der Eintritt in das Berufsleben möglich gewesen. Unter den heutigen wirtschaftlichen Gegebenheiten ist dies ohne zusätzliche weitere Ausbildungsschritte nicht mehr so leicht möglich. Auch im zukünftigen Berufsleben werden Lernen und eine ständige Weiterbildung ein wesentlicher Aspekt des persönlichen Erfolgs sein." (Meridiane 7, S. 256)

Die Entscheidung über den weiteren Weg in den Beruf soll **wissensbasiert** sein, daher sei es günstig, frühzeitig mit dem Sammeln von Informationen zu beginnen. Das Kapitel gibt Informationen über **Weiterbildungsangebote**, die Erstellung eines **Interessensprofils**, den **Arbeitsmarkt** und Stellenausschreibungen, das Verfassen einer **Bewerbungsmappe** sowie die Vorbereitung auf ein **Vorstellungsgespräch**.

Das Kapitel „Meine eigene Lebens- und Berufsplanung: Wo gibt es Jobs? Wo leben?" in **Perspektiven 5/6** (S. 173ff.) verweist auf die Eigenverantwortung in der Berufswahl:

> „Es unterliegt der Eigenverantwortung einer jeden Person, sich über das eigene Leben und den späteren Beruf Gedanken zu machen." (ebd. S. 173)

Der Abschnitt informiert über **Bildungs-, Berufs- und Jobmöglichkeiten in der EU** sowie über die Auswirkungen von Arbeitsmigration. Es werden EU-bezogene Links etwa zu Erasmus+, Statistiken zur Arbeitsmigration in Europa sowie Berichte zum Fachkräftemangel sowie zum EU-Comenius-Programm ausgeführt. Arbeitsmigration wird mit den ungleichen wirtschaftlichen Bedingungen innerhalb der EU erklärt, **Chancen** für die Zielländer werden u. a.in der Behebung des Fachkräftemangels in bestimmten Branchen, **Gefahren** u. a. im Lohndumping gesehen. Für die Herkunftsländer werden die **Rücküberweisungen** der Gastarbeiter*innen als positiv, die Alterung der Gesellschaft als Problem gesehen, da vor allem junge Menschen ihre Länder verlassen.

In „Matura – was nun? Wege zum Beruf" in **Perspektiven7/8** (S. 163ff.) wird das österreichische Bildungssystem mit den Berufs- und Bildungsmöglichkeiten nach der Matura vorgestellt. Zudem werden Fragen zur Berufswahl gestellt: Was möchte ich gerne tun? Mit wem und womit möchte ich arbeiten? Wo soll meine Arbeit stattfinden und zu welchem Zweck möchte ich arbeiten? (Geld verdienen, Ansehen, Selbstverwirklichung). Zur **Berufswahl** heißt es:

„Die Entscheidung für einen bestimmten Beruf und der damit verbundenen Ausbildung trifft man oft nicht alleine, Einflussfaktoren dafür sind Eltern, Freundeskreis, Familie, Lehrpersonen, Schülerberater/innen, Bekannte. Auch die Medien und die Politik üben einen Einfluss auf die Wahl aus." (ebd. S. 164)

Eingeführt wird auch der Begriff der **„Schlüsselqualifikationen"**, die in der sich wandelnden Arbeitswelt neben Fachkenntnissen immer wichtiger würden: persönliches Auftreten, Teamfähigkeit, organisatorische und kommunikative Kompetenzen, Fremdsprachenkenntnisse, Eigeninitiative und Flexibilität (ebd. S. 164). **Lebenslanges Lernen** und **berufliche Weiterbildung** werden als zentral für das Bestehen im Berufsleben angesehen. Im Aufgabenbereich werden u. a. die Erstellung von **Bewerbungsschreiben**, der Austausch über berufliche Interessen sowie über persönliche Stärken und Schwächen (ist behutsam anzugehen!) sowie die Durchführung eines **„Karrierebrunchs"** mit Eltern, Bekannten oder ehemaligen Schüler*innen vorgeschlagen.

In **Durchblick 5** wird unter Produktionsfaktoren ebenfalls **„Know-how, Wissen, Bildung"** behandelt. Wissen (Know-how) habe sich zum „wichtigsten **Erfolgsfaktor** der Geschäftswelt entwickelt" (Durchblick 5, S.67). Schule sei gesellschaftlich gesehen jene Institution, die „Bildung prüft, durch Noten beurteilt und dafür Zeugnisse ausstellt" (ebd. S. 67). Die dafür nötigen Qualifikationen würden sich immer öfter an der Wirtschaft orientieren, denn:

„Der künftige wirtschaftliche Erfolg der Industriestaaten hängt wesentlich davon ab, ob es gelingt, die Bildung der Bevölkerung den rasant fortschreitenden wissenschaftlichen und technischen Entwicklungen anzupassen." (ebd. S. 67)

Eingegangen wird auf die Unterscheidung von **explizitem Wissen** (steht allen im Unternehmen dokumentiert zur Verfügung) und **implizitem Wissen** (basierend auf Erfahrungen, Erinnerungen, Überzeugungen und persönlichen Wertesystemen der Mitarbeiter*innen) sowie auf das Problem des **Braindrain** für die Abwanderungsländer.

Durchblick 7 informiert ausführlich über **„Berufsorientierung und Arbeitswelt"** (Durchblick 7, S. 163ff.).

Eingeleitet wird der Abschnitt mit dem Hinweis:

„Überlegungen, was Sie nach ihrer Reifeprüfung machen werden, sollten schon lange im Vorhinein angegangen werden, denn die Berufs- und Bildungswahl nimmt viel Zeit in Anspruch." (ebd. S. 164)

Zunächst solle man sich der eigenen **Interessen, Fähigkeiten** und **Stärken** bewusst werden, Status- und Gehaltsvorstellungen sollen dabei nicht an vorderster Stelle stehen:

„Viel wichtiger ist die Begeisterung für das, was Sie letztendlich wählen." (ebd. S 164)

Es werden die unterschiedlichen Ausbildungswege nach der Reifeprüfung, Links für Online-Checks, Auslandsangebote sowie Zusammenhänge zwischen **Bildungsabschluss** und **Arbeitslosigkeit** wiedergegeben. Das Kapitel plädiert für **„lebenslanges Lernen"** angesichts der **Arbeitswelt 4.0** und für das Interesse für **MINT-Fächer**.

„Schulbildung, Aus- und Weiterbildung werden an Bedeutung stark zunehmen, da Menschen aller Altersgruppen für die veränderten Tätigkeitsprofile ‚fit gemacht' werden müssen." (ebd. 167)

Auch dieses Schulbuch gibt **Tipps zur Bewerbung** u. a. mit dem Beispiel eines Kompetenzprofils und zum **Bewerbungsgespräch**, wobei auch auf **E-Recruiting** als Chance für Unternehmen und Bewerbende eingegangen wird.

In einem Kapitel „Wa(h)re Bildung: Was verspricht ERASMUS+“ in **Geografisch 5/6** (ebd. S. 253) wird das **EU-Förderprogramm** für Studierende, Schüler*innen und Lehrlinge „EuRopean Community Action Scheme für the Mobility of University Students“ vorgestellt:

„ERASMUS+ soll zu nachhaltigem Wachstum, hochwertigen Arbeitsplätzen, sozialem Zusammenhalt, Innovationsförderung sowie zur Stärkung der europäischen Identität und des aktiven Bürgersinns beitragen.“ (ebd. S. 253)

Das Programm wird als Anlass für eine Diskussion über die **Rolle von Bildung** als beruflich verwertbarem Wissen („Ökonomisierung der Bildung“) versus „Hervorbringen von mündigen und selbstbestimmten Menschen“ (ebd. S. 253) im Sinne des „Humboldt´schem Bildungsideal“ genommen.

Geospots 5/6 geht bei der Behandlung der Produktionsfaktoren auch auf **Wissen** ein. Es werden die hohen Herausforderungen an die Beschäftigten aufgrund der permanenten Innovationen betont.

In **Geospots 7/8** wird im Kapitel „Lebenswertes Österreich“ auch auf Bildung und Chancengleichheit sowie die PISA-Studie Bezug genommen. Dazu heißt es:

„Bildung gilt als das größte Kapital einer hochentwickelten Gesellschaft. Gleicher Zugang zu Bildung unabhängig von Herkunft oder Geschlecht sorgt für soziale Mobilität – in diesem Fall, die Möglichkeit gesellschaftlich aufzusteigen.“ (ebd. S. 90)

Zum schlechten Abschneiden Österreichs im **PISA-Ranking** wird angeführt:

„Mit Ganztagsschule und Neuer Mittelschule möchten die politisch Verantwortlichen die nur mittelmäßigen Ergebnisse der internationalen PISA-Studie nach oben ` korrigieren´“. (ebd. S. 90)

In einem Kapitel zu **„Berufsorientierung“** werden die Möglichkeiten nach der Matura, sowie die Bewerbung auf Jobs inklusive Bewerbungsschreiben, Bewerbungsbrief und Bewerbungsgespräch vorgestellt. Dazu heißt es:

„Die Wahlmöglichkeiten für Personen, die einen Maturaabschluss haben, sind in den letzten Jahren stark angestiegen. Sowohl die Interessensrichtungen sind vielfältiger geworden und auch die Dauer der Ausbildung kann inzwischen deutlich variieren.“ (ebd. S. 138)

Das **Angebot an Beratungen** sei stark ausgebaut worden:

„Dennoch soll nicht vergessen werden, dass die Entscheidung, was man nach der Matura macht, das Leben stark prägt.“ ebd. S. 138)

Geografisch 7 enthält ein Kapitel **„Und was nach der Matura?“** (Geografisch 7, S. 137ff.) Darin heißt es:

„Nach der Matura hast du viele Möglichkeiten, dein Wissen zu vertiefen. Berücksichtige dabei deine persönlichen Interessen und Talente. Sprich mit Menschen in deinem Umfeld, um deine Stärken und Schwächen zu erkennen. Bei Fragen kannst du dich an die Bildungsberater*innen an deiner Schule wenden. Deine Lehrkräfte können dir ebenfalls Feedback geben und dich gut einschätzen.“ (ebd. S. 137)

Neben den **Bildungswegen** wird auch auf Vor- und mögliche Nachteile von **Selbstständigkeit**, die Angebote für **Auslandsaufenthalte** sowie praktische Tipps für **Bewerbungsschreiben** (z. B. als Foto kein Selfie, als Emailadresse keine Witzadresse, keine „lustigen“ Schriftarten u. a.) eingegangen. In einem Exkurs zum **Arbeitsrecht** werden unterschiedliche Beschäftigungsverhältnisse vorgestellt, zudem werden **Trends am Arbeitsmarkt** beschrieben.

Neben neuen Berufen durch die Digitalisierung und weitere Technisierung wird hier aber auch auf an Bedeutung gewinnende Berufe wie **„Pflegefachkraft** oder Berufe im Bereich **erneuerbare Energie**“ (ebd. S. 141) hingewiesen.

Zudem gibt es aufklärende Informationen über den neuen Wunschberuf des **Blogging.**

In **global 5** wird nur von den drei Produktionsfaktoren Arbeit, Kapital und Natur bzw. natürliche Ressourcen gesprochen. Dazu heißt es aber knapp:

„Welches Produktionsverfahren angewendet wird, wird wiederum vom Stand des Wissens bestimmt." (global 5, S. 114)

Später bei den **Zukunftstrends am Arbeitsmarkt** heißt es:

„Information, Wissen, Kreativität sind künftig der Motor der Wertschöpfung. Weiterbildung und ein berufsbegleitendes lebenslanges Lernen werden daher immer wichtiger." (ebd. S. 119)

global 7 enthält ebenfalls ein Kapitel **„Wege nach der Matura"** (global 7, S. 116ff.). Vorgestellt werden der **Berufseinstieg** als unselbständig Erwerbtätige sowie als Unternehmer*in und die unterschiedlichen Ausbildungswege – neben **akademischen Laufbahnen** wird auch auf die **Lehre** für Maturant*innen mit verkürzter Laufzeit hingewiesen. Danach wird auf die **Vor-** und **Nachteile** von unselbstständiger und selbstständiger Arbeit sowie die Rolle von Arbeitsverträgen eingegangen.

Einschätzung

Alle Schulbücher betonen die Bedeutung von **Bildung** und **Wissen** für unseren wirtschaftlichen und gesellschaftlichen Wohlstand. **Permanentes Lernen** sei daher ein Gebot der Stunde. Im Kontext zu Europa wird auf **Austauschprogramme** und deren Chancen eingegangen, zwei Bücher – *Perspektiven* und *Durchblick* – sehen in der **Arbeitnehmerfreizügigkeit** auch Probleme wie **Sozialdumping** oder **Braindrain**. Nur ein Schulbuch – *Geografisch* – problematisiert die zunehmende **Ökonomisierung der Bildung**. Themen wie der permanente **Qualifizierungsdruck** sowie jener zur ständigen **Selbstoptimierung** werden nicht angesprochen. Nur ein Schulbuch – wiederum *Geografisch* – verweist auf neue Berufe im Care-Sektor sowie im Bereich der erneuerbaren Energien. Fragen der **ökologischen Transformation** im Kontext von Bildung und Ausbildung werden sonst nirgends angesprochen. Tipps zur **Berufswahl** werden in den Schulbüchern unterschiedlich ausführlich gegeben. Nur ein Schulbuch – *global* - verweist auch auf die Möglichkeit einer **Lehre** nach der Matura. Alle Schulbücher enthalten laut Lehrplan Abschnitte zur **Unternehmensgründung** (s.u.).

Nun zur Einzelbewertung:

Meridiane 5/6 betont Wissen als immer wichtiger werdenden Produktionsfaktor. Das Ziel der EU, "durch qualitativ hochwertige Bildungsangebote und hoch qualifizierte und mobile Arbeitskräfte zum **wettbewerbsfähigsten und dynamischsten Wirtschaftsraum** der Welt zu werden" (S. 214), ist zwar richtig, könnte aber auch hinterfragt werden, wichtiger noch wäre ein nachhaltiger Kontinent. In der Arbeitnehmerfreizügigkeit wird kein Problem gesehen, da die Standards des Ziellandes gelten würden.

Meridiane 7: Hier wird die Wichtigkeit von weiteren Ausbildungen sowie „ständiger Weiterbildung" hervorgehoben.

Perspektiven 5/6 informiert über **Bildungs-, Berufs** und **Jobmöglichkeiten** in der EU. Das Buch verbindet Fragen der Arbeitsmigration mit persönlichen Chancen durch Bildungsaustauschprogramme für Schüler*innen in Österreich. In der **Arbeitsmigration** werden neben Chancen (Fachkräfte, Rücküberweisungen u. a.) auch Gefahren für die Herkunftsländer (Wegzug der Jungen) und Zielländer (z. B. Lohndumping) genannt.

Perspektiven 7: Hier werden neben **lebenslangem Lernen** auch **Schlüsselqualifikationen** wie persönliches Auftreten, Teamfähigkeit, organisatorische und kommunikative Kompetenzen, Fremdsprachenkenntnisse, Eigeninitiative und Flexibilität betont. Zu diskutieren wäre gegebenenfalls, ob die Wertigkeitsabstufungen zwischen akademischen, handwerklichen und sorgenden Berufen in unserer Gesellschaft nicht problematisch sind – und damit auch die Einkommensabstufungen zwischen den Ausbildungsgraden. Vielmehr wären diese zu hinterfragen (s.o.).

Durchblick 5: Auch dieses Buch hebt Wissen als „wichtigsten Erfolgsfaktor der Geschäftswelt" (S. 67) hervor. Irritierend ist die **Beschreibung der Schule** als Institution, „die Bildung prüft, durch Noten beurteilt und dafür Zeugnisse ausstellt" (S. 67), da Schule wohl mehr ist bzw. sein soll. Betont aber nicht hinterfragt wird die zunehmende Ausrichtung der Bildung an **wirtschaftlichen Erfordernissen**. Innovativ ist die Unterscheidung in **explizites** und **implizites Wissen** in Unternehmen. Im Zusammenhang mit Arbeitsmigration wird auf das Problem des **Braindrain** verwiesen.

Durchblick 7 geht ausführlich auf **Berufsorientierung** ein und betont die Bedeutung von MINT-Fächern. Wichtig sei aber eigene Interessen und Fähigkeiten auszuloten. Es gibt zahlreiche Links für weiterführende Angebote in der Berufswahl. Und es werden Zusammenhänge zwischen **Bildungsabschluss** und **Arbeitslosigkeit** hergestellt, was die Bedeutung von Ausbildungen hervorheben soll.

Geospots 5/6 verweist bei der Behandlung der Produktionsfaktoren auf die steigenden **Herausforderungen an Beschäftigte** aufgrund der raschen Veralterung von Wissen in einer Zeit permanenter Veränderungen und Innovationen. Neben dem **Qualifizierungsdruck** wäre darauf hinzuweisen, dass auch der Bereich der **sozialen Dienstleistungen** wächst, bei denen weniger technisches Knowhow als vielmehr soziale Kompetenzen gefordert sind.

Geospots 7/8 geht auf die Ergebnisse der **PISA-Studie** ein und verweist dabei auf Bemühungen der Politik, mit der Neuen Mittelschule und Ganztagsschulen die Lernerfolge zu verbessern. Hier wäre darauf hinzuweisen, dass Ganztagsschulen nicht flächendeckend umgesetzt sind. Der Abschnitt zu **Berufsorientierung** informiert sachlich über Möglichkeiten nach der Matura sowie über die Bewerbung auf Jobs. Nicht genannt wird, dass man mit der Matura auch in eine **Lehre** gehen kann und dass in Zukunft nicht nur mehr technisches, sondern auch mehr **soziales Knowhow** gefragt sein wird. Stichwort: Zukunftskompetenzen.

Geografisch 5/6 stellt das Programm **ERASMUS+** vor, das neben hochwertigen Arbeitsplätzen, sozialem Zusammenhalt, Innovationsförderung sowie der Stärkung der europäischen Identität und des aktiven Bürgersinns auch das Ziel eines "nachhaltigen Wachstums" verfolge – dieses wird nicht hinterfragt (siehe Kapitel zu Wachstum). Als einziges Schulbuch problematisiert *Geografisch 5/6* die **Ökonomisierung der Bildung**.

In *Geografisch 7* werden neben den unterschiedlichen Bildungswegen und Auslandsprogrammen die Vor- und möglichen Nachteile von **Selbstständigkeit** beschrieben. Als einziges Schulbuch weist geografisch 7 nicht nur auf technische Berufe, sondern auch auf solche wie **„Pflegefachkraft** oder Berufe im Bereich **erneuerbare Energie**" (S. 141) hin.

global 5 nennt **Wissen** zwar nicht als Produktionsfaktor, betont aber ebenfalls dessen Bedeutung für die Wirtschaft und Gesellschaft.

global 7 stellt wie alle anderen Schulbücher die unterschiedlichen **Ausbildungswege** nach der Matura vor, verweist als einziges Schulbuch aber auch auf die Möglichkeit einer Lehre, die mit Matura verkürzt ist. Danach werden die Vor- und Nachteile von **unselbstständiger** und **selbstständiger Arbeit** sowie ausführlich Informationen zur **Gründung eines Unternehmens** beschrieben (s. n. Kapitel).

2.10. Unternehmen und Unternehmensgründung

Fachliche Einführung

„Entrepreneurship Education", die im Europäischen Referenzrahmen für das **lebenslange Lernen** als Schlüsselkompetenz ausgewiesen wird, ist in den Lehrplänen und damit auch in allen Schulbüchern für Geographie und wirtschaftliche Bildung verankert. Das Ziel ist, junge Menschen zu befähigen, unternehmerisch tätig zu werden, aber auch, sich gesellschaftlich einzubringen (s. Kapp. 1.6). Hinweis: In der Praxis wird die Mehrheit der Schüler*innen jedoch im Berufsleben in nichtselbstständiger Tätigkeit aktiv sein. In berufsbildenden Schulen gibt es sogenannte **Übungsfirmen**, in denen die Schüler*innen lernen sollen, wie man ein Unternehmen gründet und führt. Vor mehr als 20 Jahren wurde dieser Praxisteil der kaufmännischen Ausbildung für die berufsbildenden Schulen wiederentdeckt und bereits 1993/1994 als verpflichtender Unterricht in den Lehrplan der Handelsakademien und Handelsschulen eingeführt.

> „Die Übungsfirma ist die Wirkstätte der kaufmännischen Ausbildung und ein der betrieblichen Realität weitgehend nachgebildetes Unternehmen. Durch die Arbeit in der Übungsfirma werden die Schülerinnen und Schüler in unterschiedlichen Komplexitätsgraden mit jenen Abläufen und Herausforderungen vertraut gemacht, welche die Wirtschaftspraxis mit sich bringt. Dieses handlungsorientierte Lernarrangement ermöglicht es, die Absolventinnen und Absolventen für die unmittelbare Beschäftigung im kaufmännischen Umfeld zu qualifizieren."[144]

Es gibt in Österreich aktuell rund 800 solche Übungsfirmen.

In den von mir untersuchten Schulbüchern wird dem Thema **Unternehmensgründung** breiter Raum gegeben. Themen sind Unternehmens- und Finanzierungsformen, Fähigkeiten und Stärken für die Gründung bzw. Führung eines Unternehmens, aber auch das Wissen um die Rechte und Pflichten von Arbeitnehmer*innen.

Als Unternehmenskennzahlen werden in Zukunft neben der **Finanzbilanz** auch die **Berichterstattungspflicht** für nichtfinanzielle Aspekte eine größere Rolle spielen, etwa aufgrund verschiedener EU-Verordnungen zu nachhaltigkeitsbezogenen Themen wie die EU-Taxonomie für nachhaltige Investments sowie zu vorgeschriebenen Lieferkettengesetzen (Holzinger 2024, S. 160ff, S. 193ff.)

Inhalte der Schulbücher

Im Kapitel **„Ein Unternehmen gründen"** in **Meridiane 7** (S. 214ff.) werden die rechtlichen Voraussetzungen für eine **Unternehmensgründung** (einschließlich Gewerbeordnung und Firmenbuch) sowie die Schritte hin zur Unternehmensgründung erklärt. Zudem werden die **Motive für eine Unternehmensgründung** („Selbstverwirklichung und Umsetzung einer Idee", „höheres Einkommen", „mehr Flexibilität", „manchmal Folge einer beruflichen Notsituation, z. B. Jobverlust") sowie die möglichen Risiken (Veränderung der wirtschaftlichen Lage, Kapitalverlust, Ausfall durch Krankheit) wiedergegeben. Als notwendige persönliche **Eigenschaften** und **Fähigkeiten** werden u. a. Kommunikations- und Teamfähigkeit, Entscheidungskompetenz, gute kaufmännische und fachliche Ausbildung sowie „Mut zum Risiko" (ebd. S. 214) genannt.

In der Folge wird detaillierter auf **Geschäftsideen, rechtliche Schritte** bei der Unternehmensgründung, Start-ups (inklusive der Gründe, warum diese scheitern können) sowie auf unterschiedliche **Rechtsformen von Unternehmen** und deren **Finanzierung** eingegangen. Zudem werden **Insolvenz** und **Privatkonkurs** sowie ausführlich **Marketing** und **Werbung** besprochen.

---

[144] https://www.bmb.gv.at/Themen/schule/schulsystem/sa/bmhs/kfm/uebungsfirmen.html. Abgerufen am 16.7.2025

Einleitend heißt es:

„Bei der Planung einer Unternehmensgründung sind umfangreiche Überlegungen und auch selbstkritische Fragen zu stellen. Eine Gründerin/ein Gründer muss viele persönliche Eigenschaften mitbringen und sich der Chancen und Risiken bewusst sein.“ (ebd. S. 214)

In **Perspektiven 7/8** wird ebenfalls das Thema **„Unternehmen und Berufsfelder analysieren“** (Perspektiven 7/8, S. 146ff.) behandelt. Nach der Klärung der Begriffe „Unselbstständig Erwerbstätige“, „Selbstständig Erwerbstätige“ sowie „Selbstständigenquote“ werden notwendige **Stärken** und **Talente** für eine **Unternehmensgründung** angeführt (u. a. Ideen haben, die Zukunft gestalten wollen, Menschen führen können, Druck und Stress aushalten, bereit sein, Verantwortung zu übernehmen und rasch entscheiden können), zudem werden **Chancen** und **Risiken** der **Selbstständigkeit** benannt (positiv u .a. Selbstverwirklichung, höheres Einkommen, Ansehen durch Erfolg, Verfügbarkeit über die eigene Zeit; negativ u. a. keine geregelte Arbeitszeit, kein gesichertes Einkommen, möglicher Verlust von eingesetztem Kapital, Ärger mit Lieferanten und Mitarbeitern).

Als **Pflichten** und **Rechte** von **Unselbstständigen** werden u. a. genannt: Einhaltung des Arbeitsvertrags sowie von Weisungen, pfleglicher Umgang mit Werkzeugen und Materialien, Krankmeldung, Recht auf Einkommen und Urlaubsanspruch, Entgeltfortzahlung bei Krankheit, Mutterschutz oder Karenz, Kündigungsfrist, ab einer gewissen Größe des Unternehmens Mitbestimmungsrecht bei der Wahl des Betriebsrats (ebd. S. 148).

Zur Frage **„Selbst ein Unternehmen gründen?“** wird auf Geschäftsideen, den Businessplan, die gewerblichen Voraussetzungen, unterschiedliche Unternehmensformen (Einzelunternehmen, Personengesellschaften und Kapitalgesellschaften) sowie die Finanzplanung eingegangen. Im Aufgabenbereich wird u. a. die Entwicklung einer Junior Company und die Errichtung eines solchen Unternehmens in der Klasse angeregt.[145]

Grundsätzlich wird zur **Unternehmensgründung** ausgeführt:

„Es ist ein recht weiter Weg von der Idee zu einem eigenen Unternehmen. An die 100 Unternehmen werden in Österreich im Schnitt täglich gegründet, ca. 15 gehen pro Tag in den Konkurs (2017). Der Schritt in die Selbstständigkeit sollte daher – von der Geschäftsidee bis zur Finanzierung – sorgfältig geplant werden.“ (ebd. S. 151)

Um den Wirtschaftsteil von Qualitätszeitungen verstehen zu können, sei es wichtig, **Fachbegriffe** wie Umsatz, Gewinn, Produktivität, Rentabilität oder Liquidität zu verstehen. In einem Kapitel zur Unternehmensgründung werden diese Begriffe in ihrer Bedeutung und die Berechnung erklärt. Dabei kommen auch weniger gebräuchliche Fachausdrücke wie Rentabilität, Cashflow oder EBIT zur Sprache (ebd. S. 168). Die Bedeutung **betrieblicher Kennzahlen** wird mit der Messung des unternehmerischen Erfolgs, der Kontrolle der Planwerte, der Unternehmenssteuerung (Zielvorgaben) sowie mit dem Vergleich von Unternehmen angegeben.

Kritisch hinterfragt wird die zunehmende Begründung von Unternehmensentscheidungen mit **Benchmarks** oder **Kennzahlen-Systemen**: diese ließen Unternehmen schwer vergleichen, der Zweck der Kennzahlen sei nicht immer klar, „Nebenwirkungen“ könnten übersehen werden, z. B. könne höhere Produktivität auch auf einen großen Arbeitsdruck hinweisen, „der langfristig zu gesundheitlichen Problemen für die Mitarbeiter/innen führen kann“ (ebd. S. 169). Originell ist die

[145] Der Verein Junior Achievement Austria wurde gegründet und wird getragen von den Volkswirtschaftlichen Gesellschaften Österreich, um die Programme von Junior Achievement Worldwide (JAW) in Österreich umzusetzen. Ziele des Vereins sind die Vermittlung und Förderung von grundlegendem Wirtschaftswissen und sozialer Kompetenzen, die den Einstieg ins spätere Berufsleben maßgeblich erleichtern. Dies soll unter anderem durch eine aktive Vernetzung von Schule und Wirtschaft geschehen. www.junior.cc. Abgerufen am 23.3.2025.

Hinführung zum Thema mit dem **Maturaball** als erstem „Unternehmen, das wahrscheinlich ein wirtschaftlicher Erfolg sein soll, um ein wenig Geld für die Maturareise oder sonstige Pläne auf die Seite legen zu können“ (ebd. S. 169).

Ausführlich werden die **Rolle des Managements** („Abstimmung aller Tätigkeiten in einem Unternehmen, um Unternehmensziele zu erreichen“) sowie dessen Aufgaben („Ist-Zustand feststellen“, „Ziele festlegen“, „Planen“, „Entscheidungen treffen“, „Organisieren und Umsetzen“, „Kontrollieren“) beschrieben (ebd., S. 173ff.) Als Beispiel aus dem Alltag der Schüler*innen wird hierfür das **Management einer Schule** mit den zahlreichen zu bedenkenden Aufgaben herangezogen („Hast du schon einmal nachgedacht, dass so viele Dinge gedacht und organisiert werden müssen, damit ein Schulbetrieb funktioniert?“, ebd. S. 173).

Im Bereich **„Entscheidungen treffen“** werden ein „autoritärer“ (strenge hierarchische Über- und Unterordnungen), „patriarchalischer/matriarchalischer“ (Eigentümer sieht sich als Vater/Mutter für alle Mitarbeiter/innen), „demokratischer“ (bezieht die Betroffenen ein) sowie ein „Laisser-Faire-Stil“ (Mitarbeiter/innen haben sehr viel Handlungsspielraum) unterschieden, ohne diese zu bewerten. Zudem werden **Management-Techniken** vorgestellt: „Management by Results“ (Führung durch Zielsetzung und Zielvereinbarung), „Management by Exception“ (Führungskräfte greifen nur in Ausnahmefällen ein), „Management by Delegation“ (Übertragung von Verantwortung) sowie „Management by Motivation“ (Mitarbeiter/innen für Ziele motivieren). Auch diese werden nicht bewertet (ebd. S. 174). Als **Organisationsgrundsätze** werden u. a. die Einheit der Leitung, eine klare Rangordnung, eine regelmäßige Überprüfung der Anweisungen sowie das Achten auf ein gutes Betriebsklima genannt.

Unter „Buchhaltung – etwas spröde, aber auch für mich interessant?“ (ebd., S. 157ff.) werden schließlich die **einfache** und **doppelte Buchführung** sowie das **Erstellen einer Bilanz** (Anlage- und Umlaufvermögen) erklärt und mit Beispielen erläutert. Zudem wird das Berufsfeld „Buchhalter/in“ beschrieben und erklärt, welche Eigenschaften man dafür aufbringen soll. Als Ziel einer Buchhaltung wird der Überblick über die Finanzen im Unternehmen formuliert.

In **Durchblick 7** wird im Kapitel **„Aufbruch in die Selbstständigkeit“** (Durchblick 7, S. 180ff.) die **Gründung eines Unternehmens** von der Idee bis zum Businessplan thematisiert. Zudem gibt es Abschnitte über **Betriebsnachfolge** und **Franchising**, die nötigen Behördenwege bei der Gründung eines Unternehmens, unterschiedliche **Rechtsformen** für Unternehmen, Basics zum **Gewerberecht** sowie zur **Planung des finanziellen Gewinns**. Zudem wird auf den Aufbau von Unternehmen, die unterschiedlichen Aufgabenbereiche und Abläufe in Unternehmen sowie auf **Personalmanagement** eingegangen. Einleitend heißt es:

> „Eigene Ideen verwirklichen und selbstständig Entscheidungen treffen – all das stellt eine reizvolle Herausforderung für viele unternehmerisch denkende Menschen dar. Wer aber den Sprung in die Selbstständigkeit wagt, braucht dazu nicht nur eine zündende Idee, sondern auch Mut und Fachwissen.“ (ebd. S. 180)

In **Durchblick 8** wird die **Finanzierung von Unternehmen** anhand der Begriffe „Kapitalbedarf“ sowie „Eigen- und Fremdkapital“ erörtert (Durchblick 8, S. 160ff.). Ausführlich werden unterschiedliche **Finanzierungsformen** („Innen- und Außenfinanzierung“) von der Selbstfinanzierung über die Aufnahme weiterer Gesellschafter (inkl. Risiko- bzw. Venture-Kapital) bis hin zu Bankkrediten und Anleihen vorgestellt (bei Letzteren wird auch auf Staatsanleihen eingegangen). Erklärt wird zudem der Unterschied zwischen **variablen** und **festverzinslichen Anleihen** sowie der Begriff der **Bonität** (Kreditwürdigkeit):

> „Unternehmen und Staaten mit schlechter Bonität müssen dem Anleger deutlich höhere Zinsen bieten, damit dieser bereit ist, sein Geld zu verleihen.“ (ebd. S. 163)

Zudem wird auf „öffentliche Förderungen“ für bestimmte Unternehmensaktivitäten sowie auf die Strategie eines „Finanzierungsmix“ (ebd. S. 164) hingewiesen. In weiteren Kapiteln werden die **Bedeutung und Funktionsweise von Börsen**, das **Crowd-Financing** (mit Verweis auf einschlägige Plattformen) sowie die neuen **Kryptowährungen** (mit einer kritischen Einschätzung durch die Europäische Bankenaufsicht) behandelt.[146]

Mit dem Ansatz der **„Triple-Bottom-Line“** wird im Kapitel über **Unternehmensnachhaltigkeit** die Berücksichtigung von ökonomischen, ökologischen und sozialen Zielen in der Unternehmensführung vorgestellt. Dabei könne es jedoch zu Zielkonflikten kommen, z. B. Investitionen in Solarenergie, die sich erst langfristig rechnen; soziales Engagement, das dem Unternehmen kurzfristig keinen Nutzen stiftet, langfristig aber möglicherweise schon. Wichtig sei die Berücksichtigung der **Nachhaltigkeitsziele** in der internen Kommunikation, in den Entscheidungsprozessen sowie in der Imagebildung nach außen. Als **Best-Practice-Modelle** für „Human Ressource Management“ im Unternehmen werden „gut ausgebildete und fair entlohnte Mitarbeiter/innen“ sowie das Sich-Kümmern um „Kompetenzaufbau im Unternehmen“ genannt (ebd. S. 74). Der vorgestellte TRIGOS-Award für Best-Practice-Initiativen zeichnet vorbildhafte Unternehmen aus. Als Beispiele dafür, wie die Digitalisierung zur Förderung regionaler Märkte genutzt werden kann, werden **Online-Bauernmärkte** sowie **FoodCoops** mit weiterführenden Links vorgestellt.

Geospots 7/8 enthält ein Kapitel zu **„Betriebswirtschaft und Berufsorientierung“**. Erklärt werden darin die Begriffe Betriebswirtschaftslehre, Entrepreneur, Businessplan sowie unterschiedliche Rechtsformen von Unternehmen. Unter **Managementaufgaben** werden die Kontrolle von Zielen und Ergebnissen sowie die Mitarbeiter*innenführung und -motivation angeführt. Neben den unterschiedlichen Managementebenen wird auch das Unternehmens-Organigramm sowie die Bedeutung von **Controlling** beschrieben.

Als **Kernprozesse** werden die Produktionsplanung, die Beschaffung und Lagerung von benötigten Materialien sowie die Begleitung der Produktion betont. Dazu heißt es:

> „Bei der Produktion sollten auch Aspekte wie Qualität, Kosten und Wünsche von Kundinnen und Kunden betrachtet werden. Gerade im Bereich der Produktion kommt es vermehrt zu internationaler Arbeitsteilung und Rationalisierungen. Die zunehmende Ausbeutung des Produktionsfaktors Umwelt wird auch erst seit kurzer Zeit diskutiert.“ (ebd. S. 129)

Neben der Frage der **Unternehmensfinanzierung** sowie der **Buchhaltung** werden abschließend häufige Ursachen für **Missmanagement** angeführt:

> „Falsche Produktpolitik, überhastete Expansion, verkrustete Strukturen, veraltete Technologien, selbstherrliche und kritikunfähige Patriarchen“ (ebd. S. 130).

Ausführlich wird auch auf **Marketing** und **Werbung** eingegangen.

Geografisch 7 geht im Abschnitt **„Arbeitswelt und Lebensgestaltung“** (Geografisch 7, S. 132ff.) kürzer als die anderen Schulbücher auch auf das Thema **„Gründer*in werden“** und **„Produkt- und Geschäftsideen entwickeln“** ein. Erklärt werden Rechtsformen von Unternehmen, die Schritte zur Gründung eines Unternehmens, die Bedeutung von Marktanalysen sowie die Bedeutung von Marketing. Zudem gibt es eine Einführung in die **Grundzüge der Buchhaltung** sowie zu **betrieblichen Kennzahlen**. In der Einleitung heißt es hier:

> „Ob du persönliche Ziele verfolgst, dich für gesellschaftliche Anliegen einsetzt oder an gemeinsamen Aktivitäten teilnimmst, die erfolgreiche Umsetzung von Ideen erfordert neben fachlichen Fähigkeiten auch Soft Skills wie zwischenmenschliche Fähigkeiten, Kommunikation, Teamfähigkeit und Problemlösung.“ (Geografisch 7, S. 142)

---

[146] Andere Schulbücher gehen darauf unter dem Abschnitt zu „Geldanlagen“ ein.

In **global 7** ist ein Kapitel der Frage gewidmet **„Unternehmerin oder Unternehmer werden – wie und warum?“** (global 7, S. 120ff.):

„Menschen gründen aus unterschiedlichen Gründen ein eigenes Unternehmen. Häufig steht jedoch eine Idee für ein Produkt oder eine Dienstleistung im Mittelpunkt, mit dem oder der Probleme gelöst oder Bedürfnisse von Menschen erfüllt werden können.“ (ebd. S. 120)

Als Beispiele werden die Unternehmensgründer von Manner, Waldviertler Schuhe, SOS Kinderdorf und der Feuerwehrautohersteller Rosenbauer genannt. Es wird in der Folge aufgezählt, was es zur Gründung eines Unternehmens braucht: **Persönlichkeitsmerkmale** wie Belastbarkeit, Entscheidungsfreudigkeit und Risikobereitschaft, **Kompetenzen** wie betriebswirtschaftliches und fachliches Know-how sowie **Eigen-** und **Fremdkapital.** Davor wird bereits darauf eingegangen, was die Vor- und Nachteile von **selbstständiger** und **unselbständiger Tätigkeit** sein können. Einleitend heißt es:

„Für die Unternehmensgründung braucht es neben der Geschäftsidee noch weitere Voraussetzungen: persönliche, aber auch sachliche, vor allem finanzielle Voraussetzungen.“ (ebd. S. 122)

Zudem wird auf die **gesellschaftliche Verantwortung** des Unternehmens verwiesen:

„Das Unternehmen kann seine Ziele nicht unabhängig von den Interessen seiner Mitarbeiterinnen und Mitarbeiter, Geschäftspartnerinnen und Geschäftspartner und der Gesellschaft treffen. Als Unternehmen erfolgreich zu sein kann und darf daher nicht das einzige Ziel eines Unternehmens und seines Managements sein.“ (ebd. S. 138)

Einschätzung

„Entrepreneurship Education“ wird im Europäischen Referenzrahmen für das lebenslange Lernen als Schlüsselkompetenz ausgewiesen. Es macht Sinn, über **Unternehmensgründungen** zu informieren. Die **Persönlichkeitsmerkmale** für Unternehmertum wie Belastbarkeit, Entscheidungsfreudigkeit und Risikobereitschaft werden aus meiner Sicht jedoch idealisiert dargestellt. Die Mehrheit der Schüler*innen wird wohl in unselbstständigen Arbeitsverhältnissen ihre berufliche Karriere verbringen. Die Schulbücher möchten aber dazu ermuntern, in die Selbstständigkeit zu gehen. Auch Arbeitnehmer*innen müssen Verantwortung in ihrem Bereich übernehmen, auch hier sind Kompetenzen wie Team- und Kommunikationsfähigkeit sowie Verantwortungsübernahme gefordert. Zu diskutieren wäre auch, wie viele Unternehmen neu gegründet und wie viele an jüngere Generationen weitervererbt werden bzw. wie hier die Nachfolge geregelt wird. Bei den Unternehmensarten wären auch **Genossenschaften** und **Unternehmen nach Stiftungsrecht** zu ergänzen (Holzinger 2024, S. 151ff.).

Sinnvoll wäre, bei den Abschnitten zu Personal auch auf die Rolle des **Betriebsrats** hinzuweisen, der in Österreich gesetzlich verankert und gut ausgeprägt ist. Auf Arbeitnehmer*innen-Mitbestimmung wird zum Teil hingewiesen (*Durchblick, Perspektiven*). Bei der **Finanzierung** wäre zu erwähnen, dass Unternehmen auch überbewertet werden können (Blasenbildung). Dass die Fokussierung der Unternehmensziele auf höhere Ausschüttungen (Renditefixierung) andere Unternehmensziele wie Arbeitskultur, ökologisches Produzieren konterkarieren kann, müsste auch thematisiert werden. Ein Schulbuch – *global* – stellt die gesellschaftliche **Unternehmensverantwortung** idealtypisch dar.

Einzubauen wären auch **neue Herausforderungen** an Unternehmen wie die nichtfinanzielle Berichterstattung, die Berichte zur EU-Taxonomie oder zur EU-Sorgfaltsrichtlinie, auch wenn diese nur für größere Unternehmen von Relevanz sind (s. o.).

Nun zur Einzelbewertung:

Meridiane 7 geht auf die **Motive** und **rechtlichen Voraussetzungen** für eine Unternehmensgründung sowie auf Eigenschaften und Fähigkeiten ein, die man als Unternehmer*in haben soll. Detailliert wird über Geschäftsideen, rechtliche Schritte zur Unternehmensgründung inklusive Start ups berichtet, dabei auch auf das mögliche Scheitern sowie die Rolle von **Insolvenz** und **Privatkurs** verwiesen. Auch **Finanzierung** und **Marketing** werden ausführlich behandelt. Das **Unternehmertum** wird etwas idealisiert dargestellt, die Frage, wie viele Schulabgänger*innen tatsächlich ein Unternehmen gründen, sowie die Rolle von Führungsaufgaben im Management nicht gestellt.

Perspektiven 7/8 geht auf die **Motive**, erwarteten **Fähigkeiten** und **Stärken** für die Führung von Unternehmen, aber auch auf die Rechte und Pflichten von Unselbstständigen ein. Es werden unterschiedliche Unternehmens- und Finanzierungsfirmen vorgestellt und die Gründung einer Junior Company in der Schulklasse angeregt. Ausführlich werden **unternehmensrelevante Fachbegriffe** wie Umsatz, Gewinn, Produktivität oder Rentabilität vorgestellt, die Unternehmensbewertung durch **Benchmarks** wird kritisiert, da höhere Produktivität beispielsweise durch erhöhten Arbeitsdruck erzeugt werden könne. Dieses Schulbuch widmet ein ganzes Kapitel dem Thema Management, dabei werden auch unterschiedliche **Führungsstile** vorgestellt. Die ausführliche Beschreibung von **Management** soll die Schüler*innen einladen, sich solche Aufgaben als Führungskräfte zuzutrauen. Im Aufgabenteil wird dazu vorgeschlagen, einen entsprechenden Persönlichkeitstest durchzuführen.[147]

Durchblick 7 & 8: Auch dieses Schulbuch geht auf **Voraussetzungen zur Unternehmensgründung** sachlich ein. Thematisiert wird auch die **Betriebsnachfolge**, die ebenso von Bedeutung ist wie Unternehmensneugründungen. Im Kontext „Mitarbeiter*innen im Unternehmen“ wird hier auch auf die **Mitbestimmung in Betrieben** eingegangen. Ausführlich werden zudem die unterschiedlichen Instrumente der **Unternehmensfinanzierung** (und auch der Staatsfinanzierung) erklärt. Hingewiesen wird auf die Notwendigkeit von Investitionskapital zur Ausweitung/Innovation von Produktionsinfrastrukturen sowie auf die möglichen Risiken der Anlegenden, Geld auch verlieren zu können. Die Bedeutung **nachhaltiger Unternehmensstrategien** für langfristigen Erfolg wird gut herausgearbeitet; als Beispiel könnte auch die Bewegung der Gemeinwohl-Ökonomie-Betriebe (Felber 2012) angeführt werden. Wichtig sind strukturelle Maßnahmen, die ökologisches und soziales Handeln für alle Unternehmen verpflichtend machen bzw. dieses zumindest am Markt belohnen.

Geospots 7/8 beschreibt sachlich die notwendigen Schritte und Instrumente für eine **Unternehmensgründung** sowie die Aufgaben des **Managements** und der **Geschäftsführung**. Bei der Darstellung der Unternehmensformen wird auch hier nicht auf **Genossenschaften** eingegangen, bei der Unternehmensführung nicht auf die Rechte und Pflichten von Arbeitnehmer*innen sowie die Rolle von **Betriebsräten**, die bei größeren Unternehmen auch im Aufsichtsrat vertreten sind. Auf die Beschreibung besonderer Fähigkeiten für die Gründung bzw. Führung eines Unternehmens wird hier verzichtet, dafür werden die häufigsten **Managementfehler** aufgezählt.

Geografisch 7: Dieses Schulbuch betont bei der Verwirklichung von eigenen Ideen insbesondere **Soft Skills** wie zwischenmenschliche Fähigkeiten, Kommunikation, Teamfähigkeit und Problemlösung. Dabei wird nicht nur auf **Unternehmensgründungen**, sondern auch auf die **Verfolgung gesellschaftlicher Ziele** Bezug genommen. Dem Thema Unternehmensgründung werden weniger Ausführungen als in den anderen Schulbüchern gewidmet, dafür gibt es einen eigenen Abschnitt zum **Wandel der Arbeitswelt.**

Global 7: Dieses Schulbuch listet mögliche Vor- und Nachteile von **selbständiger** und **unselbstständiger Tätigkeit** auf. Neben Schritten und notwendigen Kompetenzen zur Unternehmensgrün-

[147] Als Link wird angegeben http://tinyurl.com/a36mhq9.

dung wird idealtypisch auch auf **Unternehmerverantwortung** für die Gesellschaft verwiesen, dies jedoch nicht näher ausgeführt. Auch hier böte sich der Hinweis auf Gemeinwohl-Ökonomie-Betriebe (Felber 2012) an. Besonders betont wird als Voraussetzung für eine Unternehmensgründung zu Recht das vorhandene **Eigen-** oder **Fremdkapital**.

2.11. Nachhaltigkeit und planetare Grenzen

Nachhaltigkeit

Fachliche Einführung

Der Begriff der **Nachhaltigkeit** stammt ursprünglich aus der Forstwirtschaft und wurde bereits im 18. Jahrhundert geprägt. Er bedeutete damals, dass dem Wald nicht mehr Holz entnommen werden darf als wieder nachwächst. Die sogenannte Brundtland-Kommission hat **Nachhaltigkeit** wie folgt definiert:

„Dauerhafte (nachhaltige) Entwicklung ist Entwicklung, die die Bedürfnisse der Gegenwart befriedigt, ohne zu riskieren, dass künftige Generationen ihre eigenen Bedürfnisse nicht befriedigen können.“[148]

Nachhaltigkeit im **erweiterten Sinn** bedeutet

„die Wahl von Wirtschafts- und Lebensweisen (Wichtig: Plural!) die sicherstellen, dass alle ErdenbürgerInnen ihre Grundbedürfnisse befriedigen und ein Leben in Würde führen können (intragenerativer Aspekt); dass auch spätere Generationen noch über intakte Lebensgrundlagen zur Befriedigung ihrer Bedürfnisse verfügen (intergenerativer Aspekt); dass weitere Entwicklung möglich ist, ohne das globale Ökosystem dauerhaft zu gefährden (Aspekt der Zukunftsoffenheit)“.[149]

Eine weitere Definition geht über den Menschen hinaus:

„Die Menschen der heutigen Zeit sorgen dafür, dass auch die Menschen in der Zukunft noch gute Lebensbedingungen haben. Sie sorgen auch dafür, dass Pflanzen und Tiere, die es heute gibt, auch in der Zukunft noch auf unserer Erde leben können.“[150]

Nachhaltigkeit ist ein rationales **ökonomisches** und **ökologisches** Prinzip:

„Verbrauch nachwachsender Ressourcen maximal bis zu deren Reproduktionsrate; sparsamer Umgang mit erschöpfbaren Ressourcen und rechtzeitige Entwicklung von gleichwertigen Substituten bei Annäherung an die Erschöpfungsgrenze; Belastung der Ökosphäre als ´Müllhalde´ nur bis zur Selbstregenerationsgrenze der jeweiligen Ökosysteme (bei Wissensunschärfen hat das Vorsorgeprinzip zu gelten). Manche fügen hinzu: Erhalt der Natur in ihrer Vielfalt und Schönheit (dies ist eine ethische Festlegung).“[151]

Es wird zwischen **schwacher** und **starker** Nachhaltigkeit sowie zwischen dem **Säulen-**, **Schnittmengen-** und **Kreismodell** (Rogall 2011, S. 725ff.) unterschieden. Beim **Säulenmodell** stehen die Ökonomie, Ökologie und Soziales gleichwertig nebeneinander, es müsse zwischen diesen drei Bereichen ein Ausgleich gefunden werden. Beim **Schnittmengenmodell** werden zumindest die gegenseitigen Abhängigkeiten und Überschneidungen der drei Bereiche dargestellt.

Beim **Kreismodell** sind Soziales und Wirtschaft in die Ökologie eingebettet, da diese die Lebensgrundlage darstelle. Im Kreismodell geht es wesentlich um das Leben und Wirtschaften innerhalb

---

[148] https://www.nachhaltigkeit.info/artikel/brundtland_report_563.htm. Abgerufen am 16.7.2025
[149] https://jungk-bibliothek.org/wp-content/uploads/2016/02/nachhaltigkeit_einfc3bchrung_holzinger-kompatibilitc3a4tsmodus.pdf. Abgerufen am 16.7.2025
[150] https://www.bpb.de/kurz-knapp/lexika/lexikon-in-einfacher-sprache/328550/nachhaltigkeit. Abgerufen am 16.7.2025
[151] https://jungk-bibliothek.org/wp-content/uploads/2016/02/nachhaltigkeit_einfc3bchrung_holzinger-kompatibilitc3a4tsmodus.pdf. Abgerufen am 16.7.2025

der **planetaren Grenzen** (s. o. Kapitel zu Ökologische Indikatoren), im Säulen- und Schnittmengenmodell wird der Ausgleich mit sozialen und ökonomischen Zielen in den Vordergrund gerückt.

In der **Bildung für nachhaltige Entwicklung** (BNE) gibt es zwei Strömungen: Die einen betonen den Erwerb von Kompetenzen im Bereich eines nachhaltigen Lebensstils, andere setzen stärker auf die Analyse nichtnachhaltiger Strukturen und deren Überwindung (vgl. Holzinger 2020a). Dabei stehen nicht nur unser Konsumverhalten oder unser Lebensstil, sondern unser wachstumsgetriebenes hyperproduktives Wirtschaftsmodell sowie die fossil getriebene Industriezivilisation zur Disposition (s. o. Kapitel zu Wachstum).

In der Fachliteratur wird von **Great Acceleration** gesprochen und damit das exponentielle Anwachsen zahlreicher Parameter wie Güterausstoß, BIP-Wachstum, Energie- und Rohstoffverbrauch ausgedrückt. (Rogall 2011, Novy u. a. 2023, Holzinger 2024).[152]

Wiederum andere plädieren dafür, dass wir beides brauchen: Hinreichende **Selbsttransformation** sowie das Einwirken auf die **Transformation der Strukturen** (Holzinger 2020a, Paech 2025)[153]. **Transformative Forschung** - sowie analog **transformative Bildung** - skizziert Wege des Wandels. **Transformationsforschung** und **Transformationsbildung** reflektieren Hürden und Gelingensfaktoren des Wandels, also die Frage, warum Wandel auf Barrieren stößt und wie diese überwunden werden können.[154]

Eine wichtige Rolle kommt der **Umwelt-** und **Klimapolitik** zu, die den Unternehmen und uns als Bürger*innen die Rahmenbedingungen setzen müssen, „damit wir tun, was wir für richtig halten" (Kopatz 2016). Innerhalb der **EU-Staaten** kann auf die mittlerweile für größere Unternehmen verpflichtende **nichtfinanzielle Berichterstattung**[155], die **EU-Taxonomie-Verordnung für nachhaltige Finanzen**[156], die **EU-Sorgfaltsrichtlinie** (Verpflichtung zu **Lieferkettengesetzen** für soziale und ökologische Standards entlang der Lieferketten; wurde leider wieder aufgeweicht) sowie diverse **Richtlinien für Kreislaufwirtschaft** (etwa die Ökodesign-Richtlinie) eingegangen werden (Holzinger 2024, S. 160ff., S. 255).

Kritisiert wird die **inflationäre Verwendung des Nachhaltigkeitsbegriffs** sowie die **Gefahr des Greenwashings.** Daher sei es wichtig, Nachhaltigkeit im ursprünglichen Sinn zu verwenden. Manche gehen davon aus, dass mit dem Nachhaltigkeitsdiskurs eine Verharmlosung bzw. Verniedlichung der tatsächlichen Herausforderungen erreicht werde. Das einzig nachhaltige sei unsere **„Nicht-Nachhaltigkeit"** (Blühdorn u. a. 2020).

---

[152] Vgl. auch https://www.bpb.de/system/files/dokument_pdf/Steffen2015ThetrajectoryoftheAnthropoceneTheGreatAcceleration.pdf. Abgerufen am 16.7.2025

[153] https://jungk-bibliothek.org/wp-content/uploads/2020/04/ENDTEXT-JBZ-AP-49-Holzinger.pdf. Abgerufen am 16.7.2025

[154] https://hans-holzinger.org/2023/05/17/wie-der-wandel-gelingen-kann-ansatze-aus-der-transformationsforschung-umweltpsychologie-und-klimakommunikation. Abgerufen am 16.7.2025

[155] „Nonfinancial Reporting" https://eur-lex.europa.eu/legal-content/DE/TXT/PDF/?uri=CELEX:52017XC0705(01); https://www.pwc.de/de/im-fokus/accounting-reporting/eu-taxonomie-nichtfinanzielle-berichterstattung-im-wandel.html. Abgerufen am 4.5.2025

[156] https://www.deutscher-nachhaltigkeitskodex.de/de/berichtspflichten/eu-taxonomie-verodnung/. Abgerufen am 4.5.2025

Inhalte der Schulbücher

Meridiane 5/6 geht im Kontext der Bevölkerungsprognosen kurz auf **nachhaltige Entwicklung** ein:

„Mit dem Anstieg der Weltbevölkerung sind aus heutiger Sicht viele Gefahren und Probleme verbunden. Es stellt sich beispielsweise die Frage nach der ‚Tragfähigkeit' der Erde, d. h. wie viele Menschen kann die Erde ‚ertragen' bzw. ‚tragen'." (Meridiane 5/6, S. 91)

Danach wird auf den regional unterschiedlich großen **ökologischen Fußabdruck** hingewiesen:

„Höher entwickelte Staaten leben demnach auf einem wesentlich größeren Fuß als Entwicklungsländer." (ebd. S. 91)

Zudem wird im Kontext der Ressourcennutzung auf **ökonomische** und **ökologische Nachhaltigkeit** (Klima-, Artenschutz, Recycling, Erneuerbare Energien) Bezug genommen (ebd. S. 132).

In **Meridiane 7** wird im Kontext der Ressourcenübernutzung genauer auf ökologische und ökonomische Nachhaltigkeit eingegangen. Klimaschutz, Erhalt der Artenvielfalt sowie der Natur- und Kulturlandschaften werden ebenso genannt wie Wirtschaften in Rohstoffkreisläufen und Nutzung erneuerbarer Energiequellen (Meridiane 7, S. 132). Ein Kapitel widmet sich dem Thema **„Ökologisch nachhaltiges Handeln"** (S. 184f.)

Es wird auf die Brundtland-Definition der **Nachhaltigkeit**, jedoch auch auf unterschiedliche **Auslegungen** sowie **Zielkonflikte** hingewiesen. Vorsichtig formuliert heißt es:

„Einigermaßen sicher ist man sich, dass die Menschen vom stark Abfall produzierenden und Energie verbrauchenden Konsumverhalten wegkommen sollten zu einer nachhaltigen, Ressourcen sparenden Lebenshaltung." (ebd. S. 184)

Dem Begriff **Effizienzrevolution** wird jener der **Suffizienzrevolution** gegenübergestellt, der „einen gewissen Konsumverzicht" verlange und für den es jedoch „aus globaler Sicht derzeit wohl keine Alternative" gäbe (ebd. S. 184). Danach folgt eine Warnung vor zu „radikalen Standpunkten" sowie ein Plädoyer für einen **„Weg der Mitte"**, denn die stärkere Hinwendung zur Nachhaltigkeit werde auch Verlierer haben, etwa energieintensive Industriebetriebe (ebd. S. 184).

Perspektiven 5/6 thematisiert im Kapitel zur **Tragfähigkeit der Erde** zum einen Nutzungskonflikte und das Eindringen in immer weitere Naturregionen zur Rohstoffgewinnung, zum anderen das Konzept der **Nachhaltigkeit**:

„Dabei würde vom Menschen nicht mehr verbraucht werden als die Natur fähig ist, wiederherzustellen bzw. was selbst nachwachsen kann." (Perspektiven 5/6, S. 120)

Neben der Suche nach neuen Rohstofflagerstätten gehe es auch darum, **Ersatzstoffe** zu finden. Nachhaltigkeit wird mit dem **Dreisäulen-Modell** aus Ökologie, Ökonomie und Soziales dargestellt, dabei folgendes Problem benannt:

„Doch stehen Nachhaltigkeit und Gewinnstreben in Konkurrenz zueinander." (ebd. S. 120)

Im Kontext von **Geoökosystemen** wird auf **Übernutzungen** hingewiesen:

„Dabei zeigt sich die Verletzbarkeit von Ökosystemen (Vulnerabilität). Menschen, Tiere und Pflanzen müssen sich so an die neu entstandenen Verhältnisse anpassen (Adaption). Es stellt sich die Frage der Widerstandsfähigkeit (Resilienz) der Umwelt bzw. ob diese trotz der menschlichen Eingriffe fähig ist, sich langfristig selbst zu regenerieren." (ebd. S. 26)

Perspektiven 7/8 geht nicht direkt auf den Begriff der Nachhaltigkeit (außer in Bezug auf nachhaltige Städte und nachhaltige Geldanalgen) ein, behandelt aber die Ressourcen Wasser, Wald, Luft und Boden, dabei werden der hohe **Wasserverbrauch**, die **Feinstaubbelastung** und **Ozonkonzentration** sowie die **Bodenversiegelung** angesprochen. Zudem gibt es einen Hinweis auf die 2014 von zehn Organisationen (Ministerium, Klimabündnis, Versicherung u. a.) unterzeichnete **Bodencharta**, die zur Vermeidung der Bebauung hochwertiger landwirtschaftlicher Böden führen soll.

Durchblick 5 thematisiert am Beispiel der **Regenwaldnutzung** die Konflikte zwischen Ökologie (Schutz vor Eingriffen), Ökonomie (Wohlstand durch billige Rohstoffe) und Soziales (Versorgung der Menschen vor Ort durch Nutzung der Wälder) und führt dabei den Begriff der **Nachhaltigkeit** ein (Durchblick 5, S. 152). Ausführlich wird die Zerstörung der Regenwälder durch kommerzielle Holzgewinnung, Agrobusiness, Rohstoff- und Energiegewinnung thematisiert. Dazu heißt es:

„In vielen Regionen der ‚Dritten Welt' wächst der Widerstand gegen die Zerstörung der tropischen Regenwälder und gegen die rücksichtslose Ausbeutung der Natur." (ebd. S. 130)

Als **mögliche Maßnahmen** werden der Ankauf von Regenwäldern durch NGOs, die Nutzung des medizinischen Wissens der **Indigenas** für die Forschung sowie ein **bewusster Konsum** angeführt:

„Entscheiden sich viele Konsumentinnen und Konsumenten dafür, umweltverträglich hergestellte Produkte (z. B. Recycling-Papier) zu kaufen, entsteht ein Druck auf internationale Handelskonzerne, die ja grundsätzlich nur daran interessiert sind, mit ihren Produkten Geld zu verdienen." (ebd. S. 131)

Danach wird auf **Ressourcenverknappungen** sowie auf das **Tragfähigkeitskonzept** der Erde eingegangen, ohne auf Nachhaltigkeit Bezug zu nehmen. Die **Ernährung** einer weiter **wachsenden Weltbevölkerung** wird mit Leistungssteigerung in der Landwirtschaft, der Verwendung des Angebauten für Nahrungs- statt für Futtermittel oder Agrosprit sowie der Änderung unseres Ernährungsverhaltens in Verbindung gebracht, also nicht mit dem Argument, dass wir „zu viele" wären.

Durchblick 6 enthält ein Kapitel zur **EU-Umweltpolitik**, in dem Maßnahmen, Erfolge und offene Probleme der EU beim Umweltschutz erörtert werden. Darin heißt es:

„Nur 17 Prozent der Lebensräume befinden sich in einem günstigen Erhaltungszustand. Dadurch werden die Bemühungen der EU, ihre Biodiversitäts- und Klimaziele zu erreichen, gefährdet." (Durchblick 6, S. 112)

Dabei wird auch auf **globale Entwicklungen** sowie auf die „für die heutige Weltwirtschaft typischen verschwenderischen Produktions- und Verbrauchsgewohnheiten" (ebd. S. 113) eingegangen, ohne die Studien zu den planetaren Grenzen direkt zu nennen.

In **Durchblick 7** wird auf einen „nachhaltigen Umgang mit Wasser" (ebd. S. 138) sowie auf „nachhaltigen Tourismus" (ebd. S. 104) Bezug genommen.

Durchblick 8 geht auf die **UN-Nachhaltigkeitsziele** im Rahmen der Agenda 2030 ein und beschreibt vier Strategien (ebd. S. 70): **Effizienzstrategie** (Erhöhung der Ressourcenproduktivität, höherer Wirkungsrad bei geringerem Ressourcen- und Energieverbrauch), **Konsistenzstrategie** (Anpassung der Stoff- und Energieströme quantitativ und qualitativ an die Regenerationsfähigkeit der Ökosysteme), **Suffizienzstrategie** (Einschränkung ressourcenbelastender Praktiken) sowie **Bildungsstrategie** (Förderung eines Nachhaltigkeitsbewusstseins, Zugang zu Informationen). Letztere wird auch als Weg zur **„Dematerialisierung der Wirtschaft"** (ebd. S. 71) verstanden. Der Anteil des Wissens an der Produktion von Gütern und Dienstleistungen müsse drastisch steigen:

„Bildung wird dadurch ein wesentliches Element von Nachhaltigkeit, das auf Unternehmensebene und auf gesellschaftlicher Ebene forciert werden muss." (ebd. S. 71)

In einer Grafik wird die Korrelation von Bildungsleistungen und Wirtschaftswachstum dargestellt.

Geospots 5/6 enthält ein Kapitel zur **Tragfähigkeit der Erde**, in dem auf die **Ernährungslage** der Menschheit, die **Übernutzung** von Ressourcen, **Landgrabbing** sowie die Indikatorensysteme „Ökologischer Rucksack" und „Ökologischer Fußabdruck" eingegangen wird.

Das **Bevölkerungswachstum** verlangsame sich, dass 700 Millionen Menschen an Hunger leiden, obwohl „die hochproduktive Agroindustrie im Globalen Norden in der Lage ist, gewaltige Überschüsse zu erzeugen“ (ebd. S. 76), hänge mit dem **aufwändigen Konsumstil** und hohen **Fleischkonsum** in den Wohlstandsländern zusammen:

„Während im Globalen Norden der zunehmende Wohlstand zu einer Überflussgesellschaft mit einem immer höheren Anteil an Übergewichtigen geführt hat, die gewaltige Abfallberge (auch an Lebensmitteln) produziert, liegen die durchschnittlichen Ausgaben für Nahrungsmittel im Globalen Süden bei 60 bis 80 Prozent des verfügbaren Einkommens.“ (ebd. S. 76)

Der **Ressourcenverbrauch** und die Erzeugung von **Abfall** und **Emissionen** der Wohlstandsländer werden ebenso in einer Grafik veranschaulicht wie der mit 61 Prozent hohe Getreideverbrauch für Tierfutter in der EU, was zu einem bedeutend höheren CO_2-Ausstoß beim Fleischkonsum führe:

„Bei der Umwandlung von Pflanzenprodukten in tierische Produkte wird die Umwelt also gewaltig belastet, zudem müssen riesige Flächen für die Futtermittelproduktion zur Verfügung gestellt werden.“ (ebd. S. 76)

In **Geospots 7/8** wird auf **„Umweltschutz durch Regulation“** (ebd. S. 36) sowie im Kontext der Naturräume Österreichs auf das Basiskonzept **„Mensch-Umwelt-Beziehungen“** eingegangen:

„Das Alltagshandeln von Menschen ist sowohl in eine ökologische als auch eine soziale und ökonomische Umwelt eingebunden. Menschliche Aktivitäten können in Bezug auf die Natur problematische Formen annehmen. In Österreich kommt es etwa in der intensiven Landwirtschaft im Bereich des Alpenvorlandes, des Wiener oder Grazer Beckens zur Überdüngung des Bodens und zur Belastung des Grundwassers.“ (ebd. S. 93)

Unter **„Globale Umweltrisiken“** wird erneut auf den „Ökologischen Rucksack“ sowie den „Ökologischen Fußabdruck“, auf **Landverbrauch**, Landgrabbing, Landvernichtung, **Süßwasserverknappung** sowie die **Ausbeutung der Meere** Bezug genommen. Grundsätzlich heißt es:

„Die sich in den 1980er-Jahren formierende Grünbewegung schuf zumindest das Bewusstsein, dass wir mit unseren Ressourcen nicht weiter sorglos umgehen können. Innerhalb einer Generation wurde das System Marktwirtschaft durch die Begriffe ‚ökologisch‘ und ‚nachhaltig‘ ergänzt.“ (ebd. S. 173)

Geografisch 5/6 geht ausführlich auf **Nachhaltigkeit** ein:

„Jede historische Epoche stellt die Gesellschaft vor eigene Herausforderungen. In den letzten Jahrzehnten haben sich u. a. der Klimawandel und der demografische Wandel als Schlüsselprobleme herauskristallisiert. Nachhaltigkeit gilt als Wegweiser zur Lösung dieser Probleme.“ (Geografisch 5/6, S. 113)

Das Thema sei „allgegenwärtig in der medialen Berichterstattung, in der Werbung und in der Forschung“ (ebd. S 113). Als Beispiel wird die **Fridays for Future-Bewegung** genannt.

Mit dem Begriff des **„globalen Wandels“** wird auf die historische Perspektive Bezug genommen:

„Während die Natur den Menschen der vorindustriellen Zeit enge Grenzen für das tägliche Leben und Wirtschaften setzte, erweitert der Mensch seit der Industrialisierung seinen Handlungsspielraum durch veränderte Produktionsweisen, verschiebt die natürlichen Grenzen kontinuierlich und modifiziert damit natürliche Prozesse langfristig und unumkehrbar.“ (ebd. S. 109)

Es werden „naturräumliche und gesellschaftlich-wirtschaftliche Symptome“ des globalen Wandels benannt, etwa die globale Erwärmung, die Versalzung der Süßwasserreserven, die Zunahme prekärer Arbeitsverhältnisse, die Stärkung populistischer Strömungen (und dabei weitere Kapitel des Buches angezeigt). In der Folge wird auf die Genese des **Begriffs der Nachhaltigkeit** (Prinzip der Forstwirtschaft, Brundtland-Bericht, Generationengerechtigkeit, Agenda 2030, Sustainable Development Goals) sowie die **Dimensionen der Nachhaltigkeit** (Dreiecks-, Schnittmengen-, Drei-Säulenmodell) eingegangen.

In einem weiteren Kapitel werden **nachhaltige Unternehmen** thematisiert. Einleitend heißt es:

„Waren Bio- und Fairtrade-Waren bis vor ein paar Jahren Nischenprodukte und v. a. in Reformläden erhältlich, identifizieren sich zunehmend mehr Menschen mit der Idee einer nachhaltigen Entwicklung.“ (ebd. S. 119)

Weiters wird betont:

„Mussten Pionierinnen und Pioniere des nachhaltigen Unternehmertums oft hart an ihrer Wettbewerbsfähigkeit arbeiten, um am Markt bestehen zu können, ist Corporate Social Responsibility (gesellschaftliche Verantwortung von Unternehmen) heute oft Voraussetzung für den Markterfolg.“ (ebd. S. 119)

Danach werden **Nachhaltigkeitssiegel** (Bio, Fairtrade, Oeko-Tex, Österreichisches Umweltzeichen) sowie **Nachhaltigkeitsberichte** vorgestellt, letztere als lediglich freiwillige Maßnahme kritisiert. Zudem wird das Problem von **Greenwashing** benannt, das anders als **Greenmarketing** „umweltschädigende Produktionsweisen verschleiert bzw. kleinredet“ (ebd. S. 119). In einem weiteren Abschnitt werden **nachhaltige Investitionen** am Beispiel des „Dow Jones Sustainability Index“ des Finanzdienstleistungsunternehmen S & P Global mit einer kritischen Anmerkung zu dessen Glaubwürdigkeit beschrieben, dabei auch die Begriffe „Aktien“, „Stakeholder“ und „Monitoring“ erklärt.

Global 5 enthält ein Kapitel **„Die Tragfähigkeit der Erde“** (global 5, S. 68f.), das jedoch nicht explizit den Begriff der Nachhaltigkeit verwendet. Darin heißt es zur maximal verträglichen Weltbevölkerung:

„Die meisten veröffentlichten Schätzungen liegen in einem Bereich von ein bis zwölf Milliarden Menschen.“ (ebd. S. 68)

Mit einem Zitat von Lester Brown, dem Gründer des Worldwatch Institute, wird auf die Rolle des **Konsumniveaus** verwiesen:

„Hätten alle Menschen den Lebensstandard der Amerikaner, wären es vielleicht 2,5 Milliarden Menschen, für die die Ressourcen der Erde ausreichen. Hätten alle den Lebensstandard der Inder, dann könnten mit der gleichen Menge zehn Milliarden Menschen ernährt werden.“ (ebd. S. 68)

In **global 7** gibt es ein Kapitel **„Nachhaltigkeit geht uns alle an“** (global 7, S. 90ff.) Darin werden der Ursprung des Begriffs in der Forstwirtschaft, die Definition im **Brundtland-Bericht**, die **Agenda 21** sowie die **Agenda 2030** der Vereinten Nationen ausgeführt. Als Definition wird genannt:

„Nachhaltigkeit bedeutet weder auf Kosten seiner Mitmenschen noch jener zukünftiger Generationen zu leben.“ (ebd. S. 90)

Die drei **Bereiche der Nachhaltigkeit** – im Buch als drei überschneidende Kreise dargestellt – werden gemäß der EU-Definition von **Corporate Social Responsibility** (CSR) mit drei „Ps“ beschrieben: Profit (Ökonomie), People (Soziales) und Planet (Ökologie). Die Menschen würden von den Unternehmen zunehmend nachhaltiges Agieren erwarten, CSR sei daher wichtig, sie bedeute, dass

„sämtliche Prozesse, die zur Gewinnerzielung führen, bereits sozial und ökologisch erfolgen.“ (ebd. S. 91)

Als **Positivbeispiele** werden die Unternehmen Sonnentor, Bellaflora und MacDonalds angeführt, als Auszeichnung in Österreich wird der TRIGOS-Preis genannt. Danach wird auf nachhaltiges Handeln jedes einzelnen (s. u. Kapitel dazu), den **Ökologischen Fußabdruck** sowie **nachhaltige Geldanlagen** eingegangen. Die Nachfrage nach letzteren steige, weil ihre Ertragslage mittlerweile vergleichbar mit herkömmlichen Anlagen sei und weil die Anlegenden damit die „Welt ein Stück besser machen“ (ebd. 93) können.

Einschätzung

Alle Schulbücher gehen auf das Konzept der **Nachhaltigkeit** bzw. **Tragfähigkeit des Planeten** ein, das Problem des zu **ressourcenintensiven Konsum- und Lebensstils** in den wohlhabenden Ländern wird aber unterschiedlich stark betont. In manchen Schulbüchern wird „der Mensch“ als Ursache für Nicht-Nachhaltigkeit bezeichnet, nicht „der Mensch in den Hochkonsumländern“ (Holzinger 2024). Ausgangspunkt der Beschreibungen sind das Säulen- bzw. Schnittmengenmodell der Nachhaltigkeit, demgemäß ökonomische, soziale und ökologische Ziele zusammengedacht werden müssen, aber Zielkonflikte ergeben können. Manche Schulbücher betonen die **Verantwortung der Konsument*innen**, andere jene der **Unternehmen** für Nachhaltigkeit, dass eine **grundsätzliche Transformation** unseres Wirtschaftens ansteht – Klimaneutralität, Wirtschaften in Kreisläufen, Fokus auf Grundbedürfnisbefriedigung für alle –, wird außer in *Geografisch* nicht ausgeführt.

Nun zur Einzelbewertung.

Meridiane 5/6: Der Verweis auf die **Tragfähigkeit der Erde** im Kontext des weiteren Anwachsens der Weltbevölkerung ist nicht unproblematisch, auch wenn in der Folge auf den unterschiedlich hohen Fußabdruck zwischen reichen und wirtschaftlich ärmeren Ländern eingegangen wird (die verwendeten Begriffe „hoch entwickelt „ und „Entwicklungsländer" sind problematisch, s. a. das Kapitel zu Entwicklung). Das **Bevölkerungswachstum** macht durchaus Probleme, vor allem aber in den betroffenen Ländern selbst, etwa durch Wasserknappheit, aber auch Knappheit an Beschäftigungsmöglichkeiten. Für die Überlastung der Ökosysteme zeichnet wesentlich die **transnationale Konsument*innenklasse** (Nair 2011) verantwortlich. Sie ist gekennzeichnet durch hohen Fleischkonsum, hohen Güterkonsum sowie ausufernd hohe Mobilität.

Meridiane 7: Es wird zunächst auf die Notwendigkeit von **Änderungen**, auch auf eine **Reduzierung unseres Konsums**, dabei auf die Begriffe **Effizienz-** und **Suffizienzrevolution** hingewiesen. Die Änderung unseres Konsum- und Lebensstils wird jedoch eher **vorsichtig** beschrieben („Weg der Mitte", Warnung vor zu „radikalen Schritten") und das Problem der „Verlierer" wird als Herausforderung bzw. Plädoyer für mäßige Änderungsschritte benannt. Die notwenigen Veränderungen werden jedoch alle Lebens- und Wirtschaftsbereiche erfassen und müssen umfassend bzw. radikal sein.

Perspektive 5/6 thematisiert das **Tragfähigkeitskonzept**, das **Drei-Säulenmodell** der Nachhaltigkeit sowie **Nutzungskonflikte**. Als Eigenschaften **nachhaltiger Wirtschaftssysteme** werden zwar Klima-, Ressourcen- und Artenschutz, Wohlstand für alle, effizientes und kostenbewusstes Handeln sowie der Ausgleich sozialer Kräfte benannt, die Feststellung, dass „Nachhaltigkeit und Gewinnstreben in Konkurrenz zueinander" stünden, wird jedoch nicht näher erläutert.

Perspektiven 7/8 geht nicht direkt auf den Begriff der Nachhaltigkeit ein, behandelt aber die Ressourcen Wasser, Wald, Luft und Boden, dabei werden der hohe **Wasserverbrauch**, die **Feinstaubbelastung** und **Ozonkonzentration** sowie die **Bodenversiegelung** angesprochen.

Durchblick 5 & *7* gehen lediglich im Kontext von Ressourcennutzung auf **Nachhaltigkeit** ein, ohne den Begriff auszuführen. Dies erfolgt in *Durchblick 8*, wobei nicht auf das Säulenmodell, sondern auf die Strategien der **Effizienz, Konsistenz, Suffizienz** und insbesondere **Bildung** eingegangen wird. Neben den SDGs werden soziale Grundlagen für eine nachhaltige Entwicklung sowie die Hoffnung auf **Dematerialisierung** durch Erhöhung des Wissensanteil an der Produktion betont. Letzteres stimmt zwar, wird aber durch **Reboundeffekte** sowie die **Verlagerung schmutziger Produktionen** in Billigländer konterkariert. Im ausführlichen Kapitel zur Regenwaldabholzung wird u. a. der Ankauf von Flächen durch NGOs als Beispiel für Rettungsmaßnahmen dargestellt. Dieses Konzept wird in der Fachdiskussion zum einen stark propagiert, zum anderen aber auch als Eingriff in die Lebensräume der Indigenas kritisiert.[157]

Geospots 5/6: Die Grenzen der **Tragfähigkeit des Planeten** werden mit dem zu hohen Ressourcen- und Energieverbrauch in den Wohlstandsländern in Verbindung gebracht, nicht mit dem Bevölkerungswachstum. Zudem wird **Hunger** mit unserem fleischzentrierten Ernährungsstil in Bezug gesetzt. Beides ist korrekt. Alternativen werden jedoch nicht benannt.

---

[157] Befürwortend: https://nationalgeographic.de/reise-und-abenteuer/2025/06/kann-man-regenwald-retten-indem-man-ihn-kauft. Kritisch: https://www.robinwood.de/blog/landkauf-im-regenwald-zum-ausgleich-von-klimasch%C3%A4den. Abgerufen am 7.8.2025

Geospots 7/8: Dieses Schulbuch erklärt die **Mensch-Umwelt-Beziehungen** und verweist auf die Übernutzung des Bodens in Österreich durch die intensive Landwirtschaft. Im Kapitel zu „**Globale Umweltrisiken**“ werden die Landvernichtung, das Landgrabbing, der zu hohe Wasserverbrauch und die Leerfischung der Meere problematisiert. Die „Grün-Bewegung“ ab den 1980er-Jahren wird gelobt, da sie ein Bewusstsein für Nachhaltigkeit geschaffen habe. Zu erwähnen wäre aber, dass wir noch immer auf zu großem Fuß bzw. in nicht nachhaltigen Strukturen leben.

Geografisch 5/6: Nachhaltigkeit wird hier präzise erklärt, auch der Unterschied zwischen dem **Säulen-** und **Schnittmengenmodell** („Nachhaltigkeit kann nur stattfinden, wenn Maßnahmen alle drei Dimensionen berücksichtigen“, S. 116). Noch konsequenter wäre das **Kreismodell** der strengen Nachhaltigkeit, demgemäß die Gesellschaft und Wirtschaft in die Ökosysteme eingebettet sind bzw. sein sollen. Der Übergang zur industriellen Produktionsweise als entscheidende Zäsur wird korrekt benannt. Der Optimismus des Textes zu **nachhaltigen Unternehmen** ist zu hinterfragen: Das Bewusstsein über nachhaltigen Konsum ist in den letzten Jahrzehnten in der Tat gestiegen, aber Produkte mit Öko- oder Fairtrade-Gütesiegel bedienen nach wie vor Nischenmärkte. Hinzuweisen wäre darauf, dass verbesserte Standards nötig sind, die für alle Unternehmen gelten, etwa durch strenge Lieferkettengesetze oder Vorschriften zur Kreislaufwirtschaft.

global 5: Dieses Schulbuch erklärt den Ansatz der **Tragfähigkeit des Planeten** und verweist mit einem Zitat des Gründers des Wordwatch Institutes Lester Brown auf das Problem des ressourcenintensiven Lebensstils der Menschen in den wohlhabenden Ländern. Dass die Schätzungen über eine ökologisch tragfähige **Weltbevölkerung** im Bereich zwischen einer und zwölf Milliarden Menschen liegen würden, erscheint unlogisch. Die Untergrenze von einer Milliarde müsste erklärt und mit der Quelle belegt werden.

In *global 7* wird die Genese des Begriffs der Nachhaltigkeit erklärt, danach ausführlich auf die **Verantwortung von Unternehmen** im Kontext von CSR eingegangen. Eine grundlegende Transformation des Wirtschaftens wird auch hier nicht angesprochen. Dass **McDonalds** für seine sozialen Aktivitäten gelobt, die vom Unternehmen transportierte Ernährungskultur des Fastfood aber nicht problematisiert wird, verweist auf die vielseitige Verwendung des Nachhaltigkeitsbegriffs. **Nachhaltige Geldanlagen** werden ausführlich und positiv besprochen, dass der gesamte Finanzmarkt auf nachhaltige Investments umzustellen ist, wird dabei aber außer Acht gelassen (s. a. Kapitel zu Geldanlagen).

Energie

Fachliche Einführung

Grundlage allen Lebens auf der Erde ist die **Energiezufuhr durch die Sonne**, die durch Photosynthese Biomasse erzeugt, die wiederum Nahrungsgrundlage für Tiere und Menschen ist. Flora, Fauna und Mensch stehen also in enger Wechselbeziehung. Früh hat der Mensch das Feuer erfunden, das ihm Wärmequelle war und erlaubte, Fleisch zu garen. Tierische und menschliche Muskelkraft waren über Jahrhunderte die zentralen Antriebskräfte neben der Verwendung von Holz als Feuerquelle. Später kamen Wind- und Wassermühlen hinzu. Der Quantensprung erfolgte mit der **Nutzung unterirdischer Energiequellen**, zunächst Kohle, dann auch Erdöl und Erdgas. Die industrielle Revolution ist nicht zu denken ohne die Nutzung fossiler Energie (Holzinger 2024, S. 98ff.).

Lange Zeit war die Aufmerksamkeit auf das **Versiegen der fossilen Energieträger** wie Peak Oil oder Peak Gas gerichtet, wie etwa im ersten Bericht an den Club of Rome „Die Grenzen des Wachstums“ (1972) prognostiziert wurde. In der **Klimaforschung** ist man sich aber einig, dass nicht das Ende des Erdöls das Problem ist, sondern dass uns dieses nicht ausgeht.

Zwei Drittel der noch verfügbaren fossilen Energieträger müssten unter der Erde bleiben, wenn wir die Klimakrise eindämmen wollen (Newinger u. a. 2017).

Klimaneutralität bedeutet somit eine vollständige Umstellung auf **erneuerbare Energien**. Forschungen zeigen, dass die Förderung fossiler Energien teurer wird, da die leicht verfügbaren Quellen versiegen – man spricht hier von einem **Erntefaktor,** der das Verhältnis der gewonnenen Energie zu jener anzeigt, die für die Gewinnung gebraucht wird, was erneuerbare Energien wettbewerbsfähig macht. Diesen seien jedoch ebenfalls Grenzen gesetzt durch die dafür **notwendigen,** aber ebenso **begrenzten Rohstoffe** (Tocha 2022, Servigne/Stevens 2022).

Die Energiewende erfordert daher maßgeblich auch eine **Reduktion des Energieverbrauchs**. Themen sind ein neues **Gebäudemanagement** mit Nullenergiehäusern, dezentralen Energieproduzent*innen und Speichern sowie die völlige Umstellung aller **Industrieprozesse.** Ein wichtiger Teil der **Energiewende** wird in der **Mobilitätswende** gesehen, also im Umstieg auf den Öffentlichen Verkehr, den Radverkehr sowie auf E-Mobilität mit deren Chancen und Grenzen (Holzinger 2024, S. 234ff.). Zu beachten ist der hohe **Energiebedarf der Industrie**, die vielfach sehr hohe Temperaturen erfordert, wie in der Stahl-, Chemie- oder Zementindustrie. Eine Klimawende ist daher nicht möglich ohne eine **Industriewende** sowie eine **Schrumpfung der Industrieproduktion** (Holzinger 2024, S. 328 ff.)

Dass die Abkehr von den fossilen Energieträgern zu großen Verlusten der Besitzer dieser Energierohstoffe sowie der Verarbeiterindustrien führen wird und diese daher **Widerstand** leisten, muss im Zusammenhang mit der Energiewende ebenfalls thematisiert werden – die Widerstände nehmen mit der Konkretheit der geplanten Veränderungen zu (Beispiel Verbrenner-Aus durch die EU).

Die **Bedeutung** des **Energiesektors** unterstreicht eine Zahl: 18 Prozent des Weltbruttosozialprodukts entfallen heute auf den Energiesektor (Schmidl 2022, S. 99). Der **Energiekonsum** ist mit der industriellen Zivilisation rapide angestiegen. Doch viele Menschen sind noch immer davon ausgeschlossen: 1,3 Milliarden Menschen haben keinen Zugang zu Elektrizität, 2,3 Milliarden Menschen kochen und heizen noch immer mit veralteten, ineffizienten Mitteln (ebd. S. 202). Der **Weltenergieverbrauch** hat sich von1980 bis 2022 mehr als verdoppelt, vier Fünftel davon fallen auf die G20 Staaten, also jene Länder, die bereits ein hohes Wohlstandsniveau haben und jene, die dazu gerade aufschließen wie China. 80 Prozent des **Weltenergiebedarfs** werden noch immer aus **fossilen Quellen** gespeist, ob die Abkehr von diesen tatsächlich gelingen wird, ist offen, aus Klimaschutzgründen aber unabdingbar (Holzinger 2024, S. 100).

Die aktuellen Entwicklungen sind den Daten der **Weltenergieagentur** zu entnehmen.[158]

Die gute Botschaft: **Erneuerbare Energie** aus Sonnenkollektoren und Windkraft wird immer günstiger, sie ist mittlerweile billiger wie Energie aus Kohle oder Erdöl. Herausforderungen bestehen in den Speichermöglichkeiten von Elektrizität, in der Umstellung der Industrieprozesse und Mobilität sowie im Ressourcenverbrauch für die neuen Anlagen (Paech 2025, Holzinger 2024, S. 328ff).

Von manchen wird erneut die **Atomenergie** zum Schließen der Lücke ins Spiel gebracht, versprochen werden neue sogenannte „Small Modular Reactors" (Gates 2021). Kritiker*innen sehen darin aber vor allem den Versuch der Atomindustrie, neue Gelder zu lukrieren, da diese **Mininukes** weit von einer Realisierung entfernt seien. Atomenergie sei teuer, risikobehaftet und die Lagerung des Atommülls sei ungeklärt (PLAGE 2025). In der **EU-Taxonomie** wird Atomenergie ebenfalls als nachhaltiger Energieträger eingestuft, weil diese CO_2-neutral sei, was von Umwelt-NGOs jedoch kritisiert wird (Holzinger 2024, S. 193ff).

[158] https://www.iea.org/ Abgerufen am 7.8.2025

Inhalte der Schulbücher

In **Meridiane 5/6** wird auf die noch verfügbaren **Reserven an fossilen Energieträgern** eingegangen. Ein Absatz wird mit der Überschrift „Ohne fossile Rohstoffe gibt es keine wirtschaftliche Entwicklung“ eingeleitet und **„Peak Oil“** wird als Problem gesehen (ebd. S. 132). Unkommentiert heißt es:

„Das 20. und 21. Jahrhundert wird als Ölzeitalter der Menschheit in die Geschichte eingehen.“ (ebd. S. 132)

Es gibt hier keinen Hinweis auf die **klimaschädlichen Auswirkungen** der fossilen Energieträger Erdöl, Erdgas und Kohle sowie auf die Notwendigkeit und Potenziale der **erneuerbaren Energieträger,** allem voran Wind und Sonnenkraft. Vielmehr wird nur angesprochen, dass die Frage des Peak Oil unterschiedlich diskutiert wird. Als Aufgabe wird gestellt, **erneuerbare** und **nicht erneuerbare** Energiequellen zu nennen.

In **Perspektiven 5/6** wird lediglich im Kontext der **Konflikte im Nahen Osten** auf Energie eingegangen:

„Speziell der Konflikt um Öl schlägt sich auch bei uns auf die Preise etwa von Diesel, Benzin, Heizöl, Kunststoffen, Farben, Medikamente, Wasch- und Reinigungsmittel oder Kosmetika durch. Ein Alltag ohne Erdöl erscheint heute fast unmöglich.“ (Perspektiven 5/6, S. 109)

Danach werden Beispiele aus dem Alltag aufgezählt, in denen Erdöl im Spiel ist. In einem Kasten werden weitere Konfliktherde um Erdöl beschrieben.

In **Perspektiven 7/8** heißt es im Kapitel zum Klimawandel knapp:

„Die Zunahme der Produktion erfordert Energie, die wiederum durch Verbrennung fossiler Rohstoffe die Atmosphäre verschmutzt.“ (Perspektiven 7/8, S. 200)

In Bezug auf die **Klimakrise** heißt es:

„Ohne einen weltweiten Klimaschutz wird die Durchschnittstemperatur bis 2100 um 3,7-4,8 Grad Celsius im Vergleich zum vorindustriellen Niveau steigen. Die weltweite Energieversorgung muss grundlegend geändert werden, weg von Kohle hin zu erneuerbaren Energieformen.“ (ebd. S. 201)

Durchblick 5 enthält ein Kapitel zu **„Erdöl – ein brisanter Rohstoff“** (Durchblick 5, S. 158f.). Darin heißt es:

„Erdöl gilt als der sensibelste Rohstoff der Welt. Jede Ankündigung von Unsicherheit oder Verknappung treibt die Preise in die Höhe und lässt die Politiker/innen westlicher Länder mit großer Nervosität reagieren. Zu sehr ist die Weltwirtschaft vom Rohstoff Erdöl abhängig. Konflikte – bis hin zu Kriegen zur Sicherung der Erdölreserven – sind die logische Folge.“ (ebd. S. 158)

In der Folge werden die größten **Erdölförderländer, Erdölreserven** und **Verbrauchsländer** sowie **Preisänderungen** seit den 19070er-Jahren dargestellt. Hinweise auf die **Klimaschädlichkeit** der Verbrennung von Erdöl gibt es nicht.

Durchblick 7 enthält ein Kapitel **„Energiewirtschaft im Wandel – auf dem Weg zur Energiewende?“** (Durchblick 7, S. 115ff.)

Darin heißt es:

„Österreichs Energieversorgung ist zu 60 Prozent von Erdöl und Erdgas abhängig, was bei geringer Eigenförderung eine große Abhängigkeit bedeutet.“ (ebd. S. 115)

Und weiter:

„Jede Form der Energiegewinnung unterliegt in Österreich meist einer großen Diskussion und ein Ausbau ist höchst schwierig. Sparmaßnahmen scheinen ein guter Ausweg zu sein, um einerseits den Lebensstandard und andererseits eine intakte Natur zu sichern.“ (ebd. S. 115)

Einer Übersicht über die Energieversorgung in Österreich folgen **Pro-** und **Kontraargumente** zum Ausbau der Wasser- und Windkraft sowie zum Fracking. Auch zu **E-Mobilität** werden Pro- und Kontra-Argumente aufgelistet, dazu wird folgende Feststellung getroffen:

„Der Kohlendioxid-Ausstoß von Elektroautos ist – unter Einrechnung aller indirekten Emissionen – etwa gleich groß wie bei einem herkömmlichen Auto." (ebd. S. 117)

Als Kommentar wird dazu ergänzt:

„Viele Argumente pro und kontra E-Mobilität werden derzeit veröffentlicht und diskutiert. Die Politik scheint dem Phänomen etwas ratlos gegenüberzustehen." (ebd. S. 117)

Geospots 5/6 geht im Kapitel zur Tragfähigkeit der Erde kurz auf **fossile Energierohstoffe** und **Peak Oil,** der mit 2030 veranschlagt wird, ein. Dazu heißt es:

„Gegenwärtig verbraucht die Menschheit in einem einzigen Jahr so viele nichterneuerbare Rohstoffe wie in einer Mio. Jahre nachgebildet werden. Besonders beim Einsatz fossiler Energierohstoffe (z. B. Kohle, Erdöl oder Erdgas; entstanden in geologischer Vorzeit aus Abbauprodukten von toten Pflanzen und Tieren) hat ein Umdenkprozess begonnen, nicht zuletzt auch wegen der zunehmend mahnenden Stimmen hinsichtlich des Klimawandels und der steigenden Preise." (ebd. S. 77)

Ein ausführliches Kapitel zur Energiepolitik der EU verweist auf die angepeilte **Klimaneutralität:**

„In den kommenden drei Jahrzenten wird die Energieversorgung besonders Europas eine Kehrtwende erfahren. Bis 2050 will die EU klimaneutral werden. Dazu müssen die Treibhausgasemissionen drastisch gesenkt werden und eine De- bzw. Entkarbonisierung eingeleitet werden, also ein Abrücken von der Verwendung von Kohlenwasserstoffen." (ebd. S. 201)

In der Folge wird auf die Notwendigkeit des Umstiegs auf E-Mobilität, den Ausstieg aus der Kohle (in Deutschland nach heftigen Bürgerprotesten, Stichwort Hambacher Forst), die Wärme- und Industriewende eingegangen. Dazu heißt es:

„Kritikerinnen und Kritiker gehen allerdings davon aus, dass für eine Erreichung der gesteckten Klimaziele, um die Erderwärmung zumindest unter 2 Grad Celsius zu halten, diese Entwicklungen zu langsam vor sich gehen." (ebd. S. 201)

Das Schulbuch geht auf die problematische **Energieabhängigkeit der EU-Staaten** von Importen, die Versorgungskrise aufgrund des Krieges gegen die Ukraine, den Umstieg auf Flüssiggas (LNG) sowie die Wiederinbetriebnahme von Kohle- und Atomkraftwerken ein.

In der **Energiekrise** würden Risiken und Chancen gesehen:

„Klimaschützerinnen und -schützer sehen dadurch die ohnehin nur mehr schwer zu erreichenden Klimaziele in Gefahr. Andererseits besteht gerade durch die Energiekrise die Chance, dass nun ein beschleunigter und nachhaltiger Umstieg auf regenerative Energien erfolgen könnte." (ebd. S. 201)

Es wird der rasche Ausbau erneuerbarer Energieträger betont, wenn dieser auch von Land zu Land unterschiedlich ausfalle:

„Der Anteil der erneuerbaren Energieträger ist seit 1997 fast auf das Vierfache gestiegen." (ebd. S. 202)

Neben Wind- und Sonnenenergie wird auf **„grünen" Wasserstoff**, der jedoch energieintensiv sei, sowie auf **Erdgas** als „Brückentechnologie" (ebd. S. 203) gesetzt. Zur Renaissance der **Atomenergie** heißt es:

„Die zukünftige Nutzung der Atomenergie ist ungewisser denn je. So hat etwa Deutschland einen stufenweisen Ausstieg bis Ende 2022 beschlossen. Allerdings existieren neue Konzepte für sogenannte Mini-Atomkraftwerke (SMR – Small Modular Reactors). Mittlerweile hat die EU sowohl die Atomkraft als auch Gaswerk-kraftwerke unter bestimmten Auflagen als klimafreundlich determiniert, um Investitionen in diesen Bereichen zu initiieren." (ebd. S. 202)

Dass die EU Ambitionen hat, die Energiewende zu schaffen, wird schließlich an den Programmen „European Energy Programme for Recovery“ (EEPR) sowie REPowerEU gezeigt.

In **Geospots 7/8** wird bei der Behandlung der Arabischen Halbinsel nochmals auf das **Ende des Erdölzeitalters** eingegangen:

„Noch Ende der 1990er-Jahre ging man davon aus, dass die globalen Erdölreserven bis zur Mitte des 21. Jahrhunderts längst aufgebraucht sein würden. Die neu entdeckten Erdölvorkommen in Staaten wie Venezuela, Kanada oder Kasachstan haben das Zeitfenster wieder deutlich vergrößert.“ (ebd. S. 218)

Es wird in der Folge auf die starke **Zunahme der Erdölnachfrage** ab den 1990er-Jahren aufgrund des Wachstumsbooms in China und Indien sowie auf die Nachfragekrisen im Zuge der **Finanzkrise** 2008 und die Verteuerung der fossilen Brennstoffe im Zuge des **Krieges gegen die Ukraine** Bezug genommen.

Im Kapitel **„Die Energiewende – Of Changes and Chances“** in **Geografisch 5/6** (S. 138ff.) wird auf die Bedeutung der fossilen Energieträger für die **Industriegesellschaft** sowie auf die **Notwendigkeit einer Energiewende** eingegangen:

„Aufgrund des global steigenden Energiebedarfes gilt es, Wege und Lösungen für eine nachhaltige Deckung der hohen Energienachfrage zu finden, ohne Umwelt und Wirtschaft zu schädigen.“ (ebd. S. 139)

Mit dem **„Energy Transition Index“** wird eine Rangfolge der Staaten nach dem Grad ihrer Umstellung der Energieversorgung vorgestellt – Österreich wird unter den Top 10 Staaten angeführt, auch wenn selbst hier nach wie vor zwei Drittel des Energieverbrauchs fossil gedeckt werden (wie eine abgebildete Grafik zeigt). Die Klimarelevanz der fossilen Energieträger wird problematisiert:

„Kohle gilt als der klimaschädlichste Energieträger. ... Der ökologische Fußabdruck fossiler Energie wird mit langen Transportwegen noch größer.“ (ebd. S 140f.)

Zudem wird die Korrelation der **energiebedingten Treibhausgasemissionen** mit der **CO_2-Konzentration** in der Atmosphäre dargestellt, der weltweite **Handel mit fossilen Energieträgern** (am Beispiel Erdöl) illustriert, weiters die **risikobehaftete Atomenergie** sowie der Ausbau der **erneuerbaren Energieträger** thematisiert. Bei Letzteren werden Großkraftwerke wie eine Riesen-Solaranlage in Marokko dezentralen Anlagen gegenübergestellt, zudem **Widerstände** etwa gegen **Windkraftanlagen** oder neue **Wasserkraftwerke** thematisiert – **„Photovoltaikanlagen** auf Dächern sind eine mögliche Lösung“ (ebd. S. 145), heißt es dazu.

Als Ausblick wird ein **Zukunftsszenario** beschrieben, das auch auf **Energieeinsparung** setzt:

„Wind, Wasser, Sonne und Biomasse decken den globalen Energiebedarf. Es gibt keine Atom- und Kohlekraftwerke mehr. Technische Geräte verbrauchen weniger Strom. Fahrzeuge benötigen weniger Kraftstoff. ... Es werden Einnahmen mit nachhaltigen Energiequellen erzielt und neue Arbeitsplätze geschaffen.“ (ebd. S. 138)

Auch der **steigende Energiebedarf**, die politische Abhängigkeit von **Energieimporten** sowie die **Potenziale erneuerbarer Energieträger** werden benannt, ohne zu verschweigen, dass wir erst am Anfang der Energiewende stehen:

„Global betrachtet liegt eine Umstellung auf erneuerbare Energien v. a. in den Bereichen Wärme und Transport in weiter Ferne.“ (ebd. S. 145)

Untermauert wird dies mit einer Grafik über den globalen Anteil der erneuerbaren Energieträger in den Bereichen Heizen und Kühlen, Transport und Strom. In einem Fallbeispiel zum VW-Werk in Wolfsburg wird auf den **Dieselskandal** und die notwendige **Verkehrswende** eingegangen.

Darin heißt es:

„Bis 2030 will VW eine 40-prozentige Reduktion des CO_2-Ausstoßes erreichen. Die Umrüstung auf Elektromobilität ist aber nicht kritikfrei – Rohstoffbedarf, die Entsorgung der Batterien und der erhöhte Energiebedarf müssen berücksichtigt werden. Die ungebrochene Dominanz von PKWs bei der Personenbeförderung innerhalb der EU (85 Prozent laut Eurostat, 2021), die unabhängig von der Antriebsart eine große Anzahl an Ressourcen verbrauchen, lässt Mobilitätsforscher*innen ein viel radikaleres Umdenken von Mobilitätskonzepten und z. B. den Verzicht auf ein eigenes Auto fordern.“ (ebd. S. 192)

Im Kapitel **„EU-Energiepolitik“** (ebd. S. 254ff.) wird auf die Ziele des **European Green Deal** (Klimaneutralität bis 2050 u. a.), die Notwendigkeit von **Erdgas** als „Brückentechnologie“ (ebd. S. 254) sowie den Übergang zu **Flüssig-Gas-Importen** (LNG) im Zuge des Krieges gegen die Ukraine und die Drosselung des Bezugs von russischem Erdgas Bezug genommen.

global 6 enthält ein Kapitel **„Energiepolitik in der EU: Strategien gegen Klimawandel und Abhängigkeit“** (global 6, S. 102ff.). Einleitend heißt es:

„Die Energiewirtschaft ist von strategischer Bedeutung für jede Volkswirtschaft, denn ohne Energie läuft nichts.“ (ebd. S. 102)

Neben der hohen **Energieabhängigkeit** der EU, die nach Staaten anhand einer Landkarte illustriert wird, geht das Buch auf die **Klimarelevanz** ein:

„Als einer der Hauptverursacher für die Treibhausgas-Emissionen gilt die Energiewirtschaft, die bis zu 80 Prozent von fossilen Brennstoffen abhängig ist.“ (ebd. S. 102)

Es werden die **Ziele der EU** zur Reduktion der **Treibhausgasemissionen**, zum Ausbau der **erneuerbaren Quellen** sowie zur Steigerung der **Energieeffizienz** vorgestellt. Dazu heißt es:

„Den Energieverbrauch zu senken ist nicht leicht, aber unbedingt notwendig. ... Der Ausbau erneuerbarer Energien, also die Nutzung der Wasserkraft, der Biomasse und der Fotovoltaik, hat eine enorme Bedeutung für die Stärkung der Versorgungssicherheit und schafft neue hochqualifizierte Arbeitskräfte.“ (ebd. S. 103)

Konventionelle Energieträger (Erdöl und Erdgas) würden jedoch auch in Zukunft eine entsprechende Rolle in der Energieversorgung der EU spielen. Dafür müssten neue Bezugsquellen, Pipelines und Speicher für Krisenzeiten geschaffen werden. Abschließend heißt es:

„Inwieweit die ehrgeizigen Energie- und Klimaziele auch tatsächlich erreicht werden können, gilt als fraglich.“ (ebd. S. 103)

Auch **Atomenergie** sei weiterhin nötig:

„Die EU muss daher mit strengen Normen dafür sorgen, dass die Erzeugung von Strom über Atomkraftwerke und die Entsorgung der radioaktiven Abfälle sicher abläuft.“ (ebd. S. 102)

Als Fallbeispiele für die Energiewende werden schließlich der **Windpark Steinriegl** in der Steiermark sowie das **Smart Grid-Pionierprojekt Köstendorf** in Salzburg beschrieben (ebd. S. 104f.)

global 8 enthält einen kurzen Abschnitt über **Elektroautos**, deren Ökobilanz bei Kohlestrom gleich schlecht sei wie bei Verbrennungsmotoren. Wird der Strom allerdings aus umweltfreundlicher Solar-, Wind- oder Wasserkraft gewonnen, sehe die Situation anders aus:

„Auch wenn der Abbau von Lithium und Kobalt für die Batterieproduktion ökologische Schäden verursacht, dürfte bei aktuellem Entwicklungsstand und nach aktuellem Forschungsstand die gesamte Umweltbilanz im Vergleich zu Fahrzeugen mit Verbrennungsmotoren positiv ausfallen.“ (ebd. S. 23)

Einschätzung

Die Rolle der Energiewirtschaft wird in den Schulbüchern sehr unterschiedlich behandelt. Alle Bücher betonen die **Abhängigkeit von fossilen Quellen**, nur drei – *Geospots, Geografisch* und *global* – weisen aber auf die Problematik der Klimaerwärmung durch deren Verbrennung hin. Das Potenzial von Fotovoltaik wird nur in *Geografisch* erwähnt, **Atomenergie** auch in *Geospots* sowie *global*, in Letzterem aber als weiterhin notwendig. „Grüner Wasserstoff" wird in *Geospots* in seiner Ambivalenz dargestellt.

Im Bereich der **erneuerbaren Energien** wurden in den letzten Jahren große technische Fortschritte erzielt. Sonnen- und Windenergienutzung sind mittlerweile kostengünstiger als die fossilen Energieträger.[159] Die aktuelle Herausforderung liegt in der Zur-Verfügung-Stellung von genügend Speicherkapazitäten. Erscheinungsbedingt werden diese Innovationen in den Schulbüchern – mit Ausnahme von *Geografisch* und *global* – nicht thematisiert und sind in Neuauflagen zu ergänzen. Dies gilt ebenso für **E-Mobilität**, deren Chancen und Grenzen im Kontext einer generellen Mobilitätswende (Holzinger 2024, S.234ff.) zu thematisieren sind.

Nun zu den Einzelbewertungen.

Meridiane 5/6: Es wird ausschließlich auf das Problem des **Peak Oil** eingegangen, auch das 21. Jahrhundert werde ein "Ölzeitalter" sein. Lediglich in einer der Arbeitsaufgaben werden die Schüler*innen aufgefordert, erneuerbare und nicht erneuerbare Energiequellen zu nennen. Die Darstellung der Energiesituation **ohne Verweis auf die Klimakrise** und die **notwendige Energiewende** ist problematisch.

Perspektiven 5/6: Dieses Schulbuch verweist auf unsere starke **Abhängigkeit von Erdöl**, das in vielen Produkten stecke, im Kontext der Konflikte im Nahen Osten. Die Klimakrise ist dabei kein Thema. *Perspektiven 7/8* geht im Abschnitt zum Klimawandel nur einmal kurz auf die Verbrennung fossiler Rohstoffe ein, die „unsere Atmosphäre verschmutzt" (S. 200). Die Notwendigkeit einer umfassenden **Energiewende** wird auch in diesem Schulbuch nicht gesehen. Es verwundert, dass nur der Ausstieg aus Kohle angesprochen wird, es geht auch um Erdöl und Erdgas (Newinger u. a. 2017, Holzinger 2024, S. 98ff.).

Durchblick 5: Auch dieses Schulbuch widmet dem **Erdöl** als „sensibelstem Rohstoff der Welt" ein eigenes Kapitel. Auf die **Klimaschädlichkeit** der Verbrennung fossiler Rohstoffe wird erst in *Durchblick 7* eingegangen und die große Abhängigkeit Österreichs von diesen Energieträgern betont. Die skizzierten Widerstände gegen Windkraftanlagen und neue Wasserkraftwerke werden lediglich im Kontext der Verringerung der Energieabhängigkeit benannt, daher auch Fracking (an einem Beispiel in Niederösterreich) angeführt. Fotovoltaik wird auch hier nicht erwähnt. Die angeführten Kontra-Argumente zur **E-Mobilität** sind mittlerweile weitgehend überholt. Dass E-Autos keine bessere Klimabilanz hätten als Verbrenner, ist widerlegt, ihre Ökobilanz ist bedeutend besser als jene der Autos mit Verbrennungsmotor, auch die Akkus werden besser und können mittlerweile recycelt werden.[160] Was bleibt, ist der Platzverbrauch auch von E-Autos in Städten und der Verbrauch von wertvollen Rohstoffen, die teilweise unter ökologisch und sozial problematischen Bedingungen abgebaut werden (Holzinger 2024, S. 234ff.).

Geospots 5/6: Hier wird auf die **Energieversorgung** im Kontext von Peak Oil und dem Klimawandel Bezug genommen – letzteres sehr vorsichtig. Ein Kapitel zur **Energiepolitik der EU** geht jedoch ausführlich auf die aus Klimaschutzgründen notwendige Energiewende ein. Es werden die Klima- und

---

[159] https://klima-wissen.de/erneuerbare-energien-vs-fossile-brennstoffe. Abgerufen am 21.7.2025

[160] https://www.umweltbundesamt.at/news210427; https://www.umweltbundesamt.at/news230327; https://www.bmimi.gv.at/themen/mobilitaet/alternative_verkehrskonzepte/elektromobilitaet/zahlen/fakten-check.html. Abgerufen am 21.7.2025

Energieziele der EU sowie einschlägige Programme vorgestellt. Neben Wind- und Sonnenenergie wird **Erdgas** aufgrund der **Energiekrise** im Zuge des Kriegs gegen die Ukraine als „Brückentechnologie" bezeichnet, was wegen der Verlängerung des fossilen Pfades jedoch ebenso kritisiert wird wie das Setzen auf LNG (Kemfert 2023). Die Renaissance der **Atomenergie** wird wertneutral wiedergegeben, Aspekte wie die nicht geklärte Entsorgung des Atommülls, die hohe Kosten sowie das Problem der Kühlung bei Niedrigwasserstand wären ebenso wie die Gesundheitsrisiken zu benennen. Positiv ist jedoch zu erwähnen, dass dieses Schulbuch die Herausforderung der **Energiewende** ausführlich darstellt – neben erneuerbarem Strom wird auch Energieeinsparung und die notwendige Wende der Industrie benannt.

Geospots 7/8 thematisiert das **Ende des Erdölzeitalters** bei der Behandlung der Arabischen Halbinsel. Es wird auf neue Funde verwiesen – dabei nicht auf das Fracking in den USA und auch nicht auf die Problematik der Klimakrise durch die weitere Verbrennung fossiler Rohstoffe eingegangen. Es gibt kein Kapitel zum Thema Energie bzw. zur notwendigen **Energiewende**, was angesichts der Relevanz der Energieversorgung für jede Wirtschaft verwundert, wenn auch die Ausgabe 5/6 ausführlich die Thematik behandelt.

Geografisch 5/6: Dieses Schulbuch problematisiert den Verbrauch fossiler Energiequellen am ausführlichsten. Die Notwendigkeit einer **Energiewende**, ihre **Chancen** und **Hürden** werden umfassend und korrekt dargestellt. Es wird auch auf die **Reduktion des Energieverbrauchs** Bezug genommen. Auffällig ist, dass im Zukunftsszenario von Fahrzeugen mit „weniger" Kraftstoffverbrauch gesprochen wird – notwendig ist die gänzliche Abkehr vom Verbrennungsmotor hin zum Umweltverbund sowie E-Auto. Wertvoll in diesem Kapitel sind die weiterführenden Links etwa zum **Global Carbon Projekt**, das Auskunft über die Kohlekraftwerke weltweit gibt, oder zur **Electricity Map**, die in Echtzeit Auskunft über die Zusammensetzung des Strommixes für verschiedene Staaten sowie die Auswirkungen auf die CO_2-Emissionen zeigt. Das Schulbuch geht auch auf **E-Mobilität** ein und zitiert dabei Verkehrsforscher*innen, die „ein viel radikaleres Umdenken" (S. 122), etwa den Verzicht auf einen eigenen PKW, fordern. Auch dies entspricht wie die Nennung des **EU-Green New Deals** dem aktuellen Stand der Fachliteratur.

global 6 thematisiert ausführlich die **Energiepolitik der EU** mit den Zielen zum Umstieg auf erneuerbare Quellen, die Erhöhung der Energieeffizienz sowie die Reduzierung der Treibhausgase. Diese werden jedoch hinterfragt: „Inwieweit die ehrgeizigen Energie- und Klimaziele auch tatsächlich erreicht werden können, gilt als fraglich." (ebd. S. 105) Problematisch ist auch die Feststellung, dass es in der EU weiterhin **fossile Energieträger** brauchen wird. Auch über die Notwendigkeit, Kosteneffizienz und Sicherheit von **Atomenergie** müsste kontrovers diskutiert werden, betont wird lediglich, dass die EU hohe Standards sicherstellen müsse.

Klimakrise

Fachliche Einführung

„Menschliche Aktivitäten haben eindeutig die globale Erwärmung verursacht, vor allem durch die Emission von Treibhausgasen. Dadurch lag die globale Oberflächentemperatur im Zeitraum 2011–2020 um 1,1 °C höher als der Wert von 1850–1900. Die globalen Treibhausgasemissionen haben weiterhin zugenommen, wobei die historischen und gegenwärtigen Beiträge aus nicht-nachhaltiger Energienutzung, Landnutzung und Landnutzungsänderung, nicht-nachhaltigen Lebensstilen sowie Konsum- und Produktionsmustern über Regionen, Länder und Einzelpersonen sowie innerhalb von Ländern ungleich verteilt sind." (IPCC 2023)[161]

Damit wird die Zusammenfassung des **6. Sachstandsberichts** des **International Panel of Climate Change** (IPCC 2023), des Klimaforschungsgremium der Vereinten Nationen, eingeleitet.

Der neue **österreichische Sachstandsbericht** zum Klimawandel aus 2025 macht deutlich:

„Österreich erfährt eine zunehmende Erwärmung, wobei im Jahr 2024 die durchschnittliche Lufttemperatur um 3,1°C über dem vorindustriellen Niveau lag. Dies führt zu häufigeren und intensiveren Hitzewellen, einer Abnahme der Schneedecke und dem Rückgang von Gletschern. Zukünftige Klimaprojektionen weisen auf eine Zunahme der Risiken von Dürren, Überschwemmungen sowie auf den Verlust der Biodiversität hin. Diese Entwicklungen stellen Herausforderungen für Infrastruktur, Energiesysteme, Land- und Forstwirtschaft sowie den Tourismus dar." (CCCA 2025, o. S.)[162]

Es werden deutlichere Anstrengungen in der **Klimapolitik** gefordert:

„Die Treibhausgasemissionen in Österreich sind in den letzten Jahren zurückgegangen, aber im internationalen Pro-Kopf-Vergleich sind die nationalen Emissionen nach wie vor hoch. Das Bewusstsein steigt, dass sowohl ehrgeizige Emissionsreduktionen als auch erhebliche Investitionen in Anpassung und Klimaresilienz erforderlich sind, um den Wohlstand und die hohe Lebensqualität in Österreich vor negativen Auswirkungen der Erderhitzung zu schützen. Trotzdem sind die derzeit umgesetzten Maßnahmen nicht ausreichend, um die langfristigen Klimaziele zu erreichen." (CCCA 2025, o. S.)[163]

Österreich hat sich bereits doppelt so stark erhitzt wie der globale Durchschnitt – um 3,1 Grad seit 1900. Zwei Milliarden Euro im Jahr kostet die Klimaerwärmung Österreich bereits jetzt – bis 2030 könnten es über 5 Milliarden jährlich sein, so die Prognose des CCCA-Berichts.[164] Die **IPCC-Prognosen** gehen mittlerweile von bis zu über 4 Grad Erwärmung bis 2100 aus (IPCC 2023), bei der Fortführung der bisherigen Politiken warnt das Deutsche Umweltbundesamt vor einem Anstieg der globalen Mitteltemperatur um über 3 Grad Celsius.[165]

Die **menschengemachte Erderhitzung** wird in der **Klimaforschung** nicht mehr in Zweifel gezogen. Vielmehr wird dazu aufgefordert, mehr und wirksamere Maßnahmen im Bereich der Klimapolitik zu setzen. Das bei der **Pariser Klimakonferenz 2015** angepeilte Ziel einer Erhöhung der globalen Durchschnittstemperatur bis maximal 1,5 Grad ist nicht mehr zu erreichen. Doch es zähle jedes Zehntel Grad, so die Klimaforscher*innen. Die Folgen der Erderhitzung werden mit der **Zunahme der Wetterextreme**, der Dürren zum einen, der Starkregenfälle zum anderen, beschrieben.

---

[161] https://www.de-ipcc.de/media/content/Hauptaussagen_AR6-SYR.pdf. Abgerufen am 16.7.2025

[162] https://aar2.ccca.ac.at/zusammenfassung#b-wie-wirkt-sich-die-erderhitzung-in-oesterreich-aus-klimafolgen-risiken-und-anpassungsstrategien. Abgerufen am 16.7.2025

[163] https://aar2.ccca.ac.at/zusammenfassung#einleitung. Abgerufen am 16.7.2025

[164] https://aar2.ccca.ac.at. Abgerufen am 16.7.2025

[165] „Modellrechnungen, die von einer Fortsetzung der bis Ende 2020 umgesetzten Politiken ausgehen, führen zu einer mittleren globalen Erwärmung von 3,2 °C bis 2100 (ibid.). Eine solche Temperaturänderung wäre größer als alle während der letzten Jahrhunderte beobachteten natürlichen Temperaturschwankungen. Sie erfolgt mit einer Schnelligkeit, wie sie in den letzten 10. 000 Jahren nicht vorkam." https://www.umweltbundesamt.de/themen/klima-energie/klimawandel/zu-erwartende-klimaaenderungen-bis-2100. Abgerufen am 30.3.2025

Eine große Gefahr wird in sogenannten **Kipppunkten** gesehen, die zur raschen Beschleunigung der Erwärmung führen würden (Politische Ökologie 2024, Thurner 2020). Ein Beispiel ist das **Auftauen des Permafrosts**, der zur Freisetzung großer Mengen an Methan führen würde.[166]

„Zahlreiche wissenschaftliche Studien warnen davor, dass das globale Klimasystem und andere natürliche Kreisläufe durch menschliche Einwirkung in einen Zustand versetzt werden könnten, in dem sie ihre Stabilität unwiederbringlich verlieren. Viele Elemente des Erdsystems können äußere Einflüsse zunächst abpuffern, sind dann gestresst, erscheinen aber noch stabil und unverändert. Irgendwann wird es aber zu viel, ein Schwellenwert ist erreicht und ein weiterer Tropfen bringt das Fass zum sprichwörtlichen Überlaufen." (Goerres/Spangenberg 2024, S. 20f.)

Österreich kann die im Rahmen der EU eingegangenen **Reduktionsverpflichtungen bis 2030** erreichen, doch die bisherigen Maßnahmen würden nicht reichen, so der bereits zitierte Sachstandsbericht:

„Die derzeit eingesetzten Instrumente verändern weder bestehende Strukturen noch die Wachstumslogik oder Produktions- und Lebensweise, die auf sehr hohem Ressourcenverbrauch basieren. Dies spiegelt sich in einer einseitigen Ausrichtung auf Subventionen und marktbasierte Instrumente sowie geringer Verwendung von suffizienzorientierten Maßnahmen, die den Verbrauch von Energie, Ressourcen und Land deutlich reduzieren können." (CCCA 2025, o. S.)[167]

Es gibt eine Fülle an **Informationen** über die **Klimakrise** sowie über die zu treffenden Maßnahmen, aber auch zur Frage, wie wirksame **Klimakommunikation** gelingen und wie man Klimaskeptiker*innen entgegentreten kann.[168] Neben den bereits zitierten Studien sei auf die Websites **Klimafakten.de**[169], das **Klimadashboard Österreich**[170] sowie das **Österreichische Umweltbundesamt**[171] hingewiesen. Klimamaßnahmen sind beim **Klima + Energiefonds**[172], beim **Center for Climate Austria**[173] sowie beim **Austrian Panel of Climate Change**[174] zu finden. Anschauliche Animationen zu globalen Trends gibt es etwa bei der **NASA**[175]. Das **Potsdam Institut für Klimafolgenforschung** informiert über Klimafolgen in unterschiedlichen Ländern.[176] Auf **Carbon Visuals**[177] gibt es ansprechende Visualisierungen, die Treibhausgase in Rauchschwaden darstellen. Die **Scientists for Future**[178] informieren über aktuelle Themen, der **Handabdruck**[179] von Germanwatch gibt Anregungen für das Aktivwerden in Schulen, an Universitäten oder in Gemeinden. Wertvolle Materialien bietet auch das **Klimabündnis Österreich** an.[180]

Thematisiert wird zudem die Darstellung der Klimakrise in den **Medien**, dabei die scheinbar ausgewogene **Berichterstattung**, die auch Klimawandelskeptiker gleich stark zu Wort kommen lässt, problematisiert. Gesprochen wird von „false balance", da es sich bei den Klimastudien um natur-

---

[166] https://www.pik-potsdam.de/de/produkte/infothek/kippelemente. Abgerufen am 16.7.2025
[167] https://aar2.ccca.ac.at/zusammenfassung. Abgerufen am 16.7.2025
[168] https://klimabildungsalzburg.org/2025/07/14/von-guten-beispielen-und-positven-geschichten-netzwerktreffen-von-klima-und-nachhaltigkeitsinitiativen. Abgerufen am 16.7.2025
[169] https://www.klimafakten.de. Abgerufen am 16.7.2025
[170] https://klimadashboard.at. Abgerufen am 16.7.2025
[171] https://www.umweltbundesamt.at/klima/dashboard. Abgerufen am 16.7.2025
[172] https://www.klimafonds.gv.at/themen/energie. Abgerufen am 16.7.2025
[173] https://ccca.ac.at/wissenstransfer/klima2go-massnahmenkompass. Abgerufen am 16.7.2025
[174] https://klimafreundlichesleben.apcc-sr.ccca.ac.at. Abgerufen am 16.7.2025
[175] https://svs.gsfc.nasa.gov/5110?utm_source=brevo&utm_campaign=Wohnungstauch&utm_medium=email. Abgerufen am 16.7.2025
[176] https://www.klimafolgenonline.com/index_de.html?language_id=de. Abgerufen am 16.7.2025
[177] https://www.carbonvisuals.com. Abgerufen am 16.7.2025
[178] https://www.scientists4future.at. Abgerufen am 16.7.2025
[179] https://www.germanwatch.org/de/handabdruck. Abgerufen am 16.7.2025
[180] https://salzburg.klimabuendnis.at/salzburg/bildungseinrichtungen/angebote/. Abgerufen am 16.7.2025

wissenschaftlich weitgehend gesicherte Tatsachen handle, sowie von Verzögerungsdilemmata („Discourses of Delay") wie die „Trittbrettfahrer"-Ausrede, das Zeigen auf andere, etwa China, das Stehen-Bleiben bei viel zu schwachen Maßnahmen und das Setzen auf „Brückentechnologien" sowie das Verweisen auf soziale Probleme von Klimaschutzmaßnahmen (Schurmann 2022). Das **Netzwerk Klimajournalismus**[181], dem auch Sara Schurmann angehört, bietet Online-Fortbildungen für Journalist*innen an.

Inhalte der Schulbücher

In **Meridiane 5/6** wird im Kapitel zu Landwirtschaft erstmals der **Klimawandel** als einer der Einflussfaktoren auf die landwirtschaftliche Produktion erwähnt:

„Mittlerweile steht fest, dass der bereits stattfindende Klimawandel vom Menschen verursacht wird. ... Die vermehrten Extremwetterereignisse führen zu mehr Schäden und Ernteausfällen, was die Produktion verteuert und die Preise steigen lässt." (Meridiane 5/6, S. 220)

Die Verschiebung der Klima- und Vegetationszonen könne aber auch zu neuen Ackeranbaugebieten führen:

„Dadurch wird es möglich, in bis jetzt eher ungenutzten Gebieten zum Beispiel Ackerbau zu betreiben, gleichzeitig werden andere Gebiete für die landwirtschaftliche Nutzung eher ungeeigneter oder die Landwirte und Landwirtinnen müssen beispielsweise auf an den Anbau anderer Sorten umsteigen." (ebd. S. 220)

In **Meridiane 7** werden im Kapitel zu Klima zunächst die Klima- und Vegetationszonen Österreichs beschrieben. Der Abschnitt „Bedrohung aus dem Naturraum" verweist vorsichtig auf den menschengemachten Klimawandel:

„Viele Maßnahmen, die Menschen mehr oder minder unbedacht setzten, führen zu Folgen, die teilweise katastrophale Auswirkungen haben können (z. B. Klimawandel)." (Meridiane 7, S. 174)

Weiter unten heißt es:

„Vermutlich mitverursacht durch den Klimawandel gab es im Sommer 2017 in Mitteleuropa fünf aufeinander folgende Hitzewellen mit vielen Hitzetagen." (ebd. S. 174)

Bei **Murenabgängen** durch Starkregen wird angemerkt:

„Klimaforscher/innen sagen, dass der Klimawandel solche Starkregenereignisse in Österreich häufiger vorkommen lassen wird." (ebd. S. 175)

Einen Hinweis auf den Klimawandel gibt es zudem im Abschnitt über das **Marchfeld**:

„Ähnlich wie in anderen Regionen Österreichs wird der Klimawandel zu Veränderungen in der wirtschaftlichen Nutzung des Gebietes führen." (ebd. S. 178)

Als Anpassungsmaßnahme wird die durchgehende Bewässerung vorgeschlagen.

Im Kapitel **„Die Alpen und der Klimawandel: Bedrohung oder Chance?"** (ebd. S. 180ff) wird auf den Klimarat IPCC hingewiesen, der mit einem Temperaturanstieg bis 2100 um mindestens 2 Grad Celsius rechne. Weiters heißt es:

„Klimaforscher/innen lassen keinen Zweifel mehr aufkommen, dass der Mensch für den globalen Klimawandel verantwortlich ist." (ebd. S. 180)

Neben den wirtschaftlichen **Nachteilen** (etwa Rückgang des Wintertourismus) werden aber auch **„neue Chancen"** für den Alpenraum durch „Hitzeflüchtlinge" betont:

„Vielen Menschen wird es im Sommer in den städtischen Gebieten zu heiß, auch für den Urlaub im Mittelmeerraum im Sommer wird es manchen zu unangenehm." (ebd. S. 181)

---

[181] https://www.klimajournalismus.at/de. Abgerufen am 16.7.2025

In **Perspektiven 5/6** wird der **„Klimafaktor Mensch"** behandelt und dabei der natürliche vom anthropogenen **Treibhauseffekt** unterschieden. Einer Vorstellung der unterschiedlichen **Treibhausgase** folgen Schätzungen der **Klimaforschung**, die von einem Temperaturanstieg bis 2100 um 1,4 – 5,8 Grad ausgehe. Danach heißt es:

„Klimaforscher/innen sind sich heute einig, dass die beobachtete Erderwärmung nicht mehr ausschließlich mit dem natürlichen Treibhauseffekt erklärt werden kann." (Perspektiven 5/6, S. 33)

Zudem werden die möglichen Folgen des Klimawandels sowie die internationale **Klimapolitik** (Kyoto, Paris-Abkommen) behandelt. Zu **Geoengineering** wird ausgeführt:

„Der Mensch versucht mit technologischen Mitteln die Klimaerwärmung zu reduzieren oder sogar zu stoppen. Vorschläge dazu sind beispielsweise Sonnensegel einzusetzen, um die Erde zu beschatten, oder die Wolkenbildung zu fördern, indem man Wasser in die Atmosphäre sprüht." (ebd. S. 34)

Im Kapitel „Klima und Klimawandel im alpinen und außeralpinen Bereich – wie damit umgehen?" in **Perspektiven 7/8** (S. 90ff.) wird auch auf den **menschengemachten Klimawandel** in einem Abschnitt eingegangen. Darin heißt es:

„Besonders in den Alpen ist der Klimawandel zu spüren. Seit dem 19. Jahrhundert stieg die durchschnittliche Jahrestemperatur im Alpenraum um zwei Grad Celsius an. Auch die Niederschlagsverteilung in Österreich ändert sich, Hitzetage und Wetterextreme werden immer häufiger." (ebd. S. 94)

In Fallbeispielen werden die Auswirkungen auf Österreichs **Wälder,** die Zunahme von **Murenabgängen** sowie der Anstieg der **Folgekosten** durch die Klimaerwärmung dargestellt. Neben den negativen Folgen werden aber auch hier mögliche **positive Auswirkungen** genannt, etwa mehr Sommertourismus und längere Saisonen in der Bauwirtschaft sowie neue Anbaukulturen. Dazu heißt es grundsätzlich:

„Konnten sich bestimmte Regionen bisher aufgrund der klimatischen Verhältnisse gut entwickeln, so können es in Zukunft andere sein." (ebd. S. 94)

Als Aufgabe wird neben der Reflexion der eigenen Betroffenheit durch den Klimawandel auch angeregt, mithilfe konkreter Beispiele die Befürchtungen zu widerlegen,

„dass Klimawandel nur negative Folgen für einzelne Regionen bringt" (ebd. S. 97).

Das Kapitel „Klimawandel – Auswirkung der ökonomischen Globalisierung? Was trage ich dazu bei?" (ebd. S. 200ff.) behandelt die Ursachen und Folgen des menschengemachten Klimawandels sowie die UN-Klimakonferenzen (wiedergegeben in einem eigenen Kasten).

Es wird ein Konnex zur **ökonomischen Globalisierung** hergestellt: Zunahme der Produktion und Verbrennung fossiler Rohstoffe, erhöhter Wohlstand mit steigendem Güterkonsum und Fleischverzehr, Auslagerung von Produktion in Länder mit niedrigeren Umweltstandards, Anstieg des weltweiten Rohstoffverbrauchs, Fracking.

Die **Folgen der Klimaerwärmung** – im Buch wird nur von Klimawandel, nicht Klimakrise gesprochen – werden anhand der Prognosen des Weltklimarats (IPCC) dargestellt. Als Maßnahmen durch **Unternehmen** werden das „Global-Compact-Netzwerk", der mittlerweile ausgelaufene „Clean Development Mechanism"[182] sowie der Handel mit **Emissionszertifikaten** (inkl. kritischer Anmerkungen dazu) vorgestellt. Im Aufgabenbereich wird u. a. die Interpretation einer Karikatur zur Verharmlosung der Klimakrise sowie die Reflexion des eigenen Lebensstils gefordert. Dann heißt es:

„Gewinner stehen ... Verlierern gegenüber, denn der Klimawandel wirkt sich regional höchst unterschiedlich aus." (Perspektiven7/8, S. 201)

---

[182] Vgl. https://de.wikipedia.org/wiki/Mechanismus_f%C3%BCr_umweltvertr%C3%A4gliche_Entwicklung. . Abgerufen am 26.3.2025

Als **Beispiele für Vorteile** werden die Verschiebung von Vegetationszonen, die Erschließung neuer Schifffahrtsrouten sowie Rohstoffquellen durch Schmelzen des Polareises sowie neue Tourismusdestinationen – Nordseeküste als „neue Cote d´Azur" – genannt.

Durchblick 5 widmet ein Kapitel dem Thema Klima, der Entstehung von Hoch- und Tiefdruckgebieten sowie **extremen Wetterereignissen**. Zu letzteren heißt es:

„Viele Expertinnen und Experten meinen, dass der aktuelle Klimawandel die Zahl der extremen Wetterereignisse erhöht." (Durchblick 5, S. 103)

In **Durchblick 7** wird dann näher auf den **Klimawandel** eingegangen, dabei bereits in der Überschrift von **„Chancen und Risiken"** (Durchblick 7, S. 134) gesprochen. Einleitend heißt es:

„Seit Beginn des 20. Jahrhunderts hat sich die globale Mitteltemperatur um knapp 1 Grad Celsius erhöht. In Österreich betrug die Temperaturzunahme, wie im gesamten Alpenraum sogar knapp 2 Grad Celsius. Bis zum Ende des Jahrhunderts könnte es – abhängig vom Erfolg von Klimaschutzmaßnahmen – eine Steigerung zwischen zwei und sechs Grad geben." (ebd. S. 134)

Nach den erwartbaren **Auswirkungen des Klimawandels** in Österreich (lt. Sachstandbericht 2014) werden **Folgen für die Landwirtschaft** (Abnahme der Bodenfruchtbarkeit sowie Wasser- und Nährstoffspeicherfähigkeit durch längere Dürreperioden, Zunahme von Schädlingen, Hitzestress für Pflanzen und Bäume) sowie den **Tourismus** (u. a. Rückgang der Schneedecke, Hitzebelastung im Städtetourismus, erhöhter Steinschlag in den Alpen, Niedrigwasserstand für die Donauschifffahrt) aufgezählt. Der Tourismus könne aber auch gewinnen durch seine vielen Seen als Erholungsgebiete sowie durch vermehrte Gesundheits- und Kuraufenthalte.

Geospots 5/6 enthält im Kapitel **„Das Klima der Erde"** einen Abschnitt zum menschengemachten Klimawandel. Unter der Überschrift „Es wird immer wärmer" heißt es:

„Mittlerweile besteht in wissenschaftlichen Kreisen kein Zweifel mehr darüber, dass die Erde derzeit besonders starken klimatischen Veränderungen, dem von Menschen stark beeinflussten Klimawandel, unterliegt." (ebd. S. 48)

Es wird darauf hingewiesen, dass die **beobachtbare Erwärmung**

„hauptsächlich durch menschliche Aktivitäten verursacht ist, durch verstärkten Ausstoß der Treibhausgase Kohlenstoffdioxid und Methan." (ebd. S. 48)

Zudem werden die Folgen der Klimaerwärmung wie zunehmende **Extremwettereignisse**, Hochwasser oder der **Meeresspiegelanstieg** benannt und die **Klimakonferenzen** beschrieben. Zum Pariser Klimaziel der Erwärmung um maximal 1,5 Grad wird ausgeführt:

„Das würde bedeuten, dass die Länder im Globalen Norden Emissionsreduktionen von 80-90 % erzielen und mit damit verbundenen hohen Kosten rechnen müssten. Gemäß dem Vertrag besteht aber keine Möglichkeit, Staaten, die die Klimaziele nicht einhalten, zu maßregeln." (ebd. S. 49)

Es wird auf Streitpunkte über die **Berechnung der Treibhausgase** sowie die **Klimaschuld** der reichen Staaten eingegangen, danach auf die **Schüler- und Studierenden-Proteste** von **Fridays for Future** sowie die Aktivitäten der „radikaleren Gruppe ‚Last Generation'" (S. 49):

„Damit ist das Thema Klimawandel in weiten Teilen der Gesellschaft angekommen und es hat den Anschein, als ob sich Politikerinnen und Politiker auch außerhalb der Grün-Bewegungen intensiver damit auseinandersetzen und zu rascherem Handeln entschließen könnten." (ebd. S. 49)

Schließlich wird **Österreichs Klimapfad –** Klimaneutralität bis 2050 – einschließlich des Bundesgesetzes über die erneuerbare Wärmebereitstellung aus 2024 beschrieben. Dazu wird ausgeführt, dass deutlich mehr Anstrengungen nötig sein werden, um die anvisierten Ziele tatsächlich zu erreichen:

„Um bis 2050 Klimaneutralität erreichen zu können, müssen vermehrte Bewusstseinsbildung, ein rascherer Umstieg auf erneuerbare Energieträger, völlig neue Energie- und Verkehrskonzepte sowie Aufforstungen vorrangige Ziele der nächsten Jahre sein." (ebd. 49)

Auf eine wirksame **Klimapolitik** wird auch im bereits behandelten Kapitel zur **Energiepolitik der EU** Bezug genommen.

Geospots 7/8 enthält einen kurzen Abschnitt zu **„Natur und Klimaschutz"**. Darin heißt es:

„Will die internationale Gemeinschaft die Probleme, die mit der Klimaerwärmung verbunden sind, nachhaltig in den Griff bekommen, so müssen die Zusammenhänge zwischen den einzelnen Umweltfaktoren klar erkannt werden. Langsam erfolgt ein Umdenken im Sinne der Nachhaltigkeit, sowohl bei den EntscheidungsträgerInnen in Politik und Wirtschaft, aber auch bei den VerbraucherInnen." (ebd. S. 175)

Danach werden die **Klimaschutzgemeinden** vorgestellt. Im Kapitel **„Klima, Wetter und Naturgefahren"** wird auf die globale Erwärmung sowie jene in Österreich hingewiesen:

„Das 20. Jahrhundert war jedenfalls das wärmste Jahrhundert der letzten 1000 Jahre, im Schnitt um etwa 0,4 Grad C wärmer als das vorhergehende. Damit entspricht es dem weltweiten Trend des anthropogenen, also vom Menschen beeinflussten Klimawandels." (ebd. S. 105)

Geografisch 5/6 startet im 2. Kapitel **„Geoökosysteme und Klima im Wandel"** (Geografisch 5/6, S. 18ff.) mit der Erklärung der Geofaktoren (Lithos-, Hydro- und Atmosphäre) sowie dem Klimasystem. Nach Ausführungen zu natürlichen Klimaschwankungen wird auf den **„menschlichen Einfluss auf das Klima"**, seine **„Ursachen und Konsequenzen"** eingegangen (ebd. S. 39ff.):

„Der Temperaturanstieg von der vorindustriellen Zeit bis heute betrug laut IPCC etwa 1 Grad Celsius. Das mag nicht nach viel klingen, hat aber große Auswirkungen auf die Erde und ihre Teilsphären sowie auf den Menschen." (ebd. S. 39)

In der Folge werden die **Begriffe** „Treibhausgase", Treibhauseffekt", „Erwärmungspotenzial", „CO_2-Konzentration" sowie „CO_2-Äquivalente" erklärt und mit Grafiken veranschaulicht. Die benannten Treibhausgase CO_2, Methan und Lachgas würden

„vor allem durch die Verbrennung fossiler Energieträger, Entwaldung sowie Land- und Fortwirtschaft (hier insbesondere Viehwirtschaft) freigesetzt." (ebd. S. 39)

Anschließend werden die **Folgen der Klimaerwärmung** an drei **Fallbeispielen** erläutert: Buschbrände in Australien 2019/2020, Meeresspiegelanstieg sowie Tropische Wirbelstürme (ebd. S. 40ff.) Im Abschnitt **„Klimawandel – was tun?"** (ebd. S. 47ff.) werden die Begriffe **Mitigation** (Klimawandeleindämmung) und **Adaptation** (Klimawandelanpassung) sowie die **Klimarahmenkonvention**, das **Kyotoprotokoll**, das **2-Grad-Ziel** und die **Klimakonferenzen** beschrieben.

„Auf der Pariser Klimakonferenz 2015 gelang es den teilnehmenden Staaten, sich darauf zu einigen, verbindliche Maßnahmen für das Einhalten des 2-Grad-Ziels zu setzen. Die globalen Netto-Treibhausgasemissionen sollen hierzu in der zweiten Hälfte des 21. Jahrhunderts auf null reduziert werden." (ebd. S. 47)

Ergänzend wird ausgeführt:

„Viele Staaten laufen Gefahr, ihre bei der UN-Klimakonferenz 2015 in Paris vereinbarten Klimaziele zu verfehlen. Österreich hat zwar die Klimaziele für den Zeitraum von 2013 bis 2020 erreicht, aber zusätzliche Maßnahmen sind dringend erforderlich, um die angestrebte Klimaneutralität bis 2030 zu erreichen." (ebd. S. 49)[183]

Die Rede von **Greta Thunberg** beim UN-Klimagipfel 2019 in New York wird mit dem Arbeitsauftrag wiedergegeben, sich eine eigene Meinung zu ihren Äußerungen zu bilden. Weitere Arbeitsaufgaben beziehen sich auf **Recherchen zu Klimarisiken** mit weiterführenden Links (Meeresspiegelanstieg, Gletscherbericht des Österreichischen Alpenvereins oder Hurrikan-Beobachtung u. a) sowie eine

[183] Hier müsste es heißen: „Klimaneutralität bis 2040" – in der Grafik ist die Darstellung korrekt.

Diskussion über Handlungsmöglichkeiten („Überlegt euch verschiedene Wege, ... sei es durch Anpassungen im Alltag, Unterstützung von umweltfreundlichen Initiativen, politisches Engagement etc.", ebd. S. 49).

In einem späteren Kapitel wird auf die Auswirkungen des Klimawandels in der **Alpenregion** eingegangen (ebd. S. 167).

global 5 enthält Kapitel zu **„Klimawandel in der Arktis"** (global 5, S58f.) sowie zu **„Mensch und Klimawandel"** (ebd. S. 140ff.) Zur Arktis wird ausgeführt:

„Aufgrund des Klimawandels und der dadurch ansteigenden Lufttemperatur ... schreitet die Eisschmelze immer stärker voran. Vor allem im Sommer tauen große Mengen Packeis auf, wodurch viele eisfreie Bereiche entstehen. Expertinnen und Experten vermuten, dass die Arktis 2050 in den Sommermonaten gänzlich eisfrei sein wird." (ebd. S. 58)

Konzerne und angrenzende Staaten würden darin Chancen auf **neue erschließbare Rohstoffquellen** sowie **kostengünstigere Seewege** sehen.

Im Kapitel „Mensch und Klimawandel" wird auf die Erhöhung der **globalen Durchschnittstemperatur** in den vergangenen 100 Jahren um 1 Grad Celsius eingegangen:

„Das ist zwar eine recht hohe Rate, aber in der Geschichte des Planeten hat es solche Zuwächse wiederholt gegeben. Neu ist allerdings, dass der aktuelle Zuwachs hauptsächlich auf die von Menschen verursachte Emission von Treibhausgasen und auf Landnutzungsänderungen (Rodungen, Monokulturen) rückführbar ist." (ebd. S. 140)

Es würden globale Temperaturanstiege zwischen 1,5 und 4,5 Grad Celsius berechnet:

„Ob wir uns an der Unter- oder Obergrenze dieser Zahlen orientieren müssen, hängt wohl auch von den Anstrengungen zur Eindämmung der globalen Erwärmung ab." (ebd. S. 140)

Danach wird auf den Hurrikan „Katrina" und die Überflutungen in New Orleans eingegangen. Die **Heftigkeit der Stürme** nehme zwar zu, nicht aber ihre **Häufigkeit**, wie ursprünglich angenommen worden sei. Dazu heißt es:

„Dieses Beispiel zeigt, dass Berechnungen klimatischer Ereignisse schwierig sind und oft revidiert werden müssen." (ebd. S. 140)

Grundsätzlich heißt es:

„Klar ist, dass die Menschheit Anstrengungen zur Verminderung der globalen Erwärmung unternehmen muss." (ebd. S. 141)

Als **Folgen für Österreich** werden genannt:

„Der Ertrag der Landwirtschaft wird durch die höhere Temperatur bis 2050 steigen, wobei durch extreme Wettersituationen höhere Investitionen (Bewässerung) und Ausfallschäden zu erwarten sind." (ebd. S. 141)

Die **Forstwirtschaft** werde größere Schäden verzeichnen, Wasserver- und -entsorgung sowie die **Straßenerhaltung** (Muren) werde kostenintensiver, der Wintertourismus leiden.

„In Summe belaufen sich die jährlichen Schäden auf bis zu 8, 8 Mrd. Euro. Und das in der optimistischsten Annahme." (ebd. S 141)

Einschätzung

Alle Schulbücher gehen auf die **menschengemachte Klimakrise** ein – auch wenn nur der Begriff Klimawandel verwendet wird –, tun dies aber in sehr **unterschiedlicher Ausführlichkeit** und **Akzentuierung.** Während einige Bücher – *Meridiane*, *Perspektiven* und zum Teil *global* – auch auf die **Chancen** der Erderwärmung stark Bezug nehmen und damit der Verharmlosung der Probleme das Wort reden, benennen andere, v. a. *Geografisch,* bedingt *Geospots*, sehr klar die **Krisen.** Teilweise wird „der" Mensch oder „die" Menschheit verantwortlich gemacht, teilweise wird präzisiert, dass der Lebensstil in den reichen Ländern hauptverantwortlich zeichnet.

Auf die **physikalischen Grundlagen** der Erderwärmung und **Grundbegriffe** der Klimaforschung wird unterschiedlich genau eingegangen, ebenso auf die internationalen **Klimakonferenzen.** Die in den Büchern zitierten **IPCC-Prognosen** zur Erhöhung der globalen Durchschnittstemperatur sind erscheinungsbedingt mittlerweile überholt – das 1,5 Grad-Ziel ist Geschichte. Um die Dringlichkeit des Handelns deutlich zu machen, würden sich in Neuausgaben aktuelle Informationen über die **Folgen der Klimakrise**[184], etwa eine Grafik aus dem aktuellen **IPCC-Bericht**[185] zu den Folgen für die nächsten Generationen bzw. die heute Geborenen, anbieten.

Die **zitierten Daten** zur Veränderung der Durchschnittstemperaturen – global und für Österreich – sowie die erwartbaren quantifizierbaren Kosten der Schäden sind mittlerweile veraltet und müssen nach oben revidiert werden. Für den Unterricht sollte der **aktuelle Sachstandsbericht** für Österreich aus 2025 herangezogen werden. Gute Argumente gegen **Klimamythen** gibt die Homepage Klimafakten.de.[186]

Nun zur Einzelbeurteilung:

Meridian 5/6: Nicht erwähnt werden die **Verursacher** des menschengemachten Klimawandels – es ist nicht „der Mensch" an sich, sondern der Mensch in den Hochkonsumländern – sowie die **Gefahren**, die mit der „Gewinnung neuer Ackerbauflächen" (S. 220) verbunden sind. Es handelt sich hier v. a. um das Auftauen der Permafrostböden in Sibirien und Nordkanada, was zur Freisetzung großer Mengen an Methan, einem sehr wirksamen Treibhausgas, führen würde. Die Gefährlichkeit des Klimawandels – besser sollte man von „Klimakrise" sprechen – wäre stärker zu betonen (IPCC 2023).

Meridiane 7: Die menschengemachte Klimakrise wird auch hier eher vorsichtig angesprochen („vermutlich...", „Klimaforscher/innen sagen..."). Mittlerweile macht die Klimaforschung klare Aussagen über die Folgen der Erderhitzung (IPCC 2023). D. h. wir wissen Bescheid, die Formulierung „mehr oder minder unbedacht" (S. 174) stimmt somit auch nur bedingt. Der Hinweis auf die **„Chancen"** für den **Sommertourismus** durch „Hitzeflüchtlinge" stimmt, aber er läuft Gefahr, die Klimakrise zu verharmlosen (Schurmann 2022). Dass „der Mensch" für den Klimawandel verantwortlich ist, bleibt auch hier unpräzise, denn es ist der Mensch mit hohem Konsumniveau und einem fossilen Lebensstil. Resümee: In *Meridiane* wird zwar auf die Folgen der menschengemachten Klimaerwärmung und die Warnungen des IPCC eingegangen – Murenabgänge, mehr Hitzetage, landwirtschaftliche Einbußen. Dass aber auch Chancen in der Klimaerwärmung gesehen werden – neue Ackerbaugebiete, mehr Tourist*innen in den Alpen, weil es am Mittelmeer zu heiß wird – verharmlost die Erderhitzung als globales Problem.

Perspektiven 5/6: Hier werden der **natürliche** und der **anthropogene Treibhauseffekt** sowie die **Treibhause** erklärt. Verharmlosend ist die Feststellung, dass die Erderwärmung „nicht mehr ausschließlich mit dem natürlichen Treibhauseffekt erklärt werden kann." (ebd. S. 33) Es ist vielmehr umgekehrt: Laut IPCC spielt der anthropogene Treibhauseffekt die entscheidende Rolle (IPCC 2023, JBZ 2024). Die Hoffnungen auf **Geoengineering** werden übertrieben positiv dargestellt, dabei mit Weltallbeschattung und künstlicher Wolkenbildung nicht jene Methoden genannt, die aktuell am ehesten in Frage kommen wie das Einfangen von CO_2 (Carbon Capture and Storage), aber keineswegs sicher und vor allem teuer sind. Kritisiert wird auch die Gefahr der Verzögerung wirksamer

---

[184] Z.B. https://www.umweltbundesamt.de/themen/klima-energie/klimawandel/zu-erwartende-klimaaenderungen-bis-2100. Abgerufen am 17.7.2025
[185] https://www.ipcc.ch/report/ar6/syr/figures/figure-spm-1. Abgerufen am 17.7.2027
[186] www.klimafakten.de. Abgerufen am 17.7.2027

Klimaschutzmaßnahmen durch das Hoffen auf Geoengineering, wie etwa der BUND Deutschland ausführt.[187]

Perspektiven 7/8: Dieses Schulbuch geht auf die **Verursacher** der Klimakrise ein. Genannt wird der **Lebensstil** in den **reichen Ländern** (hoher Güterkonsum und Fleischverzehr) sowie die ökonomische **Globalisierung**. Es werden an Fallbeispielen **Auswirkungen** des Klimawandels in Österreich anschaulich dargestellt. Abgesehen davon, dass der Begriff „Klimawandel" besser durch „Klimakrise" zu ersetzen ist, läuft die Argumentation, dass es auch Gewinner des Klimawandels gäbe, auch hier Gefahr, die globale Erderwärmung zu verharmlosen (Vgl. IPCC 2023, JBZ 2024).[188] Auch im Kapitel „Klimawandel – Auswirkung der ökonomischen Globalisierung?" wird auf die **Gefahren der Klimakrise** hingewiesen, ohne diese als solche zu bezeichnen. Die Betonung, dass der Klimawandel auch Vorteile bringen kann, führt auch hier zur Verharmlosung des Problems.

In *Durchblick 5* wird vorsichtig auf die menschengemachte **Klimakrise** eingegangen ("Viele Expertinnen und Experten meinen, dass der aktuelle Klimawandel die Zahl der extremen Wetterereignisse erhöht", S. 103), in *Durchblick 7* wird diese näher besprochen. Bei den **Auswirkungen** auf Österreichs Tourismus und Landwirtschaft werden neben Risiken und Gefahren auch hier "**Chancen**" benannt, was die Gefahr der Verharmlosung birgt.

Geospots 5/6: Es wird mit Verweis auf die **Klimaforschung** die menschengemachte Klimaerwärmung angeführt, wenn auch eher vorsichtig ("hauptsächlich durch menschliche Aktivitäten", S. 48). Neben den Folgen der Klimaerwärmung gibt es einen Verweis auf die **hohen Kosten**, die mit der Reduktion der Treibhausgase laut Pariser Klimaziel verbunden seien. Hier ist anzumerken, dass Nicht-Handeln bedeutend teurer kommen wird. Optimistisch ist die Einschätzung, dass aufgrund der **Klimabewegung** das Thema mittlerweile breit verankert und entsprechendes politisches Handeln zu erwarten sei ("Thema Klimawandel in weiten Teilen der Gesellschaft angekommen", S. 49). Derzeit erleben wir ein gewisses Rollback. Die beschriebenen Maßnahmen für Österreich sind zutreffend. Das Kapitel zur **Energiewende** wurde bereits positiv hervorgehoben.

Geospots 7/8: Dieses Schulbuch geht nur kurz auf die Klimakrise ein, wobei auch hier ein optimistisches Bild gezeichnet wird. Im Kapitel "Klima, Wetter und Naturgefahren" wird auf die globale Klimaerwärmung sowie jene in Österreich verwiesen („das 20. Jahrhundert als das wärmste der letzten 1000 Jahre", S. 105). Die **durchschnittliche globale Erwärmung** beträgt mittlerweile mehr als 1,5 Grad Celsius, nicht wie im Buch angegeben, 0,4 Grad Celsius.

Geografisch 5/6: Ausführlicher als in den übrigen Schulbüchern wird die menschengemachte Klimakrise erläutert. Es werden sowohl die **physikalischen Grundlagen** der Klimaerwärmung und des Treibhauseffekts als auch die **politischen Bemühungen** zur Eindämmung beschrieben. Der Anstieg der globalen Mitteltemperatur um 1 Grad Celsius ist mittlerweile überholt – er lag 2024 bereits bei über 1,5 Grad Celsius.[189] Neben der **Veränderung des eigenen Lebensstils** wird auch auf **politisches Engagement** verwiesen. Das Kapitel ist dazu geeignet, eine Kooperation mit dem Englischunterricht einzugehen – die Rede von Thunberg ist auf Englisch abgedruckt. Hilfreich sind die Erklärungen von Fachbegriffen am Textrand im Sinne eines Glossars.

global 5 geht in zwei Kapiteln auf die **Klimaerwärmung** ein. Beim **Abschmelzen des Arktiseises** wird auf die Chance neuer Rohstoffquellen und kostengünstigerer Seewege eingegangen, ohne diese zur Diskussion zu stellen. Das Kapitel über den Einfluss des Menschen auf den **Klimawandel**

---

[187] https://www.bund.net/service/presse/pressemitteilungen/detail/news/ccs-breites-umweltbuendnis-warnt-vor-gefaehrlichem-irrweg/. Abgerufen am 23.3.2025

[188] Vgl. Daten des Klimadashboard Österreich https://klimadashboard.at sowie des Austrian Climate Change Center https://ccca.ac.at/en. Abgerufen am 23.3.2025

[189] https://www.tagesschau.de/wissen/klima/copernicus-bericht-2024-100.html. Abgerufen am 2.5.2025

geht auf **Treibhausgase** und **Landnutzungsänderungen** ein. Es wird aber auch auf die Unsicherheit von Klimaprognosen und Erklärungen verwiesen, was suggerieren könnte, dass alle Ergebnisse der Klimaforschung mit Vorbehalt zu sehen seien. Auch dieses Schulbuch spricht von Anstrengungen, die „die Menschheit" zur Eindämmung der Klimakrise zu ergreifen hätte. Die Hauptverursacher werden nicht genannt. Bei den **Folgen der Klimaerwärmung** auf Österreich wird auch hier neben Risiken und Schäden auf „Chancen" wie höhere landwirtschaftliche Erträge hingewiesen. Die angegebenen prognostizierten 8,8 Mrd. Euro **Kosten** durch die **Klimaerwärmung** im Jahr 2050 entsprechen einem Rechnungshofbericht aus 2021.[190] Der Sachstandsbericht 2025 des Climate Change Center Austria spricht von 4,3 – 10 Mrd. Euro bis 2050.[191] Dazu kommen aber mögliche **Strafzahlungen an die EU** bei Nichteinhaltung der Reduktionsziele sowie die Importkosten für fossile Energien, die mit den Investitionskosten für erneuerbare Energieträger im eigenen Land gegenzurechnen wären.

Nachhaltiges Handeln

Fachliche Einführung

Beim Thema „Nachhaltiges Handeln" gibt es zwei Ausrichtungen. Einerseits wird die **Veränderung des eigenen Lebensstils**, des **Ernährungs-, Konsum-** und **Mobilitätsverhalten** gefordert und gefördert, andererseits die **Veränderung von Strukturen**, also politisches Handeln gefordert, wie im Kapitel zu Nachhaltigkeit bereits ausgeführt wurde (vgl. Holzinger 2020a, Kopatz 2016). Zudem wird betont, dass das eine das andere nicht ausschließe, sondern eine Wechselwirkung bestehe. **Selbstwirksamkeit** könne in beiden Bereichen erfahren werden. Erst die genügende **„Selbsttransformation"** (Paech 2025) schaffe das Milieu auch für politische Veränderungen.

Aus Sicht der Umwelt- und Klimakommunikation wird auf die **Bedeutung positiver Zukunftsbilder** sowie **Geschichten des Gelingens** verwiesen.[192] Wieder andere heben hervor, dass es wichtig sei, die Hürden *und* Gelingensfaktoren für sozialen Wandel zu reflektieren, was Thema der **Transformationsforschung** ist.[193] Unterschiedlich betont wird, dass es nicht nur um „Anders konsumieren", sondern auch um „Weniger konsumieren" geht (Holzinger 2016).

Die **„6-R-Regel"** bietet sich hier an: Rethink, Refuse, Reduce, Re-Use, Repair, Recycle.

In der Nachhaltigkeitsbildung und in der Schule beliebt ist das Tool des **Ökologischen Fußabdrucks**[194], der ermöglicht, seinen eigenen Lebensstil auf Nachhaltigkeit zu checken, wie im Kapitel zu „Ökologische Indikatoren" bereits ausgeführt wurde. Am Ökologischen Fußabdruck wird bemängelt, dass er nur auf die individuelle Verhaltensänderung abziele.

Mit dem **Handabdruck**[195] können strukturelle Maßnahmen gemessen werden, zudem findet man auf der Homepage zum Handabdruck zahlreiche Anregungen für das Aktiv-Werden, wie bereits ausgeführt wurde.

---

[190] https://www.parlament.gv.at/aktuelles/pk/jahr_2021/pk0561. Abgerufen am 21.7.2025

[191] https://aar2.ccca.ac.at/zusammenfassung#b-wie-wirkt-sich-die-erderhitzung-in-oesterreich-aus-klimafolgen-risiken-und-anpassungsstrategien. Abgerufen am 21.7.2025

[192] https://klimabildungsalzburg.org/2025/07/14/von-guten-beispielen-und-positven-geschichten-netzwerktreffen-von-klima-und-nachhaltigkeitsinitiativen/ Abgerufen am 21.7.2025

[193] https://hans-holzinger.org/2023/05/17/wie-der-wandel-gelingen-kann-ansatze-aus-der-transformationsforschung-umweltpsychologie-und-klimakommunikation. Abgerufen am 17.7.2025

[194] https://www.mein-fussabdruck.at. Abgerufen am 17.7.2025

[195] https://www.germanwatch.org/de/handabdruck. Abgerufen am 17.7.2025

Inhalte der Schulbücher

Im Kapitel „Wegwerfen – und neu einkaufen" in **Meridiane 5/6** (S. 113) wird auf das Problem der **geplanten Obsoleszenz** eingegangen. In **Meridiane 7** wird **Nachhaltiger Konsum** an Beispielen erläutert (Verkehrsmittelwahl, Kleidung, Urlaub u. a.), dabei wird ein optimistischer Text zitiert:

„Nachhaltiger Konsum liegt im Trend und ist meist auch einfach umzusetzen. ... Verbraucher wollen nachhaltig konsumieren und handeln. Dafür erwarten sie verständliche Informationen, die schnell und ohne großen Aufwand verfügbar sein müssen." (ebd. S. 185)

Am Beispiel **„Nachhaltige Ernährung"** („überwiegend pflanzlich, gering verarbeitet, ökologisch erzeugt, regional und saisonal, umweltverträglich verpackt, fair gehandelt, genussvoll und bekömmlich", ebd. S. 187) wird auch auf **Lebensmittelverschwendung** und die Hürden für ausschließlich **saisonale Produkte** (Erwartungen der Konsument*innen) hingewiesen. Weitere Abschnitte sind dem **Energieverbrauch** (mit einem Hinweis, dass Österreich bereits 70 Prozent des Stroms erneuerbar produziere) sowie **nachhaltiger Mobilität** (mit ihren Beschäftigungspotenzialen) gewidmet.

In **Perspektiven 5/6** wird erklärt, dass aufgrund knapper Mittel „Menschen mit ihrem Geld sorgsam umgehen müssen" und daher „eine überlegte Kaufentscheidung nach dem Wirtschaftlichkeitsprinzip treffen" (ebd. S. 94) sollen. Angemerkt wird dabei auch das Prinzip der **Nachhaltigkeit beim Kauf:**

„Für Menschen, die sehr bewusst einkaufen, sind auch Nachhaltigkeit, ein gerechter Lohn für die Angestellten und ein gerechter Preis für die Produzenten ein Kriterium für die Kaufentscheidung." (ebd. S. 94)

Der „gerechte Preis" könne nicht objektiv festgestellt werden, er sei „keine Frage des Marktes, sondern eine des ethischen Maßstabs" (ebd. S. 96) - mit Verweis auf Wirtschaftsethik. Als Kriterien für einen **gerechten Preis** werden genannt: hohe Qualität, Arbeitswert, gerechter Lohn, Einhaltung der Menschenrechte, umweltschonende Produktion.

In **Perspektiven 7/8** werden Schritte für **„ökologisch nachhaltiges Handeln"** angeführt:

„Achte beim Kauf von Elektrogeräten auf deinen Stromverbrauch. Dusche statt zu baden. Nutze Energiesparlampen sowie das natürliche Tageslicht. Solltest du einmal ein Haus bauen, baue ein Niedrigenergiehaus. ... Gehe kurze Strecken zu Fuß oder fahre mit dem Fahrrad. Kauf regionale Produkte ohne langen Transportweg. Vermeide Hamsterkäufe." (Perspektiven 7/8, S. 121)

Als **„hilfreiche Internetseiten"** werden das (damalige) Ministerium für Nachhaltigkeit und Tourismus, die Nationalparke Österreich, der Naturschutzbund Österreich, der ÖROK-Atlas, das Klimabündnis Österreich sowie das Umweltbundesamt angeführt.

Im Überkapitel „Städte als Lebensräume und ökonomische Zentren analysieren" wird auch auf das **„Leben in einer nachhaltigen, zukunftsfähigen Stadt?"** (ebd. S. 272ff.) eingegangen. Als Beispiele für eine nachhaltige Stadt werden **Smart** oder **Green Cities**, **Urban Gardening** und **Urban Farming** sowie **Urban Mining** (Wiederverwertung von Rohstoffen) vorgestellt.

Ein Kapitel in **Durchblick 8** informiert über **„Strategien für individuell nachhaltiges Handeln"** (S. 72). Dies erfordere „ein genaues Wissen über ökologische Zusammenhänge" (ebd. S. 72) sowie die Fähigkeit, „die Ursachen für (m)ein bestimmtes Handeln zu verstehen und somit meine Wert-, Interessen- und Zielkonflikte zu erkennen" (ebd. S. 72). Als Maßnahmen für einen **nachhaltigen Lebensstil** werden u. a. angeführt:

„Lange Nutzungsdauer und sachgerechtes Recyceln", Kauf vor Ort", „Regionale, biologische Lebensmittel", „Öffentlicher Verkehr", „Mit dem Rad fahren", „Carsharing", „Fernreisen oder Kreuzfahrten meiden", „Nachhaltiges Wohnen", „Nachhaltiges Investieren" (ebd. S. 72)

Unter **Aufgaben** wird die Beobachtung des eigenen **Konsumverhaltens** einer Woche anhand der aufgezählten Maßnahmen sowie die Berechnung des eigenen **ökologische Fußabdrucks** angeführt.

Geospots 5/6 geht im Kapitel „Bedürfnisse und Werbung" auf Fairtrade, Clean Clothes, den Reparaturbonus und Sharing-Modelle ein. Dazu heißt es:

„Derzeit zeichnet sich der Beginn eines Umdenkens im Konsumverhalten der Gesellschaft ab. Zum einen bieten Initiativen wie Fairtrade oder Clean Clothes eine Art von Gütesiegel an, welches eine Produktion unter fairen Arbeitsbedingungen für Arbeitskräfte zu fairen Löhnen garantiert. Des Weiteren legen Konsumentinnen und Konsumenten immer mehr Wert auf Nachhaltigkeit. Dazu gehören der bewusste Verzicht auf nicht unbedingt Notwendiges, der Kauf von Produkten aus nachhaltigen Rohstoffen und auch die Überlegung, ob man ein Gerät neu kaufen soll oder ob sich eine Reparatur noch lohnt." (ebd. S. 113)

In einer Arbeitsaufgabe werden **„Lebensmittel im Müll"** thematisiert, dabei verbreiteten Mythen etwa zum Mindesthaltbarkeitsdatum oder zum Lebensmittelhandel als angeblich größtem Lebensmittelverschwender Fakten gegenbergestellt, etwa dass die meisten Lebensmittelabfälle in privaten Haushalten und im Außer-Haus-Konsum anfallen. Hingewiesen wird auch auf Sozialmärkte, ohne dass diese als solche benannt werden.

Das Kapitel **„Tragfähigkeit der Erde"** nimmt Bezug auf den ökologischen Fußabdruck und nennt folgende **Maßnahmen**:

„Umstieg auf regenerative Energieträger, Energieeinsparung, neue Technologien und Systeme im Verkehrswesen, gesteigertes Maß an Recycling knapper Rohstoffe" (ebd. S. 173).

Zudem wird auf Investmentfonds im **„Cleantech-Bereich"** verwiesen.

In **Geospots 7/8** werden diese Vorschläge im Kontext **„Globaler Umweltrisiken"** nochmals wortident wiedergegeben, dabei wird neben dem Ökologischen Fußabdruck auch der Ökologische Rucksack vorgestellt.

In **Geografisch 5/6** wird die **„materialistische Wegwerfgesellschaft"** (ebd. S. 147) problematisiert. In eigenen Abschnitten wird das Problem **„Plastik"** bzw. **„Mikroplastik"** sowie der **Online-Handel** mit dem Problem der Entsorgung zurückgesandter Ware thematisiert. Online-Handel sei im Vergleich zum Einkauf in Geschäften „grundsätzlich die umweltfreundlichere Alternative" (ebd. S. 151), da keine Ressourcen für Einkaufshäuser anfallen, das Problem der Entsorgung rückgesandter Waren müsse jedoch politisch gelöst werden. Angesprochen werden auch die **schlechten Arbeitsbedingungen** von Lagerarbeiter*innen im Online-Handel.

Grundsätzlich wird eine **positive Veränderung des Konsumverhaltens** betont:

„Das Bewusstsein über die negativen Folgen der materialistischen Wegwerfgesellschaft wächst. Konsumentinnen und Konsumenten legen bei ihren Einkäufen zunehmend Wert auf Qualität und Umweltverträglichkeit. Ökologische Nachhaltigkeit, soziale Gerechtigkeit und Unternehmenstransparenz gewinnen an Bedeutung." (ebd. S. 147)

Es würden sich immer mehr Menschen für einen **„minimalistischen Lebensstil"** (ebd. S.147) entscheiden. Zudem gibt es Hinweise auf **Gütesiegel** wie Fairtrade oder das Recycling-Symbol und auf die Verteilung der **Konsumausgaben** der Österreicher*innen mit dem gestiegenen Anteil für Ernährung (17 Prozent, Bezugsjahr 2019) sowie „dem Trend zur **gesünderen Ernährung**" (ebd. S. 147). Dazu heißt es:

„Konsum bedeutet nicht nur den Erwerb von modernster Technik und hipper Kleidung, er dient auch der Befriedigung grundlegender Bedürfnisse." (ebd. S. 147)

In **global 7** wird im Kapitel zu Nachhaltigkeit auch aufgezählt, welchen Beitrag jede und jeder Einzelne leisten könne:

„Bewusst einkaufen, Abfall reduzieren, Müll richtig sammeln und trennen, Chemie im Haushalt reduzieren, nachhaltig feiern z.B. durch Green Events." (global 7, S. 91)

Ausführlich wird auf **nachhaltige Geldanlage** sowie einen **nachhaltigen Konsum** Bezug genommen:

„Beim nachhaltigen Konsum steht eine ressourcenschonende Lebensweise im Mittelpunkt, die Rücksicht auf andere Menschen und die Erhaltung der Umwelt nimmt." (ebd. S. 94)

Als praktische Beispiele werden die Mitwirkung bei **Carsharing**- und **Foodsharing-Initiativen** vorgeschlagen, Ansätze des **Online-Wohnungsteilen** dabei auch kritisch gesehen, da immer mehr kommerzielle Anbieter daraus Profit schlagen würden (ebd. S 94).

Einschätzung

In allen Schulbüchern werden Beispiele für **nachhaltiges Handeln** aufgezählt, dabei aber unterschiedliche Akzente gesetzt – etwa **Nachhaltige Ernährung** und **Vermeidung von Lebensmittelverschwendung** in *Meridiane* und *global*, **Nachhaltiger Konsum** in *Perspektiven, Durchblick* und *global*, **Vermeidung von Abfällen** und die **grundsätzliche Verringerung unseres Konsums** in *Geografisch*. Der Ökologische Fußabdruck wird angesprochen, nicht jedoch **politisches Handeln** – Stichwort „Handabdruck". Die grundsätzliche Hinterfragung unseres Konsumstils etwa mit der Perspektive der Suffizienz wird nur sehr bedingt thematisiert. Die Chancen und Grenzen von **Konsumentenmacht** („Abstimmung an der Supermarktkasse?") wären ebenfalls zu diskutieren (Holzinger 2024, Kapitel Konsumwende, S. 213ff.).

Die Kritik am **ökologischen Fußabdruck**, dass dieser nur auf die individuelle Verhaltensänderung abzielt und nicht auf politische Maßnahmen, wäre ebenfalls einzubauen.[196] Wichtig sind **Informationen** darüber, wie viel welche Maßnahmen für mehr Klima- und Umweltschutz bringen – spannende interaktive Anregungen dazu bietet die Homepage „Ein guter Tag".[197] Notwendig wäre hier auch die Auseinandersetzung mit der **Frage des Genug** („Suffizienz") bzw. des Ausreichenden (Paech 2025) sowie mit einem erweiterten Verständnis von Wohlstand (Holzinger 2016). Einzuführen wäre der Begriff der **„imperialen Lebensweise"** (Brand/Wissen 2017) sowie die **„Externalisierungsgesellschaft"** (Lessenich 2016).

Resümee: Die Betonung von **nachhaltigem Konsum** ist wichtig, die Beurteilung der Bereitschaft dazu fällt jedoch zu positiv aus – es gibt eine Kluft zwischen Umfragen und tatsächlichem Handeln. Nur ein Schulbuch *Meridiane* führt die **Reduktion unseres Fleischkonsums** als Maßnahmen an („überwiegend pflanzlich").

Nun zu den Einzelbewertungen.

Meridiane 5/6: Lobenswert ist das Eingehen auf **Obsoleszenz**. Der Begriff der Kreislaufwirtschaft wird jedoch nicht eingeführt.[198] Es gibt lediglich Hinweise auf **Recycling** und **Re-Use**.[199]

---

[196] Gesponsert wurde der Ökologische Fußabdruck vom Ölkonzern BP (www.derstandard.de/story/2000132608301/der-co2-fussabdruck-wurde-von-oelkonzernen-grossgemacht-ist-er-deshalb), als Alternative bzw. Ergänzung dazu wurde der „Handabdruck" entwickelt, der auf strukturelle Maßnahmen verweist (https://www.handabdruck.eu/) . Beide abgerufen am 26.3.2025

[197] www.eingutertag.at. Abgerufen am 26.3.2025

[198] Vgl. etwa https://www.europarl.europa.eu/topics/de/article/20151201STO05603/kreislaufwirtschaft-definition-und-vorteile. Abgerufen am 9.3.2025

[199] Hier nach: https://sustainability-success.com/de/6-rs-des-nachhaltigen-lebensstils-9-3-rs/ Abgerufen am 6.3.2025

Wünschenswert wären Hinweise auf den zu großen Ressourcenverbrauch der wohlhabenden Länder – der „Ökologische Rucksack“[200] böte sich hier als Indikator an – sowie auf die Verknappung seltener Metalle, die etwa für Fotovoltaik, Handys oder E-Autos gebraucht werden.

Meridiane 7: Die Kriterien für **nachhaltige Ernährung** sind umfassend, die Beurteilung der Bereitschaft zu **nachhaltigem Konsum** erscheint jedoch zu positiv. Der hohe Anteil an erneuerbarem Strom – mittlerweile liegt er in Österreich bei 85 Prozent[201] – hängt wesentlich mit der Verfügbarkeit von Wasserkraft zusammen, die in anderen Ländern nicht gegeben ist. Doch auch bei Wind und Sonne geschieht einiges. Das Problem bleibt der nach wie vor hohe bzw. teilweise auch **steigende Individualverkehr**. Klimafreundliche Mobilität wird hier nur mit ihren wirtschaftlichen Chancen behandelt, hilfreich wäre auch die Erwähnung politischer Maßnahmen (Raumordnung, Ausbau des Öffentlichen Verkehrs, CO_2-Steuer). Bei **Suffizienz** wäre auf das Auskommen mit dem Ausreichenden sowie auf die möglichen Zugewinne an Lebensqualität (Paech 2025, Holzinger 2024) hinzuweisen. Denn Suffizienz ist mehr als nur seinen Konsum etwas zu reduzieren.

Perspektive 5/6: Dieses Schulbuch geht im Kontext des „sorgsamen Umgangs“ mit Geld auch auf Nachhaltigkeit ein. Dass der „**gerechte Preis**“ nicht am Markt gebildet werden kann, stimmt nur bedingt. Bei adäquaten Rahmenbedingungen würden externalisierte soziale und ökologische Kosten in den Preis internalisiert. Hier würde ein Hinweis passen, dass es Aufgabe der Politik ist, die Marktbedingungen nach diesen ethischen Kriterien zu steuern.[202]

Perspektiven 7/8: Hier werden viele Beispiele für nachhaltiges Handeln angeführt. Bei der Aufzählung zu einem nachhaltigen Lebensstil wäre darauf hinzuweisen, dass der größte Teil des **Wasserverbrauchs** beim „virtuellen Wasser“ liegt (der etwa durch hohen Konsum von Baumwolltextilien entsteht).[203] Die Kritik am **ökologischen Fußabdruck**, dass dieser nur auf die individuelle Verhaltensänderung abzielt und nicht auf politische Maßnahmen, wäre ebenfalls einzubauen.[204] Positiv zu erwähnen ist das Kapitel über eine **nachhaltige Stadt**, in der auch strukturelle Fragen wie Raumordnung und Verkehrslenkung angesprochen werden.

Durchblick 8: Die Aufzählung von Maßnahmen für **nachhaltiges Verhalten** ist umfangreich – ergänzt werden könnte die **Reduktion des Fleischverbrauchs** bzw. der Umstieg auf vegetarische/vegane Ernährung sowie die generelle Reduktion des Konsums im Sinne von **Suffizienz** (Paech 2025). Der Hinweis auf die **Reflexion** der eigenen **Werte** und des eigenen **Verhaltens** inklusive von Zielkonflikten ist sinnvoll, mehr Anregungen dazu wären aber hilfreich. Wertvolle Informationen gibt hier die Transformationsforschung (Holzinger 2020a, 2023).

Geospots 5/6 sowie *7/8* gehen nur knapp auf Nachhaltigkeitsmaßnahmen ein. Genannt werden der Umstieg auf **erneuerbare Energieträger** (ohne diese näher auszuführen), **Energiesparen** sowie neue **Mobilitätskonzepte**. Neben Recycling wird kurz auf Aspekte langlebiger sowie reparierbarer Produkte Bezug genommen – dies macht den Kern von Kreislaufwirtschaft aus. Im Abschnitt „Bedürfnisse und Werbung“ (*Geospots 5/6*) wird zumindest auf **Fairtrade**, **Clean Clothes**, den **Reparaturbonus** und **Sharing-Modelle** eingegangen.

---

200 Einen Ressourcenrechner findet man unter https://www.ressourcen-rechner.de. Abgerufen am 6.3.2025
201 https://energie.gv.at/energiewende/wie-viel-strom-kommt-aus-erneuerbaren. Abgerufen m 8.4.2025
202 Vgl. dazu das Projekt „CleanEuro“ des Vereins SOL, das Gütern die sozialen und ökologischen Kosten im Preis hinzuaddiert. https://www.futuro-preise.at/cleaneuro.html. Abgerufen am 8.4.2025
203 Vgl. https://www.wwf.de/themen-projekte/fluesse-seen/wasserverbrauch/wasser-fussabdruck. Abgerufen am 26.3.2025
204 Gesponsert wurde der Ökologische Fußabdruck vom Ölkonzern BP (https://www.derstandard.de/story/2000132608301/der-co2-fussabdruck-wurde-von-oelkonzernen-grossgemacht-ist-er-deshalb) , als Alternative bzw. Ergänzung dazu wurde der „Handabdruck“ entwickelt, der auf strukturelle Maßnahmen verweist (https://www.handabdruck.eu/) . Beide abgerufen am 26.3.2025

Zudem gibt es eine Arbeitsaufgabe zu **„Lebensmittel im Müll“**. Beim „Verzicht auf nicht unbedingt Notwendiges“ könnte auf den Ansatz der **Suffizienz** Bezug genommen werden, der die Beschränkung auf das Genug nicht als Verzicht, sondern als Zugewinn an Lebensqualität begreift (Paech 2025).

Geografisch 5/6 spricht als einziges Schulbuch von unserer "**materialistischen Wegwerfgesellschaft**" (S. 147). Dabei wird bewusst ein "**minimalistischer Lebensstil**" (S. 147) als attraktives Zukunftsziel angeführt. Beim **Onlinehandel** werden neben dem Problem der Retourware auch die sozialen Bedingungen der Lagerarbeiter*innen angesprochen. Ob die Ökobilanz des Onlinehandels besser ist als jene des Verkaufs in Geschäften, weil Verkaufsflächen wegfallen, wie im Buch betont wird, wäre zu prüfen. Jedenfalls verleitet das Online-Shoppen tendenziell zu mehr Konsum, weil dieses sehr bequem ist.

In *global 7* werden ebenfalls Maßnahmen für ein **nachhaltiges Handeln** aufgezählt, darunter auch "nachhaltig feiern". Eine nachhaltige Ernährungsweise mit weniger oder gar keinem Verzehr von Fleisch und Wurst wird auch hier nicht angesprochen, dafür neben **Carsharing** auch **Foodsharing** als Maßnahme gegen **Lebensmittelverschwendung.**

2.12. Globalisierung, Ungleichheit und Entwicklung

Globalisierung

Fachliche Einführung

Globalisierung bezeichnet

„die zunehmende Entstehung weltweiter Märkte für Waren, Kapital und Dienstleistungen sowie die damit verbundene internationale Verflechtung der Volkswirtschaften“.[205]

Der **Globalisierungsprozess** der Märkte werde vor allem durch **neue Technologien** im Kommunikations-, Informations- und Transportwesen sowie neu entwickelte **Organisationsformen** der betrieblichen Produktionsprozesse vorangetrieben:

„Weltweite Datennetze, Satellitenkommunikation, computergestützte Logistik und hoch entwickelte Verkehrsmittel lösen Arbeit und Produktion, Produkte und Dienstleistungen von den nationalen Standorten und ermöglichen es den Unternehmen, die für sie günstigsten Produktions- bzw. Lieferstandorte auszuwählen und ihre Aktivitäten weltweit zu koordinieren. In immer stärkerem Maße werden dadurch Angebot und Nachfrage aus der ganzen Welt zusammengefasst und die Preisbildung vereinheitlicht.“[206]

Hauptakteure der Globalisierung sind **multinationale Konzerne**, die mit ihren Investitions-, Produktions- und Produktstrategien zunehmend Charakter und Formen des internationalen Handels bestimmen. Auf den **Finanzmärkten** schließen sich weltweit nicht nur die Börsen verschiedener Standorte aus unterschiedlichen Ländern zusammen, sondern auch der weltweite Handel mit Wertpapieren habe in den vergangenen Jahren enorm zugenommen, so die Bundeszentrale für Politische Bildung weiter. Anbieter und Nachfrager können Preise und Informationen über Wertpapiere z. B. auf den weltweiten Aktienmärkten miteinander vergleichen.

Seit einigen Jahren ruft die Globalisierung auch **Ängste** und **Kritik** hervor. Insbesondere Nichtregierungsorganisationen wie Attac würden auf negative Folgen überwiegend wirtschaftlicher Globalisierung hinweisen.

---

[205] https://www.bpb.de/kurz-knapp/lexika/lexikon-der-wirtschaft/19533/globalisierung. Abgerufen am 17.7.2025

[206] Ebd.

Die Finanzmarktkrise seit Ende 2007 habe die Schattenseiten einer unzureichend regulierten Weltwirtschaft überdeutlich gemacht und stelle die Regierungen bei der Bekämpfung der neuen Weltwirtschaftskrise vor große Herausforderungen.[207]

Aus Sicht der **Ökologischen Ökonomie** wird die Aufspreizung der Handelswege kritisiert und eine **Re-Regionalisierung** des Wirtschaftens gefordert, die Fokussierung auf den **Standortwettbewerb** tendenziell in Frage gestellt. Gesprochen wird von einem **„kosmopolitischen Lokalismus“** (Scheub/Küttner 2023) und einer **„pluralen Ökonomie“** mit nur mehr begrenzter Weltmarktintegration bei einer gleichzeitigen Ausweitung der regionalen Wirtschaft (Holzinger 2024, S. 305f.). Wissen und Knowhow sollen weltweit zirkulieren, die Produktion aber wieder stärker vor Ort stattfinden (Daly 1999).

Auf politischer Ebene gibt es Bestrebungen, Konzernen strengere Auflagen zur Einhaltung von sozialen und ökologischen Standards zu machen. Mehrere Staaten haben mittlerweile **Lieferkettengesetze** verabschiedet, die EU verpflichtet ihre Mitglieder zukünftig mit der „Sorgfaltsrichtlinie“ dazu. Dies wurde von NGOs wie Südwind seit langem gefordert, an der Ausgestaltung gibt es aber Kritik wie zu viele Ausnahmen und die Beschränkung auf sehr große Konzerne (Holzinger 2024, S. 160f).[208]

Aufgrund von Lieferengpässen, etwa bedingt durch den Krieg gegen die Ukraine, wird über die **Verkürzung der Lieferketten** sowie die **Erhöhung der Resilienz** erneut diskutiert.[209] Angeregt wird auch eine global koordinierte, nachhaltige Wirtschaftsentwicklung inklusive Schrumpfung der reichen Volkswirtschaften bei gleichzeitig **nachholender Entwicklung** ärmerer Volkswirtschaften (Jäger/Springler 2025).

Inhalte der Schulbücher

In **Meridiane 7** wird im Kontext des **Wirtschaftsstandorts Österreich** auch auf Globalisierung eingegangen. Dazu heißt es:

> „Aufgrund der Liberalisierung und Globalisierung der Wirtschaft stehen die Wirtschaftsstandorte in einem immer stärker werdenden Wettbewerb.“ (Meridiane 7, S. 84)

Österreich weise laut **Global Competitiveness Report** Stärken (etwa Stabilität) und Schwächen (etwa Rückstand bei der Digitalisierung und Arbeitskräftemobilität) auf. Als ein positiver Schritt wird die Einführung der **Gruppenbesteuerung** in Österreich im Jahr 2005 gesehen. Diese ermögliche es Unternehmensgruppen, einen Ausgleich von Gewinnen und Verlusten über alle Unternehmen der Gruppe hinweg zu schaffen.

Meridiane 8 enthält ein Kapitel **„Globalisierung – Chancen und Gefahren“** (Meridiane 8, S. 10ff.). Darin heißt es einleitend:

> „Gemeint ist der Prozess der zunehmenden weltweiten Vernetzung der Menschen und Gesellschaften. Das bedeutet, dass Staatsgrenzen für Wirtschaft, Nachrichten und Informationsvermittlung sowie für Lebensformen immer weniger Bedeutung haben: Die ganze Welt wird zu einem einzigen Wirtschafts- und Lebensraum.“ (ebd. S. 10)

Es werden **Aspekte der Globalisierung** und die **Folgen für uns**, etwa im Bereich Kommunikation, Güterangebote oder Verkehrsaufkommen, im Bereich des Kapitalverkehrs, der Migration und der Politik beschrieben. Die **internationale Arbeitsteilung** wird am Beispiel des Unternehmens Adidas illustriert, die Konzentration des Wirtschaftsgeschehens an den **transnationalen** und **multi-**

---

[207] Ebd.

[208] https://www.suedwind.at/konsum-und-verantwortung/lieferkettengesetz; https://www.wko.at/nachhaltigkeit/haeufige-fragen-eu-lieferkettengesetz. Abgerufen am 17.7.2025

[209] https://www.iml.fraunhofer.de/de/abteilungen/b1/software_engineering/effektives-risikomanagement-fuer-den-schutz-ihrer-logistikdaten/resilienz-in-der-lieferkette-staerken.html. Abgerufen am 17.7.2025

nationalen Konzernen. Als **negative Folgen** der Globalisierung würden die **Migration** hochqualifizierter Arbeitskräfte und der damit verbundene **Braindrain**, die Zunahme von **Epidemien** und **Terrorismus** sowie die globale Belastung von **Natur** und **Umwelt** gesehen. Zu letzterem heißt es:

„Bevölkerungswachstum und der steigende Wohlstand, das damit einhergehende stetig steigende Verkehrsaufkommen, der immer größer werdende Bedarf an Energie sowie an Gütern und Dienstleistungen und das Wirtschaftswachstum im Allgemeinen führen zu einer zunehmenden Belastung der Umwelt." (ebd. S. 13)

Zuletzt wird auf die Zunahme **regionaler Disparitäten** Bezug genommen:

„Die Globalisierung erfasst keineswegs – wie vom Wortlaut her zu vermuten – gleichmäßig die gesamte Erde. Vielmehr kommt es zu einer immer stärkeren Machtstellung der wirtschaftlichen und politischen Zentren und einem wachsenden Bedeutungsverlust peripherer Gebiete. Dies gilt sowohl weltweit wie auch innerhalb von Staaten." (ebd. S. 14)

Als Beispiel werden die **aufgelassenen Industrieregionen** in den USA beschrieben, ein Umstand, der den politischen Erfolg von US-Präsident Donald Trump erkläre. Ein weiteres Kapitel geht auf **Chancen** und **Risiken** in einer **globalisierten Welt** ein. Darin werden die Chancen von besserer Bildung, neuen Arbeitsformen, offenen Arbeitsmärkten und Informationsforen, aber auch Gefahren wie Fake News, die Fixierung auf das Shoppen bei gleichzeitiger Ausbeutung von Billigarbeitskräften sowie die Zunahme der **Umweltzerstörung** erörtert. Als **Gegenmaßnahmen** würden mehr **Energieeffizienz** sowie **Energieunabhängigkeit** (Beispiel Güssing, das zu 98 Prozent energieautark sei) sowie die **Zero Waste-Bewegung** gelten.

Im Kapitel „Die herrschende Weltwirtschaftsordnung" (ebd. S. 49ff.) wird die Zunahme der **Auslagerung von Produktionen** und **Direktinvestitionen** beschrieben, dabei neben der Globalisierung auch ein neuer Trend zur Regionalisierung ausgemacht, unter der jedoch keine lokale Produktion, sondern die Herausbildung von **Wirtschaftsblöcken** verstanden wird:

„Je globaler die Wirtschaft wird, desto mehr Länder schließen sich zu Wirtschaftsblöcken zusammen, um auf dem Weltmarkt konkurrenzfähig zu bleiben." (ebd. S.49)

Neben diesen Blockbildungen werden auch internationale **Kooperationen** von **Wirtschaftsverbänden** und **Gewerkschaften** sowie die neue Rolle von **Nichtregierungsorganisationen** betont. Letztere würden sich „in den Bereichen Sozialarbeit, Umweltschutz, Tierschutz, freie Bildungsarbeit, Menschenrechte usw. engagieren" (ebd. S. 50) und hätten durch die Globalisierung an Bedeutung gewonnen. Breiter Raum wird auch der **Globalisierungskritik durch NGOS** - einige werden mit Links aufgezählt - und deren Forderungen eingeräumt, etwa Kontrolle der Konzerne, transparente Verhandlung von internationalen Abkommen, Stärkung der internationalen Zusammenarbeit von Gewerkschaften und NGOs, Schuldenerlass für Entwicklungsländer, weltweite Einführung einer Steuer auf Devisentransaktionen (ebd. S. 54).

In **Perspektiven 7/8** wird ebenfalls am Beispiel Österreichs der Begriff des **Wirtschaftsstandortes** sowie die **Rolle der Außenwirtschaft** (Zahlungs- und Leistungsbilanz, Außenwirtschaftliches Gleichgewicht) erklärt. Die Qualität eines Wirtschaftsstandortes hänge mit den Merkmalen „Leistungsbereitschaft der Bevölkerung", „Ausbildungsgrad der Fachkräfte", „Leistungsfähige Infrastruktur" sowie „Wirtschaftswachstum" zusammen. In der **globalisierten Welt** komme es infolge der Mobilität von Menschen und Unternehmen zu einem „**wachsenden Standortwettbewerb** unter Ländern und Regionen" (Perspektiven 7/8, S. 52ff.)

Als **Kriterien für Standortwettbewerb** werden „Innovation", „Lohnkosten" sowie die „Höhe der Steuern und Abgaben" angeführt, als Vorteile des **österreichischen Wirtschaftsstandorts** u. a. die politische Stabilität, soziale Sicherheit, die gute Infrastruktur, das duale Ausbildungssystem, die geringe Streikdichte sowie die hohe Kaufkraft genannt, als Nachteile u. a. geringe Rohstoffvorkommen, hohe Lohn- und Lohnnebenkosten, geringe Reformbereitschaft sowie zu geringes Wirtschaftswachstum. Es gelte, „die Standortvorteile bzw. Stärken auszubauen und die Schwächen zu beheben“ (ebd. S. 52). Anhand von Daten der Denkfabrik „Agenda Austria“ werden **Indikatoren für Österreichs Standortqualität** dargelegt – die meisten davon würden in eine negative Richtung zeigen (ebd. S. 53).

Ein Überkapitel ist mit „**Chancen und Gefahren der Globalisierung erörtern**“ überschrieben (S. 178ff.). **Globalisierung** wird als „Vernetzung der Welt in verschiedenen Bereichen“ (Politik, Wirtschaft, Umwelt, Kultur, Kommunikation, Verkehr, Gesellschaft) definiert, ihre Beschleunigung mit „technischem Fortschritt“, „Rückzug der Nationalstaaten“ und „Deregulierung der Märkte“ beschrieben (ebd. S. 179). Anhand des **Globalisierungsindex** (KOF) der Eidgenössischen Technischen Hochschule in Zürich wird gezeigt, dass „vor allem die führenden Industrienationen verstärkt in den Globalisierungsprozess eingebunden sind“ (ebd. S. 180).[210] Die Welt sei zu einem „global village“ geworden, es würden sich „beispielsweise Wirtschaftssysteme wie der Neoliberalismus, der den Freihandel fordert“, weltweit ausbreiten (ebd. S. 180).

Globalisierung bringe für die einen **Vorteile** (Konsum von Produkten aus aller Welt, sinkende Preise, schnellerer Fortschritt, intensive Handelsbeziehungen verringern Kriegsgefahr), für andere **Nachteile** (Verschärfung globaler Gegensätze, Migrationsströme, mehr Finanzspekulation, negative Umweltauswirkungen, Verlust regionaler Kultur). Es gäbe daher einen neuen **Trend zur Regionalisierung**, etwa den „bewussten Kauf regionaler Produkte auf Wochenmärkten“ (ebd. S. 180). In einem eigenen Kasten wird die Verstrickung von uns allen in die **Globalisierung** in den unterschiedlichen Bereichen lebensnah dargestellt und es wird nochmals auf die Bedeutung einer österreichischen **Außenwirtschaftsstrategie** hingewiesen (ebd. S. 181).

Das Schulbuch **Durchblick 8** startet mit einem Kapitel über „Globalisierung – ein Prozess, der die Welt umgestaltet“ (Durchblick 8, S. 8ff.), in dem die **Treiber**, **Chancen** und **Risiken** der Globalisierung behandelt werden. Beschrieben werden **technologische Veränderungen** (Informationsrevolution, Neuerungen im Bereich der industriellen Fertigung sowie der Transporttechnologien) sowie **wirtschaftliche Veränderungen** (Automatisierung, Transnationale Konzerne, Entwicklung internationaler Normen und Standards, Zunahme der grenzüberschreitenden Mobilität von Sach- Finanz-, Human- und Wissenskapital). Erklärt werden in diesem Zusammenhang auch „**Lean Management**“ und „**Lean Production**“.

In der Folge wird die Idee des **Neoliberalismus** als „entscheidende Triebkraft für die globale Wirtschaft“ sowie die „Deregulierung“ (ebd. S. 12) nach dem Zusammenbruch der Sowjetunion beschrieben. Dabei wird kritisch auf das Bild des „**homo oeconomicus**“ und den Ansatz des Neoliberalismus verwiesen:

> „Der Markt soll alles regeln ...Am Markt gibt es demnach nur Konsumentinnen und Konsumenten sowie Unternehmerinnen und Unternehmer. Erstere sehen sich jedoch oft De-facto-Monopolen gegenüber, denen sie ohne staatlichen Schutz durch Gesetze und Verordnungen ausgeliefert sind.“ (ebd. S. 12)

Im Aufgabenteil wird die **Diskussion über den Neoliberalismus** im Kontext folgender Aussage angeregt:

> „Eine Demokratie funktioniert nur mit Menschen, die miteinander verbunden sind, füreinander Verantwortung tragen und sich nicht nur als Individuen auf dem Markt um den maximalen Gewinn matschen.“ (ebd. S. 12)

[210] Die Daten aus 2017 weisen dabei China noch als „Schwellenland“ aus, was sich mittlerweile geändert hat.

Auch die Rolle der **Weltbank** und des **IWF** werden kritisch gesehen:

„Die verordneten Strukturanpassungsprogramme treffen vor allem die sozial Schwachen und schränken die wirtschaftspolitischen Spielräume der Regierungen ein." (ebd. S. 13)

Ein eigenes Kapitel ist der **Globalisierungskritik** gewidmet. Darin heißt es:

„Zu den Gruppen, die nichts gegen das Phänomen der Globalisierung an sich haben, jedoch die neoliberale Dominanz kritisieren, zählen Gruppen wie ATTAC oder das Weltsozialforum." (ebd. S. 48)

Beide NGOs werden neben der Global Marshallplan-Initiative mit ihren Maßnahmenforderungen vorgestellt – ATTAC auch mit einem Hinweis auf eine österreichische Gruppe. In diesem Zusammenhang wird auch die Finanztransaktionssteuer („Tobin Tax") erläutert. Es gäbe aber auch grundsätzliche **Kritik an der Globalisierung**, wird weiters ausgeführt: zum einen von ökologisch ausgerichteten Gruppen, die auf nachhaltige Lebens- und Wirtschaftskonzepte setzen, „um den Planeten Erde zu retten"; zum anderen von nationalistischen, rechtsextremen Gruppierungen, die „die Vereinheitlichung der Kulturen" fürchten (ebd. S. 48).

Geospots 7/8 enthält ein Kapitel zu **„Globalisierung – Chancen und Risiken".** Die Globalisierung sei eines der zentralen Themen des beginnenden 21. Jahrhunderts, ein „Megatrend". Doch:

„Inwieweit der zusammenwachsende Weltmarkt sowie die zunehmende internationale Arbeitsteilung Positives – also wirtschaftliches Wachstum, Wohlstand und soziale Verbesserungen in allen Staaten der Erde gleichermaßen – bewirken, ist dabei die große Frage. Oder sind ohnehin die reichen Industrienationen die Profiteure und die weniger entwickelten Staaten die Verlierer?" (ebd. S. 143)

Als **Grundlagen der Globalisierung** werden neue Kommunikations- und Transporttechnologien wie das Internet und die Containerschifffahrt sowie der Abbau der Zölle benannt. Danach wird der Globalisierungsindex der ETH Zürich mit wirtschaftlichen, sozialen und politischen Indikatoren vorgestellt. Die Globalisierung spiele sich weitgehend in den **drei Blöcken** „1.Westeuropa, 2. USA und 3. Japan mit einigen wenigen Staaten im südostasiatischen Raum" (ebd. S. 145) ab, andere Staaten bzw. Regionen blieben am Rand der weltwirtschaftlichen Einbindung:

„Das geht sogar so weit, dass ärmere Staaten lediglich als Rohstoffexporteure ‚missbraucht' werden oder der Faktor ‚menschliche Arbeitskraft' durch Dumping-Löhne ausgebeutet wird." (ebd. S. 145)

In der Folge werden die **Argumente** der **Befürwortenden** den **Kritiker*innen** gegenübergestellt:

„BefürworterInnen führen positive Aspekte wie neu entstehende Arbeitsplätze, niedrigere Produktionskosten, rasche Informations- und Warenbeschaffung, weltweites Warenangebot, neue Exportmöglichkeiten und ein allgemeines Wirtschaftswachstum sowie mehr Wohlstand für alle an. ... KritikerInnen sagen, Globalisierung muss ‚menschlicher gestaltet' werden und nennen als wirtschaftliche Nachteile den Verlust lokaler Arbeitsplätze, steigenden Lohndruck, die Zunahme internationaler Finanzspekulationen, die Abhängigkeit von Rohöl und die Macht der transnationalen Konzerne." (ebd. S. 145)

Bei der Vorstellung der **internationalen Organisationen** und **Netzwerke** – OECD, G7-G20-G33, Internationaler Währungsfonds, WTO, Weltbankgruppe und World Economic Forum werden ebenfalls die Argumente von Kritiker*innen benannt, etwa mangelnde Ausgewogenheit in Bezug auf Stimmrechte oder Probleme der **Strukturanpassungsprogramme** im Sinne des im Buch erklärten Washington Consensus (Liberalisierung der Handelspolitik, Steuersenkungen, Budgetdisziplin, Deregulierung und Abbau staatlicher Einflussnahme):

„Entgegen den formalen Grundsätzen nimmt der IWF starken politischen Einfluss auf die Wirtschaftspolitik der betroffenen Staaten. KritikerInnen sehen im IWF eine neoliberale Institution, die die Kreditvergabe ausschließlich an den Washington Consensus koppelt." (ebd. S. 154)

In diesem Zusammenhang werden auch **Nichtregierungsorganisationen** (NGOs), die mit Demonstrationen bei Treffen des IWF oder des World Economic Forum öffentlichkeitswirksam auftreten, mit deren Forderungen beschrieben:

„Kritik am System des Kapitalismus; Abschaffung von Steueroasen; gegen ungezügelten Freihandel und Marktliberalisierung; Regulierung der Weltwirtschaft; demokratische Kontrolle der Finanzmärkte, Finanztransaktionssteuer …" (ebd. S. 156)

Als **Vorschläge** werden u. a. wiedergegeben:

„An die Stelle des Freihandels hat Fairer Handel zu treten. Die kapitalistische Ökonomie ist durch die Grundsätze einer solidarischen Ökonomie zu ersetzen. Sozialsysteme und Daseinsfürsorge sind durch den Staat zu organisieren und nicht an private Unternehmen auszulagern. … Gerade für die ärmsten Länder wird eine Deglobalisierung gefordert, sie sollen aus dem Globalisierungsprozess ‚aussteigen' und sich abkoppeln." (ebd. S. 156)

Als **Beispiele** werden die NGO „ATTAC – Vereinigung zur Besteuerung von Finanztransaktionen zugunsten der BürgerInnen" sowie die „Sozialforen" vorgestellt, als **„Gesichter der Globalisierungskritik"** der ehemalige Sonderberichterstatter für das Recht auf Nahrung und „linke Intellektuelle" Jean Ziegler, der französische Bauerngewerkschaftler José Bové und die kanadische Publizistin und Aktivistin Naomi Klein.

Geografisch 8 startet mit einem Kapitel **„Chancen und Herausforderungen der Globalisierung"** (Geografisch 8, S. 6ff.) Als Globalisierung wird das enge Zusammenwachsen der Welt definiert:

„Volkswirtschaften, Regionen, Institutionen und Menschen sind immer enger vernetzt – in Bereichen wie Wirtschaft, Politik, Kultur, Kommunikation und Umwelt. Dabei verlieren Distanzen an Bedeutung, und die weltweite Vernetzung nimmt zu." (ebd. S. 8)

Einer Erklärung des nach dem Zweiten Weltkrieg geschaffenen und in den 1970er-Jahren zusammengebrochenen **Bretton Woods-Systems** geregelter internationaler Wirtschaftsstrukturen folgt die Beschreibung der **Institutionen der Globalisierung**, dem Internationalen Währungsfonds, der Weltbankgruppe mit ihren fünf Organisationen und der Welthandelsorganisation. **Strukturanpassungsprogramme** der Weltbank werden wertneutral vorgestellt, bei der **Sperrminorität** in der Weltbankgruppe – wichtige Beschlüsse erfordern eine Zustimmung von 85 Prozent, das Stimmrecht richtet sich nach der Höhe des Kapitalanteils – wird darauf verwiesen, dass von dieser nicht nur die USA, sondern auch die EU, sofern die Mitgliedstaaten geschlossen auftreten, Gebrauch machen könne.

Mit dem „aufstrebenden Globalen Süden" wird auf die **BRICS-Staatengruppe** und deren Ausweitung zu BRICS plus eingegangen. Mit der New Development Bank sei eine Alternative zur Weltbank, mit dem Contingent Reserve Arrangement eine Ergänzung zum IWF geschaffen worden.

Global 8 enthält ein Überkapitel **„Chancen und Gefahren der Globalisierung erörtern"** (global 8, S. 8ff.). Globalisierung wird darin einleitend in seiner **unterschiedlichen Wahrnehmung** vorgestellt:

„Die einen verbinden damit weltweites wirtschaftliches Wachstum und Beseitigung der Armut, die zunehmende Entwicklung zu ‚einer Welt' mit grenzüberschreitender Kommunikation und unbegrenzten Entfaltungsmöglichkeiten. Andere Menschen sehen in der Globalisierung vorwiegend die Vorherrschaft der Wirtschaft vor allen anderen Bereichen, eine zunehmende Kluft zwischen Arm und Reich, den Verlust von regionaler Vielfalt und weltweiten ökologischen Raubbau." (ebd. S. 8)

Globalisierung im engeren Sinn wird in die 1970er-Jahre datiert, als

„mit der internationalen Arbeitsteilung Niedriglohnländer verstärkt genutzt und die Handelsbeziehungen intensiviert wurden. Durch die Deregulierung der Finanzmärkte stiegen die internationalen Kapitalströme stark an." (ebd. S 10)

Bei der **Globalisierung der Wirtschaft** werden multinationale Unternehmen, der freie Kapital- und Warenverkehr, die Personenmobilität sowie die ausgeweitete Kommunikation vorgestellt. Und es wird knapp auf die Globalisierung der Politik, der Kultur sowie der Probleme (Ökologie, Arm/Reich, Pandemien...) eingegangen. Der Politikwissenschaftler Ulrich Menzel wird mit dem Trend zu **„Globalisierung und Fragmentierung“** (ebd. S.11) zitiert, zudem wird betont, dass auch Kritiker*innen dazu übergegangen seien, nicht die Globalisierung an sich abzulehnen, sondern dass es gelte, diese zu gestalten. Ein eigenes Kapitel ist dem Thema **„Kommunikation 2.0“** (ebd. S. 12f.) gewidmet, wobei die Chancen (weltweite Vernetzung) den Risiken (Verlust der Face to Face-Kommunikation, Datenschutz) gegenübergestellt werden.

Einschätzung

Neben den Aspekten der Globalisierung werden die Chancen und Risiken insbesondere der **wirtschaftlichen Globalisierung** in den Schulbüchern unterschiedlich akzentuiert dargestellt. Während einige Schulbücher die Veränderungen eher wertneutral wiedergeben bzw. die Chancen in den Vordergrund rücken, gehen andere stärker auf die Krisen ein. Vorschläge zur **Gestaltung der Globalisierung** werden nur bedingt gemacht. Interessant wären etwa Hinweise auf neue Initiativen zur Umsetzung von Sozial- und Umweltstandards durch die „EU-Sorgfaltsrichtlinie“ (Lieferkettengesetze) oder eine „Globale Mindestbesteuerung“ (Holzinger 2024, S. 160ff. bzw. S. 179f.) sowie den Ansatz des „Fairen Handels“ (Holzinger 2024, S. 157ff.)

Globalisierung wird auch in den Kontext des Standortwettbewerbs und Wirtschaftsstandorts Österreich gestellt. Der **Standortwettbewerb** als solcher wird jedoch nicht kritisch beleuchtet. Stichworte wären „Steuerwettbewerb nach unten“, „Lohndruck“ sowie generell „Grenzen des Wirtschaftswachstums in Volkswirtschaften mit bereits hohem Konsumniveau“ (siehe dazu die Ausführungen unter „Wirtschaftswachstum“). Zu diskutieren wären auch eine erneute **Regionalisierung des Wirtschaftens** im Kontext von Ökologie und Resilienz – dargestellt werden jedoch nur „regionale Disparitäten“ sowie Ansätze einer neuen Regionalität, etwa bei Lebensmitteln. Der grundsätzliche Ansatz „Globalisierung des Wissens – Regionalisierung der Produktion“ (Daly 1999) wäre hier zu diskutieren.

Insbesondere werden die **Vor-** und **Nachteile der Globalisierung** vor allem für uns in Österreich dargestellt; eine global koordinierte, nachhaltige Wirtschaftsentwicklung (z. B. Schrumpfung der reichen Volkswirtschaften bei gleichzeitig nachholender Entwicklung ärmerer Volkswirtschaften) wird nicht angeregt (Jäger/Springler 2025).

Nun zur Einzelbewertung:

Meridiane 8: Das Schulbuch geht ausführlich auf alle **Bereiche der Globalisierung** und die **„Folgen für uns**" ein. Die Beschreibung ist jedoch teilweise unkritisch, etwa heißt es im Abschnitt **„Kapital kennt keine Grenzen“** lediglich: „Weltweit wechseln täglich mehrere Milliarden US-Dollar die Besitzerin bzw. den Besitzer. Geld wird dort angelegt, wo die besten Erträge zu erwarten sind." (ebd. S. 12) Als „Folge für uns“ wird genannt: "Wer auch nur ein einfaches Sparbuch hat oder mit einer Kreditkarte bezahlt, ist Teil der internationalen Bankverbindungen und des weltweiten Zahlungsverkehrs." (ebd. S. 12). Angesichts der zunehmenden Krisen und der Konzentration der Vermögen wäre eine kritische Darstellung des Finanzkapitalismus nötig, ebenso jene der Rolle der multinationalen Konzerne, die – sowie der Neoliberalismus – nur sachlich beschrieben werden. **Ökologische Probleme** werden zwar angesprochen, aber nicht in der gebotenen Dringlichkeit.

Es heißt nur: „Umweltschutz wird zunehmend mehr zu einer länderübergreifenden bis globalen Notwendigkeit.“ (ebd. S. 13) Den **Forderungen von NGOS** an eine faire und ökologische Weltwirtschaftsordnung wiederum wird breiter Raum eingeräumt.

Perspektiven 7/8: Auch dieses Schulbuch erwähnt Globalisierung zunächst im Kontext des **Wirtschaftsstandortes** Österreich. Im Aufgabenteil wird zwar zur Diskussion anhand zweier Texte mit unterschiedlicher Beurteilung des Wirtschaftsstandortes eingeladen. Der **Standortwettbewerb** als solcher wird jedoch nicht kritisch beleuchtet. Dargestellt werden nur „regionale Disparitäten am Beispiel der EU und Österreichs" (ebd. S. 58f.) Das Ziel des Schulbuchs inklusive der Aufgaben ist es, die **Vor-** und **Nachteile der Globalisierung** vor allem für uns in Österreich darzustellen. Dem angezeigten **Trend zu mehr Regionalität** steht jener zu einer weiteren Spreizung der Konsumketten im Kontext des Online-Handels gegenüber. Den Vorteilen der Globalisierung für die einen (billigere Güter, mehr Reisen, Frieden durch Handel) werden aber durchaus auch die Nachteile für andere (Ungleichverteilung von Arm und Reich, Zunahme der Finanzspekulation, Verdrängung kleinerer Unternehmen, Auswirkungen auf die Umwelt) gegenübergestellt.

Durchblick 8: Ausführlich werden die **Treiber, Chancen** und **Risiken** der Globalisierung vorgestellt. Die gegenwärtige **ökonomische Globalisierung** wird durchaus kritisch bewertet, etwa im Zusammenhang mit der globalen Ungleichverteilung sowie der Durchsetzung neoliberaler Sichtweisen. Es ist bemerkenswert, dass in einem Schulbuch **kapitalismuskritische NGOs** ausführlich vorgestellt werden. Um das erwähnte Weltsozialforum ist es jedoch zumindest in der Öffentlichkeit etwas ruhiger geworden, auch wenn 2024 bereits das siebzehnte Weltsozialforum in Kathmandu/Nepal stattgefunden hat.[211] Stärker im Fokus der Öffentlichkeit und somit auch in jenem der Schüler*innen stand seit Greta Thunbergs Schulstreiks die Klimabewegung. Der im Zusammenhang mit nationalistischen Gruppen genannte **„Anti-Amerikanismus"** erhält durch die aktuelle Politik von Donald Trump eine neue Dimension.

Geospots 7/8: Dieses Schulbuch beschreibt die **Globalisierung** zunächst sachlich als realen „Megatrend" und führt dann die Argumente von Befürworter*innen und Kritiker*innen aus, ohne diese selbst zu bewerten. Neben den internationalen Organisationen und Netzwerken der Globalisierung, ihren Zielen und Inhalten werden ausführlich auch NGOs und „Köpfe" der Globalisierungskritik vorgestellt – ebenfalls, ohne diese zu bewerten. Auch hier gilt, wie oben bereits ausgeführt, dass die starke Welle der Globalisierungskritik zu Beginn der 2000er-Jahre abgeflaut ist und von anderen Themen wie der Klimakrise oder neuer geopolitischer Friktionen abgelöst wurde. Die **Arbeitsaufgabe**, anhand von Medienberichten zu Aktivitäten der internationalen Wirtschaftsorganisationen die Auswirkungen auf unterschiedliche Betroffenengruppen darzustellen, ist anspruchsvoll. Die zunehmende Bedeutung von **China** und den **BRICS-Staaten** wird nicht hier, sondern im Abschnitt zu ökonomischen Systemen thematisiert. Im Kapitel zu Globalisierung werden lediglich Industriestaaten und Schwellenländer unterschieden.

Geografisch 8 beschreibt ebenfalls die Bereiche der Globalisierung, geht aber näher auf die **Institutionen** der **wirtschaftlichen Globalisierung** ein, wobei die Sperrminorität in der Weltbankgruppe durch die USA und die EU-Länder problematisiert wird. Als einziges Schulbuch thematisiert *Geografisch* mit den BRICS-Staaten **alternative Zusammenschlüsse** als Gegenmacht zu den von den reichen Staaten dominierten weltwirtschaftlichen Institutionen. Dieses Schulbuch stellt auch kritische Fragen zur Reflexion, etwa ob Globalisierung generell mit Modernisierung, „rationaler, besser und fortschrittlicher" (ebd. S. 9) gleichzusetzen sei. **Globalisierung** wird auch nicht als linearer Prozess beschrieben. So heißt es etwa:

„In welche Richtung das Pendel in Zukunft ausschlagen wird, kann schwer vorhergesagt werden." (S. 8)

Ausführlich wird auf **Umweltrisiken** im Kontext des globalen Wandels eingegangen (mehr siehe Kapitel zu Nachhaltigkeit). Als kritisches Beispiel für einen multinationalen Konzern wird Monsanto erwähnt.

---

[211] http://www.weltsozialforum.org/wsf/2024/index.html. Abgerufen am 2.4.2025

global 8: Dieses Schulbuch erwähnt die unterschiedlichen **Wahrnehmungen der Globalisierung,** ohne aber näher auf die Kritik an dieser einzugehen. Die internationale Arbeitsteilung, die Deregulierung der Finanzmärkte sowie der freie Kapital- und Warenverkehr werden sachlich bzw. positiv dargestellt. Lediglich ein Abschnitt über **Globalisierung** und **Fragmentierung** geht auf die Gleichzeitigkeit dieser beiden Phänomene ein. Ursachen dafür werden aber in diesem Kapitel nicht benannt. Es wird lediglich als Aufgabe gestellt, Beispiele hierfür zu recherchieren. **Ökologische Probleme** werden zwar angeführt, aber nicht in den Kontext des fossil getriebenen Konsumkapitalismus gestellt, vielmehr werden die sinkenden Transportkosten als Motor der Globalisierung betont.

Welthandel

Fachliche Einführung

Weltwirtschaft bezeichnet laut der Bundeszentrale für Politische Bildung

> „alle globalen und ökonomischen Verflechtungen und Beziehungen zwischen verschiedenen Staaten der Erde, die durch den Außenhandel sowie durch Transaktionen und Bewegungen von Kapital und Arbeitskräften zwischen unterschiedlichen Volkswirtschaften entstehen“.[212]

Die Entwicklung der **Weltwirtschaft** sei dabei in zunehmendem Maße verknüpft mit der Entwicklung des **Welthandels** als Gesamtheit des Warenhandels in allen Ländern der Erde. Der sich intensivierende Prozess der internationalen Arbeitsteilung und des internationalen Handels beziehe sich auf Güter und Dienstleistungen, Finanz- und Realkapital sowie technisches Wissen. Seine wesentliche Ursache sei der **Abbau von Zöllen** und anderen **Handelshemmnissen**.

Weiters heißt es:

> „Durch die zunehmende Internationalisierung und Globalisierung in der Wirtschaft, wobei die multinationalen Unternehmen die wichtigsten Akteure sind, entstehen enorme weltwirtschaftliche Ungleichgewichte zwischen den einzelnen Staatengruppen.“ [213]

So finde über die Hälfte des Welthandels zwischen den westlichen Industrieländern untereinander statt. Die **regionalen Blockbildungen** in Europa (Europäische Union, Europäischer Wirtschaftsraum), in Nordamerika (Nordamerikanische Freihandelszone), in Lateinamerika (Mercosur) und auch im asiatisch-pazifischen Raum (APEC) sollen die Positionen im Kampf um die Marktanteile am Welthandel verbessern.

Es gibt auch **Kritik** an der gegenwärtigen Freihandelspraxis. Benannt werden **unfaire Welthandelsbeziehungen** zugunsten der reichen Volkswirtschaften, etwa die **Wirtschaftspartnerschaftsabkommen** der EU mit afrikanischen Staaten (Schilder 2018); die **trickle down-Theorie** wird hinterfragt (Fischer/Grandner 2019). Diskutiert werden auch die Pros und Contras zu aktuell geplanten Freihandelsabkommen wie „Mercosur“.[214] Das Fehlen von **Nachhaltigkeitszielen** in der Welthandelspolitik wird ebenfalls kritisiert (Maier/Abshagen 2018).

Alternativentwürfe für einen **„ethischen Welthandel“** – ein Begriff des Wirtschaftspublizisten Christian Felber – beziehen sich auf ausgeglichene Handelsbilanzen, stabile Wechselkurse und einen eingeschränkten Kapitalverkehr, gleiche Produktionsbedingungen (z. B. angemessene Global-Löhne) und ökologische Kostenwahrheit, weiters die Nicht-Reziprozität („Länder mit geringerem

---

[212] https://www.bpb.de/kurz-knapp/lexika/lexikon-der-wirtschaft/21187/weltwirtschaft. Abgerufen am 17.7.2025

[213] Ebd.

[214] https://de.euronews.com/my-europe/2024/12/08/mercosur-handelsabkommen-pro-und-contra. Abgerufen am 17.7.2025

Entwicklungsstand müssen ihre Grenzen nicht im gleichen Maße öffnen wie hochindustrialisierte Länder"), verbindliche Umverteilungsmaßnahmen, „die das Überschreiten eines definierten Maßes an Ungleichheit in jedem Land verhindern" sowie gemeinsame Arbeits- und Sozialstandards (Felber 2017). Ein von Felber mitverfasstes **Policy Paper an die EU** macht Vorschläge für einen global gerechten Welthandel, mitherausgegeben wird es von der **World Fairtrade Organisation.**[215]

Im Zusammenhang mit der Kritik an der aggressiven **Zollpolitik von Donald Trump** wird daran erinnert, dass auch der **gegenwärtige Welthandel** keineswegs gerecht und nachhaltig sei, so etwa der Nachhaltigkeitsexperte Reinhard Loske:

> „Ich beobachte mit Sorge, dass der Reflex auf Trumps erratische Zollpolitik bei uns vor allem in einem Gesundbeten der gegenwärtigen Weltwirtschaftsordnung besteht, einer starken Idealisierung von bedingungsloser Wachstumsorientierung und des globalen Freihandels. Es wird so getan, als sei der gegenwärtige Entwicklungspfad trotz seiner vielen negativen Begleiterscheinungen quasi das Allerhöchste und deshalb unbedingt zu verteidigen."[216]

Inhalte der Schulbücher

Meridiane 8 enthält ein Kapitel „**Ein Blick in den Welthandel**" (Meridiane 8, S. 36). Einer Beschreibung der **aktuellen Trends** (Ausweitung der Fertigungsketten, Zunahme der ausgelagerten Dienstleistungen, Konzentration des Welthandels auf die Triade „EU – USA/Kanada -Ostasien", China als neuer Exportweltmeister, Einbruch in und Erholung nach der Finanzkrise) folgen Ausführungen zu den **Grenzen des Freihandels** (Nichttarifäre Handelshemmnisse, Handelskriege) sowie zur **Welthandelsorganisation.** Das Allgemeine Handels- und Zollabkommen GATT habe erreicht, dass die Zölle im Mittelwert von „40 auf 4 Prozent" gesenkt wurden, sodass „Einfuhrzölle in den GATT-Staaten praktisch keine handelspolitische Bedeutung mehr haben." (ebd. S. 42)

Hingewiesen wird auf die **Nachteile für Entwicklungsländer,** die ihre Märkte nicht mehr mit hohen Zöllen schützen können,

> „zugleich wird ihnen der Zugang zu den Märkten der Industrieländer erschwert, indem diese ihre Produktion durch Subventionen stützen." (ebd. S. 42)

Auch auf das **Stocken weiterer Welthandelsrunden** sowie auf Widerstände gegen den Handel mit Dienstleistungen, der zu deren Privatisierung und einer „Zwei-Klassengesellschaft" (ebd. S 43) führen könnte, wird eingegangen.

Zudem werden die Kritikpunkte an den geplanten **Handelsabkommen CETA** und **TTIP** referiert:

> „Die Gegner/innen dieser Abkommen beklagen die geringe Öffentlichkeit der Verhandlungen und wenden sich gegen private Schiedsgerichte, die ohne die Möglichkeit einer unabhängigen staatlichen gerichtlichen Überprüfung über Schadensersatzansprüche von Unternehmen entscheiden könnten." (ebd. S 44)

Die Befürworter wiederum würden argumentieren, „dass freier Handel Wirtschaftswachstum und mehr Arbeitsplätze bringe." (ebd. S. 44)

Im Kapitel „**Big Player der Weltwirtschaft**" (ebd. S. 45f.) werden die OECD, die G7, G20, G5 und BRICS-Staaten vorgestellt, im Kapitel „**Transnationale Konzerne**" (ebd. S.47f.) die Zunahme globaler **Wertschöpfungsketten,** das **Wachstum** und die **Macht großer Konzerne** sowie deren **Übernahmepraktiken**. Dazu heißt es:

> „Rationalisierungen und der Abbau von Arbeitskräften senken in der Regel die Lohnkosten und erhöhen die Wettbewerbsfähigkeit sowie die Dividenden der Anteilseigner/innen (Shareholder). Die Gewinne können in

---

[215] https://christian-felber.at/2024/11/19/neues-working-paper-der-cbs-zu-ethischem-welthandel-als-neuer-eu-strategie; https://wfto.com. Abgerufen am 17.7.2025

[216] https://www.fr.de/politik/das-ist-die-richtige-antwort-auf-trump-nachhaltigkeitsforscher-ueber-fairen-welthandel-93681779.html. Abgerufen am 24.7.2025

transnationalen Konzernen seit der weltweiten Liberalisierung der Kapitalmärkte dorthin wandern, wo sie benötigt werden oder steuerlich erwünscht sind." (ebd. S. 47)

Übernahmen würden „entweder im Einvernehmen der betroffenen Unternehmen oder auch auf feindlicher Basis" (ebd. S. 48) erfolgen. Die Rolle transnationaler Unternehmen in Entwicklungsländern würde unterschiedlich beurteilt:

„Für die Vertreter/innen des Freihandels sind die Konzerne Motoren des Fortschritts und Zentren der Entwicklung. Für ihre Kritiker/innen hingegen sind sie ein Hindernis auf dem Weg zu einer eigenständigen, auf die Bedürfnisse der betroffenen Menschen ausgerichteten Entwicklung und nur an der Ausbeutung der Gastländer interessiert." (ebd. S. 48)

Hingewiesen wird schließlich darauf, dass **Konzerne** immer stärker ihre nationale Verankerung überwinden und sich nur mehr dem eigenen Konzerninteresse verpflichtet fühlten.

In **Perspektiven 5/6** wird im Kontext von globaler Ungleichheit als ein Ansatz dagegen der **„Faire Handel"** vorgestellt.

Anschließend an die Einführung zur Globalisierung werden in **Perspektiven 7/8** im Kapitel „Global Players – auch in meinem Zimmer?" (Perspektiven 7/8, S. 185ff.) unterschiedliche **Außenhandelstheorien** (Merkantilismus, Liberalismus sowie die Theorie der komparativen Kostenvorteile) erörtert. Danach wird die Frage aufgeworfen, wie frei der **„freie Handel"** sei. Hier werden nochmals Vor- und Nachteile der Globalisierung sowie der **Trend zu regionalen Wirtschaftsbündnissen** angeführt.

Als eine Folge der Liberalisierung der Märkte sowie der Globalisierung wird die rapide Zunahme von **Transnationalen Unternehmen** (TNCs) beschrieben – Zunahme von 35.000 im Jahr 1990 auf über 80.000 im Jahr 2017. Auch hier werden **Vorteile** (Austausch von technologischem Wissen, nachholende Entwicklung, günstigere Preise) und mögliche **Nachteile** (Arbeitsplatzverluste bei Fusionen, Ausbeutung in Niedriglohnländern, globale Krisenanfälligkeit, Umweltprobleme, Demokratiedefizite) aufgelistet (ebd. S. 188). Als Beispiel werden die „zehn Megakonzerne, die unser Essen kontrollieren" angeführt, jedoch ohne diese Konzentration im Lebensmittelbereich zu problematisieren.

Im Zusammenhang mit dem **Global Competiveness Index** des Weltwirtschaftsforum in Davos wird jedoch der Druck von TNCs auf Staaten für niedrige **Sozial-** und **Umweltstandards** problematisiert; zudem wird auf die Verschiebung des **ökonomischen Machtgefüges** hingewiesen:

„Alte Zentren der Weltwirtschaft stehen in Konkurrenz mit neuen, aufstrebenden Regionen/Staaten." (ebd. S. 189)

Im Kapitel **„Wer sind die großen Player im Globalisierungsprozess**?" in **Perspektiven7/8** (S. 193ff.) werden die Welthandelsorganisation (WTO), der Internationale Währungsfonds (IWF), die Weltbankgruppe, die Organisation für wirtschaftliche Zusammenarbeit (OECD) sowie die „G7", G20 und G77 vorgestellt.

Im Abschnitt „Globalisierung in der öffentlichen Kritik" werden **globalisierungskritische Organisationen** wie attac, Amnesty International, Care, Caritas, WWF, Oxfam, Greenpeace, Transfair und Global 2000 genannt:

„Ihre Kritik richtet sich vor allem gegen die internationalen Organisationen, die ihrer Meinung nach zur Verschärfung der weltweiten Ungleichheiten beitragen." (ebd. S. 196)

Als beispielhafte **Forderungen** werden wiedergegeben:

„Fairer Handel statt Freihandel", „Stärkere Miteinbeziehung der Entwicklungsländer", „Beachtung des Umweltschutzes", „Milderung der Schuldenlast", „Kontrolle der transnationalen Konzerne", „Öffentliche Verhandlungen von internationalen Abkommen", „Einführung einer weltweiten Steuer für Devisentransaktionen", „Schließung der Steuerparadiese" (ebd. S. 196).

Als „Antwort auf die Globalisierungskritik“ wird das Konzept der „**Global Governance**“ angeführt, welche eine „kooperative Gestaltung der Globalisierung zum Ziel“ habe (hier wäre eine nähere Ausführung sinnvoll). Als Beispiel für einen Alternativansatz wird die **Global Marshall Plan Initiative** mit dem Ziel einer globalen ökosozialen Marktwirtschaft vorgestellt, unter „Materialien“ wird u. a. ein Interview mit dem „Globalisierungskritiker Jean Ziegler“ abgedruckt.

In **Durchblick 8** werden die Ausweitung und das Wachstum des Welthandels als „die Kennzeichen der Globalisierung“ (Durchblick 8, S. 14) gesehen. Das Kapitel erklärt **Freihandelszonen** sowie die **Aufgaben der Welthandelsorganisation** (WTO). In einem Kasten werden Stimmen der WTO-Befürwortenden (Wirtschaftswachstum und Absatzchance der Entwicklungsländer, Schutz auch kleiner Staaten durch ein Schiedsgericht) jenen der WTO-Kritiker*innen gegenübergestellt (Außerkraftsetzung nationaler Bestimmungen v.a. in sensiblen Bereichen wie Umweltschutz, Bildung, Gesundheit und Kultur, keine demokratische Kontrolle, Ausschluss von Arbeitsrechts- und Menschenrechtsfragen).

Als **kritisches Beispiel** wird der Druck der USA auf Ruanda gebracht, welches den Import von Altkleidern verboten habe, um die eigene Textilwirtschaft zu schützen. Weiters werden die Abkommen GATS und TRIPS (mit kritischen Beispielen), das Abkommen CETA zwischen der EU und Kanada (mit öffentlichen Schiedsgerichten) sowie das aufgrund von Widerstand noch nicht in Kraft getretene TTIP-Abkommen zwischen den USA und der EU vorgestellt.

Gefordert wird eine „dringende“ **Modernisierung der WTO** (raschere Schlichtungsverfahren, Abbau der Überkapazitäten der Weltstahlindustrie, Schutz vor Diebstahl geistigen Eigentums sowie Schutz kleinerer Staaten gegenüber den USA, der EU und China). Die gegenwärtige **Freihandelspraxis** wird anhand eines Textes aus dem Blog „Arbeit & Wirtschaft“ mit Verweis auf den Ökonomen Dani Rodrik als die Länder des Globalen Südens benachteiligend dargestellt, zudem würden neue Allianzen wie die **BRICS-Staaten** die weltwirtschaftlichen Machverhältnisse verändern.

Auch in **Durchblick 8** ist den **Transnationalen Konzernen** (TNCs) ein eigenes Kapitel gewidmet. In der Einleitung zum Kapitel „Transnationale Konzerne – die Global Player“ heißt es:

> „Die Internationalisierung der Wirtschaft ist keine neue Erscheinung, sondern ein Wesensmerkmal des kapitalistischen Systems. Global agierende Unternehmen nutzten vor allem die Chancen der deregulierten nationalen Märkte. Sie agieren in Netzwerken global verteilter Produktionsstätten und verändern die Arbeits- und Lebensbedingungen der Menschen weltweit. Infolge ihrer Marktmacht haben sie auch großen Einfluss auf die Wirtschaftspolitik großer Staaten.“ (Durchblick 8, S. 22)

Es werden die **Funktionsweise von TNCs** („Die Wertschöpfungskette der Produktion wird ausschließlich nach ökonomischen Kriterien räumlich gestellt“, ebd. S. 22) sowie deren Strategien (u. a. „Marktkontrolle“, „Bemühen um Investitionsschutzabkommen“, „Lobbyarbeit“, „Arbeitsfreisetzungen“, „Auslagerung der Produktion in Länder mit niedrigem Lohnniveau“, „Rückverlagerung bei technisch anspruchsvollen Waren“, ebd. S. 23) benannt.

Den von Befürwortenden angeführten **Vorteilen** wie Knowhow-Transfer oder Schaffung von Arbeitsplätzen in bisher kaum industrialisierten Regionen werden die **Nachteile** gegenübergestellt:

> „Konzernzentralen können mangels internationaler Rechte meist nicht für Schäden ihrer Töchter oder Zulieferfirmen verantwortlich gemacht werden.“ (ebd. S. 23)

Als problematische Beispiele werden die Konzentration und der Wettbewerb in der **Ernährungsindustrie** sowie die Marktmacht der **Datenkonzerne** vorgestellt. Ein eigener Abschnitt widmet sich der Erfassung persönlicher Daten durch diese Konzerne im Zusammenhang mit Jugendlichen („total vermessene Generation“) sowie mit dem Drang (junger Menschen), immer online sein zu müssen – hier wird der Begriff „FOMO – fear of missing out“ eingeführt (ebd. S. 26).

In **Geospots 7/8** werden die **World Trade Organisation** sowie die **Welthandelsabkommen** GATT, GATS und TRIPS vorgestellt. Den wiedergegebenen Zielen und Inhalten folgt die Aufzählung von Stimmen der Kritiker*innen, etwa in Bezug auf Privatisierungen:

„KritikerInnen sehen die Daseinsfürsorge (= Sicherung des öffentlichen Zugangs zu Gütern und Dienstleistungen, die für ein menschliches Dasein notwendig sind; dies umfasst u.a. Energie- und Wasserversorgung, Verkehrsleistungen, Telekommunikation, Rundfunk, Straßenreinigung sowie Abwasser- und Müllentsorgung), für große Teile der Bevölkerung bedroht, da Liberalisierung und Privatisierung u.a. zu Gewinnorientierung und Preissteigerungen führen." (ebd. S. 154)

Auch zum **TRIPS-Abkommen** mit den Regeln „Meistbegünstigung" und „Inländerbehandlung" (beide Begriffe werden erklärt) werden die Argumente der Kritiker*innen angeführt:

„KritikerInnen werfen den Multis jedenfalls vor, dass sie damit globale Monopole schaffen." (ebd. S. 155)

In einem eigenen Kapitel wird die starke Rolle der **Global Players** in der Globalisierung wiederum mit den Vor- und Nachteilen dieser auch für „weniger entwickelte Staaten" benannt: wirtschaftlichen Impulsen, neuen Arbeitsplätzen und Technologien sowie der Integration in den Welthandel würden Ausbeutung von Arbeitskräften und Rohstoffen sowie das Ausbooten einheimischer Betriebe gegenüberstehen.

Problematisiert wird auch der starke **politische Einfluss** und das Lobbying von Transnationalen Konzernen (TNUs):

„TNUs sind nach Ansicht vieler bereits mächtiger als manche Staaten. Dementsprechend selbstbewusst treten sie auch auf und versuchen immer wieder, sich in die Politik einzelner Staaten einzumischen, um so ihre Interessen durchzusetzen." (ebd. S. 149)

Aber transnationale Konzerne hätten auch positive **Gestaltungschancen**:

„Global Players könnten doch nur in jenen Staaten Investitionen tätigen, die dafür sorgen, dass bestimmte Mindeststandards (Löhne, Arbeitsrecht usw.) erfüllt werden." (ebd. S. 149)

Es wird auf den **Einfluss der Konsument*innen** verwiesen:

„Nichts fürchten Großkonzerne mehr als Verbraucherboykotte, Demonstrationen, Shit Storms im Internet und negative Berichte jeglicher Art." (ebd. S. 150)

Schließlich werden die Chancen und Grenzen des **Global Compact** als Vereinbarung zwischen der UNO und den transnationalen Konzernen erörtert, dabei die Gefahren des Greenwashings sowie der Freiwilligkeit und Sanktionslosigkeit betont.

Als Beispiele werden die Fossilkonzerne Exxon Mobil und ÖMV beschrieben, zu deren Ausbeutungspraktiken es von Umwelt-NGOs immer wieder Proteste gäbe.

„2016 startete die ÖMV Erkundungsbohrungen in der Nähe eines arktischen Naturschutzgebietes, was die Kritik von Umweltschutzorganisationen wie Greenpeace hervorrief." (ebd. S. 150)

Zudem gibt es ein eigenes Kapitel zu **„Internationaler Handel"**, in dem die Triade der großen Wirtschaftsräume der Welt (NAFTA, EU und Ost/Südostasien), der Bedeutungsgewinn des globalen Handels und der internationalen Handelswege sowie die zentralen Güter des Welthandels vorgestellt werden. In diesem Zusammenhang gibt es auch eine Erklärung der **Terms of Trade** sowie deren Auswirkungen auf Staaten:

„Durch eine Verknappung bestimmter Rohstoffe und Genussmittel, die Entwicklung der weltweiten Konjunktur, aber auch durch Spekulationen an den Börsen können starke Schwankungen bei den Terms of Trade auftreten." (ebd. S. 160)

Neben den Problemen von **„Single Product Economies"** wird auch auf den Ansatz von **„Fair Trade"** eingegangen:

„Ziel des Fairen Handels ist es, den kleinbäuerlichen ProduzentInnen einen festgelegten, stabilen, jedoch mindestens 5-prozentigen Aufschlag zum Weltmarktpreis zu garantieren, der den Bäuerinnen und Bauern in Entwicklungsländern ein sicheres und höheres Einkommen ermöglicht." (ebd. S. 160f.)

Am Beispiel von **Bananen** wird dargestellt, wie viele Anteile des Verkaufspreises an die einzelnen Akteure von den Plantagenbesitzenden über die Arbeitenden bis hin zu den Einzelhändlern geht. Neben der Bedeutung von Kooperativen und dem biologischen Anbau bei Fairtrade-Produkten geht das Schulbuch schließlich auf die höheren Preise ein:

„Im Endeffekt liegt es aber an den KonsumentInnen, ob sie freiwillig mehr für qualitativ gute, oft auch biologisch hergestellte Transfair-Produkte bezahlen und damit den Fortschritt in Entwicklungsländern fördern wollen." (ebd. S. 161)

In einem weiteren Kapitel wird auf **Wirtschaftsbündnisse** und **Freihandelsabkommen** eingegangen. Zu den **regionalen Blockbildungen** heißt es:

„Diese regionalen Blockbildungen innerhalb des Weltwirtschaftssystems führen zwar zu einer stärkeren Integration der Mitglieder, Drittländern wird der Zugang zu den Märkten aber weiterhin erschwert. Ziel aller dieser Zusammenschlüsse ist es, politische Stabilität zu gewährleisten und das Wirtschaftswachstum durch Handelserleichterungen zu erhöhen." (ebd. S. 183)

Geografisch 8 behandelt im Kontext der „Institutionen der Globalisierung" auch Welthandelsabkommen. Im Kapitel **„Der globalisierte Handel – Gewinner, Verlieren und die Macht der Global Players"** (Geografisch 8, S. 23ff.) wird – wie die Überschrift bereits anzeigt – Welthandel in seiner Ambivalenz dargestellt. Einleitend heißt es:

„Die Diskussion darüber, ob der globale Wandel zu einer Zunahme des Wohlstands geführt hat oder hauptsächlich bereits wohlhabende Länder, Unternehmen und Personen von diesem profitiert haben, ist so alt wie die Globalisierung selbst." (ebd. S. 23)

Es gäbe Chancen, aber auch „erhebliche Risiken und Anpassungsdruck" für schwächere Wirtschaftsteilnehmende (ebd. S. 24). **Outsourcing** könne zu Kostenreduktionen für Unternehmen führen, aber auch soziale Ungleichheiten verschärfen. **Internationale Standards** würden den Zugang zu globalen Märkten erleichtern, lokale Produzenten könnten aber Schwierigkeiten haben, mitzuhalten. Höhere **Mobilität** ermögliche es, Arbeit, Geld und Wissen global zu verschieben, dies führe jedoch auch zur Konzentration auf dynamische Regionen. **Automatisierung** und **Digitalisierung** schließlich würden an Arbeitskräfte neue Anforderungen stellen, könnten aber auch die Arbeitslosigkeit erhöhen.

Transnationale Konzerne werden als „Global Players" mit ihren Merkmalen wie großem Marktanteil und hoher Marktkapitalisierung, Skaleneffekten, effizienter Logistik und Lieferketten sowie technologischer Führerschaft u. a. beschrieben. Ihre Bewertung für **wirtschaftliche Entwicklung** erfolge unterschiedlich:

„Durch ihre weltweite Präsenz tragen Global Player zur wirtschaftlichen Entwicklung bei und treiben technologischen Fortschritt voran. Ihre Fähigkeit, Ressourcen effizient zu nutzen, Märkte zu erschließen und Innovationsprozesse zu fördern, macht sie zu zentralen Akteuren der Globalisierung." (ebd. S.29)

Kritik an Global Playern konzentriere sich u. a.

„auf ihren politischen Einfluss, der die Interessen großer Konzerne über die von kleineren Unternehmen und der Allgemeinheit stellt. Diese Machtkonzentration kann den Wettbewerb verzerren." (ebd. S. 25)

Zudem könnten Verlagerungen von Produktionsstätten zu Arbeitsverlusten in Herkunftsländern und zu schlechten Arbeitsbedingungen in den neuen Produktionsländern führen. Ein weiterer Kritikpunkt sei die Steuervermeidung,

„die den Staaten erhebliche Einnahmeverluste bringt und die Ungleichheit verschärft." (ebd. S. 25)

Die meisten **Staaten** hätten eine **schwache Verhandlungsposition** gegenüber Konzernen und seien an Handelsvereinbarungen gebunden. Nur selten gelinge es Staaten, wie beispielsweise China, Global Player zu **Joint Ventures** mit einheimischen Unternehmen zu zwingen und so den Kapitalabfluss zu begrenzen. Den Kritiker*innen wird im Buch entgegengehalten, dass diese Konzerne **Arbeitsplätze** in wenig industrialisierten Gebieten schaffen, **Deviseneinnahmen** bringen und KMUs durch **Zulieferverträge** stärken würden. Als Aufgabe wird gestellt, den Mehrwert von vorgestellten Konzernen zu erarbeiten.

global 8 geht den Chancen und Risiken der Globalisierung in einem Kapitel auf **„Neokolonialismus und neue Weltwirtschaftsordnung"** (global 8, S 64f.) ein. Darin werden die Argumente der Kritiker*innen der gegenwärtigen Weltwirtschaftsordnung referiert: Kontrolle über Ressourcen, Finanz- und Warenmärkte durch die reichen Industriestatten und deren Konzerne, Wirken von Weltbank, IWF und Welthandelsorganisation im Interesse der reichen Länder, Ausschluss der breiten Bevölkerung bei Investitionen von Konzernen in Entwicklungsländern, Verursachung massiver ökologischer Schäden, Stützung von Diktaturen. Als Beleg wird John Perkins zitiert, der im Auftrag der USA als verdeckter **Economic Hit Man** (so der Titel seines Buches), in den 1970-Jahren Entwicklungsländern Kredite aufgeschwatzt habe, um diese in die **Schuldenfalle** zu treiben.

Als Gegenmodell wird die **„Neue Weltwirtschaftsordnung"** (NWWO) als Plan von Entwicklungsländern in den 1970er-Jahren vorgestellt, der eine größere Beteiligung in den Weltwirtschaftsgremien, die Stabilisierung der Märkte für die wichtigsten Exportgüter, die Kontrolle der multinationalen Konzerne sowie die stärkere Integration der Entwicklungsländer in das Weltwirtschaftssystem forderte. Als Aufgaben werden die Erklärung der Wesensmerkmale des **Neokolonialismus** sowie der Rolle des Economic Hit Man und Recherchen zur NWWO gestellt. In einem Kapitel zu **Entwicklungstheorien** wird der UNCTAD-Ökonom Heiner Flassbeck zur Frage, wem der Welthandel nutzt, mit kritischen Aussagen zitiert:

> „Leider ist ein freier Welthandel nur eine Idee, eine Hypothese, die Ökonomen ersonnen haben. In Wirklichkeit gibt es einen erbitterten Kampf, in den die Nationen (und Regionen) eingetreten sind, um für ihre Unternehmen Marktanteile und Arbeitsplätze zu sichern. Das beginnt mit dem Versuch, Löhne zu drücken und endet mit der Konkurrenz der Steuersysteme." (ebd. S. 66)

Einschätzung

Das Thema **Welthandel** sowie die Rolle von **transnationalen Konzernen** wird in unterschiedlicher Ausführlichkeit und Akzentuierung angesprochen. Nachteile des gegenwärtigen Welthandelssystems für Entwicklungsländer werden zwar benannt. Eine **Problematisierung unfairer Welthandelsbeziehungen** zugunsten der reichen Volkswirtschaften, etwa der Wirtschaftspartnerschaftsabkommen der EU mit afrikanischen Staaten (Schilder 2018) sowie die Hinterfragung der trickle down-Theorie (Fischer/Grandner 2019)[217] fehlen. Zu diskutieren wären auch die Pros und Contras zu aktuell geplanten Freihandelsabkommen wie Mercosur, zu nennen auch das Fehlen von Nachhaltigkeitszielen in der Welthandelspolitik (Maier/Abshagen 2018). Trumps neue Zollpolitik ist erscheinungsbedingt nicht Thema, ebenso die verstärkte Achse China-Russland.

Vorschläge für einen **„ethischen Welthandel"** (Felber 2017) sowie Ansätze einer grundsätzlichen **Abkehr vom Welthandel** zugunsten einer re-regionalisierten Produktion aus ökologischen Gründen bei gleichzeitig weltweit frei verfügbarem Wissen und Know how (Daly 1999) werden nicht referiert. Zumindest der Ansatz des **fairen Handels** wäre in diesen Kapiteln einzufügen. Die Rolle von **transnationalen Konzernen** wird tendenziell kritisch beschrieben.

---

[217] Für die Entwicklungssoziologinnen Karin Fischer und Margarete Grandner vom Institut für Internationale Entwicklung der Universität Wien ist die Hoffnung auf „Trickle- down" sowie nachholende Modernisierung weitgehend gescheitert.

In Neuausgaben wäre die neue **Sorgfaltsrichtlinie** der EU zu erwähnen, die alle Mitgliedstaaten zur Verabschiedung von „Lieferkettengesetzen“ verpflichtet (Holzinger 2024, S. 160ff.)[218]

Nun zur Einzelbewertung:

Meridiane 8 zählt sachlich aktuelle **Trends in der Weltwirtschaft** auf, verweist auf die neue Rolle Chinas und den Abbau von Zöllen durch das GATT. Zugleich werden aber die **Nachteile für Entwicklungsländer,** das Stocken weiterer **Welthandelsrunden** sowie die **Kritik an den Handelsabkommen** CETA und TTIP referiert. Dieser werden die Argumente der Befürwortenden eines weiter ausgebauten Freihandels sowie **Pro** und **Kontra-Argumente** zur Rolle der transnationalen Konzerne gegenübergestellt. Übernahmepraktiken von Konzernen werden kritisch dargestellt. Darüber hinaus wird es den Schüler*innen überlassen, sich eine Meinung zu bilden, was diese möglicherweise überfordert und die Einordnung durch die Lehrpersonen erfordert.

Perspektiven 7/8: Das Schulbuch thematisiert die Rolle der **transnationalen Konzerne** kritisch und nennt negative Auswirkungen auf soziale und ökologische Standards durch deren Marktmacht. Ausführlich wird auch **Kritik von NGOs** an der gegenwärtigen Freihandelspraxis vorgestellt. Bei der vorgeschlagenen Alternative, dem Konzept der **Global Governance**, welche eine „kooperative Gestaltung der Globalisierung zum Ziel“ habe, wäre eine nähere Ausführung sinnvoll. Indirekt wird mit der Vorstellung der **Global Marshall Plan-Initiative** darauf eingegangen. Die Proteste gegen das **G20-Treffen** in Hamburg werden mit einem ORF-Bericht illustriert, der die Ausschreitungen in den Mittelpunkt rückt und leider von den Forderungen der Proteste ablenkt. Zudem hat sich der Protest mittlerweile stärker auf das **Klimathema** sowie das Auftreten von **Oxfam** beim jährlichen Weltwirtschaftsforum in Davos verschoben.

Durchblick 8: Es werden kritische Punkte zur gegenwärtigen **Welthandelspolitik** aufgeworfen. Sinnvoll wäre auch, auf problematische Handelsabkommen mit Ländern des Südens, etwa den Wirtschaftspartnerschaftsabkommen (WPAs) zwischen der EU und afrikanischen Ländern (Schilder 2018) einzugehen. Aktuell spielt selbstverständlich der neue Protektionismus von Donald Trump (das Buch enthält Passagen dazu aus Trumps erster Amtszeit) eine wichtige Rolle, die bei diesem Thema zur Sprache kommen muss. **Transnationale Konzerne** werden durchwegs kritisch gesehen, dazu auch Beispiele für Klagen von Konzernen gegen Staaten (Chevron, Vattonfall, Philip Morris) angeführt.

Geospots 7/8 geht zunächst im Kapitel zu Globalisierung auf Transnationale Konzerne ein. Es werden die **Pro-** und **Contra-Argumente** referiert, darunter mögliche wirtschaftliche Chancen für Länder nachholender Entwicklung sowie das Problem des starken politischen Einflusses der Global Player. Die Hoffnung darauf, dass Konzerne selbst höhere **soziale** und **ökologische Standards** einfordern könnten sowie die Macht der **Konsument*innen** werden m. E. zu positiv gesehen. Kritisch wird der Global Compact mit der Gefahr des Greenwashings dargestellt. Politische Bemühungen wie eine **globale Mindestbesteuerung** von Konzernen sowie die Umsetzung von **Lieferkettengesetzen** in der EU (auch wenn diese aktuell stark verwässert wurden) wären zu ergänzen. Anhand der **Terms of Trade** werden die Instabilitäten der Weltmärkte kurz erklärt, am Beispiel der steigenden Weltmarktpreise für Energie- und Rohstoffe die unterschiedlichen Auswirkungen auf das südliche Afrika. Der **faire Handel** wird sachlich und ausführlich erklärt und in einer Arbeitsaufgabe vertieft. Neben der angeführten Möglichkeit, als Konsument*in hier einen aktiven Beitrag zu mehr Fairness am Weltmarkt beizutragen, wären aber auch Bestrebungen, den Welthandel insgesamt fairer zu gestalten, wichtig.

[218] Leider wird die Richtlinie aktuell mit der Begründung der Verwaltungsvereinfachung wieder aufgeweicht. Mehr siehe https://www.suedwind.at/lieferkettengesetz-in-gefahr. Abgerufen am 2. 4. 2025

Geografisch 8 zeichnet sehr differenziert die **Chancen** und **Vorteile,** aber auch die **Gefahren** und **Nachteile** des gegenwärtigen Weltwirtschafts- und -handelssystems nach. Es wird offen gefragt, ob dieses System nicht vor allem den reichen Staaten und den großen Konzernen diene. Auch die Konzerne werden in ihrer Ambivalenz beschrieben, insbesondere deren **Machtkonzentration** sowie Verhandlungsmacht gegenüber den Staaten wird problematisiert. Die aufgezählten Argumente erlauben eine konstruktive Diskussion unter den Schüler*innen. Der Verweis auf die BRICS-Staaten (s. o.) zeigt an, dass sich die Weltwirtschaftsordnung in Zukunft ändern könnte.

global 8 bringt im Kapitel zu **Neokolonialismus** ausführlich die Argumente der Kritiker*innen der gegenwärtigen Welthandels- und Weltwirtschaftsordnung, ohne diesen die Argumente der Befürwortenden entgegenzustellen. Die Schilderung des Economic Hit Man verweist auf die Praxis des bewussten Hineintreibens der Entwicklungsländer in die Schuldenfalle in den 1970er-Jahren. Die **Verschuldungsproblematik** ist geblieben, die Ursachen sind jedoch vielfältig. Und Kapital strömt gegenwärtig vor allem in die aufstrebenden Märkte der Transformationsländer. Die zitierte Initiative einer neuen Weltwirtschaftsordnung aus den 1970er-Jahren wurde mittlerweile von den bereits angesprochenen Initiativen der BRICS-Staaten abgelöst. An Bedeutung weiter zugenommen hat die Macht der transnationalen Konzerne (Ziegler 2025).

Ungleichheit

Fachliche Einführung

Jährlich zum Weltwirtschaftsforum in Davos Ende Januar veröffentlicht die britische NGO **Oxfam** ihren **Ungleichheitsbericht.** Im aktuellen Bericht heißt es:

„Im Jahr 2024 ist das Gesamtvermögen von Milliardär*innen um zwei Billionen US-Dollar gestiegen. Ihr Vermögen wuchs damit dreimal schneller als noch 2023. Pro Woche kamen fast vier neue Milliardär*innen hinzu. Gleichzeitig leben noch immer beinahe 3,6 Milliarden Menschen unter der erweiterten Armutsgrenze von 6,85 US-Dollar pro Tag.“[219]

Eine Politik, die Reiche bevorzugt und wenig gegen Armut und soziale Ungleichheit unternimmt, untergrabe das **Vertrauen in die Demokratie.** Die etablierten politischen Parteien und ihre Regierungen würden an Rückhalt verlieren. Das bereite den idealen Nährboden für rechte Kräfte, so der Bericht.

Droht dem weltweit dominierenden Wirtschaftssystem die **Delegitimation**? Oder ist der Glaube an eine **nachholende Entwicklung** der Länder des Südens ungebrochen? Entscheidende Zukunftsfragen, die auch im Kontext der Sustainable Development Goals diskutiert werden (Holzinger 2019).

Ungleichheit wird von **Verschiedenheit** abgegrenzt, wobei ersteres ein Problem, zweiteres im Sinne von Pluralität wünschenswert sei:

„Ungleichheit ist etwas anderes als Verschiedenheit. Verschiedenheit ist gegeben, freiwillig gewählt und wünschenswert. Verschiedenheit wird zu Ungleichheit, wenn anerkannte Gleichheitsgrundsätze verletzt werden, wenn einigen wenigen ungerechtfertigte Vorteile erwachsen oder wenn die Unterschiede so groß werden, dass sie die Lebenschancen der Benachteiligten materiell und/oder psychisch einschränken.“ (Fischer/Grandner 2019, S. 10)

Beim Thema **Ungleichheit** ist zu unterscheiden zwischen Ungleichheit innerhalb einer Gesellschaft bzw. eines Staates und globaler Ungleichheit. **Soziale Ungleichheit** innerhalb einer Gesellschaft hängt mit sozialer oder ethnischer Herkunft, fehlender Chancengleichheit, unterschiedlichen ökonomischen Ausgangsniveaus sowie Bildungsmöglichkeiten zusammen und von fehlenden bzw.

[219] https://www.oxfam.de/publikationen/bericht-soziale-ungleichheit. Abgerufen am 17.7.2025

mangelhaften Umverteilungsmaßnahmen des Staates, ungleichen Einkommensverhältnissen, wirtschaftlichen Eigengesetzlichkeit wie der Vermögenskonzentration an der Spitze (Robeyns 2024, Schürz 2019), aber auch von individuellen (Fehl)-Entscheidungen ab.

Die **Chancen** darauf, im Leben bestimmte **soziale Positionen** zu erreichen, sind ungleich verteilt,

> „etwa in Abhängigkeit von der sozialen und ethnischen Herkunft, aber auch abhängig von Ereignissen, die im Verlauf des Lebens eintreten können, und von Entscheidungen, die Menschen zu einem bestimmten Zeitpunkt treffen und die sich manchmal im Nachhinein als Weichenstellungen entpuppen, die nur schwer zu revidieren sind".[220]

Ungleichheit auf **globaler Ebene** wird ebenfalls mit unterschiedlichen Faktoren in Verbindung gebracht. Es gibt unterschiedliche **Erklärungsansätze: Geodeterministische** Ansätze betonen die unterschiedlichen geografischen Bedingungen, **Dependenzansätze** die unfairen Weltwirtschaftsbeziehungen, die **Modernisierungsansätze** fehlende bzw. schwache staatliche Institutionen und Infrastrukturen in den wenig entwickelten Ländern (s. a. das Kapitel zu Entwicklung). Umstritten ist auch der Ansatz der **nachholenden Entwicklung,** der von einem westlichen Wohlstandsbegriff ausgeht (Holzinger 2019).

Die **„Geographie der weltweiten Ungleichheit"** sei eine „Lotterie der Geburt", so die Entwicklungssoziologin Karin Fischer (Fischer 2019, S. 214). Die Hoffnung auf „Trickle- down", also das Durchsickern von Wohlstand durch Globalisierung und weltweiten Handel zu den ärmeren Ländern sei weitgehend gescheitert:

> „Wirtschaftliche Entwicklung allein auf Handelsliberalisierung zurückzuführen, erweist sich als empirisch nicht haltbar." (Anlauf/Schmalz 2019, S. 195)

Neben **strukturellen Erklärungen** für Ungleichheit gäbe es aber auch sozialkulturelle Faktoren, so die Entwicklungsexpertinnen Karin Fischer und Margarete Grandner, etwa Geschlechterhierarchien. Ungleichheit sei ein „multidimensionales Phänomen" (Fischer/Grandner 2019, S. 12).

Die **globale Ungleichheitsforschung** zeigt, dass es trotz einiger Erfolge wenig Bewegung in Richtung nachholender Entwicklung bzw. Angleichung der Wohlstandsniveaus gegeben hat. Wenn man China aus den Armutsstatistiken herausnimmt, ist die Zahl der Armen in den letzten Jahrzehnten nicht merklich zurückgegangen (Anlauf/Schmalz 2019, Holzinger 2024, S. 93).

Hannah Ritchie, Forscherin bei „Our World in Data", betont, dass eine **Befriedigung der Grundbedürfnisse** sowie die ausreichende Ernährung aller Menschen auf der Erde technisch möglich wäre, wenn sie politisch umgesetzt würde:

> „Auch heute gibt es noch Hunger und Hungersnöte, aber das hat politische und soziale Gründe. Was uns daran hindert, alle Menschen zu ernähren, ist vollkommen selbstverschuldet." (Ritchie 2024, S. 181)

Wichtige empirische Befunde liefert die **nationale Ungleichheitsforschung,** die zeigt, dass Ungleichheit zahlreiche negative Folgewirkungen für eine Gesellschaft hat. Unter Auswertung einer Vielzahl einschlägiger Daten gelang einer britischen Studie (Wilkinson/Pickett 2009) der Nachweis, dass ein hohes Maß an finanzieller Ungleichheit so gut wie alle Parameter des persönlichen und kollektiven Wohlergehens negativ beeinflusst. Nicht das absolute Niveau des Wohlstands, sondern die Höhe der Einkommensunterschiede wirken sich demnach auf das Ausmaß gesellschaftlichen Vertrauens, auf Lebenserwartung und Säuglingssterblichkeit, die Zahl der psychischen und physischen Erkrankungen (z. B. Drogenabhängigkeit), auf Fettleibigkeit, Schwangerschaften und schulische Leistungen sowie auf den Bedarf an Gefängnissen aus. Diese und andere Ziffern korrelieren

---

[220] https://www.bpb.de/shop/zeitschriften/izpb/soziale-ungleichheit-354/520841/was-ist-soziale-ungleichheit-konzeptionelle-perspektiven/. Abgerufen am 17.7.2025

mit dem Ausmaß der Einkommensdifferenz, seien also auf das Wohlstandsgefälle innerhalb der Gesellschaften zurückzuführen, so die Studie.[221]

In der Regel wird zwischen sozialen Schichten unterschieden: der **Unter-, Mittel-** und **Oberschicht**, die wesentlich an ökonomischen Parametern festgemacht werden. Laut Institut der deutschen Wirtschaft (IW) gehört eine Person zur Mittelschicht, wenn ihr bedarfsgewichtetes Haushaltsnettoeinkommen zwischen 80 Prozent und 150 Prozent des mittleren Einkommens (Median) liegt. Wer als Single ein Nettoeinkommen von mindestens 1.850 Euro im Monat hat, darf sich demnach zur Mittelschicht zählen. Wer mehr als 250 Prozent des Medians im Monat zur Verfügung hat, zählt zur Gruppe der relativ Einkommensreichen: Für Singles gilt das ab mindestens 5.780 Euro, insgesamt gehören nur rund vier Prozent der Menschen in Deutschland zu dieser Oberschicht.[222] Die Einschätzung kann auch auf Österreich übertragen werden.

Für **Armut** gibt es unterschiedliche Definitionen. In der EU gilt als **armutsgefährdet**, wer über weniger als 60 Prozent des Pro-Kopf-Nettohaushaltseinkommen verfügt – diese Definition wird auch in Österreich verwendet. Als **erheblich materiell** und **sozial benachteiligt** gilt nach EU-Vorgaben, wer sich von 13 Merkmalen, die als Mindestlebensstandard festgelegt wurden, mindestens sieben nicht leisten kann. Diese Merkmale reichen von Bewältigung unerwarteter Ausgaben über die mögliche Teilnahme an Freizeitaktivitäten bis hin zu einer angemessen warmen Wohnung.[223] Die **Weltbank** macht extreme Armut am verfügbaren Einkommen pro Tag mit 2,15 US-Dollar fest – kaufkraftbereinigt.[224]

In der **Reichtumsforschung** werden „high net worth individuals“ festgemacht, die mindestens eine Million US-Dollar Geldvermögen besitzen. Weltweit gibt es aktuell über 50 Millionen Menschen dieser Gruppe, die meisten davon nämlich über 18 Millionen in den USA, gefolgt von China mit über 5,5 Millionen Geldmillionär*innen.[225]

In den **Sozialwissenschaften** wird vor einem Verlust der Mittelschicht bzw. einer **„Abstiegsgesellschaft“** (Nachtwey 2016) sowie einer Ausdifferenzierung der **„Ungleichheit in der Klassengesellschaft“** (Butterwegge 2021) gesprochen. Ungleichheit gäbe es insbesondere in der Einkommens- und Vermögensverteilung, der Gesundheitspolitik, im Bereich der Bildung und des Wohnens, so Butterwegge.

Vermögen ist ungleicher verteilt als Einkommen und stärker konzentriert:

> „Das liegt daran, dass privates Vermögen – bestehend aus Bargeld und Ersparnissen, Immobilien, Grundbesitz, Aktien und anderen Kapitalanlagen, Unternehmenseigentum, Versicherungen, Kunstwerken, Schmuck etc. – relativ stabil ist. Es handelt sich um akkumuliertes, also angehäuftes Eigentum, das von Generation zu Generation vererbt wird.“ (Fischer 2019, S. 280)

Erbschaftssteuern sowie Vermögenszuwachssteuern finden daher eher Akzeptanz als die Besteuerung des Vermögens selbst. Zudem wird unterschieden zwischen **Unternehmensvermögen**, das „produktiv“ investiert wird, und Luxusvermögen, das allein dem eigenen luxuriösen Lebensstil dient. Unternehmensvermögen umfasst alle Vermögenswerte, die zu einem Unternehmen gehören

---

[221] Eine Zusammenfassung der Ergebnisse gibt es hier: https://www.armutskonferenz.at/media/wilkinson_gleichheit_ungleichheit-2010.pdf. Abgerufen am 24.7.2025

[222] https://www.iwkoeln.de/presse/pressemitteilungen/judith-niehues-maximilian-stockhausen-ab-diesem-einkommen-gilt-man-als-reich.html. Abgerufen am 24.7.2025

[223] https://www.statistik.at/fileadmin/pages/338/EU-Definition_Armuts-_oder_Ausgrenzungsgefaehrdung.pdf. Abgerufen am 24.7.2025

[224] https://www.bmz.de/de/service/lexikon/armut-14038. Abgerufen am 24.7.2025

[225] „High net worth individuals have at least $1 million in cash and assets that can be converted to cash.“ https://worldpopulationreview.com/country-rankings/high-net-worth-individuals-by-country. Abgerufen am 24.7.2025

und zur Erfüllung seiner betrieblichen Zwecke genutzt werden. Dies schließt sowohl materielle als auch immaterielle Güter ein, die für den Betrieb und die Wertschöpfung des Unternehmens von Bedeutung sind.

Ungleichheit hat auch eine **ökologische Dimension**. Gefragt wird, wie viele Menschen über einen Lebensstil und ein Konsumniveau verfügen, das die planetaren Grenzen überschreitet. Aus ökologischer Sicht wird mittlerweile von einer „transnationalen Konsumentenklasse" (Nair 2011) bzw. von einer „imperialen Lebensweise" (Brand/Wissen 2016) gesprochen, die für die Zerstörung der Ökosysteme verantwortlich sind. Zur **sozialen** kommt die **ökologische Ungerechtigkeit**: Jene, die dem Planeten am wenigsten zusetzen, weil sie kaufkraftbedingt ein niedriges Konsumniveau aufweisen, sind von den ökologischen Folgen am stärksten betroffen und am vulnerabelsten (Holzinger 2024, S. 28f.). Mit **„globaler ökologischer Ungleichheit"** (Schaffartzik 2019) wird die ungleiche Pestizidbelastung der globalen Agrarindustrie ebenso gemeint wie die ungleiche Auswirkung des Klimawandels auf Länder und Regionen.

Milieustudien wiederum geben Aufschluss über die Bereitschaft von gesellschaftlichen Gruppen für ökologischen und sozialen Wandel, etwa die Studien des deutschen Umweltbundesamtes zum Umweltbewusstsein sowie die SINUS-Milieu-Studien (Novy u. a. 2023, vgl. a. Kap. 1.3.).[226]

Inhalte der Schulbücher

In einem eigenen Kapitel in **Meridiane 5/6** wird auf **„Globale Ungleichheiten"** (S. 124f) sowie die **„Ziele nachhaltiger Entwicklung"** der Vereinten Nationen eingegangen. Eine Grafik zu „Industrie- versus Entwicklungsländern" wird mit folgendem Text überschrieben:

„Alle werden reicher, aber Reiche mehr und schneller." (ebd. S. 124)

Als Ergänzung bzw. Alternative zum BIP wird dabei der **Human Development Index** (HDI), der die Einzelfaktoren Lebenserwartung, BIP/Kopf und Bildung verbindet, vorgestellt. Im Kontext der **Tragfähigkeit der Erde** plädiert das Schulbuch für eine bessere Verteilung:

„Viele Versorgungsprobleme der Menschen hängen damit zusammen, dass der Reichtum weltweit – und auch innerhalb aller Teile der Welt, sowohl in den armen als auch in den reichen Staaten – sehr ungleich verteilt ist. Vielleicht könnte man das vorhandene Vermögen dazu nutzen, die Erde als Lebensraum für alle mit ausreichender Versorgungsmöglichkeit zu erhalten?!" (Meridiane 5/6, S. 157)

Meridiane 8 geht im Kapitel **„Globalisierung – Licht- und Schattenseiten"** (Meridiane 8, S. 53ff.) auf Ungleichheit ein. Darin heißt es:

„Durch die Globalisierung haben viele gewonnen, aber viele zählen zu den Verliererinnen und Verlierern." (ebd. S. 53)

Weltweit sei die Armut zurückgedrängt worden, was aber stark von der Definition abhänge. Die Weltbank spreche von **„extreme poverty"** bei einem Einkommen von unter 1,90 US-Dollar/Tag, von **„moderate poverty"** bei einem Einkommen von unter 3,10 US-Dollar/Tag, jeweils kaufkraftbereinigt.

---

[226] Aus der Studie 2025 des Deutschen Umweltbundesamtes: Mehr als die Hälfte der Befragten, 54 Prozent, hält den Umwelt- und Klimaschutz für sehr wichtig. Dieser Wert ist in den vergangenen Jahren jedoch kontinuierlich zurückgegangen: 2022 bewerteten noch 57 Prozent, 2020 sogar 65 Prozent den Schutz von Umwelt und Klima als sehr wichtig. Auch das Ziel, die globale Erwärmung auf deutlich unter zwei Grad Celsius zu begrenzen, verliert an Rückhalt: Nur noch 57 Prozent halten dieses Ziel für sehr wichtig – fünf Prozent weniger als 2022. In den Mittelpunkt rücken die Angst vor wirtschaftlichen Krisen, Krieg und Unsicherheit. https://www.umweltbundesamt.de/presse/pressemitteilungen/studie-umweltbewusstsein-vielfaeltige-krisen. Abgerufen am 24.7.2025

Dem wird die **Armutsdefinition der EU** gegenübergestellt, der gemäß als arm gilt, wer weniger als 60 Prozent des Medianeinkommens verdiene. Mittel- und Oberschichten in Asien hätten ihr Einkommen stark gesteigert, sehr Reiche in den USA, in Europa und Japan

„von der Globalisierung besonders profitiert. Verlierer/innen sind hingegen Menschen aus der unteren Mittelschicht in den USA und Europa, die zwar immer noch wohlhabender sind als viele in den aufstrebenden Schwellenländern, aber in den letzten 20 Jahren kaum Reallohnsteigerungen erfuhren." (ebd. S. 53)

Im Kapitel „Wie geht es mir im Vergleich zu anderen Menschen in der Welt?" in **Perspektiven 5/6** S. 105ff.) werden die Begriffe **„Globalisierung"**, **„Regionalisierung"** sowie "**Spezialisierung** und **internationale Arbeitsteilung**" erklärt. Zudem werden unterschiedliche **Erklärungsansätze für Ungleichheit** vorgestellt: „Geodeterministische Theorie" (unterschiedliche naturräumliche und klimatische Bedingungen), „Dependenztheorie" (Kolonialismus, Ausbeutung von Rohstoffen) und „Modernisierungstheorie" (fehlende Entwicklung des politischen Systems und des Rechts, Korruption). In den Materialien werden die **Welthandelsströme** des Jahres 2020, die **Pro-Kopf-Einkommen** nach Ländern sowie Zahlen aus der **Forbes-Vermögensliste** vorgestellt, als Positivansätze **Fairtrade** und die **Clean Cloth Kampagne.** In der Einleitung werden die Schüler*innen direkt angesprochen:

„Wie geht es mir im Vergleich zu anderen Menschen auf der Welt? Was habe ich im Überfluss? Was fehlt mir?" (ebd. S. 105)

In einem Kapitel in **Durchblick 8** zu **Globaler Ungleichheit** werden zunächst Fortschritte wie der weltweite Rückgang der extremen Armut sowie der Kindersterblichkeit, die Zunahme der Impfquote oder der Alphabetisierungsrate vorgestellt (Durchblick 8, S. 31). Danach wird jedoch auf das nach wie vor große Ausmaß der **„ungleichen Verteilung von Vermögen und Einkommen"** (ebd. S.32) mit einschlägigen Statistiken eingegangen. Nicht die Globalisierung sei das Problem, sondern die Weise, wie sie gestaltet wird, so ein Textausschnitt des zitierten Ökonomen Joseph Stiglitz. Mit Verweis auf die **Occupy Wallstreet Bewegung** sowie die Ökonomen Thomas Piketty und Branco Milanovic heißt es:

„Obwohl immer wieder argumentiert wird, dass freie (Finanz-)Märkte zu einem größeren Reichtum für alle führen, zeigen Studien, dass dies nicht der Fall ist." (ebd. S. 33)

Am niedrigsten sei die Ungleichheit laut dem **World Inequality Report** in Europa, am höchsten im Nahen Osten, aber auch in den USA. Anhand eines Artikels aus „Die Zeit" wird der rapide gestiegene Reichtum von Unternehmern aus marktbeherrschenden **Digital-Konzernen** problematisiert, im Zusammenhang mit **Ernährungssouveränität** der Export subventionierter Lebensmittel aus der EU in afrikanische Länder, die die lokalen Märkte zerstören würden.

Auch **Geospots 7/8** fokussiert vor allem auf die **Ungleichheit im globalen Kontext**, wobei vor allem auf die Dreiteilung der Welt in Industrieländer, Schwellenländer und wenig entwickelte Länder Bezug genommen wird.

Bei der Behandlung der **USA** wird ebenfalls auf die große Ungleichheit der Einkommen und Vermögen hingewiesen:

„Mit einem BIP pro Kopf von75179 Dollar sind die USA 2021 der achtreichste Staat der Welt, sieben Ränge vor Österreich. Dieser Reichtum ist allerdings sehr ungleich verteilt." (ebd. S. 190)

Bei **China** und **Indien** wird auf deren hohe Wachstumsraten bei gleichzeitiger Zunahme der regionalen Disparitäten verwiesen.

Im Abschnitt zur **Volkswirtschaft Österreichs** wird einmal darauf hingewiesen, dass hier Vermögen kaum besteuert seien und die Erbschafts- und Schenkungssteuer abgeschafft wurde.

Ein eigener Abschnitt auch in **Geografisch 5/6** thematisiert die **Ungleichheit auf der Welt:**

„Ungleichheit zeigt sich nicht nur bei Einkommen und Vermögen, sondern auch in den Lebensbereichen Bildung, Gesundheit oder Wohnen.“ (Geografisch 5/6, S. 98)

Ausführlich wird auf die Einkommensungleichheit Bezug genommen – die Begriffe „Konvergenz“ und „Divergenz“ werden dazu eingeführt. Es wird die seit Jahrzehnten beinahe **gleichbleibende Einkommensverteilung** in **Österreich** im Kontrast zu jener in anderen Ländern betont – ausführlich wird dabei auf die **USA** eingegangen, die durch die wachsende Ungleichheit, das Zusammentreffen von Kapitalkonzentration und politischer Macht sowie auch räumlicher Segregation zu einer gespaltenen Gesellschaft geworden sei. Zudem wird das Beispiel eines indischen Mädchens beschrieben, dass nicht in die Schule gehen kann, weil es arbeiten muss. Die Schüler*innen werden aufgefordert, davon ausgehend über „Reichtum“ zu diskutieren.

Global 5 enthält ein Kapitel zur Gliederung der Welt nach **sozioökonomischen Merkmalen.** Erklärt werden der Human Development Index, der Gender-related Development Index sowie der Gender Empowerment Measure, der die Geschlechterverhältnisse in Politik und Wirtschaft eines Landes anzeigt. Zudem werden die **Least Development Countries** sowie eine **Gesundheitsweltkarte**, die Auskunft über die Qualität der Gesundheitssysteme in den Ländern der Welt gibt, vorgestellt. Ein eigenes Kapitel ist der **Gleichstellung der Frauen** weltweit sowie dem **Global Gender Gap Report** (global 5, S. 82f.) gewidmet. **Global 8** geht im Rahmen der Thematisierung von Globalisierung auf das Problem des **Neokolonialismus** ein (s. o.), **globale Ungleichheit** wird jedoch nicht ausgeführt.

Einschätzung

Globale Ungleichheit wird in allen Schulbüchern im Kontext von Globalisierung thematisiert, wenn auch unterschiedlich ausführlich – in *global* etwa nur ganz kurz. Teilweise werden Indikatoren zur **Messung von Ungleichheit** eingeführt, zum Teil auch **Erklärungsansätze** referiert. Auf Ungleichheit in den reichen Gesellschaften gehen nur einige Schulbücher ein – *Perspektiven*, *Durchblick* und bedingt *Geografisch*. Studien zur Abstiegsgesellschaft sowie zur Reichtumsforschung werden nicht erwähnt. Zu thematisieren wäre in allen Schulbüchern auch die Frage der **ökologischen Ungleichheit,** die Rolle von (Über)-Reichtum und Vermögenskonzentration (Stichwort „High net worth individuals“) sowie die Frage nach weltverträglichen Einkommens- und Kaufkraftverteilungen – ein Stichwort wäre die **„imperiale Lebensweise“** (Brand/Wissen 2017) sowie das Problem der **„transnationalen Konsumentenklasse“** (Nair 2011).

Nun zur Einzelbewertung:

Meridiane 5/6: Das Schulbuch thematisiert die **globale Ungleichheit** und benennt den **Human Development Index**. Eine Bildüberschrift, die suggeriert, dass alle reicher würden, ist jedoch irreführend: Nicht alle Menschen auf der Erde werden reicher. Wenn man China aus den Armutsstatistiken herausnimmt, ist die Zahl der Armen in den letzten Jahrzehnten nicht merklich zurückgegangen (Anlauf/Schmalz 2019, Holzinger 2024, S. 93). Zudem wird Ungleichheit nur im Verhältnis von „Industrie- und Entwicklungsländer“ thematisiert (zu den Begrifflichkeiten siehe nächstes Kapitel). Auf die **ungleich verteilte Kaufkraft** in unseren Volkswirtschaften wird nicht eingegangen und damit auch nicht auf Maßnahmen zu einer besseren Verteilung im Sinne der Sicherung der Grundbedürfnisse für alle.

In *Meridiane 8* wird nochmals auf die globale Ungleichheit Bezug genommen, dabei wird die Armutsdefinition der Weltbank von jener der EU unterschieden. Die **Globalisierung** habe Gewinner und Verlierer erzeugt, letztere werden korrekterweise auch in den **Unterschichten** der USA und EU ausgemacht.

Perspektiven 5/6: Dieses Schulbuch stellt unterschiedliche **Erklärungsansätze für globale Ungleichheit** vor. Eine Abwägung bzw. Diskussion der Theorien über Ungleichheit erfolgt leider nicht. Es werden lediglich ergänzend die Begriffe **„Terms of Trade"** und **„Ressourcenfluch"** erläutert. Ungleichheiten in unseren Hochkonsumgesellschaften werden ebenso wenig behandelt wie die starken Vermögensdifferenzen in den Ländern des Globalen Südens, in denen es ebenfalls Millionäre gibt.

Durchblick 8: Die **globale Ungleichheit** und teilweise auch jene **innerhalb der reichen Volkswirtschaften** wie der USA wird kritisiert. Mit den Experten Joseph Stiglitz und Branco Milanovic werden ausgewiesene Experten der Ungleichheitsforschung zitiert. Nicht die Globalisierung an sich, sondern deren Ausgestaltung sei das Problem. Maßnahmen gegen die Ungleichheit fehlen jedoch – etwa höhere Vermögens- und Erbschaftssteuern – auch in diesem Kapitel. Im **Nord-Süd-Kontext** wird lediglich auf die zunehmende Arbeitsmigration (mit einer Kritik am Braindrain sowie der Ausbeutung von migrierten Frauen) und die Bedeutung der Rücküberweisungen von Arbeitsmigrant*innen (inklusive der Problematisierung der hohen Bankspesen für diese) hingewiesen.

Geospots geht vor allem auf die globale Ungleichheit im Kontext der **Dreiteilung der Welt**[227] sowie auf jene in den USA sowie den aufstrebenden Mächten China und Indien ein. In Bezug auf **Österreich** wird lediglich darauf verwiesen, dass hier die Vermögensbesteuerung sehr gering ausfällt.

Geografisch 5/6: Die Beschreibung von **Ungleichheit**, die sich nicht nur auf Einkommen und Vermögen bezieht, ist korrekt. Die Situation in den USA wird treffend wiedergegeben. Das Beispiel des indischen Mädchens wirkt etwas unvermittelt – hier bräuchte es Informationen über die Ursachen globaler Ungleichheit. Dass die Verteilung des Nettonationaleinkommens (dies ein eingeführter Begriff) in Österreich seit den 1980er Jahren konstant geblieben ist, erforderte eine Ergänzung: Es wird die Verteilung an sich nicht hinterfragt, nämlich dass das oberste Prozent über 10 Prozent des Nationaleinkommens verfügt, die unteren 50 Prozent jedoch nur auf über ca. 20 Prozent kommen. Die Frage der **Leistungsgerechtigkei**t erfordert Angaben im Erklärtext, ansonsten müssen die Lehrpersonen dazu Informationen beisteuern. In der Fachliteratur wird sehr wohl über die ethischen, gesellschaftlichen und volkswirtschaftlichen Probleme der ungleichen Verteilung auch im Kontext von Leistung diskutiert (Schürz 2019, Robeyns 2024, Holzinger 2024).

Global 5 geht kurz auf **sozioökonomische Merkmale** der Weltgesellschaft sowie Indikatoren zu deren Messung ein. Ein Schwerpunkt liegt dabei auf Ungleichheit zwischen den Geschlechtern, der ein eigenes Kapitel gewidmet ist. *Global 8* bezieht sich auf den Neokolonialismus, auf Vermögensungleichheit wird jedoch nicht eingegangen.

Entwicklung

Fachliche Einführung

Über lange Zeit wurde unter Entwicklung im globalen Kontext das Aufholen wirtschaftlich schwächerer bzw. benachteiligter Länder verstanden. Gesprochen wurde daher von **Entwicklungsländern.** Diese wurden auch als **Dritte Welt** neben der **Ersten Welt** (Wohlstandsländer des Westens) und **Zweiter Welt** (ehemals kommunistische Länder des Ostens) definiert. Diese Begriffe werden mittlerweile hinterfragt, „weil unbedacht Wertungen einfließen, die dem eigenen Kulturkreis entstammen und als Beurteilungsmaßstab zu Pauschalurteilen führen können."[228]

---

[227] Mehr dazu siehe im Kapitel über Entwicklung

[228] Vgl. https://www.bpb.de/shop/zeitschriften/izpb/entwicklung-und-entwicklungspolitik-286/9049/entwicklungsdefizite-und-moegliche-ursachen. Abgerufen am 24.7.2025

Doch auch Begriffe wie **„Globaler Süden"** sind ungenau, weil es im geografischen Süden auch materiell reiche Länder gibt, wie Australien, und weil der Begriff eine Homogenität vortäuscht, die nicht gegeben ist. International weiter verwendet werden die Begriffe „least and less developed countries" sowie „newly industrialized countries" (UNO), „high, middle und low income"-Countries (Weltbank) sowie **Transformationsländer** wie China, Indien, Brasilien oder Südafrika, deren Wirtschaftskraft rasch zunimmt.

Entwicklung wird weiterhin im ökologischen Kontext als **nachhaltige Entwicklung** („sustainable development") und im sozialen Kontext als **menschliche Entwicklung** („human development") verwendet. Manche lehnen den Entwicklungsbegriff grundsätzlich ab, manche diesen nur im Kontext von **nachholender Entwicklung**, da sich im Zusammenhang mit den ökologischen und sozialen Herausforderungen gerade die Hochkonsumländer entwickeln müssten (s. o.).

Der Ansatz der **Sustainable Development Goals** der UNO verbindet nachholende Entwicklung der Länder des Südens mit ökologischen Anpassungen in den Ländern des Nordens. Entwicklung wird also als umfassende, globale Aufgabe gesehen. Kritik an diesem Konzept entzündet sich am Prinzip des „Niemanden zurücklassen", dem Festhalten am Wachstumsmodell, ohne dass Einschränkungen der reichen Länder gefordert werden (Holzinger 2019). Alternativansätze wie das aus Südamerika stammende Konzept des **„Buen Vivir"**, welches die Beziehung zur Natur sowie das gute Leben ins Zentrum stellt (Acosta 2015) oder der **„Postextraktivismus"** (Acosta/Brand 2017) gehen vom westlich geprägten Entwicklungsdenken ab.

Der Begriff „Entwicklung" wir aber weiterhin auch im Nord-Süd-Kontext verwendet, nicht mehr gebräuchlich ist der Begriff „Unterentwicklung". In der **entwicklungspolitischen Debatte** werden **exogene** und **endogene** Faktoren für Entwicklung bzw. deren Behinderung unterschieden. Als endogene Faktoren gelten etwa mangende Bildungsmöglichkeiten, fehlende rechtsstaatliche Strukturen und Demokratie, Klientelismus und Protektionismus. Als exogene Faktoren gelten u. a. ungleiche Handelsbeziehungen, die Reduzierung der Entwicklungsstaaten auf Rohstofflieferanten oder Verschuldungsfallen. Je nach Entwicklungstheorie werden die endogenen Faktoren (**Modernisierungsansatz**) oder exogenen Faktoren (**Dependenzansatz**) stärker betont (Fischer/ Grandner 2019).[229]

Entwicklungspolitik bezeichnet

> „alle politischen Aktivitäten und staatlichen Maßnahmen, die dem Aufbau, der wirtschaftlichen, technischen und sozialen Förderung und Weiterentwicklung von Entwicklungsländern dienen",

so die Bundeszentrale für Politische Bildung.[230] Das generelle Ziel der Verbesserung der Lebensverhältnisse in den Entwicklungsländern werde aber oft „einseitig mit den nationalen, wirtschaftlichen, politischen u. a. Zielen und Interessen der Geberländer sowie deren (privaten oder staatlichen) Entwicklungshilfeorganisationen verbunden."[231]

Als **Entwicklungszusammenarbeit** wird die vornehmlich finanzielle Unterstützung von Projekten in den Ländern des Globalen Südens verstanden – sie wird von NGOs, Staaten und überstaatlichen Einrichtungen geleistet. Die **Europäische Union** unterstützt „Entwicklungsstaaten, indem sie nachhaltige Entwicklung und Stabilität fördert. Das langfristige Ziel besteht darin, die Armut zu beseitigen."[232]

---

229 Vgl. etwa https://de.wikipedia.org/wiki/Entwicklungstheorie. Abgerufen am 24.7.2025
230 https://www.bpb.de/kurz-knapp/lexika/politiklexikon/17411/entwicklungspolitik. Abgerufen am 24.7.2025
231 Ebd.
232 https://www.europarl.europa.eu/factsheets/de/sheet/163/entwicklungspolitik-ein-allgemeiner-uberblick. Abgerufen am 24.7.2025

Die **österreichische Entwicklungszusammenarbeit** betont die Stärkung von Wirtschaftsbeziehungen

„für eine Verbesserung der Rahmenbedingungen für das privatwirtschaftliche Engagement in den Partnerländern und die Förderung eines verbesserten Informationsaustausches sowie die intensivere Kooperation zwischen Entwicklungszusammenarbeit und Österreichs Wirtschaft".[233]

Mit der Auflösung der US-amerikanischen **Entwicklungsbehörde USAID** durch Donald Trump bekommt die internationale Solidarität einen weiteren Knick.[234] Andererseits wird eine **Abkehr von der Entwicklungshilfe** gefordert, stattdessen die Umsetzung struktureller Maßnahmen wie die globale Besteuerung von Konzernen, die Umsetzung von Schuldenmoratorien bzw. die Weigerung, Schulden zu zahlen, das Verbot der Spekulation mit Lebensmitteln sowie der Aufbau von eigenen, regionalen Wirtschaftsstrukturen und Märkten (etwa Hickel 2018, Ziegler 2025) vorgeschlagen.

Kritik an der Entwicklungszusammenarbeit kommt auch von Expert*innen aus Empfängerländern. Boniface Mabanza Bambu kritisiert die fehlende Fairness in den Wirtschaftsketten am Beispiel Afrikas:

„Afrika spielt wieder eine große Rolle als Rohstofflieferant der Welt. Was afrikanische Länder brauchen, ist Fairness. Und Fairness kann nur durch eine Verlagerung der Wertschöpfungsketten geschehen, dorthin, wo die natürlichen Ressourcen zu finden sind."[235]

NGOs verteidigen die Entwicklungszusammenarbeit, fordern aber ein neues Verständnis von Entwicklung, wie etwa ein Zitat der Welthungerhilfe zeigt:

„Die auf fossilen Brennstoffen basierende Industrialisierung kann nicht mehr als Vorbild dienen. In einer globalisierten Welt kann sich kein Land isoliert entwickeln. Die Weltwirtschaft muss gemeinsam reformiert werden."[236]

Für **Schulen** gibt es zahlreiche Materialien im Kontext des **Globalen Lernens** etwa durch die Plattform **Bildung 2030**[237] oder die **NGO Südwind**[238]. Die **Bonner Stiftung Entwicklung und Frieden** bietet Hintergrundinformationen mit Betonung der Stimmen auch aus dem Süden.[239] Die **Weltnachrichten** informieren über Projekte der Österreichischen Entwicklungszusammenarbeit sowie über Schwerpunktthemen; das in Wien erscheinende **Südwind-Magazin** bringt zweimonatig Fachartikel und Reportagen zu Themen des Globalen Südens; die **AG Globale Verantwortung** gibt als Zusammenschluss von NGOs einen regelmäßigen Newsletter heraus und informiert auf ihrer Homepage über entwicklungspolitische Themen; das **European Journalism Oberservatory** bringt regelmäßig Beiträge zur Berichterstattung in den Medien über den Globalen Süden.[240]

Von „Advancing Equality Within The Austrian School System" wurden 24 österreichische Schulbücher untersucht. Die Studie kommt zum Schluss, dass Schulbücher, bis auf wenige Positivbeispiele, die **negative Darstellung von Afrika**, die wir aus den Medien kennen, reproduzieren.[241]

---

[233] https://www.bmwet.gv.at/Themen/International/Agenda-2030-Nachhaltige-Entwicklung-SDGs/Entwicklungszusammenarbeit.html. Abgerufen am 24.7.2025

[234] https://www.globaleverantwortung.at/stellungnahme-die-schleichende-abwicklung-des-globalen-zusammenhalts. Abgerufen am 24.7.2025

[235] https://otd.black-academy.org/mabanza. Abgerufen am 24.7.2025

[236] https://www.welthungerhilfe.de/informieren/entwicklungshilfe-fortschritte-wirkung/ist-kritik-an-entwicklungszusammenarbeit-berechtigt. Abgerufen am 24.7.2925

[237] https://bildung2030.at. Abgerufen am 24.7.2025

[238] https://www.suedwind.at. Abgerufen am 24.7.2025

[239] https://www.sef-bonn.org/de/sef. Abgerufen am 24.7.2025

[240] https://www.entwicklung.at/weltnachrichten; https://www.suedwind-magazin.at; https://www.globaleverantwortung.at; https://de.ejo-online.eu/author/ladislaus-ludescher. Abgerufen am 24.7.2025

[241] https://lernplattform-aewtass.org/schulbuchanalyse. Abgerufen am 9.9.2025

Inhalte der Schulbücher

Meridiane 8 enthält Kapitel zu „**Entwicklung – Unterentwicklung**“ sowie zu „**Entwicklungspolitik**“ (Meridiane 8, S. 62ff.). Darin heißt es einleitend:

„Unterentwicklung als Begriff wird heute aufgrund der negativen Konnotation selten auf offizieller bzw. wissenschaftlicher Ebene verwendet. Dennoch können auf Basis dieses Begriffes die strukturellen Defizite der betroffenen Staaten beschrieben werden.“ (ebd. S. 62)

Statt “**Entwicklungsländer**“ würden neue Begriffe verwendet – dazu werden jene der UNO und Weltbank vorgestellt. Wesentlicher als die Diskussion um die Begrifflichkeit sei aber der Umstand,

„dass große Teile der Welt sich nach ökonomischen, sozialen und soziokulturellen Merkmalen von reichen, gut entwickelten Teilen der Welt deutlich unterscheiden.“ (ebd. S. 62)

Diese Merkmale werden in einem Kasten aufgelistet, etwa hohe Agrarquote, niedriges BIP/Kopf, niedrige Spar- und Investitionsquote, niedriger Ausbildungsstand und mangelndes Know-how, Unterernährung, schlechter Gesundheitszustand, nicht abgeschlossenes Nation Building, Vorherrschen traditioneller Verhaltensmuster in Bezug auf Familie, Clan u. a. Als Indikator wird in der Folge der **Human Development Index** eingeführt.

Als „**Ursachen für Unterentwicklung**“ (ebd. S. 64) werden **endogene Faktoren** (politisches System, fehlende Qualifikationen, Mangel an Kapital, ungünstiges Klima u. a.) sowie **exogene Faktoren** (koloniale und militärische Abhängigkeit, Abhängigkeit von Nahrungsmittelhilfe, ungünstige Terms of Trade, nachteilige Zoll- und Handelsverträge, Währungsschwankungen) angeführt. Zukunftswege werden anhand des „**magischen Sechseck der Entwicklung**“ aus der Entwicklungsforschung dargestellt: Unabhängigkeit, Arbeit, Gleichberechtigung, Partizipation, ökologische Nachhaltigkeit und Wachstum.

In weiteren Kapiteln wird auf das Problem der „**reinen Rohstoffökonomien**“ (ebd. S. 67) u. a. am Beispiel der Ölförderung in Nigeria, die Volatilität der Rohstoffmärkte, die globalisierte Landwirtschaft und den Zusammenhang zu **Hunger** und **Unterernährung** eingegangen. Fehlender Grundbesitz der Landarbeiter*innen, mangelnde Ressourcen zur Modernisierung der Landwirtschaft, Zerstörung der lokalen Märkte durch subventionierte Lebensmittelimporte der reichen Staaten, Flächenkonkurrenz durch die Zunahme des Weltfleischkonsums, Überschuldung, die Klimakrise und Landgrabbing werden dabei als Probleme ausgeführt. Zudem wird auf die innere **Demokratisierung** der Länder sowie die Demokratisierung der Weltwirtschaftsstrukturen, auf Good Governance und auf **entwicklungspolitische Maßnahmen** Bezug genommen. Die **Sustainable Development Goals** werden als Versuch beschrieben, Entwicklung, Nachhaltigkeit und Frieden miteinander zu verbinden.

Der Darstellung der **Entwicklungszusammenarbeit** der Staatengemeinschaft und Österreichs (inklusive dem nicht eingehaltenen 0,7 Prozent -Ziel) sowie durch NGOs (an den Beispielen „Menschen für Menschen“ und „Mikrokredite“) folgt ein Kapitel, das die **Kritik an der Entwicklungshilfe** referiert. Darin heißt es u. a.:

„Entwicklungshilfezahlungen werden generell an wirtschaftspolitische Zugeständnisse, wie etwa Marktöffnung oder Freihandel, gekoppelt, wodurch das für die peripheren Staaten an sich ungünstige Weltwirtschaftssystem festgeschrieben wird.“ (ebd. S. 94)

In der Einleitung zum Kapitel „**Internationale Hilfe – oder soll jedes Land seine Probleme alleine lösen?**“ in **Perspektiven7/8** (S. 221ff.) heißt es:

„Die globalen Disparitäten haben trotz Entwicklungszusammenarbeit in vielen Bereichen zugenommen und die Schere zwischen Arm und Reich klafft immer weiter auseinander. Modernisierungstheoretiker/innen sehen die Schuld der Unterentwicklung in den peripheren Ländern selbst. Dependenztheoretiker/innen sehen eher exogene Faktoren als Gründe der Unterentwicklung." (ebd. S. 221)

Damit sind zwei unterschiedliche Ansätze für die Erklärung der starken Ungleichheit angesprochen. Im Text wird davon ausgegangen, dass es meist um „eine Kombination vieler Ursachen" (ebd. S. 222) gehe.

Auch dieses Schulbuch spricht von „**Unterentwicklung von Staaten**" und zählt hierfür ökonomische, soziale, politische, räumliche und soziokulturelle **Merkmale** auf (ebd. S. 222). Angeführt werden weiters historische, politische, kulturelle, geografische, soziale wie ökonomische Ursachen, bei Letzteren die hohe **Auslandsverschuldung**, die **Abhängigkeit von Rohstoffexperten** sowie **volatile Preise für Rohstoffe** am Weltmarkt. Es werden in der Folge **unterschiedliche Entwicklungsstrategien** (Wachstumskonzept, Befriedigung der Grundbedürfnisse, nachhaltige Entwicklung, Abkopplungstheorie, Förderung von Schlüsselindustrien, Revolutionstheorie) sowie Akteure, Ziele und Formen der **Entwicklungszusammenarbeit** vorgestellt. Als **private Beiträge** zur Entwicklungszusammenarbeit werden Spenden, der Kauf von Fairtrade-Produkten sowie Entwicklungshilfeeinsätze genannt.

Auch dieses Schulbuch führt die **Sustainable Development Goals** an. **Entwicklungszusammenarbeit** wird von **Soforthilfe** bei Naturkatastrophen, Flüchtlingskrisen oder Kriegen unterschieden. Als **Kritik an Entwicklungszusammenarbeit** wird angeführt, dass diese oft eigenen Interessen (z. B. Marktzugang, Abbau von Rohstoffen, Zerstörung lokaler Märkte) diene. Kritisiert werde auch die praktische Umsetzung, etwa die geringe Nachhaltigkeit mancher Projekte, der hohe Verwaltungsaufwand, das Nichtankommen der Mittel bei den Betroffenen sowie eine Art „Neokolonialismus" (ebd. S. 225). Zudem würden die Stimmen in den Geberländern lauter, die

> „eine Verminderung oder sogar Einstellung der Fördergelder fordern, um diese stattdessen in den eigenen Ländern einsetzen zu können." (ebd. S. 225)

Als **Zukunftskonzepte** werden die „Spezialisierung der EZA" auf wenige ärmere Entwicklungsländer sowie eine „global vernetzte EZA" (ebd. S.225) referiert.

Durchblick 8 referiert zunächst die **Drei-** bzw. **Fünfteilung** der Welt durch die Weltbank und UNO und erklärt danach den Ansatz des **Zentrum-Peripherie-Modells** nach dem Wirtschaftshistoriker Immanuel Wallerstein, demgemäß es keine Dritte Welt gäbe, sondern nur eine Welt-Wirtschaft bzw. ein Welt-System, indem die Länder des Südens (Peripherien) ausgebeutet würden (Durchblick 8, S. 12f.) Als **Kritik** an diesem Modell wird referiert, dass die Weltwirtschaft kein Nullsummenspiel, sondern das Aufsteigen von Ländern oder Regionen möglich sei, ohne dass andere verlieren. Als Beispiele werden China und Indien genannt, die relativ rasch in die Weltwirtschaft integriert worden seien:

> „Mit den beiden Staaten gibt es ganz neue Player, deren Aufstieg zu möglicherweise neuen Zentren der Weltwirtschaft nicht ausgeschlossen ist." (ebd. S 113)

Weiter unten folgt ein Kapitel „**Entwicklungszusammenarbeit – ein Lösungsweg für den Süden?**" (ebd. S 114ff.) Einleitend heißt es:

> „Während man früher von Entwicklungshilfe sprach, verwendet man heute den Begriff Entwicklungszusammenarbeit, um die partnerschaftliche Seite dieser Initiativen besser hervorzuheben. War früher Entwicklungshilfe eher positiv konnotiert, mehren sich in den letzten Jahren auch kritische Stimmen, die die positiven Effekte der Entwicklungszusammenarbeit anzweifeln." (ebd. S. 114)

Einer eher nüchternen Bilanz über die **Millennium Development Goals** und den diesen nachfolgenden **Sustainable Development Goals** folgt eine Beschreibung der **Akteure der Entwicklungszusammenarbeit**. Zu den USA heißt es, dass Hilfe stark an sicherheitspolitische Fragen geknüpft werde, viele Gelder würden daher in den Wiederaufbau des Iraks und Afghanistans fließen. Gelder bekämen nur gefestigte Demokratien. Die EU setze den Schwerpunkt auf die AKP-Staaten - mit der EU assoziierte Staaten aus Afrika, der Karibik und dem Pazifik, die durch Abkommen stark mit der EU verbunden seien. Durch die aktuellen Flüchtlingsbewegungen aus Afrika werde ein Schwerpunkt auf diese Region gesetzt:

„Dies könnte ein neuer Impuls für Entwicklungszusammenarbeit sein." (ebd. S. 115)

Zu **Österreich**, das wie viele andere Länder das selbst gesteckte Ziel von 0,7 Prozent Entwicklungshilfemittel des BIP bei weitem nicht erreiche, wird die **Austrian Development Agency** (ADA) angeführt. Eingegangen wird auch auf **China**. Der immer größer werdende Rohstoffbedarf des Landes führe zu einem stärkeren politischen und wirtschaftlichen Engagement insbesondere in Afrika:

„Eine Entwicklungszusammenarbeit im Sinne von Hilfe zur Selbsthilfe ist allerdings nicht zu erkennen." (ebd. S. 115)

Zudem werden beispielhaft die **NGOs** Oxfam, World Vision, Menschen für Menschen und die Dreikönigsaktion als nichtstaatliche Akteure angeführt. Das Schulbuch geht auch auf die **Rücküberweisungen** von Migrant*innen (Remittances) ein. Dazu heißt es:

„Oft übersteigen diese Gelder auch die Gelder der offiziellen Entwicklungszusammenarbeit." (ebd. S 116)

Abschließend werden zwei Texte abgedruckt, die **pro** und **kontra Entwicklungszusammenarbeit** argumentieren. Paul Bendix, 2014 Geschäftsführer von Oxfam Deutschland, plädiert für abgestimmte gemeinsame Programme etwa für Gesundheit oder Bildung, die Verstärkung des Dialoges zwischen Gebenden und Nehmenden sowie die Stärkung der Zivilgesellschaft in armen Ländern. Ein Ausstieg aus der Entwicklungshilfe wäre „fatal", so der Oxfam-Vertreter.

Der Politikwissenschaftler Johannes Michael Nebe argumentiert mit Expert*innen aus Afrika selbst, dass Entwicklungshilfe für „Entmündigung, Lähmung und Stillstand" verantwortlich sei. Die Gelder würden großteils von den Eliten vor Ort abgezweigt, die Abstimmung internationaler NGOs auf gemeinsame Programme fehle weitgehend. Der Experte nimmt humanitäre Nothilfe hier aus und er plädiert am Ende auch für neue Projekte, jedoch mit Menschen aus der jungen Generation, vornehmlich aus zivilgesellschaftlichen Organisationen.

Geospots 5/6 nimmt Bezug auf die Gliederung der Erde in **„drei Welten"**: die erste, zweite und dritte Welt. Der Begriff **Industrieländer** für die „erste Welt" wird problematisiert, weil hier mittlerweile die Dienstleistungen den größten Anteil am Wirtschaftsprodukt ausmachen. Die „zweite Welt" sei mit der Sowjetunion verschwunden, es gäbe aber **Schwellenländern** bzw. **„Newly Industrialized Countries"** (die mit den BRICS-Staaten erklärt werden). Als dritte Kategorie werden die **„Less"** und **„Least Development Countries"** eingeführt.

Zudem wird der Begriff **„Globaler Süden"** verwendet. Es werden hier Länder aufgezählt, dazu heißt es aber:

„Natürlich kann auch im Falle der Less und Least Developed Countries diskutiert werden, welche Staaten man noch mehr oder mittlerweile nicht mehr zu dieser Gruppe zählt." (ebd. S. 10)

Bei der **Einteilung der Welt** werde in der Regel nur die Wirtschaftskraft durch das BIP gemessen, was zu wenig Aussagekraft habe:

„Das BIP pro Kopf sagt zum Beispiel noch nichts über den Wohlstand im Land aus und ob es krasse soziale Ungerechtigkeiten gibt." (ebd. S11)

Danach wird der **Human Development Index** als umfassenderer Indikator vorgestellt.

In **Geospots 7/8** wird ebenfalls eine **Dreiteilung der Welt** in Industrieländer, Schwellenländer und „weniger entwickelte Länder" vorgenommen und dabei auf die ungleichen Welthandelsbeziehungen verwiesen: Große Finanzkraft, viel Knowhow und teure Exportprodukte der Industrieländer würden Billigprodukte der Schwellenländer und Rohstoffe der weniger entwickelten Länder gegenüberstehen.

Grundsätzlich heißt es:

„Den durch die Globalisierung hervorgerufenen Problemen sollte entgegengesteuert werden, sodass sie im Laufe der Zeit abgebaut werden können. Denn nur eine faire globale Ökonomie, in der sich Staaten angleichen und Unterschiede zwischen Arm und Reich abnehmen, garantiert ein friedliches Miteinander. In einer globalisierten Welt bleiben Konflikte – politisch oder wirtschaftlich – meist kaum regional beschränkt, sondern weiten sich rasch aus.“ (ebd. S. 146)

Im Kontext der Länderprofile werden **fragile Staaten** anhand des „Fragile States Index“ (ebd. S. 229) sowie das **„Erfolgsbeispiel“ Mosambik** anhand einer SWOT-Analyse (ebd. S. 230f.) vorgestellt.

Ein eigenes Kapitel lautet **„Neue Wege der Entwicklungszusammenarbeit“**. Dazu wird folgende Definition von Entwicklungspolitik vorangestellt:

„Alle Aktivitäten und politischen Maßnahmen, die sowohl Industrieländer als auch weniger entwickelte Staaten ergreifen, um wirtschaftliche und soziale Entwicklungen zu fördern, bezeichnet man als Entwicklungspolitik.“ (ebd. S. 234)

Der Begriff der **Entwicklungshilfe**, der meist mit der geopolitischen Bindung der Empfängerländer an die Geberländer verbunden gewesen sei, wurde seit den 1990er-Jahren, so im Text weiter, durch den Begriff der **Entwicklungszusammenarbeit** abgelöst:

„Eine partnerschaftliche Zusammenarbeit soll die Hilfe zur Selbsthilfe fördern – das bedeute, dass eine dezentrale und direkte Hilfe vor Ort in Form von Projekten angestrebt wird. Dadurch werden regionale Machthaber und Behörden zurückgedrängt.“ (ebd. S. 234)

Neben der weiterhin notwendigen Katastrophenhilfe wird auf **weitere Strategien** verwiesen:

„In Zukunft will man noch einen Schritt weitergehen und die Entwicklungszusammenarbeit so anlegen, dass alle Hilfestellungen im Land koordiniert und verzahnt werden, um insbesondere Gesundheit und Bildung weiter verbessern zu können. Demokratische Entwicklungen sollen dabei ebenfalls gefördert werden, da man immer mehr erkennt, dass diese für eine positive Entwicklung eines Staates enorm wichtig sind.“ (ebd. S. 234)

In der Folge werden **endogene** und **exogene Ursachen** für schlechte Entwicklung angeführt, etwa dominierende Eliten, Korruption, Stammeskonflikte und Kriege, Benachteiligung von Frauen und Bevölkerungswachstum als endogene und koloniales Erbe, unfaire Handelsbeziehungen oder die Ausbeutung durch transnationale Konzerne als exogene Faktoren genannt. Hingewiesen wird auch auf die Verschärfung von **Umweltkrisen**.

Zudem werden drei **Entwicklungstheorien** vorgestellt: die Modernisierungstheorie nach Walter W. Rostow, die Dependenztheorie, die vor allem exogene Faktoren heranzieht, sowie der polittheoretische Ansatz, der endogene Faktoren wie schlechte Regierungsführung ins Zentrum rückt.

Bezüglich der **österreichischen Entwicklungszusammenarbeit** wird auf die lange Tradition privat organisierter Entwicklungshilfe, die 1974 gesetzlich verankerte Entwicklungspolitik sowie die seit 2004 von der Austrian Development Agency (ADA) umgesetzte Vermittlung von Fördergeldern eingegangen. Dazu heißt es:

„Jährlich stehen finanzielle Mittel von rund 90 Mio. Euro zur Verfügung, was rund 0,4 % des österreichischen BIP entspricht. Das von der UNO gewünschte Ziel von 0,7% wird somit nicht erreicht.“ (ebd. S. 236)

Als ein **Schwerpunktland** der österreichischen Entwicklungszusammenarbeit wird schließlich das Beispiel Burkina Faso beschrieben, wo Berufsbildung, Handwerk und nachhaltige Entwicklung im ländlichen Raum gefördert werde.

Das Schulbuch **Geografisch 5/6** setzt sich kritisch mit dem **Entwicklungsbegriff** auseinander. Dazu heißt es:

„Oft wird hohe Entwicklung gleichbedeutend mit monetärem Wohlstand oder hoher Industrialisierung verstanden. Bei einem breiteren Verständnis von Entwicklung spielen auch der Bildungsstand der Bevölkerung, die Volksgesundheit oder die Stellung von Minderheiten und Geschlechtern eine Rolle." (Geografisch 5/6, S. 96)

Entwicklung werde meist noch immer aus **eurozentristischer Perspektive** betrachtet und beurteilt:

„Die vermeintlich hoch entwickelten westlichen Staaten werden bei der Beurteilung anderer Staaten als Gradmesser herangezogen." (ebd. S. 96)

Die Begriffe „Industrieland, Schwellenland und Entwicklungsland" werden als stigmatisierend problematisiert, dafür die Begriffe **„Globaler Süden"** und **„Globaler Norden"** zur Diskussion gestellt.

Geografisch 8 spricht bewusst von „Globaler Zusammenarbeit" und problematisiert den Begriff „Entwicklungszusammenarbeit". Entwicklung werde meist aus **eurozentristischer Sicht** beurteilt und oft mit wirtschaftlichem Wachstum gleichgesetzt, wird auch in dieser Ausgabe betont. Dies suggeriere,

„dass nur eine Richtung die richtige ist, und europäische oder nordamerikanische Staaten dienen als Maßstab." (ebd. S. 56)

In der Folge werden die Ansätze der **bilateralen** und **multilateralen Zusammenarbeit,** der **Katastrophen-** und **Nothilfe** sowie das **Engagement von NGOs** wie Ärzte ohne Grenzen oder die Welthungerhilfe vorgestellt. Als Referenzrahmen werden die **Millennium Development Goals** sowie die **Sustainable Development Goals** benannt. Danach heißt es:

„Neben offensichtlichen Vorteilen der globalen Zusammenarbeit gibt es auch Risiken." (ebd. S. 57)

Als solche werden falsche Konzepte, etwa Schuldenfallen, die Verschärfung von Abhängigkeiten, zu geringe Zielgenauigkeit der Unterstützung, mangelnde kulturelle Sensibilität sowie Eigeninteressen der Geberländer angeführt.

Zitiert wird ein **Aidwatch-Bericht,** der neben der Nicht-Ein-haltung des 0,7 Prozent-Ziels auch den Verbleib von zu vielen der Mittel in den Geberländern kritisiert.

Mit dem **White Savior Complex** des nigerianisch-US-amerikanischen Schriftstellers Teju Cole wird auf das Helfersyndrom verwiesen, demgemäß „Eigeninteresse und der Wunsch, Held*innen zu sein", bei globaler Zusammenarbeit im Vordergrund stünden:

„Überlegenheit im Hinblick auf Kultur, Wissen und Fähigkeiten spielen ebenfalls eine wichtige Rolle. Abhängigkeiten und komplexe Hintergründe (wie Kolonialismus und jahrhundertelange Ausbeutung) werden ausgeklammert." (ebd. S. 58)

Problematisiert wird zudem die Darstellung des Themas in verschiedenen **Medien**, die ebenfalls die Weißen als die Problemlöser beschreiben würden, die Einheimischen als die passiven Empfänger. Abschließend heißt es:

„Wichtig zu betonen ist, dass nicht Hilfestellungen allgemein kritisiert werden, sondern Mangel an Respekt und partnerschaftliche Herangehensweise." (ebd. S. 58)

Als Positivbeispiel wird schließlich die **Kooperation Österreichs mit Bhutan** beschrieben, in der die meisten Mittel in den Bereich „Staat und Zivilgesellschaft" fließen würden, also dem Aufbau der Demokratie dienten. Erwähnt wird hier auch das Bruttonationalglück von Bhutan, das eine Anregung für uns materiell reiche Länder sein könnte.

global 8 thematisiert **„Ökonomische und nichtökonomische Entwicklungstheorien“** und das **„magische Sechseck der Entwicklung“** (global 8, S. 66f.). Mit dem Konzept der **nachhaltigen Entwicklung**, das Gerechtigkeit zwischen den Generationen mit Gerechtigkeit weltweit verbinde und wirtschaftliche Leistungsfähigkeit, soziale Gerechtigkeit, ökologische Verträglichkeit sowie demokratische Politikgestaltung umfasse, sei eine Richtschnur für politisches Handeln geschaffen worden, mit dem magischen Sechseck ein Zielrahmen, der auch eine gerechte Einkommensverteilung und Umweltschutz enthalte.

Gesprochen wird von **„Unterentwicklung“**, wenn diese Ziele stark verfehlt würden. Es werden **endogene Faktoren** (z. B. Bevölkerungsexplosion, wenig Kapital) und **exogene Faktoren** (z. B. Terms of Trade) für geringe Entwicklung sowie die diesen korrespondierende **Entwicklungstheorien** wie die Modernisierungstheorie, die Ressourcenfluch-Theorie oder die Dependenztheorie angeführt. In einer Grafik werden **„Teufelskreise der Armut“** (ebd. S. 67) dargestellt, etwa mangelhafte Ernährung, die einen schlechten Gesundheitszustand sowie eine geringe Leistungsfähigkeit bedingen, geringe Ersparnisse, die zu geringen Investitionen und geringem Einkommen führen; dies wiederum würde geringe Steuereinnahmen nach sich ziehen, wodurch wenig in Bildung und Ausbildung investiert werden könne.

Zudem wird – etwas unvermittelt – die „Pentagonalstruktur der Weltordnung“ nach Zbigniew Brezinski referiert, demgemäß die USA den Superkontinent Eurasien beherrschen müssten, um weiterhin die **Weltführerschaft** innehalten zu können.

Ein Kapitel ist der **Entwicklungszusammenarbeit** in ihren unterschiedlichen Ausprägungen gewidmet. Darin heißt es:

> „Entwicklungszusammenarbeit ist das gemeinsame Bemühen von Industrie- und Entwicklungsländern, weltweite Unterschiede in der sozioökonomischen Entwicklung und in den alltäglichen Lebensbedingungen dauerhaft und nachhaltig abzubauen.“ (ebd. S. 70)

Das Ziel sei „Hilfe zur Selbsthilfe“. Es wird auf die **Sustainable Development Goals** und die **Österreichische Entwicklungszusammenarbeit** Bezug genommen, dabei insbesondere die Förderung von **Frauenprojekten** (mit einem Beispiel der NGO „Menschen für Menschen“) hervorgehoben. Ein weiteres Kapitel stellt den Ansatz der **Mikrokredite** vor.

Einschätzung

Die Begriffe **„Entwicklungsländer“** sowie **„Dritte Welt“** werden zwar tlw. kritisch reflektiert, aber weiterhin verwendet – mit einer Ausnahme: *Geografisch* spricht bewusst von „globaler Zusammenarbeit“ anstelle von Entwicklungszusammenarbeit. *Geospots* verwendet nur mehr den Begriff „weniger entwickelte Ländern“ statt „unterentwickelte Länder“. **Entwicklungstheorien** werden in unterschiedlicher Ausführlichkeit und Akzentuierung vorgestellt, erfordern jedoch eine vertiefende Diskussion. Die referierte **Kritik an Entwicklungszusammenarbeit** ist sinnvoll, dabei aber darauf zu achten, diese nicht generell abzulehnen, was jene Stimmen stärken würde, die aus egoistischen Gründen keine weiteren Mittel geben wollen, wie die Einstellung von USAID zeigt.

Der **eurozentrische Blick** wird nur in einem Schulbuch – wiederum *Geografisch* – thematisiert. Neben den genannten internationalen staatlichen Akteuren, der Österreichischen Entwicklungszusammenarbeit sowie ausgewählten zivilgesellschaftlichen Akteur*innen wären auch Hinweise auf entwicklungspolitische NGO-Aktivitäten sinnvoll, etwa von Südwind, Weltumspannend Arbeiten oder einschlägige Bildungsmaterialien wie „Bildung 2030“, welche strukturelle Ungleichheiten und Hürden thematisieren. Eine kritische Auseinandersetzung mit dem Entwicklungsbegriff sowie der Entwicklungspolitik soll unbedingt auch **Stimmen aus den Ländern des Südens** einbinden, etwa den Ansatz des „Buen Vivir“ aus Lateinamerika.

Resümee: Entwicklung wird überwiegend als „nachholende Entwicklung“ beschrieben, also als Überwindung von „Unterentwicklung“, Probleme wie die Schuldenfalle sowie die Hinterfragung des westlichen Entwicklungsbegriffs (Stichwort „ökologische Grenzen“) werden nur bedingt angesprochen. Wichtig wäre auch die Thematisierung der Auswirkungen der Klimakrise auf die Länder des Südens (Otte 2023).

Nun zur Einzelbewertung:

Meridiane 8: Dieses Schulbuch geht mit 32 Seiten am ausführlichsten auf das Thema Entwicklung & Entwicklungspolitik ein. Einer Reflexion über den Begriff der Entwicklung – es wir auch noch der Begriff „Unterentwicklung“ verwendet – folgt eine Darstellung **endogener** und **exogener Faktoren**. Gesprochen wird auch von "Ursachen für Unterentwicklung". Die Gewichtung der Faktoren erfolgt aber ausgewogen – es werden durchaus auch die Probleme der unfairen Weltwirtschaftsordnung oder das Problem der Überschuldung angesprochen. Hinweise auf nachhaltige Lebens- und Konsumstile, die auch eine **Entwicklung des reichen Nordens** erfordern würden, gibt es nicht. Konkret wird aber auch Kritik an der bestehenden Entwicklungshilfe, die oft eigenen Interessen der Geberländer diene, benannt.

Perspektiven 7/8 widmet dem Thema "Entwicklung/Entwicklungspolitik" acht Seiten. Der Schwerpunkt liegt auf der Darstellung unterschiedlicher **Entwicklungstheorien** sowie **Entwicklungsstrategien** wie Wachstumskonzept, Befriedigung der Grundbedürfnisse, nachhaltige Entwicklung, Abkopplungstheorie, Förderung von Schlüsselindustrien, Revolutionstheorie. Diese Darstellung ist informativ und hilfreich für die Reflexion. Auch hier wird der Begriff "Unterentwicklung" verwendet, eine Hinterfragung des **Konsumstils der reichen Länder** erfolgt nicht. Vielmehr wird als eines der Probleme der Empfängerländer die „Übernahme westlicher Konsummuster" genannt. Die referierte Kritik an der **Entwicklungszusammenarbeit** erforderte mehr Recherchen bei Expert*innen sowie NGOs. Die festgestellte Abnahme der Bereitschaft zur Hilfe in den Geberländern wurde durch den Stop von USAID von der Wirklichkeit eingeholt.

Durchblick 8: Dieses Schulbuch widmet dem Thema sechs Seiten und fokussiert auf unterschiedliche **Entwicklungstheorien**. Dem Mehrwelten-Ansatz wird jener des Zentrum-Peripherie-Modells gegenübergestellt, das nur ein "Welt-System" kenne. Die zitierte Kritik daran, dass Entwicklung kein Nullsummenspiel sein müsse, ist zutreffend und zu gleich zu relativieren, weil Machtverhältnisse bestehen bleiben, auch wenn sich alle entwickeln. Hier wäre die Kritik an der Trickle-Down-Theorie einzufügen. Nach einer knappen Reflexion des Begriffs "Entwicklungshilfe" sowie dem Verweis auf die MDGs und SDGs werden die Akteure der **Entwicklungszusammenarbeit** vorgestellt. Hier wäre zu hinterfragen, ob die USA tatsächlich nur Demokratien unterstützen und ob die Aktivitäten Chinas nicht doch auch den Empfängerländern helfen. Die Pro-Kontra-Argumente zu Entwicklungszusammenarbeit sind hilfreich, erfordern aber Recherchen zu weiteren Quellen, zu Expert*innen wie zu einschlägigen NGOs. Die Ablehnung von Entwicklungszusammenarbeit könnte auch jene bestärken, die diese aus lediglich eigennützigen Absichten einstellen – wie aktuell Trump in den USA. Die **Entwicklung des Nordens** wird auch hier nicht angesprochen.

Geospots übernimmt die Termini „Less“ und „Least Developed Countries“ der UNO und führt auch den Human Development Index aus. Endogene und exogene Faktoren werden ebenso wie die diesen korrespondierenden **Entwicklungstheorien** vorgestellt, aber nicht bewertet. Der Übergang von der früheren Entwicklungshilfe zur **Entwicklungszusammenarbeit** mit stärkerem Fokus auf die Kooperation mit zivilgesellschaftlichen Organisationen in den Empfängerländern wird gut herausgearbeitet, wenn auch idealtypisch dargestellt. Wirtschaftliche und geopolitische Eigeninteressen der Geberländer spielen nach wie vor eine Rolle – nicht nur beim Engagement von China. Ungleiche Handelsbeziehungen werden als exogene Faktoren zwar genannt, aber es wird kein Konnex zur Entwicklungszusammenarbeit hergestellt; auch nicht zur Verschuldungsdynamik.

Die **österreichische Entwicklungszusammenarbeit** wird sachlich vorgestellt. Die Mittel für Entwicklungszusammenarbeit wurden zuletzt zurückgefahren und betrugen 2024 0,34 Prozent des Bruttonationaleinkommens. Der im Schulbuch angeführte Betrag von 90 Mio. Euro ist nicht korrekt, in Summe werden für 2024 ca. 1,6 Md. Euro für staatliche Entwicklungszusammenarbeit angegeben.[242]

Geografisch kritisiert den Entwicklungsbegriff am stärksten, da dieser die eurozentristische Perspektive vertrete. Statt Entwicklungszusammenarbeit wird ausschließlich der Begriff der **„Globalen Zusammenarbeit“** verwendet, statt Entwicklungsländer der Begriff **„Globaler Süden“** im Verhältnis zum **„Globalen Norden“**. Hinterfragt wird das auf das **materielle Niveau** reduzierte Entwicklungsverständnis sowie die überhebliche Helferrolle, die vielen Projekten anhafte und auch in den Medien gespiegelt würde. Dieses Schulbuch problematisiert als einziges das **westliche Verständnis von Entwicklung**, Unterstützung wird aber nicht grundsätzlich abgelehnt, diese müsse jedoch auf Augenhöhe geschehen. Strukturelle Veränderungen werden nur indirekt angesprochen, wenn bei den Risiken von globaler Zusammenarbeit etwa auf die Schuldenfalle verwiesen wird. Die **Problematisierung** des **eurozentrischen Entwicklungsbegriffs** ist wichtig. Sie wird in anderen Schulbüchern nicht thematisiert. Zu betonen wäre aber die Reflexion darüber, welche Errungenschaften welcher Kultur zur Zukunftsfähigkeit beitragen, welche nicht. Gesprochen wird etwa von einer „reduktiven Moderne“ (Welzer/Sommer 2014), in der Errungenschaften wie die liberale Demokratie sowie der Wohlfahrtsstaat erhalten, der Ressourcenverbrauch und der Konsum aber zurückgedrängt würden.

global 8 benennt **endogene** und **exogene Faktoren** für niedrige Entwicklung – jedoch nur mit einigen Faktoren. Es wird auch der Begriff „Unterentwicklung“ verwendet. Die vorgestellten **Teufelskreise der Armut** können das Verständnis für Entwicklungsbarrieren fördern, sie sparen jedoch exogene Faktoren aus und sie müssten genauer erläutert werden, ebenso die genannten Entwicklungstheorien, die nicht näher ausgeführt werden. **Entwicklungszusammenarbeit** wird idealtypisch beschrieben – in der Realität spielen verschiedene Interessen eine Rolle. Kritik an strukturellen Entwicklungshemmnissen wird nicht geäußert, der Begriff "Terms of Trade" zwar genannt, aber nicht erklärt. **Geringe Steuereinnahmen** sind in der Tat ein Problem vieler betroffener Staaten, eine Rolle spielen aber auch schlechte Regierungsführung (Jean Ziegler spricht von "Kleptokratie", Ziegler 2009). **Kapitalmangel** ist auch ein Problem, hängt jedoch mit der Funktionsweise des Weltfinanzsystems zusammen.[243] **Mikrokredite** können Teil der Lösung sein, es braucht aber Anschubfinanzierungen ohne Kredite und neue Entschuldungsschritte[244]. Manche plädieren auch für bedingungslose Grundeinkommen, wie an einem Pilotprojet in Namibia erprobt wurde[245]. Problematisch erscheint das positiv vermittelte Sicherheitssystem von Brezinski, das an der weiteren Weltvorherrschaft der USA festhält. In der Konfliktforschung wird seit langen das Bild einer multipolaren Welt bevorzugt (z. B Messner 2011, Overy 2024).[246]

---

[242] https://www.entwicklung.at/ada/oeffentliche-entwicklungshilfeleistungen. Abgerufen am 25.7.2025

[243] Ein Beispiel: Eine Studie aus 2024 legt nahe, dass afrikanische Länder aufgrund der vielfach stereotypen und negativen Berichterstattung in den Medien bei der Kreditvergabe unverhältnismäßig hohe Zinsen zu berappen haben. Die Berichterstattung über Afrika sei gespickt von Klischees, heißt es in der Studie der NGO Africa No Filter und des Beratungsunternehmens Africa Practice. Der afrikanische Kontinent zahle auf den internationalen Finanzmärkten eine milliardenschwere "Vorurteilsprämie". Dadurch verlören die afrikanischen Kreditnehmer jährlich bis zu 4,2 Milliarden Dollar.
https://resources.africapractice.com/the-cost-of-stereotypes-to-africa. Abgerufen am 25.7.2025

[244] https://www.dw.com/de/schuldenkrise-in-afrika-reformen-und-globale-l%C3%B6sungen-dringend-gesucht/a-70528021. Abgerufen am 25.7.2025

[245] https://www.madiba.de/blog/bedingungsloses-grundeinkommen-namibia. Abgerufen am 25.7.2025

[246] Vgl. auch https://hans-holzinger.org/2025/03/19/geopolitik-reloaded-statt-neuen-konfrontationsfronten-brauchen-wir-neue-kooperationsstrukturen. Abgerufen am 25.7.2025

3. Ergebnisse und Ausblick

3.1. Ausgewählte Zitate

Im Folgenden werden an ausgewählten Themen mit besonderem Fokus auf ökologische und soziale Nachhaltigkeit exemplarisch zusammenfassende Einblicke in die thematische Ausrichtung der Schulbücher anhand ausgewählter Zitate gegeben.

Bedürfnisse und Ziel von Wirtschaften

Alle Schulbücher folgen der allgemein üblichen Definition von Wirtschaften, deren Ziel es sei, **Wünsche** und **Bedürfnisse** der Menschen mit knappen Ressourcen zu befriedigen. Es wird zwar darauf hingewiesen, dass es auch immaterielle Bedürfnisse gäbe und dass Bedürfnisse auch durch Werbung geweckt werden, dass materielle Bedürfnisse jedoch begrenzt seien und es Marktsättigungen geben könne, wird nicht ausgeführt. Die Zieldefinitionen für Wirtschaften beziehen sich weiterhin auf die **Knappheitsgesellschaft**, auch wenn wir in den materiell reichen Gesellschaften mittlerweile in vielfach **gesättigten Ökonomien** leben. Der „homo oeconomicus" wird daher nur bedingt in Frage gestellt. Zur Illustration hier nochmals einige Beispiele aus den Schulbüchern:

„Im Wirtschaftsleben werden die Wünsche der Menschen Bedürfnisse genannt. Diese sind vielfältig und scheinen unbegrenzt zu sein." (Meridiane 5/6, S. 110)

„Den scheinbar unbegrenzten Bedürfnissen stehen die begrenzten Güter gegenüber. Güter sind knapp. Je knapper ein Gut ist, je mehr es begehrt wird, desto größer ist sein Wert." (Meridiane 5/6, S. 110)

„Wer kennt das nicht? Kaum habe ich mir einen Wunsch erfüllt, ist der nächste da. Meine Bedürfnisse sind unendlich." (Perspektiven 5/6, S. 75)

„Gemessen an der Vielzahl menschlicher Bedürfnisse sind Güter und Dienstleistungen oft nur begrenzt verfügbar." (Geospots 5/6, S. 112)

„Die Knappheit als Gegenpol zu den unbegrenzten Bedürfnissen der Menschen stellt die treibende Kraft im Wirtschaften der Menschen dar." (Geografisch, S. 90)

„Die meisten Ressourcen und Güter sind knapp. Wir alle wirtschaften daher, um mit den begrenzten Mitteln möglichst viele Güter erzeugen und beschaffen zu können, die wir für die Erfüllung unserer vielen Bedürfnisse brauchen." (global 5, S. 96)

Hier ein Zitat, das auf die immateriellen Bedürfnisse verweist:

"Viele unserer Bedürfnisse lassen sich durch käufliche (materielle) Güter befriedigen. Allerdings gibt es auch Bedürfnisse (z. B. nach Zuneigung und Anerkennung), die man für Geld nicht kaufen kann." (Durchblick 5, S. 50)

In den Kapiteln zu **Werbung** wird sehr wohl darauf eingegangen, dass Bedürfnisse auch erzeugt werden, die strukturellen Ursachen, die im wachstumsgetriebenen Kapitalismus liegen, werden jedoch nicht benannt. Auf die **ökologischen Grenzen** dieses Wirtschafts- und Konsummodells wird teilweise eingegangen (mehr siehe in den Abschnitten zu Wachstum und Nachhaltigkeit), notwendig wäre aber in allen Schulbüchern die Reflexion über die **Begrenztheit von materiellen Bedürfnissen** und über **Sättigungsgrenzen** in hochproduktiven Gesellschaften (Paech 2025, Holzinger 2024).

Hier ein Beispiel:

„Die moderne Marktforschung versucht, den Bedarf der Verbraucherinnen und Verbraucher festzustellen. Durch neue Güter und durch Werbung sollen Bedürfnisse geweckt und neuer Bedarf geschaffen werden." (Meridiane 5/6, S. 111)

Wohlstand und Lebensqualität

In allen Schulbüchern wird ein **erweitertes Verständnis von Lebensqualität** vertreten, dabei auf den Better Life Index der OECD und/oder das Projekt „Wie geht´s Österreich?“ von Statistik Austria Bezug genommen. Es werden ökonomische, soziale und ökologische Faktoren für Lebensqualität benannt. Obwohl Umfragen mit ähnlichen Ergebnissen zitiert werden – wichtig sind den Menschen insbesondere eine intakte Familie/Partnerschaft, soziale Sicherheit und Frieden, der Schutz der Umwelt – gibt es mehrfach den Hinweis, dass Lebensqualität eine **subjektive Wahrnehmung** sei:

„Die Lebensqualität ist einerseits eine sehr subjektive Wahrnehmung, wird aber auch gemessen und beispielsweise als Standortfaktor auf internationaler Ebene bewertet.“ (Meridiane 7, S. 120)

„Unter Lebensqualität versteht man die Qualität des täglichen Lebens. Dazu zählen der materielle und der immaterielle Wohlstand. Jeder Mensch nimmt die Lebensqualität anders wahr, sie ist ein subjektives Empfinden.“ (Perspektiven7/8, S. 79)

„Der Begriff Lebensqualität ist subjektiv und hat für jede Person eine individuelle Bedeutung. Verschiedene Institutionen bemühen sich jedoch, die Lebensqualität durch die Verwendung von Indizes zu erfassen.“ (Geografisch 7, S. 65)

Aber es gibt Hinweise darauf, dass sich das Verständnis von Lebensqualität von der rein quantitativen Ausstattung hin zu qualitativen Merkmalen verändert hat:

„Lebensqualität wurde oft genug als quantitative Ausstattung bezeichnet. In jüngeren Ansätzen rückt ein anderer, weit gefassterer Begriff von Lebensqualität in den Mittelpunkt.“ (Durchblick 7, S. 78)

„Es gibt aber immer zahlreichere Versuche, ‚Lebensqualität‘ umfassender zu ermitteln. Bei diesen neuen Ansätzen spielen neben objektiv feststellbaren Faktoren, wie Einkommen, Beschäftigung, Bildung oder Wohnverhältnisse auch subjektive Faktoren wie Sicherheit, Zufriedenheit oder Glück eine Rolle.“ (Geospots 7/8, S. 89)

Die **Lebensqualität in Österreich** wird in allen Schulbüchern als hoch eingeschätzt:

"Im internationalen Vergleich schneidet Österreich bei der Bewertung der Lebensqualität gut ab. ... Auch innerhalb der europäischen Union empfinden die Österreicher/innen des Wirtschaftsstandortes Österreich eine hohe Lebensqualität." (Perspektiven 7/8, S. 79)

„Für die hohe Lebensqualität in Österreich sind vor allem Faktoren wie die hohe soziale Sicherheit, die niedrige Kriminalitätsrate, die vielen Möglichkeiten in Bezug auf Freizeitgestaltung, die schöne Landschaft, das vielfältige kulturelle Angebot oder die gute Umwelt zu nennen.“ (Meridiane 7, S. 120)

Einkommen und Vermögen

Die **Einkommens-** und **Vermögensverhältnisse** werden in den Schulbüchern unterschiedlich akzentuiert und unterschiedlich kritisch bewertet. Einige verweisen auf die Zunahme der Ungleichheit auch in Österreich, andere lediglich auf die Disparitäten innerhalb der EU, in den USA oder weltweit. Hier drei Beispiele, die auch die Ungleichheit in Österreich kritisch sehen:

„In den letzten Jahren öffnete sich eine Einkommens- und Wohlstandsschere. Österreich wird zwar immer reicher, die Sparquote steigt, aber die Verteilung des Wohlstandes ist ungleich: Immer weniger haben immer mehr, immer mehr haben immer weniger.“ (Meridiane 7, S. 62)

„Es besteht eine ausgeprägte Diskrepanz zwischen einer sehr kleinen Zahl sehr Vermögender und einer großen Zahl von Haushalten mit wenig oder gar keinem Vermögen.“ (Durchblick 7, S. 48)

„2017 besaßen 8 Milliardäre genauso viel Vermögen wie die ärmere Hälfte der Weltbevölkerung. In Österreich besitzen mehr als zwei Drittel der Bevölkerung kein nennenswertes Geldvermögen, das oberste Zehntel besitzt mehr als die Hälfte.“ (Geospots 7/8, S. 45)

Ein Schulbuch konzentriert sich auf das Verhältnis von **Bedarfs-** und **Leistungsgerechtigkeit**, ohne jedoch zu hinterfragen, ob die derzeitige Vermögens- und Einkommensverteilung selbst leistungsgerecht sei:

„Geht man zu sehr vom Bedarfsprinzip aus, fehlen für die Menschen die Leistungsanreize und das Gesamteinkommen geht zurück. Geht man zu sehr vom Leistungsprinzip aus, führt das zu gesellschaftlichen Spannungen und gefährdet den Zusammenhalt der Gesellschaft." (Perspektiven 7/8, S. 48f.)

Ein weiteres Schulbuch problematisiert zumindest die **geringe Vermögensbesteuerung**:

„Über die progressive Besteuerung und soziale Beihilfen kommt es zu einer Umverteilung von oben nach unten. Trotzdem bildet Österreich bei der Vermögensbesteuerung im internationalen Vergleich das Schlusslicht." (Geospots 7/8, S. 45)

Ein anderes Schulbuch relativiert die **sinkende Lohnquote** am Wirtschaftsprodukt, hinterfragt jedoch weder die Vermögens- noch die Einkommensunterschiede, vielmehr wird auf die positive Umverteilung durch die **staatlichen Transfereinkommen** hingewiesen:

„So sind z. B. in den Arbeitnehmerentgelten auch die Spitzeneinkommen von Topmanagerinnen und Topmanagern enthalten wie die Niedriglöhne der Arbeitsnehmerinnen und Arbeitnehmer z. B. in der Reinigungsbranche." (global 7, S. 21)

„Durch die Einhebung von Steuern und Abgaben kann der Staat einen erheblichen Teil des erwirtschafteten Bruttoinlandsprodukts umverteilen. Das Volumen der Umverteilung ist verhältnismäßig groß." (global 7, S. 21)

Die **ungleiche Vermögensverteilung** wird zwar teilweise benannt, aber nicht näher besprochen. Ein Buch macht eine Ausnahme und fordert auch höhere **vermögensbezogene Steuern,** auch wenn diese auf politische Widerstände stoßen würden:

„Erbschaften und Schenkungen sind die Hauptursachen für die Vermögensungleichheit." (Durchblick 7, S. 49)

„Vermögensbezogene Steuern (wie Erbschafts- und Schenkungssteuer), die im EU- und OECD-Schnitt viel höher sind als in Österreich, würden einen hohen Umverteilungseffekt haben, sind aber derzeit politisch nicht umsetzbar." (Durchblick 7, S. 49)

Ein Schulbuch konzentriert sich auf die **Einkommensunterschiede** weltweit und innerhalb der EU, betont die Bedeutung von Sozialleistungen zur Verringerung der Ungleichheit und problematisiert lediglich **Armut**, aber nicht die ungleiche Vermögensverteilung:

„Die Hälfte des weltweiten Einkommens entfällt auf das reichste Zehntel der Weltbevölkerung, das reichste Prozent bekommt sogar 19 Prozent vom Kuchen ab." (Geografisch 5/6, S. 97)

„So war laut Eurostat im Jahr 2021 das Einkommen der 20 Prozent der Bevölkerung mit dem höchsten Einkommen knapp 5-mal höher als das Einkommen des Fünftels der Bevölkerung mit dem niedrigsten Einkommen." (Geografisch 7, S. 38)

„Eine Möglichkeit Ungleichverteilung dazustellen, stellt der Gini-Koeffizient dar. Dieser lag für das verfügbare Äquivalenzeinkommen in der EU-27 im Jahr 2021 bei 30,1 Prozent, ohne Sozialleistungen kommt man auf einen Wert von 51,7 Prozent. Diese schaffen hier also eine Reduktion der Ungleichverteilung um 42 Prozent." (Geografisch 7, S. 38)

Betont wird, dass **Armut** nicht nur ein materielles, sondern auch ein **soziales Problem** ist:

„Armut kann psychische Belastung, soziale Ausgrenzung, Beeinträchtigung von Bildungschancen und negative Gesundheitseinflüsse zur Folge haben." (Geografisch 7, S. 38)

Die **Ungleichverteilung in Österreich** wird nicht problematisiert, sondern nur angeführt:

„Das am Einkommen gemessene oberste Prozent der Bevölkerung hatte Anfang der 1980er-Jahre einen Anteil von 11,5 Prozent am NNE. Auf die untere Hälfte der Bevölkerung entfielen 21 Prozent der Einkommen." (Geografisch 5/6, S. 97)

Markt und Marktwirtschaft

Alle Schulbücher beschreiben das **Modell des freien Marktes** mit Angebots- und Nachfragekurve, bestätigen aber, dass es **Marktversagen** und die Tendenz zu **Monopolisierung** gäbe.

„Angebot und Nachfrage pendeln sich so lange ein, bis sowohl Anbieter/in wie auch Konsumentin/Konsument mit dem Preis zufrieden sind. ... Das Marktgleichgewicht wird jedoch selten erreicht. Der freie Wettbewerb sorgt dafür, dass wirtschaftlich Schwache aus dem Wettbewerb ausscheiden." (Meridiane 5/6, S. 119)

„Schön wäre es, wenn die Regel von Angebot und Nachfrage wie im Modell funktionieren würde. Doch leider ist es in Wirklichkeit selten so, denn hier spielen viele andere Faktoren noch eine Rolle, die man berücksichtigen muss: persönliche Gründe, örtliche Gegebenheiten, Kauf unter Zeitdruck." (Durchblick 5, S. 59)

„In der Realität ist der vollkommene Markt kaum anzutreffen. Kann der Markt keine optimale Verteilung von Gütern und Ressourcen organisieren, sprechen wir von einem Marktversagen." (Perspektiven 5/6, S. 94)

„Das Marktmodell geht von der Annahme aus, dass der rational handelnde Mensch alle seine Entscheidungen mit dem Ziel trifft, seinen Gewinn zu maximieren – man spricht vom homo oeconomicus." (Geospots 7/8, S. 117)

„Die freie Marktwirtschaft stellt eine idealtypische Form dar, auf der die realen Marktwirtschaften aufbauen." (global 8, S. 50)

Die **„unsichtbare Hand"** von Adam Smith wird in einem Schulbuch im Konjunktiv wiedergegeben:

„Laut Smith würden durch das Zusammenspiel von Angebot und Nachfrage die Ressourcen wie von einer unsichtbaren Hand verteilt und Gleichgewichtspreise gebildet. Menschen, die auf Märkten nur ihren eigenen Vorteil suchen, trügen so zum Wohlstand aller bei. Der Egoismus fördere so das Gemeinwohl." (Geografisch 5/6, S. 103)

Auch die **Externalisierung von Kosten** wird betont:

„Externe Kosten entstehen vor allem im Umweltbereich. Die Beseitigung von Umweltschäden oder Umweltbelästigungen kostet Geld, das vorher erwirtschaftet werden muss." (Meridiane 5/6, S. 121)

„So gehen Umweltkosten (Kosten der Zerstörung und Schädigung der Umwelt) meist nicht in die Herstellerkosten und damit in die Preise von Gütern ein. ... Aufgrund dieses Marktversagens ist der Staat zu einer entsprechenden Umweltpolitik aufgefordert." (global 5, S. 109)

Hingewiesen wird auf die Gefahr von **Angebotsmonopolen** bzw. **Oligopolen:**

„Je weniger Anbieterinnen und Anbieter es gibt, desto größer ist die Gefahr, dass überhöhte Preise verlangt werden." (global 5, S. 109)

Die Marktwirtschaft sei die **historisch erfolgreichste Wirtschaftsordnung**, so ein Schulbuch, sie führe aber nicht automatisch zu einer **gerechten Verteilung**:

„Sie garantiert jedoch nicht automatisch Wohlstand und schon gar nicht dessen gerechte Verteilung." (global 8, S. 51)

Der **Neoliberalismus** gewinne, so zwei weitere Schulbücher, erneut an Bedeutung:

„Der Staat tritt mit seiner sozialen Marktwirtschaft wieder in den Hintergrund. Er soll der Wirtschaft nur gewisse Grundregeln vorgeben, aber so wenig wie möglich in das Marktgeschehen eingreifen." (Meridiane 8, 97)

„Dieses Modell [freie Marktwirtschaft] ist in keinem Land vollständig verwirklicht. Nach dem Fall des Eisernen Vorhangs gewann die Idee des Liberalismus wieder an Einfluss (Neoliberalismus)." (Perspektiven 5/6, S. 98)

Erfolgreiche **Marktwirtschaften** werden mit **Demokratien** verbunden, wenn auch teilweise mit Fragezeichen:

„Es ist zu beobachten, dass es in wirtschaftlich schwach entwickelten Regionen vermehrt instabile bis autoritäre Regime gibt, während in den industrialisierten, reichen Ländern der Welt vor allem stabile Demokratien anzutreffen sind. Umgekehrt zeigt es sich, dass demokratische Strukturen eher die Entwicklung von materiellem Wohlstand ermöglichen.“ (Perspektiven 5/6, S. 215)

„Ob eine Marktwirtschaft erfolgreich ist, hängt wesentlich von den staatlichen Rahmenbedingungen und funktionierenden Institutionen ab.“ (global 8, S. 51)

„Ob die weitreichenden ökonomischen Entscheidungen jedoch tatsächlich auf demokratischer Basis gefällt werden, ist zumindest teilweise umstritten.“ (Meridiane 8, S. 98)

Wirtschaftlicher Erfolg wird auch mit **persönlichen Eigenschaften** verbunden. Ob ein Land reich oder arm sei, hänge von vielen Einflüssen ab, insbesondere auch von Werten und Einstellungen:

„So sind Eigenschaften wie Leistungsbereitschaft, Ehrlichkeit, Vertragstreue und Bereitschaft zur Übernahme von Verantwortung unabdingbare Voraussetzungen für erfolgreiches Wirtschaften.“ (global 8, S. 51)

Plädiert wird in allen Schulbüchern für **soziale Marktwirtschaften**, die den Planwirtschaften überlegen seien und Auswüchse des Neoliberalismus begrenzen würden:

„Das Merkmal der sozialen Marktwirtschaft wird definiert als Eingriff des demokratischen Staates zum Wohle der Bevölkerung, um die Nachteile der Marktwirtschaft auszugleichen.“ (Perspektiven 7/8, S. 215)

„Erhebliche staatliche Eingriffe kennzeichnen die soziale Marktwirtschaft. Das Wirtschaftssystem Österreichs oder Deutschlands entspricht diesem Typus.“ (Geografisch 5/6, S. 93)

„Soll der Sozialstaat vor allem der Absicherung sozial benachteiligter Schichten dienen, geht die Idee des Wohlfahrtsstaats davon aus, dass der Staat grundlegende Versorgungsaufgaben allen Bürgerinnen und Bürgern gegenüber zu übernehmen hat.“ (Meridiane 8, S. 101)

Wohlfahrtsstaaten sollen gleiche Chancen für alle herstellen, etwa im Bildungsbereich. Als Vorbild gelte dafür das skandinavische Modell:

„Das skandinavische Modell sieht als Grundprinzip hohe Investitionen in den Bildungs- und Sozialbereich vor, um so die Voraussetzung für eine wohlhabende Gesellschaft ohne zu große Unterschiede zwischen sozialen Schichten zu schaffen. Diese Aufgaben werden als Zukunftsinvestitionen betrachtet, das Kapitalaufkommen wird in der Regel über eine hohe Staatsquote finanziert.“ (Meridiane 8, S. 101)

Teilweise wird aber vor **übertriebenen Sozialleistungen** gewarnt:

„Das Konzept der sozialen Marktwirtschaft erwies sich in der zweiten Hälfte des letzten Jahrhunderts in vielen europäischen Staaten als Erfolgsgeschichte, nicht zuletzt deshalb, weil das Netz der sozialen Absicherung immer enger geknüpft wurde. Angesichts weltweiter ökonomischer Umwälzungen (zB verstärkte Globalisierung, Digitalisierung) und wachsender Haushaltsdefizite zeigt sich aber zunehmend, dass viele Sozialleistungen immer schwerer finanzierbar sind Besonders umstritten sind die Antworten auf die Fragen, welche Auswirkungen der Sozialstaat hat und wieviel Sozialstaat die Marktwirtschaft wirklich braucht.“ (global 8, S. 52)

„Diskutiert, ob man bei einem zu hohen Budgetdefizit die Leistungen der Sozialversicherung kürzen soll oder ob beispielsweise bei Sozialleistungen ein Selbstbehalt eingeführt werden soll?“ (Meridiane 7/8, S. 51)

In einem anderen Schulbuch wird auf **Marktversagen bei öffentlichen Gütern** sowie in Bezug auf **Verteilungsgerechtigkeit** eingegangen:

„Dieses Problem zeigt sich bei ungleich verteilten Einkommen und bei lebensnotwendigen Gütern wie beispielsweise Trinkwasser. Eine sehr ungleiche Verteilung kann zu sozialen Spannungen führen, weshalb der Staat Umverteilung vornimmt bzw. eine Versorgungssicherheit garantiert.“ (Durchblick 5, S. 61)

Dieses Schulbuch übt im Zusammenhang mit alternativen Ansätzen auch konkrete **Kritik am Kapitalismus**:

„Damit aus diesen vielen Versuchen ein neues, alternatives Wirtschaftsmodell entstehen kann, muss die wichtigste Grundlage des kapitalistischen Systems in Frage gestellt werden. Sie lautet: Alles Wirtschaften dient der Vermehrung von privatem Kapital bzw. der Maximierung der Renditen und des Gewinns der Unternehmen.“ (Durchblick 8, S. 52)

Ein anderes Schulbuch geht auf das **Funktionieren des Kapitalismus** ein, ohne diesen explizit zu kritisieren:

„Den Kapitalismus als Wirtschafts- und Gesellschaftsordnung kennzeichnen außerdem die Anhäufung (Akkumulation) von Kapital und das Streben nach Gewinn.“ (Geografisch 5/6, S. 93)

„Der Kapitalismus beruht auf den Prinzipien des Privateigentums, des stetigen Wachstums und der Anhäufung von Kapital. In den meisten Fällen gehen Marktwirtschaft und Kapitalismus miteinander einher.“ (Geografisch 5/6, S. 103)

Dieses Schulbuch verweist auch auf den Ansatz der **Varieties of Capitalism**:

„Dieser betont, dass unterschiedliche Formen des Kapitalismus existieren und auch nichtmarktliberale Ökonomien in der Globalisierung erfolgreich sein können, indem sie sich auf Aspekte wie starke staatliche Lenkung oder koordinierte Marktwirtschaften stützen.“ (Geografisch 8, S. 44)

Die **ökosoziale Marktwirtschaft** wird in den Schulbüchern als Weiterentwicklung bzw. Sonderform der sozialen Marktwirtschaft genannt, ohne Hinweis darauf, dass diese zur Norm werden müsse:

„Neben der ‚Sozialen Marktwirtschaft‘, die in Ländern wie Deutschland, Österreich und der Schweiz praktiziert wird, gibt es auch das Konzept einer ‚Ökosozialen Marktwirtschaft‘. Dieser Ansatz strebt ein ausgewogenes Gleichgewicht zwischen Wirtschaftswachstum, sozialer Gerechtigkeit und Umweltschutz an.“ (Geografisch 5/6, S. 50)

„Als Sonderfall soll eine ökosoziale Marktwirtschaft außerdem die nachhaltige Entwicklung in einem Staat gewährleisten.“ (Geografisch 5/6, S. 93)

„Das Konzept der ökosozialen Marktwirtschaft ist ein wirkungsvolles Instrument, damit das Ziel des Umstiegs auf eine nachhaltige Gesellschaft durch Mobilisierung des Eigeninteresses der Menschen rascher und vor allem humaner erreicht werden kann.“ (global 8, S. 54)

„Freie Marktwirtschaft: Gestaltung von Rahmenbedingungen durch den Staat. Soziale Marktwirtschaft: Sozialpolitische Ziele wie Mindestlöhne, Umverteilung, soziale Absicherung ... Ökosoziale Marktwirtschaft: Vereinbarkeit von ökonomischen, ökologischen und gesellschaftlichen Zielen und Maßnahmen...“ (Perspektiven 7/8, S. 47)

Ein Schulbuch erwähnt die **Gemeinwohlökonomie** als Weiterentwicklung der sozialen Marktwirtschaft:

„Nach ihr zeigen sich die Krisen der Wirtschaft in Ressourcenkriegen, Vergrößerung der Ungleichheit, Erosion der Demokratie, Zwangsmigration oder Klimawandel. Die Ursache dafür liege in einem zentralen Systemfehler der Wirtschaft, die das Ziel der Wirtschaft (Gemeinwohl) mit dem Mittel (Geld) verwechsle. ... Anzustreben sei eine ethische Marktwirtschaft mit einer solidarischen Ökonomie, die sich unter Wahrung von demokratischen und ökologischen Grundsätzen an den Bedürfnissen der Menschen orientiert.“ (Perspektiven 7/8, S. 43)

Wirtschaftspolitik und Standortwettbewerb

Die Schulbücher behandeln **Wirtschaftspolitik** im Kontext aller Politikfelder des Staates. Hier exemplarisch einige Definitionen mit unterschiedlicher Akzentuierung:

„In der Wirtschaftspolitik geht es um die Absicherung des Wirtschaftsstandortes, die Stützung der Konjunktur und die Erhaltung der Massenkaufkraft.“ (Meridiane 7, S. 54)

„Aufgabe der Politik ist es, der Gesellschaft möglichst gute Voraussetzungen für das materielle und soziale Wohlergehen zu schaffen.“ (Perspektiven 7/8, S. 47)

„Überall dort, wo das freie Spiel von Angebot und Nachfrage nicht reibungslos funktioniert und Probleme entstehen, soll/kann/darf die Politik (der Staat) eingreifen, um Benachteiligungen auszugleichen.“ (Durchblick 6, S. 94)

"Scheinbar stößt der Markt an seine Grenzen und es gelingt ihm nicht, Ressourcen optimal zu verteilen. Ökonominnen und Ökonomen bezeichnen dies als Marktversagen. Sowohl auf nationaler als auch auf internationaler Ebene gibt es somit zahlreiche Aufgaben- und Problemfelder, die die Akteure der Wirtschaftspolitik zu lösen haben." (Durchblick 6, S. 94)

„Die Entwicklung der hochindustrialisierten Volkswirtschaften hat gezeigt, dass die Selbststeuerungskräfte der Marktwirtschaft nicht ausreichen, um Krisen aus eigener Kraft zu bewältigen. Deshalb müssen der Staat und andere Akteurinnen und Akteure (wie zB die Notenbanken) in den Wirtschaftsprozess eingreifen." (global 7, S. 28)

Ein Schulbuch verweist unter "Wirtschaftspolitik" auf das **freiheitliche Wirtschaftssystem** in Österreich, das durch soziale Maßnahmen ergänzt werde:

"Die Österreichische Bundesverfassung enthält keine expliziten Angaben zum Wirtschaftssystem des Landes. Das liberale Prinzip, das Grundrechte wie Eigentums- und Erwerbsfreiheit einschließt, schützt Personen und damit auch Unternehmer*innen vor staatlichen Eingriffen. Dies kann als Unterstützung marktwirtschaftlicher Strukturen verstanden werden. ... Soziale Ausgleichsmechanismen und gesetzliche Vorschriften fördern soziale Gerechtigkeit und wirtschaftlichen Wohlstand." (Geografisch 7, S. 50)

Wirtschaftspolitik wird in den Schulbüchern mit dem **magischen Vier-** bzw. **Vieleck** beschrieben:

"Magisch nennt man dieses Modell deswegen, weil alle Ziele nicht gleichzeitig erreicht werden können (z. B. Wirtschaftswachstum und geringe Inflation). Die wirtschaftspolitischen Ziele können untereinander in einem Zielkonflikt stehen." (Perspektiven 7/8, S. 48)

"Unabhängig von der wirtschaftspolitischen Grundrichtung mussten viele Politiker/innen in der Vergangenheit feststellen, dass nicht gleichzeitig alle Ziele verfolgt werden können." (Durchblick 6, S. 95)

"Es ist praktisch unmöglich, alle Ziele gleichzeitig zu erreichen. Um dieses Problem der Zielkonflikte zu lösen, werden in der Wirtschaftspolitik meist Kompromisse angestrebt." (global 7, S. 29)

Ein Buch verweist auf den Zielkonflikt zwischen **Umweltschutz** und **Wirtschaftswachstum**:

„Beide Seiten (Umwelt und Wirtschaft) beanspruchen Dringlichkeit und Maßnahmen. Der zugrunde liegende Konflikt sieht durch Wirtschaftswachstum steigenden Energie- und Rohstoffverbrauch sowie Schadstoffemissionen." (Geografisch 7, S. 33)

Zudem wird mehrfach der **Keynesianismus** mit dem **Monetarismus** bzw. **Neoliberalismus** verglichen, in der Regel jedoch ohne Bewertung:

Keynesianismus: „Die Bekämpfung der Arbeitslosigkeit und die Ankurbelung der Wirtschaft sollten über mehr Nachfrage geschehen. Wenn Haushalte und Unternehmen zu wenig nach Gütern und Dienstleistungen nachfragen, müsse der Staat einspringen." (Meridiane 7, 54f.)

Monetarismus: „Die Wirtschaft wird dadurch angekurbelt, dass alle Anbieter von Gütern und Dienstleistungen ihr Angebot verbilligen können. Dies kann z. B. durch Steuererleichterungen oder Kostensenkungen für Produzenten und Handel erreicht werden. Die Konjunkturschwankungen sollten durch Veränderung der Geldmenge durch die Zentralbanken, nicht durch staatliche Eingriffe ausgeglichen werden." (Meridiane 7, 54f.)

"Manche Ökonominnen und Ökonomen plädieren zur Lösung dieser und ähnlicher Aufgaben [hier gemeint: Jugendarbeitslosigkeit] dafür, Geld umzuverteilen (z. B. von wohlhabenden Personen und/oder Regionen an ärmere Personen und/oder Regionen). Um diese zahlreichen Beihilfen und Förderungen zu finanzieren, sind Steuererhöhungen nötig. ... Andere Ökonominnen und Ökonomen würden versuchen, dasselbe Problem anders zu lösen: Steuersenkungen sollen ein günstiges Klima schaffen." (Durchblick 6, S. 95)

Teilweise werden **Stärken** und **Schwächen** beider Ansätze beschrieben:

„Wenn der Staat stark als Nachfrager auftritt und gerade in wirtschaftlich schwierigen Zeiten investiert, muss er sich verschulden. Das kann seine Handlungsfähigkeit einschränken. ... Sinken die Löhne stark genug, kann zwar die Arbeitslosigkeit gesenkt werden, allerdings kann dies dazu führen, dass Arbeiter*innen ihre wichtigsten Bedürfnisse nicht mehr befriedigen können." (Geografisch 7, S. 43)

Im Zusammenhang mit Wirtschaftspolitik wird auch auf **Wettbewerbspolitik** eingegangen:

"In der globalisierten Welt gibt es infolge der Mobilität von Menschen und Unternehmen einen wachsenden Standortwettbewerb unter Ländern und Regionen. Man versucht, als Wirtschaftsstandort attraktiv zu sein, um den Wettbewerb um Unternehmen und Menschen zu gewinnen." (Perspektiven7/8, S. 52)

"Wirksamer Wettbewerb setzt voraus, dass es auf dem Markt zahlreiche voneinander unabhängige Anbieter gibt, die zueinander im Wettbewerb stehen. Deshalb verbietet das Wettbewerbsrecht Vereinbarungen und Verhaltensweisen, die diesem Grundsatz widersprechen." (Durchblick 6, S.100)

Erwähnt wird auch der **öffentliche Sektor**:

"Darunter versteht man jenen Sektor der Volkswirtschaft, der ökonomische Aufgaben im allgemeinen Interesse erfüllt. Die Betriebe und Unternehmen werden nicht von der Gewinn- und Vermögensmaximierung ihrer Eigentümer bestimmt, sondern sind möglichst kostendeckend und bedarfsorientiert. Verluste werden allenfalls aus Steuermitteln ausgeglichen." (Meridiane 7, S. 47)

Ein Schulbuch kritisiert den beschränkten Blick mancher **wirtschaftlichen Theorien**:

„Ökonomie wird dabei meist als ‚reine' Ökonomie vermittelt, die die Zusammengänge von Macht, Herrschaft und Interessen der beteiligten Akteure im Wirtschaftsprozess außen vorlässt und bleibt damit realitätsfern." (Geospots 7/8, S. 24)

Dieses geht auch auf **alternative Wirtschaftstheorien** ein:

„Alternative Theorieansätze wie die Theorie der Commons, die Gemeinwohlökonomie oder die solidarische Ökonomie sind neue Überlegungen außerhalb der traditionellen Wirtschaftswissenschaften. Sie versuchen Antworten auf die negativen Auswirkungen gegenwärtiger Wirtschaftspolitik zu geben." (ebd. S. 26)

Finanzmärkte und Finanzkrisen

Die **Finanzmärkte** werden in den Schulbüchern unterschiedlich kritisch bewertet, aber es wird auf deren Verselbstständigung hingewiesen:

„Unternehmen waren schon immer bestrebt, sich durch verschiedene Finanzinstrumente vor Kursverlusten auf den Wertpapiermärkten zu schützen. In den letzten Jahrzehnten dienten allerdings diese Maßnahmen in vielen Fällen auch der reinen Spekulation und haben oftmals zur Destabilisierung der Realwirtschaft beigetragen." (Durchblick 8, S. 42)

„Im Realkapitalismus bestand bzw. besteht die Hauptaufgabe der Finanzwirtschaft darin, Dienstleistungen für die Wirtschaft zu erbringen. ... Heute fließt nur ein geringer Teil des weltweiten Kapitals in die Realwirtschaft. Spekulationen und Wetten, die von großen Finanzinstitutionen abgeschlossen werden, treten in den Vordergrund." (global 8, S. 131)

Besonders gewarnt wird vor **Hedgefonds**:

„Kritiker/innen beklagen, dass Hedgefonds oft im Verborgenen agieren und sich als Anteilseigner von Unternehmen erst nach Überschreiten bestimmter Schwellenwerte zu erkennen geben. Außerdem ist ihr Handeln primär auf die Wertsteigerung ihrer Anteile ausgerichtet und nicht auf das langfristige Überleben des Unternehmens." (global 8, S. 44)

Zwei Schulbücher beschreiben die **Finanzmärkte** ausschließlich sachlich:

„Finanzmärkte funktionieren wie andere Märkte, nur dass hier Kapitalgebende und Kapitalnehmende miteinander handeln. Der Finanzmarkt erfüllt in einer Volkswirtschaft mehrere wichtige Funktionen: Kapitalbereitstellung, Grundlage für internationalen Handel, Risikotransfer, Möglichkeit für Sparen und Investieren, Geld anlegen und Gewinne erzielen." (Geografisch 8, S. 112)

„Gehandelt wird genau genommen mit Erwartungen. Erhofft die Kundin bzw. der Kunde von einem Unternehmen, dass ein neuartiges Produkt oder andere günstige Voraussetzungen für einen Aufschwung sorgen, so macht es Sinn, dort zu investieren." (Geospots 7/8, S. 286)

Offshore-Finanzplätze werden kontrovers vorgestellt:

„Von Anlegerseite werden hier die liberale Gesetzgebung und die Anwendbarkeit einer Vielzahl von Instrumenten im Risikomanagement geschätzt. Von Staaten und NGOs wie attac oder Oxfam werden diese Finanzplätze eher mit Steuerflucht, organisierter Kriminalität, Geldwäsche und Schattenwirtschaft in Verbindung gebracht." (Perspektiven 7/8, S. 296)

„Mit Hilfe von Scheinfirmen, Stiftungen und Briefkastenfirmen fällt es leicht, staatliche Steuersysteme zu umgehen, Geld aus Drogengeschäften reinzuwaschen oder durch Korruption erhaltene Geldbeträge zu horten." (Geospots 7/8, S. 290)

Im Zusammenhang mit dem „Hochfrequenzhandel" wird auch die Einführung einer **Finanztransaktionssteuer** erwähnt:

„Die einfache Idee ist es, den Handel von Aktien, Anleihen und Derivaten mit einer sehr geringen Steuer zu belegen. Sie soll das Ausmaß spekulativer Kapitalströme begrenzen." (Perspektiven 7/8, S. 297)

„Über 6 500 Mrd. US-Dollar wurden im Jahr 2019 täglich (!) im Devisenhandel gekauft und verkauft, nur zum allerkleinsten Teil für die Bezahlung von Gütern und Dienstleistungen, vor allem aber für Spekulation. Mehr als 80 Prozent des Kapitals werden mit einer Laufzeit von sieben oder weniger Tagen veranlagt. Die Tobinsteuer könnte einen Fonds speisen, dessen Gelder für Entwicklungshilfe verwendet werden können." (Mori diane 8, S. 54)

Zur **Finanzkrise** gibt es unterschiedliche Einschätzungen:

„Viele Ökonominnen und Ökonomen glauben, dass es jederzeit zu einer neuen Krise kommen kann. Wirkliche Reformen blieben aus, die ‚Märkte' gelten noch immer als ‚Richter' über die nationale Wirtschaftspolitik. Kritische Beobachter/innen meinen, dass die marktkonforme Demokratie statt der Auswüchse des Finanzsystems weiterhin die hohen Sozialausgaben, das Budgetdefizit und die Staatsschulden als eigentliche Schuldige bekämpft, während das Ungleichgewicht zwischen Arm und Reich kontinuierlich wächst und die internationale Verschuldung steigt." (Durchblick 8, S. 39)

„Finanzinvestitionen und das klassische Spiel von Angebot und Nachfrage haben bis zum Ausbruch der Finanzkrise 2008 das Volumen und die Geschwindigkeit der Wirtschaft immer schneller wachsen und drehen lassen. Bei einer Wirtschaftskrise ‚übergeben' sich dann viele, aber das Karussell dreht sich weiter." (Geospots 7/8, S. 289)

Ein Schulbuch sieht ein Hauptproblem in der Dominanz einiger großer **Ratingagenturen:**

„Abwertungen von Finanzinstrumenten können durch Krisen bei Unternehmen oder Staaten ausgelöst werden. Diese Abwertungen können einen Teufelskreis von Problemen wie Kreditkündigungen, steigenden Zinsen und Investitionsausfällen verursachen, die zu weiteren Abwertungen führen." (Geografisch 8, S. 116)

Wohlfahrtsstaat und Sozialpolitik

Alle Schulbücher thematisieren die Bedeutung und Aufgaben von **Sozialpolitik**, jedoch unterschiedlich ausführlich und mit teilweise unterschiedlicher Akzentuierung. Als Ziele werden vor allem die **Absicherung in bestimmten Lebenslagen** wie Arbeitslosigkeit, Krankheit oder im Alter, die Unterstützung von Familien sowie der Erhalt des **gesellschaftlichen Zusammenhalts** und der **Demokratie** genannt.

„Der Sozialstaat bezeichnet einen Staat, der allen Bürgerinnen und Bürgern soziale Sicherheit garantiert und einen sozialen Ausgleich zur Erzielung von sozialer Gerechtigkeit anstrebt." (global 7, S. 26)

„Der Wohlfahrtsstaat schafft mithilfe einer aktiven Arbeitnehmer/innenschutzpolitik sowie einer Sozialversicherung und Arbeitsmarktpolitik ein sogenanntes soziales Netz für alle Staatsbürgerinnen und Staatsbürger" (Durchblick 7, S. 42)

Ein Schulbuch betont, dass Sozialpolitik immer mit **Wertfragen** zusammenhänge und sich auch Dilemmata stellen müsse:

„Während die Arbeitslosenunterstützung als Maßnahme zur Sicherung einer würdigen Lebensgrundlage verstanden werden kann, kann eine andere Perspektive diese auch als Dämpfer für die Leistungsbereitschaft interpretieren. Ein Ausbau der Kinderbetreuung kann als Maßnahme zur wirtschaftlichen Chancengleichheit der Frau gesehen werden, aus einer anderen Perspektive aber auch als Schwächung der Institution Familie." (Geografisch 7, S. 37)

Ein anderes Schulbuch betont die **kontroversiellen Sichtweisen** auf Sozialpolitik:

„Sozialpolitik ist ein äußerst kontroverses Thema. In der Familie, am Stammtisch, innerhalb der Parteienlandschaft und auch auf wissenschaftlicher Ebene gibt es unterschiedliche Meinungen, Positionen, ideologische Zugänge und Vorstellungen zu und über Sinn und Ausmaß von sozialpolitischen Maßnahmen." (Geospots 7/8, S. 42)

Manche Schulbücher stellen die Frage nach der **Leistbarkeit des Sozialstaats** auch in der Zukunft. Leistungskürzungen oder private Altersvorsorge werden als Maßnahme genannt. Die Schüler*innen werden aufgefordert, darüber zu diskutieren:

„Diskutiert, ob man bei einem zu hohen Budgetdefizit die Leistungen der Sozialversicherung kürzen soll oder ob beispielsweise bei Sozialleistungen ein Selbstbehalt eingeführt werden soll?" (Meridiane 7, S. 51)

„Wer seinen Lebensstandard im Alter erhalten will, muss zusätzlich individuell sparen." (global 7, S. 27)

„KritikerInnen dieses Systems setzen daher auf die private Vorsorge im Bereich der Altersabsicherung. Die radikalsten Positionen gehen von einer vollständigen Abkehr von der staatlichen Pensionsversicherung aus." (Geospots 7/8, S. 48)

Zugleich wird auf die **Risiken des Kapitaldeckungsverfahrens** hingewiesen:

„Kursstürze und negative Kursentwicklungen können zu einer Entwertung des angesparten Kapitals führen." (Geospots 7/8, S. 48)

Nicht diskutiert wird – mit einer Ausnahme – die höhere **Besteuerung großer Vermögen** und **hoher Einkommen** als Finanzierungsquelle für Sozialleistungen:

„Österreich hat im internationalen Vergleich seit der Steuerreform 1973 extrem niedrige Vermögenssteuern. Außerdem gibt es die Erbschaftssteuerbefreiung auf KEST-pflichtige Sparguthaben. Die großen Vermögen parken in Versicherungen, Fonds und Privatstiftungen. Die Forderung nach einer Erhöhung der Vermögenssteuer und /oder Erbschaftssteuer ist nicht nur Teil jedes Parteiprogramms von linken Parteien in Europa. So haben auch die USA und Großbritannien als Musterländer einer neoliberalen Marktwirtschaft einen der höchsten Steuertarife bei Erbschafts- und Vermögenssteuern." (Durchblick 7, S. 37)

Ein Schulbuch (*Perspektiven*) thematisiert diese Frage im Zusammenhang mit der Wiedergabe der Vorschläge dazu von den österreichischen Parlamentsparteien, ohne diese jedoch zu kommen-tieren. Ein anderes (*Geospots*) betont zumindest, dass die Vermögen in Österreich sehr gering besteuert werden.

Jene Schulbücher, die die Finanzierung des Sozialstaats eher in Frage stellen, betonen in Pro-Kontra-Darstellungen auch die Kritik an der **österreichischen Sozialpartnerschaft**. Als Kritikpunkte werden demokratiepolitische Bedenken angeführt:

„Regierung hinter der Regierung", „Notwendige politische Konfrontation findet teilweise nicht statt." (Perspektiven 7/8, S.25)

Die **Mitgliedschaft zu den Kammern** sei eine

„Zwangsbeglückung der Mitglieder“, „Parlament und Regierung würden durch die Beschlüsse der Sozialpartner an Bedeutung verlieren“ (Meridiane 7, S. 45)

Als Aufgabe wird gestellt, Pro und Kontra in Bezug auf **Zwangsmitgliedschaft** und aus demokratiepolitischer Sicht zu diskutieren.

Andere heben den **Dialog** und als Folge die **geringen Streiktage** als deren Vorzüge hervor:

„Dahinter steht die Überzeugung der Partnerinnen und Partner, dass die grundlegenden Ziele der Politik besser durch gemeinsame Anstrengungen bzw. durch koordiniertes Vorgehen zu erreichen sind als durch die offene Austragung von Konflikten.“ (global 7. S. 34)

„Die österreichische Sozialpartnerschaft war imstande, große Arbeitskämpfe durch Kompromissbereitschaft der ArbeitnehmerInnen- und ArbeitgeberInnenvertreter bei Lohn- und Tarifverhandlungen zu verhindern.“ (Geospots, S. 89)

„Dieser Erfolg führt dazu, dass die meisten Österreicherinnen und Österreicher die Sozialpartnerschaft weiterhin als wichtig erachten.“ (Durchblick 7, S. 54)

Arbeit, Arbeitslosigkeit und Bildung

In allen Büchern wird der **Produktionsfaktor Arbeit** und die Rolle von **Arbeitsteilung** für erfolgreiches Wirtschaften ausgeführt. Auch Beschäftigungsformen und arbeitsrechtliche Fragen werden thematisiert. Meist wird auch auf **atypische Beschäftigungsverhältnisse** und **Arbeit 4.0** eingegangen:

„Immer weniger Arbeitnehmer/innen haben einen ‚normalen‘ Dienstvertrag und ein Vollzeit-Arbeitsverhältnis.“ (Meridiane 7, S. 56)

Mehrere Schulbücher gehen auf das sich wandelnde **Arbeitsethos** ein, eines davon in historischer Perspektive, ein anderes als Generationenfrage:

„Fleiß und Erfolg waren für Calvin ein besonderes Zeichen der Erwählung durch Gott.“ (Perspektiven 7/8, S. 37)

„Für die meisten Menschen in Nordamerika, Australien oder Europa ist heute der Beruf oder der Arbeitspatz entscheidend dafür, welche soziale Stellung man in der Gesellschaft hat.“ (Perspektiven 7/8, S. 37)

„Auch in Bezug auf Arbeitsethik und -moral scheiden sich die Geister: Wieviel und lange soll gearbeitet werden? Mit welcher Motivation? Verschiedene Generationen haben oft unterschiedliche Vorstellungen." (Geografisch 7, S. 135)

„Ob Gerechtigkeit, Leistung, Solidarität, Tüchtigkeit, Sparsamkeit, Verantwortung, Macht oder Disziplin – nicht alle Menschen messen allen Werten dieselbe Bedeutung bei.“ (Geografisch 5/6, S. 95)

Das Thema **Arbeitsqualität** wird unterschiedlich besprochen. Ein Buch geht auf **Burnout** und **Work-Life-Balance** ein:

„Ungefähr eine halbe Million Menschen sind in Österreich davon [Burnout] betroffen – die Zahl ist stark steigend.“ (Perspektiven 7/8, S. 39)

„Work-Life-Balance ist die Kunst, Arbeit und Privatleben unter einen Hut zu bringen.“ (Perspektiven 7/8, S. 39)

Ein anderes Schulbuch setzt sich kritisch mit dem Begriff "**Work-Life-Balance**" auseinander:

„Arbeit wird oft negativ und Freizeit positiv betrachtet. Allerdings entspricht diese Vorstellung nicht immer der Realität, da viele Menschen ihre Arbeit als sinnstiftend empfinden.“ (Geografisch 7, S. 65)

Die Rolle der **Arbeitsproduktivität** und **Arbeitskosten** wird ebenfalls angesprochen, in einem Schulbuch auch die **Arbeitsmotivation**:

„Wenn die Löhne und gehaltsabhängige Abgaben zu hoch werden, beginnen Unternehmen Arbeit durch Kapital zu ersetzen oder verlagern ihre Produktion in Billiglohnländer." (Durchblick 5, S. 67)

"Die Arbeitsleistung von Erwerbstätigen wird einerseits von ihrer Arbeitsfähigkeit (Begabung, Ausbildung), andererseits von ihrer Arbeitswilligkeit (Motivation) bestimmt." (global 5, S. 119)

Neue **Arbeitszeitmodelle** und **Arbeitszeitverkürzung** werden nur sehr begrenzt angesprochen:

"Steigende Arbeitslosenzahlen sowie niedrige Löhne in den Staaten des östlichen Europas und in Entwicklungsländern, aber auch veränderte Lebensmodelle der Menschen zwingen zum Nachdenken über neue Formen der Arbeitszeit." (Meridiane 7, S. 235)

"Auch auf der gesellschaftspolitischen Ebene kann der Begriff [Work-Life-Balance] hilfreich sein, z. B. bei der politischen Forderung nach einer 35-Stunden-Woche oder einer angemessenen Bezahlung der Care-Arbeit." (Geografisch 7, S. 66)

Ein Schulbuch thematisiert das **Bedingungslose Grundeinkommen** wie folgt:

„Bislang ist dies allerdings weiterhin eine theoretische Betrachtung mit Pros und Contras. Für Kritikerinnen und Kritiker gilt dieses Modell als unfinanzierbar. Es sei grundsätzlich leistungsfeindlich, da der Anreiz, arbeiten zu gehen, fehle." (Geospots 5/6, S. 120)

Hingewiesen wird auf die **Ausgrenzung von Arbeitslosen**:

„Wer keiner Arbeit nachgeht oder nachgehen kann, ist von sozialem Abstieg bedroht. Arbeitslose werden in der Gesellschaft häufig ausgegrenzt und nicht selten als ‚Sozialschmarotzer' bezeichnet." (Geospots 7/8, S. 29)

Danach wird der **Arbeitsmarkt** von anderen Märkten unterschieden. Besonderheiten seien:

„Abhängigkeit der ArbeitnehmerInnen von Arbeit zur Sicherung des Lebensunterhaltes; ArbeitgeberInnen verfügen über mehr Macht gegenüber den ArbeitnehmerInnen; Arbeitsrecht und Gewerkschaften sollen das Ungleichgewicht zwischen ArbeitgeberInnen und ArbeitnehmerInnen ausgleichen." (Geospots 7/8, S. 29)

Ein **erweiterter Arbeitsbegriff** wird nur in einigen Schulbüchern ausgeführt:

„Grundsätzlich ist auch Arbeit darauf ausgerichtet einen Gewinn zu erzielen. Dieser muss nicht unbedingt in Geld ausgedrückt werden (z. B. bei selbstständiger Erwerbstätigkeit). Er kann auch im Ziel der Tätigkeit selbst liegen (Hausarbeit - saubere Wohnung)." (Durchblick 5, S. 66)

„Abseits der organisierten Hilfe von Rotem Kreuz, Feuerwehr, Team Österreich usw. leistet vor allem die individuelle und informelle Arbeit einen wichtigen Beitrag zu einer harmonierenden und prosperierenden Gesellschaft." (global 8, S. 91)

„Der Produktionsfaktor Arbeit wird meist als menschliche Tätigkeit definiert, die gegen Entlohnung auf die Befriedigung der Bedürfnisse anderer Personen abzielt. Es arbeitet demnach, wer Geld verdient. Eltern, die ihre Kinder betreuen und – abgesehen von der Familienbeihilfe und dem Kinderbetreuungsgeld – über kein eigenes Einkommen verfügen, ‚sind daheim'." (Geografisch 5/6, S. 108)

Haus- und **Sorgearbeit** wird mehrfach mit Geschlechterstereotypen als weiblich vermittelt:

„Für viele Frauen ist dies die einzige Möglichkeit, am Erwerbseben teilzunehmen." (Meridiane 7, S. 56)

„Sie kümmern sich um die Kinder, den Haushalt und gehen einem Halbtagsjob nach." (Meridiane 7, S. 202)

„Neben den bezahlten Tätigkeiten spielen auch unbezahlte eine große Rolle in unserem Land. Zu nennen wären hier vor allem die, vorwiegend von Frauen, ausgeübte Haushaltsführung sowie die Freiwilligenarbeit." (global 5, S. 118)

Nur ein Schulbuch stellt nicht bezahlte **Haus-** und **Sorgearbeit** geschlechtsneutral dar.

Dieses problematisiert deren Ausgrenzung aus den Wirtschaftsdiskursen sowie deren schlechtere Bezahlung, wenn sie am Markt erbracht wird:

„Eltern übernehmen Erziehungsarbeit, Angehörige Heim- und Pflegearbeit und Freiwillige übernehmen Ehrenämter. Sie tragen in hohem Maße zum gesellschaftlichen Wohlstand bei.“ (Geografisch 5/6, S. 108)

"Die feministische Ökonomie untersucht geschlechterspezifische Ungleichheiten und Machtverhältnisse in der Wirtschaft. Sie kritisiert traditionelle ökonomische Theorien, die Frauenarbeit und unbezahlte Sorgearbeit vernachlässigen.“ (Geografisch 7, S. 135)

Über das Thema **Arbeitslosigkeit** wird überwiegend sachlich informiert, meist dabei auch auf das Arbeitsmarktservice eingegangen.

„Arbeit spielt zweifellos eine bedeutende Rolle in unserem Leben. Dennoch ist nicht genug (bezahlte) Arbeit für alle vorhanden, dh ein Teil der Bevölkerung ist arbeitslos.“ (global 5, S. 119)

„Arbeitslosigkeit ist wohl das drängendste Problem unserer Zeit, und so verwundert es nicht, dass kaum ein Tag vergeht, an dem das Thema nicht in den Medien behandelt wird.“ (global 7, S. 24)

Teilweise werden konträre **Maßnahmen gegen Arbeitslosigkeit** aufgezählt, ohne dass diese kommentiert werden:

"Berufe mit Zukunft wählen, gute Aus- und Weiterbildung, schlechter bezahlte Arbeit annehmen, Zweitjob annehmen, mobil sein, dorthin ziehen, wo es Arbeit gibt ... Lohnerhöhungen durchsetzen – sie stärken die Nachfrage, Lohnzurückhaltung üben, Abkehr von Flächentarifen, Arbeitszeitverkürzung, z. B. 35-Stundenwoche ... Lebensarbeitszeit verkürzen, Mindestsicherung und Arbeitslosengeld so gestalten, dass trotzdem Leistungsanreize bestehen, Einführung einer Wertschöpfungsabgabe.“ (Perspektiven 7/8, S. 39)

Breit angesprochen wird das Thema **Jugendarbeitslosigkeit**:

„Ein Schulabschluss garantiert noch kein Anstellungsverhältnis. Es gilt jedoch: Je geringer das Ausbildungsniveau ist, desto geringer sind auch die Chancen auf einen Arbeitsplatz.“ (Meridiane 7, S. 59)

„Auch mit abgeschlossener Ausbildung wird es für Jugendliche zunehmend schwieriger, fixe Arbeitsverhältnisse zu erlangen.“ (Meridiane 7, S. 59)

Zum Teil wird **Jugendarbeitslosigkeit** in Aufgabenstellungen eingebaut, ohne Vorwissen zur Verfügung zu stellen:

"Begründen Sie, warum viele Jugendliche bis 25, Frauen nach der Karenz, Menschen über 50 und Langzeitarbeitslose so schwer haben, einen Job zu bekommen." (Durchblick 7, S. 53)

Nur ein Schulbuch geht auf die **Stigmatisierung von Arbeitslosen** ein:

„Arbeitslosigkeit kann zu sozialem Abstieg führen. Bei längerem Andauern begegnen Betroffene Vorurteilen und verlieren Zukunftschancen.“ (Geografisch 5/6, S. 209)

Dieses Schulbuch thematisiert auch das **Bedingungslose Grundeinkommen**:

„Advocates of an uncontitional basic income can be found across thepoliticial spectrum and include both left- and right-wing parties. Thes support ist implemntation as away of addressing economic ineqqualities in society. Meanwhile, some view ist as impractical with high costs, leading to reduces labour market participation.“ (Geografisch 5/6, S. 63)

Wachstum und Wachstumsgrenzen

Wirtschaftswachstum wird mehrheitlich in den Schulbüchern als notwendiges **Ziel von Wirtschaftspolitik** wiedergegeben und wie in den Mainstream-Wissenschaften mit Mehrung bzw. Erhalt des Wohlstandes und von Arbeitsplätzen sowie der Sicherung der Wohlfahrtssysteme argumentiert.

Die Grenzen des BIP als **Wohlstandsindikator** werden zwar thematisiert, bei den Ausführungen zu Wirtschaftswachstum jedoch nicht bzw. nur teilweise berücksichtigt.

Im Kontext der ökologischen Zerstörungen wird zwar auf die **Grenzen des Wachstums** verwiesen, aber mehrheitlich für **„grünes Wachstum“** plädiert.

Die nur begrenzt mögliche **Entkopplung** des Wirtschaftswachstums vom Naturverbrauch wird wie die rein physikalische Unmöglichkeit von dauerhaft exponentiellem Wachstum nur bedingt angesprochen.

Einleitend vier Beispiele zur Begründung von weiterem **Wirtschaftswachstum**:

„Wächst das BIP real, entsteht Wirtschaftswachstum. Wenn die Wirtschaft wächst, können viele Wünsche leichter erfüllt werden: Mehr Arbeitsplätze, mehr Urlaub, bessere Spitäler, schönere Schulen, kleinere Klassen, mehr Autobahnen, mehr Umweltschutz usw.“ (Meridiane 7, S. 71)

„Wir benötigen das Wachstum, um den eigenen und allgemeinen Ansprüchen gerecht zu werden. Der wichtigste Motor zur Erreichung dieses Zieles ist die Wettbewerbsfähigkeit unserer Wirtschaft.“ (Meridiane 7, S. 71)

„Ein Wirtschaften, das nach marktwirtschaftlichen Prinzipien erfolgt, ist an die Vorstellung eines permanenten Wachstums gekoppelt. Dieses Wirtschaftsverständnis findet seinen Ausdruck in der international verbreiteten Kerngröße des Bruttoinlandsprodukts.“ (Geospots 5/6, S. 181)

„Wirtschaftswachstum hat in den Wirtschaftswissenschaften eine herausragende Bedeutung und gilt als einer der wichtigsten Bausteine bei der Bekämpfung globaler Probleme.“ (global 8, S. 24)

Gesetzt wird auf **qualitatives Wachstum**:

„Fundament bleibt weiterhin eine funktionierende Marktwirtschaft, die allerdings im Gegensatz zu einem rein quantitativen Wachstum auf die Prinzipien eines qualitativen Wachstums setzt. Es beinhaltet neben der reinen Steigerung der gesamtwirtschaftlichen Produktionsmenge die Verbesserung der Lebensqualität, die Schonung der Umwelt und eine gerechte Einkommensverteilung.“ (Geospots 7/8, S. 45)

Nur ein Buch benennt das Problem des **exponentiellen Wachstums**:

„Ein solches Wachstum verläuft anfangs sehr langsam, beschleunigt sich dann und führt letztlich zu einer ‚explosionsartigen‘ Entwicklung.“ (global 8, S. 26)

In einem Schulbuch wird im Kontext von Wirtschaftswachstum auf die **Grenzen des Wachstums** verwiesen:

„Keines der wirtschaftspolitischen Ziele im Magischen Vieleck wird so unterschiedlich bewertet wie dieses. Die einen meinen, das erreichte Wohlstandsniveau sei nur mit Wirtschaftswachstum zu halten oder zu erhöhen. Die anderen sprechen von prinzipiellen Grenzen des Wachstums, da Ressourcen nicht unendlich sind und meinen, dass sich andauerndes Wirtschaftswachstum negativ auf die Umwelt auswirke.“ (Perspektiven7/8, S. 48)

Dann wird aber auf den **Wachstumsmotor Umwelt** gesetzt:

„Mittlerweile zeigt es sich, dass Umwelttechnologien zu einem Wachstumsmotor für neue Wirtschaftszweige werden und damit Arbeitsplätze, Einkommen sowie Konsum schaffen und so Wirtschaftswachstum ermöglichen.“ (Perspektiven 7/8, S. 49)

Ein anderes Schulbuch argumentiert ähnlich:

„Das starke Wachstum der vergangenen Jahrzehnte hat die Umwelt zum Teil massiv geschädigt. Mit Hilfe kostspieliger Umweltinvestitionen müssen nun die Schäden behoben werden. Das kann nur mit einem weiteren Wirtschaftswachstum behoben werden.“ (global 8, S. 25)

Der **Zielkonflikt** zwischen Wirtschaftswachstum und Umweltschutz wird aufzulösen versucht:

„Häufig werden Wirtschaftswachstum und Umweltschutz als nicht vereinbar angesehen. Nachhaltigkeitskonzepte versuchen aber, eine gangbare Zusammenführung beider Bereiche zu bewerkstelligen." (Geospots 7/8, S. 45)

In einem anderen Schulbuch heißt es, dass meistens Menschen bei **Befragungen** angeben würden, dass sie mit dem bestehenden Wirtschaftssystem unzufrieden sind, und Umweltschutz, sorgsamer Umgang mit Ressourcen und der soziale Ausgleich in der Gesellschaft eine größere Rolle spielen sollten, sie aber dennoch für Wirtschaftswachstum seien:

„Ohne Wirtschaftswachstum scheint ihnen aber eine Steigerung der Lebensqualität unmöglich." (Durchblick 8, S. 51)

Es gibt aber auch **kritische Stimmen zum Wachstum** insbesondere mit Verweis auf die ökologischen Schäden, zum Teil auch im Kontext des expansiven Kapitalismus:

„Die Grundlage der Globalisierung ist der weltweit agierende Kapitalismus, der nur ein Ziel hat: Wachstum. Dafür benötigt er Energie, die er in Form von Arbeit (auch Care-Arbeit), Kapital, Grund und Boden sowie Ressourcen dem System zuführt. Wissenschaftler/innen untersuchen, woher diese notwendigen Voraussetzungen kommen und wer darüber verfügen kann." (Durchblick 8, S. 50)

In einem Schulbuch gibt es explizite **Kritik am Wirtschaftswachstum**:

„Die gegenwärtige Wirtschafts- und Gesellschaftsordnung, basierend auf dem Kapitalismus, strebt ein ständiges Wachstum durch Produktions- und Konsumsteigerung an. Durch Umsatzsteigerung lassen sich regelmäßig Gewinne erzielen und das wirtschaftliche (Über-)Leben von Unternehmen und damit viele Arbeitsplätze sichern. Die Konsumgewohnheiten vieler Menschen sind wiederum an bestehende Arbeitsverhältnisse und entsprechende Einkommen gebunden. Konsum wird weitgehend als Inbegriff von Wohlstand gesehen." (Geografisch 5/6, S. 117)

„Da Wirtschaftswachstum das Übernutzungsproblem verschärft, wird hier der Verzicht auf eben dieses Wachstum als mögliche Lösung gesehen. Wirtschaftliche Aktivität von Umweltgüterverbrauch abzukoppeln, erscheint als nicht möglich und kann auch durch Effizienzsteigerung nicht ausreichend reduziert werden." (Geografisch 7, S. 33)

„In der kapitalistischen Logik ist gesellschaftlicher Wohlstand ohne wirtschaftliches Wachstum schwer vorstellbar. Viele sprechen auch von einem Wachstumszwang. Das Modell der planetaren Grenzen der Erde zeigt jedoch, dass ökologisches Wachstum begrenzt ist." (Geografisch. S. 117)

Zumindest zwei Schulbücher gehen auf die **Postwachstumsökonomie** ein und stellen diese den Vertreter*innen von **Green Growth-Konzepten** gegenüber:

„Die Befürworter/innen dieses Modells glauben, dass die Wachstumsära in den Industrieländern zu Ende geht. Wir müssen über eine Postwachstumsgesellschaft nachdenken, besser ‚by design' als ‚by desaster' wie der kanadische Wirtschaftsforscher Peter Victor in seinem Buch ‚Postwachstumsgesellschaft. Konzepte für die Zukunft' darlegt." (Durchblick 8, S. 52)

Dem Ansatz des **Green Growth** wird ein kritischer Text gegenübergestellt, der wie folgt argumentiert:

„Eine Entkopplung des Wirtschaftswachstums von der Umweltbelastung ist nicht möglich. ... So ist der Kauf eines umweltfreundlichen Autos umweltfreundlicher als der Kauf eines gewöhnlichen Autos, aber weniger umweltfreundlich als die Verwendung des öffentlichen Verkehrs." (Durchblick 5, S. 51)

Im zweiten Schulbuch kommt eine **Postwachstums-Vertreterin** zu Wort, die eine Abwendung vom Wachstumsgebot aus ökologischen Gründen fordert:

„Unsere Wirtschaftsordnung muss sich an der Begrenztheit der ökologischen Ressourcen und an sozialer Gerechtigkeit orientieren. Wir wollen zeigen, wie Suffizienz und Befreiung vom Überfluss zu mehr Lebensqualität führen. Grundwerte unserer Bewegung sind Autonomie, Selbstorganisation, Gemeinwesen, Lokalität, Glück und Geselligkeit." (Geografisch 5/6, S. 117)

Klimakrise, Energie und planetare Grenzen

Alle Schulbücher gehen auf das Konzept der **Nachhaltigkeit** bzw. **Tragfähigkeit** des Planeten ein, das Problem des zu ressourcenintensiven Konsum- und Lebensstils in den wohlhabenden Ländern wird aber unterschiedlich stark betont. In manchen Schulbüchern wird „der Mensch" als Ursache für Nicht-Nachhaltigkeit bezeichnet, nicht „der Mensch in den Hochkonsumländern". Die **Klimakrise** wird thematisiert, jedoch eher verhalten und nicht dem aktuellen Stand der Klimaforschung entsprechend.

In allen Schulbüchern wird der **Ökologische Fußabdruck** als Indikator für die Übernutzung des Planeten herangezogen. Im folgenden Beispiel ohne Hinterfragung des Begriffs „entwickelt":

„Höher entwickelte Staaten leben demnach auf einem wesentlich größeren Fuß als Entwicklungsländer." (Meridiane 5/6, S. 91)

Dasselbe Buch warnt aber vor zu radikalen Veränderungsschritten. Es wird dem Begriff Effizienzrevolution jener der Suffizienz-Revolution gegenübergestellt, der „einen gewissen Konsumverzicht" verlange und für den es jedoch „aus globaler Sicht derzeit wohl keine Alternative" gäbe. Danach folgt eine **Warnung** vor zu „radikalen Standpunkten":

„Sehr oft dominieren in der Diskussion radikale Standpunkte, der vielleicht in manchen Dingen anzuratende ‚Weg der Mitte' wird bisweilen abgelehnt. Denn eine stärkere Hinwendung zur Nachhaltigkeit wird nicht nur Gewinner/innen kennen, sondern auch Verlierer/innen." (Meridiane 5/6, S. 91)

Ein Schulbuch geht auf den **systemischen Wandel** durch die industrielle Produktionsweise besonders ein und verweist dabei auch auf die Studie „Great Acceleration":

„Während die Natur den Menschen der vorindustriellen Zeit enge Grenzen für das tägliche Leben und Wirtschaften setzte, erweitert der Mensch seit der Industrialisierung seinen Handlungsspielraum durch veränderte Produktionsweisen, verschiebt die natürlichen Grenzen kontinuierlich und modifiziert damit natürliche Prozesse langfristig und unumkehrbar." (Geografisch 5/6, S. 109)

Ein anderes Schulbuch verweist auf **Zielkonflikte** zwischen Nachhaltigkeit und Gewinnstreben. Zum Konzept Nachhaltigkeit heißt es:

„Dabei würde vom Menschen nicht mehr verbraucht werden als die Natur fähig ist, wiederherzustellen bzw. was selbst nachwachsen kann. ... Doch stehen Nachhaltigkeit und Gewinnstreben in Konkurrenz zueinander." (Perspektiven 5/6, S. 120)

Ein weiteres Schulbuch erwähnt neben der Effizienz-, Konsistenz- und Suffizienz-Strategie auch die **Bildungsstrategie** (Förderung eines Nachhaltigkeitsbewusstseins, Zugang zu Informationen). Letztere wird auch als Weg zur „Dematerialisierung der Wirtschaft" verstanden. Der Anteil des Wissens an der Produktion von Gütern und Dienstleistungen müsse drastisch steigen:

„Bildung wird dadurch ein wesentliches Element von Nachhaltigkeit, das auf Unternehmensebene und auf gesellschaftlicher Ebene forciert werden muss." (Durchblick 8, S. 71)

Ein Schulbuch kritisiert unsere Überflussgesellschaft im Kontext des **Welthungers**:

„Während im Globalen Norden der zunehmende Wohlstand zu einer Überflussgesellschaft mit einem immer höheren Anteil an Übergewichtigen geführt hat, die gewaltige Abfallberge (auch an Lebensmitteln) produziert, liegen die durchschnittlichen Ausgaben für Nahrungsmittel im Globalen Süden bei 60 bis 80 Prozent des verfügbaren Einkommens." (Geospots 5/6, S. 76)

Alle Schulbücher gehen auf die **menschengemachte Klimakrise** ein – auch wenn nur der Begriff Klimawandel verwendet wird –, tun dies aber in sehr unterschiedlicher Ausführlichkeit und Akzentuierung. Teilweise wird sehr vorsichtig auf die Klimakrise verwiesen:

„Klimaforscher/innen lassen keinen Zweifel mehr aufkommen, dass der Mensch für den globalen Klimawandel verantwortlich ist.“ (Meridiane 5/6, S. 180)

„Klimaforscher/innen sind sich heute einig, dass die beobachtete Erderwärmung nicht mehr ausschließlich mit dem natürlichen Treibhauseffekt erklärt werden kann.“ (Perspektiven 5/6, S. 33)

„Viele Maßnahmen, die Menschen mehr oder minder unbedacht setzten, führen zu Folgen, die teilweise katastrophale Auswirkungen haben können (z. B. Klimawandel).“ (Meridiane 7, S. 174)

„Vermutlich mitverursacht durch den Klimawandel gab es im Sommer 2017 in Mitteleuropa fünf aufeinander folgende Hitzewellen mit vielen Hitzetagen.“ (Meridiane 7, S. 174)

"Klimaforscher/innen sagen, dass der Klimawandel solche Starkregenereignisse in Österreich häufiger vorkommen lassen wird." (Meridiane 7, S. 175)

„Viele Expertinnen und Experten meinen, dass der aktuelle Klimawandel die Zahl der extremen Wetterereignisse erhöht.“ (Durchblick 5, S. 103)

„Mittlerweile besteht in wissenschaftlichen Kreisen kein Zweifel mehr darüber, dass die Erde derzeit besonders starken klimatischen Veränderungen, dem von Menschen stark beeinflussten Klimawandel, unterliegt.“ (Geospots 5/6, S. 48)

„Das 20. Jahrhundert war jedenfalls das wärmste Jahrhundert der letzten 1000 Jahre, im Schnitt um etwa 0,4 Grad C wärmer als das vorhergehende. Damit entspricht es dem weltweiten Trend des anthropogenen, also vom Menschen beeinflussten Klimawandels.“ (Geospots 7/8, S. 105)

Ein Schulbuch geht am ausführlichsten auf die Klimakrise ein und betont auch die **Notwendigkeit von grundlegenden Änderungen** sowie **Versäumnisse der Politik**:

„Der Temperaturanstieg von der vorindustriellen Zeit bis heute betrug laut IPCC etwa 1 Grad Celsius. Das mag nicht nach viel klingen, hat aber große Auswirkungen auf die Erde und ihre Teilsphären sowie auf den Menschen.“ (Geografisch 5/6, S. 39)

„Viele Staaten laufen Gefahr, ihre bei der UN-Klimakonferenz 2015 in Paris vereinbarten Klimaziele zu verfehlen. Österreich hat zwar die Klimaziele für den Zeitraum von 2013 bis 2020 erreicht, aber zusätzliche Maßnahmen sind dringend erforderlich, um die angestrebte Klimaneutralität bis 2030 zu erreichen.“ (Geografisch 5/6, S. 49)

Ein anderes Schulbuch formuliert es deutlich vorsichtiger, wenn es auf die Erhöhung der **globalen Durchschnittstemperatur** um einen Grad in den letzten hundert Jahren eingeht:

„Das ist zwar eine recht hohe Rate, aber in der Geschichte des Planeten hat es solche Zuwächse wiederholt gegeben. Neu ist allerdings, dass der aktuelle Zuwachs hauptsächlich auf die von Menschen verursachte Emission von Treibhausgasen und auf Landnutzungsänderungen (Rodungen, Monokulturen) rückführbar ist.“ (global 5, S. 140)

„Inwieweit die ehrgeizigen Energie- und Klimaziele auch tatsächlich erreicht werden können, gilt als fraglich.“ (global 6, S. 103)

Ein Schulbuch geht auf die „Schüler- und Studierenden-Proteste“ von **Fridays for Future** sowie die Aktivitäten der „radikaleren Gruppe ‚**Last Generation**‘“ wie folgt ein:

„Damit ist das Thema Klimawandel in weiten Teilen der Gesellschaft angekommen und es hat den Anschein, als ob sich Politikerinnen und Politiker auch außerhalb der Grünbewegungen intensiver damit auseinandersetzen und zu rascherem Handeln entschließen könnten.“ (Geospots 7/8, S. 49)

In einigen Schulbüchern werden den Gefahren durch die Erderwärmung auch **Chancen** bzw. **Gewinner** gegenübergestellt, etwa durch das Auftauen der Permafrostböden oder durch mehr Erholungstourismus im weniger heißen Österreich:

„Zu den Folgen zählen eine Zunahme der Extremwetterereignisse und die Verschiebung der Klima- und Vegetationszonen. Dadurch wird es möglich, in bis jetzt eher ungenutzten Gebiete zum Beispiel Ackerbau zu betreiben." (Meridiane 5/6, S. 220)

„Eine große Chance für den Alpenraum ergibt sich aufgrund der steigenden Anzahl an ‚Hitzeflüchtlingen'. Vielen Menschen wird es im Sommer in den städtischen Gebieten zu heiß, auch für den Urlaub im Mittelmeerraum im Sommer wird es manchen zu unangenehm. Die deutlich angenehmeren Temperaturen im Alpenraum laden zur alternativen Freizeitgestaltung ein.“ (Meridiane 7, S. 181)

Klimawandelanpassungsmaßnahmen werden ebenfalls genannt, etwa mehr Bewässerung oder bessere Vorkehrungen gegen Hochwasser und Murenabgänge. Problematisch ist ein Hinweis auf **Geoengineering** in einem Schulbuch:

„Der Mensch versucht mit technologischen Mitteln die Klimaerwärmung zu reduzieren oder sogar zu stoppen. Vorschläge dazu sind beispielsweise Sonnensegel einzusetzen, um die Erde zu beschatten oder die Wolkenbildung zu fördern, indem man Wasser in die Atmosphäre sprüht.“ (Perspektiven 5/6, S. 34)

Alle Bücher betonen die Abhängigkeit von **fossilen Energiequellen**, nur zwei – *Geografisch* und *global* – weisen aber auf die Problematik der Klimaerwärmung durch deren Verbrennung hin:

„Als einer der Hauptverursacher für die Treibhausgas-Emissionen gilt die Energiewirtschaft, die bis zu 80 Prozent von fossilen Brennstoffen abhängig ist.“ (global 6, S. 102)

„Kohle gilt als der klimaschädlichste Energieträger. ... Der ökologische Fußabdruck fossiler Energie wird mit langen Transportwegen noch größer.“ (Geografisch 5/6, S 140f.)

Der Umstieg auf **erneuerbare Energieträger** wird angeführt, aber eher vorsichtig. Mehrfach wird auf Widerstände gegen Wind- und neue Wasserkraftwerke eingegangen. Das Potenzial von Fotovoltaik wird nur in einem Buch erwähnt, Atomenergie auch in einem weiteren, dort aber als weiterhin notwendig:

„Die weltweite Energieversorgung muss grundlegend geändert werden, weg von Kohle hin zu erneuerbaren Energieformen.“ (Perspektiven 7/8, S. 201)

„Photovoltaikanlagen auf Dächern sind eine mögliche Lösung.“ (Geografisch 5/6, S. 145)

„Die EU muss mit strengen Normen dafür sorgen, dass die Erzeugung von Strom über Atomkraftwerke und die Entsorgung der radioaktiven Abfälle sicher abläuft.“ (global 6, S. 102)

Ein Schulbuch geht ausführlich auf die geplante **Energiewende in der EU** ein, um die Klimaziele zu erreichen:

„In den kommenden drei Jahrzenten wird die Energieversorgung besonders Europas eine Kehrtwende erfahren. Bis 2050 will die EU klimaneutral werden. Dazu müssen die Treibhausgasemissionen drastisch gesenkt werden und eine De- bzw. Entkarbonisierung eingeleitet werden, also ein Abrücken von der Verwendung von Kohlenwasserstoffen.“ (Geospots 5/6, S. 201)

Energieeinsparung wird sehr wenig, nur im Kontext von mehr Effizienz erwähnt, weniger jedoch als Ansatz der Suffizienz. Ein Zukunftsszenario lautet:

„Wind, Wasser, Sonne und Biomasse decken den globalen Energiebedarf. Es gibt keine Atom- und Kohlekraftwerke mehr. Technische Geräte verbrauchen weniger Strom. Fahrzeuge benötigen weniger Kraftstoff. ... Es werden Einnahmen mit nachhaltigen Energiequellen erzielt und neue Arbeitsplätze geschaffen.“ (Geografisch 5/6, S. 138)

E-Mobilität wird in zwei Schulbüchern behandelt, dabei werden Pro- und Kontra-Argumente gegenübergestellt, die z. T. nicht dem aktuellen Wissensstand entsprechen:

„Der Kohlendioxid-Ausstoß von Elektroautos ist – unter Einrechnung aller indirekten Emissionen – etwa gleichgroß wie bei einem herkömmlichen Auto.“ (Durchblick 7, S. 117)

„Viele Argumente pro und kontra E-Mobilität werden derzeit veröffentlicht und diskutiert. Die Politik scheint dem Phänomen etwas ratlos gegenüberzustehen." (Durchblick 7, S. 117)

„Auch wenn der Abbau von Lithium und Kobalt für die Batterieproduktion ökologische Schäden verursacht, dürfte bei aktuellem Entwicklungsstand und nach aktuellem Forschungsstand die gesamte Umweltbilanz im Vergleich zu Fahrzeugen mit Verbrennungsmotoren positiv ausfallen." (global 8, S. 23)

Ein weiteres Schulbuch plädiert für eine radikalere **Mobilitätswende**:

„Bis 2030 will VW eine 40-prozentige Reduktion des CO2-Ausstoßes erreichen. Die Umrüstung auf Elektromobilität ist aber nicht kritikfrei – Rohstoffbedarf, die Entsorgung der Batterien und der erhöhte Energiebedarf müssen berücksichtigt werden. Die ungebrochene Dominanz von PKWs bei der Personenbeförderung innerhalb der EU (85 Prozent laut Eurostat, 2021), die unabhängig von der Antriebsart eine große Anzahl an Ressourcen verbrauchen, lässt Mobilitätsforscher*innen ein viel radikaleres Umdenken von Mobilitätskonzepten und z. B. den Verzicht auf ein eigenes Auto fordern." (Geografisch 5/6, S. 192)

Erdöl und **Erdgas** werden weiterhin als notwendiger Motor der Wirtschaft dargestellt, als Problem vor allem das Versiegen der Erdölquellen genannt:

„Das 20. und 21. Jahrhundert wird als Ölzeitalter der Menschheit in die Geschichte eingehen." (Meridiane 5/6, S. 132)

„Erdöl gilt als der sensibelste Rohstoff der Welt. Jede Ankündigung von Unsicherheit oder Verknappung treibt die Preise in die Höhe und lässt die Politiker/innen westlicher Länder mit großer Nervosität reagieren. Zu sehr ist die Weltwirtschaft vom Rohstoff Erdöl abhängig. Konflikte – bis hin zu Kriegen zur Sicherung der Erdölreserven – sind die logische Folge." (Durchblick 5, S. 158)

„Konventionelle Energieträger (Erdöl und Erdgas) werden auch in Zukunft eine entsprechende Rolle in der Energieversorgung der EU spielen." (global 6, S. 103)

„Noch Ende der 1990er-Jahre ging man davon aus, dass die globalen Erdölreserven bis zur Mitte des 21. Jahrhunderts längst aufgebraucht sein würden. Die neu entdeckten Erdölvorkommen in Staaten wie Venezuela, Kanada oder Kasachstan haben das Zeitfenster wieder deutlich vergrößert." (Geospots 7/8, S. 218)

Globalisierung und Entwicklung

Im Kontext von **Globalisierung** werden zum einen Auswirkungen auf den **Wirtschaftsstandort** Österreich, zum anderen generelle Trends, etwa die Rolle der **multinationalen Konzerne** sowie das **Auseinanderdriften der Welt** in Arm und Reich thematisiert. Zum Teil wird Globalisierung sachlich beschrieben, zum Teil aber auch kritisch bewertet, wie folgende Zitate belegen:

„Gemeint ist der Prozess der zunehmenden weltweiten Vernetzung der Menschen und Gesellschaften. Das bedeutet, dass Staatsgrenzen für Wirtschaft, Nachrichten und Informationsvermittlung sowie für Lebensformen immer weniger Bedeutung haben: Die ganze Welt wird zu einem einzigen Wirtschafts- und Lebensraum." (Meridiane 7, S. 10)

„Volkswirtschaften, Regionen, Institutionen und Menschen sind immer enger vernetzt – in Bereichen wie Wirtschaft, Politik, Kultur, Kommunikation und Umwelt. Dabei verlieren Distanzen an Bedeutung, und die weltweite Vernetzung nimmt zu." (Geografisch 8, S. 8)

„Die einen verbinden damit weltweites wirtschaftliches Wachstum und Beseitigung der Armut, die zunehmende Entwicklung zu ‚einer Welt' mit grenzüberschreitender Kommunikation und unbegrenzten Entfaltungsmöglichkeiten. Andere Menschen sehen in der Globalisierung vorwiegend die Vorherrschaft der Wirtschaft vor allen anderen Bereichen, eine zunehmende Kluft zwischen Arm und Reich, den Verlust von regionaler Vielfalt und weltweiten ökologischen Raubbau." (global 8, S. 8)

„Die Globalisierung erfasst keineswegs – wie vom Wortlaut her zu vermuten – gleichmäßig die gesamte Erde. Vielmehr kommt es zu einer immer stärkeren Machtstellung der wirtschaftlichen und politischen Zentren und einem wachsenden Bedeutungsverlust peripherer Gebiete. Dies gilt sowohl weltweit wie auch innerhalb von Staaten.“ (Meridiane 7, S. 14)

„Inwieweit der zusammenwachsende Weltmarkt sowie die zunehmende internationale Arbeitsteilung Positives – also wirtschaftliches Wachstum, Wohlstand und soziale Verbesserungen in allen Staaten der Erde gleichermaßen – bewirken, ist dabei die große Frage. Oder sind ohnehin die reichen Industrienationen die Profiteure und die weniger entwickelten Staaten die Verlierer?“ (Geospots 7/8, S. 143)

Es werden **Vorteile** und **Nachteile** der Globalisierung dargestellt:

„Aufgrund des weltweiten Handels, ist es uns möglich, Produkte aus allen Regionen der Welt zu konsumieren.“ (Perspektiven 7/8, S 180)

„Globalisierung vereint die Welt nicht nur, sondern stärkt auch globale Gegensätze. So sind weltweite Migrationsströme die Folge dieser Ungleichverteilung von Reich und Arm.“ (Perspektiven 7/8, S 180)

Ein Schulbuch setzt Globalisierung kritisch in den Kontext des **Neoliberalismus**:

„Der Markt soll alles regeln ... Am Markt gibt es demnach nur Konsumentinnen und Konsumenten sowie Unternehmerinnen und Unternehmer. Erstere sehen sich jedoch oft De-facto-Monopolen gegenüber, denen sie ohne staatlichen Schutz durch Gesetze und Verordnungen ausgeliefert sind.“ (Durchblick 8, S. 12)

Im Aufgabenteil wird die Diskussion über den **Neoliberalismus** im Kontext folgender Aussage angeregt:

„Eine Demokratie funktioniert nur mit Menschen, die miteinander verbunden sind, füreinander Verantwortung tragen und sich nicht nur als Individuen auf dem Markt um den maximalen Gewinn matschen.“ (Durchblick 8, S. 12)

Auch die Rolle der **Weltbank** und des **IWF** werden z. T. kritisch gesehen:

„Die verordneten Strukturanpassungsprogramme treffen vor allem die sozial Schwachen und schränken die wirtschaftspolitischen Spielräume der Regierungen ein.“ (Durchblick 8, S. 13)

Dieses Schulbuch widmet der **Globalisierungskritik** ein eigenes Kapitel. Darin heißt es:

„Zu den Gruppen, die nichts gegen das Phänomen der Globalisierung an sich haben, jedoch die neoliberale Dominanz kritisieren, zählen Gruppen wie ATTAC oder das Weltsozialforum.“ (Durchblick 8, S. 48)

Ein weiteres Schulbuch kritisiert die **Strukturanpassungsprogramme** im Sinne des Washington Consensus (Liberalisierung der Handelspolitik, Steuersenkungen, Budgetdisziplin, Deregulierung und Abbau staatlicher Einflussnahme):

„Entgegen den formalen Grundsätzen nimmt der IWF starken politischen Einfluss auf die Wirtschaftspolitik der betroffenen Staaten. KritikerInnen sehen im IWF eine neoliberale Institution, die die Kreditvergabe ausschließlich an den Washington Consensus koppelt.“ (Geospots 7/8, S. 154)

In diesem Zusammenhang werden auch **Nichtregierungsorganisationen** (NGOs), die mit Demonstrationen bei Treffen des IWF oder des World Economic Forum öffentlichkeitswirksam auf-treten, mit deren Forderungen beschrieben:

„Kritik am System des Kapitalismus; Abschaffung von Steueroasen; gegen ungezügelten Freihandel und Marktliberalisierung; Regulierung der Weltwirtschaft; demokratische Kontrolle der Finanzmärkte, Finanztransaktionssteuer ...“ (Geospots 7/8, S. 156)

Dieses Schulbuch gibt einen normativen Ausblick:

„Den durch die Globalisierung hervorgerufenen Problemen sollte entgegengesteuert werden, sodass sie im Laufe der Zeit abgebaut werden können. Denn nur eine faire globale Ökonomie, in der sich Staaten angleichen und Unterschiede zwischen Arm und Reich abnehmen, garantiert ein friedliches Miteinander. In einer globalisierten Welt bleiben Konflikte – politisch oder wirtschaftlich – meist kaum regional beschränkt, sondern weiten sich rasch aus.“ (Geospots 7/8, S. 146)

In einem Schulbuch wird auf den **aufstrebenden Globalen Süden** und die **BRICS-Staatengruppe** eingegangen:

„Brasilien, die Russische Föderation, Indien und die Volksrepublik China bemühten sich, ein Gegengewicht zu den obengenannten Institutionen [IWF, Weltbank] zu schaffen. ... Die New Development Bank wurde als multilaterale Entwicklungsbank 2014 ins Leben gerufen, ebenso das Contingent Reserve Arrangement als Reservefonds und Ergänzung zum IWF." (Geografisch 8, S. 12)

In den meisten Schulbüchern wird darauf hingewiesen, dass Begriffe wie "**Entwicklungsländer**" oder "**Dritte Welt**" hinterfragt werden. Sie werden aber dennoch überwiegend verwendet:

„Während man früher von Entwicklungshilfe sprach, verwendet man heute den Begriff Entwicklungszusammenarbeit, um die partnerschaftliche Seite dieser Initiativen besser hervorzuheben. War früher Entwicklungshilfe eher positiv konnotiert, mehren sich in den letzten Jahren auch kritische Stimmen, die die positiven Effekte der Entwicklungszusammenarbeit anzweifeln." (Durchblick 8, S. 114)

„Wesentlicher als die Diskussion um die Begrifflichkeit ist aber der Umstand, dass große Teile der Welt sich nach ökonomischen, sozialen und soziokulturellen Merkmalen von reichen, gut entwickelten Teilen der Welt deutlich unterscheiden." (Meridiane 8, S. 62)

Auch von „**unterentwickelten Ländern**" sowie den „**Ursachen für Unterentwicklung"** wird weiterhin gesprochen. Bei Aufzählungen von Merkmalen der betroffenen Länder wird zum Teil pauschal argumentiert. Als „**Merkmale der Unterentwicklung von Staaten**" würden gelten:

„Hohe Auslandsverschuldung und geringe Auslandsinvestitionen", „hohes Bevölkerungswachstum", „oft Kriege und Bürgerkriege", „Korruption weit verbreitet", „Slumbildung", „Unterschiede der Stellung von Mann und Frau" (Perspektiven 7/8, S. 222)

Zum Teil werden auch unterschiedliche **Entwicklungstheorien** angesprochen:

„Die globalen Disparitäten haben trotz Entwicklungszusammenarbeit in vielen Bereichen zugenommen und die Schere zwischen Arm und Reich klafft immer weiter auseinander. Modernisierungstheoretiker/innen sehen die Schuld der Unterentwicklung in den peripheren Ländern selbst. Dependenztheoretiker/innen sehen eher exogene Faktoren als Gründe der Unterentwicklung." (Perspektiven, S. 221)

„Je nachdem, ob die wesentlichen Ursachen inner- oder außerhalb des Landes gesehen werden, lassen sich endogene und exogene Theorien formulieren. Endogen wird sozialer Wandel genannt, wenn eine soziale Struktur aus sich selbst heraus die Elemente zu ihrer Überwindung und Weiterentwicklung zu erzeugen vermag. ... Die exogenen Theorien gehen davon aus, dass die Ursachen des niedrigen Entwicklungsstandes außerhalb der Entwicklungsländer zu suchen sind. Sie heben diese Abhängigkeit der Entwicklungsländer von den Industrieländern hervor." (global 8, S. 67)

Ein Buch stellt den Ansatz der **Teufelskreise der Armut** dar, der auf endogene Faktoren fokussiert:

„Mangelhafte Ernährung – schlechter Gesundheitszustand – geringe Leistungsfähigkeit – kaum Arbeit – geringe Ersparnis – geringe Investition – geringe Produktion – geringes Einkommen - geringe Steuereinnahmen – mangelhaftes Bildungssystem – mangelhafte Ausbildung - geringe Produktivität" (global 8, S. 67)

Ein weiteres Schulbuch spricht lediglich von „**weniger entwickelten Ländern**" und stellt dazu fest:

„Natürlich kann auch im Falle der Less und Least Developed Countries diskutiert werden, welche Staaten man noch mehr oder mittlerweile nicht mehr zu dieser Gruppe zählt." (Geospots 5/6, S. 10)

Zu **Entwicklungszusammenarbeit** wird in den Schulbüchern auch auf kritische Stimmen dazu hingewiesen, zum Teil auch auf die Gefahr, dass Geberländer aussteigen könnten:

„Entwicklungshilfezahlungen werden generell an wirtschaftspolitische Zugeständnisse, wie etwa Marktöffnung oder Freihandel, gekoppelt, wodurch das für die peripheren Staaten an sich ungünstige Weltwirtschaftssystem festgeschrieben wird." (Meridiane 8, S. 94)

„Neben offensichtlichen Vorteilen der globalen Zusammenarbeit gibt es auch Risiken." (Geografisch 8, S. 57)

„Auch innerhalb von Geberländern werden Stimmen lauter, die eine Verminderung oder sogar Einstellung der Fördergelder fordern, um diese stattdessen in den eigenen Ländern einsetzen zu können." (Perspektiven 7/8, S. 225)

Ein Schulbuch geht auch auf die **Rücküberweisungen** von Migrant*innen ein:

„Oft übersteigen diese Gelder auch die Gelder der offiziellen Entwicklungszusammenarbeit." (Durchblick 8, S 116)

Ein Schulbuch verwendet ausschließlich den Begriff **„Globale Zusammenarbeit"** und vermeidet Attribute wie „entwickelt" oder „unterentwickelt". Entwicklung werde meist noch immer aus eurozentristischer Perspektive betrachtet und beurteilt:

„Die vermeintlich hoch entwickelten westlichen Staaten werden bei der Beurteilung anderer Staaten als Gradmesser herangezogen." (Geografisch 5, S. 96)

„Der Begriff ‚Entwicklung' wird meist aus einer eurozentristischen Sicht beurteilt und oft mit wirtschaftlichem Wachstum gleichgesetzt. Dies suggeriert, dass nur eine Richtung die richtige ist, und europäische oder nordamerikanische Staaten dienen als Maßstab." (Geografisch 8, S. 56).

„Überlegenheit im Hinblick auf Kultur, Wissen und Fähigkeiten spielen ebenfalls eine wichtige Rolle. Abhängigkeiten und komplexe Hintergründe (wie Kolonialismus und jahrhundertelange Ausbeutung) werden ausgeklammert." (Geografisch 8, S. 58)

Ein Schulbuch plädiert im Kontext der **Tragfähigkeit der Erde** für eine bessere Verteilung:

„Viele Versorgungsprobleme der Menschen hängen damit zusammen, dass der Reichtum weltweit – und auch innerhalb aller teile der Welt, sowohl in den armen als auch in den reichen Staaten – sehr ungleich verteilt ist. Vielleicht könnte man das vorhandene Vermögen dazu nutzen, die Erde als Lebensraum für alle mit ausreichender Versorgungsmöglichkeit zu erhalten?!" (Meridiane 5/6, S. 157)

Unternehmensgründung

Alle Schulbücher enthalten Abschnitte zur **Gründung von Unternehmen**. Neben Unternehmensformen, rechtlichen Fragen und Voraussetzungen wird dabei auch auf **Kompetenzen und Eigenschaften** für eine Unternehmensgründung eingegangen:

„Bei der Planung einer Unternehmensgründung sind umfangreiche Überlegungen und auch selbstkritische Fragen zu stellen. Eine Gründerin/ein Gründer muss viele persönliche Eigenschaften mitbringen und sich der Chancen und Risiken bewusst sein." (Meridiane 7, S. 214)

„Es ist ein recht weiter Weg von der Idee zu einem eigenen Unternehmen. An die 100 Unternehmen werden in Österreich im Schnitt täglich gegründet, ca. 15 gehen pro Tag in den Konkurs (2017). Der Schritt in die Selbstständigkeit sollte daher – von der Geschäftsidee bis zur Finanzierung – sorgfältig geplant werden." (Perspektiven7/8, S. 151)

„Eigene Ideen verwirklichen und selbstständig Entscheidungen treffen – all das stellt eine reizvolle Herausforderung für viele unternehmerisch denkende Menschen dar. Wer aber den Sprung in die Selbstständigkeit wagt, braucht dazu nicht nur eine zündende Idee, sondern auch Mut und Fachwissen." (Durchblick 7, S. 180)

„Ob du persönliche Ziele verfolgst, dich für gesellschaftliche Anliegen einsetzt oder an gemeinsamen Aktivitäten teilnimmst, die erfolgreiche Umsetzung von Ideen erfordert neben fachlichen Fähigkeiten auch Soft Skills wie zwischenmenschliche Fähigkeiten, Kommunikation, Teamfähigkeit und Problemlösung." (Geografisch 7, S 142)

„Menschen gründen aus unterschiedlichen Gründen ein eigenes Unternehmen. Häufig steht jedoch eine Idee für en Produkt oder eine Dienstleistung im Mittelpunkt, mit dem oder der Probleme gelöst oder Bedürfnisse von Menschen erfüllt werden können." (global 7, S. 120)

„Für die Unternehmensgründung braucht es neben der Geschäftsidee noch weitere Voraussetzungen: persönliche, aber auch sachliche, vor allem finanzielle Voraussetzungen." (global 7, S. 122)

Ein Schulbuch nennt nicht Kompetenzen, sondern lediglich Aufgaben den Managements:

„Bei der Produktion sollten auch Aspekte wie Qualität, Kosten und Wünsche von Kundinnen und Kunden betrachtet werden. Gerade im Bereich der Produktion kommt es vermehrt zu internationaler Arbeitsteilung und Rationalisierungen. Die zunehmende Ausbeutung des Produktionsfaktors Umwelt wird auch erst seit kurzer Zeit diskutiert." (Geospots 7/8, S. 129)

Das Schulbuch benennt auch häufige Ursachen für **Missmanagement**:

„Falsche Produktpolitik, überhastete Expansion, verkrustete Strukturen, veraltete Technologien, selbstherrliche und kritikunfähige Patriarchen" (Geospots 7/8, S. 130)

Geldanlagen

Geldanlagen werden in allen Schulbüchern behandelt, wenn auch unterschiedlich ausführlich. Dabei wird vor **unvorsichtigem Agieren** gewarnt:

„Wer Wertpapiere erwerben will, muss sich zumindest ein bestimmtes Basiswissen aneignen." (Meridiane 8, S. 208)

„Man muss sich im Klaren sein, dass jede Anlage neben Chancen auch Risken hat. Die wichtigste Voraussetzung für einen Anlageerfolg ist die Kenntnis der Produkte und vor allem die Beachtung der Grundregeln einer Vermögensanlage." (Perspektiven 7/8, S. 277)

„Die Anlagestrategie ist immer von der persönlichen Situation des jeweiligen Anlegers/der jeweiligen Anlegerin abhängig: Einkommen und Vermögen, Anlageziele sowie Risikobereitschaft des Anlegers/der Anlegerin bestimmen die Anlageentscheidung." (Durchblick 8, S. 174)

„Aktien, Anleihen und Fonds sind die wichtigsten Finanzinstrumente, die du kennen solltest, um am Kapitalmarkt erfolgreich zu investieren." (Geografisch 8, S. 118)

„Eine wichtige Regel beim Investieren ist, nur Geld anzulegen, dessen Verlust verkraftbar ist." (Geografisch 8, S. 123)

„Mit dem Kauf einer Aktie wird man genau genommen MiteigentümerIn an einem Unternehmen. Das Unternehmen erhöht durch den Gang an die Börse (‚Going Public') sein Kapital, die KäuferInnen haben die Hoffnung, dass das Unternehmen (es muss eine Aktien-Gesellschaft sein) erfolgreich wirtschaftet und sie am Gewinn beteiligt werden." (Geospots 7/8, S. 286)

„BesitzerInnen von Wertpapieren oder Optionen sollten sich regelmäßig mit den aktuellen Krisen beschäftigen und immer wieder Überlegungen zum Kauf oder Verkauf anstellen." (Geospots 7/8, S. 286)

Chancen und Risiken der Geldanlage werden mit der "Anlagen-Pyramide" erklärt. Verwiesen wird auf das „magischen Dreieck der Geldanlage", bestehend aus Sicherheit, Rentabilität, Liquidität:

„Dieses Dreieck nennt man magisch, weil man niemals alle drei Ziele gleichzeitig erreichen kann." (Perspektiven 7/8, S. 279)

„Private treten am Finanzmarkt nicht nur als Schuldner/innen (Kapitalnehmer/innen), sondern auch als Kapitalgeber/innen und Investorinnen/Investoren auf. Als diese erwarten sie, dass ihr Kapital hohe Erträge abwirft, sicher und möglichst schnell auch verfügbar ist. Eine Anlageform, die der Liquidität, dem Ertrag und der Sicherheit in gleicher Weise gerecht wird, gibt es allerdings nicht." (Durchblick 8, S. 174)

Ein Schulbuch verweist lediglich auf die verpflichtende **Anlageberatung** durch Banken:

„Dazu werden Anlegerprofile erstellt, mit denen sich die Bank gegen eventuelle Schadenersatzforderungen, z. B. wegen mangelnder Beratung und Information, absichert." (Meridiane 8, S. 211)

Ein Thema ist die **Kursbildung an Börsen**:

„Angebot und Nachfrage haben sehr unterschiedliche Ursachen. Oft ist nicht die wirtschaftliche Entwicklung des Unternehmens oder der gesamten Branche entscheidend, oftmals spielen psychologische Momente mit.“ (Meridiane 8, S. 213)

Ein weiteres Thema sind die **Anlageformen der Österreicher*innen**:

„Die Österreicherinnen und Österreicher erweisen sich bei der Vermögensanlage als relativ traditionell. Der Großteil des Geldvermögens wird im Bereich des Kontensparens angelegt.“ (global 8, S. 134)

„Weniger populär als die sicheren Sparformen sind bei den Österreicherinnen und Österreichern Aktien und Investmentzertifikate.“ (Durchblick 8, S. 178)

Dazu wird angemerkt:

„Wer Geld aufs Sparbuch legt, nimmt Verluste in Kauf. Die Gründe dafür sind einerseits die niedrigen Zinsen, andererseits die Inflation.“ (Durchblick 8, S. 183)

Blasen und Crashes werden ebenso genannt wie zu stark aufgeblähte Finanzmärkte:

„Seit Jahrzehnten werden Anleger/innen regelmäßig von Wellen der Profitgier erfasst. Eine Blase erkennt man erst, wenn sie platzt.“ (Meridiane 8, S. 214)

„Die völlig aufgeblähte Finanzwirtschaft hat sich von der Realwirtschaft abgekoppelt und dient nicht mehr ihrem Nutzen, was sich aber dramatisch auf sie auswirken kann.“ (global 8, S. 131)

Ein Schulbuch geht kritisch auf das **Shareholder-Value-Denken** ein:

„Manager/innen von Aktiengesellschaften unterliegen der Versuchung, bei der Unternehmensführung primär auf die Interessen der Aktionärinnen/Aktionäre zu achten.“ (Meridiane 8, S. 215)

Auf **nachhaltige Geldanlagen** wird als Option hingewiesen, nicht jedoch darauf, dass alle Investments nachhaltig werden müssen:

„Es gibt immer mehr Menschen, denen es nicht egal ist, was mit ihren Anlagen passiert. Sie hinterfragen, ob ihre Veranlagung vielleicht gar Unternehmen unterstützt, deren Handeln im Widerspruch zu den eigenen ethischen Grundsätzen und zu ihrem Gewissen stehen.“ (Durchblick 8, S. 182).

„Bei nachhaltigen Geldanlagen spielen neben Verfügbarkeit, Sicherheit und Rendite noch ökologische und soziale Überlegungen eine Rolle. Beispiele: Investitionen in Solar- und Windparks, Wasseraufbereitung, keine Investitionen in Werte der Rüstungsindustrie, Gentechnik oder Atomkraft." (Perspektiven 7/8, S. 279)

„Das Hauptziel eines nachhaltigen Finanzmarktes ist es, Kapital in Projekte und Unternehmen zu lenken, die positive Auswirkungen auf Umwelt und Gesellschaft haben.“ (Geografisch 8, S. 124)

Dieses Schulbuch gibt einen weiteren Hinweis:

„Wenn man Aktionär/in eines Unternehmens ist, kann man zusätzlich das Stimmrecht nutzen, um Einfluss auf Umwelt- und Sozialstandards auszuüben.“ (Perspektiven 7/8, S. 279)

3.2. Zusammenfassende Einschätzung

Die folgende Zusammenfassung beschreibt nochmals wesentliche Ausführungen der Schulbücher zu zentralen Themen und bewertet diese abschließend im Kontext der Ökonomieschulen nach Peukert (2019) sowie der wirtschaftlichen Leitbilder nach Novy u. a. (2023).

Meridiane

Die Bände von **Meridiane** thematisieren sehr **viele Aspekte des Wirtschaftens** und sie erklären **zahlreiche Fachbegriffe**. Quellentexte sowie Grafiken und Bilder werden in Kästen wiedergegeben. Arbeitsaufgaben sind jeweils an das Ende der Kapitel gestellt. Zudem gibt es solche jeweils am Buchanfang zu den behandelten Überthemen. Ein Sachregister unterstützt das Inhaltsverzeichnis. Teilweise bleiben Erklärungen abstrakt, die **Lebenswelten der Schüler*innen** werden nur teilweise angesprochen – etwa im Kapitel zu Werbung oder zu Berufswahl und Jugendarbeitslosigkeit. Internethinweise für weitere Informationen gibt es beschränkt – in der Regel nur bei Arbeitsaufgaben. Die **empirischen Daten** sind nicht ganz aktuell, was aber dem Erscheinungszeitpunkt der Bände (2017 bzw. 2020) geschuldet ist. Gerade deswegen wären mehr Links nötig.

Den **Mainstream-Wirtschaftswissenschaften** entsprechen Sichtweisen wie die „scheinbar unbegrenzten Bedürfnisse" des Menschen, denen die „begrenzten Güter" gegenüber stünden. Die Maslowsche Bedürfnispyramide dient der Unterscheidung unterschiedlicher Bedürfnisse. Die Notwendigkeit von Wirtschaftswachstum wird nicht in Frage gestellt. Denn: Wenn die Wirtschaft wächst, könnten viele Wünsche leichter erfüllt werden, darunter auch „mehr Autobahnen, mehr Umweltschutz" – eine bedenkliche Aneinanderreihung! Denkschulen der **Heterodoxen Ökonomie** wie Feministische Ökonomie, Ökologische Ökonomie oder Postwachstumsökonomie werden ebenso wenig angesprochen wie Bewegungen wie die Gemeinwohlökonomie oder Nichtregierungsorganisationen wie Südwind, Fairer Handel, Finanzwende.de oder attac.

Ökologische Herausforderungen werden zwar thematisiert, entsprechen aber nicht dem aktuellen Stand der Ökosystemforschung, sprich dem Problem der Überschreitung der planetaren Grenzen. Das Kapitel zu Energie würde beispielsweise mehr Verweise auf die von den fossilen Energieträgern wesentlich verursachte Klimakrise sowie auf die Notwendigkeit und Chancen einer erneuerbaren Energiewende erfordern. Vielmehr wird auch das 21. Jahrhundert als weiteres „Erdölzeitalter" bezeichnet, was in Bezug auf die Klimakrise fatal wäre. Zudem werden neben Gefahren auch Chancen des Klimawandels beschrieben.

Beim Thema **Arbeit** könnten auch neue Arbeitszeitmodelle wie die Vier-Tage-Woche, der Ansatz der Wunscharbeitszeit oder der Arbeitsklimaindex der Arbeiterkammer angesprochen werden. Die Bedeutung von Sorge- und Hausarbeit sowie von ehrenamtlicher Arbeit werden gewürdigt – eine stärkere Hinterfragung der geschlechterspezifischen Zuordnungen und Perspektiven für die Zukunft wären sinnvoll. Digitalisierung und Künstliche Intelligenz werden im Kontext des Wandels der Arbeitswelt thematisiert – diese Themen werden wichtiger werden.

Der **Sozialstaat** und die Rolle der **Sozialpolitik** werden – wie andere gesellschaftlich umstrittene Themen – kontrovers aufbereitet, was in einem Lehrbuch sinnvoll ist. (Zu) stark betont werden m. E. jedoch die **Nicht-Mehr-Leistbarkeit** des Sozialstaats in der heutigen Form und die Notwendigkeit von Reduktionen der Sozialausgaben – jenseits der unbestrittenen Notwendigkeit von Reformen, etwa im Kontext des demografischen Wandels.

Nicht bzw. kaum angesprochen wird die rapide gestiegene **Zunahme der Vermögen**. Ungleichheit wird lediglich im globalen Kontext thematisiert, dabei das Wording **„Entwickelte versus unterentwickelte Staaten"** unhinterfragt verwendet.

Im Kontext der **Tragfähigkeit der Erde** wird aber die Frage gestellt, ob das vorhandene Vermögen nicht dafür genutzt werden sollte, die Erde als Lebensraum für alle mit ausreichender Versorgungsmöglichkeit zu erhalten.

Auffallend ist die breite Darstellung von **Geld-Anlageformen** (20 Seiten), auch wenn der Großteil der Menschen über keine oder nur geringe Mittel für Anlagen verfügt (außer Instrumente wie Lebensversicherungen, Bausparverträge oder Sparbücher, die eher abgewertet werden). Finanzcrashs werden als Gefahr benannt, die Finanzkrise von 2008 wäre aber zu thematisieren.

Bei **kontroversen Themen** werden a. m. S. die Schüler*innen teilweise überfordert, wenn sie sich selbst eine Meinung bilden sollen (etwa bei der Klimakrise) – auch wenn differenziertes Denken bzw. Urteilskompetenz ein wichtiges Lernziel darstellen.

In Summe würde ich das Schulbuch trotz der kontroversen Aufbereitung von Themen laut Peukert dem Mainstream-Wirtschaftsansatz, bedingt dem Neoliberalismus sowie dem marktliberalen Leitbild nach Novy u. a. zuordnen. Im globalen Kontext werden durchaus auch kritische Fragen aufgeworfen, etwa in Bezug auf Ungleichheit oder das Shareholder Value-Denken. Kritik gibt es aber auch am Wohlfahrtsstaat.

Perspektiven

Das Schulbuch **Perspektiven** versieht alle Überkapitel mit **Lernzielen,** in unserem Kontext z. B. „Die wirtschaftlichen Bedürfnisse der Menschen bewerten", „Wettbewerbs- und Regionalpolitik bewerten" (jeweils Ausgabe 5/6), „Wirtschaftsstandort Österreich beurteilen" oder „Unternehmen und Berufsfelder analysieren" (jeweils Ausgabe 7/8). Alle Kapitelüberschriften werden als Fragen formuliert, die einen **Bezug zur Lebenswelt der Schüler*innen** herzustellen versuchen, was im Text freilich nur bedingt gelingt (gelingende Beispiele sind Taschengeld, Berufsausbildung, Ferialjob, Jugendkonto, Schüleraustauschprogramme).

Es werden **Wirtschaftsthemen** sehr umfangreich behandelt und eine **Fülle von Wirtschaftsbegriffen** angesprochen. Fachbegriffe und Fremdwörter werden jeweils erklärt. Zudem gibt es zahlreiche Links. Fallbeispiele, die häufig aus Zitaten bestehen, sowie Materialien werden in Kästen wiedergegeben, Arbeitsaufgaben als „Warm up" bezeichnet. Auch dieses Schulbuch ist 2017/2018 erstmals erschienen. Die mir vorliegenden Ausgaben beziehen sich auf die Neuauflage 2020 – die wiedergegebenen empirischen Daten sind somit teilweise veraltet.[247] Am Ende der Bücher gibt es jeweils Methodenvorschläge, Hinweise zu möglichen Maturathemen sowie ein Glossar.

Menschliche Bedürfnisse werden, wie in der Mainstream-Ökonomik, als „unendlich" beschrieben, Wirtschaft als Umgang mit knappen Gütern. Anhand der Maslowschen Bedürfnispyramide werden materielle von immateriellen Bedürfnissen unterschieden. Es wird auch auf kompensatorischen Konsum sowie Konsumismus eingegangen. Lebensqualität wird breit definiert, jedoch mit Fokus auf materiellen Wohlstand. Die Konsumentenmacht wird positiv, aber auch in ihren Grenzen erwähnt.

Wirtschaftswachstum wird im Kontext des magischen Vielecks der Wirtschaftspolitik thematisiert und als notwendig für den Erhalt bzw. das Erreichen von Wohlstand bezeichnet, dabei kommen aber auch kritische Stimmen zu Wort, die auf die ökologischen Grenzen des Wachstums verweisen. Beim Bruttoinlandsprodukt wird auf die begrenzte Aussagekraft für Wohlstand eingegangen.

---

[247] Der Verlag hat mir per Email jedoch mitgeteilt, dass die Ausgaben von 2024 gegenüber den mir vorliegenden nicht bzw. kaum verändert worden sind.

Ökologische Probleme werden benannt, jedoch nicht in der gebotenen Dringlichkeit. Der menschengemachte **Klimawandel** wird dargestellt. Die Betonung, dass dieser neben Risiken auch Chancen biete, führt jedoch tendenziell zur Verharmlosung. Auffallend ist, dass nur der Abschied von Kohle, nicht auch jener von Erdöl und Erdgas angesprochen wird.

Bei **Verteilung** wird lediglich auf die global ungleichen Lebensbedingungen verwiesen. Ungleichheiten in unseren Gesellschaften werden nicht explizit angesprochen, sehr wohl aber die Rolle von Sozialpolitik sowie das Konzept der sozialen Marktwirtschaft. **Standortpolitik** wird aus der Perspektive der reichen Länder behandelt – kontroverse Sichtweisen zwischen neoliberalen und sozialpolitischen Strategien werden zwar dargestellt, aber nicht erläutert. **Wirtschafts- und Sozialpolitik** werden sachlich dargestellt, dazu lediglich die Positionen der Parteien im österreichischen Parlament aufgezählt, ohne diese zu kommentieren. Bei der **Steuer- und Abgabenquote** wird auf die Auswirkungen auf die Löhne, Stückkosten und Wettbewerbsfähigkeit der Unternehmen verwiesen, jedoch ebenfalls ohne Kommentierung.

Das Thema **Arbeit** wird ausführlich behandelt, auch das Verhältnis von Beruf und Familie mit Verweis auf skandinavische Länder, die eine hohe Frauenerwerbsquote mit einer ausreichenden Geburtenrate verbinden. Interessant ist die Darstellung der historischen Entwicklung unseres **Arbeitsethos**, auffallend, dass Teilzeitarbeit als atypische Beschäftigung bezeichnet, anders als andere Schulbücher aber ausführlich auf das **Problem von Burnout** eingegangen wird. Nur knapp wird auf neue Formen der Arbeitszeit aufgrund geänderter Lebensmodelle der Menschen verwiesen.

Bei **Globalisierung** werden Vor- und Nachteile benannt, der Neoliberalismus wird mit seinen negativen sozialen Auswirkungen kritisch beleuchtet. Auch dieses Schulbuch geht von einem **eurozentristischen Verständnis** von Entwicklung aus, der Begriff „Unterentwickelte Länder“ wird ebenfalls verwendet. Neue Ansätze wie Postwachstumsökonomie oder Feministische Ökonomie werden nicht erwähnt. Ach dieses Schulbuch geht ausführlich auf unterschiedliche **Geldanlagen** ein.

Zusammenfassend würde ich dieses Schulbuch dem Ansatz der Mainstream-Ökonomie nach Peukert zuordnen, ohne klare Präferenzen für neoliberale oder wohlfahrtsstaatliche Perspektiven. Von eigenen Positionierungen wird eher Abstand genommen.

Durchblick

Das Schulbuch **Durchblick** geht ebenfalls ausführlich auf Wirtschaftsthemen ein. Alle Kapitel beginnen mit einem Problemaufriss, denen umfangreiche **Sachinformationen** folgen. Zahlreiche **Fachbegriffe** werden in einer Randspalte erklärt, beinahe auf jeder Seite gibt es weiterführende Arbeitsaufgaben. Der Bezug zur Lebensrealität der Schüler*innen wird bedingt hergestellt. Da die wiedergegebenen Daten erscheinungsbedingt auch in diesem Schulbuch veraltet sind, wären Links zu einschlägigen Datenbanken sowie kontroversen Wirtschaftsblogs hilfreich. Zu jedem Überkapitel gibt es am Ende weitere Arbeitsaufgaben, Hinweise auf die angesprochenen **Basiskonzepte**, Vorschläge für vorwissenschaftliche Arbeiten sowie die erreichten **Kompetenzen**. Ein **Glossar** am Buchende erklärt weitere Begriffe und unterstützt das Inhaltsverzeichnis.

Dieses Schulbuch bezieht bei den Themen **Globalisierung und Weltwirtschaft** am deutlichsten und kritischsten Position, indem Fehlentwicklungen ausführlich rezipiert und auch einschlägige Expert*innen und NGOs zu Wort kommen.

Bei Fragen der **Wirtschafts- und Sozialpolitik** werden die Errungenschaften der Wohlfahrtsstaaten hervorgehoben. Es wird die **Ungleichverteilung** problematisiert, für eine weiterhin aktiv **eingreifende Rolle** der Staaten und für höhere **vermögensbezogene Steuern** plädiert. In diesem Sinne wird etwa auch die österreichische Sozialpartnerschaft verteidigt.

Im Kontext von **Arbeit** wird auf die verschiedenen Formen von Arbeit, bei Erwerbsarbeit auf die Gefahr des Abbaus von Arbeitnehmer*innenrechten sowie die Bedeutung von Gewerkschaften eingegangen.

Im Kontext von **Bedürfnissen** wird ebenfalls auf materielle und immaterielle Bedürfnisse eingegangen, aber insbesondere auf die Grund- und Existenzbedürfnisse verwiesen. Beim Thema **Wachstum** wird zumindest auf Postwachstumsperspektive vor- und diese dem „grünen Wachstum" gegenübergestellt. Es werden auch Begriffe wie „imperiale Lebensweise" oder „Externalisierungsgesellschaft" eingeführt.

Beim Thema **Entwicklung** wird u. a. das Zentrum-Peripherie-Modell referiert. Gesprochen wird von Entwicklungszusammenarbeit – zu dieser werden Pro- und Kontra-Stimmen gebracht. Verwiesen wird auf die bisher mäßigen Erfolge der Milleniums- und Sustainable Development-Goals.

Neben den unterschiedlichen Motiven für Geldveranlagung, darunter auch „Zocken wollen" werden auch hier die unterschiedlichen **Anlageformen** sachlich beschrieben.

In Summe würde ich dieses Schulbuch dem Keynesianischen Ansatz im Sinne von Peukert sowie dem Wohlfahrtskapitalismus nach Novy u. a. zuordnen. Man könnte auch von einer sozialdemokratischen Ausrichtung sprechen.

Geospots

Die beiden Bände von **Geospots** sind in aktualisierter Auflage 2025 erschienen, die Daten wurden weitgehend aktualisiert. Dieses Schulbuch orientiert sich an **Basiskonzepten**, die den jeweiligen Kapiteln vorangestellt sind. Für uns relevant sind: Wachstum und Krise; Märkte, Regulierung und Deregulierung; Arbeit, Produktion und Konsum; Interessen, Konflikte und Macht; Geoökosysteme; Mensch-Umwelt-Beziehungen; Nachhaltigkeit und Lebensqualität.

Die Texte sind für Schüler*innen gut verständlich aufbereitet, **Fachbegriffe** werden in Kästen erklärt. Auf den Abdruck von Quellentexten wird verzichtet, die Arbeitsaufgaben sind überschaubar gehalten. Weiterführende Links werden begrenzt eingesetzt.

Dieses Schulbuch setzt den Beutelsbacher Konsens am konsequentesten um, indem es in der Regel **mehrere Positionen** darlegt, ohne diese zu bewerten oder zu kommentieren. Es bleibt den Schüler*innen überlassen, sich eine Meinung zu bilden, bzw. ist es Aufgabe der Lehrpersonen, eine Diskussion anzustoßen. Teilweise können die Schüler*innen hier jedoch überfordert sein, sich selbst ein Bild zu machen, wenn ihnen Hintergrundinformationen fehlen.

Als Ziel von Wirtschaften wird ähnlich wie in den anderen Schulbüchern die Befriedigung der „**Vielzahl menschlicher Bedürfnisse**" mit begrenzten Mitteln ausgemacht. Wirtschaftliche Zusammenhänge werden gut erklärt. Wirtschaftspolitik wird mit einem erweiterten Set an Zielen dargelegt, darunter auch humane Arbeitsbedingungen, ökologische Belange und eine gerechte Einkommens- und Vermögensverteilung. **Wirtschaftswachstum** wird als Ziel beschrieben, der Zielkonflikt mit Umweltschutz durch das Konzept des Drei-Säulen-Modells der Nachhaltigkeit aufzulösen versucht. **Postwachstum** wird nur kurz erwähnt als „Schrumpfungsökonomie" sowie als eine Sichtweise neben qualitativem Wachstum. Als Zukunftsmodell wird eine **ökosoziale Marktwirtschaft** präferiert. Die Anliegen der **feministischen Ökonomie** werden kurz beschrieben.

Ungleichheit wird nicht nur im globalen Kontext benannt, sondern auch in Bezug auf Österreich. Dabei kommt auch die **Kritik am Neoliberalismus** zu Wort. Die Aufgaben der **Sozialpolitik** werden sachlich beschrieben, die Rolle der Sozialpartnerschaft wird positiv dargestellt, bei der Leistbarkeit des Wohlfahrtsstaates werden die Stimmen jener, die für mehr private Vorsorge plädieren, den Gefahren von Kapitaldeckungsverfahren gegenübergestellt.

Die menschengemachte **Klimakrise** wird als Gefahr beschrieben, in Bezug auf die Energiewende wird auf die Potenziale der erneuerbaren Energieträger eingegangen. Es gibt einen Absatz zu einem österreichischen Green Tech-Cluster sowie ein ausführliches Kapitel zur **Energiepolitik der EU** im Kontext der Klimaziele. Die Hinauszögerung des Peak Oil wird neutral beschrieben, von einer Zunahme des Verbrauchs fossiler Energie ausgegangen, ohne den Konnex zur Klimakrise zu betonen. Insgesamt wird argumentiert, dass aufgrund der Klimabewegung ein Umdenken stattfinde. Kreislaufwirtschaft wird auch hier vor allem auf Recycling bezogen, Reparieren aber erwähnt.

Die Bedrohung der **Biodiversität** sowie Bodenerosion werden als Probleme benannt. Unsere **„Überflussgesellschaft“** wird u.a. im Kontext der Lebensmittelverschwendung und dem Hunger in der Welt erörtert.

Zu **Globalisierung** werden die Positionen der Befürwortenden und der Kritiker*innen benannt, bei Letzteren wird relativ ausführlich auch auf einschlägige NGOs eingegangen. Im Kontext von **Entwicklung** wird nicht mehr von „unterentwickelten“, sondern von „wenig entwickelten Ländern“ gesprochen. Endogene und exogene Faktoren werden so wie die unterschiedlichen Entwicklungstheorien unkommentiert wiedergegeben. Die Bedeutung von Entwicklungszusammenarbeit wird sachlich beschrieben.

Die unterschiedlichen **Anlageformen** inklusive der unterschiedlichen Investmentfonds sowie das Funktionieren von Börsen werden sachlich beschrieben, vor Hedgefonds wird gewarnt.

Dieses Schulbuch stellt – wie ausgeführt wurde – in der Regel unterschiedliche Positionen vor, ohne diese zu bewerten. Soziale Ungleichheit und ökologische Probleme werden aber den empirischen Tatsachen entsprechend benannt. Als Zukunftsperspektive wird eine ökosoziale Marktwirtschaft gesehen. Tendenziell würde ich dieses Schulbuch dem wohlfahrtskapitalistischen Leitbild mit Bezügen zu Nachhaltigkeit nach Novy u. a. 2023 sowie der Mainstreamökonomie nach Peukert 2019 zuordnen.

Geografisch

Die Bände von **Geografisch** sind vom Erscheinungsdatum am aktuellsten (2024-2025). Sie enthalten daher auch die aktuellsten Zahlen, zudem gibt es zahlreiche weiterführende **Links.** Das Schulbuch geht den Weg des **Mutes zur Lücke**. Es gibt weniger Text, die Seiten wirken aufgelockerter als in den ersten drei besprochenen Büchern. Fachbegriffe werden gut in den Randspalten erklärt, die ebenfalls begrenzten Arbeitsaufgaben den Sachtexten nachgestellt. Ein Sachregister am Buchende ermöglicht das Auffinden von Themen. Der Bezug zur Lebensrealität der Schüler*innen wird auch hier bedingt hergestellt.

Dieses Schulbuch ist in Bezug auf die **ökosystemischen Herausforderungen** das ausführlichste und auch am aktuellsten Stand der Fachdiskurse. Es werden die planetaren Grenzen, die Gefahren der Klimakrise und des Biodiversitätsverlustes eindringlich beschrieben, dabei wird auch auf die strukturellen Ursachen der fossil getriebenen industriellen Produktionsweise verwiesen, etwa durch die Studie „Great Acceleration“.

Der Ansatz des **Postwachstums** wird ausführlich dar- und dem Konzept des Grünen Wachstums gegenübergestellt. Die Notwendigkeit der Begrenzung in den reichen Wohlstandsländern wird klar benannt. Das Schulbuch erwähnt beispielsweise auch die **Donut-Ökonomie** von Kate Raworth, die

die menschlichen Grundbedürfnisse mit den planetaren Grenzen verbindet. Verwiesen wird aber auch in diesem Schulbuch auf die Chancen von grünem Wachstum.

Es wird ein breites Verständnis von **Arbeit** verwendet, dabei ausführlich auf die Bedeutung von Sorgearbeit eingegangen. Als einziges Schulbuch thematisiert **Geografisch** die **feministische Ökonomie.** Bei Erwerbsarbeit wird auf deren Bedeutung auch für Sinnstiftung und auf ein sich wandelndes **Verständnis von Leistung** bei den jüngeren Generationen Bezug genommen. Als einziges Schulbuch konnotiert **Geografisch** Sorgearbeit bewusst geschlechtsneutral.

Bei **Wirtschafts-** und **Sozialpolitik** wird auf die Aufgaben des Staates wie auf Eigenverantwortung gepocht. Im Zentrum steht die soziale Absicherung in kritischen Lebenslagen und der Schutz vor Armut. **Arbeitslosigkeit** wird auch als Problem der gesellschaftlichen Ausgrenzung gesehen. **Ungleichheit** wird eher nur in globaler Perspektive oder in hochkapitalistischen Ländern wie den USA problematisiert, die ungleiche Vermögensverteilung wenig angesprochen. Dazu passt auch die affirmative Einladung zur **Veranlagung von Geld.**

Als einziges Buch kritisiert **Geografisch** den eurozentristischen Blick auf **Entwicklung.** Gesprochen wird nicht von Entwicklungszusammenarbeit, sondern von **globaler Zusammenarbeit.**

*In Summe würde ich dieses Schulbuch nach Peukert der heterodoxen Ökonomie und nach Novy u. a. eher dem Leitbild des Postwachstums zuordnen, in wirtschafts- und sozialpolitischer Hinsicht einem Ansatz, der den Schutz vor Armut und Ausgrenzung mit Eigenverantwortung verbindet. Als Zielgruppe könnte man aufgeklärte, eigenverantwortliche postmateriell eingestellte Bürger*innen vermuten.*

global

Dieses Schulbuch hat wie „Geografisch" auch den Mut zur Lücke. Die Großkapitel sind mit **Überzielen** überschrieben, etwa „Die wirtschaftlichen Bedürfnisse der Menschen bewerten". Alle Kapitel beginnen mit **Auftaktseiten**, die ins Thema einführen. Auf den **Basisseiten** erfolgt die Erarbeitung der Themen – diese sind mit **kompetenzorientierten Lernzielen** eingeleitet, z. B. „Die Bedeutung der Märkte für die Verteilung knapper Güter und für die grenzenlosen Bedürfnisse erkennen". Die Erklärtexte werden mit z. T. langen Quellentexten ergänzt, einführende Kapitel mit zahlreichen Fallbeispielen vertieft. Aufgaben sind jeweils in die Unterkapitel integriert und mit Anforderungsbereichen markiert. Für jedes Semester gibt es einen Semestercheck, ein Register zu den im Lehrplan verankerten **Basiskonzepten** sowie eine beispielhafte Maturaaufgabe. Ein Register am Buchende unterstützt das Inhaltsverzeichnis, ein **Methodenüberblick** hilft bei der Bearbeitung von Aufgaben. Ein Ergänzungsband zu Heft 8 geht auf mögliche **Maturafragen** ein.

Manche Texte verwenden für Schüler*innen **schwer verständliche Fachbegriffe**, z. B. Terms of Trade, die jedoch nicht erklärt werden. Kästen, in denen Fachbegriffe erklärt werden, gibt es in diesem Schulbuch nicht, wären aber nötig und hilfreich. Die Darstellungen sind sachlich gehalten, eigene Positionierungen der Autor*innen gibt es eher nicht. Teilweise folgen Beschreibungen dem **gewünschten Ideal**, etwa bei der gesellschaftlichen Unternehmensverantwortung, ohne diese mit der Realität zu kontrastieren.

Auch dieses Schulbuch geht von **„grenzenlosen Bedürfnissen"** aus, das Ziel von Wirtschaften sei, diese mit knappen Mitteln zu befriedigen. **Märkte** werden als Hilfsmittel dargestellt, die jedoch nicht dem Ideal freier Märkte entsprechen. Aufgabe der Politik sei es, hier einzugreifen.

Zu Fragen wie der Notwendigkeit von **Wirtschaftswachstum** oder einer **gerechten Verteilung** wird darauf verwiesen, dass es unterschiedliche Meinungen gäbe, von einer eigenen Positionierung wird

Abstand genommen. Als einziges Schulbuch geht **global** auf das Problem des exponentiellen Wachstums ein. **Degrowth-Bewegungen** werden erwähnt und dem grünen bzw. qualitativem Wachstum gegenübergestellt.

In Bezug auf **Steuern** wird – um ein weiteres Beispiel zu geben – die Steuer- und Abgabenentlastung durch die österreichische Steuerreform 2016 wiedergegeben, aber auch die Kritik daran durch das WIFO, das eine stärkere Entlastung des Faktors Arbeit bei gleichzeitiger Erhöhung vermögensbezogener Steuern fordere.

Die Ausführungen zum Thema **Sozialstaat** folgen dem Prinzip „Stärkere stützen Schwächere", es wird auch die Bedeutung von Subsidiarität und Eigenverantwortung, z. B. durch eine private Pensionsvorsorge, betont.

Beim Thema **Arbeit** wird zwar auf die Bedeutung der Freiwilligenarbeit verwiesen, aber sonst ein **enger Arbeitsbegriff** verwendet. Neben Arbeitsfähigkeit wird auch die Arbeitswilligkeit als wichtig für die Produktivität betont. Bei **Ungleichheit** wird jene zwischen den Geschlechtern hervorgehoben, weniger jene zwischen Vermögenden und Nicht-Vermögenden.

Der menschengemachte **Klimawandel** wird beschrieben, aber auch darauf hingewiesen, dass die Klimaforschung Ergebnisse des Öfteren revidieren müsse. Die Dringlichkeit des Handeln zur Überwindung der **ökosystemischen Krisen** wird in diesem Schulbuch teilweise vermittelt. So gibt es klare Hinweise auf die Notwendigkeit einer erneuerbaren Energiewende, gehofft wird aber ebenfalls auf **grünes Wachstum** durch neue Technologieschübe.

Bei **Globalisierung** und **Welthandel** werden wiederum die Positionen der Befürwortenden und Kritisierenden dargestellt, wobei betont wird, dass Letztere nicht die Globalisierung ablehnen würden, sondern die Art von deren Gestaltung.

Zu **Entwicklung** werden unterschiedliche Theorien sowie der „Teufelskreis der Armut" vorgestellt, Entwicklungszusammenarbeit wird sachlich wiedergegeben. Zu hinterfragen ist das referierte, aber nicht kommentierte **Welthegemoniemodell** des US-Sicherheitsberaters Brzezinski, der die USA weiterhin als Hegemon sieht.

Geldanlageformen werden in diesem Schulbuch sachlich vorgestellt – wie in anderen Schulbüchern mit Verweis auf die Anlagepyramide, hier aber ergänzt durch den Aspekt der Nachhaltigkeit. Ethische Anlagen werden wie in den anderen Schulbüchern als Sonderform vorgestellt.

In Summe würde ich dieses Schulbuch dem Ansatz der Mainstream-Ökonomie nach Peukert und bedingt dem marktliberalen Leitbild nach Novy u. a. zuordnen, auch wenn dieses Schulbuch besonders darauf achtet, nicht selbst Position zu beziehen, sondern nur verschiedene Sichtweisen darzustellen, wenn auch weitgehend im Rahmen der Mainstream-Ansätze. Häufig werden idealtypische Beschreibungen gegeben, die nicht immer der Realität entsprechen.

3.3. Schlussfolgerungen und Empfehlungen[248]

Methodische Empfehlungen

1. Erscheinungsbedingt sind in den meisten Schulbüchern die **empirischen Daten** veraltet, teilweise sind auch Inhalte nicht aktuell. Bei Neuauflagen müsste stärker auf Aktualisierung geachtet werden. Das verstärkte Arbeiten mit einschlägigen Links würde helfen, zumindest mehr **Aktualität** zu erhalten. Das neueste Schulbuch *Geografisch* ist hier am aktuellsten Stand.

2. Das **Internet** ist eine immer wichtiger werdende Informationsquelle und das kritische Recherchieren darin ein wichtiges Lernziel. Da Unterricht in Zukunft ohnedies immer mehr auf das Medium Internet zugreifen wird (müssen), sind **Links** auch aus diesem Grund unabdingbar. In den Schulbüchern wird dies unterschiedlich ausführlich umgesetzt.

3. **Arbeitsaufgaben** sind wichtig, sie sollen aber begrenzt werden, weil der Unterricht begrenzt Zeit gibt und es eine ausgewogene Balance zwischen Vortrag und Gruppen/Eigenarbeit braucht. Auch das wird in den Schulbüchern unterschiedlich gehandhabt.

4. Ein wichtiges Ziel von Unterricht ist, das Denken in unterschiedlichen Perspektiven und das Abwägen unterschiedlicher Sichtweisen, Standpunkte und Strategien einzuüben (siehe dazu die Ausführungen oben zu zukunftsfähiger Wirtschaftsbildung sowie die Vorgaben der Lehrpläne und die Plattform „Wir alle machen Wirtschaft"). Schulbücher sollen daher **unterschiedliche Sichtweisen** vor- und zur Diskussion stellen. Doch teilweise werden in den analysierten Schulbüchern strittige, kontroverse Themen ausschließlich in die Arbeitsaufgaben ausgelagert, ohne Hintergrundwissen zur Verfügung zu stellen. Damit besteht die Gefahr, dass auch mögliche **Vorurteile** oder **vorgefasste Meinungen** von Schüler*innen reproduziert werden. Eine Diskussion über die „Soziale Hängematte" oder die „Abschaffung der Pflichtmitgliedschaft in Kammern" kann ohne Hintergrundwissen kontraproduktiv sein. Das Vertrauen darauf, dass die Schüler*innen selbst kontroverse Sichtweisen haben und damit von- und miteinander lernen, würde ich nicht immer haben.[249] Wirtschaftsbildung und damit auch die Schulbücher müssen andere abwertende Vorurteile reflektieren.

5. **Multiperspektivität** ist zu trennen von gesicherten **naturwissenschaftlichen Erkenntnissen** etwa zum menschengemachten Klimawandel, der Abnahme von Biodiversität oder der Degradation der Böden. Hier wäre es fahrlässig, auch den Kritikern oder Leugnern (denselben) Platz einzuräumen. Mit **„false balance"** wird die falsche Ausgewogenheit oder Gleichgewichtung von Argumenten zu einem Thema beschrieben. Sie spielt vornehmlich im Wissenschaftsjournalismus eine Rolle, muss aber auch in Schulbüchern berücksichtigt werden (Am Beispiel Klimakommunikation vgl. Schurmann 2022).

6. Indoktrinationen sind abzulehnen (siehe dazu die Ausführungen oben zum Beutelsbacher Konsens), aber Schulbücher haben das Recht, **Position zu beziehen**, wenn diese als solche deklariert wird. Die analysierten Schulbücher bemühen sich weitgehend, unterschiedliche Sichtweisen zu Wort kommen zu lassen.

7. Auch wenn unterschiedliche Sichtweisen vor- und zur Diskussion gestellt werden, sind Unterricht sowie Schulbücher jedoch nie wertfrei. **Wertungen** werden auch indirekt vorgenommen

---

[248] Die Empfehlungen richten sich auch an die Schulbuchkommission, die über die Approbation von Lehrmitteln entscheidet. Teilweise wird mehr Transparenz in dieser Entscheidungsfindung gefordert, wie eine parlamentarische Anfrage an den Bundesminister aus 2025 zeigt. Vgl. https://www.parlament.gv.at/dokument/XXVIII/J/2317/fnameorig_1686343.html

[249] Meine persönliche Erfahrung mit Studierenden zeigte mir, dass teilweise neoliberale Sichtweisen stark verbreitet sind.

in der Art, welche Inhalte dargestellt und welche ausgelassen werden. Eine Reflexion darüber in der Gestaltung von Schulbüchern ist relevant.

8. Dies führt zum Dilemma zwischen möglichst **umfangreicher Darstellung** von Themen gegenüber dem **Mut zur Lücke**. Die analysierten Schulbücher gehen hier unterschiedliche Wege zwischen dem Anspruch auf Ausführlichkeit und der bewussten Beschränkung auf bestimmte Inhalte, was das Dilemma aus Punkt 7 verschärft. Wenn Schulbücher vornehmlich für das selbsttätige Lernen der Schüler*innen verwendet werden, würde ich für weniger Text plädieren. Der Mut zur Lücke wird auch notwendig sein, wenn in Zukunft mehr Projektunterricht sowie Arbeit mit dem Internet stattfinden soll.

9. Texte müssen für Schüler*innen **altersgemäß verständlich** verfasst sein, was den meisten der analysierten Schulbücher gut gelingt. Wichtig sind Erklärungen von Fachbegriffen in einem Glossar, was unterschiedlich gut umgesetzt wird.

10. Da es mittlerweile eine **Vielzahl an Informationsquellen** jenseits der Schulbücher gibt – seien es didaktische Materialien, Videos, Datenbanken oder Apps –, soll in Schulbüchern auf sie Bezug genommen werden. Diese Quellen müssen nicht als Schulmaterialien approbiert sein, können aber weiterführende Informationen bieten.

11. Eine wichtige Rolle kommt weiterhin den Lehrerinnen und Lehrern zu, die den Unterricht anschaulich und lebendig gestalten. **Persönliche Sichtweisen** zu den behandelten Themen sollen durchaus einfließen, müssen aber als solche benannt werden. Es gibt kein wertfreies Unterrichten.

Inhaltliche Empfehlungen

1. Das in den Schulbüchern mehrheitlich vermittelte Bild der „scheinbar unbegrenzten Bedürfnisse“ und das propagierte Ziel von Wirtschaft, diese „mit knappen Mitteln“ zu befriedigen, stammt aus der Knappheitsgesellschaft und trifft auf unsere hochproduktiven Konsumgesellschaften nicht mehr zu (Holzinger 2016). Das Ziel von Wirtschaften ist stärker zu verknüpfen mit einem in den Schulbüchern durchaus thematisierten **erweiterten Verständnis von Wohlstand bzw. Lebensqualität.**

2. Bei der Thematisierung der **Rolle von Werbung** ist nicht nur auf psychologische oder soziale Faktoren einzugehen, sondern auch auf den **strukturellen Wachstums- und Expansionsdrang** des Kapitalismus (Anders 1955, Holzinger 2024). Ziel darf nicht allein sein, Schüler*innen darin zu unterstützen, nicht oder weniger auf Fallen der Werbung, die mittlerweile durch das Internet neue Dimensionen erreicht hat, hereinzufallen, sondern es müssen diese strukturellen Zwänge reflektiert werden.

3. Die Grenzen der **Aussagekraft des BIP** werden in den Schulbüchern erwähnt, als ergänzende Indikatoren meist der Human Development Index, der Ökologische Fußabdruck sowie der Better Life Index der OECD vorgestellt. Erweiterte **Indikatoren** wie der Happy Planet Index und der Sustainable Development Index, die Donut-Ökonomie (Raworth 2018), die Gemeinwohlökonomie (Felber 2012), die Wellbeing Economy (Holzinger 2024) wären ebenfalls zu berücksichtigen und insbesondere ist stärker auf den Konnex zur Frage des Wirtschaftswachstums Bezug zu nehmen.

4. **Ökologische Fragen** werden zwar behandelt, aber – mit einer Ausnahme, dem Schulbuch *Geografisch,* bedingt auch *Geospots* – nicht in ihrer Dringlichkeit, wie dies etwa die „Planetary Boundaries“ nahelegen. Dies gilt auch für die Klimakrise, die durchwegs als **Klimawandel** bezeichnet wird, deren Gefahren zu wenig betont werden. Formulierungen wie „Viele Expertinnen und Expertinnen gehen davon aus, dass …“ oder das gleichgewichtige Nebeneinanderstellen

von Risiken und Chancen durch die Klimaerwärmung verharmlosen die Herausforderung. Die **Klimakrise** muss als solche bezeichnet, die Ergebnisse der Klimaforschung, etwa der IPCC-Berichte, müssen dargestellt werden. Formulieren wie „Der Mensch oder die Menschheit ist verantwortlich..." sind irreführend und wären zu ersetzen etwa durch „Die Menschen in den Hochkonsumländern sind verantwortlich ...", sowie in der Fachliteratur statt von Anthropozän von Kapitalozän gesprochen wird (Altvater 2015).

5. Die **Übernutzung des Planeten** wird zudem – wiederum mit einer Ausnahme, dem Schulbuch *Geografisch* – nicht bzw. viel zu wenig als strukturelles Problem des hohen Güterausstoßes durch die industrielle Produktionsweise sowie den Expansionsdrang des Kapitalismus beschrieben. Meist wird der **Ökologische Fußabdruck** sowie der **World Overshoot Day** als Beleg für die Übernutzung des Planeten herangezogen. Das Projekt der Planetary Boundaries des Stockholm Resilience Center (o. J.) trifft aber wissenschaftlich genauere Aussagen über die Überbelastung der Ökosysteme. Zudem wird am Konzept des Ökologischen Fußabdruck kritisiert, dass er nur auf die individuelle Veränderung des Lebensstils abzielt und strukturelle Änderungen außen vorlässt. Mit dem Konzept des **Handabdrucks** werden strukturelle Maßnahmenvorschläge mit größerer Hebelwirkung vermittelt. Es müssen in der **Wirtschafts-** und **Nachhaltigkeitsbildung** strukturelle Zusammenhänge zwischen von Produktions- und Konsum- bzw. Lebensstilen hergestellt werden, Tipps für Lebensstilmaßnahmen reichen nicht (Holzinger 2020a). Die „imperiale Lebensweise" (Brand/ Wissen 2017) sowie die „Externalisierungsgesellschaft" (Lessenich 2016) müssen thematisiert werden.

6. Eine zentrale Frage in den Fachdiskursen ist jene des **Wirtschaftswachstums**. Dieses wird in den Schulbüchern als eines der Ziele der Wirtschaftspolitik und mehrheitlich als weiterhin notwendig beschrieben. Auf den Wachstumsdrang des Kapitalismus wird z. T. verwiesen, doch nur ein Schulbuch – *global* – verweist auf das Problem des **exponentiellen Wachstums**, das physisch dauerhaft unmöglich ist (Deutschmann 2025). Einige Schulbücher stellen die **Postwachstumsperspektive** vor und stellen dieser den Ansatz des **grünen Wachstums** gegenüber. Mehrmals wird mit letzterer die Hoffnung verbunden, dass die Energie- und Nachhaltigkeitswende zu neuem Wachstum führen würde. In der Wirtschaftsbildung muss genauer auf diese Ansätze eingegangen werden – Studien zeigen nämlich, dass die geforderte starke Entkopplung von Wirtschaftswachstum und Ressourcenverbrauch nicht gelingt (Raworth 2018, Hickel 2018, Tocha 2022, Parrique 2024). Argumente für und gegen Wirtschaftswachstum müssen ausführlich dargestellt, Missverständnisse über Postwachstum aufgeklärt werden (Holzinger 2024). Es gibt dazu exzellente, wissenschaftliche Debatten, etwa den Blog „Postwachstum" oder die Initiative „Wachstum im Wandel".

7. In allen Büchern wird der **freien** bzw. der **sozialen Marktwirtschaft** als „Sonderform" die **ökosoziale Marktwirtschaft** gegenübergestellt. Das ist irreführend. Wenn wir den Übergang zu nachhaltigen Gesellschaften schaffen wollen, dann müssen alle Marktwirtschaften zu ökosozialen Marktwirtschaften werden – mit den Instrumenten der Internalisierung der ökologischen Kosten sowie der Begrenzung der Ressourcennutzung. Klimaneutralität und Wirtschaften in Kreisläufen sind hier als Zukunftsperspektiven zu vermitteln.

8. **Marktwirtschaft** wird häufig mit **Kapitalismus** gleichgesetzt, doch auch das ist irreführend. Marktwirtschaften können auch gedeihen mit vielen kleinen und mittleren Unternehmen, die vor allem lokale und regionale Märkte versorgen (Scheub/Küttner 2020, Novy u. a. 2023). Diese Unternehmen unterliegen keinem Wachstumszwang und müssen nicht befürchten, von anderen aufgekauft zu werden. Das Ziel ist, dass man als Unternehmen gut über die Runden kommt. Das schließt Wandel und Innovation durchaus ein (Holzinger 2024, Kap. Postwachstumsunternehmen). Im Kapitalismus tritt neben das Interesse der Unternehmer*innen und Belegschaf-

ten, ein Unternehmen gut zu führen, jenes der Kapitalgebenden nach möglichst hoher Rendite. Das Management ist angehalten, möglichst hohe Gewinne zu erzielen, darum spricht man von **Shareholder value-Kapitalismus.** Die Gefahr von Übernahmen kleinerer durch größere Unternehmen oder der Aufkauf durch Hedgefonds steigt. Die Unternehmenskonzentration nimmt zu, die Markt – und Werbemacht der Großen steigt. Kapitalismus ist somit zwar produktiv, aber sozial und ökologisch blind, wie ausgeführt wurde. In der **Wirtschaftsbildung** muss vermittelt werden, wie der **Kapitalismus gezügelt** werden kann – seine Abschaffung ist weder möglich und wohl auch nicht notwendig. Instrumente sind etwa strenge Kartellgesetze, die Begrenzung von Aktiengewinnen und Managergehältern, strenge soziale und ökologische Standards sowie die Begrenzung der Unternehmensgrößen (Levermann 2023, Onken 2022; Schulmeister 2021). Genossenschaften und Stiftungsunternehmen sind Alternativen, aber werden wohl Nischenphänomene bleiben. Das führt zum nächsten.

9. Alle Schulbücher thematisieren die **Beschaffung von Kapital** für Unternehmen, das Funktionieren der **Finanzmärkte** und die unterschiedlichen **Anlageformen**. Neben den Chancen und Risiken für Anlegende wird auch die Möglichkeit von **nachhaltigen Investments** beschrieben. Diese seien für jene gedacht, die soziale und ökologische Verantwortung übernehmen wollen. Doch das reicht nicht. In Zukunft müssen alle Kapitalströme in nachhaltige Investments fließen – dies ist einer der größten Hebel für die Wirtschaftswende und eine notwendige Beschneidung bzw. **Einhegung des Kapitalismus** (Otte u. a. 2020). Die Untersagung von Investments in fossile Energie- oder Rüstungsunternehmen ist derzeit schwer vorstellbar, umso mehr als wir aktuell ein geopolitisches und ökologisches Rollback erleben. Aber dies muss die Richtung sein. Erste Schritte sind die **EU-Taxonomie**, über die Finanzinstitute und Unternehmen ausweisen müssen, wie viele ihrer Investments in grüne Bereiche gehen (Holzinger 2024, Kap. Finanzwende). Weitere Schritte wären die deutlich höhere Besteuerung der Gewinne aus nichtnachhaltigen Investments.

10. Bei den in den Schulbüchern meist sehr ausführlich beschriebenen **Anlageformen** und die teilweise affirmative Aufforderung nicht nur in Sparbüchern Geld anzulegen, fehlt die Thematisierung der Frage, wer in der Gesellschaft es sich leisten kann, in größeren Mengen **Kapital** zu investieren. Grafiken zur Vermögensverteilung werden, wenn überhaupt, unkommentiert wiedergeben. Dies müsste jedoch in allen Schulbüchern thematisiert werden – und auch die grundsätzliche Frage, wie weit es ethisch vertretbar ist, nicht selbst, sondern sein Geld für sich arbeiten zu lassen, wie dies etwa in einem neuen Zweig der Wirtschaftsethik mit dem Begriff des **Limitarismus** (Robeyns 2024) ausgedrückt wird. Gemeint wird damit, auf welche Höhe Kapitalgewinne begrenzt werden sollen im Sinne eines „begrenzten Kapitalismus" (Levermann 2023, Schulmeister 2018).

11. Vom (nicht wirklich) „arbeitenden" Geld zur Arbeit durch Menschenhand. Der Ansatz einer heterodoxen sowie der feministischen Ökonomie vertritt einen weiten **Arbeitsbegriff,** der neben der Erwerbsarbeit auch die Sorgearbeit und das Freiwilligenengagement umfasst. In den untersuchten Schulbüchern erfolgt dies in unterschiedlichem Maße – am ausgeprägtesten in *Geografisch*. Im Bereich der Erwerbsarbeit wird auf viele Aspekte eingegangen – von **Beschäftigungsformen** über die **Vereinbarkeit** von Beruf und Familie bis hin zu **Arbeit 4.0. Arbeitszeitverkürzungen** und neue Arbeitszeitmodelle werden jedoch nur bedingt angesprochen. Wirtschaftsbildung muss zukünftig stärker auf innovative Arbeitszeitmodelle eingehen, weil diese – wie in *Geografisch* dargestellt – von jüngeren Generationen gefordert werden. Die aktuelle Diskussion in Österreich über „Lifestyle"-Teilzeit allein legt eine konstruktive Auseinandersetzung nahe. Neue **Arbeitszeitmodelle** und flexible Formen der Arbeitszeitverkürzung werden aber auch aus technologischen (weitere Automatisierung) sowie ökologischen Gründen (weniger Erwerbsarbeit führt zu weniger Umweltverbrauch) nötig sein (Holzinger 2024, Mau 2024).

Dabei wird auch über Vor- und Nachteile eines **bedingungslosen Grundeinkommens** zu diskutieren sein (Prainsack 2020).

12. Breiten Raum geben die Schulbücher der **Gründung von Unternehmen**, geschuldet der EU-Vorgabe für „Entrepreneurship-Education". Es macht Sinn, unterschiedliche Unternehmensformen, den Weg zur Gründung eines Unternehmens sowie die dafür erforderlichen Kompetenzen kennenzulernen. Doch teilweise werden die erforderlichen persönlichen Eigenschaften und Fähigkeiten, um als Unternehmer*in tätig werden zu können, idealisiert und von den realen wirtschaftlichen Bedingungen wie hoher Kapitalbedarf, Wettbewerb, Konkurrenz oder tatsächlicher Bedarf an neuen Unternehmen abstrahierend dargestellt. Die meisten Unternehmen gehen durch Betriebsübergaben in die junge Generation über und die meisten jungen Menschen werden auch in Zukunft als unselbständig Erwerbstätige ihr Einkommen lukrieren. Hier dürfen keine Illusionen über **Startups** vermittelt werden. Sinnvoll sind – wie in manchen Büchern ausgeführt wird – Einführungen in die **Buchhaltung**, in die **Unternehmensprozesse** einschließlich der Aufgaben des Managements sowie der Rechte und Pflichten von Unternehmer- und Arbeitnehmer*innen und der betrieblichen Mitbestimmung, wie im Buch *Durchblick* dargestellt wird.
13. Die Notwendigkeit einer **Energiewende** wird zu wenig betont. Mehrheitlich wird in den Schulbüchern davon ausgegangen, dass die fossilen Energieträger auch das 21. Jahrhundert bestimmen werden. Es werden mehrfach die Widerstände gegen Windkraftanlagen benannt und Fotovoltaik nur am Rande – mit Ausnahme von *Geografisch, Geospots* und *global* – erwähnt. Die Notwendigkeit und Potenziale der erneuerbaren Energieträger müssen jedoch sowie die Notwendigkeit, den Energieverbrauch zu drosseln, viel stärker thematisiert werden (Holzinger 2024. Kap. Energiewende).
14. Die **Mobilitätswende** wird zum Teil mit dem Übergang zu E-Antrieben angesprochen, wenn auch mit Einwänden dagegen. E-Mobilität wird nur ein Teil der Lösung sein, ihre bessere Ökobilanz gegenüber Verbrennungsmotoren ist aber mittlerweile bewiesen (Holzinger 2024, Kap. Mobilitätswende). Die Mobilitätswende wird in Zukunft vor allem aus „Verkehr vermeiden und verlagern" bestehen müssen. Dazu kommen neue Antriebe, die in E-Motoren zu sehen sind. Mobilität ist wie Wohnen auch Thema der **Raumordnung** und **Stadtentwicklung** – diese Bereiche waren aber nicht Gegenstand der Analyse. Querverweise dazu in der Wirtschaftsbildung sind aber wichtig.
15. Beim Thema **Industrie** werden vor allem die Herausforderungen durch Produktionsverlagerungen in Billiglohnländer sowie die Chancen und möglichen Risiken durch weitere Automatisierungen angesprochen. Dass die Industrie mit ihren teilweise sehr hohem Energieeinsatz etwa in der Chemie-, Stahl- oder Zementindustrie vor großen Herausforderungen steht, wenn diese „grün" werden soll, muss in den Schulbüchern ebenso Thema werden wie die Grenzen dieser Strategie (Holzinger 2024, Kap. Industriewende).[250]
16. Kaum bis gar nicht wird in den Schulbüchern auf die Notwendigkeit eines Übergangs zu konsequenten **Kreislaufwirtschaften** eingegangen. Hinweise auf Abfalltrennen und mehr Recycling reichen hier nicht. Es geht um ein völlig neues Design unserer Produkte, um neue Werkstoffe, um Länger-Nutzen und neue Geschäftsmodelle des Leasings. Werden Dinge länger oder gemeinschaftlich benutzt, dann führt dies tendenziell zur Schrumpfung des notwendigen Outputs, wodurch ein Konnex zu Postwachstumsstrategien hergestellt ist (Holzinger 2020b, Holzinger 2024, Kap. Stoffwende).

---

[250] Vgl. auch https://commission.europa.eu/strategy-and-policy/priorities-2019-2024/european-green-deal/green-deal-industrial-plan_de. Abgerufen am 5.8.2025

17. **Landwirtschaft** wird in den Schulbüchern v.a. im Kontext der Strukturveränderungen hin zu größeren Betrieben sowie der Übernutzung der Natur durch die „konventionelle" Landwirtschaft beschrieben, „ökologische Landwirtschaft" dabei als Zukunftsweg bezeichnet, der sich wachsender Nachfrage erfreue – mit Betonung des „Musterlandes Österreich". Der Wandel des Konsument*innen-Bewusstseins wird sehr bzw. zu positiv dargestellt, Lebensmittelverschwendung zwar als Problem beschrieben, die Notwendigkeit einer **grundlegenden Ernährungswende** mit der deutlichen Reduzierung tierischer Produkte, v.a. des Fleischkonsums, nur sehr bedingt angesprochen. Dass Massentierhaltung ein ethisches Problem sein könne, wird nicht thematisiert (Kappes 2025). Zukunftsfähige Ernährungsstile sind in den Schulbüchern aus ökologischen, tierethischen und gesundheitlichen Überlegungen stärker zu verankern, umso mehr, als junge Menschen heute dafür ohnedies stärker sensibilisiert sind. Ansätze wie Ernährungssouveränität (Forstner 2025) oder die Planetary Health Diet (Holzinger 2024, Kap. Ernährungswende) sollen eingebaut, Verbindungen zu Hauswirtschaftslehre hergestellt werden. In den Blick zu nehmen ist das gesamte **Ernährungssystem**, das etwa die Konzentrationsprozesse in der Lebensmittelindustrie sowie im Handel thematisiert.

18. Beim **Tourismus** wird in den Schulbüchern sehr wohl auf ökologische und soziale Probleme wie Wasserverknappung, Klimawandelverstärkung oder „Overtourismus" eingegangen. Stärker zu reflektieren wären jedoch die Motive des Reisens und wie viel Reisen zukünftig aus ökologischen Gründen noch machbar sein wird (Kapeller 2022). Der Tourismus muss sich nicht nur an sich verändernde klimatische Bedingungen anpassen, er trägt selbst stark zur Klimakrise bei.

19. In der Behandlung der **Wirtschaftspolitik** wird auf das **magische Vieleck** und die sich daraus ergebenden **Zielkonflikte** etwa zwischen Wirtschaftswachstum und Umweltschutz, Vollbeschäftigung und Umweltschutz oder Wohlfahrtsleistungen und Staatsverschuldung eingegangen. Wie bei der Thematisierung von Nachhaltigkeit wird dabei Ökologie als ein Aspekt neben anderen dargestellt. Aus Sicht der Ökosystemforschung muss der Erhalt der Lebensgrundlagen den anderen Zielen vorgereiht werden – Ansatz der „strengen Nachhaltigkeit" –, weil intakte Ökosysteme die Grundlage allen Lebens sind. In Zukunft muss in den Schulbüchern stärker die Frage gestellt werden, welches materielle Wohlstands- und Kaufkraftniveau ökologisch verträglich ist. Gesprochen wird von „Konsumkorridoren" sowie Minimal- und Maximaleinkommen (Novy u. a. 2023). Wirtschaftspolitik würde dann vom Ziel des Erhalts des erreichten Lebensstandards übergehen zu einer Strategie, die die **Sicherung der Grundbedürfnisse** in den Mittepunkt stellt. Dies hieße etwa Erhalt und Ausbau der öffentlichen Daseinsvorsorge statt Stimulierung des privaten Konsums (Novy u. a. 2023, 2025, Holzinger 2024, Kap. Moderne Bedarfsökonomie).

20. In den Ausführungen zur **Sozialpolitik** gibt es zwei Stoßrichtungen: Einige Schulbücher stellen die Vorzüge und Errungenschaften des Wohlfahrtstaates in den Mittelpunkt, andere dessen Nicht-Mehrfinanzierbarkeit sowie das Einfordern von mehr Eigenverantwortlichkeit, was etwa durch verschärfte Bedingungen für Arbeitslose oder mehr Anreize zur Eigenvorsorge erwartet wird. Zudem betonen einige Schulbücher die generellen Leistungen des Sozialstaates für alle Bürger*innen, andere stellen die Bedürftigen als Zielgruppen in den Vordergrund. Hier gilt das oben bereits Gesagte: Nicht der Erhalt des hohen materiellen Standards, sondern die **gute Versorgung mit den Grundgütern** muss auch ins Zentrum der Sozialpolitik rücken (Novy u. a. 2023, 2025, Holzinger 2024). Sozialpolitik muss sich den demografischen Herausforderungen stellen (diese wurden aber in der Untersuchung nicht thematisiert). An Bedeutung gewinnt auch die Vermeidung von sogenannten Negativkosten, etwa durch eine präventive Gesundheits- und Sozialpolitik (vgl. etwa Seidl/Zahrndt 2010, Daly 1999).

21. Im Zusammenhang mit **Budgetpolitik** und der **Sicherung der Wohlfahrtssysteme** wird mehrfach, wenn auch unterschiedlich stark auf das Problem der **Staatsverschuldung** eingegangen. Ein Schulbuch stellt Kürzungen von Leistungen der Erhöhung der Eigenvorsorge gegenüber. Ein anderes Schulbuch schlägt höhere vermögensbezogene Steuern vor. Hinter den Vorschlägen stehen unterschiedliche Strategien bzw. ideologische Anschauungen, die man als „neoliberal“ versus „keynesianisch“ charakterisieren kann. Übersehen wird dabei aber, dass jenseits ideologischer Überzeugungen, Schulden und Vermögen nicht voneinander getrennt werden können (Dietz 2013). Nur wenn es Schulden gibt, kann es Vermögen geben und umgekehrt. Eine **Schuldenbremse** erfordert somit auch eine **Vermögensbremse** wie im dazugehörigen Kapitel ausgeführt wurde. Diese finanzbilanzielle Sicht ist in den Schulbüchern zu berücksichtigen.

22. Die Erklärungen für **Inflation** in den Kapiteln zur **Finanzpolitik** geben die in allen Lehrbüchern genannten Ursachen wie externe Effekte, etwa Rohstoffverteuerungen, sowie Dynamiken wie Lohn-Preis-Spiralen wieder. Neu ist die Diskussion über die von Unternehmen ausgelöste sogenannte **Gewinninflation** (Unternehmen preisen nicht nur eigene Kostensteigerungen ein, sondern erhöhen auch die eigenen Gewinne) sowie die **Vermögenspreisinflation**, z. B. überhöhte Immobilienpreise durch Spekulation oder überschüssiges Kapital (Piketty 2021). Zudem wird betont, dass die Auswirkungen von Preissteigerungen, also Inflation, abhängig sind vom verfügbaren Einkommen – Menschen mit niedrigem Einkommen sind bedeutend stärker davon betroffen als jene mit hohem Einkommen (Berger/Steininger 2025). Diese Aspekte sind zu ergänzen.

23. **Ungleichheit** wird in den Schulbüchern unterschiedlich behandelt. Manche betonen die Ungleichheit global oder zwischen Regionen, manche betonen eher die Ungleichheit bei den Einkommen, nur zum Teil wird jene bei den Vermögen problematisiert. In der **Ungleichheitsforschung** werden alle Aspekte berücksichtigt, jene bei den Vermögen wird jedoch als die problematischste angesehen. Hohe Vermögensunterschiede würden durch Vererbung Ungleichheit zementieren, die Demokratie gefährden und den Staaten Mittel entziehen. Vermögende gibt es auch in ärmeren Staaten und es könne nicht darauf vertraut werden, dass Vermögende ihr Kapital gemeinwohlorientiert einsetzen (Schürz 2018, Robeyns 2023). Ungleichheit muss in allen Schulbüchern als „multidimensionales Phänomen“ (Fischer/Grandner 2019) sowie ihren vielfältigen Ursachen behandelt werden. Es ist zu wünschen, dass in den Schulbüchern stärker (un)zumutbare Reichtumsunterschiede thematisiert werden. Verwiesen werden kann dabei auch auf empirische Befunde, dass weniger ungleiche Gesellschaften weniger Krisen und mehr Lebensqualität aufweisen (Wilkinson/Pickett 2009, Wilkinson 2010).

24. **Globalisierung und weltweiter Handel** werden in den meisten Büchern mit ihren Chancen und Problemen beschrieben. Genannt werden etwa billigere Produkte durch mehr Wettbewerb als Vorteil für uns als Konsument*innen, die Verlagerung von Arbeitsplätzen in Billiglohnländer als Nachteil, wobei die Gewichtung nach Schulbüchern variiert. Das bestehende Welthandelssystem wird teilweise kritisiert, der Welthandel an sich aber nicht in Frage gestellt. Aus ökologischer Sicht muss Wirtschaftsbildung nicht nur über einen ethischen oder fairen Welthandel reflektieren, sondern auch darüber, wie viel Welthandel überhaupt sinnvoll und nötig ist (Felber 2017, Felber u. a. 2025, Loske 2025).

25. Alle Schulbücher gehen auf **Entwicklungszusammenarbeit** ein, meist wird dabei auch der Begriff „Entwicklungsländer“ reflektiert, aber dennoch verwendet, auch der Begriff „unterentwickelte Länder“ kommt weiterhin vor. Die vorgebrachte Kritik an der Entwicklungszusammenarbeit ist berechtigt, aufgepasst werden muss aber, dass diese nicht Wasser auf den Mühlen jener wird, die diese aus Spargründen einstellen wollen. Wichtig ist eine Reflexion über die Begriffe „Entwicklung“, „nachholende Entwicklung“ sowie „Entwicklung des Nordens und des

Südens." Denn der vorherrschende Wirtschafts- und Lebensstil in den nach wie vor fossil angetriebenen Hochkonsumländern ist alles andere als nachhaltig, daher auch entwicklungsbedürftig. Der in manchen Schulbüchern neben Effizienz und Konsistenz eingeführte Begriff der **Suffizienz** (Paech 2025, Holzinger 2016) wird eine wichtige Leitlinie für das 21. Jahrhundert sein müssen. Dies erfordert seitens der Politik ein entsprechendes „Erwartungsmanagement" (Kurz 2023) gegenüber der Wählerschaft und ein offenes Ansprechen mit den Schüler*innen in der Wirtschaftsbildung.

Literatur

Ablasser, Laura (2023): Ökonomische Modelle in betriebs- und volkswirtschaftlichen Schulbüchern für die Handelsakademien. Eine Schulbuchanalyse zur Darstellung von Wirtschaften. Masterarbeit, Universität Graz. Download: https://unipub.uni-graz.at/obvugrhs/content/titleinfo/9264117/full.pdf

Achleitner, Sophie u. a. (2025): Perspektive Feministische Ökonomie. In: Armutskonferenz u. a., a. a. O., S.75-86.

Acosta, Alberto; Brand, Ulrich (2017): Radikale Alternativen. Warum man den Kapitalismus nur mit vereinten Kräften überwinden kann. oekom.

Altvater, Elmar. (2015): Das Erdzeitalter des Kapitals. In: Le Monde diplomatique (Hrsg.): Atlas der Globalisierung. Weniger wird mehr. taz-Verlag.

APCC (2023): APCC Special Report: Strukturen für ein klimafreundliches Leben. Springer Spektrum. Download: https://klimafreundlichesleben.apcc-sr.ccca.ac.at/

Anders, Günter (1955): Die Antiquiertheit des Menschen. Bd. 2. Über die Zerstörung des Lebens im Zeitalter der industriellen Revolution (Neuausg. 1981). C. H. Beck.

Arbeiterkammer Salzburg (2024): Wohlstand und Lebensqualität im Bundesland Salzburg 2023. Download: https://sbg.arbeiterkammer.at/service/broschueren/wirtschaftsdaten/Wohlstandsbericht_2023_AKSbg.pdf.

Armutskonferenz u. a. (Hrsg., 2025): Wir alle machen Wirtschaften. Für eine zukunftsfähige Wirtschafts- und Finanzbildung. Mandelbaum.

Bernhofer, Dominik; Kaiser, Mathias (2024): Wer profitiert von den Plänen zur Senkung der Körperschaftsteuer? Download: https://www.awblog.at/Wirtschaft/Plaene-zur-Senkung-der-Koerperschaftsteuer

Berger, Christian; Steininger, Lea (2025): Geld und Inflation - Was ist das? In: Armutskonferenz u. a., a. a. O., S. 108 - 117.

Binswanger, Hans Christoph (2009): Wege aus der Wachstumsspirale. In: Welches Wachstum ist nachhaltig? Ein Argumentarium. Hrsg. v. Friedrich Hinterberger u. a. Wien, S. 224–228. Download: https://www.mandelbaum.at/docs/754765747.pdf

Binswanger, Mathias (2016): Tretmühlen des Glücks. Wir haben immer mehr und werden nicht glücklicher. Was können wir tun? Verlag Herder.

Blühdorn, Ingolfur u. a. (2020): Nachhaltige Nicht-Nachhaltigkeit. Warum die ökologische Transformation der Gesellschaft nicht stattfindet. transcript Verlag.

Böckler-Stiftung (2024): Datencheck entkräftet Mär vom aufgeblähten deutschen Sozialstaat. Download: https://www.boeckler.de/de/pressemitteilungen-2675-datencheck-entkraeftet-maer-vom-aufgeblaehten-deutschen-staat-57403.htm

Bourcade, Kay; Herzmann, Karsten (2018): Die Scheinkrise. Warum es uns besser geht als je zu vor und wir dennoch das Gefühl haben zu scheitern. Wochenschau-Verlag.

Brand, Ulrich; Wissen, Markus (2017): Imperiale Lebensweise. Zur Ausbeutung von Mensch und Natur im globalen Kapitalismus. oekom.

Brand, Ulrich; Wissen, Ulrich (2024): Kapitalismus am Limit. Öko-imperiale Spannungen, umkämpfte Krisenpolitik und solidarische Perspektiven. oekom.

Bundesministerium für Arbeit und Wirtschaft (2024): Jugend und Arbeit in Österreich. Download: file:///C:/Users/Administrator/Downloads/Jugend%20und%20Arbeit%20in%20%C3%96sterreich%202023_2024.pdf

Buschmann, Dovaine u. a. (2025): Einleitung und Vorwort. In: Armutskonferenz u. a., a. a. O., S. 9 – 15.

Butterwegge, Christoph (2021): Ungleichheit in der Klassengesellschaft. PapyRossa.

CCCA (2025): Zweiter Sachstandbericht zum Klimawandel. Download: https://aar2.ccca.ac.at/bericht.

Club of Rome (Hrsg.; 2022): Earth for All. Ein Survivalguide für unseren Planeten. Der neue Bericht an den Club of Rome, 50 Jahre nach „Die Grenzen des Wachstums“. oekom.

Daly, Herman (1999): Wirtschaft jenseits von Wachstum: Die Volkswirtschaftslehre nachhaltiger Entwicklung. Pustet Verlag.

Deutschmann, Emanuel (2025): Die Exponentialgesellschaft. Vom Ende des Wachstums zur Stabilisierung der Welt. Suhrkamp.

Dietz, Raimund (2013): Geld und Schuld. Eine ökonomische Theorie der Gesellschaft. Metropolis.

Felber, Christian (2012): Gemeinwohlökonomie. Das Wirtschaftsmodell der Zukunft. Ueberreuter.

Felber, Christian (2014): Geld. Die neuen Spielregeln. Deuticke.

Felber, Christian (2017): Ethischer Welthandel. Alternativen zu TTIP, WTO & Co. Deuticke.

Felber, Christian u. a. (2025): A New Paradigm for the EU's Global Trade Strategy. Ethical World Trade and Economy for the Common Good. Download: https://www.cbs.de/blog/eine-handelsrevolution-fuer-die-eu-wie-koelner-forschung-soziale-gerechtigkeit-und-umweltschutz-vereint.

Fessler, Pirmin; Hinsch, Stefan (2011): Wie funktioniert Wirtschaft? Eine kritische Einführung. Promedia.

Fischer, Karin; Grandner, Margarete (Hrsg[innen], 2019): Globale Ungleichheit. Über Zusammenhänge von Kolonialisierung, Arbeitsverhältnissen und Naturverbrauch (Gesellschaft – Entwicklung – Politik 19). Mandelbaum.

Fischer, Karin; Grandner, Margarete (2019): Globale Ungleichheit -eine Einführung. In: Globale Ungleichheit. a. a. O., S. 8-28.

Fischer, Karin (2019a): Die Geografie der weltweiten Einkommensungleichheit – Eine Lotterie der Geburt. In: Globale Ungleichheit, a. a. O., S. 214-235.

Fischer, Karin (2019b): Reichtum, Macht und Vermögensungleichheit. In: Globale Ungleichheit, a. a. O., S. 208-296.

Forster, Franziskus (2025): Landwirtschaften ist Wirtschaften. In: Armutskonferenz u. a., a. a. O., S. 164 - 173.

Fromm, Erich (1993): Haben oder Sein. Die seelischen Grundlagen einer neuen Gesellschaft. dtv.

Gates, Bill (2021): Wie wir die Klimakatastrophe verhindern. Welche Lösungen es gibt und welche Fortschritte nötig sind. Piper Verlag.

Girkinger, Michael (2023): Alles. Immer. Besser. Licht und Schatten der Selbstoptimierung. Promedia Verlag.

Graeber, David (2012): Schulden. Die ersten 5000 Jahre. Klett-Cotta.

Goerres, Matthias; Spangenberg, Joachim (2024): Kippen, aber richtig. Von sozialen und ökologischen Kipppunkten. In: Politische Ökologie, a. a. O.

Gronemeyer, Marianne (2008): Genug ist genug. Über die Kunst des Aufhörens. Primus-Verlag.

Haidinger, Bettina; Knittler, Käthe (2013): Feministische Ökonomie. Eine Einführung. Mandelbaum.

Hedtke, Reinhold (2008): Ökonomische Denkweisen. Eine Einführung. Multiperspektivität - Alternativen - Grundlagen. Wochenschau Verlag.

Herrmann, Ulrike (2022): Das Ende des Kapitalismus. Warum Wachstum und Klimaschutz nicht vereinbar sind - und wie wir in Zukunft leben werden. Kiepenhauer & Witsch.

Hickel, Jason (2018): Die Tyrannei des Wachstums. Wie globale Ungleichheit die Welt spaltet und was dagegen zu tun ist. dtv.

Holzinger, Hans (2010): Wirtschaften jenseits von Wachstum? Befunde und Ausblicke. Wachstum im Wandel – Zukunftsdossier 1. Download: https://archive.wachstumimwandel.at/zukunftsdossier-wirtschaften-jenseits-von-wachstum-befunde-und-ausblicke.

Holzinger, Hans (2016): Von nichts zu viel – für alle genug. Perspektiven eines neuen Wohlstands. oekom.

Holzinger, Hans (2017): Wie wirtschaften? Ein kritisches Glossar. Eigenverlag. Download: https://hans-holzinger.org/wp-content/uploads/2023/01/wie-wirtschaften_ein-kritisches-glossar-holzinger-2017_e-paper.pdf

Holzinger, Hans (2018a): Sustainable Development Goals. Download: https://archive.wachstumimwandel.at/wp-content/uploads/SDGs_Factsheet_WIW_Holzinger_mitGrafiken_GP.pdf.

Holzinger, Hans (2018b): Klimapolitik am Prüfstand. Download: https://archive.wachstumimwandel.at/wp-content/uploads/SDGs_Factsheet_WIW_Holzinger_mitGrafiken_GP.pdf.

Holzinger, Hans (2019): Dogma Wachstum. Eine kritische Würdigung der Sustainable Development Goals. In: Sozialwissenschaftliche Rundschau 2019/1, S. 6-23. Download: https://jungk-bibliothek.org/wp-content/uploads/2019/05/Dogma-Wachstum_SDGs_-SWS-Rundschau-2019_01-Holzinger.pdf

Holzinger, Hans (2020a): Wann lernen Gesellschaften? Gelingensfaktoren und Barrieren für gesellschaftlichen Wandel im Kontext von Bildung für nachhaltige Entwicklung. JBZ-Arbeitspapier 49. Download: https://jungk-bibliothek.org/wp-content/uploads/2020/04/ENDTEXT-JBZ-AP-49-Holzinger.pdf

Holzinger, Hans (2020b): Mehr Effizienz allein reicht nicht. In: Kreislaufwirtschaft in der EU. Eine Zwischenbilanz. Hrsg. v. Sepp Eisenriegler. Springer-Verl., S. 195-216.

Holzinger, Hans (2023): Wie der Wandel gelingen kann. Ansätze aus der Transformationsforschung, Umweltpsychologie und Klimakommunikation. Download: https://hans-holzinger.org/2023/05/17/wie-der-wandel-gelingen-kann-ansatze-aus-der-transformationsforschung-umweltpsychologie-und-klimakommunikation/

Holzinger, Hans (2024): Wirtschaftswende. Transformationsansätze und neue ökonomische Konzepte im Vergleich. oekom.

Hüttmann, Christian (2025): Eine Bedingungslose Grundversorgung als Grundlage bedürfnisorientierten Wirtschaftens. In: Armutskonferenz u. a., a. a. O., S. 154 - 163.

IPCC (2023): Climate Change 2023: Synthesis Report. A Report of the Intergovernmental Panel on Climate Change. Download: www.ipcc.ch

Jackson, Tim (2019): Wohlstand ohne Wachstum. Leben und Wirtschaften in einer begrenzten Welt. oekom.

Jackson, Tim (2025): Ökonomie der Fürsorge. Warum wir Wohlstand, Gesundheit und Arbeit neu denken müssen. oekom.

Jäger, Johannes; Springler, Elisabeth (2025): Was ist wirtschaftliche Globalisierung? In: Armutskonferenz u. a., a. a. O., S. 97 - 107.

Jakobs, Hans-Jürgen (2016): Wem gehört die Welt? Die Machtverhältnisse im globalen Kapitalismus. Albrecht Knaus Verlag.

JBZ (2024): Die besten Bücher zur Klimakrise 2024. JBZ-Arbeitspapier 71. Download: https://jungk-bibliothek.org/2024/11/05/ap-71-die-besten-buecher-zur-klimakrise-2024/

Kapeller, Maria (2022): Lovely Planet. Mit dem Herzen reisen und die Welt bewahren. Kremayr & Scheriau.

Kappes, Bernd (Hrsg. 2025): Würde und Rechte von Tieren. Neue Perspektiven für eine zeitgemäße Tierethik. oekom.

Kemfert, Claudia (2023): Schockwellen. Letzte Chance für sichere Energien und Frieden. Campus Verlag.

Kessler, Wolfgang (2019): Die Kunst, den Kapitalismus zu verändern. Eine Streitschrift. Publik-Forum Verlag.

Klatzer, Elisabeth; Strickner, Alexandra (2025): Fair sorgen! Wirtschaften fürs Leben. In: Armutskonferenz u. a., a. a. O., S. S. 132 -143.

Kopatz, Michael (2016): Öko-Routine. Damit wir tun, was wir für richtig halten. oekom.

Kubon-Gilke, Gisela; Maier-Rigaud, Remi (2020): Utopien und Sozialpolitik. Über die Orientierungsfunktion von Gesellschaftsmodellen. Metropolis.

Kurz, Rudi (2023): Wachstumsunabhängigkeit: Transformation und Wohlstand erneuern – ohne Wachstum. In: Wirtschaftsdienst 2023/7. Download: https://www.wirtschaftsdienst.eu/inhalt/jahr/2023/heft/7/beitrag/wachstum-sunabhaengigkeit-transformation-und-wohlstand-erneuern-ohne-wachstum.html

Latour, Bruno; Schultz, Nikolaj (2022): Zur Entstehung einer ökologischen Klasse. Ein Memorandum. Suhrkamp.

Lessenich, Stefan (2016): Neben uns die Sintflut. Die Externalisierungsgesellschaft und ihr Preis. Suhrkamp.

Levermann, Anders (2023): Die Faltung der Welt. Wie die Wissenschaft helfen kann, dem Wachstumsdilemma und der Klimakrise zu entkommen. Ullstein Verlag.

Loske, Reinhard (2023): Ökonomie(n) mit Zukunft. Jenseits der Wachstumsillusion. Natur + Text.

Marterbauer, Markus; Zotter, Thomas (2024): Sozialpartnerschaft – ein zeitgemäßes Instrument der Konfliktlösung? Wirtschaft und Gesellschaft 50 (4), S. 5–19, Download: file:///C:/Users/Administrator/Downloads/2024_4_WuG_00_Editorial.pdf

Marterbauer, Markus; Schürz, Martin (2022): Angst und Angstmacherei. Für eine Wirtschaftspolitik, die Hoffnung macht. Zsolnay.

Mazzucato, Mariana (2015): Das Kapital des Staates. Eine andere Geschichte von Innovation und Wachstum. Campus.

Mau, Katharina (2024): Das Ende der Erschöpfung. Wie wir eine Welt ohne Wachstum schaffen. Löwenzahn.

Maier, Jürgen; Abshagen, Marie-Luise (2018): Internationale Handelspolitik und nachhaltige Entwicklungsziele – ein ambivalentes Verhältnis. In: Politische Ökologie153, S. 33-38.

Messner, Dirk (2011): Multipolare Welt. Das Ende der westlichen Dominanz. In: IO-Management (2011), Heft 4, S. 8 - 14

Nachtwey, Oliver (2016): Die Abstiegsgesellschaft. Über das Aufbegehren in der regressiven Moderne. Suhrkamp.

Nair, Chandran (2011): Der große Verbrauch. Warum das Überleben unseres Planeten von den Wirtschaftsmächten Asiens abhängt. oekom.

Newinger, Christina u. a. (Hrsg., 2017): energie.wenden. Chancen und Herausforderungen eines Jahrhundertprojekts. oekom.

Novy, Andreas u. a. (2023): Zukunftsfähiges Wirtschaften. Herausforderungen der sozialökologischen Transformation. Beltz.

Novy, Andreas u. a. (2025): Zukunftsfähige Wirtschaftsbildung in unsicheren Zeiten – das Beispiel Alltagsökonomie. In: Armutskonferenz u. a., a. a. O., S. S. 121-131.

Onken, Werner (2022): Marktwirtschaft ohne Kapitalismus. 3 Bände. oekom.

Onken, Werner (2025): Grundrisse einer Marktwirtschaft ohne Kapitalismus. 50 Fragen und Antworten. oekom.

Otte, Ilona u. a. (2020): Soziale Kippdynamik zur Stabilisierung des Erdklimas bis 2050.
Download: https://www.pnas.org/doi/10.1073/pnas.1900577117

Otte, Friederike (2023): Klimaungerechtigkeit. Was die Klimakatastrophe mit Kapitalismus, Rassismus und Sexismus zu tun hat. Ullstein.

Overy, Richard (2024): Warum Krieg? Rowohlt.

Paech, Niko (2012/2025): Befreiung vom Überfluss. Auf dem Weg in die Postwachstumsökonomie. oekom.

Parrique, Timothée (2024): Wachstum bremsen oder untergehen. Wie wir mit Degrowth die Welt retten. Fischer.

Peukert, Helge (2019): Mikroökonomische Lehrbücher. Wissenschaft oder Ideologie? Metropolis.

Petruch, Markus; Walcher, Dominik (2022): Der Stoff aus dem die Zukunft ist. 101 Produkte aus erneuerbarem Kohlenstoff. oekom.

Piketty, Thomas (2014): Das Kapital im 21. Jahrhundert. C.H. Beck.

Piketty, Thomas (2021): Der Sozialismus der Zukunft. C. H. Beck.

Piketty, Thomas (2023): Eine kurze Geschichte der Gleichheit. C. H. Beck.

Pistor, Katharina (2020): Der Code des Kapitals. Wie das Recht Reichtum und Ungleichheit schafft. Suhrkamp.

PLAGE (2025): Smart Marketing Reactor. Mini-Atomkraftwerke – Hoffnung oder heiße Luft? In: PLAGE-News, 1/25, S. 4f.

Plank, Christina (2023): Strategien zur sozialökologischen Transformation im Agrar- und Ernährungssystem. In: SWS-Rundschau Heft1/2023, S. 6-14.

Politische Ökologie (2024): Balanceakt. Vom Umgang mit Kipppunkten. Ausgabe Dezember 2024. oekom.

Prainsack, Barbara (2020): Vom Wert des Menschen. Warum wir ein bedingungsloses Grundeinkommen brauchen. Brandstätter.

Prainsack, Barbara (2024): Wofür wir arbeiten. Brandstätter.

Raworth, Kate (2018): Die Donut-Ökonomie. Endlich ein Wirtschaftsmodell, das den Planeten nicht zerstört. Hanser.

Rettich, Stefan; Testel, Sabine (Hrsg., 2020): Die Bodenfrage. Klima, Ökonomie, Gemeinwohl. Jovis.

Rieß, Julia u. a. (2025): Finanzwissen der Österreicher*innen. Eine Analyse des Wissens über Wertpapiere und Implikationen für die Finanzbildung. In: SWS-Rundschau, Heft 2/2025, S. 124 – 138.

Ritchie, Hannah (2024): Hoffnung für Verzweifelte. Wie wir als erste Generation die Erde zu einem besseren Ort machen können. Piper.

Robeyns, Ingrid (2024): Limitarismus. Warum Reichtum begrenzt werden muss. S. Fischer.

Rogall, Holger (2008): Ökologische Ökonomie. Eine Einführung. Springer.

Schenk, Martin (2025): "Selber schuld" - zur Rechtfertigung von Armut. In: Armutskonferenz u.a., a. a. O., S. 41-49.

Schilder, Klaus (2018): Vertane Chancen – Wirtschaftspartnerschaftsabkommen zwischen EU und Afrika. In: Politische Ökologie 153, S. 79 – 84.

Schmidl, Johannes (2014): Energie und Utopie. Sonderzahl.

Schulmeister, Stephan (2018): Der Weg zur Prosperität. Ecowin.

Schulmeister, Stephan (2021): Die Preisfrage. Ansätze für eine öko-soziale Bändigung des Kapitalismus. Oxi-Blog. Download: https://stephanschulmeister.wifo-pens.at/fileadmin/pdf/OXI_StS_01%202021.pdf

Schaffartzik, Anke (2019): Globale ökologische Ungleichheit. In: Fischer/Grandner (Hrsg[innen]), a. a. O., S. 301-320.

Scheidler, Fabian (2015): Das Ende der Megamaschine. Geschichte einer scheiternden Zivilisation. Promedia.

Scheidler, Fabian (2022): Vorwort. In: Servigne, Pablo, Stevens, Raphael, a. a. O., S. 9 – 19.

Scheub, Ute; Küttner, Christian (2020): Abschied vom Größenwahn. Wie wir zu einem menschlichen Maß finden. oekom.

Schurmann, Sara (2022): Klartext Klima. Zusammenhänge verstehen, loslegen und effektiv handeln. Brandstätter.

Schürz, Martin (2019): Überreichtum. Suhrkamp.

Seckauer, Hansjörg (2024): Politische Ideengeschichte. Transkript Verlag.

Sedmak, Clemens (2009): Menschenwürdige Arbeitslosigkeit. „Decency" und Arbeitsmarkt. In: Böhler, Thomas u. a. (Hrsg.).: Menschenwürdiges Arbeiten. Verlag für Sozialwissenschaften, S. 133–192.

Sedlácek, Tomás; Tanzer, Oliver (2015): Lilith und die Dämonen des Kapitals. Die Ökonomie auf Freuds Couch. Hanser.

Seidl, Irmi; /Zahrnt, Angelika (2010, Hrsg.[innen]): Postwachstumsgesellschaft. Konzepte für die Zukunft. Metropolis.

Servigne, Pablo; Stevens, Raphaël (2022): Wie alles zusammenbrechen kann. Handbuch der Kollapsologie. Mandelbaum.

Sorgo, Gabriele (2011): Die unsichtbare Dimension. Bildung für nachhaltige Entwicklung im kulturellen Prozess. Forum Umweltbildung.

Spiegel, Peter u. a. (2021): 30 zukunftsentscheidende Kompetenzen und wie wir sie lernen können. Das Praxisbuch für Zukunftsgestalter. Vahlen.

Staab, Philipp (2016): Falsche Versprechen. Wachstum im digitalen Kapitalismus. Suhrkamp.

Stiegler, Sandra u. a. (2021): Die wirtschaftlichen Bedürfnisse der Menschen bewerten. In: Christian Fridrich u. a. (Hrsg.): Wirtschaft, Gesellschaft und Politik. Sozioökonomische Bildung und Wissenschaft. Springer, S. 81-111. Download: https://doi.org/10.1007/978-3-658-32910-5_5

Stockholm Resilience Center (o. J.): Planetary Boundaries. Online: https://www.stockholmresilience.org/research/planetary-boundaries.html

Strobl, Natascha (2021): Radikalisierter Konservatismus. Eine Analyse. Suhrkamp.

Sukhdev, Pavan (2013): Corporation 2020. Warum wir Wirtschaft neu denken müssen. oekom.

Thurner, Stefan (2020): Die Zerbrechlichkeit der Welt. Kollaps oder Wende. Wir haben es in der Hand. edition a.

Tocha, Wigbert (2022): Grüne Gier. Warum die Blütenträume des Öko-Kapitalismus nicht reifen. oekom.

VGT (o. J.): Hintergrundwissen Tierethik. Online: https://vgt.at/projekte/tierethik/fakten.php.

Vobruba, Georg (2018): Ende der Vollbeschäftigungsgesellschaft. Springer.

Victor, Peter (2008): Managing without Growth. Slower by design, not desaster. Advances in Ecological Economics. EE Elgar.

Weizsäcker, Ernst U. v.; Wijkman, Anders (2017): Wir sind dran. Was wir ändern müssen, wenn wir bleiben wollen. Club of Rome: Der große Bericht. Gütersloher Verlagshaus.

Welzer, Harald; Sommer, Bernd (2014): Transformationsdesign. Wege in eine zukunftsfähige Moderne. oekom.

WBGU (2011): Welt im Wandel. Gesellschaftsvertrag für eine Große Transformation. Download: https://www.wbgu.de/fileadmin/user_upload/wbgu/publikationen/hauptgutachten/hg2011/pdf/wbgu_jg2011.pdf.

Wilkinson, Richard; Pickett, Kate (2009): Gleichheit ist Glück. Warum gerechtere Gesellschaften für alle besser sind. Tolkemitt-Verlag.

Wilkinson, Richard (2010): Gleichheit ist Glück: Warum gerechte Gesellschaften für alle besser sind. Download: https://www.armutskonferenz.at/media/wilkinson_gleichheit_ungleichheit-2010.pdf.

Wright, Ronald (2012): Eine kurze Geschichte des Fortschritts. Rowohlt.

WWF (o. J.): Massentierhaltung – Folgen für Tier, Mensch und Klima. Online: https://www.wwf.de/themen-projekte/landwirtschaft/massentierhaltung.

ZDF/arte (2021): Wem gehört die Welt? - Eine Geschichte des Reichtums. Download: https://www.phoenix.de/sendungen/dokumentationen/wem-gehoert-die-welt---ei-a-2254675.html

Ziegler, Jean (2009): Das Imperium der Schande. Der Kampf gegen Armut und Unterdrückung. Goldmann.

Ziegler, Jean (2025): Trotz alledem. Warum ich die Hoffnung auf eine bessere Welt nicht aufgebe. Bertelsmann.

Zucman, Gabriel (2014): Steueroasen. Wo der Wohlstand der Nationen versteckt wird. Suhrkamp.

Zurstrassen, Bettina; Franke, Mathias (2025): Lobbying in der Wirtschafts- und Finanzbildung im deutsch-österreichischen Vergleich. In: Armutskonferenz u. a. a. a. O., S. S. 19 - 28.

Schulbücher

Altzinger, Bettina u. a. (2024): Geografisch 5/6. Geographie und wirtschaftliche Bildung. Veritas.

Altzinger, Bettina u. a. (2024): Geografisch 7/8. Geographie und wirtschaftliche Bildung. Veritas.

Germ, Alfred u. a. (2025): Geospots 5/6. Geographie und wirtschaftliche Bildung. Veritas.

Germ, Alfred u. a. (2025): Geospots 7/8. Geographie und wirtschaftliche Bildung. Veritas.

Hitz, Harald u. a. (2017/2020): Meridiane 5/6. Geographie und Wirtschaftskunde. Ed. Hölzel.

Hitz, Harald u. a. (2019): Meridiane 7. Geographie und Wirtschaftskunde. Ed. Hölzel.

Hitz, Harald u. a. (2020): Meridiane 8. Geographie und Wirtschaftskunde. Ed. Hölzel.

Marchart, Bettina u .a. (2017/2020): Perspektiven 5/6. Geographie und Wirtschaftskunde. Ed. Hölzel.

Marchart, Bettina u .a. (2018/2020): Perspektiven 7/8. Geographie und Wirtschaftskunde. Ed. Hölzel.

Wohlschlägl, Helmut u. a. (2017): Durchblick kompetent 5. Geographie und Wirtschaftskunde. Westermann.

Wohlschlägl, Helmut u. a. (2018): Durchblick kompetent 6. Geographie und Wirtschaftskunde. Westermann.

Wohlschlägl, Helmut u. a. (2019): Durchblick kompetent 7. Geographie und Wirtschaftskunde. Westermann.

Wohlschlägl, Helmut u. a. (2020): Durchblick kompetent 8. Geographie und Wirtschaftskunde. Westermann.

Eibler, Michaela u. a. (2024): Geografisch 5/6. Geographie und wirtschaftliche Bildung. Veritas.

Eibler, Michaela u. a. (2024): Geografisch 7. Geographie und wirtschaftliche Bildung. Veritas.

Eibler, Michaela u. a. (2025): Geografisch 8. Geographie und wirtschaftliche Bildung. Veritas.

Dittrich, Elisabeth u. a. (2020): global 5. Geographie und Wirtschaftskunde. öbv.

Dittrich, Elisabeth u. a. (2017): global 6. Geographie und Wirtschaftskunde. öbv.

Dittrich, Elisabeth u. a. (2017): global 7. Geographie und Wirtschaftskunde. öbv.

Dittrich, Elisabeth u. a. (2023): global 8. Geographie und Wirtschaftskunde. öbv.

Notizen

Zum Autor

Hans Holzinger, geboren 1957, studierte Geographie und Germanistik an der Universität Salzburg. 30 Jahre war er als wissenschaftlicher Mitarbeiter und pädagogischer Leiter der Robert-Jungk-Bibliothek für Zukunftsfragen in Salzburg tätig. Nun berät er die Zukunftseinrichtung als Senior Adviser. Er ist Mitglied des Entwicklungspolitischen Beirats des Landes Salzburg und bei Wachstum im Wandel, Koordinator bei Scientists for Future Salzburg, Leiter des Arbeitskreises Klima & Nachhaltigkeit des Salzburger Bildungswerks und Bildungswerkleiter in seiner Heimatstadt Seekirchen.

Seine Arbeits- und Publikationsschwerpunkte als Wirtschafts- und Sozialgeograph sind nachhaltige Entwicklung, neue Wohlstandsmodelle, Zukunft der Arbeit, Postwachstum sowie Transformationsforschung. Zudem moderiert er seit 30 Jahren Zukunftswerkstätten und leitet mit einem Team die Ausbildung „Zukunftswerkstätten gekonnt anleiten“. Vier Jahre hatte er an der Alpen-Adria-Universität Klagenfurt Lehraufträge zum Thema „Partizipations- und Kreativmethoden“, dies unterrichtete er auch an der Fachhochschule und Pädagogischen Hochschule Salzburg.

Holzinger ist Autor mehrerer Bücher, etwa „Von nichts zu viel – für alle genug“ (2016), „Anders wirtschaften“ (2018), „Post-Corona-Gesellschaft“ (2020), “Wirtschaftswende. Transformationsansätze und neue ökonomische Konzepte im Vergleich“ (2024). Er schreibt als Gastautor für die Klimaseite der Salzburger Nachrichten, den Blog Postwachstum u. a. Zudem betreut er einige Plattformen, u. a. den Salzburger Atlas für nachhaltige Entwicklung, die Portale „KlimabildungSalzburg“, „GofairSalzburg“ sowie „Plattform Zivilgesellschaft Salzburg“.

Sein Motto: „Wir leben ökologisch über unsere Verhältnisse, kulturell und sozial aber unter unseren Möglichkeiten.“

Mehr zu den Artikeln, Fachbeiträgen und Büchern des Autors findet man auf seiner Homepage, auf der Holzinger einen eigenen Blog betreibt: www.hans-holzinger.org.

Email: hans.holzinger@jungk-bibliothek.org